U0133420

吕思勉史学经典

隋唐五代史（下）

吕思勉　著

中国文史出版社

文　明　卷

第一章　隋唐五代社会组织

第一节　婚　制

隋、唐、五代，婚姻之制，大略与前世同。既无古诸侯一娶九女之制，故前娶后继皆为适。《新唐书·儒学传》：郑馀庆庙有二妣，疑于袝祭，请诸有司，韦公肃议：古诸侯一娶九女，故庙无二适；自秦以来，有再娶，前娶后继皆适也，两袝无嫌，其明文也。职是故，妾遂不得为继室。李齐恽以妾卫氏为正室，身为礼部尚书，冕服以行其礼，人士嗤诮。杜佑言行无所玷缺，惟在淮南时，妻梁氏亡后，升嬖妾李氏为正室，封密国夫人，亲族子弟言之不从，时论非之。王缙妻李氏，初为左丞韦济妻，济卒奔缙，缙嬖之，实妾也，而冒称为妻，自更不为清议之所与矣。

唐制，妇人封爵，孺人、媵、妾，皆无受封之文。庶子有五品已上官，皆封嫡母，无嫡母乃得封所生母。见《旧书·职官志》《新书·百官志》。凡亲王，孺人二人，媵十人。嗣王、郡王及一品媵十人。二品媵八人。三品及国公媵六人。四品媵四人。五品媵三人。降此外皆为妾。散官三品以上皆置媵。凡置媵，上其数。《新书·车服志》：五品已上，媵降妻一等，妾降媵一等。六品已下，妾降妻一等。故宣宗封其舅郑光妾为夫人，光还诏不敢拜。刘从谏妾韦，愿为夫人，许之。诏至，其妻裴不与。曰：淄青李师古，四世阻命，不闻侧室封者。《新书·从谏传》。参看第十章第三节。李渤，穆宗立，召拜考功员外郎。岁终考校，渤奏少府监裴通职修举，考应中上，以封母舍适而追所生，请考中下。可见其制之严。若安重荣娶二妻，晋高祖并加封爵，则乱世之事，不足道也。杜佑以妾为继室而封国夫人，宜为时论所讥矣。然《刘从谏传》言李师古四世阻命，不闻侧室封者，而《师古传》言其贞元末，与杜佑、李栾，皆得封妾媵以国夫人，说相矛盾。岂唐于淄青，始靳之而终许之邪？要即有之，亦衰世之事，非彝典也。

适庶之间，情好亦有敦笃者。《旧五代史·张砺传》：砺有父妾，以其久事先人，颇亦敬奉。诸幼子亦以祖母呼之。及卒，砺疑其事。询于同寮，未有以对。砺即托故，归于滏阳，砺，滏阳人。滏阳县，在今河北磁县境。闲居三年，不行其服。论情制宜，识者蚩之。此亦云过厚矣。然適庶相处，相得究难。故有如齐澣纳刘戒之女为妾，陵其正室，致为李林甫所恶者。而严武八岁，以其母裴不为其父挺之所答，独厚其妾，乃至奋铁椎以碎妾首。其祸可谓博矣。故时有妾者或藏诸外宅。洛州妇人淳于氏，坐奸系于大理，李义府闻其姿色，属大理丞毕正义求为别宅妇；吴通玄娶宗室女为外妇；皆是物矣。杨恭仁弟子思训，显庆中，历右屯卫将军。时右卫大将军慕容宝节有爱妾，置于别宅，尝邀思训，就之宴乐。思训深责宝节与其妻隔绝。妾等怒，密以毒药置酒，思训饮尽便死。宝节坐是配流岭表。思训妻又诣阙称冤。制遣使就斩之。其祸之博，乃更甚于同处者矣。盖妾而与妻同处，虽于家政，究犹有所顾忌，别居更莫能制御也。

富贵易即于骄淫，此事之无可如何者也。隋、唐内官之制，大抵本于《周官》，不越百二十之数，时或减乏。宫官亦有定员。见《隋书》《新、旧书》《百官志》《职官志》及《后妃传》。然其拘女，乃绝无制限。唐太宗初立，放宫女三千余人，见《新书·本纪》。此即白居易《新乐府》美其怨女三千放出宫者。然观其所咏《上阳人》，则玄宗时之拘女，亦不减于隋炀帝矣。诗云：玄宗末岁初选入，入时十六今六十。同时采择百余人，零落年深残此身。《隋书·王世充传》言：世充为炀帝简阅江、淮良家女，取正库及应入京物以聘纳之，所用不可胜计。后以船送东京，道路"贼"起，使者苦役，及于淮、泗中沉其船，前后十数。此其惨酷，为何如邪？《旧书·宣宗纪》纪吴湘之狱，谓扬州都虞候刘群，自拟收女子阿颜为妻，乃妄称监军使处分，要阿颜进奉，不得嫁人，兼擅令人监守。大中二年(848)。假一监军之名，遂可恣行如此，采择之诒害，可以想见。朱泚之平也，德宗欲令浑瑊访奔亡内人，给装使赴行在。陆贽谏曰："内人或为将士所私，宜思昔人掩绝缨之义。"帝虽不复下诏，犹遣使谕瑊资送。德宗如此，况其下焉者乎？贵人之家亦然。孙晟食不设几案，使众妓各执一器，环立而侍，已见第十四章第六节。史称时人多效之，可见多妓妾者不止晟一人也。《宋书》称南郡王义宣，后房千余，尼媪数百，而《旧书·王缙传》，亦言其纵弟、妹、女尼等广纳财贿。盖又有托清净之名，而行渎乱之实者矣。可胜诛哉！参看《两晋南北朝史》第二十四章第二节。

官妓仍以罪人家属为之。《新书·儒学传》：林蕴为邵州刺史，尝杖杀客陶章，投尸江中，籍其妻为倡是也。私倡则民之贫者自为之。《隋书·地理志》云：齐郡俗好教饰子女，淫哇之音，能使骨腾肉飞，倾诡人目，俗云齐倡，本出此也。此犹前世之邯郸也。《新书·西域传》言：龟兹、于阗置女肆征其钱，中国无此法，然特法不明许之而已，其实何以异邪？

適子、庶子，贵贱亦不相同。《隋书·隐逸传》：崔廓，少孤贫而母贱，由是不为邦族所齿。又《李圆通传》：父景，以军士隶武元皇帝，高祖父忠。因与家僮黑女私，生圆通，景不之认，由是孤贱。皆因其母，迤及其子也。《新书·穆宁传》：子赞，擢累侍御史，分司东都。陕虢观察使卢岳妻分赀不及妾子，妾诉之，中丞卢佋欲重妾罪，赞不听。分赀不及，亦歧视庶孽之一证也。

婚礼之不行，由于俗尚之侈靡。《新书·韦挺传》言：挺以贞观时拜御史大夫。时承隋末，风俗薄恶，人不知教。挺上疏言：闾里细人，每有重丧，不即发问，先造邑社，待营办具，乃始发哀。至假车乘，雇棺椁，以荣送葬。既葬，邻伍会集，相与酣醉，名曰出孝。昏嫁之初，杂奏丝竹，以穷宴欢。官司习俗，弗为条禁。望一切惩革，申明礼宪。一九四六年九月八日，上海《大公报》载徐颂九《论移民实边》之文，述滇西之俗云：村必有庙、庙皆有公仓，众敛谷实之。庙门左右，必有小门，名曰茶铺，众所会也。议公事于是，筹经费于是，设小学于是，选乡保长于是；人家有婚丧等事，亦于是行之。故是庙也，村之议会也，亦其公所也，亦其学校也，又其游息之所，行礼之地也。案此正古者中里为校室之制也。以今揆古，则隋时有丧先造邑社者。必贫民家无殡敛之地，又身自执事不给，故由乡里助其营办，此正细民相恤之美德，号称士君子者，弗之知也，而反訾议之，不亦过乎？既葬会集，相与酣醉；婚嫁之初，杂奏丝竹；自为非礼，然不有湛酒渝食，万舞翼翼者，民亦孰从而效之？故曰：民之饥，以其上食税之多也。《循吏传》：韦宙出为永州刺史。俚婚，出财会宾客，号破酒。昼夜集，多至数百人，贫者犹数十。力不足则不迎，至淫奔者。宙条约，使略如礼，俗遂改。丧乱之后如此，承平之世可知；僻陋之区如此，富厚之地可知；官司虽有禁令，岂真能移风易俗哉？况知留意于此者又少乎？《旧书·文苑传》：元德秀早失恃怙，衰麻相继，不及亲在而娶。既孤，遂不娶。族人以绝嗣规之。德秀曰："吾兄有子，继先人之祀。"以兄子婚娶，家贫无以为礼，求为鲁山令。彼其六十年不识女色，元结语，见《新书·德秀传》。安知不以贫故哉？阳城兄弟皆不娶，城亦贫士也。政令每急于蕃民，丧乱之后尤甚。《新书·太宗纪》：贞观元年二月，诏民年二十女十五以上无夫家者，州县以礼聘娶。贫不能自行者，乡里富人及亲戚资送之。鳏夫六十，寡妇五十，妇人有子若守节勿强。鳏夫不及六十，寡妇不及五十，犹欲强合之，立法可谓甚峻。《食货志》云：太宗锐意于治，官吏考课，以鳏寡少者进考，如增户法，失劝导者以减户论，其行之亦可谓甚力。然《蒋义传》言：张孝忠子茂宗尚义章公主，即郑国庄穆公主，德宗女。母亡，遗言丐成礼。德宗念孝忠功，即日召为左卫将军，许主下降。义上疏谏。帝曰："卿所言古礼也，今俗借吉而婚不为少。"对曰："俚室穷人子，旁无至亲，乃有借吉以嫁，不闻男冒凶而娶。"乡里亲戚，既不能存恤孤女，而使之借吉以嫁，而望其为之资送，不亦难乎？中人之家，自营婚嫁已不易，而况于为人营办乎？合男女之政之存于后世者，则征集人间女妇，以配军士而已。可胜叹哉！《隋书·炀帝纪》：大业十三年九月，帝括江都人女、寡妇，以配从兵。案是谋出于裴矩，见《矩传》。《传》又云：矩召江都境内寡妇及未嫁女，皆集宫监，又召将帅及兵等，恣其所娶。因听自首，先有奸通妇女及尼、女冠者，并即配之。

《北史·李敏传》云：开皇初，周宣帝后乐平公主，有女娥英，妙集婚对，敕贵公子弟集弘圣宫者，日以百数，公主选取敏。《旧五代史·罗隐传》云：隐为唐宰相郑畋所知。虽负文称，然貌古而陋。畋幼女有文性，尝览隐诗卷，讽诵不已。畋疑其女有慕才之意。一日，隐至第，郑女垂帘而窥之。自是绝不咏其诗。此婚配犹容男女自择之遗意也。然溺于势利者实多。许敬宗既以女嫁蛮酋冯盎子，多私所聘，又以女嫁左监门大将军钱九陇。九陇本皇家隶人，敬宗贪财与昏。掌知国史，乃为曲叙门阀，妄加功绩。房琯长子乘，自少两目盲，琯为汉州，厚以财货结司马李锐，为乘聘锐外甥女卢氏。皆是物也。《新书·高士廉传》云：太宗以山东士人尚阀阅，后虽衰，子孙犹负世望，嫁娶必多取赀，故人谓之卖婚，由是诏士廉与韦挺、岑文本、令狐德棻定《氏族志》。高宗时改为《姓氏录》。又诏后魏陇西李宝，太原王琼，荥阳郑温，范阳卢子迁、卢浑、卢辅，清河崔宗伯、崔元孙，前燕博陵崔懿，晋赵郡李楷，凡七姓十家，不得自为昏。三品以上，纳币不得过三百匹，四品、五品二百，六品、七品百，悉为归装。夫氏禁受陪门财。《通鉴》胡《注》云：陪门财者，女家门望未高，而议姻之家非偶，令其纳财，以倍门望。

其后天下衰宗落谱，昭穆所不齿者，皆称禁昏家，益自贵，凡男女皆潜相聘娶，天子不能禁云。唐之更定氏族，禁七姓自为婚，实别有用心，初非欲革敝俗，说见第十八章第一节。然唐室之为是，虽别有用心，卖婚则自敝俗也。《旧书·来俊臣传》，言其父操，与乡人蔡本结友，遂通其妻，因樗蒲，赢本钱数十万，本无以酬，操遂纳本妻。此间阎细民，明以妇女为货粥者也。彼卖婚者庸愈乎？

离婚尚较后世为易。《旧书·列女传》：李德武妻裴氏，矩女，适德武一年，而德武坐从父金才徙岭表，矩时为黄门侍郎，奏请离婚，隋炀帝许之。《新书·列女传》：贾直言妻董氏，直言坐事贬岭南，以妻少，乃诀曰：生死不可期，吾去可急嫁，无须也。《旧五代史·萧希甫传》：希甫少举进士，为梁开封尹袁象先书记。象先为青州节度使，以希甫为巡官。希甫不乐。乃弃其母妻，变姓名，亡之镇州。王镕以为参军，尤不乐。居岁余，又亡之易州，削发为僧，居百丈山。后唐庄宗将建国，李绍宏荐为魏州推官。后为驾部郎中。及灭梁，遣其宣慰青齐。希甫始知其母已死，妻袁氏亦改嫁。是凡久别无归期，若存亡不可知者，皆可离异也。《旧书·列女传》：刘寂妻夏后氏，父因疾丧明，乃求离其夫，以终侍养。是本家有故，亦可求离也。《隋书·张定和传》云：少贫贱，有志节。初为侍官。平陈之役，当从征，无以自给。其妻有嫁时衣服，定和将粥之，妻固靳不与。定和遂行。以功拜仪同，赐帛千匹。遂弃其妻。夫其妻虽不佽其行，平居未必不相黾勉，一怒而遽弃之，揆诸贱娶贵不去之条，于义殊窒。《新书·李大亮传》：族孙迥秀，母少贱，妻尝詈媵婢，母闻不乐，迥秀即出其妻，则尤为薄物细故矣。裴矩女不肯改嫁，而李德武于岭表娶尔朱氏，及遇赦，还至襄州，闻裴守节，乃又出其后妻，重与裴合。甚至如崔颢，娶妻择有貌者，稍不惬意则去之，前后数四。此等并不免轻视妇女，然亦可见离婚之易也。然观裴矩欲离其女而特请诸朝。又《旧书·武宗纪》载会昌六年（846），右庶子吕让进状：亡兄温女，大和七年（833），嫁左卫兵曹萧敏，生一男，开成三年（838），敏心疾乖忤，因而离昏，今敏日愈，却乞与臣侄女配合。从之。又《李元素传》：元素再娶王氏，方庆之孙。性柔弱。元素为郎官时娶之，甚礼重。及贵，溺情仆妾，遂薄之。且又无子，而前妻之子已长，无良。元素寝疾昏惑，听谮，遂出之。给与非厚。妻族上诉。诏免官。仍令与王氏钱物，通所奏数五千贯。又《源休传》：迁给事中、御史中丞、左庶子。其妻，吏部侍郎王翊女也。因小忿而离。妻族上诉。下御史台验理。休迟留不答款状。除名配流溱州。则法于离合之际，视之未尝不重。房琯孽子孺复，浙西节度使韩滉辟入幕。孺复初娶郑氏。恶贱其妻，多畜婢仆。妻之保母累言之，孺复乃先具棺椁，而集家人，生敛保母。远近惊异。及妻在产蓐，三四日，遽令上船即路，数日，妻遇风而卒。拜杭州刺史，又娶台州刺史崔昭女。崔妒悍甚，一夕杖杀孺复侍儿二人，埋之雪中。观察使闻之，诏发使鞫案，有实。孺复坐贬连州司马，仍令与崔氏离异。久之，迁辰州刺史，改容州刺史，本管经略使。乃潜与妻往来。久而上疏请合。诏从之。二岁余，又奏与崔氏离异。此其不法，实远甚于崔颢。然初未闻其更挂刑章，则法偶有所不及，而非法意本如此也。惟俗视离婚，则初不甚重。《新书·文艺传》：崔行功孙铣，尚定安公主。主初降王同皎，及卒，皎子繇请与父合葬。给事中夏侯铦驳奏：主与王氏绝，丧当还崔。诏可。可见妇人改适，义皆绝于前夫。然《旧书·李林甫传》言：张九龄与中书侍郎严挺之善。挺之初娶妻，出之，妻嫁蔚州刺史王元琰，元琰坐赃，诏三司使推之，挺之救免其罪。玄宗察之。谓九龄曰："王元琰不无赃罪，严挺之属托所由，辈有颜面。"九龄曰："此挺之前妻，今已婚崔氏，不合有情。"玄宗曰："卿不知，虽离之，亦却有私。"玄宗本以九龄净废三王及封牛仙客不悦，借前事，以为有党，与裴耀卿俱罢知政事。出挺之为洺州刺史。元琰流于岭外。此事不知九龄果有党，抑玄宗多疑。然时人之见，谓义绝者恩不必其遽绝则可知，亦可见离婚者不必皆有大故也。

《旧五代史·敬翔传》云：翔妻刘氏，父为蓝田令。后刘为巢将尚让所得。巢败，让携刘降于时溥。及让诛，时溥纳刘于妓室。太祖平徐，得刘氏，嬖之。属翔丧妻，因以刘氏赐之。及翔渐贵，刘犹出入太祖卧内。翔情礼稍薄。刘于曲室让翔曰："卿鄙余曾失身于贼邪？以成败言之，尚让巢之宰辅，时溥国之忠臣，论卿门第，辱我何甚？请从此辞。"翔谢而止之。刘固非凡妇人，然观其言之侃侃，则当时妇人，不以屡适为耻可知也。唐公主再嫁及三嫁者甚多。高祖十九女，更嫁者四：曰高密，曰长广，曰房陵，曰安定。太宗二十一女，更嫁者六：曰襄城，曰南平，日遂安，日晋安，日城阳，日新城。高宗三女，更嫁者一：日太平。中宗八女，更嫁者三：日定安，日长宁，日安乐。睿宗十一女，更嫁者二：日薛国，日鄅国。玄宗二十九女，更嫁有九：日常山，日卫国，日真阳，日宋国，日齐国，日咸直，日广宁，日万春，日新平。肃宗七女，更嫁者二：日萧国，日郜国。自代宗以降，史不言其女有更嫁者，然顺宗女西河公主，初降沈翚，后降郭子仪孙铦，见《子仪传》，而《主传》漏书。《主传》后半甚略，事迹必多阙佚，其中恐未必无更适者也。又玄宗女，《主传》都数云二十九，而数之得三十，其中普康公主实宪宗女误入，见《廿二史考异》。唐固出夷狄，不足语于礼法。然楚王灵龟妃上官氏，王死，服终，诸兄弟谓曰："妃年尚少，又无所生，改醮异门，礼仪常范。"《旧书·列女传》。则非以夷俗言之。崔绘妻卢氏，为山东著姓。绘早终，卢年少，诸兄常欲嫁之。卢辄称病固辞。卢亡姊之夫李思冲，神龙初为工部侍郎，又求续亲。时思冲当朝美职，诸兄不敢拒。卢夜中出自窦，乃得奔归崔氏。亦见《旧书·列女传》。则虽名族，亦视再适为恒事矣。其不再适者，多出于意义感激，转非庸行。隋兰陵公主，初嫁仪同王奉孝，奉孝卒，适河东柳述，述徙岭表，炀帝令与离绝，将改嫁之，主以死自誓，上表请免主号，与述同徙。帝大怒。主忧愤卒，临终上表，乞葬于柳氏。其不为奉孝守，而尽节于述，犹之豫让不死范、中行氏而死知伯也。再娶禁忌，意亦如是。李泌与梁肃善，故泌子繁师事肃。肃卒，烝其室。士议喧丑。由是摈弃积年。聂峣早依郭崇韬，致身朱紫。为河东节度使，郭氏次子之妇，孀居守家，峣丧偶未久，忍而纳币，人皆罪之。皆责其负恩，非谓孀妇不可取也。《新书·齐澣传》：魏元忠子昇，死节愍太子难，元忠系大理。昇妻郑，父远，尝纳钱五百万，以女易官。武后重元忠旧臣，欲荣其姻对，授远河内令，子洺州参军。元忠下狱，遣人绝婚，许之。明日，嫁其女。殿中侍御史麻察劾远败风教，请锢终身，远遂废。亦薄其势利，非谓绝婚更嫁为不可也。《新五代史·冯道等传序》曰：予尝得五代时小说一篇，载王凝妻李氏事。凝家青、齐之间，为虢州司户参军，以疾卒于官。凝家素贫，一子尚幼。李氏携其子，负其遗骸以归。东过开封，止旅舍。旅舍主人见其妇人独携一子而疑之，不许其宿。李氏顾天已暮，不肯去。主人牵其臂而出之。李氏仰天长恸曰："我为妇人，不能守节，而此手为人执邪？不可以一手并污吾身。"即引斧自断其臂。路人见者，环聚而嗟之。或为之弹指，或为之泣下。开封尹闻之，白其事于朝。官为赐药封创，厚恤李氏，而笞其主者。小说家言，不必可信。即谓为信，此等矫激之行，亦不足尚也。此时再嫁，多由母家，故亦有以母家有故而不肯去者。《旧书·列女传》：冀州鹿城女子王阿足，鹿城县，在今河北束鹿县北。早孤，无兄弟，惟姊一人。阿足初适同县李氏，未有子而夫亡，时年尚少，人多聘之，为姊年老孤寡，不能舍去，乃誓不嫁。以养其姊。此亦犹刘寂妻以父丧明，而离夫归侍养耳。

禁止再嫁之令，初亦因此而作。《隋书·高祖纪》：开皇十六年六月，诏九品已上妻，五品已上妾，夫亡不得改嫁。《李谔传》云：谔见礼教凋敝，公卿薨亡，其爱妾侍婢，子孙辄嫁卖之，遂成风俗，上书曰：闻朝臣之内，有父祖亡殁，日月未久，子孙无赖，便分其妓妾，嫁卖取财，实损风化。复有朝廷重臣，位望通贵，平生交旧，情若弟兄，及其亡殁，杳同行路，朝闻其死，夕规其妾，方便求聘，以得为限，无廉耻之心，弃友朋之义。且居家理，治可移于官，既不正私，何能赞务？上览而嘉之。五品已上妻妾不得改醮，始于此也。《儒林传》云：炀帝即位，牛弘引刘炫修律令。高祖之世，以刀笔吏类多小人，年久长奸，势使然也；又以风俗陵迟，妇人无节；于是立格：州县佐史，三年而代，九品妻无得再醮。炫著论以为不可。弘竟从之。则立法之初，意亦在惩薄俗，而九品已上妻不得改嫁之条，竟亦废削，故《李谔传》但言五品已上也。《新书·百官志》言王妃、公主、郡、县主嫠居有子者不再嫁。《公主传》言：宣宗诏夫妇教化之端，其公主、县主，有子而寡，不得复嫁，则亦末叶之法。是时唐室愿昏士族，而士族不之与，乃为是以自婚耳。参看第十八章第一节自明。《旧五代史·罗绍威传》：绍威长子廷规，尚太祖女安阳公主，又尚金华公主，早卒。开平四年（910），诏金华公主出家为尼，居于宋州玄静寺，盖太祖推恩于罗氏，令终其妇节云。则亦非常法也。

妇人名节，虽不如后世之重，然究以贞信为美。故唐代公主，亦有以淫泆获罪者。《旧书·李宝臣传》：张茂昭子克礼，尚襄阳公主。顺宗女。长庆中，主纵恣不法。常游行市里。有士族子薛枢、薛浑者，俱得幸于主。尤爱浑。每诣浑家，谒浑母，行事姑之礼。有吏谁何者，即以厚赂啖之。浑与宝臣孙元本，偕少年遂相诱掖。元本亦得幸于主，出入主第。张克礼不胜其忿，上表陈闻。乃召主幽于禁中。以元本功臣之后，得减死，杖六十，流象州。枢、浑以元本之故，亦从轻，杖八十，长流崖州。是其事也。唐代公主，真以淫泆获罪者，惟此一事。《新书·诸主传》：太宗女合浦公主，始封高阳，下嫁房玄龄子遗爱。御史劾盗，得浮屠辩机金宝神枕，自言主所赐。初浮屠庐主之封地。会主与遗爱猎，见而悦之。具帐其庐，与之乱。更以二女子从遗爱。私饷亿计。至是浮屠诛死，杀奴婢十余。《旧书·萧复传》：肃宗女郜国公主，出降萧升。升早卒。贞元中，蜀州别驾萧鼎，商州丰阳令韦恪，前彭州司马李万，太子詹事李昇等出入主第，秽声流闻。德宗怒，幽主于别第。李万决杀。昇贬岭南。萧鼎、韦恪决四十，长流岭表。此二事之实情，决非如此，参看第五章第一节，第九章第一节，第十八章第一节自明。《廿二史札记》论武后纳谏知人，引朱敬则疏谏选美少年事，疏见第五章第三节。又云：桓彦范以张昌宗为宋璟所劾，后不肯出昌宗付狱，亦奏云：陛下以簪履恩久，不忍加刑。此皆直揭后之燕昵嬖幸，敌以下所难堪，而后不惟不罪之，反赐敬则采百段，曰"非卿不闻此言"，而于璟、彦范亦终保护倚任。夫以怀义、易之等床第之闲，何言不可中伤善类？而后迄不为所动摇，则其能别白人才，主持国是，有大过人者。其视怀义、易之等，不过如面首之类。人主富有四海，妃嫔动至千百，后既身为女主，而所宠幸不过数人，固亦无足深怪，故后初不以为讳，并若不必讳也。案后于淫泆，虽不深讳，然如朱敬则之直斥，则昔人于男主亦无之。重润且以窃议张易之见杀，而能容敬则乎？唐人所传史事，不足信者甚多，敬则之疏，恐未必非好事者为之也。

公主骄泆，虽或见惩，究极罕见，《新书·杨恭仁传》：孙豫之，尚巢王元吉女寿春县主。居母丧，与永康公主乱，为主婿窦奉节所杀。当时公主黩乱之事必甚多，史不能尽记也。永康公主，即房陵公主，高祖女。故当时之人，均视尚主为畏途。《新书·诸主传》：宣宗女万寿公主，帝所爱。每进见，必谆勉笃诲，曰："无鄙夫家，无干时事。"又曰："太平、安乐之祸，不可不戒。"故诸主祗畏，争为可喜事。然于琮初尚帝女永福公主，主与帝食，怒折匕箸；帝曰：此可为士人妻乎？乃更许琮尚广德公主。宣宗时如此，他时可知。安怪人之视尚主为畏途哉？宪宗女岐阳公主，下嫁杜悰，为唐室与士族结婚之始。见第十七章第一节。大和时，悰为工部尚书，判度支。会主薨，久不谢。文宗怪之。户部侍郎李珏曰："比驸马都尉皆为公主服斩衰三年，故悰不得谢。"帝矍然，始诏杖而期，著于令。即此一端，已非时人所能堪矣。《方伎传》云：玄宗欲以玉真公主降张果，玉真公主，睿宗女。未言也。果忽谓秘书少监王迥质、太常少卿萧莘曰："谚谓娶妇得公主，平地生公府，可畏也。"二人怪语不伦。俄有使至，传诏曰："玉真公主欲降先生。"果笑，固不奉诏。果事荒诞不足信，谚语则决非虚构也。李佐之客潞，为刘从谏所礼，留不得去，遂署观察府支使，因娶其从祖妹。从谏薄疏属，资媵寒阙，佐之亦薄之，不甚答。从谏死，佐之奴告其交通宾客，漏军中虚实。积因之。妻诉不见礼，遂杀之。则平地生公府者，又不必帝子矣。

《晋书·五行志》，讥武帝采择良家子女，露面入殿，帝亲简阅，务在姿色，不访德行，则女子出门，必拥蔽其面之礼，沿袭甚久。至唐乃渐弛。《旧书·舆服志》云：武德、贞观之时，宫人骑马者，依齐、隋旧制，多着幂䍦。虽发自戎夷，而全身障蔽，不欲途路窥之。王公之家，亦同此制。永徽之后，皆用帷帽，拖裙到颈，渐为浅露。寻下敕禁断。初虽暂息，旋又仍旧。咸亨二年（671），又下敕曰：百官家口，咸豫士流，至于衢路之间，岂可全无障蔽？比来多着帷帽，遂弃幂䍦；曾不乘车，别坐檐子；递相仿效，浸成风俗，过为轻率，深失礼容。前者已令渐改，如闻犹未止息。又命妇朝谒，或将驰驾车，既入禁门，有亏肃敬。此并乖于仪式，理须禁断，自今已后，勿使更然。则天之后，帷帽大行，幂䍦渐息。中宗即位，宫禁宽弛，公私妇人，无复幂䍦之制。开元初，从驾宫人骑马者，皆着胡帽，靓妆露面，无复障蔽。士庶之家，又相仿效。帷帽之制，绝不行用。俄又露髻驰骋，或着丈夫衣服靴衫。而尊卑内外，斯一贯矣。案高宗诏言百官家口，咸豫士流，衢路之间，不可全无障蔽，可见庶民本无障蔽也。《孝友传》云：崔沔母卒，常于庐前受吊，宾客未尝至于灵坐之室。谓人曰："平生非至亲者，未尝升堂入谒，岂可以存亡而变其礼也？"此等内外隔绝之礼，亦惟所谓士流者有之耳。《李益传》曰：少有痴病，而多猜忌。防闲妻妾，过为苛酷，而有散灰、扃户之谭闻于时。不有深宫固门之习，虽有痴病者，亦岂易自我作古邪？

冥婚之俗，唐世仍有之。重润既死，中宗即位，追赠皇太子，陪葬乾陵，高宗陵。仍为聘国子监丞裴粹亡女，与之合葬。建宁王，代宗即位，追谥承天皇帝，亦与兴信公主第十四女张氏冥婚。兴信公主，玄宗女，后封齐国公主。韦庶人为亡弟赠汝南王洵与萧至忠亡女为冥婚，合葬。及韦氏败，至忠发墓，持其女枢归。则虽冥婚，亦有迫于势，非所愿者矣。

《旧书·太宗诸子传》云：有太常乐人，年十余岁，美姿容，善歌舞，承乾特加宠幸，号曰称心。太宗知而大怒，收称心杀之。承乾痛悼不已。于宫中构室，立其形象，列偶人车马于前，令宫人朝暮奠祭。承乾数至其处，徘徊流涕。仍于宫中起冢而葬之。并赠官树碑，以申哀悼。《李义府传》：义府属毕正义求淳于氏为别宅妇，正义为雪其罪。卿段宝玄疑其故，遽以状闻。诏令按其事。正义惶惧，自缢而死。侍御史王义方廷奏义府犯状，因言其初以容貌，为刘洎、马周所幸，由此得进。言辞猥亵。帝怒，出义方为莱州司户。此等丑行，历代所谓士大夫者，实往往不绝也。亦堪齿冷矣。

桑原骘藏《蒲寿庚传》云：秦、汉以来，塞外人移居内地者日众。内外通婚，在北方殆渐成常事。其以进贡、通商，暂寓中国者，《唐会要》卷百云：贞观二年六月十六日，敕诸蕃使人，娶得汉妇女为妾者，并不得将还蕃。然在国内迎娶，则自由也。《通鉴》贞元三年（787）云：胡客留长安久者，或四十余年，皆有妻子，足以明之。《册府元龟》卷九百九十九云：开成元年六月，京兆府奏：准令式：中国人不合私与外国人交通、买卖、婚娶、来往；又举取蕃客钱，以产业、奴婢为质者；重请禁之，此禁私自婚娶，非禁一切婚娶也。《通鉴》：大历十四年（779），诏回纥诸胡在京师者，各服其服，无得效华人。先是回纥留京师者常千人，或衣华服，诱取妻妾，故禁之。《旧唐书·卢钧传》：钧以开成元年（836）为岭南节度使。先是土人与蛮、僚杂居，婚娶相通，占田营第。吏或挠之，相诱为乱。钧至，立法，俾华蛮异处，婚娶不通；蛮人不得立田宅，此一时之宜。要之，唐朝蕃汉通婚，以不禁为常，而事亦通行无疑。宋代大体似与唐同也。《考证》二十五。案唐代异族，人处内地者甚多，安能禁其婚娶，此势所不行也。昏媾则匪寇矣，此亦外族易于同化之一端欤？《新书·高祖诸子传》：徐康王元礼曾孙延年，拔汗那王入朝，延年将以女嫁之，为右相李林甫劾奏，贬文安郡别驾，此自特异之事，非常法世。延年何必以女妻拔汗那王？岂以西胡多异物，亦染卖婚之俗欤？

第二节　族　制

宗族百口，累世同居，论者多以为美谈，此不察名实之过也。考诸史，聚族多者，非地方豪右，则仕宦之家。力耕之细民，则率不过五口、八口耳。

《旧唐书·沈法兴传》云：隋大业末，为吴兴郡守。东郡"贼帅"楼世干举兵围郡城，炀帝令法兴与太仆元祐讨之。俄而宇文化及弑炀帝于江都，法兴自以代居南土，_{法兴，湖州武康人。}宗族数千家，为远近所服，乃与祐部将孙士汉、陈果仁执祐于坐而起兵。此地方豪右也。风尘水顷洞之际，乘机割据者，往往此曹，《两晋南北朝史》言之详矣。若夫承平之世，有扬历仕途者，则其宗亲内外，率多互相依倚。刘审礼再从同居，家无异爨，合门二百余口。朱泚之乱，李晟家百口陷贼中。张浚之死，朱全忠屠其家百余人。王师范之死，家见戮者二百口。刘仁恭之败，晋军执其家族三百口。皆是物也。此等不必皆属同姓，并不必皆系亲族。《新书·杨元琰传》，言中外食其家者常数十人，即相依倚者不皆同姓之证。《旧五代史·朱友谦传》：后唐庄宗命夏鲁奇诛其族于河中，友谦妻张氏，率其家属二百余口见鲁奇曰："请疏骨肉名字，无致他人横死。"《通鉴》云：别其婢仆百人，以其族百口就刑，则所谓家属者，婢仆与亲族，各居其半矣。_{《康延孝传》：河中旧将焦武等言西平无罪，二百口伏诛，盖未知其婢仆之获免也。}《旧唐书·昭宗纪》：王行瑜死后，其家二百口乞降；_{乾宁二年（894）。}而《旧五代史·唐武皇纪》言庆州奏行瑜将家属五百人到州界，为部下所杀，若以此例推之，则婢仆且多于亲族矣。《新唐书·忠义传》：颜杲卿与其长史袁履谦共拒安禄山而败，及郭、李收常山，出二家亲属数百人于狱，云亲属当不苞仆妾。及史思明归国，真卿方为蒲州刺史，令杲卿子泉明到河北求宗属。履谦及父故将妻子奴隶尚三百余人，转徙不自存，泉明悉力赡给，分多匀薄，相扶掖度河托真卿，真卿随所归资送之，则二家亲属与非亲属，其数亦略相等也。此等所谓家属，当时仕宦者，所至皆挈之而行。《旧书·裴遵庆传》，言其子向，内外支属百余人，所得俸禄，必同其费，及领外任，亦挈而随之则其证。职是故，其受累乃极探。王琚阖门三百口，每徙官，车马数里不绝。从宾容、女伎驰弋，凡四十年。琚有财，不以为累也。李揆为元载所挤，奏为试秘书监，江淮养疾，既无禄俸，家复贫乏，嬬孤百口，丐食取给，萍寄诸州，凡十五六年，牧守稍薄，则又移居，其迁徙者，盖十余州焉，则不胜其苦矣。然造次颠沛之际，无不相偕。刘知俊举旗奔凤翔，后又以举家入蜀，不自安而奔蜀。景延广顾念其家不能去，终为契丹所擒。是时王瑜胁其父自义州举族入蜀，_{义州，后唐置。}与盗赵徽相结而行，卒为所杀，少长百口殆尽。《旧五代史·晋少帝纪》：天福八年（943），延州奏绥州刺史李彝敏，抛弃城郡，与弟彝俊等五人，将骨肉二百七十口，来投当州，押送赴阙。称与兄夏州节度使彝殷，偶起猜嫌，互相攻伐故也。《新唐书·忠义传》：黄碣为漳州刺史，徙婺州，刘汉宏遣兵攻之，兵寡不可守，弃州去，客苏州。董昌表碣自副。昌反，碣不与同。昌杀之，夷其家百口。碣闽人，时直乱世，然崎岖羁旅，相从者仍不少也。

同居者虽不必父族，究以父族为主。论其世数，当以张公艺九世同居为最多，《新、旧书·孝友传》。高崇文七世不异居次之。《五代史·南唐世家》：李昇时，州县言民孝弟五代同居者七家，皆表门闾，复其徭役。其尤盛者，江州程氏，宗族七百口，亦不啻九世矣。杜暹、李纲五世同居，吕元简四世同居，李处恭、张义贞三世同居，皆见《旧书·孝友传》。其次也。同居者不必不异财，亦不必不异爨，故其不然者，尤为世所称道。如朱敬则与三从兄弟同居四十余年，财产无异。裴宽兄弟八人，于东都治第，八院相对，常击鼓会饭。刘君良累代义居，兄弟虽至四从，皆如同气，尺布斗粟，人无私焉。《旧书·孝友传》。是其事也。此等大家，治理盖颇有法度。故如李畬，闺门雍睦，累代同居，而史称其岁时拜庆，长幼男女，咸有礼节。畬，素立曾孙。见《旧书·良吏传》。崔邠三世一爨，则云当时言治家者推其法焉。《旧书·李光进传》：弟光颜先娶妻，其母委以家事。母卒，光进始娶。光颜使其妻奉管钥、家籍、财物，归于其姒。光进命反之。且谓光颜曰："新妇逮事母，尝命以主家，不可改也。"家而有籍，可见其治理之有法也。然能善其事实难。故姚崇先分田园，令诸子侄各守其分。仍为遗令，以诫子孙。云："比见诸达官，身亡以后，子孙既失覆荫，多至贫寒。斗尺之间，参商是竞。岂惟自玷，乃更辱先，无论曲直，俱受嗤毁。庄田、水碾，既众有之，递相推倚，或至荒废。陆贾、石苞，皆古之贤达也，所以豫为定分，将以绝其后争，吾静思之，深所叹服。众有则递相推倚，可见治理之难。斗尺之间，参商是竞，主藏者将更穷于应付矣。陆子静当家一月，学问有进，其以此欤。"

乡居者丁多则垦殖易广；积聚稍多，又可取倍称之息；或荫庇人户，以自封殖；故族愈大则财力愈雄。若仕宦之家，则有适相反者。陈少游问董秀："亲属几何？月费几何？"秀曰："族甚大，岁用常过百万，"其明征也。张直方奔京师，以其族大，特给检校工部尚书俸。薛放孤孀百口，家贫每不给赡，常苦俸薄，因召对恳求外任。郑权以家人数多，俸入不足，求为镇守。郑薰亦以纠族百口，廪不充，求外迁。此等既已得之，亦复何所不至？李愿门内数百口，仰给官司，卒激李之变。虽田弘正，亦未尝不以是败也。李密之将归唐也，谓王伯当曰："将军室家重大，岂复与孤俱行哉？"门户之计重，君国之念，自不得不轻，移孝作忠，徒虚言耳。萧复，广德中，岁大饥，家百口不自振，议粥昭应墅，此居者之不自保也。李揆之萍寄诸州，则行者之无所归也。使此等人居官，安得不贪秽？玄宗欲相崔琳、卢从愿，以族大，恐附离者众，卒不用，《新书·崔义玄传》。有以也夫！

　　《旧书·杜如晦传》：如晦弟楚客，少随叔父淹没于王世充。淹素与如晦兄弟不睦，谮如晦兄于王行满，世充杀之。并囚楚客，几至饿死。楚客竟无怨色。洛阳平，淹当死。楚客泣涕，请如晦救之。如晦初不从。楚客曰："叔已杀大兄，今兄又结恨弃叔，一门之内，相杀而尽，岂不痛哉？"因欲自到。如晦感其言，请于太宗，淹遂蒙恩宥。戈矛起于骨肉之间如此，岂不以相见好，同住难，藏怒蓄怨，以至于斯欤？《新书·裴坦传》：从子贽，昭宗疑其外风检而昵帷薄，逮问翰林学士韩偓。偓曰："贽内雍友，合疏属以居，故臧获猥众，出入无度，殆此致谤。"则知合族而居，治理诚非易事也。众而不理，孰如寡？亦何必互相牵率哉？观张璀兄弟五人，未尝不可自活，而必去车渡村，共归于张承业，见第十三章第二节。则可知其所由来矣。宾客欢娱僮仆饱，始知官爵为他人。以所识穷乏者德我，而以身殉之，岂不哀哉！

　　贾章家三十口，而死于兵者二十八，见第十三章第二节。此已非寻常百姓矣。故能仕于安重荣也。若寻常百姓，则《隋书·地理志》谓梁州小人，薄于情礼，父子率多异居；又谓扬州俗父子或异居；必不能逾于五口八口矣。当时法令，于累世同居者，率以为义而表章之。《隋书·炀帝纪》：大业五年三月，有司言武功男子史永遵，与从父昆弟同居。上嘉之，赐物一百段，米二百石，表其门闾。《旧唐书·高宗纪》：显庆六年八月，令诸州举孝行尤著，及累叶义居，可以厉风俗者。《新书·孝友传》云：唐受命二百八十八年，以孝弟名通朝廷者，多闾巷刺草之民，皆得书于史官。下文列举其名，事亲居丧著至行者，盖所谓孝？数世同居者，则所谓弟也。天子皆旌表门闾，赐粟帛。州县存问，复赋税。有授以官者。其所列举，盖以循例办理者为限。故如高霞寓五代同爨，德宗朝采访使奏旌表其门闾者不与焉。然南北朝之世，户高丁多者，或出于互相荫庇，故隋高祖令州县大索貌阅，大功已下，兼令析籍，各为户头。详见第三章第一节。至唐世，则丁多者户等随之而高，赋役亦随之而重，民又析籍以避之，法令则又禁其分析。《旧唐书·食货志》：天宝元年（742）赦文云：如闻百姓之内，有户高丁多，苟为规避，父母见在，乃别籍异居。宜令州县勘会，其一家之中，有十丁已上者，放两丁征行赋役，五丁已上放一丁，即令同籍共居，以敦风教。《旧五代史·唐庄宗纪》：同光元年（923）赦文，民有三世已上不分居者，与免杂徭。《晋高祖纪》云：所历方镇，以孝治为急，见民间父母在昆弟分索者，必绳而杀之。或诱之以名利，或威之以刑罚，其意则一而已矣，岂真为风教计哉！

　　即勿论此，得旌表者，亦未必真笃行之人。《旧五代史·晋高祖纪》：天福四年闰七月，尚书户部奏：李自伦义居七世，准敕旌表门闾。先有邓州义门王仲昭，六代同居。其旌表，有厅事，步栏前列屏树乌头。正门阀阅一丈二尺，二柱相去一丈。柱端安瓦桶，墨染，号为乌头。筑双阙一丈，在乌头之南三丈七尺。夹街十有五步，槐柳成列。今举此为例，则令式不该。诏王仲昭正厅乌头门等制，不载令文，又无敕命，既非故事，难黩大伦。宜从令式，只表门闾。于李自伦所居之前，量地之宜，高其外门。门外安绰楔。李自伦《新史》列《一行传》，此句无外字。门外左右各建一台，高一丈二尺，广狭方正，称台之形。圬以白泥，四隅漆赤。其行列树植，随其事力。其同籍课役，一准令文。王仲昭之所为，不必论矣，令式所载，亦岂与筚门圭窦相称？固知名闻于朝者，皆丁多族大有力之家，其居隐约而真有至行者，则名湮没而不彰矣。可胜叹哉！

宗法久与事势不宜，然士夫尚狃于旧习。《旧书·职官志》：九庙之子孙，继统为宗，余曰族，宗正。此王室之制也。元德秀以有兄子不娶，已见上节。柳宗元既贬谪，与京兆尹许孟容书曰：宗元于众党人中，罪状最甚，神理降罚，又不能即死，犹对人语言，饮食自活，迷不知耻，日复一日。然亦有大故。自以得姓来二千五百年，代为冢嗣。今抱非常之罪，居夷僚之乡，卑湿昏雾，恐一日填委沟壑，旷坠先绪，以是怛然痛恨，心骨沸然。茕茕孤立，未有子息。荒州中少士人女子，无与为婚，世亦不肯与罪人亲昵。以是嗣续之重，不绝如缕。每春秋时飨，孑立捧奠，顾眄无后继者，惸惸然欷歔惴惕，恐此事便已，摧心伤骨，若受锋刃，此诚丈人所共闵惜也。伏惟兴哀于无用之地，垂德于不报之所，以通家宗祀为念，有可动心者，操之勿失。虽不敢望归扫茔穴，退托先人之庐，以尽余齿，姑遂少北，益轻瘴疠，就婚娶，求胄嗣，有可付托，即冥然长辞，如得甘寝，无复恨矣。其哀痛迫切，至于如此，此真孔子所谓各亲其亲，各子其子者也。亲族之自私，益以男统之专横，则虽姑姊妹，女子子，其情本亲者，其出亦遭摈斥矣。鲜于仲通弟叔明，为东川节度使，大历末，有阆州严氏子上疏，叔明，阆州新政人。称叔明少孤，养于外族，遂冒姓焉，请复之。诏从焉。叔明初不知其从外氏姓，意丑其事，遂抗表乞赐宗姓。代宗以戎镇寄重，许之。仍置严氏子于法。此莒人灭鄫之义之流失也。然人情终难尽违。故司空图无子，以甥为嗣，为御史所劾，而昭宗不之责。西河公主初降沈氏，生一子，再降郭铦，铦无嗣，遂以沈氏子为嗣，《新唐书·郭子仪传》。则且取及妻之前子矣。父母之恩，不在生而在养，子孙之孝亦然。《五代史·晋家人传论》云：古之不幸无子，而以其同宗之子为后者，圣人许之，著之《礼经》而不讳也。而后世间闾鄙俚之人则讳之。讳则不胜其欺与伪也。故其苟偷窃取，婴孩襁褓，讳其父母，而自欺以为我生之子。曰：不如此，则不能得其一志尽爱于我，而其心必二也。安知养子之专于为养，正野人之质直而能务民之义乎？彼其意，岂必讳所养为所生，然而终不能无欺与伪者，则各亲其亲，各子其子之既久，徇其名而忘其实，使之不得不然也。安得复见大同之世，使老有所终，幼有所长，鳏寡孤独废疾者，皆有所养哉？然唐世禁以异姓为后，意尚在于维持宗法，而非借此以争财产。近人笔记云：宋初新定《刑统》，户绝赀产下引《丧葬令》云：诸身丧户绝者，所有部曲、客女、奴婢、店宅、资财，并令近亲转易货卖，将营葬事及量营功德之外，余财并与女，无女均入以次近亲，无亲戚者，官为检校。若亡人在日，自有遗嘱处分，证验分明者，不用此令。此《丧葬令》乃唐令。观此，知唐时所谓户绝，不必无近亲，虽有近亲，为营丧葬，不必立近亲为嗣子，而远亲不能争嗣，更无论矣。虽有近亲，为之处分财产，所余财产，仍传之亲女，而远亲不能争产，更无论矣。此盖先世相传之法，亦不始于唐。秦、汉以前有宗法，秦废封建，宗法与之俱废，萧何定《九章》，乃变为户法。宗法以宗为单位，户法以户为单位。以宗为单位，有小宗可绝，大宗不可绝之说，以户为单位，无某户可绝，某户不可绝之理。故《唐律》禁养异姓男，《户令》听养同宗，乃于可以不绝之时，而为之定不绝之法，《丧葬令》使近亲营葬事，使亲女受遗产，乃于不能不绝之时，而为之定绝法。此乃户法当然之理，固不能以上世宗法之理，用于户法也。观此论，可知唐时所谓承嗣者，当与财产无干，绝非如近世所讥：口在宗祧，心存财产，其言蔼然，其心不可问者也。然女适异姓，不必复能奉养其父母。亲女不能养，同姓之人，又莫之肯养，则如何？则于其犹有财产者，不得不听其立一人焉以为后，责之以生养死葬，而以其遗产归之矣。此犹以财产与之相贸耳。此唐、宋之法所以变为近世之法，虽觉其不近于人情，然在财产私有之世，固为事之无可如何，且不得不许为进化也。

军人好畜假子，则原于胡俗，与欧《史》所谓闾阎鄙俚之人者，又自不同。《两晋南北朝史》已言之。隋、唐之世，此风仍不绝。如张亮在唐初，有假子五百是也。中叶后藩镇跋扈，宦官亦窃握禁军，乃相率以此市恩，事已散见诸篇，不俟缕。突厥默啜尝请为武后子。唐人吕𬉶，为回鹘奉诚可汗养子，遂从其姓，曰药罗葛𬉶。索元礼，胡人也，薛怀义初贵，元礼养为假子。观行之者为谁，而知其俗之所自起矣。《五代史·赵凤传》：张全义养子郝继孙犯法死，宦官、伶人冀其赀财，固请籍没。凤上书，言继孙为全义养子，不宜有别籍之财，而于法不至籍没，刑人利财，不可以示天下，则假子不得别籍异财，亦与真子同。此无足怪，假子固部曲之伦，部曲亦奴隶之类，奴隶固未有能自有其财产者也。为假子者，地位自必较假父为卑，若其不然，则亦可养为弟。吴少阳与吴少诚，同在魏博军，相友善，少诚得淮西，多出金帛邀之，养为弟是也。《旧五代史·李存信传论》，以李克用之养子，拟诸董卓之畜吕布，卓与布，固亦渐染羌俗者。要之胡人进化浅，不知家族之外，更有何伦类耳。张亮弃故妻，更娶李氏，李私通歌儿，养为子。又有富人养流浪之人为子者，如李让之于孔循。此等则其俗既已盛行之后，人又从而效之，亦未易枚数耳。

　　谱系之学，虽犹不绝，见第十七章第一节。然人之于此，实已无畏之之心，故通假、贩粥等事，纷纷而起焉。张说与张九龄叙为昭穆，此或爱其才，罗绍威厚币结罗隐，与通谱系昭穆，此盖慕其名，已非尊祖敬宗之义。其甚者，李敬玄久居选部，人多附之，三娶皆山东士族，又与赵郡李氏合谱。李义府既贵，自言本出赵郡，始与诸李叙昭穆。无赖之徒，拜伏为兄叔者甚众。给事中李崇德，初亦与同谱叙昭穆，及义府出为普州刺史，遂即削除。义府闻而衔之。及重为宰相，乃令人诬构其罪，竟下狱自杀。杜正伦与城南诸杜，昭穆素远，求同谱不许，衔之。诸杜所居，号杜固，世传其地有壮气，故世衣冠，正伦既执政，乃建言凿杜固，通水以利人。王锷附太原王翃为从子，以婚阀自高，翃子弟亦借锷多得官。挟势利以相交，不得则流为怨毒，其弊遂有不可胜言者。然究犹皆士大夫也。又其甚者，薛怀义本姓冯，武后以其非士族，令改姓薛，与太平公主婿薛绍合族，令绍以季父事之。李揆见李辅国，执子弟之礼，谓之五父。宣宗宠信左军中尉马元贽，马植为宰相，遂与通昭穆。此岂特衣冠扫地？元载父昇，本景氏，曹王明妃元氏，赐田在扶风，昇主其租入，有劳，请于妃，冒为元氏，则转为小人常态，不足怪矣！

第三节　人　口

　　版籍之法，唐代为详。《旧书·职官志·户部》云：每一岁一造计帐，三年一造户籍。《通鉴》：开元十六年（728），是岁，制户籍三岁一定，分为九等。县以籍成于州，州成于省，户部总而领焉。户籍在府、州、县属户曹、司户，见《新书·百官志》。每定户以仲年，造籍以季年。州、县之籍，恒留五日，当作十五日。《食货志》云：州县留五比，尚书省留三比。省籍留九日。籍必岁上。《新书·百官志》：职方，凡图经，非州县增废，五年乃修，岁与版籍偕上。《食货志》云：天宝三年（744），天下籍始造四本，京师及东京尚书省、户部各贮一本，以备车驾巡幸，省载运之费焉。可见是时为政者，于户籍必时加检阅也。定籍之意，实重赋役，而计生齿转居其次，故户必定其等第。定等之法，颇病烦苛。《食货志》：开元二十五年五月，敕定户口之时，百姓非商户，郭外住宅及每丁，一牛不得将人货财数。可见其概。职是故，人民恒思流移，而域民之法，遂不得不严。《职官志》：凡户之两贯者，先从边州为定，次从关内，次从军、府、州。若俱者，各从其先贯焉。乐住之制，居狭乡者听其从宽，居远道者听其从便，居轻役之地者，听其从重。《户部》。其法可谓颇密。《李抱玉传》：抱玉于代宗时上言：臣贯属凉州，本姓安氏。以禄山构祸，耻与同姓，去至德二年五月，蒙恩赐姓李氏。今请割贯属京兆府长安县。许之。因是举宗并赐国姓。《新书·李晟传》：以临洮未复，临洮郡，即洮州。晟，洮州临潭人。请附贯万年。诏可。徙贯至烦敕许，虽晟等大臣，事体与编氓有异，亦可见其法之严。《旧书·方伎传》：崔善为，贞观初拜陕州刺史。时朝廷立议，户殷之处，得徙宽乡。善为上表，称畿内之地，是谓户殷，丁壮之人，悉入军府，若听移转，便出关外，虚近实远，非经通之议，乃止。则法之所许，亦有时而靳之矣。自狭乡徙宽乡者，得并卖口分田，则并为法之所求。然《新书·李栖筠传》言：栖筠为浙西观察使，奏部豪姓多徙贯京兆、河南，规脱徭科，请量产出赋，以杜奸谋，诏可，则奸民虽徙户殷之处，仍自有其规避赋役之方矣。规避赋役，不外宦、学、释、老及色役，而诈称客户者尤多。《旧书·杨炎传》：凡富人多丁者，率为官、为僧，以色役免，贫人无所入则丁存。故课免于上，而赋增于下。是以天下残瘵，荡为浮人，乡居地著者，百不四五。户籍清厘，事甚不易。《苏瑰传》言：武后时十道使括天下亡户，初不立籍。人畏搜括，即流入比县旁州，更相廋蔽。瑰请罢十道使，专责州县，豫立簿注，天下同日阅正，尽一日止，使梜奸匿。岁一括实，检制租调，以免劳弊。可见州县造籍，久成虚文。《李逊传》：子方玄，为池州刺史。钩检户籍，所以差量徭赋者，皆有科品程章，吏不得私。常曰："沈约年八十，手写簿书，盖为此云。守令能如此者，盖百不得一矣。"宇文融奏置劝农判官十人，并摄御史，分行天下，括得客户凡八十余万。然《旧书·杨炎传》言：开元中不为版籍，人户寝溢，堤防不禁，丁口转死非旧名，田亩换易非旧额，贫富升降非旧第，户部徒以空文总其故书，与武后时州县不阅实，而必别遣十道使者，其事正同。两税法之精意，亦不过户无主客，以见居为簿，人无丁中，以贫富为差十八字而已。然《新书·食货志》，载贞元时陆贽上疏，言今徭赋轻重相百，重处流亡益多，轻处归附益众。有流亡则摊出，已重者愈重，有归附则散出，已轻者愈轻。廉使奏吏之能者有四科，一曰户口增加。《旧书·宣宗纪》：会昌六年（846），五月五日赦书：观察、刺史交代之时，册书所交户口，如能增添至千户，即与超迁，如逃亡至七百户，罢后三年内不得任使。夫贵户口增加，则诡情以诱奸浮，苛法以析亲族。所诱者将议薄征则散，所析者不胜重税而亡。则民之流犹如故也。职是故，着籍之民，与生齿之数，乃大相悬殊。《旧书·职官志》：四万户已上为上州，二万户已上为中州，不满为下州，六千户已上为上县，二千户已上为中县，一千户已上为中下县，不满一千户，皆为下县。《旧五代史·汉隐帝纪》：乾祐三年七月，三司使奏：州县令、录、佐官，请据户籍多少，量定俸户。县三千户已上，令月十千，主簿八千，二千户已上，令月八千，主簿五千，二千户已下，令月六千，主簿四千。又《周太祖纪》：广顺三年十一月，诏重定天下县邑。除畿、赤外，其余三千户已上为望县，二千户已上为紧县，一千户已上为上县，五百户已上为中县，不满五百户为中下县。以吾侪耳目之所听睹，县有不满五百户，其上焉亦仅余六千者乎？《唐明宗纪》：长兴元年九月，阶州刺史王弘贽上言：一州主客，才及千户，并无县局。臣今检括，得新旧主客，已及三千。欲依旧额，立将利、福津二县，请置令佐。从之。括得之户，再倍于本，可见漏籍者之多。《王正言传》：孔谦谓郭崇韬："魏博六州，户口天下之半。"五代人户，见于史者，仅周显德六年（959），其数为二百三十万。详见下。若以六州生齿实数，与举国着籍之数较之，恐尚不啻及半而已。契丹之去相州，大肆屠戮，其后王继弘镇相州，于城中得髑髅十余万，见第十三章第四节。赵思绾之叛，入城时丁口仅十余万，及开城惟余万人，见《旧五代史》本传。此皆以一城言，岂有一州户止数万者邪？

漏籍之户，遂可不出赋役乎？是又不然。《新唐书·李杰传》：杰以采访使行山南，时户口逋荡，细弱下户，为豪力所兼，杰为设科条区处，防检亡匿，复业者十七八。莫或为之区处，则亦为豪力所隶属而已。小民固不能漏籍也。

《旧五代史·唐明宗纪》：长兴三年二月，秦州奏州界三县之外，别有一十一镇，人户系镇将征科，欲随其便宜，复置陇城、天水二县，从之。《周太祖纪》：广顺二年三月，诏西京庄宅司，内侍省宫苑司，内园等四司所管诸巡系税户二千五百，并还府县。人民不属州县，亦为户口减少之一端，然此等为数当不甚多，不足计也。《新书·李吉甫传》：德宗时，义阳、义章二公主薨，诏起祠堂于墓，百二十楹，费数万计。会永昌公主薨，有司以请，宪宗命减义阳之半。吉甫曰："德宗一切之恩，不足为法。昔汉章帝欲起邑屋于亲陵，东平王苍以为不可，故非礼之举，人君所慎。请裁制墓户，以充守奉。"帝曰："吾固疑其冗减之，今果然。然不欲取编户，以官户奉坟而已。"吉甫再拜谢。所谓编户，即隶版籍者，官户则罪隶，属司农者也，见第十七章第三节。义阳、义章二主，皆德宗女。永昌，宪宗女。

户籍之法，昔人视之甚重。故分疆、制禄，必视户口之多少以为衡。削平僭伪，收复失地，暨平定四夷，若夷落内附者，必皆列其生齿之数，虽羁縻州，亦多有版。《旧书·李勣传》：李密为王世充所破，拥众归朝，其旧境，东至于海，南至于江，西至汝州，北至魏郡，勣并据之，未有所属。谓长史郭孝恪曰："魏公既归大唐，今此人众土地，魏公所有也。吾若上表献之，即是利主之败，自为己功，以邀富贵，吾所耻也。今宜具录州县名数，及军、人、户口，总启魏公，听公自献，此则魏公之功也。"乃遣使启密。使人初至，高祖闻其无表，惟有启与密，甚怪之。使者以勣意闻奏。高祖大喜，曰："徐世勣感德推功，实纯臣也。"此削平僭伪者，必以得其户籍为重也。张义潮之来归也，遣其兄义泽奉十一州户口来献，见《旧书·本纪》，此收复失地者，必先得其户籍也。《王彦威传》：朝廷自诛李师道，收复淄青十二州，未定户籍，乃命彦威充十二州勘定两税使，此久隔王化之地，一朝收复，必以厘正户籍为急务也。高昌之下，高丽、百济之平，史皆详列其郡县户口之数，见《旧书·四夷传》。又《太宗纪》：贞观三年（629），户部奏中国人自塞外来归，及突厥前后内附，开四夷为州县者，男女一百二十余万口。六年（632），党项羌前后内属者三十万口。此平定四夷，若四夷内附，或中国开辟其地为郡县者，亦必详其户籍也。《新书·地理志》，于羁縻党项府、州，分别其有版、无版，则虽号羁縻，亦以有版为常，无版为变矣。凡治皆以为民，于理固当如是。然版籍迄难得实，而其失实之由，又莫不由于腹削，则政事之非以养民，而实乃腹民以生也旧矣！可胜慨哉？

隋、唐两朝户口之数见于史者：《隋书·地理志》言：隋世户八百九十万七千五百三十，口四千六百一万九千九百五十六。《新、旧唐志》俱同。隋高祖时户口增加情形，见第二章第一节，炀帝时情形，见第二节。《旧书·马周传》：贞观六年（632）上疏言：今百姓比于隋时，才十分之一，则户仅九十万，口仅四百六十万余耳。《高宗纪》：永徽三年（652），上问户部尚书高履行："去年进户多少？"履行奏称："进户总一十五万。"又问曰："隋日有几户？今见有几户？"履行奏："隋开皇中，有户八百七十万，即今见有户三百八十万。"较贞观之初，所增余四倍矣。《旧书》此文，系年明白，《新书·食货志》云：高宗即位之岁，增户十五万，恐误。《苏瑰传》：瑰于神龙初入为尚书右丞，再迁户部尚书。奏计账所管户，时有六百一十五万六千一百四十一。《玄宗纪》：开元十四年五月，户部进计账，今年管户七百六万九千五百六十五，管口四千一百四十一万九千七百一十二。又二十年，户部计，户七百八十六万一千二百三十六，口四千五百四十三万一千二百六十五。《地理志》：开元二十八年（740），户部计账，凡郡、府二百二十有八，县千五百七十有三，羁縻州郡，不在此数。户八百四十一万二千八百七十一，口四千八百一十四万三千六百九。《新志》同，而删羁縻州郡不在此数句，亦见其疏也。是时户口岁增，《旧书·职官志·户部》，凡天下之户，八百一万八千七百一一，口四千六百二十八万五千一百五十一，当在二十年（732）之后，二十八年（740）之前。又《本纪》：天宝元年（742），户部进计账，今年管户八百五十二万五千七百六十三，口四千八百九十万九千八百。又十三载，户部计今年见管州县户口，管郡总三百二十一，县一千五百三十八，乡一万六千八百二十九。户九百六十一万九千二百五十四，三百八十八万六千五百四不课，五百三十万一千四十四课。口五千二百八十八万四百八十八，四千五百二十一万八千四百八十不课，七百六十六万二千八百课。见于史者，此为唐极盛之数矣。《代宗纪》：广德二年（764），户部计账，管户二百九十三万三千一百二十五，口一千六百九十二万三百八十六；所减逾三之二。然《新书·刘晏传》，谓晏既被诬，旧吏推明其功，以为开元、天宝间，天下户千万，至德后残于大兵，饥疫相承，十耗其九，至晏充使，户不二百万，则所增已及其半矣。《新书·食货志》：德宗相杨炎，作两税法，旧户三百八十万五千，使者按比，得主户三百八十万，客户三十万。又《杜佑传》：佑于建中初上议省官，言开元、天宝中，四方无虞，编户九百余万，帑藏丰溢，虽有浮费，不足为忧。今黎苗凋瘵，天下户百三十万，陛下诏使者按比，才得三百万，比天宝三分之一，就中浮寄又五之二。出赋者已耗，而食之者如旧，安可不革？按比所得，不应倍于旧数而犹有余，百三十万，盖据安、史乱后最少之数言之，非即时之事也。《旧书·宪宗纪》：元和二年（807），史官李吉甫撰《元和国计簿》总计天下方镇凡四十八，管州、府二百九十五，县一千四百五十三，户二百四十四万二百五十四。其凤翔、鄜坊、邠宁、振武、泾原、银夏、灵盐、河东、易定、魏博、镇冀、范阳、沧景、淮西、淄青十五道，凡七十一州，不申户口。《地理志》：永泰之后，河朔、陇西，沦于寇盗，元和掌计之臣，尝为版籍，二方不进户口，莫可详知。每岁赋入倚办，止于浙江东西、宣歙、淮南、江西、鄂岳、福建、湖南等八道，合四十九州，一百四十四万户。比量天宝，供税之户，则四分有一。天下兵戎，仰给县官，八十三万。然人比量天宝，士马则三分加一，率以两户资一兵。其他水旱所损，征发科敛，又在常役之外。六年（811），中书、门下奏请省官，言自天宝已后，中原宿兵，见在军士可使者，八十余万；其余浮为商贩，度为僧道，杂入色役，不归农桑者，又十有五六；则是天下常以三分劳筋苦骨之人，奉七分坐衣待食之辈。其说可以互相发明。《穆宗纪》：元和十五年（820）计户账，定，疑夺一字。盐夏、剑南东西川、岭南、黔中、邕管、安南合九十七州，不申户账。长庆元年（821），天下户计二百三十七万五千八百五，口一千五百七十六万二千四百三十二。元不进户口军州，不在此内。《文宗纪》：开成二年（837），户部侍郎判度支王彦威进《供军图略》。《序》言长庆户口，凡三百三十五万，而兵额又约九十九万，通计三户资奉一兵。亦见《彦威传》。则长庆末年户数，较之初年，增及百万矣。四年（839），户部计见管户四百九十九万六千七百五十二，较长庆末，又增百六十余万。《新书·食货志》载元和、长庆户数及养兵之数，与《旧纪》元和二年（807）开成元年（836）同。又云：乾元末，天下上计百六十九州，户百九十三万三千一百二十四，不课者百一十七万四千五百九十二，口千六百九十九万三百八十六，不课者千四百六十一万九千五百八十七。减天宝户五百九十八万二千五百八十四，口三千五百九十二万八千七百二十三。武宗即位，户二百一十一万四千九百六十。会昌末，户增至四百九十五万五千一百五十一。为《旧书》所无。《十七史商榷》云：以《新书》所载乾元末户数，校天宝元年（742）户数，应减七百四十三万二千六百三十九，口数应减三千二百八十一万四百十四。以校十三载户数，则应减七百六十八万九千一百三十。口数应减三千五百八十九万一千二十。然则《新志》所核算天宝户口之数，既非元年，又非十三载，不知其所据者为何年之籍矣。就《新志》所言，天宝户口数，当有七百九十一万二千七百八户，五千二百九十一万九千一百九口。户减于开元二十八年（740），而口则反增。《旧纪》广德二年（764）户部计账数，与《新志》乾元末相近。长庆元年（821）户口，户较《新志》所载乾元之数，所增颇多，而口则反减云。案历代版籍，所存既仅，其登降之故，自非后世所能详，唐中叶后，州郡申报与否，又时有变易，其故自更不易推求也。《旧五代史·李琪传》：琪同光三年（925）上疏，言唐自贞观至于开元，将及一千九百万户，五千三百万口，与唐代史家所记，户数大相悬殊，纵有差池，不应至是。然上云尧时户一千三百余万，而下云比之尧舜，又极增加，则一千二字非衍文。盖琪之误记也。五代户口之数，史无所传。惟《旧史·食货志》载周显德五年十月，命在散骑常侍艾颖等三十四人下诸州检定民租，六年（959）春，诸道使臣回，总计检到户二百三十万九千八百一十二。

第四节　人民移徙

　　调剂土满人满，移易风俗，充实边防，莫不有赖于移民。此等移民，秦、汉时尚有之，魏、晋后则几绝迹矣。盖人莫不有安土重迁之情，而历来官家之移民，又多不能善其事，利未见而害先形，则尚不如无动之为善矣。《隋书·食货志》：天保八年（570），议徙冀、定、瀛无田之人于幽州范阳宽乡，百姓惊扰。开皇十二年（592），时天下户口岁增，京辅及三河，地少而人众，衣食不给，议者咸欲徙就宽乡。帝命诸州考使议之，又令尚书省以其事策问四方贡士，竟无长算。帝乃发使四出，均天下之田。狭乡每丁才至二十亩，老小又少焉。明知土田人口之不相得，而竟不能调剂，即由豫度其事之不易行也。《房陵王传》：高祖受禅，立为皇太子。上以山东民多流冗，遣使按检，又欲徙民北实边塞。勇上书谏曰："窃以导俗当渐，非可顿革。恋土怀旧，民之本情，波进流离，盖不获已。有齐之末，主暗时昏，周平东夏，继以威虐，民不堪命，致有逃亡，非厌家乡，愿为羁旅。加以去年三方逆乱，赖陛下仁圣，区宇肃清，锋刃虽屏，创夷未复。若假以数岁，沐浴皇风，逃窜之民，自然归本。虽北夷猖獗，尝犯边烽，今城镇峻峙，所在严固，何待迁配，以致劳扰？"上览而嘉之，遂寝其事。《北史》云：时晋王广亦表言不可，帝遂止。夫惟民之未安，故可乘势迁徙，既安则更难动矣。高祖是谋，未始非因祸为福，转败为功之道，然因勇言而遂止者，亦度其事之不易行也。陈亡后，江南之变，固由苏威等措置不善，亦由讹言将徙其民入关，可见其不可轻举矣。

　　炀帝营建东京，徙豫州郭下居人以实之。又徙天下富商大贾数万家于东京。事在大业元年（605），见《隋书·本纪》。周革唐命，徙关内雍、同等七州户数十万，以实洛阳。事在天授二年（691），见《旧唐书·本纪》。此皆徙谋京邑之富厚，非如汉主父偃说武帝，陈汤说成帝，兼为治理计也。见《秦汉史》第十三章第四节。《隋书·梁彦光传》：高祖受禅，为岐州刺史，后转相州。在岐州，俗颇质，以静镇之，合境大化，奏课连最为天下第一。及居相部，如岐州法；邺都杂俗，人多变诈。为之作歌，称其不能理化。上闻而谴之，竟坐免。岁余，拜赵州刺史。彦光言于上，请复为相州。上从之。豪猾者闻其自请而来，莫不嗤笑。彦光下车，发摘奸隐，有若神明。狡猾之徒，莫不潜窜，合境大骇。初齐亡后，衣冠士人，多迁关内，惟技巧、商贩及乐户之家，移实州郭。由是人情险诐，妄起风谣，诉讼官人，万端千变。彦光欲革其弊，乃用秩章之物，招致山东大儒，每乡立学，非圣哲之书，不得教授。常以季月召集之，亲临策试。有勤学异等，聪令有闻者，升堂设馔。其余并坐廊下。有好争讼，惰业无成者，坐之庭中，设以草具。及大比，当举行宾贡之礼，又于郊外祖道，并以财物资之。于是人皆克厉，风俗大改。案文帝既再任彦光为相州，自非风谣诉讼所能动，豪猾者亦畏威敛迹耳，岂真革面洗心哉？观此，知移民与风俗，相关甚大。如炀帝、武后之所为，实足以败坏风俗，而贻治理者以隐忧也。

为治理计而移民者绝迹，为征戍计而移民者，则犹时有之。《旧书·太宗纪》：贞观十六年正月，诏在京及诸州死罪囚徒配西州为户。流人未达前所者，徙防西州。《新书·刑法志》云：十四年（640），诏流罪无远近，皆徙边要州。后犯者寖少，十六年（642），又徙死罪以实西州，流者戍之，以罪轻重为更限。诏所云流人未达者，盖指十四年（640）已后未至徙所之流人言之。《褚遂良传》载遂良谏疏曰：王师初发之岁，河西供役之年，飞刍挽粟，十室九空，数郡萧然，五年不复。陛下岁遣千余人，远事屯戍。终年离别，万里思归。去者资装，自须营办。既卖菽粟，倾其机杼，经途死亡，复在其外。兼遣罪人，增其防遏。彼罪人者，生于贩肆，终朝惰业，犯禁违公。止能扰于边城，实无益于行陈。所遣之内，复有逃亡，官司捕捉，为国生事。其弊可谓深矣。戍卒资装，自须营办，岂况流人？不能自致，盖由于此？然则虽有更限，亦岂能还返邪？陆贽论谪戍之弊曰：抵犯刑禁，谪徙军城，意欲增户实边，兼令展效自赎。既是无良之类，且加怀土之情，思乱幸灭，又甚戍卒。适足烦于防卫，谅无望于功庸。虽前代时或行之，固非良算之可遵者也。云时或行之，则似非彝典。然《宣宗纪》载会昌六年五月五日赦书，有徒流人在天德、振武者，管中量借粮种俾令耕田一款，则行之之时，恐不少矣。

谪戍之非良算，人人知之，知之而犹行之者，所以省征发，免劳民也。既不能善其事，自不如以召募代之。唐世亦有行之者。《旧书·高宗纪》：显庆六年（661），于河南、河北、淮南六十七州募得四万四千六百四十六人往平壤、带方道行营是也。陆贽欲以代诸道番替防秋。请因旧数而三分之：其一分，委本道节度使募少壮愿住边城者徙焉。其一分，则本道但供衣粮，委关内、河东诸军州，募蕃汉子弟愿傅边军者给焉。又一分，亦令本道但出衣粮，加给应募之人，以资新徙之业。又令度支散于诸道，和市耕牛。兼雇召工人，就诸军城，缮造器具。募人至者，每家给耕牛一头，又给田农水火之器，皆令充备。初到之岁，与家口二人粮，并赐种子，劝之播殖。待经一稔，俾自给家。若有余粮，官为收籴，各酬倍价，务奖营田。既息践更征发之烦，且无幸灾苟免之弊。寇至则人自为战，时至则家力农。时乃兵不得不强，食不得不足。与夫倏来忽往，岂可同等而语哉？此说规画周详，颇近晁错徙民塞下之论，然岂骄悍之边将所能行哉？

人民自行移徙者，以避乱及逃荒为多。《旧书·地理志》云：自至德后，中原多故。襄、邓百姓，两京衣冠，尽投江、湘。故荆南井邑，十倍其初。荆州。此犹后汉之末，中原人士，多投刘景升也。更南即至岭表矣。观南汉刘氏所用多中原人士可知也。《隋书·高祖纪》言：帝之东拜泰山，关中户口，就食洛阳者，道路相属。见第二章第一节。《新书·魏徵传》：徵上疏陈不克终十渐，云贞观初，频年霜旱，畿内户口，并就关外，扶老携幼，来往数年，卒无一户亡去。隋高祖、唐太宗之时，号称治世，而民就食者如是之多，丧乱之时可知。无一户亡去，特徵之巽辞耳。民流亡则失赋役，故所在或欲禁之。所至之处，难于安集，则又或拒之。《新书·李义琰传》：从祖弟义琛，为雍州长史，时关辅大饥，诏贫人就食襄、邓，义琛恐流徙不还，上疏固争。诏许之。就食者犹恐其不还，而流亡者无论矣。《旧书·张延赏传》：为扬州刺史。属岁旱歉，人有亡去者，吏或拘之。延赏曰："人恃食而生。居此坐毙，适彼可生。得存吾人，何限于彼？"乃具舟楫而遣之，俾吏修其庐室，已其逋责，而归者增于其旧。《新书·王播传》：弟子式，为晋州刺史。会河曲大歉，民流徙，他州不纳，独式劳恤之，活数千人。观二人之见称道，而知能如是者之不多也。

戎马倥偬之际，不独人民自行移徙也，拥兵者又迫而徙之。《旧书·地理志》：尉迟迥举兵，杨坚令韦孝宽讨平之，乃焚烧邺城，徙其居人，南迁四十五里，而以安阳城为相州理所。此欲隳名城，而迫徙其民者也。元谊率洺州兵五千，民五万家东奔田绪。《旧书·德宗纪》：贞元十二年（796）。秦宗权攻汴而败，过郑，焚郛舍，驱其民入淮南。《新书》本传。孙儒攻杨行密，又大驱淮南之民渡江。见第十一章第五节。朱全忠与朱瑾争，遣丁会徙兖州界数千户于许。事在唐景福元年（892），见《旧五代史·梁太祖纪》。时溥之败，请和于朱全忠，全忠约徙地而罢兵。昭宗以宰相刘崇望代溥，溥虑去徐且见杀，皇惑不受命，谕军中固留。诏可。泗州刺史张谏，闻溥已代，即上书请隶全忠，纳质子焉。溥既复留，谏大惧。全忠为表徙郑州。谏虑两怨集己，乃奔杨行密。行密以谏为楚州刺史，并其民徙之，而以兵屯泗。《新书·时溥传》。此等皆利其民，又不欲以之资敌，而迫徙之者也。至朱全忠之劫迁唐室，而祸斯极矣。

边城有不能守者，或亦移其民而弃之。《旧书·地理志》：永淳元年（682），云州为贼所破，因废，移百姓于朔州，其一事也。弃其地并徙其民，则其地更不易复。何者？无延颈而望，箪食以迎者也。即复之亦不易守。何者？不易更移民以实之也。参看《两晋南北朝史》第十七章第四节崔浩论凉州事。历代边境，因是而蹙者盖不少。刘琨不徙陉北之民，拓跋氏未必能坐大也。唐末东北、西北二边之蹙亦由此，契丹、西夏之所由兴也。

移夷落入中国者，唐时亦有之。《旧书·高宗纪》：总章二年五月，移高丽户二万八千二百，牛一千八十乘，牛二千二百头，马二千九百匹，驼八十头，将入内地；莱、营二州，般次发遣，量配江、淮以南及山南、并、凉以西诸州空闲处安置。《玄宗纪》：开元十年九月，诏移河曲六州残胡五万余口于许、汝、唐、邓、仙、豫等州；皆规模之较大者也。此等苟能善为绥抚，未始不可化殊俗为齐人，徙戎之论，实为一时之宜，而非经久之计，说见第四章第二节。汉人之流落外国，及为外族所略者亦甚多。《代宗纪》：永泰元年（765），吐蕃大掠京畿，男女数万计，焚庐舍而去。京畿如此，边地不必论矣。《太宗纪》：贞观三年（629），户部奏言：中国人自塞外来归，及突厥前后内附，开四夷为州县者，男女一百二十余万。此汉人之自拔来归者也。五年四月，以金帛购中国人因隋末没突厥者男女八万人，尽还其家属。二十一年六月，诏以隋末时，边民多为戎狄所掠，今铁勒归化，宜遣使访燕然等州，与都督相知，访求没落之人，赎以货财，给粮递还本贯。《通鉴》又云：其室韦、乌罗护、靺鞨三部人，为薛延陀所掠者，亦令赎还。于外夷亦无岐视，可谓仁矣。此国家拔出之者也。然此等势不能遍。《通鉴》于十五年（641）云：上遣职方郎中陈大德使高丽。八月，自高丽还。大德初入其境，欲知山川风俗，所至城邑，以绫绮遗其守者，曰："吾雅好山水，此有胜处，吾欲观之。"守者喜，导之游历，无所不至。往往见中国人。自云家在某郡，隋末从军，没于高丽。高丽妻以游女，与高丽错居，殆将半矣。因问亲戚存殁。大德绐之曰："皆无恙。"咸涕泣相告。数日后，隋人望之而哭者，遍于郊野。可见不能自拔，而国家亦不能拔出之者，实不少矣。张公谨策突厥之可取也，曰："华人在北者甚众，比闻屯聚，保据山险，王师之出，当有应者。"此拓土之所资也。刘守光暴虐，幽、涿之人，多亡入契丹。阿保机又间入塞，攻陷城邑，俘其人民。依唐州县，置城以居之。其后诸部以其久不代，共责诮。阿保机不得已，传其旗鼓，而谓诸部曰："吾立九年，所得汉人多矣，吾欲自为一部，以治汉城，可乎？"诸部许之。汉城在炭山东南滦河上，有盐铁之利，乃后魏滑盐县也。其地可植五谷。阿保机率汉人耕种，为治城郭邑屋廛市，如幽州制度。汉人安之，不复思归。《五代史·四夷》附录。此则转以吾民，为他人奉已。胡峤之随萧翰而北也，登天岭。岭东西连亘，有路北下。四顾冥然，黄云白草，不可穷极。契丹谓峤曰："此辞乡岭也，可一南望，而为永诀。"同行者皆恸哭，往往绝而复苏。乌乎！哀哉！

第五节　风　俗

《汉》《隋》两书《地理志》，皆详述当时各地风俗，而唐以后之史阙焉。杜氏《通典》，本《禹贡》九州，益以南越之地，各言其风俗，其辞甚略，然与《汉》《隋》两书校其同异，亦足见风俗变迁之迹也。今录其说如下：

雍州曰："雍州之地，厥田上上。鄠、杜之饶，号称陆海。四塞为固，被山带河。秦氏资之，遂平海内。汉初，高帝纳娄敬说而都焉。又徙齐诸田，楚昭、屈、景、燕、赵、韩、魏之后，及豪族、名家于关中。强本弱末，以制天下。自是每因诸帝山陵，则迁户立县，率以为常。故五方错杂，风俗不一，汉朝京辅，称为难理。其安定、彭原之北，汧阳、天水之西，接近胡戎，多尚武节。自东、汉、魏、晋，羌、氐屡扰。旋则苻、姚迭据，五凉更乱。三百余祀，战争方息。帝都所在，是曰浩穰。其余郡县，习俗如旧。"此可见关中之地，俗杂五方，民尚武节，皆未遽变于前世，而累经丧乱，元气未复，惟辇毂之下为殷盛也。

古梁州曰："巴、蜀之人，少愁苦而轻易淫佚。周初，从武王胜殷。东迁之后，楚子强大，而役属之。暨于战国，又为秦有。资其财力，国以丰赡。汉景帝时，文翁为蜀郡守，建立学校，自是蜀士学者，比齐、鲁焉。土肥沃，无凶岁。山重复，四塞险固。王政微缺，跋扈先起。故一方之寄，非亲贤勿居。"此言蜀地以土沃而多财，其人以多财而尚文也。

古荆、河州豫州，以避讳改称。曰："荆、河之间，四方辐辏，故周人善贾，趋利而纤啬。韩国分野，亦有险阻。自东汉、魏、晋，宅于洛阳，永嘉以后，战争不息。元魏徙居，才过三纪。逮乎二魏，爰及齐、周，河、洛、汝、颖，迭为攻守。夫土中风雨所交，宜乎建都立社，均天下之漕输，便万国之享献。不恃隘害，务修德刑，则卜代之期，可延久也。"此言其地以居土中而争战剧，迄唐仍以是控制东方也。

古冀州曰："冀州尧都所在，疆域尤广。山东之人，性缓尚儒，仗气任侠，而邺郡高齐国都，浮巧成俗。山西土瘠，其人勤俭，而河东魏晋以降，文学盛兴。闾井之间，习于程法。并州近狄，俗尚武艺。左右山河，古称重镇。寄任之者，必文武兼资焉。"此言其地山东西风俗不同，而山东之邺，山西之河东，在其中又为特异。合并州凡有三俗焉。

古兖州曰："徐方邹、鲁旧国，汉兴犹有儒风。自五胡乱华，天下分裂。分居二境，尤被伤残。彭城要害，藩捍南国，必争之地，常置重兵。数百年中，无复讲诵。况今去圣久远，人情迁荡。大抵徐、充，其俗略同。"此言充州兼及徐州。其地自五胡乱华以来，变迁为最剧也。

古扬州曰："扬州人性轻扬，而尚鬼好祀，每王纲解纽，宇内分崩，江、淮滨海，地非形势，得之与失，未必轻重，故不暇先争。然长淮、大江，皆可拒守。闽、越遐阻，僻在一隅，凭山负海，难以德抚。永嘉之后，帝室东迁，衣冠避难，多所萃止。艺文儒术，斯之为盛。今虽闾阎贱品，处力役之际，吟咏不辍。盖因颜、谢、徐、庾之风扇焉。"此言自三国以降，南方获偏安之由，及永嘉之后，南方文物之所以日盛也。

古荆州曰："荆楚风俗，略同扬州。杂以蛮僚，率多劲悍。南朝鼎立。皆为重镇，然兵强财富，地逼势危。称兵跋扈，无代不有。是以上游之寄，必详择其人焉。"此所言者，乃东晋南北朝之形势也。

古南越_{唐岭南道}曰："五岭之南，人杂夷僚。不知教义，以富为雄。珠崖环海，尤难宾服。是以汉室，常罢弃之。大抵南方遐阻，人强吏懦。豪富兼并，役属贫弱。俘掠不忌，古今是同。其性轻悍，易兴迷节。爰自前代，及于国朝，多委旧德重臣，抚宁其地也。"此可见其地至唐世，政治之力尚弱，部落之力甚强也。

大抵交通便易之地，人事之变易多，风俗之迁流亦剧，闭塞之地则不然。然迁流之剧，亦必阅一时焉而后知，生当其时者不觉也。隋、唐之世之变迁，最大者为江域之财力及其文物，超出于河域之上。观天宝乱后，唐室恃江淮之财赋为命脉；五代之世，金陵之文物，远非汴、洛所及可知。淮域劲悍，杨行密尚用之以抗北兵，_{孙儒、朱全忠}。而南唐迄以不振，亦以其退居江左，溺于宴安故也。岭南演进颇速，盖以海表估舶，谋近岭北，稍自交州，移于广州。闽介楚、越，始终以小国自居，而南汉侈然帝制自为，盖以此故。云南演进亦速，蒙氏遂克与上国抗衡。此其牖启，盖亦资印、缅。惟今黔、桂之地，变迁甚少，则以其最闭塞故也。此等自易世之后观之，了然无疑，而当时之人，曾不能道，盖以其为变甚徐也。惟北方变迁最剧。此为自宋至明，外患率来自东北，而西北遂尔荒废之由。其关系之大，可谓莫与比伦。以其来也骤，故当时之人，已颇能知之。然其迁流所届，及其所以然之故，则言之亦殊不易也。

近人陈寅恪作《唐代政治史述论稿》，其上篇谓唐中叶后，河北实为异族所荐居，三镇之不复，非徒政理军事之失，引杜牧《范阳卢秀才墓志》、韩愈《送董邵南序》为证。牧之文云："秀才卢生，名霈，字子中。自天宝后三代，或仕燕，或仕赵。两地皆多良田畜马。生年二十，未知古有人曰周公、孔夫子者。击毬饮酒，马射走兔，语言习尚，无非攻守战斗之事。"愈之文曰："燕、赵古称多感慨悲歌之士，董生举进士，连不得志于有司，怀抱利器，郁郁适兹土，吾知其必有合也。董生勉乎哉！夫以子之不遇时，苟慕义强仁者，皆爱惜焉，矧燕、赵之士出乎其性者哉？然吾常闻风俗与化移易，吾恶知其今不异于古所云邪？聊以吾子之行卜之也。"陈氏曰："据前引杜牧之《范阳卢秀才墓志》语言习尚无非攻守战斗之句及此序风俗与化移易之语，可知当日河北社会全是胡化……若究其所以然之故，恐不于民族迁移一事求之不得也。"因详考安禄山之为羯胡，陈氏引《旧唐书·肃宗纪》天宝十五载七月甲子制曰："乃者羯胡乱常，两京失守。"建中二年（781）德宗褒恤诏曰："羯胡作祸。"《新唐书·封常清传》曰："先锋至葵园，常清使骁骑与柘羯逆战。"临终时表曰："昨日与羯胡接战。"《张巡传》曰："柘羯千骑。"《颜鲁公集·陆康金吾碑》，目安禄山为羯胡。姚汝能《安禄山事迹》，亦多羯胡之语。杜甫《喜官军已临贼境二十韵》曰："柘羯渡临淮。"则其《咏怀古迹》"羯胡事主终无赖"句，实以时事入诗，不仅用梁侯景事，如《梁书·武陵王纪传》所谓"羯胡叛涣"者也。玄奘《西域记》曰："飒秣建国，兵马强盛，多是赭羯之人。其性勇烈，视死如归。"飒秣建即康。《新书·康传》云："枝庶分王，曰安，曰曹，曰石，曰米，曰何，曰火寻，曰戊地，曰史，世谓昭武九姓。"《安传》曰："慕勇健者为柘羯，柘羯，犹中国言战士。"据《西域记》，赭羯是种族名，云战士，非后来引申，即景文误会。《石传》曰："石或曰柘支，曰柘折，曰赭时。"赭羯即柘羯异译耳。案陈氏此论甚精。中亚与中国，往来甚早，予因疑五胡中之羯，亦因中有西胡相杂，故蒙是称。其俗火葬，与《墨子·节葬》言仪渠，《吕览·义赏》言氐羌之俗合者，乃因其东来时与之相杂；抑火葬非东方之俗，仪渠、氐羌，或正受之西胡也。参看《先秦史》第十三章第三节。并列诸节镇之为异族，及虽难质言，而可疑为异族者，以明其说。案李尽忠叛后，异族人处幽州者甚多。已见第四章第四节，安、史乱后自尤甚。然谓其人之众，足以超越汉人，而化其俗为戎狄，则见卵而求时夜矣。韩公之文，乃讽董邵南使归朝，非述时事。杜牧之云，则谓卢生未尝读书耳，非谓其地之人，举无知周公、孔子者，生因是而无闻焉也，岂可以辞害意？陈氏又引《新书·史孝章传》孝章谏其父宪诚之语曰："天下指河朔若夷狄然"；《藩镇传序》曰："遂使其人由羌狄然，讫唐亡百余年，率不为王土"；谓"不待五代之乱，东北一隅，已如田弘正所云山东奥壤，悉化戎墟者"。弘正受节钺后上表，见《旧书·本传》。夫曰若夷狄然，曰由羌狄，正见其人实为中国，若本为外族，又何诛焉？弘正之语，亦斥其地藩帅之裂冠毁冕，故其下文云："官封代袭，刑赏自专"，非谓其地之人，遂为伊川之被发也。史朝清之乱幽州，《通鉴考异》引《蓟门纪乱》，言高鞫仁与阿史那承庆、康孝忠战，鞫仁兵皆城旁少年，骁勇劲捷，驰射如飞，承庆兵虽多，不敌，大败。杀伤甚众，积尸成丘。承庆、孝忠出城收散卒，东保潞县。又南掠属县。野营月余，逐诣洛阳，自陈其事。城中蕃军家口，尽逾城相继而去。鞫仁令城中杀胡者皆重赏。于是羯胡俱殪。小儿皆掷于空中，以戈承之。高鼻类胡而滥死者甚众。此事与冉闵之诛胡羯绝相类。观其所纪，汉兵实较胡兵为强，正不必戎虏而后有勇也。《纪乱》又言：是乱也，自暮春至夏中。两月间，城中相攻杀凡四五，死者数千。战斗皆在坊市间巷闲，但两敌相向，不入人家剽劫一物，盖家家自有军人之故？又百姓至于妇人、小童，皆闲习弓矢，以此无虞。可见汉人习兵者之众矣。或谓安知其中无东方种族，如奚、契丹之伦者，俗异而貌不异，故诛戮不之及乎？此诚可颇有之，然必不能甚众。民之相仇，以习俗之异，非以容貌之殊，俗苟不同，杀胡羯时必不能无波及，其人亦必不能不自昵于胡羯也。《考异》又引《河洛春秋》，谓高如震与阿史那相持，阿史那从经略军，领诸蕃部落及汉兵三万人，至宴设楼前，与如震会战。如震不利。乃使轻兵二千人，于子城东出，直至经略军南街，腹背击之。并招汉兵万余人。阿史那兵败，走武清县界野营。后朝义使招之，尽归东都。应是胡面，不择少长尽诛之。明当时胡汉各自为军，汉实多于胡也。当时幽州而外，属县亦殆无胡人，故胡兵一败，只可野营，不然，未必无他城邑可据也。健武之俗，习于战斗则自成，割据久而忘顺逆，亦为事所恒有，初不关民族异同。《旧五代史·张宪传》云：太原地雄边服，人多尚武，耻于学业，夫岂晋阳，亦沦戎索？希烈、少诚，纂申、蔡四十载，史亦言其地虽中原，人心过于夷貊，岂亦有异族人据乎？陈氏之论，于是乎失之固矣。然谓东北风俗之变，由于其民多左衽固非，而是时东北风俗，有一剧变，则固不容诬也。

《唐代政治史述论稿》中篇，又明唐代山东旧族，与永淳后藉文辞以取科第之士，各自分朋。谓宇文氏之据关中，曾思传结所属胡、汉为一。参看第十七章第一节。隋、唐王室，及其辅弼，犹是此徒党中人，而新兴崇尚文辞之士，则武后拔擢之，以抑厌唐初旧人者。其后关辅钜室遂衰，而山东旧族，则仍与新兴崇尚文辞之士不相中。引《新唐书·张行成传》：行成侍太宗宴，太宗语及山东及关中人，意有同异，以证唐初之东西猜闲。又引郑覃、李德裕等欲废进士之科，以证山东旧族与崇尚文辞之士之睽隔。案《新书·韦云起传》，言云起于大业初建言：今朝廷多山东人，自作门户，附下罔上为朋党，不抑其端，必乱政，因条陈奸状。炀帝属大理推究，于是左丞郎蔚之、司隶别驾郎楚之等皆坐免，则东西猜闲，隋世即然，谓其起于宇文氏之世，说自不诬。然是时之山东人，则不过欲仕新朝，而为所歧视，因相结合，以图进取，免挤排耳，不必有何深意。陈氏谓山东旧族，尚经学，守礼法，自有其家法及门风，因此乃与崇尚文辞之士不相中，一若别有其深根固柢之道，而其后推波助澜，遂衍为中叶后朋党之局者，实未免求之深而反失之也。治化之兴替，各有其时；大势所趋，偏端自难固执。尚经学，守礼法者，山东之旧风，爱文辞，流浮薄者，江东之新俗。以旧日眼光论，经学自贵于文辞，礼法亦愈于浮薄。然北方杂戎虏之俗，南方则究为中国之旧，统一之后，北之必折入于南者，势也。故隋、唐之世，文辞日盛，经学日微，浮薄成风，礼法凋敝，实为大势之所趋，高宗、武后，亦受其驱率而不自知耳。以为武后有意为之，以抑厌唐室之世族，又求之深而反失之矣。然此为唐代风气一大转变，则亦不可诬也。

隋、唐风俗，实上承南北朝而渐变。旧俗之不可存者，逐渐摧残剥落，而新机即萌蘗于其间，此乃理势之自然，言风俗者不可不深察也。六朝风气，史家举其特异之处，曰尊严家讳，曰崇尚门第，曰慎重婚姻，曰区别流品，曰主持清议，已见《两晋南北朝史》第十八章第二节。尊严家讳之风，隋、唐之世犹盛。然或讳嫌名，或偏讳二名，皆流于小廉曲谨，于义无取。《旧唐书·太宗纪》：武德九年六月己巳，令官号、人名、公私文籍，有世民两字不连续者，并不须讳。此时太宗尚仅为太子，然即位之后，亦未之有改。贞观二十三年五月，太宗崩。六月，《通鉴》云：先是太宗二名，令天下不连言者勿避，至是始改官名犯先帝讳者。二名不偏讳，不闻限于生前，此已失礼意矣。《旧书·本纪》：是岁七月，有司请改治书侍御史、治中、治礼郎等官。以贞观时不讳先帝二字诏之。有司奏曰：先帝二名，礼不偏讳，上既单名，臣子不合指斥。乃从之。后来穆宗名恒，乃改恒州、恒阳县、恒王房等，事与此同。虽阙于事，在君主专制之世，庸或不得不然。宪宗名纯，而改淳州、淳县、淳风县；韦思谦本名仁约，以音类则天父讳称字；张仁愿本名仁亶，以音类睿宗讳改；则并为嫌名矣。犹可曰君主或其父母也。永徽三年九月，改太子中允、中书舍人、诸率府中郎将，以避太子名。刘子玄本名知幾，玄宗在东宫，以音类改，则并及于太子矣。睿宗第四子隆范，第五子隆业，皆避玄宗去隆字，则并及于连名矣。古之讳者，讳其音不讳其字。崔玄暐本名晔，以字下体有则天祖讳改，更为诐而非礼。《旧五代史·唐明宗纪》：天成元年六月，诏曰：太宗时臣有世南，官有民部，应文书内所有二字，但不连称，不得回避。然又云：如是臣下之名，不欲与君亲同者，任自改更，则又孰敢不改者乎？《新史·杨光远传》云：光远初名檀，清泰二年（935），有司言明宗庙讳，犯偏旁者皆易之，乃赐名光远。则转出于偏讳之外。《晋高祖纪》：天福三年二月辛丑，中书上言：唐太宗二名并讳，明宗二名亦同；人姓与国讳音声相近是嫌名者，亦改姓氏；与古礼有异。庙讳平声字即不讳余三声，讳侧声字即不讳平声字。所讳字正文及偏旁阙点画，望依令式施行。诏依唐礼施行。案语云：太原县有史匡翰碑，立于天福八年（943）。匡翰，建瑭之子也。碑于瑭字空文以避讳，而建瑭父敬思，仍书敬字，盖当时避讳之体如此，此亦于不偏讳之义不合。《少帝纪》：即位之岁，七月戊子，诏应宫殿、州县及官名、府号、人姓名，与先帝讳同音者改之。于是改明堂殿、政事堂等。案语云：《东都事略·陶谷传》：谷本姓唐，避晋祖讳改姓陶，则既偏讳，又及其嫌，更变本加厉矣。要之，皆韩愈所云宦官宫妾之所为而已。而不恤以之废公。《新五代史·石昂传》：节度使符习高其行，召以为临淄令。习入朝京师，监军杨彦朗知留后事。昂以公事至府上谒。赞者以彦朗讳石，更其姓日右。昂仰责彦朗曰："内侍奈何以私害公？"昂姓石，非右也。此私讳不可害及公事之证也。《旧唐书·懿宗纪》：咸通二年八月，以卫洙为滑州刺史。洙奏官号内一字与臣家讳音同，请改授闲官。敕曰：嫌名不讳，著在礼文，成命已行，固难依允，是已。而《源乾曜传》：乾曜迁太子太师，以祖名师固辞，乃拜太子太傅，是其许否并无定法也。尤可骇者：《旧五代史·唐明宗纪》：天成三年二月，工部尚书卢文纪贬石州司马，员外安置。文纪私讳业。时新除于邺为工部郎中，旧例，察属名与长官讳同，或改其任。文纪素与宰相崔协有陈，故中书未议改官。于邺授官之后，文纪自请连假。邺寻就位。及差延州官告使副，未行，文纪参告，且言候邺回日，终请换曹。邺其夕遂自经而死。故文纪贬官。《新史·文纪传》云：协除于邺，文纪大怒。邺赴省参谒，文纪不见之。因请连假。已而邺奉使，未行，文纪即出视事。邺因醉忿自经死。盖邺初附协以挫文纪，后又不知如何，忿怒而至于自戕也。此事之情不可知，然虚文则竟成杀人之具矣。**甚至相挤排之时，则以之责人，及其趋利附势，则又弃如敝屣。**唐德宗时，李涵自御史大夫改太子少傅。其为浙西时，判官吕渭上言：涵父名少康，今为少傅，恐乖礼典。宰相崔祐甫奏曰：若朝廷事有乖舛，群臣悉能如此，实太平之道。乃特授渭司门员外郎。寻御史台劾奏：涵再任少卿，此时都不言，今为少傅，妄有奏议。乃贬渭歙州司马，而涵卒改检校工部尚书兼光禄卿。事见《旧书》《涵》及《渭传》。渭即不挟诈，如此毛举细故，而云可以致太平，岂不令人发笑？则不独渭，崔祐甫之言，亦朋党之论也。《新书·李廊传》：孙碱，大中末擢进士，累迁户部侍郎，分司东都。劾奏内园使郝景全不法事。景全反摘碱奏犯顺宗嫌名，坐夺俸。碱上言：因事告事，旁讼他人者，成通讼语也。礼不讳嫌名，律庙讳嫌名不坐，岂臣所引诏书，而有司辄论奏？臣恐自今用格令者，委曲回避，旁缘为奸也。乃诏不夺俸。细人之坏礼破律，以相贼害，有如此者。《旧书·李贺传》云：父名晋肃，以是不应进士。韩愈为之作《讳辩》，贺竟不就试。殿本《考证》云：《剧谈录》云：元和中，李贺善为歌篇，韩公深所知重。于缙绅间每加延誉，由是声华藉甚。时元稹年少，以明经擢第，常愿交结贺。一日，执贽造门，贺览刺，令仆者谓曰："明经及第，何事来看李贺？"稹惭忿而退。其后稹制策登科，日当要路。及为礼部郎中，因议贺父讳晋肃，不合应进士举。文公惜其才，为著《讳辩》以明之。《摭言》亦云：贺举进士，或谤贺不避家讳，文公特著《讳辩》一篇。据此，则贺尝举进士，而元稹谤之，史云竟不就试非也。贺无严其家讳之心，而疾之者借以造谤，礼之末流，则如是而已。此其可耻，盖又甚于韩愈所云宦官宫妾之为。此等风俗，而合久持乎？矜尚门第，慎重婚姻，区别流品，其为得失，观论婚姻、宗族、门阀、选举各节自明。至于清议，则除刘蕡等一二鲠直之士外，实未之有闻。唐人所谓清议者，大率毛举细故，曲加附会，甚至讦人阴私，造作蜚语，以图进取而谋倾陷，快私忿而要时誉。读前此诸章所辩正，自可见之。此等风气，相沿至于宋、明，未之有改。遂至败坏国事，举大局以徇一人意气之私，淆乱是非，肆曲笔而诒悖史千秋之累。其为博祸，诚可痛心。论者多以是为理学之咎，实则理学真谛，在于惩忿窒欲，存理去私，安得如是？是特朋党之士，伪托理学之名，致使不察其实者，连类而并讥之耳。理学家好作诛心之论，又其视私德过重，诚有足长朋党攻击之弊者，然别有用心者，借资其学，以遂其私，究不能即以为是学之咎也。不特此也，魏、晋后风俗之敝，莫大于民族之义未昌，君臣之义先敝，《两晋南北朝史》第十八章第二节，亦已言之。隋、唐之世，此风亦未有改。董邵南盖即其中之一人。《旧唐书·李益传》，言益登进士第，久之不调，而流辈皆居显位，益不得意，北游河朔。幽州刘济，辟为从事。尝与济诗，有不上望京楼之句。此又一董邵南也。贾至议贡举事云：近代趋仕，靡然乡风，致使禄山一呼，而四海震荡，思明再乱，而十年不复。《旧书·杨绾传》。禄山以羯胡而驱率戎虏，实为五胡乱华之祸之再见，而其时之人，脜然安之若此，安怪冯道，历受沙陀、契丹官爵，尚侈然以长乐老自夸乎？士气至此，国家、民族，尚谁与立哉？陈氏述论，亦引李益事，而论之曰：观此，则董邵南之游河北，盖是当日常情。因谓唐之后半，一国之中，实有两独立敌视之团体，统治之者，种族、文化，宜有不同。此亦求之深而反失之。唐代士人如此，实缘其时科第之士仕进之途狭而杂流多，而其时士风，又极躁进耳。《新书·钟传》云：广明后州县不乡贡，惟传岁荐士。行乡饮酒礼，率官属临观。资以装贲。士不远千里走传府。董邵南、李益，亦此等人物而已。其来也，既惟为身谋，其得之，自惟有委蛇以避祸。冯道不幸而为世所指摘，其实当时如道者岂止一人？且如郑韬光，唐宣宗之外孙，历仕至晋初乃致仕。史称其事十一君，越七十载，所仕无官谤，无私过，士无贤不肖，皆恭已接纳，交友之中无怨隙，亲戚之间无爱憎，其善自全，又宁让冯道邪？世惟耽于逸乐者，虽迫危亡，而不能自振。《旧书·郑覃传》：文宗谓宰臣曰："百司弛慢，要重条举。"覃对曰："丕变风俗，当考实效。自三十年已来，多不务实，取于颜情。如稣、阮之流，不摄职事。"李石云："此本因治平，人人无事，安逸所致。今之人俗，亦慕王夷甫，耻不能及之。"此可见唐代玄学衰矣，不事事之风顾在。《通鉴》：宪宗元和十五年（820），上谓给事中丁公著曰："闻外间人多宴乐，此乃时和人安，足用为慰。"公著曰："此非佳事，恐渐劳圣虑。"上曰："何故？"对曰："自天宝已来，公卿大夫，竞为游宴，沉酣昼夜，犹杂子女，不愧左右。如此不已，则百职皆废，陛下能无独忧劳乎？"此又可知其不事事之风之所由来也。得非南北朝余习乎？

风俗之敝至此，其何以救之？曰：复古之经，务民之义，所以挽佛、老末流，遗弃世事之失也。明君臣之义，严夷夏之防，慎重行止，爱惜名节，所以矫魏、晋已来，惟重私门，敢于冒进，败名丧检，无所不为之弊也。是则有宋诸贤之所务，而其风气，实亦隋、唐之世逐渐开之。此则贞元剥复之机也。俟讲学术时明之。

第二章　隋唐五代社会等级

第一节　门　阀

物有欲摧折之而适以扶持之者，唐代官修谱系之书是已。《旧唐书·高士廉传》云：朝议以山东人士，好自矜夸，虽复累叶陵迟，犹恃其旧地，女适他族，必多求聘财，太宗恶之，乃诏士廉与御史大夫韦挺、中书侍郎岑文本、礼部侍郎令狐德棻等刊正姓氏。于是普责天下谱牒，仍凭据史传，考其真伪，忠贤者褒进，悖逆者贬黜，撰为《士族志》。士廉乃类其等第以进。太宗曰："我与山东崔、卢、李、郑，旧既无嫌，为其世代衰微，全无冠盖，犹自云士大夫。婚姻之间，则多邀钱币。才识凡下，而偃仰自高。贩粥松槚，依托富贵。我不解人间何为重之？祇缘齐家惟据河北，梁、陈僻在江南，当时虽有人物，偏僻小国，不足可贵，至今犹以崔、卢、王、谢为重。我平定四海，天下一家，凡是朝士，皆功效显著，或忠孝可称，或学艺通博，所以擢用，见居三品已上。欲共衰代为亲，纵多输钱帛，犹被偃仰。我今特定族姓者，欲崇重今朝冠冕，何因崔干犹为第一等？昔汉高祖，止是山东一匹夫，以其平定天下，主尊臣贵。卿等读书，见其行事，至今以为美谈，心怀敬重。卿等不贵我官爵邪？不须论数世以前，止取今日官爵高下作等级。"遂以崔干为第三等。及书成，凡一百卷，诏颁于天下。《经籍志》：《大唐民族志》一百卷，《新书·艺文志》同。《旧纪》：贞观十二年正月，吏部尚书高士廉等上《氏族志》一百三十卷。疑其书奏上后又有更定。《李义府传》云：太宗命士廉、挺、文本、德棻等，及四方士大夫谙练门阀者修《氏族志》。勒成百卷，升降去取，时称允当。颁下诸州，藏为永式。义府耻其家代无名，乃奏改此书。专委礼部郎中孔志约、著作郎杨仁卿、太子洗马史玄道、太常丞吕才重修。《新书·义府传》云：时许敬宗以不载武后本望，义府亦耻先世不见叙，更奏删正。《通鉴》则云：许敬宗等以其书不叙武后本望，奏请改之，乃命礼部郎中孔志约等比类升降，以后族为第一等，而未及义府。盖义府虽以先世不见叙为耻，而其事之获行，则实以不载武后本望故也。《旧书》专咎义府，恐非实录。志约等遂立格，云皇朝得五品官者，皆升士流。于是兵卒以军功致五品者，尽入书限。更名为《姓氏录》。由是缙绅士大夫，多耻被甄叙，皆号此书为勋格。谓其如勋之易得，非谓据勋为定也。义府仍奏收天下《氏族志》本焚之。《柳冲传》云：景龙中，累迁为左散骑常侍，修国史。初贞观中，太宗令学士撰《氏族志》百卷，以甄别士庶，至是向百年，而诸姓至有兴替。冲乃上表，请改修氏族。中宗命冲与左仆射魏元忠及史官张锡、徐坚、刘宪等八人，又四人为萧至忠、岑羲、崔湜、吴兢，见《新书·冲传》。依据《氏族志》，重加修撰。元忠等施功未半，相继而卒，乃迁为外职。至先天初，冲始与侍中魏知古、中书侍郎陆象先及徐坚、刘子玄、吴兢等撰成《姓录》二百卷奏上。《纪》在开元二年七月。据《萧至忠传》，与撰是书者，尚有窦怀贞、崔湜。《岑文本传》：其兄孙羲，亦与于是役。开元二年（714），又敕冲及著作郎薛南金刊定。此唐代官修谱系之始末也。《韦述传》：秘书监马怀素，受诏编次图书，奏用左散骑常侍元行冲、左庶子齐瀚、秘书少监王珣、卫尉少卿吴兢，并述等二十六人，同于秘阁详录四部书。怀素寻卒，行冲代掌其事。五年而成。其总目二百卷。述好谱学。秘阁中见姓族系录二百卷，于分课之外，手自抄录，暮则怀归。如是周岁，写录皆毕。百氏源流，转益详悉。乃于柳录之中，别撰成《开元谱》二十卷。此虽本姓录，实为私家抄撰之书，非官纂也。孔志约之书，与高士廉之书，实不过百步与五十步，一见称为允当，一被目为勋格者，臣子称颂之辞，异党诋訾之语，非可据为定论。柳冲之书，体例一仍《氏族志》，更不待言。《新传》云：夷蕃酋长袭冠带者，析著别品。惟此一端，当属相异。然则唐代官修之书，宗旨实后先一揆。一言蔽之，则以当朝之所贵，易民间之所重而已。其效果何如乎？《旧书·李义府传》云：关东魏、齐旧姓，虽皆沦替，犹相矜尚，自为婚姻。义府为子求婚不得，乃奏陇西李等七家，不得相与为婚。《新书·高士廉传》著七家之目云：后魏陇西李宝，太原王琼，荥阳郑温，范阳卢子迁、卢浑、卢辅，清河崔宗伯、崔元孙，前燕博陵崔懿，晋赵郡李楷，凡七姓十家。又云：先是后魏太和中，定四海望族，以宝等为冠。其后矜尚门地，故《氏族志》一切降之。王妃、主婿，皆取当世勋贵名臣家，未尝尚山东旧族。后房玄龄、魏徵、李复与婚，故望不减。然每姓第其房望，虽一姓中，高下县隔。李义府为子求婚不得，始奏禁焉。其后天下衰宗落谱，昭穆所不齿者，皆称禁婚家。益自贵，凡男女皆潜相聘娶，天子不能禁，世以为敝云。自房玄龄、魏徵、李等，已与为婚，则太宗之志，实未尝一日而行，遑论义府？《旧书·李昭德传》云：来俊臣弃故妻而娶太原王庆诜女。侯思止亦奏娶赵郡李自挹女。敕政事堂共商量。昭德抚掌谓诸宰相曰："大可笑。往年俊臣贼劫王庆诜女，已大辱国，今日此奴又请索李自挹女，无乃复辱国邪？"寻奏罢之。《侯思止传》略同。《温造传》：造为御史中丞，朝廷有丧不以礼，配不以类者悉劾之。《元稹传》载稹自叙，言分莅东都台，数十事或移或奏皆主之，而田季安盗取洛阳衣冠女为其一。《李敬玄传》：敬玄久居选部，人多附之，前后三娶，皆山东士族。《李怀远传》：孙彭年，天宝初为吏部侍郎，慕山东著姓为婚姻，引就清列，以大其门。《新书·李日知传》，言其居官颇廉，既罢又不治田园，而诸子方总角，皆通婚名族。而王锷善居财，亦附太原王翃为从子，以婚阀自高。李白既死，宣歙观察使范传正访其后裔，惟二女孙，嫁为民妻。告将改妻士族。辞以孤穷失身，命也，不愿更嫁。乃止。其限界之严如此。唐室不惟不能禁也，终亦折而从之。《旧书·独孤郁传》云：权德舆作相，郁以妇公辞内职。宪宗曰："德舆乃有此佳婿？"因诏宰相：于士族之家，选尚公主者。《新书·李吉甫传》云：十宅诸王，既不出阁，诸女嫁不时，而选尚皆由中人，厚为财谢，乃得遣。吉甫奏自古尚主，必慎择其人，江左悉取名士，独近世不然。帝乃下诏，皆封县主，令有司取门阀者配焉。是为唐室愿婚士族之始。其效又何如乎？《杜佑传》云：权德舆为相，其婿翰林学士独孤郁以嫌自白。宪宗见郁文雅，叹曰："德舆有婿乃尔？"时岐阳公主帝爱女，旧制选多戚里将家，帝始诏宰相李吉甫择大臣子。皆辞疾。惟佑孙悰，以选召见麟德殿。陈寅恪云：佑父希望，实以边将进用，虽亦号为旧家，并非胜流名族。《唐代政治史述论稿》中篇。是其所得者，仍与戚里将家，相去无几也。又《杜兼传》：开成初，文宗欲以真源、临真二公主降士族。二主皆宪宗女。谓宰相曰："民间修婚姻，不计官品，而尚阀阅。我家二百年天子，顾不及崔、卢邪？"诏宗正卿取世家子以闻。兼从弟羔之子中立及校书郎卫洙得召见禁中。拜著作郎。月中，迁光禄少卿，驸马都尉。尚真源长公主。临真下嫁卫洙。洙次公子，两《书》皆附其父传。《旧书·于休烈传》：曾孙琮，落托有大志。虽以门资为吏，久不见用。大中朝，驸马都尉郑颢以琮世故，独以器度奇之。会有诏于士族中选人才尚公主，衣冠多避之。颢谓琮曰："子人才甚佳，但不护细行，为世誉所抑，久而不调，能应此命乎？"琮然之。会李藩知贡举，颢托之，登第。其年，遂升谏列。尚广德公主。案琮初本选尚永福公主，以主食帝前折匕箸，乃诏改尚广德。已见第十五章第一节。郑颢者，万寿公主婿。主帝所爱，前此下诏：先王制礼，贵贱共之，万寿公主奉舅姑宜从士人法。旧制，车舆以镣金扣饰。帝曰："我以俭率天下，宜自近始。"易以铜。见《新书·诸公主传》。《传》又云：主每进见，帝必谆勉笃诲，亦已见第十五章第一节。《通鉴》：大中三年十二月，郑颢弟尝得危疾，上遣使视之。还，问公主何在？曰："在慈恩寺戏场。"上怒。叹曰："我怪士大夫家不欲与我为婚，良有以也。"亟命召公主入宫。立之阶下，不之视。公主惧，涕泣谢罪。上责之曰："岂有小郎病，不往省视，乃观戏乎？"遣归郑氏。由是终唐之世，贵戚皆兢兢守礼法，如山东衣冠之族，盖宣宗之自修饬而求媚于士族者至矣。然《旧书·王徽传》言：懿宗诏宰相于进士中选子弟尚主，或以徽籍上闻。徽性冲澹，远势利，闻之，忧形于色。徽登第时年逾四十。见宰相刘瑑哀祈，具陈年已高矣，居常多病，不足以尘污禁裔。瑑于上前言之，方免。则士人之视尚主为畏途，终唐世未之有改也。士族之深闭固拒如此，而唐室之力求自媚如彼，然则唐初之王妃、主婿，皆取勋贵名臣，不尚山东旧族者，果所愿不存乎？抑求之而不得也？案柳芳论氏族，言过江为侨姓，王、谢、袁、萧为大。东南为吴姓，朱、张、顾、陆为大。山东为郡姓，王、崔、卢、李、郑为大。关中亦号郡姓，韦、裴、柳、薛、杨、杜首之。代北为虏姓，元、长孙、宇文、于、陆、源、窦首之。又言山东之人为婚姻，江左之人尚人物，关中之人尚冠冕，代北之人尚贵戚。详见《两晋南北朝史》第十八章第一节。虏姓不足论。吴中开发晚，自亦不得与中原并。《旧书·张九龄传》：玄宗欲加牛仙客实封，兼为尚书。九龄执奏。玄宗曰："卿以仙客无门籍邪？卿有何门阀？"九龄顿首曰："臣荒徼寒贱，仙客中华之士。然陛下擢臣，践台阁，掌纶诰。仙客本河湟一使典，目不识文字，若大任之，臣恐非宜。"当时视中原人士，与荒徼之产，睽隔不同如此。若侨姓则本与山东郡姓是一，特因丧乱，过江寄寓，海宇既清，自可复我邦族，观太宗谓高士廉，以崔、卢、王、谢并举可知。关中亦清华之地，而芳又言流俗独以崔、卢、李、郑为四姓，加太原王氏号五姓，而不及韦、裴、柳、薛、杨、杜者，本秦杂戎狄之俗，非邹、鲁文教之伦，故至汉世，犹言关东出相，关西出将；见《秦汉史》第十三章第八节。加以三选七迁，充奉陵邑，斗鸡走狗之风，随之而盛；国人视之，自不得与山东比也。陈寅恪言：魏、晋之际，虽有巨族小族之分，然小族之男子，苟以才器著闻，得称为名士者，其地位即与巨族子弟无殊；女子能以礼法见尊，亦可与高门通婚；非若后来，专以祖宗官职高下为准。引《魏书·卢玄传论》，谓玄文武功业，殆无足纪，而见重于时，声高冠带，盖缘业闻望，有足称者为证。又引《旧唐书·袁朗传》云：朗，雍州长安人。其先自陈郡仕江左。朗自以中外人物，为海内冠族。虽琅邪王氏，继有台鼎，历朝首为佐命，鄙之不以为伍。孙谊，又虞世南外孙，神功中为苏州刺史。尝因视事，司马清河张沛通谒。沛即侍中文瓘之子。谊曰："司马何事？"沛曰："此州得一长史，是陇西李亘，天下甲门。"谊曰："司马何言之失？门户须历代人贤，名节风教，为衣冠顾瞻，始可称举，老夫是也。夫山东人，尚于婚姻，求于利禄，作时柱石，见危致命，则旷代无人，何可说之，以为门户？"沛怀惭而退。时人以为口实。案此正柳芳所谓尚人物者。《新书·冯元常传》：元常闺门雍睦，有礼法，虽小功丧，不御私室。神龙中，旌其家，大署曰忠臣之门。天下高其节，凡名族皆愿通婚。则尚人物之风，唐世犹有存者，特不多耳。合卢玄之事观之，知尚婚姻特山东之流失，其初本与江左同。至于关中，则太宗谓高士廉之言，正所谓尚冠冕者。《旧书·裴寂传》：高祖尝从容谓寂曰："我李氏昔在陇西，富有龟玉。降及祖祢，姻娅帝室。及举义兵，四海云集，才涉数日，升为天子。至如前代皇王，多起微贱，劬劳行陈，下不聊生。公复世胄名家，历职清显。岂若萧何、曹参，起自刀笔吏也？惟我与公，千载之后，无愧前修矣。"又《窦威传》：威高祖后从父兄。高祖尝谓曰："昔周朝有八柱国之贵，吾与公家，咸登此职。今我已为天子，公为内史令，本同末异，乃不平矣。"威谢曰："臣家昔在汉朝，再为外戚，至于后魏，三处外家。陛下龙兴，复出皇后，臣又阶缘戚里，位忝凤池。自惟叨滥，晓夕兢惧。"高祖笑曰："比见关东人与崔、卢、李、郑为婚，犹自矜伐，公代为帝戚，不亦贵乎？"此则并杂代北尚贵戚之俗矣。自后魏南迁，塞北诸族，纷纷入居伊洛。逮其东西分裂，则又有徙居关中者。宇文氏秉政，并使为京兆人。有绝灭者，则以诸将之有功者继之。孝文尝改虏姓为汉姓，至是复之，且以虏姓赐汉将。中国人随魏室西迁者，亦使伪造谱录，以关内诸州，为其本望。《隋书·经籍志·谱系篇》云：后魏迁洛，有八氏、十姓，咸出帝族；又有三十六族，则诸国之从魏者；九十二姓，世为部落大人者；并为河南洛阳人。其中国人，则第其门阀，有四海大姓、郡姓、州姓、县姓。及周太祖入关，诸姓子孙有功者，并令为其宗长，仍撰谱录，纪其所承，又以关内诸州，为其本望。案九十二姓，当作九十九姓，字之误也。《周书·文帝纪》：魏恭帝元年云：魏氏之初，统国三十六，大姓九十九，后多绝灭，至是，以诸将功高者为三十六国后；次功者为九十九姓后。所统军人，亦改从其姓。《明帝纪》：二年三月，诏曰：三十六国，九十九姓，自魏氏南徙，咸称河南之民，今周室既都关中，宜改称京兆人。至周宣帝大象二年（580），隋文帝得政，乃使诸改姓者悉复其旧。然西胡、北虏之冒汉姓者，未必能复，如《唐书·宰相世系表》所载：窦氏本出没落回，而自托于汉窦武。侯氏实侯伏氏，而自托于郑侯宣多。独孤氏自托于汉沛献王辅。乌氏本乌洛侯氏，而自托于乌之余。亦或托于汉人之入虏者，则丙氏自托于汉李陵，云陵降匈奴，裔孙归魏，见于丙殿，赐姓曰丙。亦有自托于夷狄者，如浑氏自称为匈奴浑邪王之后是。盖夷狄久入中国，则亦为贵种矣，此等积习，至五代之世未改。如石晋自托于卫大夫碏，汉丞相奋，见《旧史·本纪》。刘知远以汉光武为始祖百世不迁庙，见《礼志》。而汉人伪造之谱牒，亦无由是正矣。陈氏《唐代政治史述论稿》上篇云：李唐称陇西郡望，及冒托西凉嫡系由此。北朝、隋、唐诸人，籍贯往往纷岐亦由此。如李弼，《周书》本传、《旧书》（《李密》《李泌传》）、《新书·宰相世系表》为辽东襄平人，而《北史》（《弼》《密传》）、《文苑英华》九百四十八魏徵《密墓志铭》以为陇西成纪人是也。案陈氏此论甚精。故在隋、唐之世，关中实为华夷混杂之区。以视山东，虽亦有异族荐居，而衣冠之绪，与腥膻之俗，犹判然不相杂者，固不可同日而语。此又当时之人，所以重山东而轻关辅也。唐室腥膻之习，盖极于开元、天宝之世，至德宗以后，则日即于中国矣，观其多恭俭奋发之主可知。高祖粗才，徒知以贵戚自满。太宗天资较高，于举世所重之山东名族，盖未尝不心焉慕之，慕之而士族摈弗之齿，则积忿而欲摧折之矣，此《氏族志》之所由作也。然一夫之忿戾，终不敌举世之风尚，故自宪宗以后，又阘然思自媚焉。至此，则沿腥膻余俗之唐朝，已降伏于中国之士族。中国人更不必借族姓为藩篱，以自卫其文化矣。而国人亦遂视同刍狗。《新书·高士廉传》赞曰：古者受姓受氏，以旌有功。是时人皆土著，故名宗望姓，举郡国自表，而谱系兴焉。遭晋播迁，胡丑荡析。士去坟墓，子孙犹挟系录，以示所承。而阀阅显者，至卖昏求财，汨丧廉耻。唐初流弊仍盛，天子屡抑而不为衰。至中叶，风教又薄，谱录都废。公靡常产之拘，士亡旧德之传。言李悉出陇西，言刘悉出彭城，悠悠世祚。讫无考按，冠冕皂隶，混为一区，可太息哉！彼徒知风气之变！而不知其由，则欲为之太息，而恶知深求其故，别有其隐曲难明者在乎？然则门阀之制，至于南北朝之末，本可摧陷廓清，而又获绵历数百年者，正唐室之歧视士族为之。故曰：欲摧折之，转以扶持之也。

抑谚曰：蕞尔国而三世执其政柄，其用物也弘矣，其取精也多矣，能为厉，不亦宜乎！五代时之门阀是已。是时豆卢革、卢程、韦说、赵光允等，皆以名家子登相位。实录录无所长。当时之用之，徒以为谙练故事，实则故事亦非所谙也。薛《史·卢程传》：程投于太原，庄宗署为推官，寻改支使。褊浅无他才，惟务恃门第。口多是非，笃厚君子尤薄之。初判官王缄，从军掌文翰。胡柳之役，缄没于军。庄宗归宁太原，置酒公宴。举酒谓张承业曰："予今于此会，取一书记，先以卮酒辟之。"即举酒属巡官冯道。道以所举非次，抗酒辞避。庄宗曰："勿谦挹，无逾于卿也。"时以职列序迁，则程当为书记。程既失职，私怀愤惋。谓人曰："主上不重人物，使田里儿居予上。"又《李专美传》云：专美远祖，本出姑臧大房，与清河小房崔氏，北祖第二房卢氏，昭国郑氏为四望族。皆不以财行相尚，不以轩冕为贵，虽布衣徒步，视公卿蔑如也。男女婚嫁，不杂他姓。欲聘其族，厚赠金帛始许焉。唐太宗曾降诏以戒其弊风，终莫能改。其间有未达者，必曰："姓崔、卢、李、郑了，余复何求邪？"其达者则邈在天表，夐若千里，人罕造其门。其浮薄自大，皆此类也。惟专美未尝以氏族形于口吻，见寒素士大夫，恒恂恂如也，人以此多之。欧《史·崔居俭传》云：崔氏自后魏、隋、唐，与卢、郑皆为甲族。吉凶之事，各著家礼。至其后世，子孙专以门望自高，为世所嫉。本实先拔，而枝叶未有害，可谓百足之虫，死而不僵矣。然岂可久哉？薛《史·郭崇韬传》云：崇韬权倾四海，车骑盈门，士人诣奉，渐别流品。同列豆卢革谓崇韬曰："汾阳王代北人，徙家华阴，侍中世在雁门，得非祖德欤？"崇韬应曰："经乱失谱牒。先人尝云：去汾阳王四世。"革曰："故祖德也。"因是旌别流品，援引薄徒。委之心腹。佐命勋旧，一切鄙弃。旧寮有干进者，崇韬谓之曰："公虽代邸之旧，然家无门阀。深知公才技，不敢骤进者，虑名流嗤余故也。"沐猴而冠，真可发一噱。世惟田里儿暴贵，乃仰慕贵胄而欲则效之，而贵胄亦遂以此，敖然自尊，然其局岂可久哉？

谱系因门阀而兴，而门阀之制，亦借谱系以维持于不敝，谱系荒则门阀替矣。《新书·柳冲传》云：唐兴，言谱者以路敬淳为宗，柳冲、韦述次之。李守素亦明姓氏。后有李公淹、萧颖士、殷寅、孔至，为世所称。殷寅父名践猷，《旧传》云：通于族姓。此唐代治谱系之学者也。颇为寂寥矣。中叶后，其学遂几绝迹。此其所以世祚悠悠，讫无考按也。

唐制：工商之家，不得与于士。《旧书·职官志·户部》。又《食货志》云：工商杂类，不得与于士伍。庶人服黄，工商亦不听。《通鉴》：高宗上元元年八月戊戌，敕文武官三品已上服紫，金玉带。四品服深绯，金带。五品服浅绯，金带。六品服深绿，七品服浅绿，并银带。八品服深青，九品服浅青，并鍮石带。庶人服黄，铜铁带。自非庶人，不听服黄。胡《注》云：非庶人，谓工、商、杂户。且禁乘马。《旧书·高宗纪》：乾封二年二月，禁工商乘马。《旧书·曹确传》：懿宗以伶官李可及为威卫将军。确执奏曰："臣览贞观故事，太宗初定官品，今文武官共六百四十三员。"顾谓房玄龄曰："朕设此官员，以待贤士。工、商、杂色之流，假令术逾俦类，止可厚赐财物，必不可超授官秩，与朝贤君了，比肩而立，同坐而食。"其歧视之如此。有由杂流进者，虽至高官，仍为人所歧视：《张玄素传》云：太宗尝对朝问玄素历官所由。玄素既出自刑部令史，甚以惭耻，褚遂良上疏曰：居上能礼其臣，臣始能尽力以奉其上。近代宋孝武，轻言肆口，侮弄朝臣，攻其门户，乃至狼狈，良史书之，以为非是。陛下昨见问张玄素云："隋任何官？"奏云"县尉"。又问"未为县尉已前？"奏云"流外"。又问"在何曹司？"玄素将出阁门，殆不能移步。精爽顿尽，色类死灰。朝臣见之，多所惊怪。大唐创历，任官以才。卜祝庸保，量能使用。陛下礼重玄素，频年任使，擢授三品，翼赞皇储，自不可更对群臣，穷其门户，弃昔日之殊恩，成一朝之愧耻。人君之御臣下也，礼义以导之，惠泽以驱之，使其负载玄天，馨输臣节，犹恐德礼不加，人不自厉。若无故忽略，使其羞惭。郁结于怀，衷心靡乐。责其伏节死义，其可得乎？此其机亦危矣。韦挺不礼马周，李揆意轻元载，卒为所报，可不鉴乎？皆见《旧书》本传。郑注，奇才也，其入翰林，高元裕当书命，言其以医术侍，注甚愧憾。舒元舆，亦忠荩之士也，而史言其地寒不与士齿。郁郁涧底松，离离山上苗，以彼径寸阴，荫此百尺条，谓之何哉？

第二节　豪强游侠

豪强、游侠，二者皆为民害，而丧乱之际尤甚。试就隋、唐间事观之。薛举家产巨万，交结豪猾，雄于边朔。李轨家富于财，振穷济乏，人亦称之。梁师都代为本郡豪族。皆豪强也。窦建德少以然诺为事。父卒，送葬者千余人。刘武周交通豪侠。其兄山伯，每诫之曰："汝不择交游，终当灭吾族也。"高开道少以煮盐自给。刘黑闼嗜酒好博弈，不治产业，父兄患之，而与窦建德少相友善。家贫无以自给，建德每资之。皆游侠也。李家多僮仆，积粟数千钟，与其父盖，皆好惠施，振济贫乏，不问亲疏。翟让为盗，勣往从之，时年十七，则二者兼之矣。盖丧乱之际，豪强不与游侠相交结，则无以自全，而游侠亦利得豪强以自助，故二者又互有关系也。萧铣之起也，其众本欲推董景珍为主。景珍曰："吾素寒贱，虽假名号，众必不从。今若推主，当从众望。罗川令萧铣，梁氏之后。宽仁大度，有武皇之风。吾又闻帝王膺箓，必有符命，而隋氏冠带，尽号起梁，斯乃萧家中兴之兆。今请以为主，不亦应天顺人乎？"此徒以家世推之，欲借其名望以资号召，然铣既无党徒，亦无部曲，遂不能驾驭诸将，终至覆灭。而李密，奔亡时，尝依妹婿雍丘令丘君明，转匿大侠王季才家，及起，则任城大侠徐师仁从之，遂克称雄一时，略地甚广。刘文静之囚也，太宗入禁所视之。文静曰："今太原百姓，避盗贼者皆入城，文静为令数年，知其豪杰，一朝啸集，可得十万人。"所谓豪杰，亦必武断乡曲，或以武犯禁之徒也。故知风尘水项洞之时，非斯二者，殆莫能挺刃而起矣。然二者之情亦有异。飞扬跋扈，万里云会者，游侠之士也。割据一方，负嵎不下者，豪强之家也。翟让、窦建德之徒，盖皆以游侠起。若卢祖尚者，史亦称其饶财好施，以侠闻。大业末，募壮士捕盗。属宇文化及之乱，遂据光州称刺史。然越王侗立，祖尚即以地归之。王世充僭位，祖尚复归唐，此则豪右欲保据自固者耳。唐末如黄巢、孙儒等，乃翟让、窦建德之伦，若留从效，则卢祖尚之类也。

　　豪强游侠，所由虽各殊途，而其为腹民以生则一故在承平之时，亦必不能无为民害。《旧书·尹思贞传》：补隆州参军。时晋安县有豪族蒲氏，纵横不法，前后官吏莫能制。州司令思贞推按，发其奸臧万计，竟论杀之。此豪右之作奸犯科者也。《孟简传》：简以元和九年（814），出为浙东观察使。承李逊抑遏士族，恣纵编户之后，一皆反之，而农估多受其敝。可见豪右与氓庶，利害之不相容矣。此犹歆法以为利也。《良吏·王方翼传》：永徽中，累授安定令。诛大姓皇甫氏，而盗贼止息，则竟作逋逃之薮矣。《郭元振传》：元振为通泉尉，任侠使气，前后掠卖所部千余人，以遗宾客，则竟躬为盗贼矣。此又豪强游侠，合而为一也。《张弘靖传》：东都留守杜亚辟为从事。留守将令狐运逐贼出郊，其日，有劫转运绢于道者，亚以运豪家子，意其为之，乃令判官穆员及弘靖同鞫其事。员与弘靖，皆以运职在衙门，必不为盗，坚请不按。亚不听，遂以狱闻。仍斥员及弘靖出幕府。有诏令三司使杂治之。后果于河南界得贼。此事令狐运虽云见枉，然是时豪家子之为盗者必多，故杜亚疑之深也。辛说者，云京之孙，而史称其能击剑，重然诺，走人所急，豪家子之为侠者，盖不少矣。

　　游侠，虽云能走人所急，并有能奋起而立功名如辛说者，然其什九，终不免为居民间之盗跖，则以恒人之情，惟为身谋，其为侠，本不过谋生之一术，勤生薄死，非其素志，此墨子之教所以不能久存也。《隋书·沈光传》：父君道，仕陈为吏部侍郎。陈灭，家于长安。太子勇引署学士。后为汉王谅府掾，谅败，除名。光少骁捷，善戏马，为天下之最。略综书记，微有辞藻。家甚贫窭，父兄并以佣书为事：光独跅弛，交通轻侠，为京师恶少年所朋附。人多赡遗，得以养亲。每致甘食美服，未尝困匮。力田不如逢年，刺绣文不如倚市门，轻侠驰骋，而可致甘食美眼，人亦孰肯勤苦力作哉？古士大夫家累多重，虽贵而贫，观于沈光之事，而可知当时名家子之所以好为侠矣。其下于此者，则为今世所谓痞棍之流？《新书·高仁厚传》云：事西川陈敬瑄为营使。黄巢陷京师，天子出居成都，敬瑄遣黄头军部将李铤、巩咸以兵万五千戍兴平，数败巢军。敬瑄喜其兵可用，益选卒二千，使仁厚将而东。先是京师有不肖子，皆着叠带冒持挺剽闾里，号闲子。京兆尹始视事，辄杀尤者以怖其余。窦滽治京兆，至杀数十百人，稍稍惮戢。巢入京师，人多避居宝鸡，闲子掠之，吏不能制。仁厚素知状，下约入邑间纵击。军人，闲子聚观嗤侮。于是杀数千人。坊门反闭，欲亡不得，故皆死。自是闾里乃安。所杀至于数千，自不免于枉滥，然其徒数必不少，则亦可推见矣。窦滽杀数十百人而即戢畏，则此辈原非难治，然根株终难尽绝。平居虽无能为，乱时亦足为患。甘露变后，田全操等回京师，民相惊，无赖之徒，皆戎服兵仗，望阙以俟变，见第九章第一节。亦闲子之类也。在都邑，遇严明之吏，尚可镇慑，在道途则更难治。故王瑜欲入蜀，必与盗相结而行。见第十六章第二节。《通鉴》：唐高宗永淳元年（682），以关中饥幸东都。出幸仓卒，扈从之士，有饿死中道者。上虑道路多草窃，命监察御史魏元忠检校车驾前后。元忠受诏，即阅视赤县狱。胡《注》：西京以长安、万年为赤县。得盗一人，神采语言异于众。命释桎梏，袭冠带，乘驿以从。与共食宿，托以诘盗。其人笑，许诺。比及东都，士马万数，不亡一钱。此即用盗贼为捕役之理。若此要约出于私家，则即为后世之保镖矣。此等事读史者多美其方略，实则不能治盗，而与相要结耳，与俗所谓出买路钱者，实无以异也。

第三节　奴　婢

奴婢来源，一由没入，一由俘掠，一由粥卖，历代皆然。《梁律》：谋反、降、叛、大逆已上皆斩。父子，同产男无少长皆弃市。母、妻、姊妹及应从坐弃市者，妻、子、女、姜同补奚官为奴婢。《周六律》：盗贼及谋反、大逆、降、叛恶逆罪当流者，皆甄一房配为杂户。皆见《隋书·刑法志》。所牵涉者既广，而是时海宇分裂，上下相猜，谋反、降、叛之事，又屡见不鲜，故至隋世，奴婢之数尚甚多。《隋书》所载，赐群臣奴婢，有至千口者。隋时赐奴婢，见于史其数最多者，梁睿平王谦，赐奴婢千口。时于义亦为行军总管，寻拜潼州总管，赐奴婢五百口。其一时所赐不及此，而前后屡受赐者，如周法尚，文帝幸洛阳召见之，赐奴婢三百口，伐陈之役赐五十口，平桂州李光仕赐百五十口，破巂州乌蛮，从讨吐谷浑，与王薄、孟让等频战，各赐百口。此特史所纪者，其不纪者，则不可知矣。唐初尚沿此习，如河间王孝恭平江南，赐奴婢七百人是。后似稍减，除成器让大子时赐奴婢十房外，未见甚多者。盖因时际承平，谋反、降、叛等事少也。虽贵人亦不能免。如贺若弼子怀亮，尝拜仪同，弼诛，亦没为奴，寻且见杀。宇文化及与弟智及，以违禁与突厥交市，并赐其父为奴。杨玄感之反，炀帝使裴蕴推其党与，蕴峻法治之，所戮者数万人，皆籍没其家，亦云酷矣。《新唐书·百官志》：刑部都官郎中、员外郎，掌俘隶簿录，给衣粮、医药，而理其诉免。凡反逆相坐，没其家配官曹。长役为官奴婢。一免者一岁三番役。再免为杂户，亦曰官户，二岁五番役。每番皆一月。三免为良人。六十已上及废疾者为官户。七十为良人。每岁孟春上其籍，自黄口以上印臂，仲冬送于都官，条其生息而按比之。乐工、兽医、骟马、调马、群头、栽接之人皆取焉。附贯州县者，按比如平民，不番上，岁督丁资，为钱一千五百。丁婢、中男，五输其一。侍丁、残疾半输。凡居作者，差以三等：四岁已上为小，十一已上为中，二十已上为丁。丁奴三当二役。中奴、丁婢二当一役。中婢三当一役。《旧书·职官志》云：凡反、逆相坐，没其家为官奴婢。一免为蕃户，再免为杂户，三免为良民，皆因赦宥所及则免之。年六十及废疾，虽赦令不该，亦并免为蕃户。七十则免为良人。任所乐处而编附之。凡初被没，有技艺者，各从其能而配诸司，妇人工巧者，入于掖庭。其余无能，咸隶司农。《裴守真传》：子子馀，景龙中，为左台监察御史。时泾、岐二州，有隋代蕃户子孙数十家，司农卿赵履温奏悉没为官户，奴婢仍充赐口，以给贵幸。子馀以为官户承恩，始为蕃户，又是子孙，不可抑之为贱，奏劾其事。时履温依附宗楚客等，与子馀廷对曲直。子馀辞色不挠。履温等辞屈，从子馀奏为定。则《新书》再免为杂户，亦曰官户，六十已上及废疾者为官户句似误。因免之须有节级。然观子馀与履温，须经廷对，其事乃决，则《志》之所云，似亦非一定不移之法也。《新书，百官志》又云：掖庭局，属内侍省。妇人以罪配没工缝巧者隶之。无技能者隶司农。诸司营作须女功者，取于户婢。司农寺云：官户奴婢有技能者配诸司，妇人入掖庭。以类相偶。行宫、监牧及赐王、公，公主皆取之。《旧书·酷吏·来俊臣传》：万岁通天元年（696），召为合宫尉，擢拜洛阳令、司农少卿。则天赐其奴婢十人，当受于司农。时西蕃酋长阿史那斛瑟罗家有细婢，善歌舞。俊臣因令其党罗告斛瑟罗反，将图其婢。诸蕃长诣阙割耳静面讼冤者数十人，乃得不族。则凡受赐者皆取之司农也。凡孳生鸡、彘，以户奴婢课养，俘口则配轻使。始至给廪食。东宫官，典仓署，掌九谷、醯醢、庶羞、器皿、灯烛。凡园圃树艺，皆受令焉。给户奴婢、番户、杂户资粮、衣服。《刑法志》：谋反者，男女奴婢没为官奴婢，隶司农，七十者免之。凡役，男子入于蔬圃，女子入于厨膳。此唐代官奴婢没入及其使役之大略也。

俘虏没为奴婢，历代亦视为当然。《旧书·东夷传》：太宗伐高丽，攻陷辽东城；其中抗拒王师，应没为奴婢者，一万四千人，并遣先集幽州，将分赏将士。太宗悯其父母妻子，一朝分散，令有司准其直，以布帛赎之，赦为百姓。其众欢呼之声，三日不息。案《新书·元结传》，言其曾祖仁基，从太宗征辽东，以功赐辽口，则辽东之俘，获以赎免者，乃一时之特典耳。《旧书·李暠传》：族子复，为容州刺史。先时西京叛乱，前后经略使征讨反者，获其人，皆没为官奴婢，配作坊重役。复令访其亲族，悉归还之。《良吏·崔知温传》：迁兰州刺史。党项三万余众，来寇州城。将军权善才来救，大破之。欲分降口五百人以与知温，知温固辞不受。此战时所俘也。《裴漼传》：从祖弟宽，除范阳节度使。檀州刺史何僧献生口数十人，宽悉命归之，夷夏感悦。此平时守捉所获也。《薛仁贵传》：苏定方讨贺鲁，仁贵上疏曰：臣闻兵出无名，事故不成，明其为贼，敌乃可伏。今泥熟杖素干，不伏贺鲁，为贼所破，虏其妻子，汉兵有于贺鲁诸部落得泥熟等家口将充贱者，宜括取送还，仍加赐赉。即是矜其枉破，使百姓知贺鲁是贼，陛下德泽广及也。此又争战之时，俘敌人之奴婢以为奴婢者也。隋平陈，宫奴数千，可归者归之，其余分赐将士及王公贵臣；《北史·本纪》。柏乡之战，梁军辎重、帐幄、资财、奴仆，皆为晋军所有；《旧五代史·唐庄宗纪》。亦是物矣。是役也，深、冀两州之人，悉为奴虏，老弱者皆坑之，亦见《旧史·唐庄宗纪》。亦云酷矣。《旧书·韦处厚传》云：李载义累破沧、镇两军，兵士每有俘执，多遣剟剔。处厚以书喻之。载义深然其旨。自此所获生口，配隶远地。前后全活，数百千人。《新书·程务挺传》：父名振，高祖使经略河北，即夜袭邺县，俘男女千余人以归。去数舍，阅妇人方乳者九十余人还之。邺人感其仁。以获配远地为幸，以简还乳妇为仁，争战时岂复有人理哉？

不惟战时也，即平时，豪强、游侠，亦有略人为奴婢者。郭元振为通泉尉，略卖所部千余人，已见上节。《新书·诸公主传》：中宗时，安乐、长宁、定安皆中宗女。三家厮台，掠民子女为奴婢。左台侍御史袁从一缚送狱。安乐主人诉，帝为手诏谕免。从一曰："陛下纳主诉，纵奴驺掠平民，何以治天下？臣知放奴则免祸，劾奴则得罪于主，然不忍屈陛下法自偷生也。"不纳。尚复成何世界乎？《唐律》：不和为略。略人及略卖人为部曲者流三千里，为奴婢者绞。妄认良人为部曲、奴婢者减一等。

因贫穷而粥卖之事，尤无时或绝，《律》虽有以良为贱之禁，不能行也。《隋书·炀帝纪》：大业七年（611）秋，大水。山东、河南漂没三十余郡，民相卖为奴婢。《食货志》：是岁山东、河南大水，重以辽东覆败，因属疾疫，山东尤甚。强者聚而为盗，弱者自卖为奴婢。《旧唐书·太宗纪》：贞观元年（627），关中饥，至有粥男女者。皆因饥荒，其数众多。故史特书之，若平时之粥卖，则不能纪矣。《新书·食货志》载陆贽疏，言饥岁室家相弃，乞为奴仆，犹莫之仇，则并有求自卖而不可得者，亦可悲矣。《旧书·高固传》云：高祖偘，永徽中，为北庭安抚使，有生擒车鼻可汗之功，官至安东都护。固生微贱，为叔父所卖，展转为浑城家奴。《新书·固传》云：不知何许人，或言四世祖偘，则《旧书》之说不足信。然既有此假托之辞，必有与此相类之事，盛衰转烛，恐贵人之家，亦无以自保也。贩粥奴婢，南方尤盛。《旧书·宪宗纪》：元和八年九月，诏比闻岭南五管，并福建、黔中等道，多以南口饷遗，及于诸处博易。骨肉离析，良贱难分。此后严加禁止。如违，长吏必当科罚。《新书·房琯传》：孙启，自容管经略使改桂管观察。州邸以赂请有司飞驿送诏。既而宪宗自遣宦人持诏赐启。启畏使者邀重饷，即曰："先五日已得诏。"使者绐请视，因驰归以闻。贬太仆少卿。启自陈献使者南口十五。帝怒，杀宦人，贬启虔州长史，死，始诏五管、福建、黔中道不得以口馈遗、博易。罢腊口等使。当时宦人盖未获相邀，然已挟十五口而北矣。《李绛传》：绛言：岭南之俗，粥子为业，可听非券剂取直者，如略卖法，敕有司一切苛止，则所卖之出于略者多矣。《张又新传》：转祠部员外郎。尝买婢迁约，为牙侩搜索陵突。御史劾举。李逢吉庇之，事不穷治。所谓牙侩，盖亦以粥子为业者？敢于搜索陵突贵官之家，其气焰可以想见。辇毂之下如此，遑论岭外？《旧书·孔巢父传》：从子戣，为岭南节度。先是帅南海者，京师权要，多托买南人为奴婢，戣不受托，至郡，禁绝卖女口。能如是者有几人哉？况所禁亦止于女口乎？

宪宗禁岭南等道以口馈遗、博易，并罢腊口使。所谓腊口使者，盖谓于腊月遣使献口？德宗即位，罢邕府岁贡奴婢，见新、旧《书·本纪》。懿宗咸通八年（887），以不豫，禁延庆、端午节献女口，延庆，帝生日节名。见新书本纪。亦是物也。然《新书·李绛传》言：教坊使称密诏，阅良家及别宅妇人内禁中，京师嚣然。绛上疏谏。宪宗曰："朕以丹王等无侍者，丹王逾，代宗子。比命访闾里，以赀致之，彼不谕朕意，故致哗扰。"乃悉归所取。则出钱买婢，公家亦不以为非矣。《张廷珪传》：武后诏市河南、河北牛、羊，荆、益奴婢，置监登、莱，以广军资。廷珪上书曰：今河南牛疫，十不一存。诏虽相市，甚于抑夺。并市则价难准，简择则吏求贿。是牛再疫，农重伤也。高原耕地，夺为牧所，两州无复丁田，牛羊践暴，举境何赖？荆、益奴婢，多国家户口，奸豪掠卖，一入于官，永无免期。南北异宜，必至生疾。此有损无益也。抑闻之：君所恃在民，民所恃在食，食所资在耕，耕所资在牛。牛废则耕废，耕废则食去，食去则民亡，民亡，何恃为君？羊非军国切要，假令蕃滋，不可射利。后乃止。则国家之买奴婢，不徒使服劳溷之役，并欲借其力以牟利如私家矣。《宦者·吐突承璀传》云：诸道岁进阉儿，号私白，闽岭最多，后皆任事，当时谓闽为中官区薮。《循吏传》：罗珦子让，迁福建观察使。有仁惠名。或以婢遗让者。问所从？答曰："女兄九人，皆为官所卖，留者独老母耳。"让惨然，为爇券，《唐律》：买奴婢、牛、马、驼、骡、驴，不立市券，过三日笞三十。市司不时过券，一日笞三十，此即李绛所谓券剂也。有奴婢者，必有券乃为合法，故以奴婢遗人者，必并其券遗之。召母归之。则进献最多之地，亦即粥买最盛之区也。唐室不亡于藩镇而亡于宦官，则贼民者即其所以自贼矣。

南方卖买人口之风，所以特盛，盖由掠卖异族而起。南北朝时，梁、益二州，岁岁伐僚以自利，已见《两晋南北朝史》。《隋书·苏孝慈传》：兄子沙罗，检校益州总管长史。越巂人王奉作乱，从段文振讨平之。蜀王秀废，吏案奏沙罗云：王奉为奴所杀，秀乃诈称左右斩之，又调熟僚，令出奴婢，沙罗隐而不奏。由是除名。《新书·刑法志》：广州都督党仁弘，尝率乡兵二千助高祖起，封长沙郡公，弘交通豪酋，纳金宝，没降僚为奴婢，又擅赋夷人，既还，有舟七十。则奴役僚人之风，隋、唐之世，仍未之有改矣。秀虽以是干吏议，及既废，幽内侍省，不得与妻子相见，仍令给僚婢二人驱使，是朝亦不以用僚婢为非也。《旧书·窦德明传》：韦庶人微时乳母王氏，本蛮婢也。特封莒国夫人，嫁为德明弟子怀贞妻，此蛮婢盖亦由粥卖而来？《隐逸·阳城传》：出为道州刺史。道州土地，产民多矮。每年尝配乡户，竟以其男号为矮奴。城下车，禁以良为贱。又闵其编甿岁有离异之苦，乃抗疏论而免之。此等矮民，盖黔、歙短人之种？见《秦汉史》第十二章第十节。岁贡之典，亦自奴役异族来也。喻士珍掠卖两林东蛮，致巂州陷于南诏；韦丹为容州刺史，民贫自粥者赎归之，禁吏不得掠为隶；《新书·循吏传》。则官吏亦有自为之者。王毛仲知监牧，募严道僰僮千口为牧圉，虽云召募，亦可见其时南口之众也。陈稜之击流求，献俘万七千口，炀帝以之颁赐百官。《隋书·本纪》大业七年（611）。张保皋言遍中国以新罗人为奴婢，已见第四章第五节。《旧书·穆宗纪》：长庆元年三月，平卢薛平奏：海贼掠卖新罗人口于缘海郡县，请严加禁绝。从之。三年正月，敕不得买新罗人为奴婢。已在中国者，即放归其国。虽有此令，夫岂能行？又唐人小说，多言崑崙奴。崑崙者，南海诸族之通称也。然则海路往来，以贩粥奴婢为事者亦多矣。

《新书·忠义·吴保安传》：睿宗时，姚巂蛮叛，拜李蒙为姚州都督。宰相郭元振，以弟之子仲翔托蒙。蒙表为判官。时保安罢义安尉，未得调。以仲翔里人也，不介而见，曰：“愿因子得事李将军，可乎？”仲翔虽无雅故，哀其穷，力荐之。蒙表掌书记。保安后往，蒙已深入，与蛮战没，仲翔被执。蛮人俘华人，必厚责财乃肯赎。闻仲翔贵胄也，求千缣。会元振物故，保安留巂州，营赎仲翔。苦无赀，乃力居货。十年，得缣七百。妻子客遂州，间关求保安所在，困姚州不能进。都督杨安居知状，异其故，赀以行，求保安得之。引与语曰：“子弃家急朋友之患至此乎？吾请贷官赀，助子之乏。”保安大喜。即委缣于蛮，得仲翔以归。始仲翔为蛮所奴，三逃三获，乃转粥远酋。酋严遇之，昼役夜囚。役凡十五年乃还。汉人挟财力以略蛮人，固酷矣，蛮人恃兵力以篡汉人，庸愈乎？不特此也，《旧书·冯盎传》言：盎奴婢万余人，所居地方二千里。《新书·李谨行传》，言其家僮数千，以赀自雄，夷人畏之。谨行，靺鞨人。父突地稽部首长。隋末，率其属千余内附。居营州，授辽西太守。武德初，奉朝贡。以其部为燕州，授总管。

徙部居昌平。谨行累迁营州都督。此所云奴婢家僮者，必不能皆为汉人，则彼辈亦自奴役其种人也。吐谷浑遭吐蕃之祸，始居陇右，后徙河东，可谓奔走不得保其社稷矣。而白承福乃以富溢启刘知远之盗心，然则以蛮夷之质直，而王师往征，乃有箪食壶浆以迎者，其故可思矣。而以中国之大，时或不敌蛮夷之小，其故弥可思矣。果能非富天下，而重匹夫匹妇之仇，人亦孰得而略之？和无寡，安无倾，其族虽匹夫匹妇，不可犯也。

奴婢有在豪家者，亦有在寻常民家者，其名同，其情则各不同。《隋书·杨素传》言：素家僮数千。《旧书，李义府传》：义府既败，或作《河间道行军元帅刘祥道破铜山大贼李义府露布》，榜之通衢。义府封河间郡公。祥道，时推按义府者。义府先多取人奴婢，一时奔散，各归其家，《露布》称混奴婢而乱放，各识家而竞入者，谓此也。此贵家之奴婢也。《王处存传》，言其世隶神策军，为京师富族。父宗，善兴利，乘时贸易，僮奴万指，此富家之奴婢也。《新书·隐逸传》：王绩弃官还乡里，绩绛州龙门人。有田十六顷，在河渚间，有奴婢数人，种黍，春秋酿酒，养凫雁，莳药草自供。武攸绪市田颍阳，使家奴杂作，自混于民，此则虽贵家而自同于凡民矣。民间奴婢，多用以耕作。《新书·严砺传》：砺节度东川，擅没吏民田宅百余所，后元稹奉使，劾发其臧，请加恶谥，朝廷以其死故，但追田宅、奴婢还其主，《窦参传》：参贬后，没入赀产、奴婢。当时视奴婢，同之赀产，故亦与之俱没也。可见田多有奴。《食货志》：武宗废浮图法，天下毁寺四千六百，招提、兰若四万，籍僧、尼为民二十六万五千人，奴婢十五万人，僧众盖亦役奴婢以耕田如平民也？刘弘基病，给诸子奴婢各十五人，田五顷。谓所亲曰："使贤，固不藉多财，即不贤，守此可以脱饥冻。"余悉散之亲党。盖以富民处其子？若中下之家，则远不逮此。肃宗赐张志和奴婢各一，盖以凡民待之？阳城尝绝粮，遣奴求米。岁饥，屏迹不过邻里，屑榆为粥。有奴都儿，化其德，亦方介自约。或哀其馁，与之食，不纳。后致糠核数杯，乃受。当时之有奴婢，盖略如今日之有雇农，有之者本不必富，而奴婢非如雇庸，可以遣去，则主家中落，亦祇得与共困约矣。有奴婢者既多小农，故虽有奴婢，亦不易致富，而其待奴婢，亦必不如挟巨资者之虐。《旧书·隐逸传》：崔觐，老而无子，乃以田宅、家财，分给奴婢，令各为生业。觐夫妻遂隐于城固南山。不问家事。约奴婢：递过其舍，则供给酒食而已。此固希有之事，然亦可见主奴之间，或有如家人父子者也。其在豪民之家者，则大异于是。豪族多借武力自卫，故其奴多闲于武事。《新书·忠义传》：李育德，世富于财，家僮百人。天下乱，乃私完械甲，婴武陟城自保。人多从之。遂为长。剧贼来掠，不能克。此虽借众力，其家僮必有闲于武技者不疑。《旧书·丘和传》：子行恭，大业末，与兄师利聚众保故郿城。初原州奴贼数万人围扶风。太守窦琎坚守。经数月，贼中食尽，野无所掠，众多离散，投行恭者千余骑。行恭遣其酋渠，说诸奴贼，共迎义军。行恭又率五百人，皆负米麦，持牛酒，自诣贼营。奴帅长揖。行恭手斩之，谓其众曰："汝等并是好人，何因事奴为主，使天下号为奴贼？"众皆俯伏，曰："愿改事公。"行恭乃率其众，与师利共谒太宗于渭北。此奴帅能啸聚数万人，其必有武略，更不待论矣。董璋、高继兴，并李让家僮，后为将帅，让盖亦畜以自卫者也。此为地方豪族；若有奴者为将帅，其所畜武士，自必更多。钱九陇，父文强，本吴明彻将，与明彻俱败彭城，入隋，以罪没为奴，事唐高祖，是其一事。马三宝事柴绍为家僮，史但言其性敏狯，然高祖兵起，绍间道走太原，三宝乃能奉平阳公主遁司竹园，说贼何潘仁与连和，抚接群盗，兵至数万。秦王至竹林宫，三宝以兵诣军门谒，遂从平京师。其人亦必有武略，非徒敏狯，充嬖幸者矣。天下既定，此风亦未遽替。《新书·房玄龄传》言：高阳公主与浮屠辩机乱。太宗怒，斩浮屠，杀奴数十人。唐公主淫乱者甚多，未闻杀所乱者，且于奴何涉焉？太宗用刑，虽时任喜怒，亦未闻淫滥至是。盖遗爱是时，已畜异谋矣？奴盖其力臣也？越王贞家僮千人，马数千匹，外托畋猎，内实习武备。及举事，官军进逼州城，家僮悉力卫，贞曰："事既如此，岂得受戮辱？当须自为计。"贞乃饮药而死。家僮始散，舍仗就擒。此亦殊有武烈之风。王之用此曹，与玄宗之用王毛仲、李守德，成败异耳，其事固一揆也。天宝丧乱以后，将帅之家兵尤多。吴仲孺请以子弟率奴客从军，白志贞因请令节度、观察、团练等使，并尝为是官者，家出子弟甲马，则其一证。刘约白天平徙宣武，未至，暴死，家僮五百，无所仰衣食，思乱，授卢钧宣武节度使，人情始安。其机亦危矣。奴之习于武事者，如是之多，无怪李尽忠叛，武后欲募天下人奴有勇者，官畀主直，悉发以击虏也。《新书·契丹传》。豪家又有使奴为商贾者。《旧五代史·史弘肇传》：燕人何福殷，以商贩为业。尝以十四万市得玉枕。遣家僮及商人李进卖于淮南，易茗而回。家僮无行，隐福殷货财数十万。福殷责其偿，不伏，遂杖之。未几，家僮诣弘肇上变。言契丹主之入汴，赵延寿遣福殷赍玉枕阴遗淮南。弘肇即日遣捕福殷等，系之。军司孔目吏解晖希旨，榜掠备至。福殷自诬。连罪者数辈，并弃市。妻女为弘肇帐下分取之。其家财籍没。《新史·李崧传》云：汉高祖入京师，以崧第赐苏逢吉。崧家遭乱，多埋金宝，逢吉悉有之。崧弟屿、嶬，与逢吉子同舍，酒酣出怨言，以为夺我第。崧又以宅券献逢吉，逢吉尤不喜。屿仆葛延遇，《旧史》传云部曲。为屿商贾，多乾没其赀。《旧传》云：逋屿船佣，盖乘船以行贾也。屿笞责之。延遇夜宿逢吉部曲李澄家，以情告澄。是时高祖将葬睿陵，河中李守贞反。澄乃教延遇告变，言崧与其甥王凝谋因山陵放火焚京师，又以蜡丸书遗守贞。逢吉遣人召崧至第，从容告之。崧知不免，乃以幼女托逢吉。逢吉送崧侍卫狱，自诬服，族诛。崧素与翰林学士徐台符相善。后周太祖立，台符告宰相冯道，请诛葛延遇。道以延遇数经赦宥，难之。枢密使王峻闻之，多台符有义，乃奏诛延遇。《旧传》云：李澄亦以戮死。

奴告主之事，隋、唐五代时盖甚多。《旧书·裴寂传》：贞观三年（629），有沙门法雅，初以恩幸，出入两宫，至是禁绝之。法雅怨望，出妖言，伏法。兵部尚书杜如晦鞫其狱，法雅乃称寂知其言。寂对曰："法雅惟云时候方行疾疫，初不闻妖言。"法雅证之。坐是免官，削爵邑之半，放归本邑。寂请住京师，太宗数之曰："计公勋庸，不至于此，徒以恩泽，特居第一。武德之时，政刑纰缪，官方弛紊，职公之由。但以旧情，不能极法。归扫坟墓，何得复辞？"寂遂归蒲州。未几，有狂人，自称信行，寓居汾阴，言多妖妄。尝谓寂家僮曰："裴公有天分。"于时信行已死，寂监奴恭命，以其言白寂。寂皇惧。不敢闻奏，阴呼恭命杀所言者。恭命纵令亡匿。寂不知之。寂遣恭命收纳封邑，得钱百余万，因用而尽。寂怒，将遣人捕之。恭命惧而上变。太宗大怒，谓侍臣曰："寂有死罪者四：位为三公，而与妖人法雅亲密，一也。事发之后，乃负气愤怒，称国家有天下，是我所谋，二也。妖人言其有天分，匿而不奏，三也。阴行杀戮以灭口，四也。我杀之非无辞，议者多言流配，朕其从众乎？"于是徙交州，竟流静州。又《张镒传》：建中三年正月，太仆卿赵纵，为奴当千发其阴事。纵下御史台，贬循州司马。留当千于内侍省。镒上疏曰：贞观二年（628），太宗谓侍臣曰："比有奴告其主谋逆。此极弊法，特须禁断。假令有谋反者，必不独成，自有他人论之，岂待其奴告也？自今以后，奴告主者皆不受，尽令斩决。"《唐律》：部曲、奴婢告主，非谋反、逆、叛皆绞，则此三者皆得告，疑贞观时告者甚多，功臣宿将，人人自危，故为之一切之法也。由是贱不得干贵，下不得陵上。教化之本既正，悖乱之渐不生。为国之经，百代难改。欲全事体，实在防微。顷者长安令李济得罪因奴，万年令霍晏得罪因婢。愚贱之辈，悖慢成风。主反畏之，动遭诬告。充溢府、县，莫能判决。建中元年五月二十八日诏曰：准《斗竞律》：奴婢告主，非谋叛已上者，同自首法，《唐律注》：被告者同自首法。《疏议》曰：谓其主杂犯死罪已下，部曲、奴婢告之，具同为首之法，奴婢获罪，主得免科。并准律处分。自此奴婢复顺，狱诉稍息。今赵纵非叛逆，奴实奸凶，奴在禁中，纵独下狱，考之于法，或恐未正。将帅之功，莫大于子仪，人臣之位，莫大于尚父，殁身未几，坟土仅干，两婿先已当辜，赵纵今又下狱。设令纵实抵法，所告非奴，才经数月，连罪三婿，禄勋念旧，犹或可容，况在章程，本宜看免。陛下方诛群贼，大用武臣，虽见宠于当时，恐息望于他日。上深纳之。纵于是左贬而已。当千杖杀之。镒乃令召子仪家僮数百人，以死奴示之。又《王锷传》：子稷，父卒，为奴所告：稷换锷遗表，隐殁所进钱物。宪宗令鞫其奴于内仗，又发中使，就东都验责其家财。宰臣裴度苦谏。于是罢其使而杀奴。《度传》：告稷者凡二奴，皆付京兆府决杀。《于頔传》：頔既归朝，元和中，内官梁守谦掌枢密，颇招权利。有梁正言者，自言与守谦宗盟情厚。顿子敏，与之游处。正言取顿财贿，言赂守谦，以求出镇。久之无效。敏责其货于正言。乃诱正言之僮，支解，弃于溷中。八年（813）春，敏奴王再荣诣银台门告其事。即日捕孔目官沈璧，家僮十余人，于内侍狱鞫问。寻出付台狱。顿贬为恩王傅。敏长流雷州，锢身发遣。行至商山，赐死。顿第四子季友，尚宪宗长女永昌公主，追夺两任官阶。正、方并停见任。沈璧决四十，配流封州。奴犀牛，与刘干同手杀人，与梁正言、僧鉴虚并付京兆府决杀。参看第八章第二节。《新书·魏徵传》：五世孙谟。宣宗时迁中书侍郎。大理卿马曙，有犀铠数十首，惧而瘗之。奴王庆，以怨告曙藏甲，有异谋。按之无他状。投曙岭外，庆免。议者谓奴诉主法不听。谟引律固争，卒论庆死。《新五代史·唐景思传》：景思为缘淮巡检。有奴，尝有所求不如意，即驰见史弘肇，言景思与李璟交通，而私蓄兵甲。弘肇遣吏将三十骑往收景思。奴谓吏曰："景思勇者也，得则杀之。不然，将失之也。"吏至，景思迎前，以两手抱吏呼冤，请诣狱自理。吏引奴与景思验。景思曰："我家在此，请索之。有钱十千，为受外赂，有甲一属，为私蓄兵。"吏索之，惟一衣笥、军籍、粮簿而已。吏闵而宽之。景思请械送京师以自明。景思有仆王知权，在京师，闻景思被告，乃见弘肇，愿先下狱，明景思不反。弘肇怜之，送知权狱中，日劳以酒食，景思既械就道，颍、亳之人，随至京师共明之。弘肇乃鞫其奴，具伏。即奏斩奴而释景思。以上合何福殷、李崧之狱，凡得八事，主无罪而奴反见杀者四。李崧虽为奴所陷，其奴终亦伏法，不闻后患者，惟何福殷、裴寂、于敏三狱，则以敏罪实大，寂素为太宗所不悦，而福殷则适直史弘肇之乱政故也。然则以奴告主，其事实难，而犹有冒险而为之者，何哉？据张镒之奏，则是时斯狱实繁。主得罪而奴获逞志者，盖亦不少；主无罪而奴获重咎，盖转为罕见之事，故史特志之耳。且禁奴告主之法，定于贞观二年（628），而三年（629）太宗即躬自违之；德宗申以建中元年（780）之诏，而其狱仍充溢于府县；至宣宗时，又烦魏谟之引律固争；法律之不成为具文者几何哉？

唐景思藏钱不及十千，而裴寂、何福殷之奴，用财至数十百万。梁正言苞苴无验，而于敏怨及其家僮，盖梁守谦之招权利，正言辈为之，而正言辈之所为，则其家僮又为之羽翼也。然则当时之奴婢，岂复奔走供使令者哉？此等奴婢，所依附之主人，权势愈大，则其召祸亦愈大。吴少诚病痖，家奴单于熊儿矫召吴少阳，遂杀其子而自立。元济之败，宪宗使比部员外郎张宿使李师道，讽令割地。质子，师道已许纳三州，遣子入侍。已而悔之。帝复遣左散骑常侍李逊谕旨。而师道私奴婢媪，争言先司徒土地，奈何一旦割之？今不献三州，不过战耳，即不胜，割地未晚。归顺之机遂绝。而刘悟子从谏，与师道诸奴日戏博交通，具知其阴密事，悉疏于悟，遂卒隳师道于败亡焉。

奴婢之能败其主，以其有才智也。其有才智，则以其本为士人也。杨素家僮有鲍亨者，善属文，殷胄者，工草隶，并江南士人，因高智慧没为家奴。何稠、阎毗，皆巧思过人，能成一代之文物。而毗以为东宫官，太子服玩之物，多其所为，及太子废，坐杖一百，与妻子俱配为官奴婢，后二岁乃免。卢大翼、耿询、万宝常，亦《艺术传》中人也。大翼，太子闻而召之，及废，坐法当死，高祖惜其才，配为官奴，久之乃释。询，陈后主世，以客从王勇于岭南。勇卒，询不归，遂与诸越相结。群俚反叛，推为主。为王世积所擒。自言有巧思。世积释之，以为家奴。久之，见其故人高智宝以玄象直太史，从受天文、算术，创意造浑天仪。世积奏之。高祖配为官奴，给太史局。后以赐蜀王秀。秀废，复当诛。何稠言于高祖，特原其罪。炀帝即位，进欹器。帝善之，乃得放为良民。宝常，父大通，从梁将王琳归齐，后复谋归江南，事泄，伏诛，宝常配为乐户。汉王谅之叛，以介州长史薛粹为绛州刺史。谅败，伏诛。其子大鼎，以年幼，贯为官奴，流辰州。后用战功乃得还。大鼎见《旧书·良吏》《新书·循吏传》。此事又见两《书·方伎·乙弗弘礼传》。隋世于士大夫之酷如此。《旧书·忠义·张道源传》：道源拜大理卿，时何稠得罪，家口籍没，仍以赐之。道源叹曰："人有否泰，盖亦是常？安可因己之泰，利人之否，取其子女，以为仆妾？"皆舍之。《李大亮传》：破辅公祏，以功赐奴婢百人。大亮谓曰："汝辈多衣冠子女，破亡至此，吾亦何忍以汝为贱隶乎？"一皆放还。能如是者有几人哉？《李玄道传》：王君廓为幽州都督，朝廷以其武将，不习时事，拜玄道为幽州长史。尝遗玄道一婢，问所由，本良家子，为君廓所掠。玄道因放还之。君廓甚不悦。则有为不道掠人，反恶人之释者，而士大夫设讲交际，务纳交于人者，亦或有所顾忌而不敢遽放之矣。卢江王瑗之死，朝即以其家口赐君廓。太宗诸子，武后时壮者诛死，幼者没为官奴。其时士大夫，如韩瑗、柳奭等，子孙亦皆谪南方为奴婢，其酷亦不减隋世也。《廿二史札记》没入掖庭一条，可以参看。安、史乱作，自更无人理可说。《新书·逆臣传》：史朝义死，部送将士妻口百余于官。有司请隶司农。帝曰："是皆良家子，胁掠至此。"命禀食还其亲，无所归者，官为资遣。据《旧书·邵说传》：说历事思明、朝义，朝义败，降于军。说一人，掠名家子女以为婢仆者，即数十人，则所送者岂及百一哉？郭李收常山后，颜真卿令杲卿子泉明至河北求宗族，已见第十六章第二节。泉明一女及姑女，并流离贼中，及是并得之。悉钱三万赎姑女，还取赎复往，则己女复失之矣。东京留守李憕，为安禄山所杀。子源，八岁，俘为奴，转侧民间，及史朝义败，故吏仍赎出之，归其宗属。可见是时衣冠之子沦落者之众。李光颜之败吴元济也，宪宗悦，赐告捷者以奴婢，官所为亦何异于贼乎？《新书·文艺·萧颖士传》：有奴事颖士十年，笞楚严惨。或劝其去。答曰："非不能，爱其才耳。"忍于造作此等语言，可谓天良丧尽。然不转瞬而已族亦罹其酷矣。

　　《旧五代史·孟承诲传》：承诲事晋少帝，以植性纤巧，善于希旨，复与权臣、宦官，密相表里，凡朝廷恩泽美使，必承诲为之，一岁之中，数四不已。由是居第华敞，财帛积累。及契丹入汴，张彦泽引兵逼宫城，少帝召承诲计之，承诲匿身不赴。少帝既出宫，寓于开封府舍。具以承诲背恩之事告彦泽，令捕而杀之，其妻女并配部族。此为异族入据，以中国人配隶其本族人之始。

良人自卖，本为律所不许，然遇凶荒兵乱之时，势不可止，则或别立条例以济之。《旧书·高宗纪》：咸亨元年十月，大雪。令雍、同、华等州贫窭之家，有年十五已下，不能存活者，听一切任人收养为男女，充驱使，皆不得将为奴婢。四年正月，诏咸亨初收养为男女及驱使者，听量酬衣食之直，放还本处，是其事也。《通鉴》：晋齐王天福八年（943），唐主殂，齐王立。自烈祖相吴，禁压良为贱，令买奴婢者通官作券。冯延巳及弟延鲁，俱在元帅府，草遗诏，听民卖男女，意欲自买姬妾。萧俨驳曰："此必延巳等所为，非大行之命也。昔延鲁为东都判官，已有此请。先帝访臣，臣对曰：'陛下昔为吴相，民有粥男女者，为出府金赎而归之，故远近归心。今即位而反之，使贫人之子，为富人厮役，可乎？'先帝以为然，将治延鲁罪。臣以为延鲁愚，无足责。先帝斜封延鲁章，抹三笔，持入宫。请求诸宫中，必尚在。"齐王命取先帝时留中章奏千余道，皆斜封一抹，果得延鲁疏。然以遗诏已行，竟不之改。坏成法以自利，可谓悖矣。然自卖法本有禁，使其法具存，何待李昪更建？云昪相吴而禁压良为贱，疑在淮南，此法久废，昪作相乃复之，而延鲁则又请复昪相吴前之旧也。出金代赎之法，亦为历代所常行。《旧书·太宗纪》：贞观二年三月，遣御史大夫杜淹巡关内诸州，出御府重宝，赎男女自卖者，还其父母。《朱忠亮传》：为泾原节度使。泾土旧俗多卖子，忠亮以俸钱赎而还其亲者，约二百人。是其事。此其势必不可遍，则又为别设方略。《新书·韩愈传》：愈为袁州，袁人以男女为隶，过期不赎，则没入之。愈至，悉计庸得，赎所没，归之父母，七百余人。因与约，禁其为隶。《旧书》云：仍削其俗法，不许隶人。所谓俗法者，盖其地之惯习，为众所共遵者也。《柳宗元传》：宗元刺柳州。柳人以男女质钱，过期不赎，子本均则为奴婢。宗元设方计，悉赎归之。尤贫者令书庸，视直足相当，还其质。已没者出已钱助赎。《李德裕传》：德裕为西川。蜀人多粥女为人妾，德裕为著科约：凡十三而上，执三年劳，下者五岁，及期则归之父母是也。军人之俘掠者，朝廷威令不振，亦以赎法行之。《昭宗纪》：大顺二年四月，赐两军金帛，赎所略男女还其家。《李光弼传》：子汇，迁泾原节度使，出俸钱赎将士质卖子还其家是也。《旧五代史·明宗纪》：天成元年九月，致仕都官员外郎于邺奏请指挥不得书契券辄卖良人，则军人不徒略人，并有略卖人者矣。其不法可谓甚矣。《庄宗纪》：同光二年（924）祀圜丘赦文云：应有百姓妇女，曾经俘虏他处为婢妾者，一任骨肉认识。男子曾被刺面者，给与凭据，放逐营生。天成二年四月，右谏议大夫梁文矩上言：平蜀已来，军人剽掠到西川人口甚多，请许收认。因诏河南、河北，旧因兵火虏隔者，并从识认。四年八月，诏乱离已来，天下诸军所掠生口，有主识认，即勒还之。皆取一切之法。盖事势不容不尔？《晋高祖纪》：天福二年八月，诏曰：应自梁朝后唐已来，前后奉使，及北京缘边管界虏掠向北人口，宜令官给钱物，差使赍持，往彼收赎，放归本家。《周世宗纪》：显德四年（957），曲赦寿州管内。自用兵已来，被虏却骨肉者，不计远近，并许本家识认，宫中给物收赎。皆仍取赎法，则以法不能行于境外，而淮南当新定之时，亦不欲夺将士之利也。

部曲、客女，隋、唐、五代之世仍有之。尔时并无将帅可招人为部曲，盖前世之遗也。唐时，工、乐、杂户，并不贯州县。工属少府，乐属太常，杂户散属诸司。《唐律疏议》云：杂户者，谓前代已来，配隶诸司，职掌课役，不同百姓，依令老免，进丁受田，依百姓例，各于本司上下。官户者，亦谓前代已来，配隶相生，或有今朝配没，州县无贯，惟属本司。《名例》府号官称。此中除今朝配没之官户外，余皆事属前朝，且必屡经赦宥，早合免为良民，然法律仍加歧视。工、乐、杂户、官户，只许当色为婚，良人亦不得养杂户、官户为子孙，犯者治罪外仍还正，而部曲、奴婢，更无论矣。惟太常音声人，虽元与工、乐不殊，而自义宁已来，得于州县附贯，虽依旧太常上下，而依令婚同百姓，户婚杂户不得娶良人疏议。则已侪于平民耳。工、乐、杂户、官户等，皆惟隶属于官，部曲、奴婢，则为家仆。部曲之地位，视奴婢略高。部曲殴良人，加凡人一等，奴婢又加一等。良人殴部曲，减凡人一等，奴婢又减一等。《斗讼律》。部曲、奴婢谋杀主者斩，同籍合有财分者皆为主。过失杀者绞，伤及詈者流，《贼盗》。而主杀有罪奴婢不请官司者，不过杖一百。无罪者徒二年，殴部曲至死者徒一年，故杀者加一等而已。《斗讼》。放部曲、客女、奴婢为良者，依户令，皆由家长给手书，时谓放书。长子已下连署，仍经本属申牒除附。既放而复压为贱则有罪。《户婚》。

第三章　隋唐五代人民生计

第一节　物价工资资产

　　自汉末币制坏乱，官私出入，皆罕用钱，已见《两晋南北朝史》矣。隋、唐之世，币制稍见整饬，然贸迁亦随之加广，民间交易，仍罕用钱。为韩愈论变盐法，谓城郭之外，少有见钱，籴盐多用杂物、米谷博易是也。此等情形，终五代之世，未之有改。惟以见钱交易是一事，以钱币计价又是一事。计价究以钱为便，故虽用他物博易，计价仍多以钱。如《国史补》谓渑池道中，有车载瓦瓮，塞于隘路，有客刘颇，扬鞭而至，问曰："车中瓮直几何？"答曰："七八千。"颇遂开囊取缣偿之，是其事矣。近人傅安华说。职是故，史籍所载物价，以钱计者仍多。欲知当时生计情形，仍以搜集此等记载为最要也。

　　食为民天，故欲考物价，必当先知谷价。今试就斯时谷价见于史者征之。《新唐书·宗室传》：长平肃王叔良，武德初，镇泾州捍薛仁杲。大饥，米斗千钱。又《食货志》：贞观初，户不及三百万，绢一匹易米一斗。至四年（630），米斗四五钱。外户不闭者数月，马牛被野，人行数千里不赍粮，民物蕃息；四夷降附者百二十万人。是岁，天下断狱，死罪者二十九人。号称太平。《魏徵传》云：帝即位四年，岁断死二十九，几至刑措。米斗三钱。此两条，其辞互相出入，可知其所本略同，而米价又有差异，盖上下于三四五钱之间也。《旧五代史·李琪传》：琪于同光三年（925）上疏，言太宗时天下粟价，斗直两钱。观下引《通鉴》所载开元十三年（725）米粟二价之异，则知粟价更较米价为廉。琪此疏虽多误，见第十六章第三节。此语或有据也。《旧书·马周传》：周于贞观十一年（637）上疏曰："往者贞观之初，率土荒俭，一匹绢才得一斗米。自五六年来，频岁丰稔，一匹绢得粟十余石。"《新书》同。此时米价，与四年（630）似无大差。设以其所谓十余石者为十五石，米价仍为斗四钱，粟价当米价五之三，据开元十三年（725）青齐米粟比价。则粟十五石，得钱三百六十文矣。《通鉴》：永徽五年（654），是岁大稔。洛州粟米斗两钱半，粳米斗十一钱。粟米盖指秫米？杜陵《后出塞诗》盛称粳稻来东吴，粳盖米之最贵者也。《旧书·高宗纪》：麟德二年（665），是岁大稔，《通鉴》作比岁丰稔。米斗五钱，粺麦不列市，粺麦，《通鉴》作麦豆。又《五行志》：永淳元年六月十二日，连日大雨，至二十三日，洛水大涨，漂损河南立德、弘敬，洛阳景行等坊二百余家，坏天津桥及中桥，断人行累日。先是顷降大雨，沃若悬流，至是而泛溢冲突焉。西京平地水深四尺已上。麦一束止得一二升，米一斗二百二十文，布一端止得一百文。国中疑当作关中。大饥。蒲、同等州没徙人家口并逐粮，饥馑相仍，加以疾疫，自陕至洛，死者不可胜数。西京米斗三百已下。《通鉴》：是年四月，上以关中饥馑，米斗三百。幸东都，五月，东都霖雨。乙卯，洛水溢，溺民居千余家。关中先水后旱蝗，继以疾疫，米斗四百。两京间死者相枕于路。人相食。此二文可以互相参证。《旧志》所谓先是顷降大雨者，盖即《通鉴》所记五月东都霖雨。西京水深四尺，盖亦在是时？此即《通鉴》所谓关中先水。旱蝗当在其后，《通鉴》因水患而终言之也。然则关中米价，四月中每斗已至三百；五月盖因车驾东行，落至二百二十；旋因水患，又升近三百；其后旱蝗，则升至四百也。《旧书·郭元振传》：大足元年（701），迁凉州都督陇右诸军州大使。令甘州刺史李汉通开置屯田。旧凉州粟斛雠至数千，及汉通收率之后，数年丰稔，乃至一匹绢粟数十斛，绢，《新书》作缣。积军粮至数十年。其贵贱之相去，亦不翅贞观初与四年（630）后矣。《通鉴》：景龙三年（709），是岁关中饥，米斗百钱，《旧书·玄宗纪》：开元十三年（725），时累岁丰稔，东都米斗十钱，青、齐米斗五钱。《通鉴》云：东都斗米十五钱，青、齐五钱，粟三钱。《旧纪》：开元二十八年（740），是时频岁丰稔，京师米斛不满二百，天下义安，虽行万里，不持兵刃。《通鉴》云：是岁，西京、东都米斛直钱不满二百，绢匹亦如之。海内富安，行者万里不持寸兵。《新书·食货志》：天宝五载（746），是时海内富实，米斗之价钱十三，青、齐间斗才三钱，绢一匹钱二百。道路列肆，具酒食以待行人，店有驿驴，行千里不持尺兵。三文亦相出入。知开元末天宝初，谷价无甚涨落。至安、史乱后而大异矣。《旧书·食货志》：肃宗乾元元年七月，铸一当十钱。又曰乾元重宝。二年（759），又铸重轮乾元钱，一当五十。寻而谷价腾贵，米斗至七千。饿死者相枕于道。《新志》叙钱币处略同，卷五十四。而其上文曰：百姓残于兵盗，米斗至钱七千，鬻粦为粮，民行乞食者属路，卷五十一。不谓由于币制之更。案唐世虽遭饥荒，苟非围城之中，米价未有至七千者，见下。乾元二年（759）之暴贵，必非由于兵盗可知。当时因物价腾踊，大钱之价，屡有裁损，卒皆归于当一，则不论其为重宝或重轮，人视之皆与小平钱无异。《旧志》云：人间抬加价钱为虚钱。据重轮乾元计之，所抬当得五十倍。则七千之价，实为百四十文也。《旧纪》：乾元三年四月，是岁饥，米斗至一千五百文。《新书·五行志》云：乾元三年（760）春，饥，米斗钱千五百。是岁闰四月，改元上元。《旧纪》云：时大雾，自四月雨至闰月末不止。米价翔贵，人相食，饿死者委骸于路。《天文志》云：自四月初大雾大雨，至闰四月末方止。是月，史思明再陷东都。米价踊贵，斗至八百文，人相食，殍尸蔽地。《五行志》云：乾元三年闰四月，大雾大雨月余。是月，史思明再陷东都，京师米斗八百文，人相食，殍骸蔽地。案四月已至千五百，加以淫雨，不应反减至八百。史家是岁之文，例皆书于岁末，疑因闰四月改元，误系四月或春末，米斗长至千五百，实在闰月之后。《李皋传》云：多智数，善因事以自便。奉太妃《郑氏》以孝闻。上元初，京师旱，米斗直数千，死者甚多。皋变俸不足养，亟请外官，不允。乃故抵微法，贬温州长史。言上元不言乾元，当在改元之后，足见旱灾在淫雨后，米价因此，乃又自八百长至千五百，云数千则过甚之辞也。《旧书·五行志》：广德元年（763），秋，蚙蚄食苗，关西尤甚，米斗千钱。《新志》同。《旧纪》：广德二年九月，自七月大雨未止，京城米斗值一千文。蝗食田。又云：是秋，蝗食田殆尽，关辅尤甚，米斗千钱。《新书·五行志》：广德二年（764），秋，关辅饥，米斗千钱。又云：秋，蝗，关辅尤甚，米斗千钱。《通鉴》则总书于是岁九月，曰：关中虫蝗霖雨，米斗千余钱。《旧纪》：永泰元年三月，岁饥，米斗千钱。诸谷皆贵。又云：是春大旱，京师米贵，斛至万钱。《新书·五行志》云：永泰元年（765），饥，京师米斗千钱。《通鉴》云：是春不雨，米斗千钱。《旧纪》又云：七月，庚子，雨。时久旱，京师米斗一千四百，他谷食称是。观此及永泰元年（765）之文，而知凡言米贵者，诸谷必皆贵矣。《旧纪》又云：大历四年八月，自夏四月连雨至此月，京城米斗八百文，官出米二万石，减估而粜，以惠贫民。《天文志》《五行志》略同。《纪》又云：五年七月，京师斗米千文。《天文志》亦同：《纪》六年（771）云：是岁春旱，米斛至万钱。《食货志》：建中初，自兵兴已来，凶荒相属，京师米斛万钱，官厨无兼时之食。百姓在畿甸者，拔谷按穗，以供禁军。《本纪》：贞元元年二月，河南、河北饥，米斗千钱。《新书·五行志》：是年春，大饥，东都、河南、河北米斗千钱，死者相枕。《旧纪》言是月丙寅朔，遣工部尚书贾耽、侍郎刘太真分往东都、两河宣慰，盖即为是？《旧纪》以河南苞东都，《新志》则析言之也。《新书·李晟传》：晟言李怀光不可赦云："今河中米斗五百，刍稿且尽，人饥死墙壁间。"《通鉴》系其事于是年四月，则河中屯兵虽多，战事迫在眉睫，米价犹仅半于河南北矣。《旧纪》：贞元二年五月丙申，自癸巳大雨，至于兹日。饥民俟夏麦将登，又此霖澍，人心甚恐，米斗复千钱。《新书·五行志》亦云：是年五月，麦将登而雨霖，米斗千钱。观《旧书》之文，则自此以前，西都米价，已尝升至千钱矣。《旧书·张孝忠传》云：贞元二年（786），河北蝗旱，米斗一千五百文；复大兵之后，民无蓄积；饥殍相枕。孝忠所食，豆而已。则是岁河北米价，又较元年（785）春间为贵也。《通鉴》：贞元三年七月，上复问李泌以府兵之策。对曰："今岁征关东卒戍京西者十七万人，计岁食粟二百四万斛。今粟斗直百五十，为钱三百六万缗。国家比遭饥乱，经费不充，就使有钱，亦无粟可籴，未暇议复府兵也。"泌事多出其子繁造作，不足信，说已见前，然造作之说，亦必以当时情势为据，故仍可考米价也。《通鉴》又云：自兴元以来，是岁最为丰稔，米斗直钱百五十，粟八十。诏所在和籴。案景龙元年（707）米斗百钱，史家已以为贵，此时币价，当倍蓰于景龙，而百五十钱，已须和籴者。谷贵既久，虑其骤贱伤农也。《通鉴》：贞元八年（792）又载陆贽论边储之语，谓江淮斗米钱百五十，而京兆诸县七十，请减来岁之运，今京兆加价以籴，而以停运之米，于江淮减价以粜，详见第二十章第二节。足见斗百五十之价，于京兆为贱者，于江淮仍为贵。盖因有无不能相通，故各处米价，差异殊甚也。《通鉴》元和元年（806）云：是岁天下大稔，米斗有直二钱者。唐代米价见于史者，当以是为最廉。《新书·吴武陵传》：长庆初，窦易直以户部侍郎判度支，表武陵主盐北边，会表置和籴贮备使，择郎中为之。武陵谏曰："今缘边膏壤，鞠为榛杞，父母妻子不相活。前在朔方，度支米价四十，而无逾月积，皆先取商人，而后求牒还都受钱。脱有寇薄城，不三旬便当饿死。何所取财，而云和籴哉？"则长庆初之米价，又落于贞元时矣。《旧纪》：长庆四年七月丁卯，敕以谷贵，凡给百官俸内一半合给匹段，今宜给粟，每斗折钱五十文。折价或较实价为低，相去当不甚远，武陵以四十为昂，其无足怪。《旧纪》：光启二年五月，是月，荆南、襄阳仍岁蝗旱，米斗三十千，人多相食。《新书·五行志》云：光启二年二月，荆、襄大饥，米斗三千钱，人相食。卷三十五。又云：光启二年（886），荆、襄蝗，米斗钱三千，人相食。卷三十六。《旧纪》盖衍十字？天祐元年（904），朱全忠杀朱友恭、氏叔琮，《新书·奸臣传》曰：是时洛城旱，米斗直钱六百，军有掠籴者，都人怨，故因以悦众，执友恭、叔琮斩之。《通鉴》：天成二年（927），是岁，蔚、代缘边粟斗不过十钱。以上为唐、五代时谷价见于正史及《通鉴》者。唐代钱价颇贵，中叶后尤甚，见第十九章第四节。则前后谷价，虽为数相同，又不能视同一律矣。计然云："粜二十病农，九十病末，上不过八十，下不过三十，则农末俱利。"今观唐史之文，开元米斛仅二百，则以为贱，景龙时斗值百钱，则以为贵，其相去之远，亦颇近之。盖谷价虽贵，利多入于贵庾之家，农民所得，恒不过最下之价，故虽上腾未必丰乐，虽反贱亦勉可自活也。

《旧书·鲁炅传》：保南阳郡，为贼所围。城中食尽，煮牛皮筋角而食之，米斗至四五十千，有价无米。鼠一头至四百文。饿死者相枕藉。《安禄山传》：庆绪自十月被围至二月，城中人相食。米斗钱七万余，鼠一头直数千。《黄巢传》：中和元年（881），时京畿百姓，皆砦于山谷，累年废耕耘。贼坐空城，赋输无人。谷食腾踊，米斗三十千。官军皆执山砦百姓鬻于贼为食，人获数十万。《高骈传》：光启三年（887），毕师铎囚骈。扬行密攻城，城中米斗五十千，饿死大半。《旧五代史·僭伪列传》：九月，秦、毕害高骈于幽所。行密攻围弥急。城中食尽，米斗四十千。居人相啖略尽。十月，城陷。秦、毕走东塘。行密入广陵。辇外寨之粟，以食饥民。即日米价减至三千。《新书·五行志》：光启三年（887），扬州大饥，米斗万钱，盖亦在此时，实非因饥荒也。《新书·陈儒传》：秦宗言来寇，张瑰固垒二岁，樵苏皆尽，米斗四十千。计抔而食，号为通肠。疫死者争啖其尸，县首于户以备馔。军中甲鼓无遗，夜击圊为警。《新五代史·李茂贞传》：天复元年（901），韩全诲等与李继筠劫昭宗幸凤翔，梁军围之逾年，茂贞每战辄败，闭壁不敢出。城中薪食俱尽。自冬涉春，雨雪不止，民冻饿死者，日以千数。米斗直钱七千。至烧人矢煮尸而食。父自食其子。人肉斤直钱百，狗肉斤直钱五百。《旧五代史·僭伪列传》：刘守光进攻沧州，沧州宾佐孙鹤、吕兖已推守文子延祚为帅。守光攻围累月。城中乏食，米斗直三万。人首一级，亦直十千。军士食人，百姓食墐土。驴马相遇，食其鬃尾。士人出入，多为强者屠杀。《新书》云：兖等率城中饥民，食以麹，号宰杀务，日杀以饷军。以上皆围城中米价可考者：最昂者为七万，盖米价至是，能买者已极少，过此则更无能买者，价亦不必列矣。《鲁炅传》云有价无米，说恐未确，果无米，安得有价？盖能买者极少，故人不见其有米耳。

布帛之价，开、天时绢匹与米斛齐等，似近乎平。何者？人生所须，莫急口实，故李悝尽地力之教，论农夫用度，一以粟米为主。《新书·食货志》载肃、代时议钱币者之语：谓自天宝至今，户九百余万。《王制》上农夫食九人，中农夫七人，以中农夫计之，为六千三百万人。少壮相均，人食米二升，日费米百二十六万斛，岁费四万五千三百六十万斛，而衣倍之，吉凶之礼再倍，当米十三万六千八十万斛。此说颇得李悝遗意。其计凡民用度，总数约三倍于口实，盖据当时事实立言。《新书·严郢传》：杨炎请屯田丰州，郢奏：请以内苑莳稻验之：秦地膏腴，田上上；耕者皆畿人，月一代，功甚易；又人给钱月八千，粮不在；然有司常募不能足，合府县共之。计一农岁钱九万六千，米七斛二斗。大抵岁佣丁三百，钱二千八百八十万，米二千一百六十斛。臣恐终岁获不酬费。岁食七斛二斗，正日得二升。别给钱九万六千，盖以备衣及他用。京西戍卒十七万，岁食粟二百四万斛人月得一石，日得三升余，盖民以少壮相均，而兵则皆壮者。远戍者之所食，固应略优于家居之民，而衣赐别在其外，亦犹之雇农别有庸钱也。《旧书·地理志》言开元时，于边境置节度、经略使，大凡镇兵四十九万人，每岁经费，衣赐则千二十万匹段，军食则百九十万石，大凡千二百一十万。下列各镇经费详数，亦以粮食、衣赐分言，但不能具耳。然则唐世工赀，大约三倍于口实，盖亦据实际而定。租庸调之法，不役者日为绢三尺。《唐律·名例》亦云：平功庸者，一人一日为绢三尺。绢以四丈为匹，设使价与米斛齐等，则以三尺易米，可得七升半，故曰其价似近于平也。布价固当廉于绢，然如永淳元年（682）之价，匹仅得钱六十六文，布以六丈为端，四丈为匹。则亦太廉。盖因人急口实，故其价远落经价之下矣。绢有上中下，见《两晋南北朝史》第十九章第一节，《唐律·名例》：诸平赃者，皆据犯处当时物价及上绢估，则唐绢亦分上中下。不役者日为绢三尺，当据上绢言之？然则工赁亦当准上绢论直也。工赁三倍于口实而有余，似足自给。然七口之家，不必皆能力作，设使一夫所人，侔于律之所定，而其妇半之，共得一斗一升余，少壮相均，日食且不足矣。况不能日日有作乎？短工即如此。故受雇于人者，终不能免于贫困也。

《新书·食货志》：天宝、至德间，盐每斗十钱。略廉于其时之斗米。《志》又云：第五琦为诸州榷盐铁使，尽榷天下盐，斗加时价百钱而出之，为钱一百一十。《旧书·德宗纪》：建中三年五月丙戌，增两税盐榷钱，两税每贯增二百，盐每斗增一百。贞元四年（788），淮西节度使陈少游奏加民赋，自此江淮盐每斗亦增二百，为钱三百一十。其后复增六十。河中、两池盐，每斗为钱三百七十。江淮豪贾射利，或时倍之。则斗为钱七百四十，几于史思明陷东都时之米价矣。又云：其后军费日增，盐价寖贵。有以谷数斗，易盐一升。顺宗时，始减江淮盐价，每斗为钱二百五十。河中、两池盐斗钱三百。其后盐铁使李锜奏江淮盐斗减钱十以便民。未几复旧。自有禁榷以来，恐未有卖价高于成本如此其甚者也。《旧五代史·食货志》：晋天福中，将食盐钱分配人户，任人逐便兴贩，盐货顿贱。去出盐远处州县，每斤不过二十文，近处一十文而已。

唐之榷酒，始于建中三年（782）。《新书·食货志》云：斛收直三千。寻以京师四方所凑罢榷。贞元二年（786），复禁京城、畿县酒。天下置肆以酤者，斗钱百五十。免其徭役。独淮南、忠武、宣武、河东榷麹而已。《旧书·德宗纪》：贞元二年十二月壬申，京城畿内榷酒。每斗榷钱一百五十文。蠲酒户差役。从度支奏也。酒之成本几何不可知，恐所加亦必甚巨矣。麹价惟五代时可考。《旧五代史·唐末帝纪》：清泰二年正月，三司奏添征蚕盐钱，及增麹价。先是麹斤八十文，增至一百五十文。《晋高祖纪》：天福元年十一月，改元赦诏，麹每斤与减价钱三十文。

《新书·兵志》：凡发府兵当给马者，官与其直市之。每匹予钱二万五千。此盖马之平价？又云：初用太仆少卿张万岁领群牧。自贞观至麟德四十年间，天下以一缣易一马。此盖马价最贱之时？《旧书·回纥传》：自乾元之后，屡遣使以马和市缯帛。仍岁来市。以马一匹，易绢四十匹。此时马价未知如何，然中国所失，必甚巨也。《新书·食货志》云：代宗时，回纥岁送马十万匹，酬以缣帛百余万匹。而中国财力屈竭，岁负马价，匹亦不过十万余耳。

《旧五代史·唐明宗纪》：天成二年三月，诏所在府县纠察杀牛卖肉。犯者准条科断。其自死牛即许货卖，肉斤不得过五钱。此肉食之价可考者。

《旧书·皇甫镈传》：宪宗时，内出积年库物付度支估价。例皆陈朽，铸尽以善价买之，以给边军。罗毂缯采，触风断裂，随手散坏。军士怨怒，皆聚而焚之。裴度奏事，因言边军焚赐之意。镈因引其足奏曰："此靴乃内库出者，臣以俸钱二千买之，坚韧可以久服。所言不可用，皆诈也。"帝以为然。由是镈益无忌惮。唐史言镈事多诬，前已论之。所言靴价，却可考当时衣着之直也。

《旧书·李实传》：贞元十九年（803），为京兆尹。二十年（804）春夏，关中大歉。实方聚敛进奉，以固恩宠。百姓所诉，一不介意。因入对，德宗问人疾苦。实奏曰："今年虽旱，谷田甚好。"由是租税皆不免。人穷无告。乃彻屋瓦、木，卖麦苗，以供赋敛。优人成辅端，因戏作语为秦民艰苦之状云："秦地城池二百年，何期如此贱田园。一顷麦苗五硕米，三间堂屋二千钱。"此盖瓦、木最贱之价？然《韦思谦传》：子思立谏中宗云："比营造寺观，其数极多。皆务取宏博，竞崇瑰丽。大则费耗百十万，小则尚用三五万余。"《良吏·吕谭传》：殁后岁余，江陵将吏合钱十万，于府西爽垲地大立祠宇，四时祠祷。则祠庙之不甚宏丽者，所费亦不过自三万至十万耳。

时人用度之数，杂见史传者：《旧书·孟郊传》；郑馀庆镇兴元，奏为从事，辟书下而卒，馀庆给钱数万葬送。《新书·隐逸传》：卢鸿卒，玄宗赐以万钱。此丧葬之费也。《旧书·玄宗纪》：开元六年十一月，诏内官、外官三品已上有庙者，各赐物三十匹，以备修祭服及俎豆。此祭祀之费也。又《敬宗纪》：长庆四年十月，宗正寺选尚县主婿二十五人，各赐钱三十万，令备吉礼。《新书·韦皋传》：善拊士，至虽婚嫁皆厚资之。婿给锦，女给银涂衣，赐各万钱。又云：死丧者称是。此婚嫁之费也。士夫、将吏如此。其赐平民者：《隋书·炀帝纪》：大业四年正月，帝在东都，赐城内居民米各十石。《旧书·高宗纪》：贞观二十三年八月，河东地震，诏遣使存问，给复二年，压死者赐绢三匹。《新书》同。又永隆元年九月，河南、河北诸州大水，遣使振恤，溺死者官给棺槽，其家赐物七段。《新书·高宗纪》：开耀元年八月，以河南、河北大水，溺死者赠物，人三段。《旧书·顺宗纪》：即位后，百姓九十已上赐米二石，绢二匹。百岁已上赐米五石，绢二匹，绵一屯。《新书·太宗纪》：贞观三年三月，赐孝义之家粟五斛，八十已上二斛，九十已上三斛。百岁加绢二匹。妇人正月已来产子者粟一斗。十五年四月，赐民八十已上物。惸独鳏寡疾病不能自存者米二斛。《宪宗纪》：元和元年六月，赐百姓有父母、祖父母八十已上者粟二斛，物二段，九十已上粟三斛，物三段。《玄宗纪》：天宝七载五月，群臣上尊号，赐京城父老物十段。此等皆因赏赐赠遗之数。而略可推想其时用度之数者也。唐世钱少，民间交易，用钱者盖寡，故赐平民亦绝不用钱。《旧书·李峤传》：则天将建大像于白司马阪，峤上疏谏曰："造像钱见有一十七万余贯，若将散施，广济贫穷，人与一千，济得一十七万户。"当时钱少而贵，凡受赐以钱者，自后世观之，数若甚菲，而其实则颇厚也。《新书·张玄素传》：玄素上书太子承乾曰："今上以殿下父子亲，故所资用不为限节。然诏未六旬，用逾七万，骄奢无艺，孰过于此？"六旬用逾七万，日亦不过千余耳。《旧书·彭偃传》：大历末，东川观察使李叔明请澄汰佛道，偃献议：言"一僧衣食，岁计约三万有余"。此似甚毂，然设谓口实岁得万八千，则月得千五百，日食二升，升二十五钱，在当时粜价不为下矣。千钱济得一穷户，非虚言也。

唐景思为边将，为奴所诬，自白云：有钱十千为受外赂，已见第十六章第三节。可见是时虽将吏家，存钱亦不多也。《新书·员半千传》：咸亨中上书自陈，言臣家资不满千钱，有田三十亩，粟五十石，闻陛下封神岳，举豪英，故鬻钱走京师。此与汉贡禹自言家赀不满万钱，又云有田百三十亩者同。见《秦汉史》第十五章第一节。可见唐时计赀，田宅及力耕所得，仍在其外。故虽无赀，亦足自立。《旧书·文苑传》：唐次子扶，为福建团练观察使，卒于镇，仆妾争财，诣阙论诉，法司按劾其家财十万贯，归于二妾，时论非之，宜矣。扶事《新书》见《唐俭传》云：奴婢争财，有司按其赀至十余万，时议嗤薄之。十余万，当作十余万贯。《新五代史·唐家人传》：明宗侄从温，为忠武军节度使，诬亲吏薛仁嗣等为盗，悉籍没其家赀数千万。此虽非一人，然其赀亦不薄矣。

置产业者，费钱亦不甚多。《旧书·德宗纪》：贞元五年三月，诏以李怀光外孙燕八八为左卫率府胄曹参军，赐姓名曰李承绪。仍赐钱千贯，俾自营居业。《怀光传》载诏文云："任于怀光墓侧置立庄园，待养怀光妻王氏，并备四时享奠之礼。"盖已逾于中人之产矣。《新书·魏徵传》：太宗赐以兰陵公主园，其值百万。一园即值千贯，其实可谓厚矣。《旧书·德宗诸子传》：十一县主同月出降，各给钱三百万，使中官主之，以买田业。则又倍于燕八八之赐。

富人赀产之数，略可考见者：《旧书·李义府传》云：阴阳占候人杜元纪为义府望气，云所居宅有狱气发，积钱二千万，乃可厌胜，义府信之，聚敛更急切，此徒以钱币言。《韩弘传》云：弘镇大梁二十余载，四州征赋，皆为己有，未尝上供，有私钱百万贯，粟三百万斛，马七千匹，亦尚未及田宅等也。义府权相，弘骄将，固不足论，然寻常士大夫，家赀亦不可云菲。李元素与妻离绝，诏令与之钱物五千贯，见第十六章第一节。其家产必倍蓰于此可知。《旧书·高宗纪》：咸亨元年（670），是岁，天下四十余州旱及霜虫，百姓饥乏。关中尤甚。二年二月，雍州人梁金柱请出钱三千贯，振济贫人。能出见钱三千贯，其赀财田宅，必十倍于此，又可知也。此盖富民。《玄宗纪》：开元二十二年三月，没京兆商人任令方资财六十余万贯。《元稹传》：稹自叙曰："分莅东都台，汴州没入死商钱且千万，类是数十事，或移或奏皆主之。"《王处存传》："京兆万年县胜业里人。世隶神策军，为京师富族。财产数百万。父宗，善兴利，乘时贸易，由是富拟王者。"此等则皆商人也。当时豪富人，颇有输财以佐公家之急者，盖名器犹存，以获褒赏为荣也。《旧书·郝处俊传》：侍中平恩公许圉师，处俊之舅。早同州里，俱宦达于时。又其乡人田氏、彭氏以殖货见称。有彭志筠，显庆中，上表请以家绢布二万段助军。诏受其绢万匹，特授奉议郎。仍布告天下。故江淮间语曰："贵如许、郝，富若田、彭。"此商人也。《严震传》：世为田家，以财雄于乡里。至德、乾元以后，震屡出家财以助边军。此则地主富农之流也。《德宗纪》：建中三年（782），太常博士韦都宾、陈京以军兴庸调不给，请借京城富商钱。大率每商留万贯，余并入官。不一二十大商，国用济矣。判度支杜佑曰："今诸道用兵，月费度支钱一百余万贯。若获五百万贯，才可支给数月。"今若以借二十大商可得五百万贯，则每商当出二十五万贯；若借十大商，则每商当出五十万贯矣。《通鉴》云：请括富商钱。出万缗者，借其余以供军。计天下不过借一二千商，则数年之用足矣。若以所云数年者为三年；则月费百万缗，当得三千六百万缗；借诸千商，商当出三十六万缗；借诸二千商，商当出十八万缗也。后仅行诸京畿，得钱八十万贯，而人有自缢者。论史者咸病其诛求之酷。然其后元和十二年（819）颁藏钱之禁，大和四年（830）复申之，钱十万贯已下，限一周年内处置毕，二十万贯已下，限二周年内处置毕，详见第十九章第四节。此令遍及一切人等，而其限数如此，岂有京畿无一二十大商，海内无一二千大商，能出数十万缗者？然则韦都宾、陈京之策，谓其不易行或竟不能行则可，谓其億度商人訾产之数有误，固不可也。安重诲之死也，疏其家财不及数千缗，而史以为廉，宜矣。世岂有终闷其钱，不出之以市田宅、事兴举者？挟厚赀以事兼并，民又安能与之哉？

论稍入，平民之与贵人，亦相去甚远。自居易与元稹书云："今虽谪佐远郡，而官品至第五，月俸四五万，寒有衣，饥有食，给身之外，施及家人，亦可谓不负白氏子矣。"一月之入，过于一僧终岁衣食之费，其能施及家人固宜。《旧书·常衮传》：与杨绾同掌枢务。先是百官俸料寡薄，绾与衮奏请加之。时韩滉判度支。衮与滉各骋私怀，所加俸料，厚薄由己。时少列各定月俸为三十五千，滉怒司业张参，止给三十千。衮恶少詹事赵惎，遂给二十五千。太子洗马，实司经局长官，文学为之贰。衮有亲戚任文学者，给十二千，而给洗马十千。有轻重任情，不通时政，多如此类。当时定俸，轻重是否失当，今难质言，然月得三十五千，亦侔于一僧终岁衣食所费矣。故衮等犹以为厚而欲裁减之也。《传》又云：绾弘通多可，衮颇务苛细，求清俭之称，与绾之道不同。其实绾徒能清俭，衮则更能综核，以政事论，或更胜于绾也。又云：无几绾卒，衮独当政。故事，每日出内厨食以赐宰相馔，可食十数人，衮特请罢之。迄今便为故事。又将故让堂封，同列以为不可而止。议者以为厚禄重赐，所以优贤崇国政也，不能当辞位，不宜辞禄食。然则贤者当叨吞禄食邪？田弘正兄弟子侄在两都者，日费约二十万。见第八章第四节。而董秀告陈少游，月费乃过千贯。见第六章第四节。裴冕兼掌兵权留守之任，俸钱每月二千余贯。《旧书》本传。陈少游初结元载，年馈金帛约十万贯。而郭子仪岁入宫俸二十四万贯，私利犹不在焉。亦见《旧书》本传。以钱计者如此。锡以物者，卢鸿还山，岁给米百斛，绢五十，府县为致其家，亦十余人食也。《旧书·德宗纪》：贞元二年正月，诏以民饥，御膳之费减半。宫人月供粮米，都一千五百石。飞龙马减半料。若人月食六斗，则宫人当得二千五百矣。又帝即位后，郭子仪加号尚父，月给一千五百人粮，马二百匹草料，人月食六斗，亦当得九百也。《宪宗纪》：元和八年十月，敕张茂昭立功河朔，举族归朝。如闻身殁之后，家无余财，宜岁赐绢二千匹。准开、天时匹绢与石米齐价，亦岁得二千石矣。

豪富人用度之侈，亦殊骇听闻。《隋书·文献独孤皇后传》：突厥尝与中国交市，有明珠一箧，价值八百万。《旧唐书·五行志》：安乐公主有尚方织成毛裙，凡造两要，一献韦氏，计价百万。德宗时，十一县主同月出降，各给费三百万买田业，不得侈用。其衣服之饰，使内司计造，不在此数。是时所司度人用一笼花，计钱七十万。帝损之，及三万而止。《新书·柳公绰传》：孙玭，尝述家训以戒子孙曰："王相国涯居位，窦氏女归请曰：玉工货钗，直七十万钱。王曰：七十万钱，岂于女惜？但钗直若此，乃妖物也，祸必随之。"《旧书·李光进传》：光颜攻吴元济，韩弘为汴帅，恶其力战，阴图挠屈，遂举大梁城求得一美妇人，饰之以珠翠金玉、衣服之具，计费数百万，令使者送遗光颜。妇人之饰如此，其侈已可骇矣，犹可说也。王毛仲为人苍头，玄宗以钱五万买得：颜杲卿妹及子泉明女流落贼中，泉明求之，索购钱俱不过三万，皆见《旧书》本传。而裴冕名马在枥，直数百金者常十数，则畜价百倍于人矣。一僧岁衣食不过三万，而赵岩一饮食必费万钱。《旧书·代宗纪》：大历二年二月，"郭子仪自河中来朝。宰臣元载、王缙，左仆射裴冕，户部侍郎第五琦，京兆尹黎干各出钱三十万。置宴于子仪之第。三月，鱼朝恩宴子仪、宰相、节度、度支使、京兆尹于私第。乙亥，子仪亦置宴于其第。戊寅，田神功宴于其第。公卿大臣列席于坐者百人。子仪、朝恩、神功一宴费至十万贯"。《新书·吴凑传》：兄子士矩，开成初为江西观察使，飨宴侈纵，一日费凡十数万。《旧五代史·苏逢吉传》：尝于私第大张酒乐，以召权贵，所费千余缗。岂特谚所谓"富人一席酒，穷汉半年粮"哉？

史万岁从杨素平江南，前后七百余战，转斗千余里，寂无声闻者十旬，素上其事，隋高祖不过赐其家钱十万。而梁睿平王谦，赐物五千段，奴婢一千口，金二千两，银三千两。王长述时为信州总管，谦使致书，长述执其使，上其书，又陈取谦之策，亦前后赐金五百两。韦师为山东河南十八州安抚大使，奏事称旨，赐钱二百万。唐太宗赏玄武门之功，尉迟敬德、长孙无忌为第一，各赐绢万匹。齐王府财帛器物，封其全邸，尽赐敬德，此皆兴亡之际，固难以常理论。然隋文帝一幸高颎第，而赐钱百万，绢万匹，与史万岁十万之赐，相去何其县殊？犹曰："颎久参密勿，宣力有年也。"唐太宗言及山东、关中人，意有同异，张行成谏，太宗善之，赐名马一匹，钱十万，衣一袭，此徒以一言，已侔于万岁转战千里之赐。长乐公主将下降，帝以皇后所生，敕有司资送倍于永嘉长公主，魏徵谏，上然其言，入告长孙皇后，后使赏钱四十万、绢四百匹诣徵宅以赐之，则更远过于行成矣。岂真贵口舌于汗马之劳哉？赐达官者以贵人之所入为准，赐下吏者以平民之所入为准也。亦可推见二者之差矣。韦绶授山南东道，辞日诉家贫，请赐钱二百万，则竟公然以为乞请矣。

赏赐如此，赠遗亦然。《旧书·陆贽传》：为郑县尉。罢秩东归省母，路由寿州，刺史张镒有时名，贽往谒之。镒初不甚知。留三日，再见与语，遂大称赏，请结忘年之交。及辞，遗贽钱百万。贽不纳，惟受新茶一串。《新书·白居易传》：田布拜魏博节度使，居易持节宣谕，布遗之五百缣。诏使受之，辞曰：布父仇国耻未雪，人当以物助之，乃取其财，义不忍，方谕问旁午，若悉有所赠，则贼未殄，布资竭矣。诏听辞饷。《旧五代史·孔崇弼传》：天福中，迁左散骑常侍。五年（940），诏令泛海使于杭越。先是浙中赠贿，每岁恒及万缗。时议者曰："孔常侍命奇薄，何消盈数。有命即无财，有财即无命。"明年，使还，果海中船坏，空手而归。《新书·郝处俊传》：十岁而孤。故吏归千缣赗之，已能让不受。处俊父为滁州刺史。《韩思复传》：岁饥，京兆杜瑾以百缣饷。思复方并日食，而缣完封不发。《冯宿传》：弟定，与宿齐名，于頔素善之。頔在襄阳，定徒步上谒。吏不肯白，乃讴去。頔闻，斥吏，归钱五十万。定不受。此诸饷遗，并不为菲。惟高尚、李齐物为新平太守，荐诸朝，仅赆钱三万。《新书·逆臣传》。盖寒士道途之费，原不过如此也。然苟能广游诸侯间，哀其所得，仍不为菲。《旧五代史·郑云叟传》：唐昭宗朝，尝应进士举，不第，因欲携妻子隐于林壑，其妻非之，不肯行，云叟乃薄游诸郡，获数百缣，以赆其妻，辞诀而去，则其事矣。

当时为人作文字者，获报颇丰，亦赠遗之类也。《旧书·张嘉贞传》：为定州刺史。至州，于恒岳庙中立颂。嘉贞自为其文。岳祠为远近社赛，有钱数百万。嘉贞自以为颂文之功，纳其数万。史书此事，意盖讥其不廉？《新书·韩思彦传》：客汴州。张僧彻者，庐墓三十年，诏表其闾，请思彦为颂，饷缣二百，不受。时岁凶，家窭甚，僧彻固请，为受一匹。获旌表者多非悃幅之士，已见第十六章第二节。思彦之不受，盖亦以此？《李绛传》：兴安国佛祠，吐突承璀请立石纪圣德焉，欲使绛为之颂，将诒钱千万。绛上言，请罢之。帝悟，命百牛倒石。承璀盖亦以货取也？《韦贯之传》：裴均子持万缣请撰先铭，答曰："吾宁饿死，岂能为是哉？"《司空图传》：王重荣父子雅重之，数馈遗，弗受。尝为作碑，赠绢数千，图置虞乡市，人得取之，一日尽。亦皆视为不义之财。《皇甫湜传》：为工部郎中。辨急使酒，数忤同省。求分司东都。留守裴度，辟为判官，度修福先寺，将立碑，求文于白居易。湜怒曰："近舍湜而远取居易，请从此辞。"度谢之。湜即请斗酒。饮酣，援笔立就。度赠以车马、缯采甚厚。湜大怒曰："自吾为顾况集序，未尝许人。今碑字三千，字三缣。何遇我薄邪？"度笑曰："不羁之才也。"从而酬之。此以狂文其贪耳。《五代史补》云：钟传虽起商贩，尤好学重士。江西士流有名第者，多因传荐。四远腾然，谓之英明。诸葛浩素有词学。尝为泗州馆驿巡官。仰传之风，因择其所行事赫赫可称者十条，列于启事以投之。十启凡五千字，皆文理典赡。传览之惊叹。谓宾佐曰："此启事每一字可以千钱酬之。"遂以五千贯赠，仍辟在幕下。此尤诒谀不足道矣。

臧贿之可考者，数亦颇巨。《隋书·刘行本传》：雍州别驾元肇言于高祖曰："有一州吏，受人馈钱三百文，依律合杖一百。然臣下车之始，与其有约。此吏故违。请加徒一年。"则臧不及千，罪已颇重，然史之所载，其数乃有十百千万于此者。杜黄裳纳高崇文赂四万五千贯，乃荐之讨刘辟。弓箭库使刘希先，取羽林大将军孙璹钱二十万，以求方镇，事发赐死，辞相告讦。事连吐突承璀。李齐运荐李铸为浙西观察使，受赂数十万计。王锷在河东，用钱数千万赂遗权幸，求兼宰相。《旧书·李藩传》。伊慎为金吾卫大将军，以钱三千万赂宦人，求帅河中。皆以赂求官者也。婺州刺史邓珽，坐臧八千贯，湖南判官马彝，举属令臧罪至千贯。《旧书·窦参传》。窦易直为京兆尹，万年尉韩晤奸臧事发，易直令曹官韦正晤讯之，得臧三十万。宪宗意其未尽，诏重鞫，坐臧三百万。易直以贬金州。陈子昂，县令段简闻其富，欲害之，家人纳钱二十万，令薄其赂。捕送狱，竟死狱中。浑瑊子镎，累擢至丰州刺史，坐臧七百万。此地方官之臧贿也。崔元略任京兆尹，为桥道使，造东渭桥，被本典郑位、判官郑复虚长物价，抬估给用，不还人工价直，率敛工匠，破用计臧二万一千七百九贯。杨虞卿为吏部员外郎。大和二年（828），南曹令史李等六人伪出告身签符，卖凿空伪官令赴任者六十五人，取受钱一万六千七百三十贯。虞卿按得伪状，捕宾等移御史台鞫劾。宾称六人共率钱二千贯与虞卿厅典温亮，求不发举伪滥事迹。此下吏之臧贿也。金部员外郎韩益判度支案，子弟受人赂三千余贯，半是拟臧。《旧书·归崇敬传》。则又家人藉势而受臧贿者也。唐玄宗时，中人出使受贿之多，已见第五章第一节。《旧书·郑徐庆传》云：自至德已来，方镇除授，必遣中使领旌节就第宣赐，皆厚以金帛遗之，求媚者惟恐其数不广，故王人一来，有获钱数百万者。《孟简传》：简在襄阳，以腹心吏陆翰知上都进奏，委以关通中贵。翰持简阴事，渐不可制。简怒，追至州，以土囊杀之。且欲灭口。翰子弟诣阙进状诉冤，且告简臧状。御史台按验，获简赂吐突承璀钱帛等共计七千余贯匹。是中叶以后，又变本加厉也。太平公主之败，籍惠范家产亦数十万。《旧书·外戚传》。则方外亦不免矣。《新五代史·袁象先传》：子正辞。初以父任为飞龙副使。唐废帝时，献钱五万缗，领衢州刺史。晋高祖入立，复献五万缗，求为真刺史。拜雄州刺史。州在灵武之西吐蕃中，正辞不欲行，复献钱数万，乃得免。正辞不胜其愤，以衣带自经。其家人救之而止。《闽世家》：泉州刺史余延英，尝矫曦命，掠取良家子。曦怒，公下御史劾之。廷英进买宴钱十万。曦曰："皇后土贡何在？"廷英又献皇后钱十万，乃得不劾。则虽人主亦躬为之矣。

敬宗、穆宗之立，赐神策军甚厚。盖因得之不以其正，非可以常理论。李万荣谋代刘士宁，乘士宁畋城南，召所留亲兵告曰："天子有诏召大夫，俾我代节度，人赐钱三万。"刘悟之反，李师古令曰："入郓人赏钱十万。"皆见《新书·藩镇传》。《旧五代史·周太祖纪》：广顺二年（952），平慕容彦超，诸处差到人夫内有遭矢石者，各给绢三匹。皆与历代平民之赐，数略相近。《旧书·刘玄佐传》：谓李万荣谋篡士宁，许其兵人赐钱三千贯，盖三十贯之误也？武元衡之死，诏京城、诸道能捕贼者赏钱万贯，仍与五品官。乃积钱三万贯于京都市。《旧书·宪宗本纪》元和十年（815）。此亦特异之事，不可以常理论。

第二节 地 权

自北魏立均田之制，周、齐皆仍之，隋亦承之。《通典》云：隋文帝自诸王已下至都督，皆给永业田各有差。多至百顷。少至三十顷。其丁男、中男永业、露田，皆遵后齐之制。并课植以桑及枣。其田宅，率三口给一亩。《新唐书·食货志》云：授田之制，丁及男年十八以上者人一顷。其八十亩为口分，二十亩为永业。老及笃疾、废疾者人四十亩。寡妻妾三十亩。当户者增二十亩。皆以二十亩为永业，其余为口分。永业之田，树以榆、枣、桑及所宜之木，皆有数。田多可以足其人者为宽乡，少者为狭乡。狭乡授田，减宽乡之半。其地有薄厚，岁一易者倍授之，宽乡三易者不倍授。工商者宽乡减半，狭乡不给。凡庶人徙乡及贫无以葬者，得卖世业田。自狭乡徙宽乡者，得并卖口分田。已卖者不复授。死者收之，以授无田者。凡收、授，皆以岁十月。授田先贫及有课役者。《旧书·职官志》：户部，凡授田，先课后不课，先贫后富，先少后多。凡田，乡有余以给比乡，县有余以给比县，州有余以给近州。《旧书·职官志》：户部，凡给口分田，皆从便近。居城之人，本县无田者，则隔县给授。又云：自王公以下，皆有永业田。又云：凡新附之户：春以三月，免役；夏以六月，免课；秋以九月，课役皆免。徙宽乡者，县覆于州，出境则覆于户部，官以闲月达之。自畿内徙畿外，自京县徙余县皆有禁。四夷降户，附以宽乡，给复十年。奴婢纵为良人，给复三年。没外蕃人，一年还者给复三年，二年者给复四年，三年者给复五年。浮民、部曲、客女纵为良者附宽乡。案乡有宽狭，授田又须先贫后富，先有课役而后无课役者；即可见其田不给授。《困学纪闻》引刘氏曰："魏、齐、周、隋，兵革不息，农民少而旷土多，故均田之制存。至唐，承平日久，丁口滋众，官无闲田，不复给授，故田制为空文。"又引范氏曰："唐初定均田，有给田之制，盖由有在官之田也。其后给田之制不复见，盖官田益少矣。"案隋开皇十二年（592），因京辅、三河地少人众，议者咸欲徙就宽乡，文帝尝发使四出均天下之田，狭乡每丁才至二十亩，老小又少焉，事见第十六章第四节，则如法授田，隋初已不能行矣。《隋书·炀帝纪》：大业五年正月，诏天下均田。《通鉴》同。《地理志》：是年户八百九十万七千五百四十六，口四千六百一万九千九百五十六，垦田五千五百八十五万四千四十一顷，亦人得一顷余，然计账之不实久矣，文帝所不能行者，而谓炀帝能行之邪？此所谓均田者，当亦是均税，与周世宗事同，见下。

田不给授，非由生齿之日繁，实由豪强之兼并。盖人不能无缓急，官无救贫之政；货力为己之世，任恤亦非可常恃；则土田之卖买，必不可免，卖买盛而井授之意荒矣。《新书·食货志》述开元时事云：初，永徽中禁买卖世业口分田，其后豪强并兼，贫者失业，于是诏买者还地而罚之，此其势岂可行邪？《通典》谓其时并兼逾汉成、哀。至于代宗，卒以亩定税而敛以夏秋，德宗相杨炎，遂立两税之法，丁税与田税分离，而均田之法，告朔饩羊之意尽矣。自晋武帝定户调式至此，适得五百年。

租庸调之法既废，则卖买愈得恣行无忌。《旧书·宪宗纪》：元和八年十二月，敕应赐王公、公主、百官等庄宅、碾硙、店铺、车坊、园林等，一任帖典货卖。其所缘税、役，便令府县收管。盖赐田本不许卖，至此亦不能禁也。《卢群传》：贞元十六年（800），拜天成军节度郑滑观察等使。先寓居郑州，典质良田数顷。及为节度使，至镇，各与本地契书。分付所管令长，令召还本主。《新书》云：群尝客于郑，质良田以耕。至是则出券贷直，以田归其人。云质田以耕恐误。观《旧书》之文，其田必分在数县，不徒躬耕，即雇人耕而己督之，力亦岂可及邪？合上条观之，而知卖买之外，典质亦甚通行矣。《哀帝纪》：天祐二年十月，敕洛城坊曲内，旧有朝臣、诸司宅舍，经乱荒榛，张全义葺理已来，皆已耕垦。既供军赋，即系公田。或恐每有披论，论为世业，须烦案验，遂启幸门。其都内坊曲及畿内已耕殖田土，诸色人并不得论认。如要业田，一任买置。凡论认者，不在给还之限。如有本主元自差人勾当，不在此限。如荒田无主，即许识认。此诏虽指旧私田为公田，然于自行差人勾当者，仍不夺之；已耕垦者，虽禁追认，亦仍许买置；则所谓既供军赋，即系公田者，乃谓当其耕垦时，国家视同公田而许之，非谓既经耕垦之后，仍以为公田也。

有官自为豪强，以事兼并者，职分田、公廨田等是也。唐制，文武官皆有职分田，亲王以下有永业田，其数并不为少。职分田自十二顷至八十顷，永业田自百顷至六十顷，皆见《新书·食货志》。京师及州县，又有公廨田，以供公私之费。内官职分田，皆给百里内之地。永业田，五品以上受于宽乡，六品以上受于本乡。此并不易给，而内官之职田尤甚，故屡罢之以授民，然终不能绝。贞观十一年（637），以职田侵渔百姓，诏给逃还贫户，视职田多少，每亩给粟二升。十八年（644），以京兆府、岐、同、华、邠、坊州隙地、陂泽可垦者，复给京官职田。开元十年（722），籍内外职田，赋逃还户及贫民。十八年（730），复给京官职田。二十九年（741），以京畿地狭，计丁给田犹不足，诸司官在都者，给职田于都畿，以京师地给贫民。《新书·庾敬休传》：敬休以文宗时为户部侍郎，言蜀道米价腾踊，百姓流亡，请以本道阙官职田振贫民，诏可。则并有官已阙而犹不还之于民者矣。其后具籍之以给军粮焉。事在上元后。大历二年（767），复给京兆府及畿县官职田，而以其三分之一供军饷。职田及廨田等，皆由民佃而收其租。《新书·食货志》云：凡给田而无地者，亩给粟二斗，此盖法令所定租额？然《志》又云：开元十九年（731），置职田顷亩簿，租价无过六斗，地不毛者亩给二斗，则三倍元额矣。又云：天宝十二载（753），杨国忠以两京百官职田送租劳民，请五十里外输于县仓，斗纳直二钱，百里外纳直三钱，使百官就请于县。上元元年（760），复令京官职田以时输送。受加耗者以枉法赃论。是佃职田者，又有加耗及输送之劳也。又云：开元末，诏公廨职田有桑者毋督丝课。元和十三年（818），以职田多少不均，每司草粟，以多少为差。则又取诸粟米之外矣。元稹《同州均田状》云：当州百姓田地，每亩祇税粟九升五合，草四分，地头、榷酒钱共出二十一文已下，而诸色职田，每亩税粟三斗，草三束，脚钱百二十文。若是京官上司职田，又须变米雇车般送。比量正税，近于四倍。州县抑配百姓租佃，有隔越乡村，被配一二亩者。并有身居市井，亦令虚额出租者。其公廨田、官田、驿田等，皆与职田相似。要之，官税轻而私租重，官乃自为地主，效私家之收租而已。故曰：官自为豪强事兼并也。

永业田等定制外，权贵之特蒙赐与者亦多。杨素平江南，赐公田百顷，已失之厚，后为独孤皇后陵，又赐田三十顷，则更为无名矣。犹曰：素久居权要也。来和，徒以善相术，开皇末上书自陈，言龙潜时已知高祖之贵，亦赐田十顷，此岂恭俭者之所为邪？炀帝幸榆林，还过张衡宅，赐宅旁田三十顷，自更不足责。唐世则李来降，给田五十顷。李子通降杜伏威，伏威送之京师，赐宅一区，田五十顷。元结曾祖仁基，从太宗征辽，以功赐宜君田二十顷。刘幽求，睿宗立，赐良田千亩。让皇帝既让储位，赐奴婢十房，上田三十顷。田悦将符令奇，悦叛，命子璘降唐，见杀，赐璘晋阳第一区，祁田五十顷。皆其较厚者也。《旧书·于志宁传》：尝与张行成、高季辅俱蒙赐地。奏曰：“臣居关右，代袭箕裘，周、魏以来，基址不坠。行成等新营庄宅，尚少田园。于臣有余，乞申私让。”高宗嘉其意，乃分赐行成及季辅。《新书·李袭志传》：弟袭誉，尝谓子孙曰：“吾性不喜财，遂至窭乏。然负京有赐田十顷，能耕之足以食；河内千树桑，事之足以衣。”《柳宗元传》：宗元诒京兆尹许孟容书曰：“城西有数顷田，树果数百株，多先人手自封殖，今已荒秽，恐便斩伐，无复爱惜。”《牛僧孺传》：隋仆射奇章公弘之裔，幼孤，下杜樊乡有赐田数顷，依以为生。可见士夫于先业，守之颇笃。夫其守之弥久，则平民之得之愈难矣。而在势者又乘时豪夺。杨素，《隋书》传言其贪冒财货，营求产业。东西二京，居宅侈丽，朝毁夕复，营缮无已。爰及诸方都会处，邸店、水硙并利田宅以千百数。唐李憕虽称忠义，然《旧书》传言其丰子产业。伊川膏腴，水陆上田，修竹茂树，自城及阙口，别业相望，与吏部侍郎李彭年皆有地癖。郑岩，天宝中仕至绛郡太守，入为少府监，产业亚于憕。《新书·卢从愿传》：数充考校使，宇文融将以括田户功为上下考，从愿不许，融恨之，乃密白从愿盛殖产，估良田数百顷。玄宗自此薄之，目为多田翁。后欲用为相屡矣，卒以是止。融或不免要功近利，从愿亦终为鄙夫也。太平公主，田园遍于近甸膏腴。李林甫，京城邸第、田园、水硙，利尽上腴。元载，城南膏腴、别墅，连疆接畛，凡数十所。宋彦筠，良田、甲第，相望于郡国。将终，以伊、洛间田庄十数区上进。彦筠入城都，据一甲第，因微念杀其主母，事见第三节。自后常有所睹，心不自安，乃修浮屠以禳之，故临终有此举。刘弘病，给诸子奴婢各十五人，田五顷。曰："使贤，固不藉多财，即不贤，守此可以脱饥冻。"余悉散之亲党，则为贤者矣。王绩、陆龟蒙，号称隐逸。然绩有田十六顷，在河渚间。又有奴婢数人。龟蒙居松江甫里，亦有田数百亩，屋三十楹。虽曰田苦下，雨潦则与江通，常苦饥，身畚锸苵刺无休时，然又能置园顾渚山下，岁取租茶。其所占地，亦不为少矣。甚者如《新书·宦者传》言：玄宗时，中人占京师甲第、池园，良田、美产什六，民复何以自业哉？长孙无忌族叔顺德，太宗时刺泽州，前刺史张长贵、赵士达占部中腴田数十顷，夺之以给贫单。贾敦颐，永徽五年（654），迁洛州刺史。时豪富之室，皆籍外占田，敦颐都括获三千余顷，以给贫乏。《旧书·良吏传》。《新书》云：举没三千余顷。案此租庸调法存时，多占犹为非法也。两税行而此意尽矣。此等人盖不多遘矣？隋文帝时，苏威立议，以为户口滋多，民田不赡，欲减功臣地以给民。王谊奏曰："百官者，历世勋贤，方蒙爵士，一旦削之，未见其可。如臣所虑，正恐朝臣功德不建，何患人田有不足？"上然之，竟寝威议。人田不足不患，岂知治之言乎？

《新书·罗立言传》：迁河阴令。始筑城郭。地所当者，皆富豪大贾所占。下令使自筑其处。吏籍其阔狭，号于众曰："有不如约，为我更完。"民惮其严，数旬毕。民无田者不知有役。合天祐二年（905）之诏观之，知城市中地，亦均为豪富所占矣。

寺观亦为占地者之一。《旧书·王缙传》言：代宗时，京畿之丰田美利，多归于寺观，吏不能制是也。此乃京畿之地，又直君相崇信深挚之时，寻常自不能然。《新书·食货志》：武宗废浮屠，天下毁寺四千六百，招提兰若四万。籍僧尼为民二十六万五千人。奴婢十五万人。田数千万顷。以口除田，人得一顷余，似亦与平民相去无几。但人民受田，徒有空文，即得之亦须赡一家，而僧徒则徒以奉一身，则即以占田论，所享亦倍蓰于民不翅矣，况又得坐享布施乎？此度牒之所以贵欤？

多田者或不善经营。如《旧五代史·世袭·李从曮传》，言其汧、陇之间，有田千顷，竹千亩，恐夺民利，不令理之，致岐阳父老，再陈借寇之言是也。此言即实，亦系罕遘之事，寻常则取之甚酷。陆贽均节赋税之奏曰："今制度弛紊，疆理隳坏；人擅相吞，又无畔限；富者兼地数万亩，贫者无容足之居。依托强豪，以为私属。贷其种子，贷其田庐。终岁服劳，口无休息。罄输所假，常患不足。有田之家，坐食租税。贫富悬绝，乃至于此？厚敛促征，皆甚公赋。今京畿之内，每田一亩，官税五升，而私家收租，殆有至一石者，是二十倍于官税也。降及中等，租犹半之，是十倍于官税也。"其剥削之情形，可以想见矣。

《通鉴》：宣宗大中十年（856），上以京兆久不理，以翰林学士工部侍郎韦澳为京兆尹。郑光庄吏恣横，胡《注》曰：庄吏，掌主家田租者也。积年租税不入。澳执而械之。上于延英问澳。澳具奏其状。上曰："卿何以处之？"澳曰："真于法。"上曰："郑光甚爱之，何如？"对曰："陛下自内廷用臣为京兆。欲以清畿甸之积弊，若郑光庄吏，积年为蠹，得宽重辟，是陛下之法，独行于贫户，臣未敢奉诏。"上曰："诚如此，但郑光殢我不置，卿与杖贷其死，可乎。"对曰："臣不敢不奉诏。愿听臣且系之，俟征足乃释之。"上曰："灼然可。朕为郑光故挠卿法，殊以为愧。"澳归府，即杖之。督租数百斛。足，乃以吏归光。《新书·澳传》云：帝问其故。澳具道奸状。且言必置以法。帝曰："可贷不？"答曰："陛下自内署擢臣尹京邑，安可使画一法独行于贫下乎？"帝入白太后，曰："是不可犯。"后为输租，乃免。又后周太祖广顺元年（951），衡山指挥使廖偃，与其季父节度巡官匡凝谋，率庄户及乡人悉为兵，胡《注》曰：佃豪家之田而纳租，谓之庄户。与彭师暠共立希萼为衡山王。观此二事，知当时所谓庄者，亦颇足为政治之梗也。

农民恒乐自有其田，故以其所佃者界之，则其效立见。《旧五代史·周太祖纪》：广顺三年正月乙丑，诏诸道州府系属户部营田及租税课利等，除京兆府庄宅务、赡国军榷盐务、两京行从庄外，其余并割属州县。所征租税、课利，官中只管旧额。其职员节级，一切停废。应有客户元佃系省庄田，桑土舍宇，便赐逐户充为永业。仍仰县司给与凭由。应诸处元属营田户部院及系县人户所纳租中课利，起今年后并与除放。所有牛犊，并赐本户，官中永不收系云。帝在民间，素知营田之弊。至是以天下系官庄田仅万计，悉以分赐见佃户充永业。是岁出户三万余。百姓既得为己业，比户欣然。于是葺屋、植树，敢致功力。又东南郡邑，各有租牛课户。往因梁太祖渡淮，军士掠民牛以千万计，太祖尽给与诸州民输租课，自是六十余载，时移代改，牛租犹在，百姓苦之，至是特与除放。未几，京兆府庄宅务及榷盐务，亦归州县依例处分。或有上言：以天下系官庄田，甚有可惜者。若遣货之，当得三十万缗，亦可资国用。帝曰："苟利于民，与资国何异？"《通鉴》曰：前世屯田，皆在边地，使戍兵佃之。唐末，中原宿兵，所在皆置营田，以耕旷土，其后又募高赀户使输课佃之，户部别置官司总领，不隶州县。或丁多无役，或容庇奸盗，州县不能诘。营田之由来如此，原其故，亦不过官以收税为不足，欲自同于私家之收租；而挟官力以为之，则其暴又有甚于私家者。周祖能毅然除之，其度量诚超越于当时之武人矣。是岁十一月，又废共城稻田务，任人佃莳。亦见《旧史·本纪》。又《通鉴》：世宗显德三年（956），唐主诏淮南营田，害民尤甚者罢之。其弊亦必有不可忍者也。

《旧书·宣宗纪》：大中三年（849），既复三州七关，制曰："其秦、威、原三州及七关侧近，访闻田土肥沃，水草丰美，如百姓能耕垦种莳，五年内不加税赋，五年已后，重定户籍，便任为永业。"《旧史·周世宗纪》：显德二年正月乙未，诏应逃户庄田，并许人请射承佃，供纳税租，如三周年内本户来归者，其庄田不计荒熟，并交还一半。五周年内归业者，三分交还一分。如五周年外归业者，其庄田除本户坟茔外，不在交付之限。其近北地诸州，应有陷蕃人户，自蕃界来归业者，五周年内来者，三分交还二分。十周年内来者，交还一半。十五周年来者，三分交还一分。十五周年外来者，不在交还之限。此等无主之地，并可收为官有，而皆许为私业者，非此固无以劝耕也。

碾硙私有，亦为厉民之一大端。杨素、李林甫，事已见前。《新书·王方翼传》：迁肃州刺史。仪凤间，河西蝗，独不至方翼境，而他郡民或馁死，皆重茧走方翼治下。乃出私钱，作水硙，簿其赢以济饥瘵。构舍数十百楹居之，全活甚众。即此一事，可见其利之厚。而倚以剥削者遂相踵。《李元纮传》：仕为雍州司户参军。时太平公主势震天下，百司顺望风指。尝与民竞碾硙，元纮还之民。长史窦怀贞，大惊，趣改之。元纮大书判后曰："南山可移，判不可摇也。"开元初为万年令，赋役称平。擢京兆少尹。诏决三辅渠。时王、主、权家，皆旁渠立硙，潴竭争利。元纮敕吏尽毁之。分溉渠下田。民赖其恩。此两事可谓差强人意。然高力士于京城西北截沣水作碾，并转五轮，日破麦三百斛，莫能正也。玄宗晚年，纲纪可谓颓弛尽矣。《李栖筠传》：进工部侍郎。关中旧仰郑、白二渠溉田，而豪戚壅上游取硙利且百所，夺农用十七。栖筠请皆彻毁，岁得租二百万。《诸公主传》：代宗女齐国昭懿公主，下嫁郭暧。大历末，畿内民诉泾水为硙壅，不得溉田。京兆尹黎干以请，诏彻硙，以水与民。时主及暧家皆有硙，勾留。帝曰："吾为苍生。若可为诸戚倡。"即日毁。由是废者八十所。二者所述，盖即一时之事。亦可谓差强人意。然《旧书·李吉甫传》言其再入相时，京城诸僧，有以庄硙免税者。吉甫奏曰："钱米所征，素有定额。宽缁徒有余之力，配贫下无告之民，必不可许。"宪宗乃止。权戚虽遭裁抑，缁徒仍敢觊觎，可见其所去不过泰甚不可忍者，其未至此者，则习焉而不以为怪矣。僖宗幸蜀，赐陈敬瑄上都田宅邸碓各十区，更不成话。

五代之世，有志于均税者为周世宗。《旧史·本纪》云：显德五年七月丁亥，赐诸道节度使《均田图》各一面。唐同州刺史元稹在郡日，奏均户民租赋。帝因整其文集而善之。乃写其辞为图，以赐藩郡。时将均定赋税，故先以此图遍赐之。《新史·本纪》论曰：尝夜读书，见唐元稹《均田图》，慨然叹曰："此致治之本也，王者之政自此始。"乃诏颁其图法，使吏民先习知之。期以一岁，大均天下之田。《困学纪闻》曰：考之《会要》，世宗见元稹在同州时所上《均田表》，因制素为图赐诸道。《崔颂传》云：世宗读唐元稹《均田疏》，命颂写为图赐近臣，遣使均诸道租赋。史谓元稹图，误也。《续通历》云：唐同州刺史元稹奏均租赋，帝览文集而善之，写其辞为图以赐。案《会要》载诏辞云："近览元稹《长庆集》，见在同州对所上《均田表》。较当时之利病，曲尽其性，俾一境之生灵，咸受其赐。传于方策，可得披寻。因令制素成图，直书其事。庶王公观览，触目惊心。利国便民，无乱条制。背经合道，尽系变通。但要适宜，所冀济务。繄乃勋旧，共庇黎元。今赐元稹所奏《均田图》一面，至可领也。"不云今所制元稹《均田图》，而曰元稹所奏《均田图》。《通鉴》记此事亦曰：帝欲均田租，以元稹《均田图》遍赐诸道。窃疑稹奏本自有图，而后来之传本佚之，即深宁亦未得见。若欧阳公及司马公之语，则自本旧文，不可谓之误也。不然，今稹集所存奏文，辞甚简略，安见所谓曲尽其情者哉？惟欧《史》言王者之政自此始，使人臆想世宗似有意于裒多益寡，大均天下之土田，则易致误会。稹在同州，推行之节目，虽已无存，其指意则寻绎奏文，自有可见。除论职田等弊已见前文外，大要言："当州两税地，并是贞四年检责。至今已是三十六年。其间人户逃移，田地荒废。又近河诸县，每年河路吞侵，沙苑侧近，日有沙砾填掩。百姓税额已定，皆是虚额征率。其间亦有豪富兼并，广占阡陌，十分田地，才税二三，致使穷独逋亡，赋税不办。州县转破，实在于斯。"其措施，则令百姓自通手实状，又令里正书手等傍为稳审。据其所通，除去逃户荒地及河侵、沙掩等地，余为见定顷亩。乃取两税之额均配。职田、州使田、官田等，则皆以与百姓。其意只是除无田之税，出无税之田，非谓夺诸连阡接陌之家，以畀无地置锥之子。乃均税，非均田也。《通鉴》又载是岁诏散骑常侍艾颖等三十四人分行诸州，均定田租。盖即《崔颂传》所谓遣使均诸道租赋者也。此虽未足语于本原，而在当时，则自为善政矣。

山泽之利，亦有为豪强所擅者。《隋唐·地理志》云：梁州，其边野富人，多规山泽，以财物雄使夷僚，故轻为奸臧，权倾州县。此亦其旧俗乎？《新书·王播传》：弟子式，为明、越观察使，以平仇甫。余姚民徐泽，擅鱼盐之利，慈溪民陈瑊，冒名仕至县令，皆豪纵，州不能制。式曰："甫窃发不足畏，若泽、瑊乃巨猾也。"穷治其奸，皆捹死。此等事多在山海之滨。以政令之力，至此遂成弩末耳。

第三节　侈靡之俗

隋、唐、五代，为风俗侈靡之世，盖承南北朝之后，南方既习于纵恣，北方又渐染胡俗也。隋、唐王室，皆承魏、齐、周之旧风，未能革正，而安、史之乱作，安、史乱后，则武夫攘臂，又复于魏、晋以来割据分裂之局矣。从来论风俗者，皆狃于旧说，以为上好礼则举国从风，此乃氏族之世，上下生活，本无大差殊，而一群之人，咸有其必遵之轨范，故制礼节则年虽大杀，众不恇惧。至国家兴而上下等级，截然画分。其生活本不相侔，抑且彼此隔绝。上奢纵，下未必能效之，上节俭，化亦不及于下，风行草偃，徒虚言耳。历代所谓奢侈，只是政府中人，次则驵侩者流，承平既久，获利愈丰，其所以自奉养者，遂纵恣而无极。至于闾陌之民，则虽时和年丰，兵革不作，其为人所役属，含辛茹苦如故也，夫安得而奢纵？以风俗之侈靡，归咎于举国之人，一若其无不违礼者，缪矣。然居高明者而能节俭，惠未必及于下，及其奢纵，则由物力之屈而诛求愈甚，终至民不聊生，干戈起而举国之人咸受其弊矣。此则可为浩叹者也。

史家极称隋文帝之恭俭，谓其令行禁止，上下化之，举开皇、仁寿之间，丈夫不衣绫绮，而无金玉之饰为证。《隋书·本纪赞》。此亦庶僚为然耳，居高明者，奢纵曷尝少减？如杨素即其一也。贺若弼，史称其家珍玩不可胜计，婢妾曳罗绮者数百，功名之士如此，下焉者可知。《旧唐书·宗室传》：河间王孝恭，性奢豪，重游燕，歌姬舞女，百有余人。陇西王博乂，高祖兄子。有妓妾数百人，皆衣罗绮。食必粱肉，朝夕弦歌自娱，骄奢无比。皆前世之余风也。太宗虽享美名，实亦奢侈，高宗以后愈甚，说已见前。《旧书·五行志》：神龙元年（705），洛水涨，坏百姓庐舍二千余家。诏九品以上直言极谏。右卫骑曹宋务先疏曰："数年已来，公私俱竭。户口减耗。家无接新之储，国无候荒之蓄。陛下不出都邑，近观朝市，则以为率土之人，既康且富，及至践闾陌，视乡亭，百姓衣牛马之衣，食犬彘之食。十室而九空。丁壮尽于边塞，孤孀转于沟壑。猛吏淫威奋其毒，暴征急政破其资。马困斯跌，人穷乃诈，或起为奸盗，或竞为流亡，从而刑之，良可悲也。臣观今之町俗，率多轻佻。人贫而奢不息，法设而伪不止。长吏贪冒，选举私谒。乐多繁淫，器尚浮巧。稼穑之人少，商旅之人多。诚愿坦然更化，以身先之，端本澄源，涤瑕荡秽。"读此疏，当道者恣行剥削之情形，可以概见。《穆宗纪》:长庆元年二月丙子,上观杂伎乐于麟德殿,欢甚。顾谓给事中丁公著曰:"比闻外间公卿士庶,时为欢宴,盖时和民安,甚慰予心。"对曰:"诚有此事。然臣之愚见,风俗如此,亦不足嘉。百司庶务,渐恐劳烦圣虑。"上曰:"何至于是?"对曰:"国家自天宝以后,风俗侈靡,宴席以喧哗沉湎为乐,而居重位、秉大权者,优杂倨肆于公吏之间,曾无愧耻,公私相效,渐以成俗。由是物务多废。独圣心求理。安得不劳宸虑乎?"时上荒于酒乐,公著因对讽之。穆宗诚为荒淫,然公著所言士大夫之弊风,必不能无中生有也。《郑覃传》:文宗谓宰臣曰:"朕闻前时内库惟二锦袍,饰以金鸟。一袍玄宗幸温汤御之,一即与贵妃。当时贵重如此。如今奢靡,岂复贵之?料今富家,往往皆有。"《新书·诸公主·顺宗女汉阳公主传》:文宗尤恶世流侈。因主人问曰:"姑所服何年法也?今之弊何代而然?"对曰:"妾自贞元时辞宫,所服皆当时赐,未尝敢变。元和后数用兵,悉出禁藏纤丽物赏战士,由是散于人间,狃以成风。"观此,知世愈乱,奢侈愈甚。盖乱世虽四海困穷,自有乘机幸获者,奢侈之甚,由贫富之不均,非由物力之丰足也。因此乃愈以召乱。《新五代史·前蜀世家》云:唐庄宗遣李严聘蜀。衍与俱朝上清。蜀都庶士,帘帷珠翠,夹道不绝。严见其人物富盛而衍骄淫,归乃献策伐蜀。以区区之蜀,而其慢藏诲盗如此,况其大焉者乎?

唐初虽失之侈,尚非不可挽救,流荡忘返,实始高宗,至武后而大纵,玄宗初,颇有志惩革,后乃变本加厉,事具见前。其时权戚,为太平公主、李林甫、杨国忠等无论矣。即下于此者,亦复豪无轨范。如王琚,史言其著勋中朝,又食实封,典十五州。常受馈遗。下檐帐设,皆数千贯。玄宗念旧,常优容之。侍儿二十人,皆居宝帐。家累三百余口。作造不遵法式。每移一州,车马填路,数里不绝。携妓从禽,恣为欢赏,垂四十年焉。此等人而亦漫无裁制,能无速天下之乱乎?天宝丧败,余风未殄。裴冕徒以劝进,实无大功,乃兼掌兵权留守之任,俸钱每月二千余贯。性本侈靡,好尚车服,及营珍馔。名马在枥,直数百金者常十数。每会宾友,滋味品数,坐客有昧于名者。纲纪如此,而克复两京,平相州,宁非天幸?不特此也。邵说历事思明、朝义,常掌兵事。朝义之败,降于军前。郭子仪爱其才,留于幕下。累授长安令、秘书少监,迁吏部侍郎、太子詹事,以才干称。谈者或以宰相许之。金吾将军裴儆谓谏议大夫柳载曰:"以鄙夫所度,说得祸不久矣。且说与史思明父子定君臣之分,居剧官,掌兵柄,亡躯犯顺,前后百战;于贼廷掠名家子女以为婢仆者数十人;剽盗宝货,不知纪极;力屈然后降,朝廷宥以不死,获齿班序,无厚颜,而又皇皇求财,崇饰第宅,附托贵幸,以求大用。不知愧惧,而有得色,其能久乎?"然后亦不过贬谪而已。此无他,风气既成,故举朝皆顺逆不明,莫知其非也。元载等之怙权黩货,复何怪乎？

至于武人，则尤不可说。郭子仪，元勋也，史称其侈穷人欲而君子不之罪。《旧书》本传。案此语出于裴垍，见《新书·传赞》。《传》述其事曰："岁入官俸二十万贯，私利不在焉。其宅在亲仁里，居其里四分之一。中通永巷。家人三千，相出入者不知其居。前后赐良田、美器、名园、甲馆。声色珍玩，堆积羡溢，不可胜纪。"当民捩穗供军，裂纸为裳之日而如此，于汝安乎？《传》又云：子仪薨后，杨炎、卢杞相次秉政。奸谄用事。尤忌勋族。子仪之婿太仆卿赵纵，少府少监李洞清，光禄卿王宰，皆以家人告讦细过，相次贬黜。曜子仪长子。家大恐。赖宰相张镒，力为庇护。奸人幸其危惧，多论夺田宅、奴婢。曜不敢诉。德宗微知之。诏其家前时与人为市，以子仪身殁，或被诬构，欲论夺之，有司无得为理，方已。史又称子仪权倾天下而朝不忌，功盖一代而主不疑，盖其为人本无足疑忌？子仪战略，本无足称，特乘安史之自败而成功耳。故《旧书》本传，亦谓其威略不逮李光弼。《旧书》所著评语，多系时人议论，恶直丑正处甚多，然亦时有真知灼见也。其于御下，则失之宽纵，故下皆乐就之，然亦无为之死党者。杨炎、卢杞等构之何为？然则群起而攻之者，特睨其财而思夺之耳。彼其与人为市，岂得无所侵陵？然则目击其侈，穷人欲而不之罪者，其人果君子乎？马璘、马燧、李晟皆号称名将。璘、燧皆身为纵侈。晟与子愬，世济其美，而愿、听皆骄以亡身。高崇文之入成都，珍宝山积，市井不移，而及其去也，帑藏之富，百工之巧，举以自随，蜀都一罄。然则一时以节制称者，其人又可终恃乎？而严武、郭英、崔宁、陈少游辈之公然攘夺者，更无论矣。逮于末叶，裂冠毁冕愈甚，遂有如高骈在淮南之所为，而五代偏方之国踵之。其残民以逞，可胜道哉？

又不必武夫也。白居易，士大夫之贤者也。而其自叙所居曰："东都风土水木之胜在东南偏，东南之胜在履道里，里之胜在西北隅。西闲北垣第一第，即白氏叟乐天退老之地。地方十七亩，屋室三之一，水五之一，竹九之一，而岛树桥道间之。初乐天既为主，喜且曰：虽有池台，无粟，不能守也，乃作池东粟廪。又曰：虽有子弟，无书，不能训也，乃作池北书库。又曰：虽有宾朋，无琴酒，不能娱也，乃作池西琴亭，加石樽焉。乐天罢杭州刺史。得天竺石一，华亭鹤二以归，始作西平桥，开环池路。罢苏州刺史时，得太湖石五，白莲、折要菱、青板舫以归，又作中高桥通三岛迳。罢刑部侍郎时，有粟千斛，书一车，泊臧获之习管磬弦歌者指百以归。"此竭几农夫、几绩女之力，而后能供之乎？《旧书·杜亚传》曰：出为淮南节度，承陈少游之后，淮南之人，望其划革旧弊，而亚自以才当公辅，连出外职，志颇不适，政事多委参佐。招引宾客，谈论而已。又盛为奢侈。江南风俗，春中有竞渡之戏，万舟并进，以急趋疾进者为胜。亚乃令以漆涂船底，贵其速进。又为绮罗之服，涂之以油，令舟子衣之，入水而不濡。亚本书生，奢纵如此。《段文昌传》曰：文昌布素之时，所向不偶。及其达也，扬历显重，出入将相，泊二十年。其服饰玩好，歌童妓女，苟悦于心，无所爱惜。乃至奢侈过度，物议贬之。然则所谓书生者，又岂大愈于武夫哉？

五代风气，更如横流溃决，不可收拾。贵戚如袁象先，世臣如赵岩，手握重兵，关系存亡者如杨师厚、杜重威，皆不知有君，不知有国，惟贿之求；而文臣如苏逢吉等，亦肆无忌惮。景延广身构滔天之衅，石晋而亡，岂有全理？乃犹大治第宅，园置妓乐，惟意所为。终以顾虑其家，不能引决，为虏所絷。桑维翰智计逾于延广矣，而欧《史·贾纬传》言：汉隐帝时，诏与王伸、窦俨等同修晋高祖、出帝、汉高祖实录。初维翰为相，恶纬为人，待之甚薄。纬为维翰传，言维翰死有银八千铤。翰林学士徐台符以为不可，数以非纬。纬不得已，更为数千铤。纬讦维翰之贿，或出私意，然谓维翰不好贿，不可得也。《五代史补》云：高郁与马殷俱起行陈，贪且僭。常以所居之井，不甚清澈，思所以澄汰之，乃用银叶护其四方，自内至外皆然，谓之拓里。其自奉过差皆此类。不亦匪夷所思乎？

此等贪冒，不待充类至义之尽，业已行同盗贼矣，乃又有甚于此者。《旧书·王锷传》：子稷。锷在藩镇，常留京师，以家财奉权要。广治第宅。作复垣洞穴，实金钱于其中。长庆二年（822），为德州刺史，广赍金宝仆姜以行。节度使李全略利其货而图之，致本州军乱，杀稷。其室女为全略所掳，以妓媵处之。《胡证传》：素与贾餗善。及李训败，禁军利其财，称证子溵匿餗。乃破其家。一日之内，家财并尽。军人执溵入左军，仇士良命斩之以徇。是内外军人，皆躬为杀人越货之行也。《旧五代史·张筠传》云：雍州康怀英以病告，诏筠往代之。比至，怀英已卒，因除筠为永平军节度使大安尹。怀英在长安日，家财甚厚，筠尽夺之。泾阳镇将侯莫陈威，前与温韬同剽唐氏诸陵，大贮瑰异之物，筠乃杀威而籍其家。同光末，随魏王继岌伐蜀。奏弟筬权知西京留守事。蜀平，王衍挈族入朝，至秦川驿，庄宗遣中使向延嗣乘驿骑尽戮衍族。所有奇货，尽归于延嗣。俄闻庄宗遇内难，继岌军次兴平，筬乃断咸阳浮桥，继岌浮渡至渭南死，一行金宝妓乐，筬悉获之。俄而明宗使人诛延嗣，延嗣暗遁，衍之行装，复为筬有。《秘琼传》云：董温琪为镇州节度使，擢琼为衙内指挥，倚以腹心。及温琪陷蕃，琼乃害温琪之家，载其尸，都以一坎瘗之。温琪在任贪暴，积镪巨万，琼悉辇之以藏其家。遂自称留后。高祖即位，遣安重荣代之。授琼齐州防御使。琼不敢拒。橐其奇货，由邺中赴任。先是邺帅范延光谋叛，遣衙将范邺持书构琼，琼不答，延光深忿之。及闻琼过其境，密使精骑杀琼于夏津，以灭其口。一行金宝侍伎，皆为延光所有。而后来杨光远之杀延光，又未始不以其贿也。《李金全传》云：晋高祖即位之明年，安州屯将王晖杀节度使周瑰。诏遣金全以骑兵千人镇抚其地。未及境，晖为部下所杀。金全至，乱军数百人皆不安。金全说遣赴阙，密伏兵于野，尽杀之。又擒其军校武彦和等数十人斩之。初金全之将行也，高祖戒之曰："王晖之乱，罪莫大焉。但虑封守不宁，则民受其弊。"因折矢飞诏，约以不戮一人，仍许以晖为唐州刺史。又谓金全曰："卿之此行，无失吾信。"及金全闻彦和等当为乱之日，劫掠郡城，所获财货，悉在其第，遂杀而夺之。《郑仁海传》云：王殷受诏赴阙，太祖使仁海赴邺都巡检。及殷得罪，仁海不奉诏，即杀其子，盖利其家财妓乐也。《宋彦筠传》云：伐蜀之役，率所部从康延孝为前锋。入成都，据一甲第。第中资货巨万，妓女数十人，尽为其所有。一旦与其主母微忿，遽击杀之。《王守恩传》云：历诸卫将军。开运末，契丹陷中原。守恩时因假告归于潞。潞州节度使张从恩，惧契丹之盛，将朝于契丹，以守恩婚家，甚倚信之，乃移牒守恩，请权为巡检使。从恩既去，守恩以潞城归于汉祖。仍尽取从恩家财。此等皆杀人越货者所不为，而此辈忍为之，又岂独豺狼当道乎？然身亦未尝不受其祸。《白再荣传》云：高祖以为镇州留后。为政贪虐难状，镇人呼为白麻荅。未几，移授滑州节度使。箕敛诛求，民不聊生。乃征还京师。周太祖入京城，军士攻再荣之第，迫胁再荣，尽取财货。既前启曰："某等尝趋事麾下，一旦无礼至此，今后何颜谒见？"即奋刃击之。挈其首而去。后家人以帛赎葬之。《安叔千传》云：契丹以为镇国军节度使。汉高祖入，立罢归京师。自以尝私附契丹，颇怀愧惧，以太子太师致仕。周太祖兵入京师，军士大掠。叔千家赀已尽，而军士意其有所藏，棰掠不已。伤重，归于洛阳，卒，年七十二。曾子曰："戒之戒之，出乎尔者，反乎尔者也。"处其境者自不悟耳。

《隋唐·李德林传》云：年十六，遭父艰。自驾灵舆，反葬故里。时正严冬，单衰跣足。州里人物，由是敬慕之。博陵豪族有崔谌者，仆射之兄。因休假还乡，车服甚盛。将从其宅诣德林赴吊。相去十余里，从者数十骑，稍稍减留，比至德林门，才余五骑。云："不得令李生怪人熏灼。"此与杨绾相而郭子仪自减其坐中声乐同。知守礼，则虽富而不敢骄。虽非善俗之本，较之随俗波靡者，自为贤矣。《柳公绰传》言其性谨重，动循礼法。属岁饥，其家虽给，每饭不过一器，岁稔复初。此虽未能振施，亦愈于坐视人之饥而饮食若流者也。段秀实，史言其清约率易。非公会不听乐饮酒，私室无妓媵，无赢财，退公之后，端居静虑而已。陆长源，史言其清白自将。去汝州，送车二乘，曰："吾祖罢魏州，有车一乘，而图书半之，吾愧不及先人。"此并志士，清节挺挺，终死义烈，良非偶然。刘晏、韩滉，皆非纯白，然晏，史言其所居修行里，粗朴卑陋，饮食俭狭，室无媵婢。既死，簿录其家，惟杂书两乘，米麦数斛而已。滉，史言其虽宰相子，而性节俭。衣裘茵衽，十年一易；甚暑不执扇；居处陋薄，取蔽风雨；当门列戟，以父时第门不忍坏，乃不请。堂先无挟庑。弟洄稍增之。滉见即彻去，曰："先君容焉。吾等奉之，常恐失坠。若摧圮，缮之则已。安敢改作，以伤俭德?"居重位，清洁疾恶，不为家人资产。自始仕至将相，乘五马，无不终枥下。此亦功名之士，所好自与流俗殊也。冯道，丁父忧，持服景城，遇岁俭，所得俸余，悉振乡里，所居惟蓬茨而已。牧宰馈遗，斗粟匹帛无所受。一日上谒，既退，明宗顾谓侍臣曰："冯道性纯俭。顷在德胜寨，居一茅庵，与从人同器食，卧则刍藁一束。其心晏如也。及以父忧，退归乡里，自耕樵采，与农夫杂处，略不以素贵介怀。真士大夫也。"道盖以俭德避祸者也。张仁愿兄仁颖，善理家，勤而且约。妇女衣不曳地。什物多历年所如新市。此乃田舍翁善居积者。姚顗，不知钱陌铢两之数。御家无法。卒之日，家无余赀，官为赗赠乃能敛。崔居俭，拙于为生。居显官，衣服常乏。死之日，贫不能葬。则适与相反耳。皆不足尚也。

游观燕乐，为人情之所不能无，古人乃因之以置节，此原不足为病。然其后踵事增华，寝忘初意，则其弊有不可胜穷者矣。此等事不胜枚举，生日之浪费，其一端也。庆祝生辰，古无此举，盖因其时尚无历日之故。故唐人尚以其事为胡俗。《旧书·韦绶传》：穆宗即位，以师友之恩，召为尚书右丞，兼集贤院学士。绶以七月六日是穆宗载诞节，请以是日百官诣光顺门贺太后，然后上皇帝寿。时政道颇僻，敕出，人不敢议。久之，宰相奏古无生日称贺之仪，其事终寝。《通鉴》后汉隐帝乾祐三年（950）《注》引《容斋随笔》，谓明年复行贺礼，受贺之事，盖自长庆至今用之，则其失卒未能正。然在唐时，夫固人知其非礼。《新书·唐临传》：孙绍，中宗时为太常博士，四时及列帝诞日，遣使诣陵如事生，绍以为非礼，引正谊固争，亦其一证。臧荣绪以宣尼庚子日生，是日陈五经而拜之，为史言生日之始，亦渐染胡俗者也。隋文帝仁寿三年（603），下诏言六月十三是朕生日，宜令海内为武元皇帝、元明皇后断屠，见《隋书·本纪》。为帝王自言生日之始。然此尚出于追念劬劳，为亡者资福之意，非以其日称庆也。唐玄宗始以生日为千秋节，令天下诸州燕集，休假三日。仍编为令。《旧书·玄宗纪》开元十七年（729）。《通鉴》云：寻又移社就千秋节。《注》云：后改千秋节为天长节。自此，历代帝王，皆以生日置节。唐惟德、顺、宪、穆四朝，不立节名。然德宗生日，王虔休仍作继天诞圣乐以进。《旧书·哀帝纪》：帝以八月丙午即位，甲寅，中书奏皇帝九月三日降诞，请以其日为乾和节，从之。丁巳，敕乾和节方在哀疚，其内道场宜停。庚申，敕乾和节文武百寮、诸军、诸使、诸道进奏官准故事于寺观设斋，不得宰杀，祇许酒果脯醢。辛酉，敕三月二十三日嘉会节，伏以大行皇帝仙驾上升，灵山将卜，神既游于天际，节宜辍于人间，准故事，嘉会节宜停。是时唐已朝不保夕，而旬日之间，因生日降敕者四焉。岂不哀哉？《新书·礼乐志》论玄宗，谓其君臣共为荒乐，当时流俗，多传其事以为盛，其后巨盗起，陷两京，自此天下用兵不息，而离宫苑囿，遂以荒堙，独其余声遗曲传人间，闻者为之悲凉感动。其事适足为戒，而不足考法。《志》又云：帝幸骊山，杨贵妃生日，命小部张乐长生殿，因奏新曲。未有名。会南方进荔枝，因名曰荔枝香。其荒淫如此。然自此已后，休假燕乐，遂成故事矣。《旧书·文宗纪》：开成二年九月甲申，诏日："庆成节朕之生辰，天下锡宴，庶同欢泰。不欲屠宰，用表好生，非是信尚空门，将希无妄之福。恐中外臣庶，不谕朕怀，广置斋筵，大集僧众，非独雕耗物力，兼恐致忝生灵。自今宴会蔬食，任陈醑醢，永为常例。"观此，知广置斋筵，费转甚于陈醑醢者也。又敕：庆成节宜合准上巳、重阳例，于曲江会文武百寮。延英奉觞宜权停。盖自甘露变后，帝居常忽忽不怿之故？然于燕集则无损也。休假例为三日，节日及节前后，各一日，至五代未改，见《旧史·梁太祖纪》开平元年（907），《末帝纪》乾化元年（911），《唐明宗纪》天成元年（926）。武宗即位，以二月十五日为玄元皇帝降生日，立为降圣节，休假一日，见《旧书·本纪》。《旧史·唐明宗纪》：天成三年正月，中书上言："旧制降圣节应休假三日，准会昌元年二月敕，休假一日，请准近敕。"从之。则亦尝有三日之制矣。《末帝纪》：清泰二年正月，中书、门下奏："遇千春节，凡刑狱公事奏覆，候次月施行。今后请重系者即候次月，轻系者即节前奏覆决遣。"从之。《晋高祖纪》：天福六年二月，诏天下郡县，不得以天和节禁屠宰辄滞刑狱，则其废事，又有出于休假之外者矣。唐文宗开成二年（837）甲申之诏，《旧纪》上无九月字，然是年八月壬辰朔，其月不得有甲申，故知纪夺九月字也。玄宗千秋节，王公已下献镜及承露囊；亦见《旧书·本纪》。吏部尚书崔日用采《毛诗·大小雅》二十篇，及司马相如《封禅书》表上之。其后改称天长节，则张九龄献《金镜录》。德宗诞日，皇太子献佛像。此尚未为多费，且颇有箴规之意。然藩镇遂藉进献以邀恩，并有借此以牟利者。如王智兴以敬宗诞月，于泗州置僧坛度人，人纳二缣，李德裕谓江淮已南，当失六十万丁壮，则智兴可得百二十万缣矣。藩镇进奉，流弊孔多。《新书·常衮传》言代宗诞日，诸道争以侈丽奉献，不则为老子、浮屠解祷事。衮以为节度、刺史，非能男耕而女织也，类出于民，是敛怨以媚上也。请皆还之。然《食货志》言代宗于四方贡献至数千万者，加以恩泽，则岂徒不能还之而已。齐映以银瓶高八尺，于德宗诞日以献，见第七章第六节。《旧书·卢徵传》：贞元八年（792）春，同州刺史阙，特诏用徵。数岁，转华州刺史。故事，同、华以地近人贫，正、至、端午、降诞，所献甚薄。徵遂竭其财赋，有所进献，辄加常赋，人不堪命。《新书·郑珣瑜传》：为河南尹。未入境，会德宗生日，尹当献马。吏欲前取印。白珣瑜视事。且纳赞。珣瑜徐曰："未到官而遽事献，礼欤？"不听。盖群下之务求自媚如此。《旧五代史·梁太祖纪》：开平元年（907），大明节，内外臣寮，各以奇货良马上寿。二年（908），诸道节度、刺史各进献鞍马、银器、绫帛。三年（909），诸道节度、刺史及内外诸司、使，咸有进献。《明宗纪》：即位后，诏天下节度、防御使，除正、至、端午、降诞四节，量事进奉，达情而已。自于州府圆融，不得科敛百姓。其刺史虽遇四节，不在贡奉。《晋高祖纪》：天福六年正月，诏应诸州无属州钱处，今后冬至、寒食、端午、天和节及诸色谢贺，皆不得进贡。是其余风至五代而未殄也。《汉隐帝纪》：乾祐三年三月，"邺都留守高行周，兖州符彦卿，郓州慕容彦超，西京留守白文珂，镇州武行德，安州杨信，潞州常思，府州折从阮，皆自镇来朝，嘉庆节故也。"则诸州镇于进奉之外，又有身自来朝者。《唐明宗纪》：天成二年九月，伪吴杨溥遣使以应圣节贡献，则邻国亦有来者矣。此又徒增馆驿宴犒之费而已。《旧书·睿宗诸子传》，谓玄宗至诞生日，必幸其宅，移时燕乐。《旧史·晋少帝纪》：天福七年七月，遣中使就中书赐宰臣冯道生辰器币。道以幼属乱离，早丧父母，不记生日，坚让不受。道丧父在其仕后唐时，见上，此不可谓早，盖以其赐为非礼，故托辞以谢耳。则不徒君上，即臣下亦以其日事燕乐，相馈遗。而生辰称庆，遂成习俗矣。苦乐皆有生后事，论生则本无可欣，亦无可戚，遇生日而称庆者，与谓有生为忧患之始，同为不达。必谓其日足为记念，则如契丹有再生之仪，《辽史·礼志》：再生仪：凡十有二岁，皇帝本命前一年，禁门北除地置再生室、母后室，先帝神主舆，在再生室东南，倒直三岐木。其日，以童子及产医妪置室中。一妇人执酒，一叟持矢箙，立于室外。有司请神主降舆，致奠。奠讫，皇帝出寝殿，诣再生室。群臣奉迎，再拜。皇帝入室，释服，跣，以童子从，三过岐木之下。每过，产医妪致词，拂拭帝躬。童子过岐木七，皇帝卧木侧。叟击箙曰："生男矣。"太巫懞皇帝首，兴。群臣称贺再拜。产医妪受酒于执酒妇以进。太巫奉福禄采结等物赞祝之。豫选七叟，各立御名，系于采，皆跪进。皇帝选嘉名受之。赐物。再拜退。群臣皆进福禄采结等物。皇帝拜先帝诸御容，遂宴群臣。此仪于行柴册仪前亦行之。《辽史》云：二仪皆阻午可汗所制。犹使人穆然于生我之劬劳，行遗体之不可不慎，且懀然于赤子之心之不可失，思更始自新也。而嬉游废业，以事宴乐，则其志荒矣。此亦俗之流失，不可不思变革者也。《旧书·太宗纪》：贞观二年六月庚寅，皇子治生。宴五品已上，赐帛有差。仍赐天下是日生者粟。《高宗纪》：龙朔二年六月已未朔，皇子旭轮生。七月丁亥朔，以东宫诞育满月，大赦天下，赐酺三日。案旭轮此时非东宫，《新纪》云以子旭轮生满月大赦，赐酺三日是也。又永淳元年二月，癸未，以太子诞皇孙满月，大赦，改开耀元年（682）为永淳元年。观此数条，知生子满月相庆，唐时亦已有之。五品赐宴，已为浪费，赐粟、赐酺，亦滥恩，大赦则更成乱政矣。

禁奢之令，仍历代有之，但皆无验耳。《旧书·高宗纪》：永隆二年正月，诏雍州长史李义玄禁紫服赤衣及商贾富人厚葬。玄宗开元二年（714）禁令，已见第四章第一节。《新书·肃宗纪》：至德二载十二月，禁珠玉宝钿平脱。金泥刺绣。《旧书·代宗纪》：广德二年五月，禁钿作珠翠等。大历六年四月，诏绫锦花文所织盘龙、对凤、麒麟、师子、天马、辟邪、孔雀、仙鹤、芝草、万字、双胜、透背，及大绵竭凿六破已上，并宜禁断。其长行高丽白锦，大花绫锦，任依旧例织造。《新书》云：禁大竭凿六破锦，及文纱、吴绫为龙凤、麒麟、天马、辟邪者。《新书·德宗纪》：即位后赦文："士庶田宅，车服逾制者，有司为立法度。"《旧书·文宗纪》：大和三年九月，敕两军诸司、内官不得着纱縠绫罗等衣服。十一月，南郊礼毕，大赦节文：禁止奇贡，云四方不得以新样织成非常之物为献。机杼纤丽，若花丝布、缭绫之类，并宜禁断。敕到一月，机杼一切焚弃。四年四月，诏内外班列职位之士，各务素朴。有僭差尤甚者，御史纠上。六年六月，右仆射王涯奉敕准令式条疏士庶衣服、车马、第舍之制。敕下后浮议沸腾。杜悰于敕内条件易施行者宽其限，事竟不行。公议惜之。《新书·车服志》：文宗即位，以四方车服僭奢，下诏准仪制令品秩、勋劳为等级：诏下，人多怨者。京兆尹杜悰条易行者为宽限，而事遂不行。惟淮南观察使李德裕令管内妇人衣袖四尺者阔一尺五寸，裙曳地四五寸者减三寸。《王涯传》：文宗恶俗侈靡，诏涯惩革。涯条上其制。凡衣服、室宇，使略如古，贵咸皆不便，谤讪嚣然，议遂格。八年八月甲申朔，御宣政殿。册皇太子永。是日降诏云："比年所颁制度，皆约国家令式，去其甚者，稍谓得中。而士大夫苟自便身，安于习俗，因循未革，以至于今。百官士族，起今年十月，衣服、舆马，并宜准大和六年十月七日敕。如有固违，重加黜责。"六年十月七日敕，盖即杜悰之所条也？

毁非礼之物者：文宗敕纤丽机杼，敕到一月焚弃，已见前。隋文焚绫文布，见第二章第一节。秦王俊薨后，所为侈丽之物，亦悉命焚之。《旧书·张玄素传》：贞观四年（630），诏发卒修洛阳宫乾阳殿，以备巡幸。玄素上书谏曰："陛下初平东都，层楼广殿，皆令撤毁，天下翕然，同心欣仰。岂有初则恶其侈靡，今乃袭其雕丽？"又曰："今时功力，何为隋日？役疮夷之人，袭亡隋之弊。以此言之，恐甚于炀帝。"太宗曰："卿谓我不如炀帝，何如桀、纣？"对曰："若此殿卒兴，所谓同归于乱。且陛下初平东都，太上皇敕大殿高门，并宜焚毁。陛下以瓦木可用，不宜焚灼，请赐与贫人。事虽不行，然天下翕然，讴歌至德。今若遵旧制，即是隋后复兴。五六年间，趋舍顿异，何以昭示子孙，光敷四海？"《窦琎传》：为将作大匠，修葺洛阳宫。琎于宫中凿池起山，崇饰雕丽。太宗怒，遽令毁之。《通鉴》：玄宗开元二年三月，毁天枢。《旧书·本纪》云："去年九月，有诏毁天枢，至今春始。"语不可解，盖下有夺文。先是韦后亦于天街作石台，高数丈，以颂功德，至是并毁之。《旧书·本纪》：是岁六月，内出珠玉、锦绣等服玩，于正殿前焚之。《新书》事在七月乙未。其详已见第五章第一节。《通鉴》：开元二十五年（737），是岁，命将作大匠康誉素之东都毁明堂。誉素上言"毁之劳人，请去上层，卑于旧几十五尺，仍旧为乾元殿"。从之。《旧书·德宗纪》：大历十四年七月，"毁元载、马璘、刘忠翼之第，以其雄侈逾制也"。参看第二十章第四节。《文宗纪》：大和元年四月，"壬寅，毁升阳殿东放鸭亭。戊申，毁望仙门侧看楼十间。并敬宗所造也"。《旧五代史·周太祖纪》：广顺元年二月，内出宝玉器及金银结缕宝装饮食之具数十，碎之于殿廷。仍诏所司：凡珍华悦目之物，不得入宫。《旧书·田弘正传》：魏州自承嗣已来，馆宇服玩，有逾常制者，悉命彻毁之。此等于物力皆无所惜，意在维持制度而已。然制度之克立，自有其源，不澄其源，而欲洁其流，则旋毁而旋复，亦徒耗物力而已。

第四节　官私振贷

公家振恤，时愈晚则愈微，而出举兴生之事，顾日盛焉。《隋书·食货志》：开皇八年五月，高颎奏：诸州无课调处，及课州管户数少者，官人禄食，乘前已来，恒出随近之州。但判官本为牧人，役力理出所部。请于所管户内，计户征税。帝从之。先是京官及诸州，并给公廨钱，回易取利，以给公用。至十四年六月，工部尚书安平郡公苏孝慈等以为所在官司，因循往者，以公廨钱物，出举、兴生，惟利是求，烦扰百姓。败损风俗，莫斯之甚。于是奏皆给地以营农。回易取利，一皆禁止。《高祖纪》：开皇十四年六月，诏省、府、州、县，皆给公廨田。不得治生，与人争利。《苏孝慈传》：先是以百寮供费不足，台、省、府、寺，咸置廨钱，收息取给。孝慈以为与民争利，非兴化之道，上表请罢之。公卿以下，给职田各有差。《通鉴》亦云：诏公卿以下皆给职田。则所给似兼有廨田、职田二者。十七年十一月，诏在京及外诸司公廨，在市回易，及诸处兴生并听之，惟禁出举收利。魏孝文帝颁官禄，罢诸商人，见《两晋南北朝史》第二十章第三节。隋初公廨钱，必沿自周、齐。疑在魏世，官家之出举、兴生，亦未能全绝也。至唐世则更甚。

《新书·食货志》云：诸司置公廨本钱，以番官贸易取息，计员多少为月料。贞观十二年（638），罢之。以天下上户七千人为胥士，视防制而收其课，计官多少而给之。十五年（641），复置。以诸司、令史主之，号捉钱令史。每司九人，补于吏部。所主才五万钱以下。市肆贩易，月纳息钱四千。岁满受官。谏议大夫褚遂良上疏，言京七十余司，更一二岁，捉钱令史百余人。太学高第，诸州进士，拔十取五，犹有犯禁罹法者，况廛肆之人，苟得无耻？不可使其居职。太宗乃罢捉钱令史，复诏给百官俸。二十二年（648），置京诸司公廨本钱，捉以令史、府史、胥士。永徽元年（650），废之。以天下租脚直为京官俸料。其后又薄敛一岁税，以高户主之，月收息给俸。寻颛以税钱给之。天下置公廨本钱，以典史主之。收赢十之七，以供佐史以下不赋粟者常食，余为百官俸料。公廨出举典史，有彻垣墉、鬻田宅以免责者。州县典史捉公廨本钱者，收利十之七。富户幸免徭役。贫者破产甚众。秘书少监崔沔请计户均出。每丁加升尺，所增盖少。流亡渐复，仓库充实，然后取于正赋，罢新加者。《通鉴》系开元六年（718），云：唐初州县官俸，皆令富户掌钱，出息以给之。息至倍称。多破产者。秘书少监崔沔上言：请计州县官所得俸，于百姓常赋之外，微有所加以给之。从之。开元十年（722），中书舍人张嘉贞又陈其不便。遂罢天下公廨本钱。复税户以给百官。籍内外职田，赋逃还户及贫民。十八年（730），复给京官职田。州县籍一岁税钱为本，以高户捉之，月收赢以给外官。复置天下公廨本钱，收赢十之六。德宗时，祠祭，蕃夷赐宴别设，皆长安、万年人吏主办。二县置本钱配纳质积户收息以供费。诸使捉钱者，给牒免徭役。有罪，府县不敢劾治。民间有不取本钱立虚契，子孙相承为之。尝有殴人破首，诣闲厩使纳利钱，受牒贷罪。御史中丞柳公绰奏诸主捉钱户府县得捕役，给牒者毁之。自是不得钱者不纳利矣。元和九年（814），户部除陌钱每缗增垫五钱，四时给诸司、诸使之餐，置驱使官督之。御史一人，核其浸渔。起明年正月，收息五之一。号元和十年（815）新收置公廨本钱。初捉钱者私增公廨本，以防耗失，而富人乘以为奸，可督者私之，外以逋官钱迫蹙闾里。民不堪其扰。御史中丞崔从奏增钱者不得逾官本。其后两省捉钱官给牒逐利，江淮之民，鬻茶盐以挠法。宰相李珏、杨嗣复奏堂厨食利钱扰民烦碎。于是罢堂厨捉钱官，置库量入计费。《志》所言唐代公家出举、兴生之事如此。其散见他处者：《旧书·玄宗纪》：开元二十六年正月。长安、万年两县，各与本钱一千贯，收利供驿。三月，河南、洛阳亦借本钱一千贯，收利充人吏课役。《代宗纪》：永泰元年三月，诏左仆射裴冕等十三人并集贤院待诏。上以勋臣罢节制者，京师无职事，乃合于禁门书院间，以文儒公卿宠之也。仍特给飨本钱三千贯。《穆宗纪》：元和十五年八月，赐教坊钱五千贯，充息利本钱。长庆三年十月，赐内园使公廨本钱一万贯，军器使三千贯。《懿宗纪》：咸通五年五月，以南蛮侵犯，湖南、桂州，是岭路系口，诸道兵马纲运，无不经过，顿递供承，动多差配，潭、桂两道，各赐钱三万贯，以助军钱，亦以充馆驿息利本钱。江陵、江西、鄂州三道，比于潭、桂，徭配稍简，令本道观察使详其闲剧，准此例兴置。《礼乐志》：永泰二年（766），国子学成，贷钱一万贯，五分收钱，以供监官学生之费。《新书·宦者·鱼朝恩传》云：赐钱千万，取子钱供秩饭。其藉以供经费者，可谓广矣，而弊窦亦层见叠出。《旧书·沈传师传》：父既济，建中二年（781）夏，敕中书门下两省分置待诏官三十员，以见官、前任及同正、试、摄九品以上，择文学、理道、韬钤、法度之深者为之。各准品秩给俸钱。廪饩、干力、什器、馆宇之设，以公钱为之本，收息以赡用。既济上疏论之曰："置钱息利，是有司权宜，非陛下经理之法。今官三十员，皆给俸钱，干力及厨廪、厅宇，约计一月不减百万。以他司息利准之，当以钱二千万为之本。若均本配人，当复除二百户，或许其入流。反覆计之，所损滋甚。当今关辅大病，皆为百司息钱。伤人破产，积于府县。实思改革，以正本源。"《新书·李德裕传》：始二省符江淮大贾使主堂厨食利，因是挟赀行天下，所至州镇为右客，富人倚以自高。德裕一切罢之。是内外交受其弊也。《忠义传》：王同皎孙潜，元和中，擢累将作监。监无公食，而息钱旧皆私有。至潜，取以具食。遂为故事。《杜兼传》：子中立，文宗时，拜司农卿。初度支度六宫飨钱移司农，司农季一出付吏。大吏尽举所给于人，权其子钱以给之。既不以时，黄门来督责、慢骂。中立取钱纳帑舍，率五日一出。吏不得为奸。后遂以为法。是官吏皆有因以自润者也。其弊可谓博矣。然民间事业，亦有籍置本以谋经费者。《苗晋卿传》：为魏郡太守。会入计，因上表请归乡里，出俸钱三万为乡学本，以教授子弟，是其事也。可见民间资本之乏矣。

惟其然，故私家亦竞事出举以求利。《隋书·秦王俊传》，言其镇并州时出钱求息，民吏苦之。《旧书·高季辅传》：季辅于太宗时上封事，言公主、勋贵，放息出举，追求什一。《杜亚传》：充东都留守，既病风，尚建利以固宠。奏请开苑内地为营田，以资军粮，减度支每年所给，从之。亚不躬亲部署，但委判官张荐、杨晫。苑内地堪耕食者，先为留司中官及军人等开垦已尽。亚计急，乃取军中杂钱，举息与畿内百姓。每至田收之际，多令军人车牛，散入村乡，收敛百姓所得菽粟将还。军民家略尽，无可输税。人多艰食。由是大致流散。《新书·徐有功传》：博州刺史琅邪王冲责息钱于贵乡，家奴督敛，与尉颜馀庆相闻知。《通鉴》：后汉高祖乾祐元年（948），蜀司空兼中书侍郎同平章事张业，于私第置狱，系负债者或历年，至有瘐死者。此等皆恃势放债者也。亦有恃势借债者。《旧书·高宗诸子传》：章怀太子于守礼，常带数千贯钱债。或谏之。守礼曰："岂有天子兄没人葬？"《李晟传》：子慇，累官至右龙武大将军。沉湎酒色，恣为豪侈。积债至数千万。其子贷回鹘钱一万余贯不偿，为回鹘所诉。文宗怒，贬慇为定州司法参军。是其事矣。然恃势负债之人，亦自有能与之交涉者。《旧书·武宗纪》：会昌二年二月，中书奏"赴选官人多京债，到任填还。致其贪求，罔不由此。今年三铨，于前件州府得官者，许连状相保，户部各备两月加给料钱，至时折下。所冀初官到任，不带息债，衣食稍足，可责清廉。"从之。则清代所谓京债者，唐时已有之矣。《高瑀传》：大和初，忠武节度使王沛卒，物议以陈、许军四征有功，必自择帅。或以禁军之将得之。宰相裴度、韦处厚议：瑀深沈方雅，曾刺陈、蔡，人怀良政；又熟忠武军情，欲请用瑀。事未闻，陈、许表至，果请瑀为帅。乃授忠武节度使。自大历已来，节制除拜，多出禁军中尉。凡命一帅，必广输重赂。禁军将校当为帅者，自无家财，必取资于人，得镇之后，则膏血疲民以偿之。及瑀之拜，以内外公议，缙绅相庆曰："韦公作相，债帅鲜矣。"此又武官之京债也。《后妃传》：穆宗贞献皇后萧氏，福建人。生文宗。后因乱去乡里。自入王邸，不通家问。别时父母已丧，有母弟一人。文宗诏闽、越连率于故里求访。有户部茶纲役人萧洪，自言有姊流落。估人赵缜，引洪见后姊徐国夫人女婿吕璋。夫人亦不能省认；俱见太后，呜咽不自胜。上以为复得元舅，遂拜河阳怀节度使。迁鄜坊。先是有自神策两军出为方镇者，军中多资行装，至镇三倍偿之。时有自左军出为鄜坊者，资钱未偿而卒于镇，乃征钱于洪。宰相李训，雅知洪诈称国舅，洪惧，请训兄仲京为鄜坊从事以弥缝之。洪恃与训交，不与所偿。又征于卒者之子。洪俾其子接诉于宰相，李训判绝之。左军中尉仇士良深衔之。时有闽人萧本者，复称太后弟。士良以本上闻，发洪诈假。自鄜坊追洪下狱，御史台按鞫，具服其伪，诏长流州，赐死于路。赵缜、吕璋亦从坐。军人放京债者之声势，可以想见。神策吏李昱假贷长安富人钱八千贯不偿，大贾贾陟负五坊息钱，钩考又得卢群通券，事见第六章第六节。贞元时颁藏钱之禁，高赀大贾，亦多倚左右军官钱之名以拒，事见第十八章第四节。又可见军中出举，所及颇广，并不以本军为限也。

商人所畜，本多流通蕃息之财，兼事出举，势自甚便。刘从谏署贾人子为衙将，使行贾州县，而其人遂所在暴横，责子贷钱，以此也。回纥来者，亦多商人，故亦多事出举。《通鉴》：德宗贞元三年（787），河、陇既没于吐蕃，自天宝已来，安西、北廷奏事及西域使人在长安者，归路既绝，人马皆仰给于鸿胪。礼宾委府县供之，于度支受直。度支不时付直。长安市肆，不胜其弊。李泌知胡客留长安久者或四十余年，皆有妻子，买田宅，举质取利，安居不欲归。命检括胡客有田宅者停其给。凡得四千人。胡《注》曰："举者，举贷以取倍称之利也。质者，以物质钱，计月而取其利也。"开成元年（836），京兆府奏禁举取蕃客钱，以产业奴婢为质，见第十五章第一节。正指此辈。西域奉使，本多贾胡，即不尽然，而其同族既多此曹，自亦易与之合流。《新书·回鹘传》言其至中国常参以九姓胡，往往留京师至千人，居赍殖产甚厚，亦西胡，非北狄也。

《新书·薛仁贵传》：子讷，迁蓝田令。富人倪氏，讼息钱于肃政台。中丞来俊臣受赇，发义仓粟数千斛偿之。讷曰："义仓本备水旱，安可绝众人之仰私一家？"报上不与。会俊臣得罪，亦止。讼息钱而判以义仓粟为偿，其事殊不可解。度其贷款必与地方公务有关涉也。《宋璟传》：京兆人权梁山谋逆，敕河南尹王怡驰传往按。牢械充满，久未决。乃命璟为京留守复其狱。初梁山诡称婚集，多假贷，吏欲并坐贷人。璟曰："婚礼借索大同，而狂谋率然，非所防亿。使知而不假，是与为反。贷者弗知，何罪之云？"平纵数百人。假贷何必分向数百人，数百人何以能皆信之？其事亦殊不可解。梁山殆豪杰者流，贷与之人，实为所胁耳。《旧书·崔衍传》：继母李氏，不慈于衍，而衍事李氏益谨。李氏所生子郃，每多取子母钱，使其主以契书征负于衍，衍岁为偿之。故衍官至江州刺史，而妻子衣食无所余。郃之举取，习以为常，与之者盖专以此为业，所谓子钱家也？

借贷者不必皆相知，子钱家欲广其业，则必有物以为质。德宗征山东，括僦柜质钱，《通鉴》胡《注》曰："民间以物质钱，异时赎出，于母钱之外，复还子钱，谓之僦柜。"建中三年（782）。此即今之典肆。《五代史补》：慕容彦超被围，勉其麾下曰："吾库中金银如山积。若全此城，尽以为赐。汝等勿患富贵。"有卒私言曰："侍中银皆铁胎，得之何用？"诸军闻之，稍稍解体。高祖入，有司阅其库藏银，铁胎者果什七八。初彦超令人开质库，有以铁胎银质钱者，经年后，库吏始觉，言之。彦超初甚怒。顷之，谓吏曰："此易致耳。汝宜伪窦库墙，凡金银器用暨缣帛等，速皆藏匿，仍乱撒其余，以为贼践。吾当擒此辈矣。"库吏如其教。彦超下令："恐百姓疑彦超隐其物，宜令三月内各投状，明言质物色，自当陪偿之。"百姓以为然，投状相继。翼日，铁胎银主果出。于是擒之。置之深屋中，使教部曲辈昼夜造用广府库。此银是也。则官亦自设质库以牟利矣。

《全唐文》三载玄宗禁放重利诏曰："比来公私举放，取利颇深，有损贫下，事须厘革。自今已后，天下私举质宜四分收利，官本五分收利。"沈既济谓百万之息，当以钱二千万为之本，正系月息五分，此盖唐代官中出举取息常率？不轻减以抑民间重利，反抑民间利率，使下于官，宁可得乎？月息五分，二十阅月即利侔于本，使再计息，盘剥未免过深，故子本相侔，即不许再计利息。《旧五代史·梁末帝纪》：贞明六年四月丁亥，制私放远年债负，生利过倍，自违格条。所在州县，不在更与征理之限。龙德元年五月丙戌，制公私债负纳利及倍已上者，不得利上生利。《唐明宗纪》：长兴元年（930）圜丘赦制：应私债出利已经倍者，祇许征本。已经两倍者，本利并放。《晋高祖纪》：天福六年（941）赦诏：私下债负征利一倍者并放。数诏意旨相同，所谓格条，当出唐代也。

借债有约以他物为偿者。《新五代史·常思传》：广顺三年（953），徙镇归德。居三年，来朝，又徙平卢。思因启曰："臣居宋，宋民负臣丝息十万两，愿以券上进。"太祖颔之。即焚其券，诏宋州悉蠲除之。盖知其剥削之酷也。然计臣亦有以此为筹款之策者。《通鉴》：后唐庄宗同光二年（924），孔谦贷民钱，使以贱价偿丝，屡檄州县督之。翰林学士承旨权知汴州卢质上言："梁赵岩为租庸使，举贷诛敛，结怨于人。陛下革故鼎新，为人除害，而有司未改其所为，是赵岩复生也。今春霜害稼，茧丝甚薄，但输正税，犹惧流移，况益以称贷，人何以堪？"此等出举之法，疑民间旧有之，聚敛之臣，乃从而效之，而贪残者亦行之一州也。

争名者于朝，争利者于市，而穷乡僻壤之民，殊有告贷无门之苦，则不得不如鱼之相濡以沫。《新书·循吏传》：韦宙，出为永州刺史。民贫无牛以力耕，宙为置社，二十家月会钱若干，探名得者先市牛。以是为准。久之，牛不乏。此深得教民相助之道。人孰能无缓急，穷僻之处，既为出举者所不顾，非其人能自相救恤，尚安得维持延续？其间睦姻任恤之行必甚多，特无闻于世，遂无传于后耳。语曰："善者因之，其次利道之，其次整齐之，最下者与之争。"如韦宙之所为，盖所谓利导之、整齐之者。《隋书·郎茂传》：迁民部侍郎。尚书右仆射苏威立条章，每岁责民间五品不逊。又为余粮簿，拟有无相赡。茂以为繁纤不急，皆奏罢之。夫民非不能为也，然不能承文教而为之。而为之强立条章，而责之以行，是与之争也。宜郎茂之弗听也。

公家救恤之政，后世已几绝迹，而惟借佛家稍存之。《旧书·武宗纪》：会昌五年十一月甲辰，敕悲田养病坊，僧尼还俗，无人主持，恐残疾无以取给。两京量给寺田振济，诸州府七顷至十顷，各于本管选耆寿一人句当，以充粥料。《新书·食货志》云：两京悲田养病坊给寺田十顷，诸州七顷，主以耆寿。是佛教未废时，悲田养病坊，固遍于两京及诸府州也。然其细已甚矣。《玄宗纪》：开元二十二年（734），是岁断京城乞儿。既断之，亦必有以活之，其亦如悲田坊之类邪？

第四章　隋唐五代时实业

第一节　农　业

自晋室东渡而后，荆、扬二州，农业日见兴盛，已见《两晋南北朝史》第二十章第一节。隋、唐而后，此等情势，仍有加无已。《旧书·刘晏传》：晏遗书元载，言潭、桂、衡阳，必多积谷。关辅汲汲，祇缘兵粮，漕引潇、湘洞庭，万里几日？沧波挂席，西指长安。三秦之人，待此而饱；六军之众，待此而强。《严震传》言：梁、汉之间，刀耕火耨，民以采粬为事。虽节察十五郡，而赋额不敌中原三数县。《新书·权德舆传》：贞元八年（792），关东、淮南、浙西州县大水。德舆建言："江淮田一善熟，则旁资数道。故天下大计，仰于东南。今霪雨二时，农田不开，逋亡日众。宜择群臣明识通方者，持节劳徕。"合此三事观之，荆、扬农业，甲于全国，断可识矣。

隋文帝遣使均田，狭乡每丁才至二十亩，见第十八章第二节。此在近世农家，得之亦足自活，而当时意以为少。《新书·玄宗纪》：开元二十二年十一月，免关内、河南八等以下户田不百亩者今岁租。此盖唐时授田，本以百亩为率，今不及此，户等又下，而两畿赋役烦重，故特优之，非谓田不百亩，遂为贫下也。然《旧书·袁高传》言：贞元二年（786），上以关辅禄山之后，百姓贫乏，田畴荒秽，诏诸道进耕牛，委京兆府劝课民户，勘责有地无牛百姓，量其地著，以牛均给之。其田五十亩已下人，不在给限。高上疏论之曰："圣慈所忧，切在贫下。有田不满五十亩者，尤是贫人。请量三两家共给牛一头，以济农事。"从之。则地不及五十亩，遂为下贫矣。肃、代时，议钱币者，谓人日食二升，终岁当米七斛二斗，而衣倍之，吉凶之礼再倍，则人终岁当得米二十一斛六斗，已见第十七章第一节。议者又谓田以高下肥瘠丰耗为率，一顷出米五十余斛，则亩才五斗余耳。此固从少计之，然当时农田收获之数，远逊今日，则无疑矣。此等皆生业自然之演进也。开元时，镇戍地可耕者，人给十亩以供粮，见下。以岁食七斛二斗计之，一亩之获，亦不及一斛。

陆龟蒙有田数百亩，而常苦饥，此乃其田所处之污下，而非顷亩之不足也。

见第十八章第二节。故农田之命脉，实系于水利。隋、唐水利，掌于工部之水部及都郡水监。晋世，傅玄早言谒者一人之力，行天下诸水，无时得遍，见《两晋南北朝史》第二十章第一节。则亦徒有其名而已。故水利之命脉，又系于地方官。隋、唐、五代之世，能尽心于此者，莫如姜师度。《旧书》本传云：师度好沟洫，所在必发众穿凿，虽时有不利，而成功亦多。先是太史令傅孝忠善占星纬。时人为之语曰："傅孝忠两眼看天，姜师度一心穿地。"《新书·戴叔伦传》云：试守抚州刺史。民岁争溉灌，为作均水法，俗便利之。此则乏水之地之要图也。论者恒谓北方少水，不便艺稻，其实不然。《旧书·食货志》言：宇文融尝画策开河北王莽河，溉田数千顷，以营稻田，事未果而融败。又《孟元阳传》言：曲环使董作西华屯。元阳盛夏芒立稻田中，须役者退而后就舍。故其田岁无不稔。则北方非不可营稻田，特其水利有待人为，非如南方自然饶足，故种稻者较少耳。戴胄说太宗兴义仓，请自王公已下，爰及众庶，计所垦田稼穑顷亩，至秋熟，准其见在苗，以理劝课，尽令出粟。稻麦之乡，亦同此税。详见第二十章第二节。此说当据中原情势言之，其所艺者，似以粟为主，而稻麦为辅也。

《新书·食货志》曰：唐开军府，以捍要冲。因隙地置营田，天下屯总九百九十二。司农寺每屯三顷，《通典》：开元令：诸屯隶司农寺者，每三十顷已下，二十顷已上为一屯，此夺十字。州镇诸军，每屯五十顷。水陆腴瘠，播殖地宜，与其功庸烦省，收率之多少，皆决于尚书省。《旧书·职官志》：屯田郎中、员外郎，掌天下屯田之政令。凡边防镇守，转运不给，则设屯田以益军储。其水陆腴瘠，播种地宜，功庸烦省，收率等级，咸取决焉。诸屯田役力，各有程数。凡天下诸军州管屯总九百九十有二。大者五十顷，小者二十顷。凡当屯之中，地有良薄，岁有丰俭，各定为三等。凡屯，皆有屯官、屯副。苑内屯以善农者为屯官、屯副，御史巡行莅输。上地五十亩，瘠地二十亩，稻田八十亩，则给牛一。诸屯以地良薄与岁之丰凶为三等。其民田岁获多少，取中熟为率。有警，则以兵若夫千人助收。隶司农者，岁三月，卿、少卿循行，治不法者。凡屯田收多者褒进之。岁以仲春，籍来岁顷亩，州府、军镇之远近上兵部，度便宜遣之。开元二十五年（737），诏屯官叙功，以岁丰凶为上下。镇戍地可耕者，人给十亩以供粮。方春，屯官巡行，讁作不时者。天下屯田收谷百九十万斛。此唐盛时之制也。建中初，杨炎请凿陵阳渠，置屯田于丰州，严郢沮之，不见听，而炎议亦未行。元和中，李绛请开屯田于振武。其后王起、毕诚奏开屯田于灵武、邠宁，已略见第六章第一节，郢之言曰："五城旧屯，其数至广。以开渠之粮贷诸城，约以冬输。又以开渠功直布帛，先给田者，据估转谷。如此，则关辅免调发，五城田辟，比之浚渠，利十倍也。"此为一时计或然，为经久计，渠成固万世之利。宪宗用李绛议，以韩重华为振武、京西营田、和籴、水运使。起代北，垦田三百顷。出臧罪吏九百余人，给以耒耜、耕牛，假种、粮，使偿所负粟。二岁大熟。因募人为十五屯。每屯百三十人。人耕百亩。就为堡，东起振武，西逾云州，极于中受降城，凡六百余里。列栅二十，垦田三千八百余顷。岁收粟二十万石。省度支钱二千余万缗。重华入朝，奏请益开田五千顷。法用人七千。可以尽给五城。会绛已罢，后宰相持其议而止。使如其议行之，其效必更有可睹也。张俭，贞观初迁朔州刺史。广营屯田，岁至数十万斛。边粮益饶。娄师德，上元初，累补监察御史。属吐蕃犯塞，募猛士以讨之。师德抗表请为猛士。高宗大悦。特授朝散大夫，从军西讨，频有战功。迁殿中侍御史，兼河源军司马，并知营田事。天授初，累授左金吾将军，检校丰州都督。仍依旧知营田事。则天降书劳曰："自卿受委北陲，总司军任。往还灵夏，检校屯田。收率既多，京坻遽积。不烦和籴之费，无复转输之艰。两军及北镇兵，数年咸得支给。勤劳之诚，久而弥著。览以嘉尚，欣悦良深。"长寿元年（692），召拜夏官侍郎，判尚书事。明年，同凤阁鸾台平章事。则天谓师德曰："王师外镇，必借边境营田。卿须不惮劬劳，更充使检校。"又以马河源、积石、怀远等军及河、兰、鄯、廓等州检校营田大使。其后更历内外。至神功元年（697），复充陇右诸军大使，仍检校河西营田事。师德专综边任，前后三十余年。其战绩无足称，营田之功，则不可没也。宋庆礼之复营州也，开屯田八十余所。数年间，营州仓廪颇实，居人渐殷。殁后，太常博士张星，谓其有事东北，所亡万计，欲与恶谥。张九龄驳之，称其"罢海运，收岁储，边亭宴然，河朔无扰"，则功固余于过矣。凡此皆屯田之利。但以边垂为限，行诸内地，则非所宜。开元时废京师职田，议者欲置屯田。李元纮曰："军国不同，中外异制。若人间无役，地弃不垦，以间手耕弃地，省馈运，实军粮，于是有屯田。其为益尚矣。今百官所废职田不一县，弗叫聚也。百姓私田，皆力自耕，不可取也。若置屯，即当公私相易，调发丁夫。调役则业废于家，免庸则赋阙于国。内地为屯，古未有也，恐得不补失，徒为烦费。"遂止。其后户部所领营田，正坐此弊。《新书·食货志》曰：宪宗末，天下营田皆雇民或借庸以耕，又以瘠地易上地，民间苦之。穆宗即位，诏还所易地，而耕以官兵。不耕以兵而雇民或借庸，盖以其耕作优于兵耳。则官自为地主以收私租，何屯之云？李元纮谓置屯即当公私相易，乃谓往往分布之田，不便置屯，非谓肥瘠，然以瘠地易上地，遂借其名以行矣。《旧书·良吏·薛珏传》：迁楚州刺史，本州营田使。先是州营田，宰相遥领使，刺史得专达，俸钱及他给百余万，田官数百员，奉厮役者三千户，岁以优授官者，复十余人。珏皆条去之，十留一二，而租有赢。然则中叶后多置营田，尚非徒利其租人，而更有窟穴其中以自润者矣。

　　内地置屯，举非所宜乎？是亦不然。大乱之后，赤地无余，非由公家资助，则民无以奉耕，而攻剽随地皆是，非屯聚又无以自卫也，则屯田尚焉。汉末之行事是已。然农民习于私有，非至耕作皆用机器，积习必不易变；而屯官多系武人，使久假之以权，必且虐用其下，故屯田既有成效，又宜举所垦分之于民，而罢屯官，以其民属州县。此魏世之所以废典农也。参看《秦汉史》第十六章第一节。每当风尘洞之时，武人中亦必有一二，能招流移，事稼穑者。若汉末之段煨，唐末之北韩南郭其人。成汭，初尝更姓名为郭禹。《新书》本传云：汭始治州，民版无几，未再期，自者万余。时镇国节度使韩建，亦以治显，号北韩南郭。《旧五代史·建传》云：河潼经大寇之后，户口流散。建披荆棘，辟污莱。劝课农事，树殖蔬果。出入闾里，亲问疾苦。不数年，流亡毕复，军民充实。《汭传》云：荆州经巨盗之后，居民才一十七家。汭抚辑凋残，厉精为理。通商训农，勤于惠养。比末年，仅及万户。《新书·建传》云：建少贱，习农事。周知裕，史言其老于军旅，勤于稼穑，凡为劝课，皆有政声，亦韩、郭之俦也。而尤莫盛于张全义。《洛阳搢绅旧闻记》云：全义始至洛，于麾下百人中，选可使者一十八人，命之曰屯将。每人给旗一口，榜一道，于旧十八县中，令招农户，令自耕种。流民渐归。于百人中又选可使者十八人，命之曰屯副。民之来者抚绥之。除杀人者死，余但加杖而已。无重刑，无租税。流民之归渐众。又于麾下选书计一十八人，命之曰屯判官。不一二年，十八屯申每屯户至数千。农隙选丁夫，授以弓矢枪剑，为坐作进退之法。行之一二年，每屯增户大者六七千，次者四千，下之二三千。共得丁夫闲弓矢枪剑者二万余人。有贼盗，即时捕之，刑宽事简，远近归之如市，五年之内，号为富庶。于是奏每县除令、簿治之。全义为治之妙，全在疏节阔目，而又教之以自卫。此固非屯官莫能为，然不过五年而还之于县，则又深知蘧庐一宿之义者矣。

教稼之事，后世罕闻。以士不习农，官又与民相隔也。《旧书·文宗纪》：大和二年二月，敕李绛所进则天太后删定《兆人本业》三卷，宜令所在州县写本散配乡村。此亦徒费纸墨耳。况未必真能写配也。是岁，闰三月，内出水车样，令京兆府造水车散给缘郑白渠百姓，以溉水田。王方翼迁夏州都督，属牛疫，造人耕之法，施关键，使人推之，百姓赖焉。韦宙之知永州也，俗不知法，多触罪。宙为书制律，并种殖为生之宜，户给之。此等或转切实际耳。

《旧书·五行志》：开元四年五月，山东蟊蝗害稼，分遣御史捕而埋之。汴州刺史倪若水拒御史，执奏曰："蝗是天灾，自宜修德。刘聪时除既不得，为害滋深。"宰相姚崇牒报之曰："刘聪伪主，德不胜妖，今日圣朝，妖不胜德。古之良守，蝗虫避境，若言修德可免，彼岂无德致然？今坐为食苗，忍而不救，因此饥馑，将何以安？"卒行埋瘗之法。获蝗一十四万，乃投之汴河流者，不可胜数。朝议喧然。上复以问崇。崇曰："凡事有违经而合道，反道而适权者，彼庸儒不足以知之。纵除之不尽，犹胜养之以成灾。"帝曰："杀虫太多，有伤和气。公其思之。"崇曰："若救人杀虫致祸，臣所甘心。"八月四日，敕河南、河北检校捕蝗使狄光嗣、康瓘、敬昭道、高昌、贾彦璬等，宜令待虫尽而刘禾将毕，即入京奏事。谏议大夫韩思复上言曰："伏闻河北蝗虫，顷日益炽。经历之处，苗稼都尽。臣望陛下省咎责躬，发使宣慰。损不急之务，去至冗之人。上下同心，君臣一德，持此至诚，以答休咎。前后捕蝗使，望并停之。"上出符疏付中书。姚崇乃令思复往山东检视虫灾之所及，还具以闻。崇此事，屡为后世言救荒者所称引，其益非徒在一时也。《新五代史·汉隐帝纪》：乾祐元年七月，鸲鹆食蝗，禁捕鸲鹆，亦合今世保护益虫之义。

《旧书·宪宗纪》：元和七年四月，敕天下州府民户，每田一亩，种桑二树。长吏逐年检计以闻。《武宗纪》：会昌二年四月，敕劝课种桑，比有敕命。如能增数，每岁申闻。比知并无遵行，恣加翦伐，列于厘市，卖作薪蒸。自今州县所由，切宜禁断。观兹告谕之殷拳，具见蚕桑之切要。《新书·尹思贞传》：为青州，治州有绩，蚕至岁四熟。《旧书·文艺传》：刘宪，父思立，高宗时为侍御史。河南北旱，诏遣使振给。思立以蚕功未毕上疏谏。详见第二十章第六节。观此，又知唐时河域，蚕业尚盛，非如后世之偏在江、浙也。

《旧书·刘世龙传》：附《裴寂刘文静传》。从平京城，改名义节。时草创之始，倾竭府藏，以赐勋人，而国用不足。义节进计曰："今义师数万，并在京师，樵薪贵而布帛贱。若采街衢及苑中树为樵，以易布帛，岁收数十万，立可致也。"高祖从之，大收其利。《旧五代史·汉隐帝纪》：乾祐元年三月，殿中少监胡崧上言："请禁伐桑枣为薪，城门所由，专加捉搦。"从之。合会昌二年（842）敕文观之，知当日民间，薪樵颇乏，因不免滥施翦伐。此亦林木减少之一因欤？

马牧之盛，当推有唐。《新书·兵志》曰："监牧所以蕃马也。其制起于近世。唐之初起，得突厥马二千匹，又得隋马三千于赤岸泽，在今陕西大荔县西南。徙之陇右。监牧之制始此。其官领以太仆。其属有牧监。初用太仆少卿张万岁领群牧。自贞观至麟德四十年间，马七十万六千。置八坊岐、豳、泾、宁间，地广千里。八坊之田，千二百三十顷。募民耕之，以给刍秣。八坊之马，为四十八监。而马多地狭不能容，又析八监，布列河西丰旷之野。凡马，五千为上监，三千为中监，余为下监。监皆有左右，因地为之名。方其时，天下以一缣易一马。万岁掌马久，恩信行于陇右。后以太仆少卿鲜于匡俗检校陇右牧监。仪凤中，以太仆少卿李思文检校诸牧监使。监牧有使自是始。后又有群牧都使，有闲厩使。又立四使：南使十五，西使十六，北使七，东使九。分统诸坊。其后益置八监于盐州，三监于岚州。盐州使八，岚州使三。凡征伐而发牧马，先尽强壮，不足则取其次，录色、岁、肤第、印记、主名送军，以帐驭之数上于省。自万岁失职，马政颇废。永隆中，夏州牧马之死失者十八万四千九百九十。景云二年（711），诏群牧岁出高品，御史按察之。开元初，国马益耗。太常少卿姜晦，乃请以空名告身市马于六胡州。率三十匹雠一游击将军。命王毛仲领内外闲厩。九年（721），又诏天下之有马者，州县皆先以邮递军旅之役，定户复缘以升之，百姓畏苦，乃多不畜马，故骑射之士减曩时。自今诸州民勿限有无荫，能家畜十马以下，免帖驿、邮递、征行，定户无以马为赀。毛仲既领闲厩，马稍稍复。始二十四万，至十三年（725），乃四十三万。其后突厥款塞，玄宗厚抚之。岁许朔方军西受降城为互市，以金帛市马，于河东、朔方、陇右牧之。既杂胡种，马乃益壮。天宝后，诸军战马，动以万计。王侯、将相、外戚，牛、驼、羊、马之牧布诸道，百倍于县官。皆以封邑号名为印自别。将校亦备私马，议者谓秦、汉以来，唐马最甚。天子又锐志武事，遂弱西北蕃。十一载（752），诏二京旁五百里勿置私牧。十三载（754），陇右群牧都使奏马、牛、驼、羊总六十万五千六百，而马三十二万五千七百。禄山以内外闲厩都使兼知楼烦监，阴选胜甲马归范阳，故其兵力倾天下而卒反。肃宗收兵，至彭原，率官吏马；抵平凉，搜监牧及私群，得马数万；军遂振。至凤翔，又诏公卿百寮以后乘助军。其后边无重兵，吐蕃乘隙陷陇右，苑牧畜马皆没矣。"案唐畜马之多，与其兵力之强，颇有关系，《志》称其遂弱西北蕃是也。此亦非尽由于政府，王侯、将相、外戚、将校，咸有力焉，即庶民亦能家畜十马，此岂后世所敢望也？《志》又云："永泰元年（765），代宗欲亲击虏。鱼朝恩乃请大搜城中百官士庶马输官，曰团练马。下制禁马出城者。已而复罢。德宗建中元年（780），市关辅马三万实内厩。贞元三年（787），吐蕃、羌、浑犯塞，诏禁大马出潼关、武关者。"可见是时但关辅马即不少矣。然兵力虽强，民业究不免见夺。《志》又云："其始置四十八监，地据陇西、金城、平凉、天水，员广千里。縣京度陇置八坊，为会计都领。其间善水草腴田皆隶之。后监牧使与坊皆废，故地存者，一归闲厩。旋以给贫民及军吏，间又赐佛寺道馆，几千顷。元和十二年（817），闲厩使张茂宗举故事，尽收岐阳坊地。民失业者甚众。十三年（818），以蔡州牧地为龙陂监。十四年（819），置临汉监于襄州，牧马三千二百，费田四百顷。穆宗即位，岐人叩阙讼茂宗所夺田。事下御史按治，悉与民。"张脉偾兴于外，而内无以奉之，遂终至不戢自焚矣。末叶马少，多恃贸诸羌胡，而西北来者最盛，已见第十四章第三节。《通鉴》：后唐明宗天成二年三月，初置监牧，蕃息国马。胡《注》曰："此时监牧，必置于并、代之间，若河、陇诸州，不能复盛唐之旧。"是后，帝问枢密使范延光："马数几何？"对曰："骑军三万五千。"帝曰："吾居兵间四十年。太祖在太原时，马数不过七千，庄宗与梁战河上，马才万匹，今马多矣。不能一天下，奈何？"延光曰："一马之贵，足以养步卒五人。"帝曰："肥战马以瘠吾人，其愧多矣。"嗣源之马，远过存勖，盖贸诸西北之效？然身死未几，契丹长驱直入，瘠人肥马，果何益也？观范延光之言，而知盛唐之竭民力甚矣。又，唐昭宗天复三年四月，王建遣判官韦庄入贡，亦修好于朱全忠。全忠遣押衙王殷报聘。建与之宴。言"蜀甲兵诚多，但乏马耳"。建作色曰："当道江山险阻，骑兵无所施，然马亦不乏。押衙少留，当共阅之。"乃集诸州马，大阅于星宿山。官马八千，私马四千，部队甚整。殷叹服，建本骑将，故得蜀之后，于文、黎、维、茂州市胡马，十年之间，遂及兹数。蜀中之马，亦恃贸诸外夷，盖天时地利使然也。

战马而外，他畜牧之利盖微。《隋书·高祖纪》：开皇元年二月，以官牛分赐贫人。《新书·德宗纪》：大历十四年十月，以沙苑豖豕三千给贫民。此皆官家之畜，然其细已甚矣。即民间亦鲜事此者。《旧书·杜伏威传》：齐州章丘人。少落拓，不事产业。家贫无以自给，每穿窬为盗。与辅公祐为刎颈之交。公祐姑家以牧羊为业，公祐数攘羊以馈之。姑有憾焉。因发其盗事。郡县捕之急。伏威与公祐遂俱亡命，聚众起义。公祐齐州临济人，其姑家当亦在此。盖滨海之人，有以此为业者，若内地则农田且虞不给，无复旷土可为牧场矣。

射猎亦惟深山穷谷中有之。宪宗征淮西，李师道东都留邸兵与山棚谋窃发。史言"东畿西南通邓、虢，川谷旷深，多麋鹿，人业射猎而不事农，迁徙无常，悍善斗，号曰山棚"是也。唐制，凡采捕渔猎，属于虞部，必以其时。其禁令，亦或能行于京畿耳。《新书·高宗纪》：咸亨四年闰五月，禁作簺捕鱼，营圈取兽者。盖所以防尽物？然此等政令，亦未必能行也。

矿业，属少府监之掌冶署。《新书·食货志》云："凡银铜铁锡之冶一百六十八。陕、宣、润、饶、衢、信，五州银冶五十八，铜冶九十六。计共六州。原文作五州，疑有误。铁山五，锡山二，铅山四，汾州矾山七。麟德二年（665），废陕州铜冶四十八。开元十五年（727），初税伊阳五重山银锡。德宗时，户部侍郎韩润，建议山泽之利，宜归王者，皆隶盐铁使。元和初，天下银冶废者四十，岁采银万二千两，铜二十六万六千斤，铁二百七万斤，锡五万斤，铅无常数。开成元年（836），复以山泽之利归州县，刺史选吏主之。其后诸州牟利以自殖，举天下不过七万余缗，不能当一县之茶税。及宣宗增河湟戍兵，衣绢五十二万余匹，盐铁转运使裴休请复归盐铁使，以供国用。增银冶二，铁山七十一。废铜冶二十七，铅山一。天下岁率银一万五千两，铜六十五万五千斤，铅十一万四千斤，锡万七千斤，铁五十三万二千斤。"此唐矿业之大略也。唐代钱贵，故于诸矿独重铜。元和三年六月，将设畜钱之令，诏天下银坑不得私采。《旧书·本纪》。其诏曰："天下有银之山必有铜。铜者可资于鼓铸，银者无益于生人。权其重轻。使务专一。其天下自五岭已北见采银坑，并宜禁断。恐所在坑户，不免失业，各委本府州长吏劝课，令其采铜，助官中铸作。仍委盐铁使条疏闻奏。"《旧书·食货志》。《新志》云：五岭以北，采银一两者流他州。四年六月，"敕五岭以北所有银坑，依前任百姓开采。禁见钱出岭。"《旧书·食货志》，《纪》同。盖欲使银山坑户，改业铜冶，卒不可得，故复有此敕也。山泽自然之利，本应归诸公家，然公家亦当务利民。苟徒为筹款计，则其弊有不可胜穷者。《新五代史·刘审交传》：迁陈州防御使。出视民田，见民耕器薄陋，乃取河北耕器为范，为民更铸。耕器薄陋，岂由公家欲专冶利故邪？《旧书·德宗纪》：大历十四年七月，诏"邕州所奏金坑，城为润国。语人以利，非朕素怀。其坑任人开采，官不得禁"。贞元二年四月，陕州观察使李泌奏卢氏山冶出瑟瑟，请禁以充贡奉。上曰："瑟瑟不产中土，有则与民共之，任人采取。"事亦见《泌传》。《懿宗纪》：咸通四年七月，制"廉州珠池，与人共利。近闻本道禁断，遂绝通商，宜令本州，任百姓采取，不得止约"。《新书·孔巢父传》：从子戣。宪宗时拜岭南节度使，免属州黄金税岁八百两。盖封禁徒供官吏侵渔，而民之失业者，又无以安插，故尚不如旷然捐弃其利也。然为豪贵所擅，则亦有弊。《隋书·郎茂传》：工部尚书宇文恺、右翊卫大将军于仲文竞河东银窟。茂奏劾之曰："臣闻贵贱殊礼，士农异业。所以人知局分，家识廉耻。宇文恺位望已隆，禄赐优厚。拔葵去织，寂尔无闻，求利下交，曾无愧色。于仲文宿卫近臣，趋侍阶廷，朝夕闻道。虞芮之风，抑而不慕，分铢之利，知而必争。何以诏范庶寮，示民轨物？"恺与仲文竞坐得罪。则所谓与民共之者，乃与凡民共之，非与豪贵之家共之也。然其人既擅山泽之利，则虽素贱，亦必渐成为豪贵。此则法家之学既微，无复能知此义者矣。《通鉴》后周世宗显德三年（956），周行逢少时尝坐事黥隶辰州铜坑。或说行逢："公面有文，恐为朝廷使者所嗤，请以药灭之。"行逢曰："吾闻汉有黥布，不害为英雄，吾何耻焉？"胡三省曰："唐文宗之世，天下铜坑五十，辰州不在其数。辰州铜坑，盖马氏所置也。"而以黥面之徒充坑夫，则又唐代未闻之虐政矣。

《新书·突厥传》曰：杜佑谓"秦以区区关中，灭六强国，今竭万方之财，上奉京师，外有犬戎凭陵，陷城数百，内有兵革未宁，三纪矣，岂制置异术，古今殊时乎？周制步百为亩，亩百给一夫。商鞅佐秦，以为地利不尽，更以二百四十步为亩，亩百给一夫。又以秦地旷而人寡，晋地狭而人夥，诱三晋之人耕而优其田宅，复及子孙，使秦人应敌于外，非农与战，不得入官。大率百人以五十人为农，五十人习战，故兵强国富。其后仕宦途多，末业日滋，今大率百人才十人为农，余皆习他技。又秦、汉郑渠溉田四万顷，白渠溉田四千五百顷，永徽中，两渠灌浸不过万顷，大历初减至六千亩。亩腴一斛，岁少四五百万斛。地利耗，人力散，欲求强富，不可得也。汉时长安北七百里即匈奴之地，侵掠未尝暂息。计其举国之众，不过汉一大郡。晁错请备障塞，故北边妥安。今潼关之西，陇山之东，鄜坊之南，终南之北，十余州之地，已数十万家。吐蕃绵力薄材，食鲜艺拙，不及中国远甚。诚能复两渠之饶，诱农夫趣耕，择险要缮城垒，屯田蓄力，河陇可复，岂惟自守而已？"谓百人才十人为农，未免过当。然其论关中之贫富，与其强弱息息相关，则诚足资儆惕矣。

第二节　工　业

智巧之士，历代有之，但为骄侈者所用，则不能有益于民，而转贻之以害而已。若隋世之宇文恺、阎毗、何稠是也。恺造观风行殿，及其营建东都，已见第一章第四节。阎毗者，隋初以技艺侍东宫。数以珊丽之物，取悦于皇太子。皇太子废，毗坐杖一百，与妻子俱配为官奴婢。后二岁，放免为民。炀帝嗣位，盛修军器，以毗性巧，谙练旧事，诏典其职。寻授朝请郎。毗立议，辇服车舆，多所增损。长城之役，毗总其事。及帝有事恒岳，诏毗营立坛场。将营辽东之役，自洛口开渠，达于涿郡，以通运漕，毗督其役。明年，又营建临朔宫。何稠者，妥之兄子。妥，《隋书·儒林传》云："西城人。父细胡，通商入蜀，遂家郫县。事梁武陵王纪，主知金帛。因致巨富，号为西州大贾。妥年十七，以技巧事湘东王。稠父通，善斫玉。"西城疑西域之误，其家世实以西胡而擅技巧者也。江陵陷，稠随妥入长安。仕周，为御饰下士。及高祖为丞相，召补参军，兼掌细作署。开皇初，授都督。累迁御府监。历太府丞，稠博览古图，多识旧物。波斯尝献金丝锦袍，组织殊丽。上命稠为之。稠锦既成，逾所献者。上甚悦，时中国久绝琉璃之作，匠人无敢厝意，稠以绿瓷为之，与真不异。后与宇文恺参典文献皇后山陵制度。高祖疾笃，又以山陵之事属之。炀帝将幸扬州，命造舆服羽仪送江都，亦见第一章第四节，后复令造戎车万乘。《传》又言其制行殿及六合城。盖二者实亦稠为之，宇文恺特尸其名而已。时又有刘龙者，性强明有巧思，齐后主知之。令修三爵台，甚称旨。因而历职通显。及高祖践阼，大见亲委。拜右卫将军，兼将作大匠。迁都之始，与高颎参掌制度，代号为能。大业时，有黄亘者，及其弟衮，俱巧思绝人。炀帝每令其兄弟直少府、将作。于时改创多务，亘、衮每参典其事。凡有所为，何稠先令亘、衮立样。当时工人，皆称其善，莫能有所损益。又有耿询者，造浑天仪及欹器，已见第十七章第三节。《传》又云：询作马上刻漏，世称其妙。

唐代智巧之士，当推李淳风及僧一行。淳风始造浑仪。太宗令置宫中，寻而失其所在。玄宗开元九年（721），太史令频奏日食不效，诏一行改造新历。时官无黄道游仪。率府兵曹梁令瓒待制于丽正书院，因造游仪木样，甚为精密。一行乃上言曰："黄道游仪，古有其术而无其器。以黄道随天运动，难用常仪格之，故昔人潜思，皆不能得。令瓒创造此图，日道月交，莫不自然契合。既于推步尤要，望就书院更以铜铁为之。庶得考验星度，无有差舛。"从之。至十三年（725）造成。玄宗亲为制铭。置之灵台，以考星度。又诏一行与令瓒及诸术士更造浑天仪。铸铜为圆天之象。上具列宿赤道及周天度数。注水激轮，令其自转。一日一夜，天转一周。又别置二轮，络在天外，缀以日月，令得运行。每天西转一匝，日东行一度，月行十三度十九分度之七。凡二十九转有余而日月会，三百六十五转而日行匝。仍置木柜，以为地平，令仪半在地下。晦明、朔望，迟速有准。又立二木人于地平之上，前置钟鼓，以候辰刻。每一刻自然击鼓，每辰则自然撞钟，皆于柜中，各施轮轴。钩键交错，关锁相持。既与天道合同，当时共称其妙。铸成，命之曰水运浑天俯视图。置于武成殿前，以示百寮。无几而铜铁渐涩，不能自转，遂收置于集贤院，不复行用。此器虽行之未久，然其制作，则不可谓不巧也。

指南车、记里鼓车，始修于元和九年十二月，成于十五年十月，见《旧书·本纪》。又《李皋传》云：常运心巧思，为战舰，挟二轮蹈之，翔风鼓疾，若挂帆席。所造省易而久固。又造欹器，进入内中。《新书·姜谟传》：子确，字行本，以字显。高昌之役，为行军副总管。出伊州，距柳谷百里，依山造攻械。增损旧法，械益精。《李若初传》：附《刘晏传》。子濛，会昌初擢给事中，以材为宰相李德裕所知。时回鹘衰，朝廷经略河湟，建遣濛按边，调兵械粮饷，为宣慰灵、夏以北党项使。始议造木牛运。亦皆智巧之士也。其不知名者，若武后所造之明堂、天枢、九鼎等，既系巨工，亦必有巧匠，特不见记载耳。《隋书·柳辩传》，言辩为炀帝所亲狎，退朝之后，便命入阁。言宴讽读，终日而罢。帝每与嫔后对酒。时逢兴会，辄遣命之。至与同榻共席，恩若友朋。犹恨不能夜召，于是命匠刻木偶人，施机关，能坐起拜伏，以象于辩，每在月下对酒，辄令宫人置之于坐，与相酬酢，而为欢笑。《新书·回鹘传》：延陀亡后，铁勒十一部皆来。明年，复入朝。天子方招宠远夷，作绛黄瑞锦文袍、宝刀、珍器赐之。帝坐秘殿，陈十部乐。殿前设高坫，置朱提瓶其上，潜泉浮酒，自左阁通坫址注之瓶。转受百斛镣盎。回纥数千人饮毕，尚不能半。《叛臣传》：高骈为寓鹄廷中，设机关，触人则飞动。骈衣羽衣乘之，作仙去状。此等，亦皆巧匠所为也。

民间用器，间由官造者惟铁。《旧书·职官志》：少府掌冶署。西北诸州，禁人无置铁冶及采铁。若器用所须，具名移于所由，官供之。盖防铁出境外，为蕃戎所得。《新志》云：边州不置铁冶，器用所须皆官供。所谓边州，亦即指西北诸州言之也。《新志》又云：诸监掌铸兵农之器，给军士、屯田居民，其所供亦至狭耳。民间用器，有特精者，观《地理志》所载诸州土贡，可见其略。又两《书·韦坚传》：皆载坚穿广运潭成，豫取洛、汴、宋、山东小斛舟三百贮之潭。舟署某郡，以所产暴陈其上。其所陈，亦必各郡名产，特不皆人工所成耳。《新书·于传》：初襄有髹器，天下以为法。至顿骄蹇，故方帅不法者号襄样节度。此则一方名产，无意中留名于后世也。凡物之持以交易者，必求其价廉易售。如是则成本轻，物必不能皆坚善。《通鉴》则天圣历元年（698），默啜移书数朝廷曰："金银器皆行滥，非真物。"胡《注》曰："市列为行。市列造金银器贩卖，率敚他物以求赢，俗谓之行作。滥，恶也。开元八年（720），颁租庸调法于天下，好不过精，恶不至滥。滥者，恶之极者也。"案《唐律·器用绢布行滥条》云："诸造器用之物及绢布之属，有行滥短狭而卖者，各杖六十。"《疏议》云："行滥，谓器用之物不牢、不真。短狭，谓绢匹不充四十尺，布端不满五十尺，幅阔不充一尺八寸之属。"行滥似专指器物。然《旧书·食货志》载开元八年（720）敕云："顷者以庸调无凭，好恶须准，故遣作样，以颁诸州，令其好不得过精，恶不得至滥。任土作贡，防源斯在。而诸州送物，作巧生端。苟欲副于斤两，遂则加其丈尺，至有五丈为匹者。理甚不然。阔一尺八寸，长四丈，同文共轨，其事久行。立样之时，亦载此数。若求两而加尺，甚暮四而朝三。宜令所司简阅，有逾于比年常例，丈尺过多奏闻。"则行滥固兼绢布言之也。今语犹称物之美者曰自货，恶者曰行货。盖自用之物，必求精良，出之市列者，则不能然耳。此固市侩之恶习，交易盛而欺诈随之，然观行作之成为专名，亦可见自为而用之者日少，而求之于市者益多，亦生计演进必然之势也。

都会之地，实为工巧所集。《旧书·杜元颖传》，言其出镇蜀州，昭愍即位，童心多辟，元颖求蜀中珍异玩好之具，贡奉相继，以固恩宠。以故箕敛刻削，工作无虚日。大和三年（829），南诏蛮攻陷戎、嶲等州，径犯成都。兵及城下，一无备拟，方率左右固衙城而已。蛮兵大掠蜀城玉帛、子女、工巧之具而去。蛮兵之所掠，盖正元颖之所求？哀敛于民以奉敌，伤矣。然放大眼光观之，偏隅之工艺，必因此而有进，亦文明传播之一道也。

何稠以绿瓷为琉璃，则其先必已有瓷。案瓷字始见于《字林》，则晋世已有之。然其制至唐而始工，亦且益多。豫章所产，韦坚即以之陈列。邢州亦以磁为贡，见《新书·地理志》。陆羽《茶经》，第各地之瓷，以越州为上，洪州为下。岂其时与韦坚异，各地物产，亦有进退邪？

《通鉴》：代宗大历十三年（778），召李泌入见。语以元载事。因言路嗣恭初平岭南，献琉璃盘径九寸，朕以为至宝，及破载家，得嗣恭所遗载琉璃盘径尺。胡三省曰："程大昌曰：《汉西域传》：罽宾国有琥珀、流离。师古《注》曰：《魏略》云：大秦国出赤、白、黑、黄、青、绿、缥、绀、红、紫十种流离。此盖自然之物，采泽光润，逾于众玉。今俗所用，皆消冶石汁，加以众药，灌而为之。虚脆不耐，实非真物。案流离，今书附玉旁为琉璃字。师古之记是矣，亦未得其详也。《穆天子传》：天子东征，有采石之山，凡好石之器于是出。升山取采石，铸以成器。《注》云：采石，文采之石也。则铸石为器，古有之矣。颜氏谓为自然之物，恐不详也。《北史·大月氏传》：魏太武时，月氏人商贩京师，自云能铸石为五色琉璃。于是采矿于山中，即京师铸之。既成，光泽乃美于西方来者。自是琉璃遂贱。用此言推之，则虽西域琉璃，亦用石铸，无自然生成者。兼外国奇产，中国未始无之，独不闻有所谓真琉璃也。然中国所铸，有与西域异者。铸之中国，色甚光鲜，而质则轻脆。沃以热酒，随手破裂。其来自海舶者，制差钝朴，而色亦微暗。其可异者，虽百沸汤注之，与磁、银无异，了不复动，是名蕃琉璃也。蕃琉璃之异于中国，其别如此，未尝闻以石琢之也。余谓路嗣恭所献者，盖师古所谓大秦琉璃，自然之物。否则代宗何以谓之至宝哉？程大昌考之不详耳。"愚案《穆天子传》伪书不足信，然正可考见魏晋后西域情形。程大昌之说盖是？代宗所以贵之者，实缘铸造之术，虽经月氏商人传入，其后又复失传，即能为之，其质亦不如西域耳。《新书·五行志》云："唐末，京都妇人梳发，以两鬓抱面，状如椎髻，时谓之抛家髻。又世俗尚以琉璃为钗钏，近服妖也。抛家琉璃，皆播迁之兆。"足见唐末，俗尚甚贵之也。

第三节　商　业

古代之市，皆别为一区，而设官加以管理，后世此制渐坏，然其遗意犹存。隋制：司农市统平准署。署有令二人。京市有肆长四十人。州有市令、丞，郡县亦皆有市令。缘边交市监，置监、副各一。畿内者隶司农，自外隶诸州。炀帝改交市监曰互市监，改隶四方馆，而以平准、京市隶太府。京师有东、西两市。东都有东、南、北三市。唐两京诸市署，京师有东、西两市，东都有东、北两市，皆令一、丞二。《旧书·玄宗纪》：开元十三年六月，废都西市，则东都亦尝有三市。平准署，令二人，丞四人。互市监，监、丞各一人。皆属太府。自都督府至县，亦皆有市令。《旧书·职官志》。《新志》云：开元中，京兆、河南府诸县，户三千以上置市令一人，则余县不能皆置。平准署，掌供官市易之事。凡百司不任用之物，则以时出货。其没官物亦如之。"市肆皆建标筑土为候。凡市，日中击鼓三百以会众，日入前七刻，击钲三百而散。有果毅巡边。平货物为三等之直。"《新书·百官志》文。《旧志》云："以二物平市。"《注》曰："秤以格，斗以概。""以三价均市。"《注》曰："价有上中下之差。"《通鉴》：唐昭宗天复三年（903），刘郭为王师范取兖州，将精兵五百，夜自水窦入，比明，军城悉定，市人皆不知。胡《注》曰："军城，泰宁军衙城也。以此观之，军人与市人异处。营屋之立，自唐然矣。"愚案此亦可见市之别为一区，不与民居相杂也。

《旧书·宣宗纪》：大中六年七月，敕犯赃人平赃，据律以当时物价上旬估。请取所犯之处其月内上旬时估平之。从之。此条似有夺文。然据此，亦可考见其时物价，旬各有估也。《新书·曹王皋传》：《太宗诸子传》。所至常平物估，豪举不得擅其利。《裴垍传》：先是天下赋法有三：曰上供，曰送使，曰留州。建中初，厘定常赋，而物重钱轻。其后轻重相反，民输率一倍其初。而所在以留州、送使之入，舍公估，更实私直以自润。故赋益苛，齐民重困。垍奏禁之。一以公估准物。观此二事，公估似于民有益。然《通鉴》：高宗永徽元年十月己未，监察御史韦思谦劾奏中书令褚遂良抑买中书译语人地。大理少卿张叡册以为准估无罪。思谦奏曰："估价之设，备国家所须。臣下交易，岂得准估为定？叡册舞文，附下罔上，罪当诛。"是日，左迁遂良为同州刺史，叡册循州刺史。则公估实不免强抑物直，如后世所谓官价者也。

轻重敛散之政，自桑弘羊后，久已无人知之，至唐乃复有赵赞。此实为旷世之高识，且欲行之于艰难之际，其魄力尤不可及。事虽不成，不可不表而出之也。《旧书·食货志》：建中三年九月，户部侍郎赵赞上言曰："伏以旧制置仓储粟，名曰常平。军兴已来，此事阙废。或因凶荒流散，饿死相食者，不可胜纪。古者平准之法，使万室之邑，必有万钟之藏，千室之邑，必有千钟之藏，春以奉耕，夏以奉耘，虽有大贾富家，不得豪夺吾人者。盖谓能行轻重之法也。自陛下登极已来，许京城两市置常平，官籴盐米，虽经频年少雨，米价腾贵，《新志》作"米不腾贵"，当从之，此价乃误字。此乃即日明验，实要推而广之。当兴军之时，与承平或异。事须兼储布帛，以备时须。臣今商量，请于两都并江陵、成都、扬、汴、苏、洪等州府，各置常平轻重本钱。上至百万贯，下至数十万贯。随其所宜，量定多少，惟置斛斗、段匹、丝麻等。候物贵则下价出卖，物贱则加价收籴。权其轻重，以利疲人。"从之。赞于是条奏诸道要、都会之所，皆置吏阅商人财货。计钱每贯税二十；天下所出竹、木、茶、漆，皆什一税之；以充常平本。时国用稍广，常赋不足，所税亦随时而尽，终不能为常平本。亦见《德宗本纪》。案轻重敛散之说，本兼百物言之，后世商人之资本愈丰，则公家之财力，愈相形而见绌，遂至除谷价外一不能问，即谷价之常平，亦有名无实矣。赵赞际艰难之会，顾欲扩充之以及于段匹、丝麻，其魄力可谓甚大。《刘晏传》言晏自诸道巡院距京师，重价募疾足，置递相望。四方物价之上下，虽极远，不四五日知。故食货之重轻，尽权在掌握。朝廷获美利，而天下无甚贵甚贱之忧。其事亦良不易。然晏实计臣，徒能济财政之急，岂若赞之能兼顾人民，有称物平施之意哉？

官与民为卖买者，在谷曰和籴，在物曰和市。《旧书·职官志》：度支郎中、员外郎之职，凡和籴、和市，皆量其贵贱，均天下之货，以利于人，亦俨然有哀多益寡之意。然及其行之，则国用有阙，强市诸民而已。是赋也，非市也。《旧书·裴耀卿传》：开元初，累迁长安令。长安旧有配户和市之法，百姓苦之。耀卿到官，一切令出储蓄之家，《新书》云：一切责豪门坐贾。则所谓储蓄之家，乃居其物以待价者，即今所谓屯积，非徒厚藏也。豫给其直，遂无奸僦之弊。公私甚以为便。《新书·元结传》：拜道州刺史。请免百姓所负税及租庸使和市杂物十三万缗。许之。以是为宽恤民力，而所谓和籴、和市者可知矣。然二者虽皆有弊，究可稍省辇运之劳。吴武陵言朔方和籴，先取商人，而后求牒还都受钱。见第十八章第一节。此即宋代入中，入边之法所本，尤省费省事，且除弊之良策也。至于宫市，则直是攘夺，不足论，已见第六章第六节。

争名者于朝，争利者于市，故豪商大贾，必集于赵赞所谓道要、都会之地。《新书·李勣传》：说翟让曰："宋、郑商旅之会，御河在中，舟舰相会。往邀取之，可以自资。"让然之。劫公私船取财，由是大振。此道要也。《隋书·令狐熙传》：高祖将祠泰山，还次汴州，恶其殷盛，多有奸侠，以熙为汴州刺史。下车，禁游食，抑工商。民有向街开门者，杜之。船客停于郭外。《旧书·李袭志传》：弟袭誉，转扬州大都督府长史。"江都俗好商贾，不事农桑。袭誉乃引雷陂水，又筑句城塘，溉田八百余顷，百姓获其利。"扬、汴则所谓都会也。天下攘攘，皆为利往，天下熙熙，皆为利来，岂令狐熙、李袭誉辈所能变其俗邪？

然贱商之见，斯时初未化除。《新书·太宗纪》：贞观二年十二月，禁五品以上过市。《旧书·路隋传》：调授润州参军。为李锜所困，使知市事。隋俨然坐市中，一不介意。观此二事，可知当时贱商之甚。然利之所在，遂不惜屈身以与之交。刘昉，富商大贾，朝夕盈门。宇文述，富商大贾及陇右诸胡子弟，皆接以恩意，呼之为儿。其子化及，常与屠贩者游，以规其利。张易之，内殿赐宴，引蜀商宋霸子等数人于前博戏。见《旧书·韦安石传》。此皆嬖幸之流，不足责也。颜师古，学人也，贞观七年（633），拜秘书少监，专典刊正，其官不可谓不清，乃引富商大贾为雠校，何哉？观刘义节为少府监，坐贵入贾人珠，废为民，徙岭南，而知惟贿之求，虽士大夫亦在所不免矣。《旧五代史·张筠传》：海州人，父传古，世为郡之大商。唐乾符末，徙家彭门。时溥擢筠为偏将。《李彦传》：太原人，本以商贾为业。周太祖镇邺，置之左右。此亦犹梁太祖之宠李友让也。刘陟广务华靡。末年起玉堂珠殿，饰以金碧翠羽。岭北行商，或至其国，皆召而示之，夸其壮丽，《旧五代史·僭伪列传》。《新史》云：召之使升宫殿，示以珠玉之富，则为别示之以珠玉，而非夸其宫殿之壮丽矣。语恐未审。可谓分庭抗礼矣。《唐明宗纪》：长兴二年九月，诏天下州县官不得与部内富民于公厅同坐。《周世宗纪》：显德三年三月，"延州留后李彦頵奏蕃众与部民为乱，寻与兵司都监阎绾掩杀，获其酋帅高闹儿等十人，磔于市。彦頵本贾人也，贪而好利，蕃、汉之民；怨其侵刻，故至于是"。其人且躬绾州符，又岂特公厅一坐哉？

不徒与商贾侪偶也，亦且躬为商贾之行。《旧书·高祖诸子传》：霍王元轨，尝使国令征封。令白请依诸国赋物，贸易取利。元轨曰："汝为国令，当正吾失，反说吾以利耶?"拒而不纳,善矣。然高季辅訾当时王公勋戚,追求什一,见第十八章第四节。德宗亦禁百官置邸贩鬻;见第七章第一节。《旧书·本纪》:大历十四年七月己卯,诏王公卿士不得与民争利。诸节度观察使于扬州置回易邸并罢之。则滔滔者天下皆是矣。中叶后武人擅土,纲纪更形扫地。陈少游三总大藩,皆天下殷厚处,征求、贸易无虚日,敛积财宝,累巨亿万。赵在礼历十余镇,殖货积财巨万。两京及所到藩镇,皆邸店罗列。其巨擘也。又其甚者,如刘从谏署贾人为衙将,使之乘势虐民,而其毒痛愈广矣。见第九章第三节。李崧、桑维翰,在末世尚为贤者。然崧以其弟屿任仆行贾致祸。见第十七章第三节。维翰,杨光远论其营邸肆于两都,与民争利,此其所以能致金数千铤欤? 见第十八章第三节。不徒在本国然也,即出使他国亦然。《旧书·赵璟传》云:使回纥者多私赍缯絮,蕃中市马,回以规利。《归崇敬传》云:使新罗者,至海东多有所求,或携帛而往,贸易货物,规以为利。《旧史·张筠传》:筠既尽获继岌、向延嗣所有,事见第十八章第三节。湖南马希范,与筠有旧,奏请命筠为使。允之。筠又密赍蜀之奇货往售,获十余万缗以归。是其事矣。又不徒大者也,即微利亦无所遗。隋张威在青州,遣家奴于民间鬻芦菔根是矣。又非独男子也,即妇人亦能为之。《新书·诸公主传》:肃宗女和政公主,自兵兴,财用耗,主以贸易取奇赢千万赡军。《新史》后唐庄宗刘后,分遣人为商贾,至于市肆之间,薪刍果茹,皆称中宫所卖。王衍尊其母徐氏为皇太后,后妹淑妃为皇太妃。太后、太妃,皆于通都大邑,起邸店以夺民利。而李继韬母杨氏,居积行贩,赀至百万焉。有知尽能索耳,终不余力而让财,岂不信哉? 又非独私家也。后唐明宗即位赦诏有云:"租庸司先将系省钱物与人回图,宜令尽底收纳,以塞幸门。"《旧史·本纪》:天成元年(926)。则虽公家,且恃为筹款之策矣。在势者之追求什一如此,商人安得不依附? 而率循正轨之商业,又安得而滋长哉?

通工易事,势不可一日辍也,故虽当海宇分崩之际,商贾仍无时而不通。王师范之举兵,一时欲入十余州,而多诈为商贾,史称诈为商贾及贡献,然必以诈为商贾者为多。《旧五代史·张归弁传》:为齐州指挥使。属青帅王师范叛,遣将诈为贾人,挽车数十乘,匿兵器于其中,将谋窃发,归弁察而擒之,州城以宁,是其一事。即可见商贾之靡国不到。王延羲弑王昶,遣商人间道奉表称藩于晋,而昶先使郑元弼至大梁,晋人恶其致执政书辞不逊,又求用敌国礼,下之于狱。后释之。延羲又因商人奉表自理,乃获封授。其后留从效称藩于周,亦遣衙将蔡仲赟衣商人服,以绢表置革带中,间道北行。可见南北虽隔绝,商贾实无时而不通矣。杨行密破孙儒,入扬州,议出盐、茗畀民,输帛幕府。高勖曰:"创破之余,不可以加。且帑资何患不足? 若悉我所有,易四邻所无,不积日,财有余矣。"行密纳之。此可见丧乱后欲求苏息者,莫通商若也。是时田頵为行密守宣州,亦以能通利商贾,民爱之。行密归马殷弟寅,谓之曰:"何以报我?"答曰:"愿通二国好,使商贾相资。"行密喜，而殷亦不征商旅，又用高郁策，铸铅铁为钱。商旅出境，无所用之，皆易他货而去。庸能以境内所余，易天下百货，国以富饶，《通鉴》：后唐庄宗同光三年（925）。通商之效可见矣。《旧五代史·梁太祖纪》：开平二年六月，"岳州为淮贼所据。帝以此郡五岭三湘水陆会合之地，委输商贾，靡不由斯，遂令荆湘湖南北举舟师同力致讨。"梁祖岂恤邻封？亦以商贾委输，于己有利也。接境之邦，贸易自更难隔绝。何福殷以玉枕易茗于淮南，已见第十七章第三节。范延策献封章于后唐明宗，请不禁过淮猪羊，而禁丝绵匹帛，以实中国。《旧五代史·高行珪传》。《旧五代史·汉隐帝纪》：乾祐元年十二月，李璟奉书于帝，云："先因河府李守贞求援，又闻大国缘淮屯军，当国亦于境上防备。昨闻大朝收军，当国寻已撤备。其商旅请依旧日通行。"朝廷不报。然及周太祖篡立，广顺元年三月，即敕朝廷与唐，本无仇怨，缘淮军镇，各守疆域，商旅往来，无得禁止。《通鉴》。四月，又诏缘淮州县，许淮南人就淮北籴易糇粮。《旧书·本纪》云：时淮南饥故也。周祖亦岂计恤邻？盖实两有所利矣。其中遭间隔者，亦不惮绕道以求通。《新五代史·刘铢传》：汉高祖即位，拜永兴军节度使。徙镇平卢。是时江淮不通，吴越使者，常泛海以至中国。而滨海诸州，皆置博易务，与民贸易。民负失期者，务吏擅自摄治，置刑狱，不关州县。而前为吏者利其厚赂，纵之不问，民颇为苦。铢一切禁之。然则吴越之必泛海而来者，盖有所利焉？《通鉴》：梁均王贞明二年七月，上嘉吴越王镠贡献之勤，加镠诸道兵马元帅。朝议多言镠之入贡，利于市易，不宜过以名器假之。翰林学士窦梦微执麻以泣，坐贬蓬莱尉。朝议盖有所见也？《旧史·铢传》云：铢告所部不得与吴越徵负，擅行追摄。则狱由吴越自置，追摄仍中原官吏为之，是摄己民而致诸他国在吾国境内所置之狱也。赂使他国官吏为之用如此，其厚可知，而商利之厚，弥可想矣。《通鉴》：后唐明宗长兴元年六月，董璋遣兵掠遂、阆镇戍。七月，两川以朝廷遣兵屯遂、阆，复有论奏。自是东北商旅，少敢入蜀。似干戈确足以阻贸迁者，然此特一时观望耳，事小定则往来如故矣。《新五代史·安从进传》：南方贡输，道出襄阳者，多擅留之。邀遮商旅，皆黥以充军。《南汉世家》云：刘晟遣巨舰指挥使暨彦赟以兵入海，掠商人金帛。《吴越世家》云：钱氏多掠得岭南商贾宝货。初未闻其足寒商人之胆也。

四境之外，商利亦无不饶。突厥当都蓝时，即遣使请缘边置市贸易。其后启民顺服，贸易自无不通。大业初，炀帝幸榆林，宇文化及与弟智及违禁与突厥交市。帝大怒，囚之数月。还至青门外，欲斩之而后入城，解衣辫发，以公主故，久之乃释，并智及赐其父述为奴。足见违禁交币，其利甚厚。《新书·突厥传》：武德七年（624），颉利遣使来，愿款北楼关请互市。帝不能拒，毗伽可汗时，又诏朔方西受降城许互市。回纥交市之盛，事已见前。此北方之贸易也。韦艺迁营州都督，大治产业，与北夷贸易，家赀巨万。韦云起，契丹入营州。诏护突厥兵往讨。入其界，使突厥诈云向柳城郡欲共高丽交易，遂致克捷。则是时诸夷亦互有交易，李正己货市渤海名马，未必不道由契丹也。入五代来，契丹与后唐，构兵不息，然明宗天成二年八月，新州奏契丹请置互市，《旧史·本纪》。则兵虽交，贸易初不因之而绝矣。石晋之世，契丹人中国贩易者甚众，故景延广得杀其人而夺其货。《新书·白居易传》：居易于文章精切，然最工诗。鸡林行贾辄其国相，率篇易一金，云伪者，相辄能辨之。《新罗传》：龙朔元年（661），春秋死，子法敏袭王，以其国为鸡林州大都督府，授法敏都督。此说盖近于诬？然时中国与新罗有商贾往来，则不虚矣。此东北方之贸易也。《旧书·李安远传》：武德时使于吐谷浑，与敦和好。于是伏元请与中国互市，安远之功也。《新书》云：边场利之。盖以是为其功？其后吐谷浑为吐蕃所灭，而吐蕃开元时言和，亦请交马于赤岭，互市於甘松岭。宰相裴光庭曰：甘松中国阻，不如许赤岭。乃听以赤岭为界。见《新书·本传》。宪宗时款陇州塞丐互市，诏可。河湟之复，诏言三州七关，创置戍卒，自要务静，如蕃人求市，切不得通。盖因边人求利，虑启衅端，然蕃人求互市之切，则于此可见矣。《旧五代史·王思同传》：明宗用为同州节度使。未几，移镇陇右，长兴元年（930）入朝。明宗问秦州边事，对曰："秦州与吐蕃接境，蕃部多违法度。臣设法招怀。缘边置塞四十余所，控其要害。每蕃人互市，饮食之界上，令纳器械。"此自汉人言之则然，其实边人与蕃戎贸易者，多恣剥削以自利，未必无激怒彼处也。此当谋善为管理。因此而拒绝通商，未免因噎废食矣。中叶以后，党项之入居内地者甚多，商贾赍缯货入贸羊马者亦众。藩镇又或强市马而不雠其直，遂至时有叛乱焉。《旧书》本传。又《崔慎由传》：父从，长庆二年（822），为鄜坊丹延节度使。党项羌以羊马来市者，必先遗帅守。从皆不受，抚谕遣之。群羌不敢为盗。盖官之廉者，不徒无所诛求，且必能善为管理，羌人自不致为变也。此西北边之贸易也。三边贸易，多系游牧部族。其物之最要者为马。《新书·王忠嗣传》：初在朔方，至互市，辄高偿马直。诸蕃争来市。故蕃马寝少，唐军精。高价能使蕃马寝少，此乃侈辞，然中国自可收其用。山南之距回纥远矣，而李皋在襄州，乃市其马以益骑兵，可见其所裨之大。若乃借进贡为名，以求锡赉，杂驽良以求多雠，致使国家空耗财币，此则措置之失，非通商之本意也。参看第十五章第三节。回纥亦以驽马求高价，此则中国直是畏其强，借名略遗之耳，不可以贸易论。《通鉴》：后周世宗显德二年（955），定难节度使李彝兴以折德扆亦为节度使，与己并列，耻之，塞路不通周使。上谋于宰相。对曰："夏州边镇，朝廷向来每加优借。府州褊小，得失不系重轻。且宜抚谕彝兴，庶全大体。"上曰："德扆数年已来，尽忠戮力，以拒刘氏，奈何一旦弃之？且夏州惟产羊马，贸易百货仰中国。我若绝之，彼何能为？"乃遣供奉官齐藏珍赍诏书责之。彝兴皇恐谢罪。此事可见游牧部族求与中国通商之所以切也。

北狄与中国贸易，所持者羊马耳。西胡则文明程度较高。其自陆路来者，多与北狄相杂，突厥之交市，有明珠一箧，价直八百万，见第十八章第一节。此非突厥所有，乃西胡所有。回纥既亡，时时以玉马与边州相市，马回纥物，玉亦西域物也。宋庆礼之复营州也，招辑商胡，为立店肆。而安禄山与史思明皆能六蕃语，同为互市郎。禄山之得志也，潜遣贾胡行诸道，岁输财百万。至大会，禄山踞重床燎香，陈怪珍，胡人数百侍左右，引见诸贾。其为之用者，亦胡人也。隋齐王暕使库狄仲锜陈智伟诣陇西，橱炙诸胡，责其名马，可见胡人之来者本众，初不待裴矩之招。《隋书·高昌传》云："从武威西北有捷路，度沙碛千余里，四面茫然，无有蹊径。欲往者寻人畜骸骨而去。路中或闻歌哭之声，行人寻之，多致亡失，盖魑魅罔两也。故商客往来，多取伊吾路。"《旧书·侯君集传》云：高昌王麹文泰遏绝西域商贾。太宗征文泰入朝，称疾不至。诏君集讨之。文泰闻王师将起，谓其国人曰："唐国去此七千里，涉碛阔二千里，地无水草。冬风冻寒，夏风如焚，风之所吹，行人多死，常行百人，不能得至。安能致大军乎？"其往来之艰如此。然《魏徵传》云：文泰将入朝，西域诸国咸欲因文泰遣使贡献。太宗令文泰使人往迎之。徵谏曰："中国始平，创痍未复，微有劳役，则不自安。往年文泰入朝，所经州县，犹不能供，况加此辈。若任其商贾来往，边人则获其利，若为宾客，中国即受其弊矣。"可见此时商人仍有往来。玄奘之游西域，实与商人俱行，《旧书·方伎传》。其徵也。唐世西胡留居中国者甚多。若回纥所从之九姓胡，见第七章第一节。若僖宗所欲籍之蕃旅皆是。见第十章第一节。并有久居中国，成为中国商人者。《五代史补》云：周世宗在民间，尝与邺中大商颉跌氏忘其名往江陵贩卖茶货。至江陵，见有卜者王处士，其数如神。世宗因颉跌氏同往问焉。方布卦，忽有一蓍跃出，卓然而立。卜者大惊曰："吾家筮法，十余世矣。常记曾祖已来遗言：凡卜筮而蓍自跃而出者，其人贵不可言。况又卓立不倒？得非为天下之主乎？"遽起再拜。世宗虽阳为诘责，而私心甚喜，于逆旅中夜置酒，与颉跌氏半酣。戏曰："王处士以我当为天子，若一旦到此，足下要何官？请言之。"颉跌氏曰："某三十年作估来，未有不由京洛者。每见税官，坐而获利，一日所入，可以敌商贾数月，私心羡之。若大官为天子，某愿得京洛税院足矣。"世宗笑曰："何望之卑邪？"及承郭氏之后践阼，颉跌犹在。召见，如初言以与之。此说诞谩不足信，然时有颉跌氏其人则真。颉跌盖跌异译，铁勒十五部之一也。居于邺，迁于江陵，三十年与京洛税官为缘，其为中国商人，复何疑乎？北夷以马易中国缯帛，可谓两得其利，西胡徒以宝货来，则以无用易有用而去矣。然时法禁私市，于财政亦小有裨。见第十五章第三节。宋代香药、宝货，为三说所资，南渡后兼以称提关会，自此昉也。

南方海道，来者尤多，以其交通便易也。唐代中国所以管理之者曰市舶使。《新、旧志》及《六典》皆不载。《旧书·玄宗纪》：开元二年十二月，右威卫中郎将周庆立为安南使使，与波期僧广造奇巧，将以进内，监选使殿中侍御史柳泽上书谏，上嘉纳之。又《代宗纪》：广德元年十二月甲辰，宦官市舶使吕太一逐广南节度使张体，大掠广州，正史中可考见者，惟此二事而已。庆立事亦见《新书·柳泽传》。太一事见两《书·韦伦传》。《文献通考》所载，亦仅此二事。使使，柳泽传作市舶使。吕太一事，《通鉴》系是年十一月，张体作张休。波期，当系波斯之误。两《书·卢奂传》，皆附父《怀慎传》后。皆谓其官南海有清节，中使之市舶者，亦不敢干其法，似市舶皆由中使司之。然《旧书·卢钧传》言：钧以开成元年（836）为广州刺史、岭南节度使，南海有蛮舶之利，珍货毕凑，旧帅作法兴利以致富，凡为南海者，靡不捆载而还。钧遣监军领市舶使，而已一不干与，则其使务本由刺史兼之，委任宦官，或转系偶然之事耳。官南海者，贪墨者多。《旧书·卢奂传》：天宝初，为晋陵太守。时南海郡利兼水陆，瑰宝山积。刘巨麟、彭果相替为太守五府节度，皆坐赃巨万而死。乃特授奂为南海太守。遐方之地，贪吏敛迹，人用安之。以为自开元已来四十年，广府节度清白者有四：谓宋璟、裴伷先、李朝隐及奂。又《李勉传》：大历四年（769），除广州刺史，兼岭南节度观察使。前后西域舶泛海至者，岁才四五，勉性廉洁，舶来都不检阅，故末年至者四十余。在官累年，器用车服无增饰。及代归，至石门，停舟，悉搜家人所贮南货犀象诸物，投之江中。耆老以为可继前朝宋璟、卢奂、李朝隐之徒。《新书·卢奂传》无裴伷先之名，曰："时谓自开元后治广有清节者，宋璟、李朝隐、奂三人而已。"案伷先，两《书》皆附其从父炎传。《旧书》无事迹，《新书》谓其流北延时无复名检，专居贿，五年至数千万，娶降胡女为妻，妻有黄金骏马牛羊，以财自雄。养客数百人。自北庭属京师多其客。词候朝廷事，闻知什常七八。盖以为趿驰非廉隅之士，故于奂传削其名？然伷先是时之志，盖欲有所为？不得绳以小节。且人固有瑕瑜不相掩，亦有后先易辙者。伷先纵早岁趿驰，亦不害其晚节之能廉。更谓为不廉，而时人以与璟、朝隐、奂并称，自系当时舆论。著其事而斥其不足信可也，径删其名，而谓舆论所称者，祗有三人，则谬矣。又《李勉传》谓其在广末年蕃舶至者四十余，勉既在官累年，则自非其至广明年之事。《新书》乃谓明年至者四千余柁。殿本《考证》：沈德潜云："夷舶至者四十余，未见不暴征之效，《新书》为允。"何以十倍之数，不足见宽政之效，而必有待于千倍？且当时夷舶至者，岂能至四千余柁乎？此千字恐正是十字之误，不足为子京咎，然以勉居官之末年为明年，则必子京之疏矣。卢奂等四人外，史称其清廉者，尚有王方庆、孔戣、马总、萧仿、李尚隐、冯立、刘崇龟、韦正贯。言其贪墨者，则有遂安公寿、路元叡、路嗣恭、王锷、王茂之、郑权、李象古、徐浩、郎余庆、韩钧、胡证、李琢。然孔戣及刘崇龟，自虽清廉，仍未能禁其家人之不贪取也。遂安公寿，见《旧书·卢祖尚传》。路元叡，两《书》皆见《王方庆传》。李琢见《旧书·懿宗纪》。余各见本传。遂或至于激变。《旧书·波斯传》：乾元元年（758），波斯与大食同寇广州。《新书》云袭。劫仓库，焚庐舍，《新书》作焚仓库庐舍。浮海而去。彼为通商来，何事如此？疑必有激之使然者矣。《新书·韦皋传》：弟子正贯，擢岭南节度使。南海舶贾始至，大帅必取象犀、明珠、上珍，而酬以下直。正贯既至，无所取，吏咨其清。《卢钧传》：擢岭南节度使。海道商舶始至，异时帅府争先往，贱酬其珍，钧一不取，时称絜廉。先官买而后听其与民交易，官买孔与私买异直，此盖相沿榷法？官吏遂借以自润。虽伤廉，究尚与私取有异也。《毲传》：旧制海商死者，官籍其赀。满三月无妻子诣府，则没入。毲以海道岁一往复，苟有验者，不为限，悉推与。户绝者赀产入官，中国法亦如是，初非岐视蕃商，然海道岁一往复，则不应三月即没入，盖故立苛例以规利？《传》又云：蕃舶泊步有下碇税，始至有阅货宴，所饷犀琲，下及仆隶。毲禁绝，无所求索。此则后世之规费矣。《徐申传》：进岭南节度使。外蕃岁以珠、瑇瑁、香、文犀浮海至。申于常贡外未尝剩索，商贾饶盈。可见其贡有常典，五代时闽广进奉，犹以南琛为多，见《旧五代史·本纪》：梁开平元年（907）、二年（908）、四年（910），乾化元年（911）。足见其为利之厚。故至宋代而市舶遂为要司矣。

西来商舶，前世本集交州，南朝以来，渐徙西北，而广州遂夺交州之席，盖以其去中原近也？《通鉴》：贞元八年六月，岭南节度使奏："近日海舶珍异，多就安南市易。欲遣判官就安南收市。乞命中使一人与俱。"上欲从之。陆贽上言，以为"远国商贩，惟利是求，缓之斯来，扰之则去。广州素为众舶所凑，今忽改就安南，若非侵刻过深，则必招携失所。曾不内讼，更荡上心。况岭南、安南，莫非王土。中使、外使，悉是王臣，岂必信岭南而绝安南，重中使以轻外使？所奏望寝不行"。观贽之言，而知交州之贸易，远非广州之敌矣。不特此也，《旧书·邓景山传》，言其引田神功以讨刘展，神功至扬州，大掠居人资产。大食、波斯等商旅，死者数千人。《神功传》曰："商胡波斯被杀者数千人。"《新书》皆略同。是商胡之居扬州者亦甚多也。《新五代史·闽世家》：王审知招来海中蛮夷商贾，海上黄崎，波涛为阻。一岁，风雨，雷电震击，开以为港。闽人以为审知德政所致，号为甘棠港。此盖蒙蕃舶之利者归美之辞？然可见五代时闽海亦有贾胡踪迹矣。凡此皆通商港步，日拓而北之证也。《隋书·食货志》云：晋自寓居江左，岭外酋帅，因生口、翡翠、明珠、犀象之饶，雄于乡曲者，朝廷多因而署之，以收其利。历宋、齐、梁、陈，皆因而不改。《权武传》：武检校潭州总管，多造金带，以遗岭南酋领，其人答以宝物，武皆纳之，由是致富。朝廷之收其利，盖亦如是？《新书·赵弘智传》：兄弘安曾孙秢，客死柳州，官为敛葬。后十七年，子来章始壮，自襄阳往求其丧。不得。野哭再阅旬。卜人秦为筮曰："宜遇西人，深目而髯，乃得其实。"明日，有老人过其所。问之，得秢墓。乃归葬弘安墓次。此所谓西人，殆亦贾胡？则深入今粤西境矣。《旧书·懿宗纪》：咸通四年七月朔，制曰："安南溪洞首领，素推诚节。虽蛮寇窃据城壁，而酋豪各守土疆。如闻溪峒之闲，悉藉岭北茶药。宜令诸道，一任商人兴贩，不得禁止往来。"溪洞之于茶药，亦必有以南琛为易者。《王锷传》言：锷日发十余艇，重以犀象、珠贝，称商货而出诸境。《新书》云：与商贾杂出于境。周以岁时，循环不绝。凡八年。京师权门，多富锷之财。则其运输之畅达，更不待论矣。然奇货虽可北行，运输必求便易，此则商港之所以日辟而北也。

第四节 钱币（上）

自隋灭陈，统一中国，至安、史之乱，凡经百五十年，虽中更隋末之乱，然历时不久，商业实大可振兴。商业振兴，必资钱币。魏、晋、南北朝，币制紊乱，且其数不足用，统一后自更甚，故此时之所求者，实为增铸及画一。隋、唐两代，皆思致力于此，而力弗克胜，遂至依然淆乱，依然阙乏，而种种厉民之政，转因整理圜法而起焉，此则可为浩叹者也。

《隋书·食货志》云："高祖既受周禅，以天下钱货，轻重不等，乃更铸新钱。背面肉好，皆有周郭，文曰五铢，重如其文。每钱一千，重四斤二两。《本纪》：开皇元年九月，"行五铢钱"。是时钱既新出，百姓或私有镕铸。三年四月，诏四面诸关，各付百钱为样，从关外来，勘样相似，然后得过。样不同者，即坏以为铜入官。诏行新钱已后，前代钱有五行大布，永通万国，及齐常平，所在用以贸易不止。四年（584），诏仍依旧不禁者，县令夺半年禄。然百姓习用既久，尚犹不绝。五年正月，诏又严其制。自是钱货始一。所在流布，百姓便之。是时见用之钱，皆须和以锡镴。锡镴既贱，求利者多，私铸之钱，不可禁约。其年，乃诏禁出锡镴之处，并不得私有采取。十年（590），诏晋王广听于扬州立五炉铸钱。其后奸狡稍渐磨炉钱郭，取铜私铸；又杂以锡钱，递相放效；钱遂轻薄，乃下恶钱之禁。京师及诸州邸肆之上，皆令立榜置样为准，不中样者，不入于市。十八年（598），诏汉王谅听于并州立五炉铸钱。是时江南人间钱少，晋王广又听于鄂州白山有铜矿处锢铜铸钱，置十炉。又诏蜀王秀听于益州立五炉铸钱。是时钱益滥恶。乃令有司括天下邸肆见钱，非官铸者皆毁之，其铜入官。而京师以恶钱贸易，为吏所执，有死者。数年之间，私铸颇息。大业已后，王纲弛紊，巨奸大猾，遂多私铸，钱转薄恶。初每千犹重二斤，后渐轻至一斤。或翦铁镲、裁皮、糊纸以为钱，相杂用之。货贱物贵，以至于亡。"《新书·食货志》："隋末行五铢白钱。天下盗起，私铸钱行，千钱初重二斤，其后愈轻，不及一斤。铁叶、皮纸，皆以为钱。高祖入长安，民间行线环钱。其制轻小，凡八九万，才满半斛。"案用金属为钱，私铸私销，均极难禁，隋所以暂收画一流布之效者，盖徒恃严法？严法本难久恃，况听诸王铸钱，必不能皆合法乎？况又益之以大业之弛紊乎？终至大乱不可收拾，宜矣。

唐兴，又图治理，《旧书·食货志》云："高祖即位，仍用隋之五铢钱。武德四年七月，废五铢钱，行开元通宝钱。径八分，重二铢四累，积十文重一两，一千文重六斤四两。仍置钱监于洛、并、幽、益等州。秦王、齐王，各赐三炉铸钱。裴寂赐一炉。敢有盗铸者，身死，家口配没。五年五月，又于桂州置监。议者以新钱轻重大小，最为折衷，远近甚便之。后盗铸渐起，而所在用钱滥恶。显庆五年九月，敕以恶钱转多，令所在官私为市取。私字疑衍。以五恶钱酬一好钱。百姓以恶钱价贱，私自藏之，以候官禁之弛。高宗又令以好钱一文买恶钱两文，弊仍不息。至乾封元年（666）封岳之后，又改造新钱，文曰乾封泉宝。《本纪》：事在四月。径一寸，重二铢六分。仍与旧钱并行。新钱一文，当旧钱之十。周年之后，旧钱并废。初开元钱之文，给事中欧阳询制词及书，时称其工。其字含八分及隶体。其词先上后下，次左后右读之，自上及左回环读之，其义亦通。流俗谓之开元通宝钱。及铸新钱，乃同流俗。乾字直上，封字在左。寻悟钱文之误；又缘改铸，商贾不通，米帛增价，乃议却用旧钱。二年正月，下诏曰：泉布之兴，其来自久。实古今之要重，为公私之宝用。年月既深，伪滥斯起。所以采乾封之号，改铸新钱。静而思之，将为未可。高祖拨乱反正，爰创规模。太宗立极承天，无所改作。今废旧造新，恐乖先旨。其开元通宝，宜依旧施行，为万代之法。乾封新铸之钱，令所司贮纳，更不须铸。仍令天下置铸之处，并铸开元通宝钱。"案自隋初至是，画一钱文之意颇坚，故隋铸五铢而尽禁旧钱，唐初铸开元，亦废隋五铢，高宗铸乾封则欲废开元，复开元又必废乾封也。乾封较之开元，所重甚微，而欲以一当十，似已悟恶币驱逐良币之理，而欲令人民自毁之，不悟因此钱文减少，商贾转至不通也。开元虽复，恐销毁已多，故私铸复起。

《志》又云："既而私铸更多，钱复滥恶。高宗尝临轩，谓侍臣曰：钱之为用，行之已久。公私要便，莫甚于斯。比为州县不存检校，私铸过多。如闻荆、潭、宣、衡，犯法尤甚。遂有将船械宿于江中。所部官人，不能觉察。自令严加禁断。所在追纳恶钱，一二年间使尽。当时虽有约敕，而奸滥不息。仪凤四年四月，令东都出远年糙米及粟，就市给粜，斗别纳恶钱百文。其恶钱，令少府、司农相知，即令铸破。其厚重合斤两者，任将行用。时米粟渐贵，议者以为铸钱渐多，所以钱贱而物贵，于是权停少府监铸钱。寻而复旧。《新书·食货志》云：永淳元年（682），私铸者抵死，邻保里坊村正皆从坐。则天长安中，又令悬样于市，令百姓依样用钱。俄又简择艰难，交易留滞。又降敕：非铁锡、铜荡、穿六者，并许行用。其有熟铜、排斗、沙涩厚大者，皆不许简。自是盗铸蜂起，滥恶益众。江、淮之南，盗铸者或就陂湖钜海深山之中，波涛险峻，人迹罕到，州县莫能禁约。以至神龙、先天之际，两京用钱尤滥。其郴、衡私铸小钱，才有轮廓；及铁锡五铢之属，亦堪行用。乃有买锡镕销，以钱模夹之，斯须则盈千百，便赍用之。开元五年（717），车驾往东都。宋璟知政事，奏请一切禁断恶钱。六年正月，又切断天下恶钱，行三铢四累钱。《纪》云：行二铢四分已上好钱。《新志》云：行二铢四参钱。三字当误。不堪行用者，并销破覆铸。二月，又敕申明旧章，县设诸样。时江淮钱尤滥恶。有官炉、偏炉、棱钱、时钱等数色。璟乃遣监察御史萧隐之充江淮使。隐之乃令率户出钱。务加督责。百姓乃以上青钱充恶钱纳之。其小恶者，或沉之于江湖，以免罪戾，于是市井不通，货价腾起。流闻京师，隐之贬官。《新志》云：宋璟又请出米十万斛收恶钱，少府毁之。璟因之罢相。乃以张嘉贞知政事。嘉贞乃弛其禁，人乃安之。《新书》云：十一年（723），诏所在加铸。禁卖铜锡造铜器者。二十年（732），千钱以重六斤四两为率。每钱重二铢四参。禁镮顿、沙涩、荡染、白强黑强之钱。首者官为市之。铜一斤为钱八千。二十二年（734），中书侍郎张九龄初知政事，奏请不禁铸钱。玄宗令百官详议，皆以为不便。《本纪》事在三月。但敕郡县严断恶钱而已。《新志》云：信安郡王祎复言国用不足，请纵私铸。议者皆畏祎帝弟之贵，莫敢与抗。独仓部郎中韦伯阳以为不可。祎议亦格。至天宝之初，两京用钱稍好，米价丰贱。数载之后，渐又滥恶。府县不许好者加价回博，好恶通用。富商奸人，渐收好钱，潜将往江淮之南，每钱货得私铸恶者五文，假托官钱，将入京私用。京城钱日加碎恶，鹅眼、铁锡、古文、铤环之类，每贯重不过三四斤。十一载二月，敕令所司出钱三数十万贯，分于两市百姓间。应交易所用钱不堪久行用者，官为换取。仍限一月日内使尽。是时京城百姓，久用恶钱，制下之后，颇相惊扰。时又令于龙兴观南街开场，出左藏库内排斗钱，许市人博换。贫弱者又争次不得。俄又宣敕：除铁锡、铜沙、穿穴、古文，余并许依旧行用。久之乃定。"

《新志》云：开元二十六年（738），宣、润等州初置钱监。两京用钱稍善，米粟价益下。其后钱又渐恶。诏出铜所在置监，铸开元通宝钱。京师库藏皆满。天下盗铸益起。广陵、丹阳、宣城尤甚。京师权豪，岁岁取之，舟车相属。江淮偏炉钱数十种，杂以铁锡，轻漫无复钱形。公铸者号官炉钱，一以当偏炉钱七八。富商往往藏之，以易江淮私铸者。两京钱有鹅眼、古文、线环之别。每贯重不过三四斤。至翦铁而缗之。宰相李林甫请出缯布三百万匹，平估收钱。物价踊贵。诉者日万人。兵部侍郎杨国忠欲招权以市恩，扬鞭市门曰："行当复之。"明日，诏复行旧钱。天宝十一载（752），又出钱三十万缗易两市恶钱。出左藏库排斗钱，许民易。国忠又言钱非铁锡、铜沙、穿穴、古文，皆得用之。《旧纪》云：禁恶钱，官出好钱以易之。既而商旅不便，诉于国忠，乃止之。案改革币制，非有精心毅力不可。当时之所为，实漫无策划。好恶钱敌价相易，办法虽宽，而限期太促。贫弱者争次不得，则独受其殃耳。其势已不复可以坚持，亦非尽由国忠之欲招权市恩也。此唐自天宝已前公家与私铸相争之大略也。安、史乱作，而苟且之政兴，承其流者救过不给，乃无暇更言整顿矣。

《旧书·食货志》又云："乾元元年七月，诏御史中丞第五琦奏请改钱，以一当十，别为新铸，不废旧钱。宜听于诸监别铸一当十钱，文曰乾元重宝。《新志》云：径一寸，每缗重十斤。其开元通宝者，依旧行用。二年三月，琦入为相，又请更铸重轮乾元钱。一当五十，二斤成贯。《新志》云：径一寸二分。其文亦曰乾元重宝，背之外郭为重轮。每缗重十二斤。诏可之。于是新钱与乾元、开元通宝钱三品并行。《本纪》事在九月，云：以二十二斤成贯。寻而谷价腾贵，米斗至七千，饿死者相枕于道。乃抬旧开元钱，以一当十，减乾元钱，以一当三十。缘人厌钱价不定，人间抬加价钱为虚钱。米斗七千，若抬价五十倍，则实价为百四十。参看第十八章第一节。长安城中，竞为盗铸。寺观钟及铜像，多坏为钱。奸人豪族，犯禁者不绝。京兆尹郑叔清擒捕之，少不容纵。数月间，榜死者八百余人。人益无聊矣。《新志》云：先是诸炉铸钱窳薄，镕破钱及佛像，谓之盘陀，皆铸为私钱。犯者杖死。叔清盖援是例。上元元年（760），诏重棱五十价钱，宜减作三十文行用。其开元旧时钱，宜一当十文行用。其乾元十当钱，宜依前行用。仍令中京及畿县内依此处分，诸州待进止。七月，敕重棱五十价钱，先令畿内减至三十价行，其天下诸州，并宜准此。宝应元年四月，改行乾元钱，一以当三。盖去开元钱抬价？乾元重棱小钱，亦以一当二。重棱大钱，一以当三。寻又改行乾元大小钱，并以一当一。其私铸重棱大钱，不在行用之限。”观此，知官铸重棱，亦有大小之别。其小者实直且不及乾元钱，并不如私铸重棱大钱之大也。《本纪》：乾元大小钱并一当一在五月丙戌。《新志》云：代宗即位，乾元重宝钱以一当二，重轮钱以一当三，凡三日而大小钱皆以一当一。则前者除本计在癸未，连本计在甲申也。《旧志》载上元元年六月诏曰：“如闻官铸之外，私铸颇多。吞并小钱，逾滥成弊。”则是时小钱见毁者颇多。《新志》云：“自第五琦更铸，犯法者日数百。州县不能禁止。至是，人甚便之，其后民间乾元，重棱二钱铸为器，不复出矣。”又云：“史思明据东都，亦铸得一元宝钱。径一寸四分。以一当开元通宝之百。既而恶得一非长祚之兆，改其文曰顺天元宝。”又云：“德宗时，判度支赵赞采连州白铜铸大钱，一当十，以权轻重。”盖一时主计之臣，无论顺逆，无不思借铸造为铸款之策者？其极，则转使小钱毁失而已。德宗立，行两税，须钱益多，钱价遂日贵，终至不得不兼用实物。

《新书·食货志》云：“自初定两税，货重钱轻。乃计钱而输绫绢。既而物价愈下，所纳愈多。绢匹为钱三千二百，其后为钱一千六百，输一者过二。度支以税物颁诸司，皆增本价为虚估给之，而谬以滥恶督州县剥价，谓之折纳。帝以问宰相陆贽。贽请厘革其甚害者。税物估价，宜视月平。物价旬各有估，见上节。此所云者，盖谓校三旬之估而取其平？至京与色样符者，不得虚称折估。有滥恶，罪官吏，勿督百姓。国朝著令，税出谷，庸出绢，调出缯纩布麻。今两税估资产为差，以钱谷定税，折供杂物。岁目颇殊。增价以市所无，减价以货所有。耕织之力有限，而物价贵贱无常。初定两税，万钱为绢三匹，价贵而数不多，及给军装，计数不计价，此税少国用不充也。近者万钱为绢六匹，价贱而数加，计口蚕织不殊，而所输倍，此供税多人力不及也。宜令所司覆初定两税之岁绢匹定估为布帛之数。复庸调旧制，随土所宜，各修家技。物甚贱所出不加，物甚贵所入不减。”贽此疏，《通鉴》系贞元十年（796）。十二年（794），河南尹齐抗复论其弊，以为“百姓本出布帛，而税反配钱，至输时复取布帛，更为三估计折，州县升降成奸。若直定布帛，无估可折。盖以钱为税，则人力竭而有司不之觉。今两税出于农人，农人所有，惟布帛而已。用布帛处多，用钱处少，又有鼓铸以助国计，何必取于农人哉？"《新书·食货志》。《权德舆传》：德舆于贞元十九年（803）上陈阙政，言"大历中一缣直钱四千，今止八百，税入如旧，则出于民者五倍其初"。情势如此，法遂不得不变。二十年（804），命市井交易，以绫罗绢布杂货与钱并用。《新书·食货志》。宪宗元和六年二月，又制公私交易，十贯钱已上，即须兼用匹段。《旧书·食货志》。其时李翱条兴复太平，又请改税法，不督钱而责布帛。《新书·本传》。然朝廷之所行者，则仅制留州送使之入，一准公估而已。见上节。终未能旷然大变赋税之法也。而因禁钱流通之故，又引起轩然一大波。

禁钱出境之令，始于德宗时。《新书·食货志》云："贞元初，骆谷、散关，禁行人以一钱出者。"又云："民间钱益少，缯帛价轻，州县禁钱不出境，商贾皆绝。浙西观察使李若初请通钱往来。事亦见《若初传》，附《刘晏传》后。而京师商贾，赍钱四方贸易者，不可胜计。诏复禁之。"自此禁钱遂为恒法。至后唐庄宗同光二年（924）圜丘礼毕赦诏，犹有"勿令商人载钱出境"之文焉。《旧五代史·本纪》。《食货志》云：缘边州镇，设法钤辖，勿令商人般载出境。此已足挠乱澄清之局，而宪宗复推此意而禁及飞钱。轩然大波，遂不可免矣。

《新志》述宪宗时事云："时商贾至京师，委钱诸道进奏院及诸军、诸使、富家，以轻装趋四方，合券乃取之，号飞钱。京兆尹裴武请禁与商贾飞钱者。搜索诸坊，十人为保。"又云："自京师禁飞钱，家有滞藏，物价寝轻。判度支卢坦、兵部尚书判户部事王绍、盐铁使王播请许商人于户部、度支、盐铁三司飞钱，每千钱增给百钱。然商人无至者。复许与商人敌贯而易之。然钱重帛轻如故。"《旧志》云："元和七年五月，户部王绍、度支卢坦、盐铁王播等奏：伏以京都时用，多重见钱，官中支计，近日殊少。盖缘比来不许商人便换，因兹家有滞藏。所以物价转高，钱多不出。臣等今商量：伏请许令商人于三司任便换见钱，一切依旧禁约。伏以比来诸司、诸使等，或有便商人钱，多留城中，逐时收贮。积藏私室，无复通流。伏请自今已后，严加禁约。从之。"案《新志》所谓物价寝轻者，乃对钱而言。《旧史》所谓物价转高者，则对布帛而言。商人之飞钱者，委钱京师，而取诸四方，不啻将四方之钱，转运入京。诸有钱者，积其钱于京师，果何为乎？换为借钱之别名，已见《两晋南北朝史》第二十章第五节。《通鉴》后唐庄宗同光二年（924），豆卢革尝以手书便省库钱数十万。胡《注》曰："今俗谓借钱为便钱，言借贷以便用也。"然则便换即借贷。不许商人便换，遂至家有滞藏，则诸军、诸使及诸富家之钱，由飞钱汇划入京者，仍是借诸商人。京师小商，盖恃此等大商为顾客。大商不至，则市井萧条。唐时易中，钱帛并用，而人多重钱。商人多钱，平民则只有布帛。市面既失其常，有以布帛往买者，市肆中人将高其价以靳之，故曰物价转高；有以见钱往买者，其人度钱价将长，虽廉糶亦可获利，又将贬价以事招徕，故曰物价寝轻也。既以飞钱通中外汇兑，又以便换给商人资本，实为版克（Bank）之权舆，使能利道整齐之，岂独可救钱荒之弊？顾乃从而阻遏之，已又欲攘其什一取息之利，则庸人自扰之矣。

因此措置，纠纷遂多。元和八年四月，出内库钱五十万贯，令两市收市布帛。每端、匹估加十之一。十二年（817），又出见钱五十万贯，令京兆府拣择要便处开场，以市价交易。《旧书·食货志》。杯水车薪，何济于事？钱一脱手，即为人所贮藏耳。于是蓄钱之禁起矣。

蓄钱之禁，肇自宪宗元和三年（808）。《旧书·食货志》载其年六月诏曰："泉货之法，义在通流。若钱有所壅，货当益贱。故藏钱者得乘人之急，居货者必损己之资。今欲著钱令以出滞藏，加鼓铸以资流布。若革之无渐，恐人或相惊。应天下商贾先蓄见钱者，委所在长吏令收市货物。宫中不得辄有程限，逼迫商人。任其货易，以求便利。计周岁之后，此法遍行。朕当别立新规，设蓄钱之禁。所以先有告示，许有方圆，意在他时，行法不贷。"又禁断五岭已北银坑，令坑户采铜，助官中铸作。见第一节。时盖欲与鼓铸并行？然周岁之后，寂焉无闻。盖鼓铸非易，而钱荒情势，时亦尚未十分急迫也？至十二年正月，乃敕"近日布帛转轻。见钱渐少，皆缘所在壅塞不通。宜令京城内自文武官僚，不问品秩高下，并公、郡、县主、中使等，下至士庶商旅、寺观、坊市，所有私贮见钱，并不得过五千贯。如有过此，许从敕出后限一月内任将市别物收贮。如钱数较多，处置未了，任于限内于地界州县陈状更请限。纵有此色，亦不得过两个月。若一家内别有宅舍店铺等，所贮钱并须计用在此数。其兄弟本来异居，曾经分析者，不在此限。如限满后有违犯者：白身人宜付所司决痛杖一顿处死。其文武官及公主等，并委有司闻奏，当重科贬。戚属中使，亦具名衔闻奏。其剩贮钱不限多少，并勒纳官数内五分取一分充赏钱。止于五千贯。此外察获及有人论告，亦重科处分。并量给告者"。《志》言时京师里闾区肆，所积多方镇钱，王锷、韩弘、李惟简，少者不下五十万贯。于是竞买第屋，以变其钱。多者竞里巷，佣僦以归其直。而高赀大贾者，多依倚左右军官钱为名，府县不得穷验。法竟不行。至大和四年十一月，敕应私贮见钱家，除合贮数外，一万贯至十万贯，限一周年内处一置毕。十万贯至二十万贯以下者，限二周年处置毕。如有不守期限，安然蓄积，过本限即任人纠告及所由觉察。其所犯家钱，并准元和十二年（817）敕纳官，据数五分取一分，充赏纠告人赏钱。数止于五千贯。应犯钱法人色目决断科贬，并准元和十二年（817）敕处分。其所由觉察，亦量赏一半。《志》又云：事竟不行。其后后唐庄宗圜丘赦诏，仍有应诸州府，不得令富室分外收贮见钱之文，亦见《旧史·本纪》及《食货志》。则其成为具文，更不待论矣。

穆宗虽再失河北，然其于计政，则实能竟前人未竟之绪。赋税改收实物，其一端也。《新书·食货志》云："自建中定两税，而物轻钱重，民以为患。至是四十年，当时为绢二匹半者为八匹，大率加三倍。建中时绢匹三千二百，则此时绢匹千文。豪家大商，积钱以逐轻重。故农人日困，末业日增。诏百官议革其弊。议者多请重挟铜之律。户部尚书杨于陵曰：制钱以权百货。古者权之于上，今索之于下；昔散之四方，今藏之公府；昔广铸以资用，今减炉以废功；昔行之于中原，今泄之于边裔；又有闾井送终之含，商贾贷举之积，江湖压覆之耗，则钱焉得不重，货焉得不轻？开元中，天下铸钱七十余炉，岁盈百万，今才十数炉，岁入十五万而已。大历已前，淄青、太原、魏博杂铅铁以通时用，岭南杂以金、银、丹砂、象齿，今一用泉货，故钱不足。今宜使天下两税、榷酒、盐利、上供，及留州、送使钱，悉输以布帛、谷粟，则人宽于所求。然后出内库之积，收市廛之滞，广山铸之数，限边裔之出，禁私家之积，则货日重而钱日轻矣。宰相善其议。由是两税、上供、留州，皆易以布帛、丝纩；租庸课调，不计钱而纳布帛。惟盐、酒本以榷率计钱，与两税异，不可去钱。"此处语气未完，疑下有夺文。《旧志》载中书门下奏云："伏以群臣所议，事皆至当，深利公私。请商量付度支，据诸州府应征两税供上都及留州留使旧额，起元和十六年（821）以后，并改配端匹斤两之物为税额。如大历已前租庸课调，不计钱令其折纳。使人知定制，供办有常。仍约元和十五年（820）征纳布帛等估价，其旧纳虚估物，与依虚估物回计。如旧纳实估物并见钱，即于端匹斤两上量加估价。回计变法在长其物价。价长则永利公私，初虽微有加饶，法行即当实。比旧给用，固利而不害。仍作条件处置，编入旨符。其盐利、酒利本以榷率计钱。有殊两税之名，不可除去钱额。中有令纳见钱者，亦请令折纳时估匹段。上既不专以钱为税，人得以所产输官。钱货必均其重轻，陇亩自广于蚕织。便时惠下，庶得其宜。其土之丝麻，或地连边塞，风俗更异，赋入不同，亦请商量委所司裁酌，随便处置。"此事敕议在闰正月十七日，亦见奏，至八月朔，杨于陵乃总百寮之议，请中书、门下、御史台、诸司官长重议施行，为时逾半年，实当时一大事也。《志》又载大和四年五月，西川宣抚使崔戎奏："准诏旨制置西川事条，今与郭钊商量，两税钱数内三分二分纳见钱，一分折纳匹段。每二贯加饶百姓五百文，计一十三万四千二百四十三贯文。"即依此旨措置。然事至大和四年（830）然后行，又可见当时虽有此议，并未能施行于全国也。此实行陆贽、齐抗、李翱之论，盖势之所迫，不得不然也。而鼓铸之议，亦起于此时。

唐代诸铸钱监，本内总于少府，而以所在都督、刺史判焉。德宗时，韩洄为度支，乃言"铜铁之冶，时曰山泽之利，当归于王者。今诸道节度、都督、团练使皆占之，非宜也。请总隶盐铁使。"从之。洄之意，盖欲收利权归中枢？以当时事势论，自不得谓为非是。然欲大行鼓铸，则必非一使之力所能给，故是时，又欲分其权于州郡焉。元和十五年八月，中书门下奏："伏准郡官所议铸钱，或请收市人间铜物，令州郡铸。当开元已前，未置盐铁使，亦令州郡句当铸造。欲令诸道公私铜器，各纳所在节度、团练、防御、经略使，便据元敕，给与价直，并折两税，仍令本处军人镕铸。其铸本，请以留州、留使年支未用物充。所铸钱便充军、府、州、县公用。当处军人，自有粮赐，亦较省本。所资众力，并收众铜，天下并功，速济时用，待一年后铸器物尽则停。其州府有出铜铅可以开铸处，具申有司，便令同诸监冶例，每年与本充铸。其收市铜器期限，并禁铸造买卖铜物等。待议定，便令有司条疏闻奏。其上都铸钱及收铜器续处分。将欲颁行，尚资周虑。请令中书、门下两省，御史台并诸司长官商量，重议闻奏。"从之。《旧书·食货志》。此次所筹议铸钱之规模，不可谓不大，所定办法，亦颇费苦心，鼓铸所最难者为得铜。此时铜之来源，出于收市，自杬不足恃。然所铸钱便充军、府、州、县公用，则有以鼓厉之，使竭其力。加以有铜铅处皆令开铸，当时所能筹划者，亦不过如斯而已。铸本出于留州、留使，无待别筹；鼓铸以责军人，又自有粮赐；则其事可以速举。故能冀天下并功，速济时用。不特此也，事历久则奸生。果使期月克观厥成，天下同时施行，恶钱是处禁绝，则私铸私销者，虽欲作奸，亦有所不及。故此次之议，实有沃焦捧漏之精神也。然其事久未能行，盖时方多故，有所不及邪？然铜不易得，终恐为其大原因也。至武宗会昌五年（845），并省天下佛寺，得铜甚多，而机会乃至。

是岁七月，中书奏："天下废寺铜像、钟磬，委盐铁使铸钱。其铁像委本州铸为农器。金银、输石等像，销付度支，衣冠士庶之家，所有金银铜铁之像，敕出后限一月纳官。如违，委盐铁使以禁铜法处分。"《旧纪》。《新志》云："永平监官李郁请以铜像、钟磬、炉铎，皆归巡院，州县铜益多矣。盐铁使以工有常力，不足以加铸，许诸道观察使皆得置钱坊。淮南节度使李绅请天下以州名铸钱，京师为京钱，大小径寸如开元通宝。交易禁用旧钱。《旧书·本纪》：会昌六年二月敕："京城、诸道，宜起来年正月已后，公私行用，并取新钱。其旧钱权停三数年。如有违犯，同用铅锡钱例科断。其旧钱并没纳。"又敕："文武百寮俸料，起三月一日，并给见钱。一半先给匹段，对估时价，皆给见钱。"起来年正月已后，《食货志》作起今年十月以后。一半先给匹段，《食货志》作先给虚估匹段。会宣宗即位，尽黜会昌之政，新钱以字可辨，复铸为像。"《旧书·柳公绰传》：子仲郢，为京畿铸钱使。钱工欲于模加新字，仲郢止之。惟淮南加新字。后竟为僧人取之为像设钟磬。案杨于陵言开元时天下铸钱，岁盈百万。今以他文考之，《新志》述天宝时事云："天下炉九十九，每炉岁铸钱三千三百缗，天下岁铸缗三十二万七千缗。"并无如于陵所言者之巨。于陵言穆宗时岁铸十五万缗。《新志》又言：宪宗时岁铸十三万五千缗，文宗时不及十万。此固远逊开、天，然唐中叶后，鼓铸实不为不力。大历四年（769），第五琦请于绛州汾阳、铜原两监增置五炉铸钱，见《旧志》。《新志》云："刘晏以江岭诸州任土所出，皆重粗贱弱之货，输京师不足以供道路之值，于是积之江淮，易铜铅薪炭广铸钱，岁得十余万缗，输京师及荆、扬二州。自是钱日增矣。"《旧书·韩滉传》言其弟洄以户部侍郎判度支，上言"江淮七监，岁铸钱四万五千贯，输于京师，度工用转送之费，每贯计钱二千，是本倍利也。今商州有红崖冶，出铜益多。又有洛源监，久废不理。请增工凿山以取铜，与洛源故监，置十炉铸之，岁计出钱七万二千贯，度工用转送之费，贯计钱九百，则利浮本矣。其江淮七监请皆罢。"从之。《旧志》：元和三年（808），"李巽请于郴州旧桂阳监置炉两所，采铜铸钱，每日约二十贯。计一年铸成七千贯。"从之。六年（811），河东节度使王锷奏"请于当管蔚州界加置炉铸铜钱，废管内锡钱。"许之。仍令加至五炉。《新志》云："锷置炉疏拒马河水铸钱，工费尤省。以刺史李听为使。以五炉每炉月铸钱三十万。自是河东锡钱皆废。"《听传》亦云："开五炉官铸钱，日五万。"则月得百五十万矣。《志》又云"大和时，河东锡钱复起。盐铁使王涯置飞狐铸钱院于蔚州。"《旧纪》事在八年二月。此等合计之，其数亦当不少也。即令所铸非多，积之久，数亦不为不巨。何至岌岌不可终日？然则钱之乏，非铸之少，实耗之多也。所耗者果何往哉？《新志》述肃、代时议者之说，谓"岁毁于棺瓶埋藏焚溺，铜贵钱贱，又有铸以为器者，不出十年几尽。"案古葬多瘗钱；又其时银不如后世之通用，窖藏者率多以钱；此二者所费诚较后世为巨，他端则今古等耳。曷尝见其多费？坟墓之遭发掘者多矣；窖藏者非失所在，亦终将复出；何至不十年而尽天下之钱？然则钱之耗，当仍以破大为小及销镕以为器物两端为多耳。张九龄欲通私铸，左监门录事参军刘秩议谓"公钱重，与铜之价颇等，故盗铸者破重钱以为轻钱。轻钱禁宽则行，禁严则止，止则弃矣。此钱之所以少也。"贞元九年（793），张滂奏"国家钱少，损失多门。兴贩之徒，潜将销铸。钱一千为铜六斤，造写器物，则斤直六百余。有利既厚，销铸遂多。江淮之间，钱日减耗。"《旧书·食货志》。开成三年（838），李珏言："禁铜之令，朝廷常典。行之不严，不如无令。今江淮已南，铜器成肆。市井逐利者，销铸一缗，可为数器，雠利三四倍。远民不知法令，率以为常。纵国家加炉铸钱，何以供销铸之弊？"《旧书·杨嗣复传》。观此数事，钱之耗，原因可以想见。自天宝以前，政府与私销私铸者之搏斗，非一日矣，而皆不胜。会昌之政纵不废，其效亦岂能胜于开、天以前？然宣宗之不择而尽废之，则其事终可诛也。自此以后，唐遂无力更与私销私铸者争矣。

　　五代之世，后唐明宗长兴元年（930），鸿胪少卿郭在徽尝请铸当五千、三千、一千大钱。朝廷以其指虚为实，无识妄言，左迁之。《通鉴》。盖鉴于第五琦之败，不敢轻试也？而晋高祖乃放民鼓铸，此则唐开元所不敢行者矣。《新史·本纪》：天福三年十一月壬戌，除铸钱令。《通鉴》：是月癸亥，敕听公私自铸铜钱。无得杂以铅铁。每十钱重一两。以天福元宝为文。仍令盐铁颁下模范。惟禁私作铜器。《注》引《五代会要》云："时令三京。邺都诸道州府，无问公私，应有铜者，并令铸钱。仍以天福元宝为文，左环读之。委盐铁铸样，颁下诸道。每一钱重二铢四参，十钱重一两。或虑诸色人接便将铅铁铸造，杂乱铜钱，仍令所属依旧禁断。尚虑逐处铜数不多，宜令诸道应有久废铜冶，许百姓取便开炼。永远为主，官私不取课利。其有生熟铜，仍许所在中卖入官。或任自铸钱行用，不得接便别铸铜器。"案铜钱搬运为难，不得不分于诸处铸，然型式宜于画一，此由盐铁颁下模范是也。不取课利，以奖开采，亦为善策。但放铸根本既非，此等枝叶，自不足论矣。《通鉴》又云："癸亥，敕先许公私铸钱，虑铜难得，听轻重从便，但勿令缺漏。"《旧史·本纪》云："十二月戊寅，诏宜天下无问公私，应有铜欲铸钱者，一任所便，酌量轻重铸造。"当即此事。其事在癸亥后旬有五日也。至此则藩篱尽撤矣。其势自不可久。故至明年七月丙辰，遂有"私钱多用铅锡，小弱缺薄，宜皆禁之，专令有司自铸"之敕也。《通鉴》。其时有志于改革者为周世宗。《新纪》：显德二年五月甲戌，大毁佛寺。九月，丙寅朔，颁铜禁。《旧纪》云：诏禁天下铜器，始议立监铸钱。《赞》曰："废天下诸寺三千三百三十六。是时中国乏钱，乃诏悉毁天下铜佛像以铸钱。尝曰：吾闻佛说，以身世为妄，而以利人为急。使其真身尚在，苟利于世，犹欲割截，况此铜像，岂有所惜哉？由是群臣皆不敢言。"五年七月，又使市铜于高丽。见第十五章第一节。世宗英锐，使天假之年，铸钱之事，当可有所成就，然其督责之力，恐亦未必能强于隋文帝也。

偏方诸国，《旧五代史·食货志》云："江南因唐旧制，饶州置永平监，池州永宁监，建州永丰监，并岁铸钱。杭州亦置保兴监铸钱。"唐旧制之存者，盖惟此而已。而闽、楚等国，则竞铸铁锡钱及大钱以图利，南唐终亦效尤焉。楚事已见上节。王曦铸大铁钱，事在晋天福七年（942）。文曰永隆通宝。永隆，曦年号。欧《史》云："以一当十。"此指铜钱言之，而《通鉴》云："一当铅钱百。"则闽铜钱一当铅钱十也。开运三年（946），唐攻福州，吴越钱弘佐救之。募兵，久无应者。弘佐命纠之，曰："纠而为兵者，粮赐减半。"明日，应募者乃云集。弘佐议铸铁钱以益将士禄赐。其弟弘亿谏曰："铸铁钱有八害：新钱既行，旧钱皆流入邻国，一也。可用于吾国，而不可用于他国，则商贾不行，百货不通，二也。铜禁至严，民盗铸，况家有铛釜，野有铧犁？犯法必多，三也。闽人铸铁钱而乱亡，不足为法，四也。国用幸丰，而自示空乏，五也。禄赐有常，而无故益之，以启无厌之心，六也。法变而弊，不可遽复，七也。钱者国姓，易之不祥，八也。"弘佐乃止。《通鉴》。弘亿所言，颇为中理。马殷铸铅铁钱，史云商旅出境无所用，皆易他货而去，庸能以境内所余易天下百货，而弘亿谓铁钱不可用于他国，则商贾不行者？情势因时地而不同，贸易通塞，致之者非一端，不害其言之皆是也。南唐李璟行大钱与铁钱，事在周显德六年七月。《通鉴》云："唐自淮上用兵，及割江北，臣事于周，岁时贡献，府藏空竭，钱益少，物价腾贵。礼部侍郎钟谟请铸大钱，一当五十。中书舍人韩熙载请铸铁钱。唐主始皆不从。谟陈请不已，乃从之。是月，始铸当十大钱。文曰永通泉货。又铸当二钱，文曰唐国通宝。与开元钱并行。"十月，谟流饶州。未几杀之，永通钱遂废，则其行之才三月耳。而铁钱遂行。欧《史·世家》云："民间多藏匿旧钱。旧钱益少。商贾多以十铁钱易一铜钱出境，官不可禁。李煜因下令以一当十。"顺其势之自然，较诸以法令之力，强维其名价者，犹为贤也。

钱荒既甚，除陌之弊斯起。《旧书·食货志》载天宝九载二月敕云："除陌钱每贯二十文。"此盖当时民间习俗？中叶后钱荒日甚，其数遂随之而增。《志》又云："元和四年闰三月，京城时用钱，每贯头除二十文陌内欠钱，及有铅锡钱等。贞元九年三月二十六日敕：陌内欠钱，法当禁断。虑因捉搦，或亦生奸，使人易从，切于不扰。自今已后，有因交关用欠陌钱者，宜但令本行头及居停主人牙人等检察送官。如有容隐，兼许卖物领钱人纠告。其行头、主人、牙人，重加科罪。府县所由只承人等，并不须干扰。若非买卖，自将钱于街衢行者，一切勿问。"所谓陌内欠钱，即短陌之异名耳。《志》又载十四年六月敕："应属诸军、诸使，更有犯时用钱每贯除二十文，足陌内欠钱，及有铅锡钱者，宜令京兆府枷项收禁，牒报本军、本使，府司差人就军及看决二十。如情状难容，复有违拒者，仍令府司闻奏。"《新志》云："民间垫陌，有至七十者。铅锡钱益多。吏捕犯者，多属诸军、诸使。呼集市人强夺，殴伤吏卒。京兆尹崔元略请犯者本军、本使莅决。帝不能用。诏送本军、本使，而京兆府遣人莅决。"捉搦既虑生奸，而诸军、诸使，又恃势横行，则其法不得不废。《旧志》又载长庆元年九月敕："如闻比来用钱，所在除陌不一。与其禁人之必犯，未若从俗之所宜。交易往来，务令可守。其内外公私给用钱，宜每贯一例除垫八十，以九百二十文成贯，不得更有加除及陌内欠少。"遂卒折而从之矣。《新志》云："昭宗末年，京师用钱，八百五十为贯。河南府以八十为陌。"案短陌本不中理，然《新志》言李泌为相时，中外给用，每贯垫二十，号户部除陌钱，以给京官岁费，则官且自为之，后遂迁流愈甚。《新五代史·梁太祖纪》：开平三年十二月，国子监奏"创造文宣王庙，仍请率在朝及天下现任官寮俸钱，每贯每月克一十五文，充土木之值。"允之。此袭唐昭宗时京师用钱之例。《食货志》：唐同光二年（924），度支奏"请榜示府、州、县、镇军民商旅，凡有买卖，并须使八十陌钱"，则沿其时河南府之俗也。《王章传》：授三司使。旧制官库出纳缗钱，皆以八十为陌，至是民输者如旧，官给者以七十七为陌。遂为常式，则更明肆攘夺矣。然其弊遂沿至宋代云。《容斋随笔》云："唐之盛际，纯用足钱。天祐中，以兵乱窘之，始令以八十五为陌。后唐天成，又减其五。汉乾祐中，王章为三司使，复减三。皇朝因汉制。其输官者亦用八十至八十五。然诸州私用，犹有随俗，至于四十八钱。太平兴国二年（977），始诏民间缗钱，定以七十七为陌。自是以来，天下承用，公私出纳皆然，故名省钱。"

欲鼓铸而乏铜，则不得不严铜禁，此亦厉民之一端也。其事始于高宗时。"仪凤中，濒江民多私铸为业。诏巡江官督捕。载铜锡蜡过百斤者没官。"《新书·食货志》。开元十一年（723），禁卖铜锡及造铜器者，已见前。天宝十三载（754），敕铅铜锡不许私家买卖货易。《旧书·赵涓传》。大历七年十二月，禁铸铜器。《旧书·本纪》。贞元初，盐铁使张滂奏禁江淮铸铜为器，惟铸鉴而已。《新书·食货志》。九年正月，禁卖剑、铜器，天下有铜山，任人采取。其铜官买。除镜外不得铸造。《旧书·本纪》。十年（794），诏天下铸铜器，每器一斤，其直不得过百六十。销钱以盗铸论。《新书·食货志》。元和元年（806），以钱少禁用铜器。《旧书·本纪》。宝历元年十月，河南尹王起奏盗销钱为佛像者，请以盗铸钱论。《旧书·本纪》。亦见《新书·食货志》。大和三年（829），诏佛像以铅锡土木为之，饰以金银、石、乌油、蓝铁。惟鉴、磬、钉、镶、钮得用铜，余皆禁之。盗铸者死。文宗时虽禁铜为器，而江淮、岭南，列肆鬻之。铸千钱为器，雠利数倍。宰相李珏请加炉铸钱。于是禁铜器，官一切为市之。《新书·食货志》。后唐庄宗同光二年（924），圜丘礼毕赦文，禁工人镕钱为铜器。明宗天成元年八月，中书门下奏："访闻近日诸道州府所卖器价贵，多是销镕见钱，以邀厚利。"乃下诏曰："宜令遍行晓告。如旧系铜器及碎铜，即许铸造。仍令生铜器物，每斤价定二百文，熟铜器物，每斤四百文。如违省价，买卖之人，依盗铸钱律文科断。"皆见《旧五代史·本纪》及《食货志》。晋高祖天福三年三月，亦禁造铜器云。《新五代史·本纪》。

乱铜钱者，铁锡钱也，故其禁尤亟。天宝前事已见前。元和二年四月，禁铅锡钱。《旧书·本纪》。《旧书·食货志》云：大和三年六月，中书门下奏："准元和四年闰三月敕：应有铅锡钱，并合给官。如有人纠得一钱赏百钱者。当时敕条，贵在峻切，今详事实，必不可行。只如告一钱赏百钱，则有人告一百贯锡钱，须赏一万贯铜钱。执此而行，事无畔际。今请以铅锡交易者，一贯已下，以州府常行决脊杖二十。十贯已下决六十，徒三年。过十贯已上，所在集众决杀。其受铅锡钱交易者，亦准此处分。其用铅锡钱仍纳官。其能纠告者，每一贯赏五千文。不满贯者，准此计赏，累至三百千，仍且取当处官钱给付。其所犯人罪不死者，征纳家资，填充赏钱。"可之。此条例亦未尝不峻切也。五代时，仍时申其禁。薛《史·唐庄宗纪》：同光二年三月，禁用铅锡钱。《明宗纪》：天成元年十二月，诏严禁镴钱。四年四月，禁铁镴钱。《末帝纪》：清泰二年十二月，禁用铅钱。天成四年（929）之禁，《通鉴》作铁锡钱。云："时湖南专用锡钱，铜钱一直锡钱百，流入中国，法不能禁。"《注》引《五代会要》云："同光二年三月敕：泉布之弊，杂以铅锡。江湖之外，盗铸尤多。市肆之间，公行无畏。因是纲商挟带，舟载往来。换易好钱，藏贮富室。实为蠹弊，须有条流。宜令京城及诸道，于市行使钱内黜检，杂恶铅锡，并宜禁断。绿江州县，每有舟船到岸，严加觉察。若私载往来，并宜收纳。"天成元年十二月，敕"行使铜钱之内，如闻挟带铁钱，若不严加科流，转恐私加铸造。应中外所使铜钱内铁镴钱，即宜毁弃，不得辄更有行使。如违，其所使钱不计多少，并纳入官，仍科深罪。"均可考见当时铁锡钱流衍之情形也。

第五节　钱币（下）

隋、唐、五代之世，铜钱阙乏，所恃以济其穷者，实为布帛。《唐律疏议》以绢匹不充四十尺，布端不满五十尺，幅阔不充一尺八寸为短狭，已见第二节。《新书·百官志》织染署云："掌供冠冕组绶及织纴色染锦罗纱縠绫紬绝绢布，皆广尺有八寸，四丈为匹。布五丈为端。绵六两为屯。丝五两为绚。麻三斤为繀。"《通鉴》：开元十五年（727），上命妃嫔以下宫中育蚕。夏至，赐贵近丝人一繀。胡《注》曰："杜佑曰：《唐令》麻三斤为繀，未知丝繀轻重何如？"《旧书·职官志》金部曰："凡赐十段，其率绢三匹，布三端，绵四屯。若杂采十段，则丝布二匹，紬二匹，绫二匹，缦四匹，若赐番客锦采，率十段则锦一张，绫二匹，缦三匹，绵四屯。"《旧五代史·唐明宗纪》：长兴元年十月，诏凡赙赠布帛，言段不言端匹。段者，二丈也，宜令三司依此给付，此其权度及用之之法也。布帛虽重滞，较之谷物，究易搬运，且便藏贮，故其用较谷物为广。然较之铜钱，则此诸德，尚相去甚远。民间造之，利于行滥短狭，官取之又务求其长大，已见第二节。《旧书·李皋传》言皋"于官匹帛皆印之，绝吏之私"，是吏之掌管者有弊也。《旧五代史·周世宗纪》：显德三年五月，诏天下公私织造布帛及诸色匹段，幅尺斤两，并须依向来制度，不得轻弱假伪。犯者擒捉送官。此诏用意虽重在私，然兼言公私，则宫中制造，亦未尝无弊矣。故铸钱究不容已也。惟偏僻之区，有竟无钱者，不得不专借布帛以为用耳。如《新五代史·四裔附录》载胡峤《陷虏记》，谓西楼有邑屋市肆，然交易无钱而用布是也。

金银之为用亦日广，首于赏赐见之。梁睿平王谦，赐金二千两，银三千两。杨素平江南，赐黄金四十斤。讨突厥，赐黄金百斤。周法尚平李光仕，赐黄金百五十两，银百五十斤。慕容三藏破王仲宣，赐奴婢百口，加以金银杂物。郑善果为鲁郡太守，与武威太守樊子盖考为天下第一，各赐黄金百两。唐太宗平王世充，赐黄金六千斤。元吉亦赐二千斤。屈突通从平薛举，时珍物山积，诸将皆争取之，通独无所犯，高祖闻之，特赐金银六百两。窦威子琮，从隐太子平刘黑闼，赏黄金十斤。樊兴，从太宗积战功，赐黄金三十铤。萧瑀，迁内史令，奏便宜数十条，赐金一函。杜淹，杨文干作乱，辞连东宫，归罪于淹及王珪、韦挺等，并流越巂，太宗知其非罪，赠以黄金三百两。《旧书·杜如晦传》。尉迟敬德，寻相叛，诸将疑其必叛，因于军中，太宗释之，引入卧内，赐以金宝。是日从猎，遇王世充领步骑数万来战。世充骁将单雄信领骑直趋太宗。敬德跃马大呼，横刺雄信坠马，翼太宗以出。特赐金银一箧。秦叔宝，从破宋金刚于介休，录前后勋，赐黄金百斤。从讨王世充，平，赐黄金百斤。李君羡，每战必单骑先锋陷阵，前后赐宫女、马、牛、黄金、杂采，不可胜数。薛收，上书谏猎，赐黄金四十铤。魏徵陈不克终十渐，赐黄金十斤。孔颖达为太子右庶子，以数有匡谏，与左庶子于志宁各赐黄金十斤。《旧书·太宗诸子传》。《志宁传》同。新、旧《书·颖达传》皆作一斤，恐误。程务挺，父名振，以功赐黄金三百两。江夏王道宗，将讨高丽，以百骑度辽窥形势，还赐金五十斤。黑齿常之，与吐蕃战，拔出李敬玄，赐金五百两。姚崇，言酷吏之弊，则天大悦，遣中使赐银千两。魏元忠，中宗复位为相，请归乡里拜扫，特赐银千两。朱泚，至京师及出镇奉天，皆赐金银。穆宗幸五方，赐从官金银铤有差。《旧纪》长庆三年八月。殷侑，开成元年（836），召为刑部尚书，中谢，令中使就第赐金十斤。王檀，柏乡败后全邢州，赐银千两。孟昶好打球走马，又为方士房中之术，多采良家，以充后宫。枢密副使韩保贞切谏。昶大悟，即日出之。赐保贞金数斤。周世宗，显德六年六月，赐江南进奉使银一万两。此皆径以金银为赐者也。隋炀帝以金蛇、金进宣华夫人，已见第二章第三节。杨素平江南，黄金之外，又赐银瓶，实以金钱。献皇后崩，山陵制度多出于素，赐金钵一，实以金，银钵一，实以珠。赐王公已下射，素箭为第一，高祖手以外国所献金精盘赐之。周法尚，平陈后，安集岭南，赐银瓮。樊子盖与苏威、宇文述陪宴积翠亭，炀帝以金杯属子盖酒，因以赐之。唐制：内侍省内府局，掌中藏宝货给纳名数。凡朝会，五品已上赐绢帛金银器于殿庭者并供之。诸将有功，并蕃酋辞还，亦如之。秦叔宝，战美良川，破尉迟敬德，功多，高祖赐以黄金瓶。隐太子、巢刺王谋害太宗，密致书招尉迟敬德，仍赠以金银器物一车。高季辅，贞观十八年（644），兼吏部侍郎，凡所铨叙，时称允当，太宗赐金背镜一面，以表其清鉴。高宗将立武昭仪，密遣使赐长孙无忌金银宝器各一车，以悦其意。裴行俭，平阿史那匐延、都支、李遮匐，赐金银器皿三千余事。胡楚宾，属文敏甚，必酒中然后下笔，高宗常以金银杯斟酒饮之，文成辄赐焉。《新书·文艺传》，附《元万顷》后。阎朝隐，则天不豫，令往少室山祈祷，朝隐以身为牺牲，赐金银器十事。《旧书·文苑传》。刘幽求，睿宗即位，赐金银杂器。先天二年七月三日诛逆，玄宗宴于内殿，赐功臣金银器皿各一床。《旧书·王琚传》。九月己卯，宴王公百寮于承天门，令左右于楼下撒金钱，许中书、门下、五品已上官，及诸司三品已上官争拾。《旧书·本纪》。郭知运平康待宾，赐金银器百事。张守珪斩可突干，诣东都献捷，赐金银器物。安禄山，玄宗为置第宇，穷极壮丽，以金银为笊、筐、笊篱等。李嗣业，天宝十二载（753），自疏勒镇使入朝。赐酒帝前，醉起舞。帝宠之，赐采百，金皿五十物，钱十万，曰："为解醒具。"郭子仪，肃宗不豫，请见，引至卧内，赐御马、银器、杂采。贾耽，献《陇右山南图》，赐银瓶盘各一。献《海内华夷图》及《古今郡国县道四夷述》，赐银瓶盘各一；银槏二。韦处厚与路随进所撰《六经法言》，赐银器二百事。《旧书·穆宗纪》长庆二年（822）。谏昭愍畋，赐银器四事。崔郾，昭愍即位，选为侍讲学士。进《诸经纂要》，赐银器等。牛僧孺节度山南，辞日赐觚散樽杓等金银古器。庞勋之平，其宿州守将张玄稔以城降，遂复徐州，赐金槏一杖，盖碗一具，金要带一条。《旧书·懿宗纪》咸通九年（868）。天复三年（903），岐人启壁，唐昭宗赐梁太祖紫金酒器。《旧五代史·梁太祖纪》。梁太祖乾化元年十二月，延州节度使高万兴奏"杀戮宁、庆两州贼军"，以银器赐其入奏军将。唐明宗天成元年（926），谏议大夫萧希甫奏宰相豆卢革、韦说罪，革、说皆贬谪，赐希甫银器五十两。皆见《旧史·本纪》。周世宗显德二年（955），赐张湜等九人各银器二十两，以尝删定《刑统》之劳也。《新史·刑法志》。三年（956），李璟使钟模等来，许称臣纳贡，赐模等银器一百两。五年四月，赐李璟金器千两，银器万两。六年（959），赐两浙进奉使银器三千两。凡此皆以金银器物为赐者也。

此时宫廷器物，以金银为之者极多，故臣下之图贡媚者，亦争以是为献。《隋书·苏威传》：威见宫中以银为幔钩，因盛陈节俭之美。高祖为之改容。雕饰旧物，悉命除毁。《何稠传》：炀帝将幸扬州，命造舆服羽仪送至江都，所役工二十余万人，用金银钱物巨万计。唐太宗以朱提瓶镣盎燕回纥，已见第二节。武后作九鼎，欲以黄金千两涂之，纳言姚谏，乃止。事见《旧书·璹传》，亦见《礼仪志》。德宗即位，诏银器勿以金饰，《旧书·本纪》大历十四年五月。敬宗尝诏度支进铜三千斛，金薄十万，翻修清思院新殿及升阳殿图障。又令浙西造盂子二十具，计用银一万三千两，金一百三十两。皆见第八章第五节。《旧书·薛存诚传》云："敬宗造清思院新殿，用铜镜三千片，黄白金薄十万番。"《新书》作"铜鉴三千，薄金十万饼。"宣宗女万寿公主，下嫁郑颢，旧制，车舆以镣金钿饰，帝易以铜。懿宗女卫国文懿公主薨，许百官祭以金贝寓车、厌服、火之，民争取煨以汰宝。及葬，冶金为俑。《新书·诸公主传》。参看第十章第一节。凡此，皆可见当时宫廷用金银制器物之广。其臣下之以是为献者：齐映，献高八尺银瓶，已见第七章第六节。李敬玄弟元素，为武德令。怀州刺史李文暕将调率金银，造常满樽以献，百姓甚弊之。官吏无敢异议者。元素抗辞固执。文暕乃损其制度，以家财营之。田神功，朝京师，献金银器五十件。韩弘，自汴入觐，进银器二百七十件。王播，自淮南还，献玉带十有三，银碗数千，绫四十万，遂得再相。皆可见宠赂之彰。襄阳裴均，违诏书献银壶瓮数百具。李绛请归之度支，示天下以信。宪宗可之，仍赦均罪。《新书·绛传》。文宗大和二年五月，敕应诸道进奉内库四节及降诞进奉金花银器。并纂组文缬杂物，并折充铤银及绫绢。其中有赐与所须，待五年后续有进止。《旧书·本纪》。化私为公，化无用为有用，已为难得。若德宗即位之初，贡器以金银饰者还之，《新书·本纪》。则直是绝无仅有矣。《新五代史·梁太祖纪》：天复三年（903），唐昭宗发凤翔，权驻跸帝营，帝以金银器进。造次颠沛之际，何须乎是？盖已习为事例矣。开平二年十月，大明节，诸道节度刺史各进献鞍马、银器、绫帛以祝寿。四年（910），寒食假，诸道节度使、郡守、勋臣竞以春服贺。又连清明宴，以鞍辔马及金银器、罗锦进者逮千万。乾化元年（911），广州贡犀象、奇珍及金银等，其估数千万。二年五月，至东都。博王友文以新创食殿上言，并进准备内宴钱三千贯，银器一千五百两。此等皆是竭泽而渔，梁祚之不长，实由于此，观第十二章第二节所引《旧史·袁象先传》可见也。《唐明宗纪》：天成二年三月，任圜奏诸道藩府，请依天复三年（903）已前许贡绫绢、金银，随其土产，折进马之直。《五代会要》详纪其事云："圜奏三京留守、诸道节度、观察、诸州防御使、刺史，每年应圣节及正、至等节贡奉，或讨伐胜捷，各进献马。伏见本朝旧事，虽以献马为名，多将绫绢、金银，折充马价。盖跋涉之际，护养稍难，因此群方，俱为定制。自今后，伏乞除蕃部进驼马外，诸州所进马，许依天复三年已前事例，随其土产，折进价值。"唐畜马本最盛，中叶后兵力虽衰，与西北蕃戎交易之殷繁如故，马本不难多致，而遽一蹶不振；沙陀久处朔方，明宗又留意戎备，而骑兵亦不过三万五千；见第一节。盖皆化作绫绢、金银，以供耗费矣？四年六月，高从海进银三千两赎罪。长兴三年十月，复与马希范并进银、茶，乞赐战马。帝还其直，各赐马有差。此等皆同市道交。《周世宗纪》：显德三年（956），李璟遣钟谟等奉表来，叙愿称臣纳贡之意，仍进金器千两。孙晟来，仍进金一千两，银十万两。又进赏给将士金银。五年三月，璟遣冯延巳献犒军银十万两。四月，宴从臣及江南进奉使于行宫。徐辽代璟奉寿觞以献，进金酒器及金银。穷兵黩武之所求，亦不过如是而已。

臣下之藏金银若以金银为器物者亦多，故亦以之相馈遗。吕用之给杨行密：有白金五十铤，瘗于所居之庑下，寇平之日，愿备将士一醉之资。《旧五代史·行密传》：五十铤，《通鉴》作五万铤，事系光启三年（887）。其言虽诬，然其时必有此等事，乃足以为诳。梁太祖之征赵匡凝也，入襄城，周视府署，帑藏悉空。惟西庑下有一亭，窗户俨然，扃锁甚密。命破锁启扉，中有一大匮，缄镝甚至。又令破柜，内有金银数百铤。《旧五代史·梁太祖纪》天祐二年（905）。而张篯亦积白金万镒，藏于窟室。观此二事，便知用之诳语，所以能见信于人。抑扬、越，邻道也，董昌之帅越也，于常赋之外，加敛数倍，以充贡赋及中外馈遗。旬发一纲，金万两，银五千铤，越绫万五千匹，他物称是。《通鉴》乾宁元年（894）。越之厚藏如是，用之有银数十铤，岂足异哉？然则房知温死，而其子献其钱三万缗，金百两，银千两，诚九牛之一毛矣。或曰：此等皆武人，乘时攘夺，与盗贼无异，何足论？然王瑜，不忍其父陷于契丹，而以兵谏，亦志节之士也，而畜聚金币万计，则初不必全无心肝之人而后然矣。王伾，史谓其室中为无门大柜，惟开一窍，足以受物，以藏金宝，其妻或寝卧于其上，此必厚诬之辞。然桑维翰有白金数千铤，则事非子虚。见第十八章第三节。则并不必武人矣。犹曰仕历通显也。陈保极为维翰所贼，蹭蹬宦途，衔愤以卒，性又鄙吝，而帷囊中亦贮白金十铤。卢简辞为侍御史，福建盐铁院官坐赃，简辞穷按之，得金床、瑟瑟枕大如斗，敬宗曰："禁中无此物。昂为吏可知矣。"则又不必达官贵人矣。金银之为众所好尚如是。元孝矩季弟褒，诸兄议欲别居。泣谏不得，家素富，多金宝，褒无所受，脱身而出。卢怀慎，器用服饰，无金玉绮文之丽。诚如凤毛麟角矣。竟以金银若其所成之器物相赠遗，又曷足怪哉？裴敦复欲害裴宽，令子婿以五百金赂贵妃姊杨三娘。《旧书·裴潍传》。《新书》作金五百两。尉迟敬德子姓陷大逆，韩思彦按释其冤，赠黄金、良马，思彦不受。刘乂持韩愈金数斤去，曰："此谀墓中人得耳，不若与刘君为寿。"柳公权为勋戚家碑版，问遗岁时巨万，多为主藏竖海鸥、龙安所窃。别贮酒器杯盂一笥，缄縢如故，其器皆亡。讯海鸥，乃曰："不测其亡。"公权哂曰："银杯羽化耳。"不复更言。杨复光引段彦谟为荆南节度，彦谟给行边，诣复光，以黄金数百两为谢。高汉筠在襄阳，有孽吏，常课外献白金二十镒。汉筠曰："非多纳麦麰，则刻削闾阎。吾有正俸，此何用焉？"戒其主者不复然。其白金皆以状上进。潘环历六部两镇，所至以聚敛为务。在宿州时，有衙将因微过见怒，环给言笞之。衙校因托一尼尝熟于环者献白金两铤。尼诣环，白衙校饷鏊脚两枚，求免其责。环曰："鏊本几脚？"尼曰："三脚。"环复曰："今两脚能成鏊乎？"尼则以三数致之。当时号为潘鏊脚。李继韬之降也，其母杨氏，赍银数十万至京师，厚赂宦官、伶人。然则问遗、报谢、请托、构陷、诛求、乞匄，无不以之矣。第五琦之贬也，在道有告其受人黄金二百两者。遣御史刘期光追之。琦对曰："二百两金，十三斤重。忝为宰相，不可自持。若其付受有凭，即请准法科罪。"期光以为伏罪，遽奏之。仆固怀恩上书自讼，言"李抱玉与臣马兼银器四事，臣于回纥处得绢，便与抱玉二千匹，以充答赠。今被抱玉共相组织，将此往来之贶，便为结托之私"。琦之见诬不待论，即怀恩亦未必意存结托，然当时贿赂公行，诬构者遂得因而中之矣。

不徒王公贵人也，即平民亦多有金银。《旧书·崔光远传》：率花惊定等讨平段子璋。将士肆剽劫。妇女有金银臂钏者，兵士皆断其腕以取之，乱杀数千人。此有金银臂钏者，必不能皆为贵妇人也。薛《史·赵光逢传》：尝有女冠，寄黄金一镒于其家。时属乱离，女冠委化于他土。后二十年，金无所归，纳于河南尹张全义，请付诸宫观。其旧封尚在。此女冠盖亦以黄金为贮蓄，犹近世妇人得钱则以买金银饰物耳。人民之多藏金银，盖以其行用之广。《新书·李勉传》：勉少贫狭，客梁、宋，与诸生共逆旅。诸生疾且死，出白金曰："左右无知者，幸君以此为我葬，余则君自取之。"勉许诺。既葬，密置余金棺下。后其家谒勉，共启墓，出金付之。薛《史·晋少帝纪》：开运二年（945），是岁，帝每遇四方进献器皿，多以银于外府易金而入。谓左右曰："金者，贵而且轻，便于人力。"识者以为北迁之兆。行旅皆以金银为资，即见其是处可用。魏元忠之请归拜扫而蒙赐银也，中宗手敕曰："散金敷惠，谅属斯辰。"而元忠至乡里，自藏其银，无所振施，为史所讥。尤可见乡里间人，无不知宝金银者矣。梁太祖尝以银万两请籴于魏，《通鉴》唐僖宗文德元年（888）。盖非徒以为赂，亦以是俾其求诸贵庚之家邪？秦、汉用金，多以斤计，南北朝时，稍以两计，可见其行用之广，说见《两晋南北朝史》第二十一章第五节。至唐、五代时，则金银器物，亦有以两言者矣。盖亦非徒珍藏，乃将权其轻重而用之也。

不惟民间为然也，军中亦多有金银。《新书·阿史那社尔传》：与郭孝恪讨龟兹。孝恪之在军，床帷器用，多饰金玉，以遗社尔，社尔不受。此或掠诸西域，然师行内地者亦然。故王子颜父难得，从肃宗幸灵武，行在阙军赏，难得乃进绢三千匹及银器。代宗讨田承嗣，使中人出黄白金万计劳赉。《新书·藩镇魏博传》。宪宗元和十二年二月，亦出内库银五千两付度支供军也。《旧纪》。鲁炅为南阳节度使，以岭南、黔中、山南东道子弟五万人屯叶北，贼将武令珣等击之，尽没。岭南、黔中、荆襄子弟半在军，多怀金银为资粮；军资器械，尽弃于路如山积；贼徒不胜其富。《旧书·炅传》。黄头军之怨怒也，田令孜置酒会诸将，以黄金樽行酒，即以赐之。时溥之败，徙金玉与妻子登燕子楼自焚。朱全忠入关，韩建遣使纳降，又以银三万助军。《旧五代史·梁太祖纪》。毕师铎攻广陵，兵傅城。吕用之分兵守，且自督战。令曰："斩一级赏金一饼。"及师铎徙高骈东第，擒诸葛殷，要下得金数斤。骈出金遗守者，师铎知之，加兵苛督。秦彦为杨行密所迫，大出金求救于张雄。雄引兵至东塘，得金，不战去。彦使师铎出战，行密伪北，诸军奔其壁，争取金玉资粮，伏噪而出，俘杀旁午，横尸十里。《新书·高骈传》。刘守光见围，献银千两于周德威。后唐庄宗许以魏王所运金银赐将士。凤翔兵溃，闵帝亦出银、绢、钱厚赐诸军。皆足见军中金银为用之广。赉此果何为哉？王世充之篡也，皇甫无逸弃母妻斩关自归。追骑将及，无逸解金带投之地，骑争下取，由是获免。陆贽疏论裴延龄，追溯在奉天之时，言宫壶之中，服用有阙，剥亲王饰带之金，卖以给直。《旧书·延龄传》。然则军中之有金银，亦取其贵且轻，便于人力，而缓急可以为资粮耳。柏乡之役，王景仁所将神威、龙骧、拱宸等军，皆梁精兵，人马铠甲，饰以金银，其光耀目。周德威勉其众曰："其一甲直数十千，得之足为吾资，无徒望而爱之，当勉以往取也。"安重荣乘镇州旱蝗，聚饥民驱以向邺。晋高祖遣杜重威逆之。兵已交，其将赵彦之与重荣有隙，临陈卷旗以奔晋军。其铠甲鞍辔，皆装以银。晋军不知其来降，争杀而分之。战而胜可也，战而不胜，遂为泽中之麇，蒙虎之皮矣。士卒如斯，将校尤甚。梁太祖开平二年六月，诏诸道进献，不得以金宝装饰戈甲剑戟，雕勒不用涂金及雕刻龙凤。七月，诏内外将相，许以银饰鞍勒。其刺史、都将、内诸司使以降，祇许用铜。晋少帝开运元年十月，诏今后作坊制器械，指兵器。不得更用金银装饰。装饰者后起，其初意，固亦以为资粮也。

造像为耗金之一大端。王昶以黄金数千斤铸宝皇及元始天尊、太上老君像，盖隋、唐、五代之世造像之费金最多者？然合天下寺观而计之，恐此数千斤者，又区区不足计矣。《旧书·五行志》：景龙中，东都凌空观灾，金铜诸像，销铄并尽。可见寺观铜像而外，多有金像。然观此时金银流布之广，则即合天下寺观造像所费计之，恐亦不足齿数也。

金银行用之广，盖缘货币之不足。然迻用为易中者，亦惟岭南。《日知录》引韩愈奏状，谓五岭卖买一以银。元稹奏状，谓自岭以南，以金银为货币。又引张籍诗曰"蛮州市用银"是也。金价太贵，银之用盖尤多，后世银铜并用之基，实奠于此。案唐世币制之坏，可谓是处皆然，中原贸易殷繁，自必更以为苦，然以金银为币，仍限于五岭以南者。钱币者度物价之尺，尺可一不可二，既用铜钱，又用金银，是二之也。金银通用，广狭不侔，设并用之，比价岂能不变？若有变，是三之也。职是故，圜法虽坏，人民仍愿用钱。杨于陵谓大历已前，岭南杂用金银、丹砂、象齿，而后亦用钱，其明征矣。然此特铜钱初有流入南方者耳，其数固不能多，而金银且有流衍而北者。宪宗欲谋鼓铸，但断岭北银坑，而岭南则置诸不问者，知其势不可以遽变也。已又许其重开而禁钱逾岭者，知岭北银坑，所出无几，不足以乱圜法，而岭南则虑其运银而来，易钱而去也。然则是时岭南之银盖多矣？银果何自来邪？近人王毓瑚，尝考《新书·地理志》所载产银之州县三十四，而属于岭南者惟三。释之曰：有银之地，不必皆事开采，岭南则记载较略也。又考诸《通典》，贡银之郡三十二，而其三十属于岭南。因谓岭南产银必多。王氏文见文通书局《文史杂志》第六卷第三期。予谓唐时岭南生计，尚远落北方之后，谓其能大开银矿，亦有可疑。土贡固当重土产，亦不必皆土地所生，交易所得，亦土产也。宋世徐豁尝论中宿俚民，每丁课银半两，而其地实不出银，皆买银而输之，则其明证。见《两晋南北朝史》第二十章第一节。《新书·孔戣传》：附其从父《巢父》传。拜岭南节度使。既至，免属州逋负十八万缗，米八万斛，黄金税岁八百两。岂有矿业大兴，而以八百两之税为苦者？更观徐豁论始兴之民采银之苦，数十郡同时开采，殆势所不能也。果其有之，则孔戣所恤，亦当兼及矿丁。而不徒在于金税矣。然则银果何自来邪？殆来自海表也？西胡凤用金银。《旧书·魏徵传》言：太宗遣使诣西域立叶护可汗，未还，又使多赍金银帛历诸国市马。徵谏，太宗纳其言而止。《新书·波斯传》云："劫盗囚终老，偷者输银钱。"高仙芝破石国，获黄金五六囊驼。可见西域金银之富。乌质勒将阙啜忠节，密使赍金七百两赂宗楚客，请停娑葛统兵，此非突厥所自为，乃渐染西胡之俗也。肃宗之还西京，回纥叶护自东京至，赐以金银器皿。突董之死也，使源休归其尸。可汗使谓休曰："所欠马直绢一百八十万匹，当速归也。"遣散支将军康赤心等随休来。寻遣之归，与帛十万匹、金银十万两偿其马直。朱邪执宜之来朝，唐赐以锦采银器。《旧书·穆宗纪》长庆二年九月。回纥、沙陀，其先皆处西域，故知贵金银，唐亦顺其俗而与之也。贾胡既咸用金银，自必流入所与交易之国。然西北陆路，来者究少，至南方海道，则不然矣。《旧书·太宗纪》：贞观十四年闰月，十月。吐蕃遣使献黄金器千斤以求婚。《本传》云：复请婚，太宗许之。弄赞遣其相禄东赞致礼，献金五千两。自余宝玩数百事。太宗伐辽东还，遣禄东赞来贺，作金鹅奉献。其鹅黄金铸成，其高七尺，中可实酒三斛。器弩悉弄求婚，献金二千两。开元十七年（729）求和，献金胡瓶一，金盘一，金碗一。金城公主又别进金鸭、盘盏、杂器物等。二十四年正月，使贡方物、金银器玩数百事，皆形制奇异，上令列于提象门外，以示百寮。《新书》传云："其官之章饰，最上瑟瑟，金次之，金涂银又次之，银次之，最下至铜止。"《郝玼传》云：赞普常等玼身铸金象，令于国曰："得生玼者以金玼偿之。"此言自诬，然吐蕃之多金，则可见矣。此非来自南海而何自哉？《投和传》云："银作钱。"《名蔑传》云："交易皆用金准直。"《骠传》云："以金银为钱，形如半月。"岂有南海之金银，能入吐蕃、投和、名蔑、骠而不能入中国者？《隋书·食货志》谓自梁初，交、广之城，即全以金银为货，则其积之也久矣，其多又曷足怪乎？《隋书·地理志》云："诸僚并铸铜为大鼓。初成，县于庭中，置酒以招同类。来者有豪富子女，则以金银为大钗，执以叩鼓。竟，乃留遗主人。名为铜鼓钗。"《史万岁传》：文帝既杀之，下诏曰："敕令将爨翫入朝，多受金银，违敕令住。"《梁毗传》云：出为西宁州刺史。在州十一年。先是蛮夷酋长，皆服金冠，以金多者为豪俊。由是递相陵夺，每寻干戈。边境略无宁岁。毗患之。后诸酋长相率以金遗毗。于是置金坐侧，对之恸哭，而谓之曰："此物饥不可食寒不可衣。汝等以此相灭，不可胜数。今将此来，欲杀我邪？"一无所纳，悉以还之。于是蛮夷感悟，遂不相攻击。《新书·诸夷蕃将传》：冯盎族人子猷，贞观中入朝，载金一舸自随。高宗时，遣御史许瓘视其赀。瓘至洞，子猷不出迎。后率子弟数十人击铜鼓，蒙排执瓘，而奏其罪。帝驰遣御史杨璟验讯。璟至，卑辞以结之，委罪于瓘。子猷喜，遗金二百两，银五百两。璟不受。子猷曰："君不取此，且留不得归。"璟受之。还奏其状。帝命纳焉。《松外蛮传》云："富室娶妻，纳金银、牛羊、酒。女所赍亦如之。奸淫则强族输金银请和，而弃其妻。处女嫠妇不坐。"《嘉良夷传》云："王、酋帅以金饰首，胸垂金花，径三寸。"盖南蛮之多金又如此。薛《史·唐明宗纪》：天成二年八月，昆明九部落各差使随牂牁、清州八郡刺史来朝，各赐官告、缯采、银器放还，亦顺其俗而与之也。其金又何自来哉？《隋书·食货志》言岭外酋帅，因生口、翡翠、明珠、犀象之饶，雄于乡曲，而其所由来者可知矣。岂有能入此等部族，而不能入中国者乎？抑又不仅此。过折之杀可突干也，唐授以松漠都督，赐银器十事。《旧书·本传》。唐明宗天成二年十一月，契丹遣使来乞通和。十二月，遣飞胜指挥使于契丹，赐契丹主锦绮、银器等。四年十一月，云州奏契丹主在黑榆林南，造攻城之具。遣使赐以银器、采币。周太祖广顺元年（951），遣朱宪伴送契丹来使归蕃，兼致书叙革命之由，仍以金酒器一副遗兀欲。皆见薛《史·本纪》。泉男生与李勣攻平壤，擒高藏，诏遣其子赍手制金皿即辽水劳赐。《新书·诸夷蕃将传》。玄宗赐新罗兴光金银精器，兴光亦上黄金。《新书·本传》。则虽东北诸国，距西胡较远者，亦咸知贵金银矣，而谓其不能入中国乎？

《旧书·方伎传》：孟诜，垂拱初，累迁凤阁舍人。诜少好方术。尝于凤阁侍郎刘祎之家见其敕赐金，谓曰："此药金也。若烧火其上，当有五色气。"试之果然。则天闻而不悦。因事出为台州司马。赐金而用伪物，事殊可骇。如此，唐时伪金不将遍天下乎？此殊不然。《良吏传》：睿宗时，突厥默啜请尚公主，许之。和逢尧以御史中丞摄鸿胪卿充使报命。既至虏廷，默啜遣其大臣谓曰："敕书送金镂鞍辔，乃银胎金涂。岂是天子意？为是使人换却？如此虚假，公主必应非实。请还信物，罢和亲之事。"遂策马而去。逢尧大呼，命左右引马回。谓曰："汉法重女婿。令送鞍者，祇取平安长久之义，何必以金银为升降？若尔，乃是可汗贪金而轻银，岂是重人而贵信？"默啜闻之，曰："承前汉使，不敢如此，不可轻也。"遂设宴备礼。银胎金涂，无可误为金之理，此直是有司贪冒，使敕书不信耳。武后赐金之为伪物，亦犹是也。孟诜发明其伪，闻于后者，必谓金实非伪，而诜妄言，故后不悦而出之耳。不然，岂有不责主藏者，反咎诜之理乎？其时纲纪之废弛可见矣。若人民则原不可欺。慕容彦超之铁胎银，且不可以欺士卒也，而况商贾富人欤？见第十八章第四节。

第五章　隋唐五代人民生活

第一节　饮　食

南人多食稻米，北人多食菽麦，而北方之人，亦未尝不以稻米为美；北人之食麦者，多以之作饼。皆见《两晋南北朝史》第二十一章第一节。隋、唐、五代时，此风似仍未变。隋蔡王智积延文学之士，所设惟饼果，酒才三酌。库狄士文为贝州刺史，子啖官厨饼，士文枷之于狱累日，杖之一百，步送还京。皆饼为常食之征。《通鉴》：唐昭宗天复二年十二月，与李茂贞议与朱全忠和，曰："在内诸王及公主、妃嫔，一日食粥，一日食汤饼，今亦竭矣。"《注》曰："汤饼者，砭麦为麫，以麫作饼，投之沸汤煮之，黄庭坚所谓煮饼深注汤是也。程大昌《续演繁露》曰：《释名》：饼，并也，溲麦使之合并也。蒸饼、汤饼之属，各随形名之。"此盖恒人常食？帝王在危难中亦食之，平时固未必然。杜陵《后出塞》之诗曰："粳稻来东吴。"此指范阳安禄山军骄纵之状，可见北人豪侈者之多食稻米矣。

平民则有并菽麦而亦不易得者。《旧书·高宗诸子传》：其第五子弘，以显庆元年（656）立为皇太子。咸亨二年（671），驾幸东都，留京师监国。时属大旱，关中饥乏。令取廊下兵士粮视之。见有食榆皮蓬实者。乃令家令等各给米使足。《苏瑰传》：瑰以景龙三年（709）转仆射。言禁卫兵有三日不得食者。禁卫如此，岂况他军？又岂况平民？《隋书·食货志》言：炀帝时百姓废业，屯集城堡，无以自给，然所在仓库，犹大充牣，吏皆惧法，莫肯振救，由是益困。初皆剥树皮食之，渐及于叶。皮叶皆尽，乃煮土或捣藁为末而食之。《新书·食货志》言：肃宗时，百姓残于兵盗，米斗至钱七千，鬻粜为粮，民行乞食者属路。又云：懿宗时，自关东至海大旱，冬蔬皆尽。贫者以蓬子为麫，槐叶为齑。此据卢携之言，见第十章第四节。《杜佑传》：孙悰，镇淮南。时方旱，道路流亡藉藉。民至漉漕渠遗米自给，呼为圣米。取陂泽茭蒲实皆尽。悰更表以为祥。《新五代史·牛存节传》：李罕之围张全义于河阳：全义乞兵于梁。梁太祖以存节故事诸葛爽于河阳，知其间道，使以兵为前锋。是岁饥，兵行乏食。存节以金帛就民易干蕈以食军。击走罕之。又《豆卢革传》：言庄宗灭梁之初，大水，四方地连震，流民殍死者数万人。军士妻子皆采稆以为食。皆不谷食时之情形也。《新书·崔融传》：曾孙从，少孤贫，与兄能偕隐太原山中。会岁饥，拾橡食以饭，讲学不废。《韦贯之传》：居贫啖豆糜自给。《阳城传》：岁饥，屏迹不过邻里，屑榆为粥，讲论不辍。有奴都儿，化其德，亦方介自约。或哀其馁，与之食，不纳。后致糠核数栖，乃受。则士大夫亦有不办麦饭者矣。又《王世充传》：唐兵傅城，堑而守之。世充粮且尽，人相食。至以水汨泥，去砾，取浮土，糅米屑为饼。民病肿股弱，相藉倚道上。《通鉴》：唐僖宗光启三年（887），杨行密围广陵且半年，秦彦、毕师铎大小数十战，多不利。城中无食，米斗直钱五十缗。草根木实皆尽，以堇泥为饼食之，饿死者大半。胡《注》曰："堇泥，黏土也。"刘守光围沧州，沧州民食堇土，见第十八章第一节。此与隋炀帝时民所食土，皆近世所谓观音土者类邪？

肉类尚非常食。《库狄士文传》言其官贝州，买盐菜必于外境。可见虽刺史家，亦以盐菜为常食矣。《旧书·窦建德传》云：不啖肉，常食惟有菜蔬，脱粟之饭。此或食性使然，亦或故贫贱习于是。建德虽农夫，实游侠，而凡民可知矣。然亦不徒平民。《旧书·裴休传》：父肃，生三子：俦、休、俅。童龀时，兄弟同学于济源别墅。虞人有以鹿赘俦者，俦、俅烹之，召休食。休曰："我等穷生，菜食不充。今日食肉，翼日何继？无宜改馔。"独不食。《新书·邓景山传》：子弟馔不过草具，待上宾惟豚鱼而已。《旧五代史·刘赞传》：父玭，每肉食，别置蔬食以饭赞。谓之曰："肉食，君之禄也。尔欲食肉，当苦心文艺，自可致之，吾禄不可分也。"是士大夫家子弟，以疏食为常也。《新书·卢怀慎传》：既属疾，宋璟、卢从愿候之。见敝簀单藉，门不施箔。会风雨至，举席自障，日晏设食，蒸豆两器，菜数杯而已。则待客且然矣。又《马周传》：周每行郡县，食必进鸡。小吏讼之。太宗曰："我禁御史食肉，恐州县广费，食鸡尚何与？"榜吏斥之。御史肉食，尚有禁令，卢怀慎以豆菜待客，自不为慢。《诸公主传》：宪宗女岐阳庄淑公主，下嫁杜悰。悰为澧州刺史，主与偕。从者不二十。婢乘驴，不肉食，于理于法，皆当尔，不足夸矣。《旧书·良吏蒋沇传》：乾元后，授陆浑、螯屋、咸阳、高陵四县令。郭子仪每统兵由其县，必诫军吏曰："蒋沇清而严干，供亿故当有素，士众得蔬饭见馈则足，无挠清政。"然则军吏之挠政而求肉食者多矣。

鸡彘同为田家常畜。太宗禁御史食肉而不禁其食鸡者？鸡之为物小，食之易尽，羊豕等则不然，食之不尽，弃之可惜，故非屠肆不杀牲，而屠肆非都会不能有，此肉食之所以不为常馔也。《旧五代史·高行珪传》言其在安州，副使范延策因入奏，献封章于阙下，事有三条：一请不禁过淮猪羊而禁丝绵匹帛，以实中国。此猪羊盖鬻诸屠肆者？王绪为寿州屠者，《通鉴》唐僖宗中和元年（881）。苌弘简世本屠羊，《新五代史本传》。皆以是为业者也。《汉书·樊哙传》，言其以屠狗为事。颜师古《注》曰："时人食狗，亦与羊豕同，故哙专屠以卖。"似唐人已不甚食狗。然《旧五代史·唐景思传》，言其幼以屠狗为业，则食之者亦未尝绝矣。《新史·前蜀世家》云：王建少无赖，以屠羊、盗驴、贩私盐为事。杀牛卖肉，律有专条，惟自死牛乃得货卖，见第十八章第一节。

鱼不待畜养，故在肉食中恒为最贱。然北方人不如南方人之习食之。《旧五代史·齐藏珍传》：周世宗问以扬州事。对曰："扬州地实卑湿，食物例多腥腐。臣去岁在彼，人有以鲜鱼馈臣者，视其盘中，虬屈一如蛇虺之状。假使鹡雀有知，亦应不食，岂况于人哉？"《传》言藏珍残忍辩给，人无不畏其利口，其言盖非由衷？然北人不甚识鲜鱼，则于此可见矣。然有远道难得之物，则又不恤劳人而致之。《通鉴》：唐宪宗元和十二年七月，初国子祭酒孔戣为华州刺史。明州岁贡蚶、蛤、淡菜，水陆递夫劳费，戣奏疏罢之。岭南节度使崔咏薨，宰相奏拟代咏者，上皆不用，曰："顷有谏进蚶、蛤、淡菜者，可求其人与之。"以戣为岭南节度使。似能纳谏矣，然不数岁而又复，《困学纪闻》云：孔戣为华州刺史，奏罢明州岁贡淡菜、蛤、蚶之属，见《昌黎集·戣墓志铭》。元稹为越州，复奏罢之，见《白乐天集·稹墓志铭》。盖尝罢于元和，而复贡于长庆也。《集证》引阎若璩云：按稹奏状云：海味起自元和四年（809），而九年（814）以一县令论罢，十五年（820）复令供进。若孔戣奏罢，则在元和二年（807），当云一罢于元和二年孔戣，再罢于元和九年（814）某县令，三罢于长庆二年（822）元稹也。其不恤以口腹劳人，亦可谓甚矣。今人宴客，仍重海味。海味岂必美于他味？亦沿前世贵远物之习耳。不徒务厌饫也，而又以多财相夸，此则势利之见，并不足语于养小体者矣。

饮食若流之世，能少节其口腹之欲者，实惟佛家果报之说。此其所欲者不同，其为有欲则同也。隋文帝始以生日令海内断屠，已见第十八章第三节。尔后断屠遂成故事。《旧书·睿宗纪》：先天元年十二月，诏禁人屠杀犬鸡。此亦见唐人食狗之俗，尚未大衰。《旧五代史·梁太祖纪》：开平二年七月，敕禁屠宰两月。乾化二年四月，敕近者星辰违度，式在修禳。宜令两京及宋州、魏州，在此月至五月，禁断屠宰，仍各于佛寺开建道场，以迎福应。五月，诏曰："生育之仁，爱当暑月。乳哺之爱，方及薰风。傥肆意于刲屠，岂推恩于长养？俾无殄暴，以助发生。宜令两京及诸州府，夏季内禁断屠宰及采捕。"梁祖之嗜杀人亦甚矣，而欲为是以求福应，不亦放饭流歠而问无齿决乎？帝王生日之断屠，意亦不过如是而已。乃唐文宗生辰宴会蔬食之诏，必曰："非是信尚空门，将希无妄之福"，亦见第十八章第三节。又何其舍曰欲之而必为之辞邪？

《新书·摩揭它传》云："太宗遣使取熬糖法。即诏扬州上诸蔗，柞沈如其剂。色味愈西域远甚。”南北朝时，中国尚未有蔗糖，见《两晋南北朝史》第二十一章第一节。唐初得之西域，后乃求诸印度，疑西域之糖，亦自印度来也。《新书·地理志》：太原郡土贡有葡萄酒。《陈叔达传》：尝赐食，得葡萄，不举。高祖问之。对曰：“臣母病渴，求不能致，愿归奉之。”帝流涕曰：“尔有母遗乎？”因赐之。葡萄西域产，此时盖移植中国，且能酿为酒矣？《新五代史·四裔附录》载胡峤《陷虏记》云：“自上京东去四十里至真珠寨，始食菜。明日东行，地势渐高。西望平地，松林郁然数十里。遂入平川。多草木。始食西瓜。云契丹破回纥得此种，以牛粪覆棚而种。大如中国东瓜而味甘。”此西瓜移植东方之始也。

耕稼之邦，以肉食为贵，游牧之国，则有正相反者。《新书·黠戛斯传》：诸部食肉及马酪，惟阿热设饼饵。盖以其难得，故贵之也。《新五代史·晋本纪》：庄宗手以酥啖高祖，啖酥夷狄所重。然中国亦未尝无之。《新书·穆宁传》：四子：赞、质、员、赏。皆和粹，世以珍味目之。赞少俗，然有格，为酪，质美而多人，为酥，员为醍醐，赏为乳腐云。

茶至唐世，通行尤广。《新书·食货志》言：王播增天下茶税。江淮、浙东西、岭南、福建、荆襄茶，播自领之，两川以户部领之，是此诸道皆产茶也。《新书·藩镇传》：吴少阳时时掠寿州茶山，劫商贾。《李绅传》：迁滁、寿二州刺史。霍山多虎，撷茶者病之，治机阱，发民迹射，不能止。绅至，尽去之，虎不为暴。此淮南之茶也。《旧书·文宗纪》：大和七年正月，吴蜀贡新茶，皆于冬中作法为之。上务恭俭，不欲逆其物性，诏所贡茶宜于立春后造。此浙东及两川之茶也。《新书·循吏·韦丹传》：为容州刺史，教种茶、麦。此岭南之茶也。《旧书·哀帝纪》：天祐二年六月，敕福建每年进橄榄子。比因奋竖，出自闽中，牵于嗜好之间，遂成贡奉之典。虽嘉忠盖，伏恐烦劳。今后只供进腊茶，其进橄榄子宜停，此福建之茶也。《穆宗纪》：元和十五年三月，罢申州岁贡茶，此荆襄之茶也。其贩运亦大盛。《旧五代史·世袭列传》言：马殷据湖南，民间采茶，并抑而买之，于中原卖茶，利岁百万计。《新史·楚世家》云：自京师至襄、唐、郢、复等州，置邸务以卖茶，其利十倍。又令民自造茶，以通商旅而收其算，岁入万计。是楚于茶，实兼行官粥、通商两法也。《旧史·王镕传》云：镕次子昭诲，当镕被祸之夕，为军人携出府第。置之地穴十余日，乃髡其发，被以僧衣。属湖南纲官李震南还，军士以昭诲托于震。震置之茶褚中，既至湖湘，乃令依南岳寺僧习业，岁给其费。此纲官盖即湖南所使卖茶于中原者？又《周太祖纪》：广顺二年正月，徐州奏“破淮贼于沭阳，斩首千余级，擒贼将燕敬权。”时慕客彦超求援于淮南，李璟发兵援之，师于下邳，闻官军至，退趋沭阳。遂破之。徐州部送敬权等四人至阙下，诏赐衣服、金帛，放归本土。帝召见，谓之曰：“恶凶邪，奖忠顺，天下一也。我之贼臣，扰乱国法，婴城作逆，殃及生灵，不意吴人，助兹凶恶，非良算也。尔当归言之于尔君。”初汉末遣三司军将路昌祚于湖南市茶，属边镐陷长沙，昌祚被贼送金陵。及敬权归，具以帝言告李璟。璟乃召昌祚延坐，从容久之。且称美大朝，深有依附之意。及罢，遣伪宰相宋齐邱宴昌祚于别馆。又令访昌祚在湖南遭变之时亡失纲运之数，命依数偿之。给茗舛万八千斤，遣水运至江夏。仍厚给行装，遣之归阙。则不徒卖茶遣官，即买茶亦遣官矣。《新书·裴休传》：休于大中时，以兵部侍郎领诸道盐铁转运使，立税茶十二法。时方镇设邸阁居茶取直，因视商人他货横赋之，道路苛扰，休建言许收邸直，毋擅赋商人。则方镇之卖茶，初不自马殷始，盖其利实厚也。然私商之贩运者仍多。何福殷于淮南买茶，见第十七章第三节。颉跌氏于江陵贩卖茶货，见第十九章第三节。杨行密破孙儒，甫还扬州，即议出盐、茗畀民，使之输帛，可见其相须之殷。刘仁恭禁江表茶商，自撷山中草叶为茶，号其山曰大恩，可见其为利之厚。房知温之死也，其子献其茶千五百斤。盖当时豪富，以茶为奇货者多矣？《新书·陆羽传》：羽嗜茶，著经三篇，言茶之原、之法、之具尤备。天下益知饮茶矣。时鬻茶者，至陶羽形，置之炀突间，祀为茶神。有常伯熊者，因羽论，复广著茶之功。御史大夫李季卿宣慰江南，次临淮，知伯熊善煮茶，召之。伯熊执器前，季卿为再举杯。至江南，又有荐羽者。召之。羽衣野服，挈具而入。季卿不为礼。羽愧之。更著毁茶论。其后尚茶成风。时回纥入朝，始驱马市茶。懿宗咸通四年（863），制言安南溪洞之间，悉藉岭北茶药，见第十九章第三节。则茶且北走胡，南走越矣。王播之加茶税也，拾遗李珏言其不可，曰："茶为食物，无异米盐。田间之间，嗜好尤切。流弊于民，先及贫弱。"《旧书·穆宗本纪》长庆元年（821）及《珏传》。《新书·食货志》及《珏传》略同。案陆羽、陆龟蒙皆贫士，龟蒙置园顾诸山下，岁收租茶，见第十八章第二节。又有朱桃椎者，亦见《新书·隐逸传》云：成都人。淡泊绝俗。结庐山中，夏则羸，冬缉木皮叶自蔽，赠遗无所受。尝织十芒屏置道上。见者曰："居士屩也。"为鬻米茗易之，置其处，辄取去。终不与人接。如此之人，而亦须茗，茗为田间所嗜，无异米盐，信矣。《旧书·王涯传》：甘露之变，涯与同列归中书会食，仓皇步出，至永昌里茶肆，为禁兵所擒。又云：涯以榷茶事，百姓怨恨，诟骂之，投瓦砾以击之。真百姓未必如此，此盖因榷茶而失利者为之？然亦可见其人颇众矣。《李石传》：开成改元大赦，石等商量节文。诸道除药物、口味、茶果外，不得进献。亦茶为食物之一证也。

职是故，当时贡献，《旧书·刘晏传》云："江淮茶橘，晏与本道观察使各岁贡之。皆欲其先至。有土之官，或封山断道，禁前发者，晏厚以财力致之，常先他司。由是甚不为藩镇所便。"以晏理财之才力，而用之于此，不亦哀乎？《旧五代史·梁太祖纪》：乾化二年十二月，两浙进大方茶二万斤。《唐明宗纪》同光四年四月，天成二年五月，皆书杨溥进新茶。长兴三年（932），湖南马希范、荆南高重诲并进银茶，乞赐战马，已见第十九章第五节。《周世宗纪》：显德三年（956），李璟遣钟谟等奉表叙愿称臣纳贡，仍进茶茗、药物等。又遣孙晟奉表，进赏给将士茶、绢、金银、罗帛等。五年（958），陈觉奉表陈情，兼贡乳茶三千斤。又遣冯延巳献茶五十万斤。此则实同劫夺耳。赏赐，《旧五代史·梁太祖纪》：开平二年三月，巡幸泽潞，以刘知俊为潞州行营招讨使。燕扈驾群臣，并劳知俊赐以金带、战袍、宝剑、茶药。《唐武皇纪》：乾宁二年（895），攻王行瑜，天子以武皇为天下兵马都招讨使，遣延王、丹王赐武王御衣，及大将茶酒、弓矢。《明宗纪》：天成四年三月，中书奏："今后群臣有乞假觐省者，请量赐茶药。"从之。《晋高祖纪》：天福五年三月，诏"朝臣觐省父母，依天成例颁赐茶药。"《周世宗纪》：显德二年二月，遣使赴西京赐太子太师致仕侯益、白文珂、宋彦筠等茶药、钱帛各有差，仍降诏慰问。《新五代史·卢文纪传》：唐明宗时，为御史中丞。初上事，百官台参，吏白诸道进奏官贺。文纪问当如何？吏对曰："朝廷在长安时，进奏官见大夫、中丞如胥史。自唐衰，天子微弱，诸侯强盛，贡奉不至，朝廷姑息方镇，假借邸吏，大夫、中丞上事，进奏官至客次通名，劳以茶酒而不相见。相传以为故事。"皆赏赐重茶之征。《辽史·太宗纪》：会同三年四月丙辰，晋遣使进茶药。则不惟域内，即于域外，亦用之己。赠遗，张镒遗陆贽钱百万，赞惟受新茶一串，见第十八章第一节。无不以茶，而军中尤以为重。《新书·陆贽传》：赞陈西北边事，言"关东戍士，衣廪优厚，继以茶药，资以蔬酱"。《兵志》云：德宗时，边兵衣饷多不赡，而戍卒屯防，药茗、蔬酱之给最厚。诸将务为诡辞，请遥隶神策军，廪赐遂赢旧三倍，盖即据赞疏言之。《旧五代史·李守贞传》：守贞之讨杨光远，行营将士赏赐，尽以黦茶、染木、姜药之类分给之。军中大怨。乃以帛苞所得物，如人首级，目之为守贞头，悬于树以诅之。其怨毒至于如此。兵士得茶，不必皆自饮，盖亦可以鬻卖换易？凡饮食之物，有刺激之性者，人多谓其可以治病，古之酒，明末之菸则然。茶之初兴，盖亦如此？故唐世尚与药并称。此亦人竞求之之一端欤？

侈于饮食者，历世皆有。如《隋书·樊叔略传》，言其食必方丈，备水陆是也。然尚多受人讥议。《宇文士及传》言其抚幼弟孤兄子以友睦称。好周恤亲戚故人。然过自奉养，服玩食饮，必极丰侈。有司谥曰恭。黄门侍郎刘洎曰："士及居家侈肆，不可谓恭。"乃改曰纵。则虽有他善，曾不掩其纵恣之失矣。侈恶之大，岂不信乎？

第二节　食储漕运籴粜

漕运之事，至隋、唐之世而大盛。《隋书·食货志》曰：开皇三年（583），朝廷以京师仓廪尚虚，议为水旱之备。于是诏于蒲、陕、虢、熊、伊、洛、郑、怀、邵、卫、汴、许、汝等水次十三州置募运米丁。又于卫州置黎阳仓，洛州置河阳仓，陕州置常平仓，华州置广通仓，转相灌注。漕关东及汾、晋之粟，以给京师。又遣仓部侍郎韦瓒向蒲、陕以东募人，能于洛阳运米四十石，经砥柱之

险，达于常平者，免其征戍。其后以渭水多沙，流有深浅，漕者苦之。四年
（584），命宇文恺率水工凿渠，引渭水自大兴城东至潼关，三百余里。名曰广通
渠。事亦见《本纪》及《恺传》。《诏》曰："京邑所居，五方辐凑。重关四塞，水陆艰难。
大河之流，彼澜东注，百川海渎，万里交通。虽三门之下，或有危虑，若发自小平，陆运至
陕，还从河水，入于渭川，兼及上流，控引汾晋，舟车来去，为益殊广。而渭川水力，大小
无常。流浅沙深，即成阻阂。计其途路，数百而已，动移气序，不能往复。东发潼关，西引
渭水，因借人力，开通漕渠，可使官及私家，方舟巨舫，晨昏漕运，沿溯不停。旬日之功，
堪省亿万。"转运通利，公私赖之。《高祖纪》：开皇七年四月，于扬州开山阳渎，
以通运漕。此即古之邗沟。炀帝复开通济渠。见第二章第四节。遂令江、淮、河、
汴、汾、渭之水，互相灌输。其间不能舟运者，仅自洛至陕一节而已。《高祖纪》：
开皇十五年六月，诏凿砥柱。其功盖未有成？

　　高祖于民瘼，极为留心。《食货志》言其于诸州水旱凶饥之处，便开仓振
给。其后关中连年大旱，而青、兖、汴、许、曹、亳、陈、仁、谯、豫、郑、
洛、伊、颍、邳等州大水，百姓饥馑。乃命苏威等分道开仓振给。又命司农丞王
宜发广通之粟三百余万石，以拯关中，又发故城中周代旧粟，贱粜与人。买牛驴
六千余头，分给尤贫者，令往关东就食。其遭水旱之州，皆免其年租赋。十四年
（594），关中大旱，人饥。上幸洛阳，因令百姓就食。从官并准见口振给，不以
官位为限。其后山东频年霖雨，杞、宋、陈、亳、曹、戴、谯、颍等州，达于沧
海，皆困水灾，所在沉溺。十八年（598），天子遣使将水工巡行川源，相视高
下。发随近丁以疏导之。困乏者开仓振给。前后用谷五百余万石。隋世仓储，为
古今之冠。前述诸仓之外，炀帝又置兴洛及回洛仓。亦见《食货志》。又有永丰仓，
不知其置于何时。《旧书·任瑰传》云：义师起，瑰至龙门谒见，劝于梁山船
济，入据永丰。高祖乃遣沈演寿、史大奈领步骑六千趋梁山渡河，使瑰及薛献为
招慰大使。瑰说下韩城县，与诸将进击饮马泉，破之。拜光禄大夫，留守永丰
仓。则其地当在韩城。此等皆仓之最大者，其郡县仍各自有仓。观高祖遇饥荒辄
命开仓振给，可知其亦皆充实。天下为家之世，恒有弱枝强干之谋。高祖漕关
东、汾晋之粟，以实关中，自亦不免有私见，然其于民事，要不可谓不尽心。然
官吏能实心为民者少，徒知奉法献媚者多，则终必岐国计与民生为二，而积贮之
本以为民者，遂至坐视民困而莫之恤矣，然究何益哉？《旧书·李袭志传》：弟
袭誉，隋末为冠军府司兵。"时阴世师辅代王为京师留守。所在盗贼蜂起。袭誉
说世师遣兵据永丰仓，发粟以赈穷乏。出库物赏战士。移檄郡县，同心讨贼。世
师不能用。"而永丰仓遂为唐奉。李密之起也，河南、山东大水。炀帝令饥人就
食黎阳。仓司不时赈给，死者日数万人。李勣言于密，袭克之。开仓恣食，一旬
之间，胜兵余二十万。《旧书·勣传》。其后密亡，唐使魏徵安辑山东。徵与勣书，
勣定计归唐，乃开仓运粮，以馈淮安王神通之军。《旧书·徵传》。其仓廪之充实

如此。唐高祖之起也，裴寂上粟九万斛。后元吉弃晋阳，高祖惜其粟支十年，亦必非起兵后所积也。薛举、刘武周、罗艺、李子和之起，皆借岁饥民困，有司闭仓不发，以激怒其众。及其得志，则皆开仓以赈贫乏。朱粲，所克州县，亦皆发藏粟以充食。惟许绍为夷陵郡守，能自开仓振给，甚得人心，遂克保全郡境。

正仓祇为州县之储，并不能遍及民间，昔之言积贮者亦知之，故隋长孙平有义仓之设焉。《隋书·食货志》："开皇五年五月，工部尚书长孙平奏曰：古者三年耕而余一年之积，九年作而有三年之储，虽水旱为灾，而人无菜色，皆由劝导有方，蓄积先备故也。去年亢阳，关内不熟。陛下哀愍黎元，甚于赤子。运山东之粟，置常平之官。开发仓廪，普加振赐。少食之人，莫不丰足。鸿恩大德，前古未比。其强宗富室，家道有余者，皆竞出私财，递相赒赡。此乃风行草偃，从化而然。但经国之理，须存定式。于是奏令诸州百姓及军人，劝课当社，共立义仓。收获之日，随其所得，劝课出粟及麦，于当社造仓窖贮之。即委社司，执帐检校。每年收积，勿使损败。若时或不熟，当社有饥馑者，即以此谷振给。自是诸州储峙委积。"《平传》云："开皇三年（583），徵拜度支尚书。平见天下州县，多罹水旱，百姓不给，奏令民间每秋家出粟麦一石已下，贫富差等，储之间巷，以备凶年，名曰义仓。因上书曰：臣闻国以民为本，民以食为命。劝农重谷，先王令轨。古者三年耕而余一年之积，九年作而有三年之储，虽水旱为灾，而民无菜色，皆由劝导有方，蓄积先备故也。去年亢阳，关右饥馁。陛下运山东之粟，置常平之官，开发仓廪，普加振赐，大德鸿恩，可谓至矣。然经国之道，义资远算。请勒诸州刺史、县令，以劝农积谷为务。上深嘉纳。自是州里丰衍，民多赖焉。后数载，转工部尚书。"案《本纪》明言五年五月甲申，诏置义仓，则《志》所著年月不误。然本传所言，亦非子虚。盖平令民秋出粟麦，储之间巷，实在三年为度支尚书之时，五年乃请下诏著为定式？《传》因三年之事终言之，而未计其事在平迁工部尚书之后，遂至龃龉不合也。《志》又云："义仓贮在人间，多有费损。十五年二月，诏曰：本置义仓，止防水旱，百姓之徒，不思久计。轻尔费损，于后乏绝。又北境诸州，异于余处。云、夏、长、灵、盐、兰、丰、鄯、凉、甘、瓜等州，所有义仓杂种，并纳本州。若人有旱俭少粮，先给杂种及远年粟。十六年正月，又诏秦、叠、成、康、武、文、芳、宕、旭、洮、岷、渭、纪、河、廓、豳、陇、泾、宁、原、敷、丹、延、绥、银、扶等州社仓，并于当县安置。二月，又诏社仓准上中下三等税。上户不过一石，中户不过七斗，下户不过四斗。"案《志》云义仓之立，收获之日，随所得劝课，则五年犹无定数，而《传》云一石已下，贫富差等，若三年已有成规者？其所言实十六年二月之制，亦要其终而言之，而未计其岁月之不合也。古书之不审谛，固多如是。义仓精意，全在创办由民自愿，既立之后，亦由人民自行管理。故劝课初无定额，而存贮必于当社。观所出多少，后由诏书指定，则知其所出有非出自愿者，更移之于州县，则本意全失矣。轻尔费损，必非贫弱所能为，而转由富强之专擅。十五、十六两年诏书所指诸州，盖皆近寇，虑遭侵掠，为入保之计。若所虑止此，所移亦当止于边州。至防豪强之专擅，则非举所有之义仓而悉移之不可矣。此亦或出于不得已，然州县之侵渔，又随之而起。《旧书·食货志》载戴胄之言曰："开皇立制，天下之人，节级输粟，多为社仓。终于文皇，得无饥馑。及大业中年，国用不足，并贷社仓之物，以充官费，故至末涂，无以支给。"亦必由移之州县，故官易于借用也。然正仓既不能济民，常平又不足平抑市价，社仓究为人民自救之良策，故至朱子，犹欲师其意而变通之也。

《隋书·高祖纪》：仁寿三年九月壬戌，置常平官。《通鉴》同，胡《注》曰："开皇初置义仓，今置常平官掌之。"案常平、义仓，各有司存，胡《注》未知何据？《食货志》云："开皇三年正月，帝入新宫。"下云："是时突厥犯塞，吐谷浑寇边，军旅数起，转输劳敝。帝乃令朔州总管赵仲卿于长城以北，大兴屯田，以实塞下。又于河西勒百姓立堡，营田积谷。京师置常平监。"是时二字，虽不敢云即指开皇三年（583），然长孙平称颂帝置常平之官，则其事必在五年（585）以前。此所云者，盖专管京师谷价，仁寿三年（603）所立，则总领天下义仓邪？

唐制：京师有太仓，诸州县各有正仓，又有常平仓以均贵贱，义仓以备不足。《旧书·职官志·仓部》。《旧书·食货志》云："武德元年九月，置社仓。其月二十二日，诏置常平监官，以均天下之货。市肆腾踊，则减价而出，田稼丰羡，则增籴而收。五年十二月废。"盖时天下未定，未能举其职也？《志》又云："贞观二年四月，尚书左丞戴胄请自王公已下，爰及众庶，计所垦田稼穑顷亩，至秋熟，准其见在苗，以理劝课，尽令出粟。稻麦之乡，亦同此税。各纳所在，为立义仓。若年谷不登，百姓饥馑，当所州县，随便取给。下所司议立条制。户部尚书韩仲良奏王公已下，垦田亩纳二升。其粟麦粳稻之属，各依土地，贮之州县，以备凶年。可之。自是天下州县始置义仓。每有饥馑，则开仓振给。"《本纪》：贞观二年四月，诏天下州县并置义仓。《新志》云："诏亩税二升。粟麦粳稻，随土地所宜。宽乡敛以所种，狭乡据青苗簿督之。田耗十四者免其半，耗十七者皆免。商贾无田者，以其户为九等。出粟自五石至于五斗为差，下下户及夷僚不取焉。岁不登则以振民，或贷为种子，则至秋而偿。"其所言较《旧志》为详也。《旧志》又云："高宗永徽二年六月，敕义仓据地收税，实是劳烦。宜令率户出粟。上上户五石，余各有差。"盖时无据地收税之法，义仓独引之，有履亩之烦，故革之也。《新志》又云："其后洛、相、幽、徐、齐、并、秦、蒲州又置常平仓，《旧纪》事在贞观十三年十二月。粟藏九年，米藏五年。下湿之地，粟藏五年，米藏三年。皆著于令。"《旧志》云："永徽六年（655），京东西二市置常平仓。显庆二年十二月，京常平仓置常平署官员。"常平署，属太府寺。《新书·百官志》云：显庆三年（658）置署。武后时东都亦置署。又云："自始置义仓，以至高宗、则天，数十年间，义仓不许杂用。其后公私穷迫，渐贷义仓支用。自中宗神龙之后，天下义仓，费用向尽。"《新志》则云："高宗以后，稍假义仓，以给他费，至神龙中略尽。玄宗即位，复置之。"案唐之义仓，名与隋同，实则大异。戴胄之请立义仓，太宗云："为百姓像作储贮，而由官为举掌。"则其事本系官办。故官之移用尤易。虽云不许杂用，其后终成具文也。朱子所立社仓，意实与长孙平大同。特承荆公青苗法之后，兼师其意，多一敛散出举耳。长孙平之所立，自人民自相周赡言之，则曰义仓，自其藏贮之地言之，则曰社仓，二名可以互称。唐之义仓，由州县设立，与社无涉。朱子复修长孙平之法，乃专就其设立之地称之曰社仓以别之。故在隋世，义仓、社仓是一，唐以后则是二。《旧志》又云："开元二年九月，敕天下诸州：今年稍熟，谷价全贱，或虑伤农。常平之法，行之自古。宜令诸州加时价三两钱籴。不得抑敛，仍交相付领，勿许悬欠。蚕麦时熟，谷米必贵，即令减价出籴，豆谷等堪贮者，熟亦准此。其常平所须钱物，宜令所司支料奏闻。七年六月，敕关内、陇右、河南、河北五道及荆、扬、襄、夔、绵、益、彭、蜀、汉、剑、茂等州，并置常平仓。其本，上州三千贯，中州二千贯，下州一千贯。"宇文融括得客户后，制曰："客户所税钱，宜均充所在常平仓用，仍许像付价直。任粟麦兼贮。并旧常平钱粟，并委本道判官句当处置。又委使司与州县商量，劝作农社，贫富相恤，耕耘以时。"《通鉴》系开元十三年二月，云：委使司与州县议作劝农社，使贫富相恤，耕耘以时。胡《注》曰："使司，劝农使司也。"案《通鉴》劝作二字恐误倒。盖常平而外，兼具社仓振赡之意矣。《志》又云："十六年十月，敕今岁普熟，谷价至贱，必恐伤农。加钱收籴，以实仓廪，纵逢水旱，不虑阻饥，公私之间，或亦为便。宜令所在以常平本钱及当处物，各于时价上量加三钱，百姓有粜易者为收籴。事须两和，不得限数配籴。讫，具所用钱物及所籴物数申所司。仍令上佐一人专句当。天宝六载三月，太府少卿张瑄奏准四载五月并五载三月敕节文，至贵时贱价出籴，贱时加价收籴。若百姓未办钱物者，任准开元二十年七月敕，量事赊籴，至粟麦熟时征纳。臣使司商量，且籴旧粜新，不同别用。其赊籴者，至纳钱日，若粟麦杂种等时价甚贱，恐更回易艰辛，请加价便与折纳。"此等法令，亦未尝不意在便民。然韦坚既取州县义仓粟转市轻货以献媚，亦见《旧书·食货志》。杨国忠又悉天下义仓及丁租地课易布帛以充天子禁藏，《新书·外戚·国忠传》。本实先拔，枝叶亦无足论矣。《旧志》又云："广德二年正月，第五琦奏每州常平仓及库使司量置本钱，随当处米物时价，贱则加价收籴，贵则减价粜卖。"《本纪》：琦奏诸道置常平仓，使司量加本钱和籴，许之。云米物，似兼指布帛，则已开赵赞之先路矣。又云："建中元年七月，敕今后米价贵时，宜量出官米十万石，麦十万石，量付两市行人，下价籴货。"据赵赞说，又兼榷盐，见第十九章第三节。三年（782），赵赞请于两都并江陵、成都、扬、汴、苏、洪等州府，各置常平轻重本钱，兼及丝麻匹段，事竟无成，已见第十九章第三节。《韦伦传》：伦表请置义仓以防水旱，事在德宗自梁州还后。元和元年正月，制应天下州府，每年所税地子数内，宜十分取二分，均充常平仓及义仓。仍各逐稳便收贮，以时出籴。务在救人，振贷所宜，速奏。《新志》："大和九年（835），以天下回残钱置常平、义仓本钱，岁增市之。非遇水旱不增者，判官罚俸，书下考。州县假借，以枉法论。"此唐代常平、义仓之大略也。唐于仓粟，管理颇严。《旧书·萧复传》：为同州刺史，州人阻饥。有京畿观察使储廪在境内，复辄以振贷，为有司所劾削阶。《李皋传》：贬温州长史。无几，摄行州事。岁俭，州有官粟数十万斛，皋欲行振救。掾吏叩头，乞候上旨。皋曰："夫人日不再食当死，安暇禀命？若杀我一身，活数千人命，利莫大焉。"于是开仓悉散之，以擅贷之罪，飞章自劾。天子闻而嘉之，答以优诏，就加少府监。此二事，可见擅动仓粟者，其诛甚严。《文宗纪》：开成元年十一月，忠武帅社悰，天平帅王源中奏当道常平、义仓斛斗，除元额外，请别置十万石。可见帅臣亦不能专决也。常平之法，行诸偏方，往往有效，《新书·韩滉传》。弟洄，刘晏被罪，擢户部侍郎，判度支，积米长安、万年二县，各数十万石，视年丰耗而发敛焉，故人不艰食。《循吏·韦丹传》：子宙，出为永州刺史。州负岭，转饷艰险，每饥，人辄殍死。宙始筑常平仓，收谷羡余以待乏。况于义仓之遍及诸县？《旧书·戴胄传》言：先是每岁水旱，皆以正仓出给；无仓之处，就食他州，百姓多致饥乏。胄乃上言请置社仓。《高宗纪》：咸亨元年（670），是岁，天下四十余州旱及霜虫，百姓饥乏，关中尤甚。诏令任往诸州逐食，仍转江南租米以振给之。逐食者多，岂能皆返？况尚有羸弱不能逐食者乎？无仓之处如此，即有仓之处，亦岂能遍及哉？义仓之设，其利盖非浅鲜。然其行之亦不能无弊。《旧书·食货志》："长庆四年三月，制曰：义仓之制，其来日久，近岁所在盗用没入，致使小有水旱，生人坐委沟壑。宜令诸州录事参军专主句当。苟为长吏迫制，即许驿表上闻。考满之日，户部差官交割。如无欠负，与减一选。如欠少者，量加一选。欠数过多，户部奏闻，节级科处。"又《宣宗纪》：大中六年四月，敕常平义仓斛斗，每年检勘，实水旱灾渗处，录事参军先勘人户多少支给。先贫下户，富户不在支给之限。观此二事，而当时官吏豪强，互相勾结，以侵削贫下之情形可见矣。此官为举掌所必不能免之弊也。

唐世振贷，京师多用太仓粟，东都则用含嘉仓。《旧书·高宗纪》：永徽六年八月，先是大雨，道路不通。京师米价暴贵。出仓粟籴之。京师东西二市置常平仓。永隆元年十一月，洛州饥，减价官籴，以救饥人。《玄宗纪》：开元二十一年（733），是岁，关中久雨害稼，京师饥。诏出太仓粟二百万石给之。天宝十二载八月，京城霖雨，米贵，令出太仓米十万石，减价籴与贫人。十三载（734），是秋霖雨，积六十余日，京城垣屋颓尽，物价暴贵，人多乏食。令出太仓米一百万石，开十场贱粜，以济贫民。《代宗纪》：大历四年八月丙申朔，自夏四月连雨至此月，《五行志》云至九月。京城米斗八百文。官出米二万石，减估而粜，以惠贫民。《五行志》云：官出太仓米贱粜。又云：五年（770）夏，复大雨。京城饥，出太仓米减价以救之。《德宗纪》：贞元十四年十月癸酉，以岁凶谷贵，出太仓粟三十万石开场粜以惠民。十二月癸酉，出东都含嘉仓粟七万石开场粜，以惠河南饥民。《食货志》云：是年六月，诏以米价稍贵，令度支出官米十万石于两街贱粜。九月，以岁饥，出太仓粟三十万石出粜。冬，河南府谷贵人流，令以含嘉仓粟七万石出粜。十五年二月，出太仓粟十八万石粜于京畿诸县。《食货志》同。《宪宗纪》：元和九年二月，诏以岁饥，放关内元和八年（813）已前逋租钱粟，振常平、义仓粟三十万石。五月，旱，谷贵，出太仓粟七十万石开六场粜以惠饥民。《食货志》云：并振贷外县百姓，至秋熟征纳，便于外县收贮，以防水旱。《纪》又云：十二年四月，出太仓粟二十五万石粜于西京，以惠饥民。《食货志》同。《敬宗纪》：长庆四年二月，以米贵，出太仓粟四十万石，于两市贱粜，以惠贫民。《食货志》云：敕出太仓陈粟三十万石，于两街出粜，皆京都振贷之事也。其诸州振贷，多用常平、义仓，即京畿亦有然者。《食货志》：元和十二年九月，诏诸道应遭水州府人户，宜令本州厚加优恤，仍各以当处义仓斛斗，据所损多少，量事振给。《穆宗纪》：长庆二年十月，诏江淮诸州，旱损颇多，所在米价，不免踊贵，宜委淮南、浙西东、宣歙、江西、福建等道观察使，各于当道有水旱处，取常平、义仓斛斗，据时估减半价出粜，以惠贫民。《文宗纪》：大和六年正月，诏自去冬已来，逾月雨雪，寒风尤甚。应京畿诸县，宜令以常平、义仓斛斗振恤。二月，苏、湖二州水，振米二十二万石，以本州常平、义仓斛斗给。七年正月，诏关辅、河东，去年亢旱，秋稼不登。京兆府振粟十万石，河南府、河中府、绛州各赐七万石，同、华、陕、虢、晋等州各赐十万石，并以常平、义仓物充。开成三年正月，诏去秋蝗虫害稼处放逋赋，仍以本处常平仓振贷，是其事也。《高宗纪》：永徽二年正月，诏去岁关辅之地，颇弊蝗螟，天下诸州，或遭水旱。今东作方始，其遭虫水处，有贫乏者，得以正、义仓振贷。振贷兼用正仓见于《纪》者，惟此一诏而已。《玄宗纪》：开元十五年（727），是秋，六十三州水，十七州霜旱。河北饥，转江淮之南租米百万石以振给之，则灾区广，并非当地仓储所能给矣。以常平、义仓振贷者，旋或免之。如《宪宗纪》：元和六年二月，以京畿民贫，贷常平、义仓粟二十四万石。诸道州府，依此振贷。十月，诏今春所贷义仓粟，方属岁饥，容至丰熟岁送纳。七年二月，诏以去秋旱歉，振京畿粟三十万石。其元和六年（811）春振贷百姓粟二十四万石，并宜放免是也。亦见《食货志》。此固为宽政，然常平本钱，不宜耗散，实不可以充振，盖因义仓不给，不得已而用之，又不得已，乃并免其征偿也。

虽有义仓，益以常平，犹不足以苏民困，谷价自亦不能平，故通商仍为最亟。《通鉴》：元和三年七月，以卢坦为宣歙观察使。坦到官，值旱饥，谷价日增。或请抑其价。坦曰："宣歙土狭谷少，所仰四方之来者，若价贱，则商船不复来，益困矣。"既而米斗二百，商旅辐凑，《新书》本传曰：商以米至，乃多货兵食出诸市，估遂平。凶岁不抑谷价，后此夫人知之，实坦发之也。胡三省说。《旧书·崔倰传》：附《崔祐甫传》后。转潭州刺史湖南都团练观察使。湖南旧法，丰年贸易不出境，邻部灾荒不相恤。倰至，谓属吏曰："此非人情也。无宜闭粜，重困于民也。"自是商贾流通。《新书·王播传》：关中饥，诸镇或闭粜，播以为言，三辅不乏。《通鉴》：穆宗长庆三年（823）《考异》引《柳氏叙训》，谓柳公绰为山南东道节度使。有齐衰者哭且献状，曰："迁三世十二丧于武昌，为津吏所遏，不得出。"公绰召军吏擒之。破其十二枢，皆实以稻米。时岁俭，邻境尤甚，人以为神明之政。谓"闭粜非美事，今不取"。观此数事，知当时遏籴者甚多。盖缘俗吏无识，又时无通盘筹画之政，遂皆苟顾目前也。《新书·王播传》：播弟起，历河中节度使。方蝗旱，粟价腾踊，起下令家得储三十斛，斥其余以市。否者死。神策士怙势不从，置于法。繇是窖积咸出，民赖以生。《旧五代史·唐庄宗纪》：同光四年正月，应京畿内人户有停贮斛斗者，并令减价出粜。如不遵行，当令检括。此等刑驱势迫，究非善策也。《通鉴》：后周太祖广顺元年四月，滨淮州镇上言："淮南饥民，过淮籴谷，未敢禁止。"诏曰："彼之生民，与此何异？宜令州县津铺，无得禁止。"三年七月，唐大旱，井泉涸，淮水可涉。饥民度淮而北者相继。濠、寿发兵御之，民与兵斗而北。帝闻之曰："彼我之民一也。"听籴米过淮。唐人遂筑仓多籴以供军。八月，诏唐民以人畜负米者听之，以舟车运载者勿予。周祖武夫，然文臣之识出其下者多矣。

仓粟久藏，每至陈腐，故推陈出新亟焉。《旧书·顺宗纪》：贞元二十一年七月，度支使杜佑奏："太仓见米八十万石，贮来十五年，东渭桥米四十五万，支诸军皆不悦。今岁丰阜，请权停北河转运。于滨河州府和籴二百万石，以救农伤之弊。"乃下百寮议，议者同异，不决而止。米藏至十五年，其不红朽者几希矣。《高适传》：适于哥舒翰败后，谒玄宗陈败亡之势，曰："士于赤日之中，食仓米饭，且犹不足，欲其勇战得乎？"意以仓米为恶食，盖亦久藏致之也。《食货志》："开元四年五月二十一日，诏诸州县义仓，本备饥年振给。近年已来，每三年一度，以百姓义仓糙米远赴京纳，仍勒百姓私出脚钱。自今已后，更不得义仓变造。"义仓变造，弊矣。然裴耀卿议漕事，谓江淮义仓，下湿不堪久贮，若无船可运，三两年色变，即给贷费散，公私无益。欲望江南船至河口即却还，本州更得其船充运。并取所减脚钱，更运江淮变造。参看下文。则开元初，诸州

县每三年一度，以义仓之米赴京，亦有所不得已也。要之，既有耕三余一之图，即宜有推陈出新之计。计不夙定，临事乃图补救，则一弊除而一弊复起矣。为义仓计推陈出新，固莫如于奉耕奉耘之时出贷。惜乎能行之者甚少也。

太仓、含嘉仓之贮，全恃东南之转漕。高祖、太宗之时，岁不过二十万石。自高宗已后，岁益增多。《新书·食货志》云："初江淮漕租米至东都输含嘉仓，以车或驮陆运至陕。而水行来远，多风波覆溺之患，其失常十七八。故其率一斛得八斗为成劳。而陆运至陕才三百里，率两斛计庸钱千。民送租者，皆有水陆之直。而河有三门底柱之险。显庆元年（656），苑西监褚朗议凿三门山为梁，可通陆运。乃发卒六千凿之。功不成。其后将作大匠杨务廉又凿为栈以挽漕舟。挽夫系二鈲于胸，而绳多绝，辄坠死。则以逃亡报，因系其父母妻子。人以为苦。开元十八年（730），宣州刺史裴耀卿朝集京师。玄宗访以漕事。耀卿条上便宜曰：江南户口多而无征防之役，然送租庸调物，以岁二月至扬州入斗门，四月已后，始度淮入汴，常苦水浅，六七月乃至河口，而河水方涨，须八九月水落，始得上河入洛，而漕路多梗，船樯阻隘。江南之人，不习河事，转雇河师水手，重为劳费。其得行日少，阻滞日多。今汉、隋漕路，濒河仓廪，遗迹可寻。于河口置武牢仓，巩县置洛口仓，使江南之舟，不入黄河，黄河之舟，不入洛口，而河阳、柏崖、太原、永丰、渭南诸仓，节级转运。水通则舟行，水浅则寓于仓以待。则舟无停留，而物不耗失。此甚利也。玄宗初不省。二十一年（733），耀卿为京兆尹。京师雨水，谷踊贵，玄宗将幸东都，复问耀卿漕事，耀卿因请罢陕陆运，而置仓河口，使江南漕舟至河口者，输粟于仓而去，县官雇舟，以分入河、洛。置仓三门东西，漕舟输其东仓，而陆运输其西仓，复以舟漕，以避三门之水险。玄宗以为然。乃于河阴置河阴仓，河西置柏崖仓，三门东置集津仓，西置盐仓。《旧书·本纪》：高宗咸亨三年六月，于洛州柏崖置仓。玄宗开元十年九月，废河阳柏崖仓。盖至此复置？又开元二十二年八月，先是驾至东都，遣侍中裴耀卿充江淮河南转运使，河口置输场。壬寅，于输场东置河阴县。又遣使张九龄于许、豫、陈、亳等州置水屯。凿山十八里以陆运。自江淮漕者，皆输河阴仓。自河阴西至太原仓，谓之北运。《旧志》云：自河阴送纳含嘉仓，又送纳太原仓，谓之北运。自太原仓浮渭以实关中。玄宗大悦。拜耀卿为黄门侍郎，同中书门下平章事，兼江淮都转运使。以郑州刺史崔希逸，河南少尹萧炅为副使。益漕晋、绛、魏、濮、邢、贝、济、博之租输诸仓，转而入渭。凡三岁，漕七百万石。省陆运佣钱三十万缗。是时民久不罹兵革，物力丰富，朝廷用度亦广，不计道里之费，而民之输送所出水陆之直，增以函脚营窖之名，民间传言用斗钱运斗米，其糜耗如此。及耀卿罢相，北运颇艰。米岁至京师才百万石。二十五年（737），遂罢北运。《旧书·本纪》：玄宗开元二十五年二月戊午，罢江淮运，停河北运。而崔希逸为河南陕运使，岁运百八十万石。其后以太仓积粟有余，岁减漕数十万石。二十九年（741），陕郡太守李齐物凿底柱为门以通漕。开其山颠为挽路。烧石沃醯而凿之。然弃石入河，激水益湍怒，舟不能入新门。候其水涨，以人挽舟而上。天子疑之，遣宦者按视。齐物厚赂使者，还言便。齐物入为鸿胪卿，以长安令韦坚代之，兼水陆运使。坚治汉、隋运渠，起关门抵长安，通山东租赋。乃绝灞、浐并渭而东，至永丰仓与渭合。又于长乐坡濒苑墙凿潭于望春楼下，以聚漕舟。坚因使诸舟各揭其郡名，陈其土地所产宝货诸奇物于栿上。先时民间唱俚歌曰得体纥那邪，其后得宝符于桃林，于是陕县尉崔成甫更得体歌为得宝弘农野。坚命舟人为吴楚服，大笠广袖芒屩以歌之。成甫又广为之歌辞十阕。自衣阙后绿衣锦半臂，红抹额，立第一船为号头以唱。集两县妇女百余人，鲜服靓妆，鸣鼓吹笛以和之。众艘以次辏楼下。天子望见大悦。赐其潭名曰广运。是岁，漕山东粟四百万石。自裴耀卿言漕事，进用者常兼转运之职，而韦坚为最。初耀卿兴漕路，请罢陆运，而不果废。自景云中，陆运北路分八递，雇民车牛以载。开元初，河南尹李杰为水陆运使，运米岁二百五十万石，而八递用车千八百乘。耀卿罢久之，河南尹裴迴以八递伤牛，乃为交场两递，滨水处为宿场，分官总之。"案唐代漕运之盛，实恃隋时所开水路。史家侈言水运之便，而民间仍有用斗钱运斗米之言，盖窟穴其中，倚为利薮者众也？陆运之劳民，自更不待论。《旧书·高宗纪》。总章二年十一月，发九州人夫转发太原仓米粟入京。即此一事，可以想见其概。帝王所居之处，用度因之奢广，又存一强干弱枝之心，遂至竭天下之力以奉之，虽转输之费，倍蓰于生之之费而不恤，其事殊不可恕。而如韦坚等之长君之恶，其罪更不容诛矣。

安、史乱后，局面一变。《新书·食货志》又云："肃宗末年，史朝义兵分出宋州，淮运阻绝。租庸盐铁，溯汉江而上。河南尹刘晏为户部侍郎，兼句当度支转运盐铁铸钱使。江淮粟帛，繇襄汉越商于以输京师。及代宗出陕州，关中空窘，于是盛转输以给用。广德二年（764），废句当度支使，以刘晏颛领东都、河南、淮西、江南东西转运租庸铸钱盐铁，转输至上都。度支所领诸道租庸观察使，凡漕事亦皆决于晏。晏即盐利雇庸，分吏督之。《旧志》云：不发丁男，不劳郡县，盖自古未之有也。随江、汴、河、渭所宜。故时转运船繇润州陆运至扬子，斗米费钱十九，晏命囊米而载以舟，减钱十五。繇扬州距河阴，斗米费钱百二十，晏为歇艎支江船二千艘，每船受千斛。十船为纲，每纲三百人，篙工五十人，自扬州遣将部送至河阴上三门，号上门填阙船。米斗减钱九十。未十年，人人习河险。江船不入汴，汴船不入河，河船不入渭。江南之运积扬州，汴船之运积河阴，河船之运积渭口。渭船之运入太仓。岁转粟百一十万石，无升斗溺者。轻货自扬子至汴州，每驮费钱二千二百，减九百，岁省十余万缗。"晏之所行，实裴耀卿之画，其善在分数明而已。晏后，江淮米至渭桥寝减。至李巽，乃复如晏之多。其后复少。大中五年（851），裴休为使，居三岁，米至渭桥复百二十万石。

《志》言："德宗时岁漕经底柱，覆者几半，河中有山号米堆，运舟入三门，雇平陆人为门匠，执标指麾，一舟百日乃能上。谚曰古无门匠墓，谓皆溺死也。"又言："元和时，漕益少，江淮米至渭桥者才二十万斛，诸道盐铁转运使卢坦籴以备一岁之费，省冗职八十员。自江以南，补署皆专属院监。而漕米亡耗，于路颇多。刑部侍郎王播代坦，建议米至渭桥五百石亡五十石者死。其后判度支皇甫镈议万斛亡三百斛者偿之，千七百斛者流寨下，过者死。盗十斛者流，三十斛者死。而覆船败耗，至者不得十之四五，部吏舟人，相挟为奸，榜笞号苦之声，闻于道路。禁锢连岁，赦下而狱死者，不可胜数。其后贷死刑，流天德、五城。人不畏法，运米至者十亡七八。盐铁转运使柳公绰请如王播议加重刑。大和初，岁旱，河涸，掊沙而进。米多耗，抵死甚众，不待覆奏。"可谓陷民于水火之中矣。《通鉴》：后周世宗显德二年正月，上以漕运自晋汉已来不给斗耗，纲吏多以亏欠抵死，诏自今每斛给耗一斗。

　　漕运之艰难如此，故其事并不足深恃，而不得不借他策以补之，则和籴尚已。《新书·食货志》云："贞观、开元后，边土西举高昌、龟兹、焉耆、小勃律，北抵薛延陀故地。缘边数十州戍重兵，营田及地租，不足以供军，于是初有和籴。牛仙客为相，有彭果者，献策广关辅之籴。京师粮廪益羡。自是玄宗不复幸东都。天宝中，岁以钱六十万缗赋诸道和籴，斗增三钱。每岁短递输京仓者百余万斛。米贱则少府加估而籴，贵则贱价而粜。贞元初，吐蕃劫盟，召诸道兵十七万戍边，关中为吐蕃蹂躏者，二十年矣。北至河曲，人户无几。诸道戍兵，月给粟十七万斛，皆籴于关中。宰相陆贽以关中谷贱，请和籴，可至百余万斛。计诸县船车至太仓，谷价四十有余，米价七十，则一年和籴之数，当转运之二年，一斗转运之资，当和籴之五斗。江淮米至河阴者罢八十万斛，河阴米至太原仓者罢五十万。太原米至东渭桥者罢二十万。以所减米粜江淮水菑州县，斗减时五十以救乏。京城东渭桥之籴，斗增时三十以利农。以江淮粜米及减运直市绢帛送上都。帝乃命度支增估籴粟三十三万斛。然不能尽用贽议。宪宗即位之初，有司以岁丰熟，请畿内和籴。当时府县配户督限，有稽违则迫蹙鞭挞，甚于税赋。号为和籴，其实害民。"此史所述唐时和籴之大略也。其起虽由边饷，然自牛仙客而后，已用实天庾之储，且借以调节谷价矣。《通鉴》载陆贽之议，视《新志》为详。其言曰："旧制以关中用度之多，岁运东方租米，至有斗钱运斗米之言，习闻见而不达时宜者，则曰：国之大事，不计费损，虽知劳烦，不可废也。习近利而不防远患者，则曰：每至秋成之时，但令畿内和籴，既易集事，又足劝农。臣以两家之论，互有长短。将制国用，须权重轻。食不足而财有余，则弛于积财而务实仓廪。食有余而财不足，则缓于积食而啬用货泉。近岁关辅屡丰，公储委积，足给数年。今夏江淮水潦，米贵加倍，人多流庸。关辅以谷贱伤农，宜加价以籴而无钱，江淮以谷贵人困，宜减价以粜而无米。而又运彼所乏，益此所余。

斯所谓习见闻而不达时宜者也。今江淮斗米直百五十钱，运至东渭桥，僦直又约二百。米糙且陈，尤为京邑所贱。据市司月估，斗粜三十七钱。耗其九而存其一，馁彼人而伤此农。制事若斯，可谓深失矣。顷者每年自江湖淮浙运米百一十万斛至河阴，留四十万斛，输东渭桥。今河阴太原仓见米，犹有三百二十余万斛，京兆诸县，斗米不过直钱七十。请令来年江淮止运三十万斛至河阴。河阴、陕州，以次运至东渭桥。其江淮所停运米八十万斛，委转运使每斗取八十钱于水灾州县粜之，以救贫乏。计得钱六十四万缗，减僦直六十九万缗。请令户部先以二十万缗付京兆，令籴米以补渭桥仓之缺数。斗用百钱，以利农人。以一百二万六千缗付边镇，使籴十万人一年之粮。余十万四千缗，以充来年和籴之价，其江淮米钱僦直，并委转运使折市绫绢绝绵，以输上都，偿先贷户部钱。"剖析利害，较然甚明。《通鉴》载是疏于贞元八年（792），吐蕃劫盟，事在三年，则十七万之边兵，仰给和籴者，既五年矣。是谓关中之谷，不足以给经用，而必有待于转漕东方者必诬也。《旧书·王播传》：弟起，迁户部尚书，判度支。以西北边备，岁有和市以给军，劳人馈挽，奏于灵武、邠、宁起营田。此较诸营田则然，较诸漕转东方，则究为短运，其所省者多矣。此陆贽称为习近利者所谓易于集事也。又《张俭传》：俭以贞观初迁朔州刺史，广营屯田。后检校胜州都督，以母忧去职。前在朔州，属李靖平突厥之后，思结部落，贫穷离散，俭招慰安集之。其不来者，或居碛北。既亲属分住，私相往还。俭并不拘责，但存纲纪，羁縻而已。及俭移任，州司谓其将叛，遽以奏闻。朝廷议发兵进讨，仍起俭为使，就观动静，俭单马推诚，入其部落。召诸首领，布以腹心，咸俯匐稽颡而至。便移就代州，即令检校代州都督。俭遂劝其营田，每年丰熟。虑其私蓄富实，易生骄侈，表请和籴，拟充贮备。蕃人喜悦，边军大收其利。思结如此，而况汉人？此贽称为习近利者所谓足以劝农者也。然则贽谓两说互有长短，犹是调停之论，实则恃和籴已足集事矣。《旧书·代宗纪》：大历九年五月，诏度支使支七十万贯，转运使五十万贯和籴，岁丰谷贱也。《敬宗纪》：长庆四年八月，诏于关内、关东折籴、和籴粟一百五十万石。宝历元年八月，两京、河西大稔，敕度支和籴、折籴粟二百万石。《文宗纪》：大和四年八月，内出绫绢三十万正付户部充和籴。《食货志》载敕文云："今年秋稼似熟，宜于关内七州府及凤翔府和籴一百万石。"然则和籴之事，唐代实屡行之。所以然者，谷贱伤农，不得不然也。而谓其不足以代漕乎？然而终不能以代漕运者何也？陆贽又述和籴之弊曰："陛下顷设就军和籴之法以省运，制与人加倍之价以劝农。此令初行，人皆悦慕。而有司竞为苟且，专事纤啬。岁稔则不时敛藏，艰食则抑使收籴，遂使豪家贪吏，反操利权。贱取于人，以俟公私之乏。又有势要近亲，羁游之士，委贱籴于军城，取高价于京邑。又多支绵纡充直，穷边寒不可衣，鬻无所雠。上既无信于下，下亦以伪应之。度支物估转高，军城谷价转贵。度支以苟雠滞货为功利，军城以所得加价为羡余。虽设巡院，转成囊橐。《胡注》曰：元和四年十二月十二日，敕远处州使，率情违法，台司无由尽知。转运使、度支，悉有巡院，委以访察。当道使司及州县，有两税外榷率，及违格敕文法等事，状报台司。盖刘晏始置巡院，自江淮已来，达于河渭，其后遂及缘边诸道亦置之。至有空申簿账，伪指囷仓，计其数则亿万有余，考其实则百十不足。"其病国贼民，可谓更无顾忌。《旧书·宪宗纪》：元和六年十月，京兆府每年所配折籴粟二十五万石宜放于百姓，有粟情愿折纳者，时估外特加优饶。此亦《新志》所谓配户督限之类。又《高钱传》：元和十四年（819），上疏请不以内官为京西北和籴使。《郑覃传》：宪宗用内官五人为京西北和籴使，覃上疏论罢。《穆宗纪》：长庆元年三月，罢京西、京北和籴使，扰人故也。盖即二人所论，则其贼民，又有出于府县配户督限之外者矣。吴武陵言朔方兵饷，皆先取商人，而后求牒还都受钱，见第十八章第一节。此即陆贽所称委贱籴于军城，取高价于京邑者。此法实为宋代入边刍粟所本，既省转运，又劝农商，而亦为舞法者所敝，所谓和籴者如此，其法又安可行？此所以中叶已后，国贫民困，论者明知和籴之利，而终不能广行之以救漕运之弊欤？然《新书·高力士传》言：力士谓玄宗："和籴不止则私藏竭。"则其时恐已不免抑配。《旧书·卢从愿传》：从愿以开元十六年（728）留守东都，坐子起居郎论籴米入官有剩利，为宪司所纠，出为绛州刺史。则官吏之蠹国以自利，亦自和籴初行时即然矣。不诚令闻者战栗哉？

《旧书·食货志》载开元二十五年三月敕云："关辅庸调，所税非少，既寡蚕桑，皆资菽粟。常贱籴贵买，捐费逾深。又江淮等苦变造之劳，河路增转输之弊。每计其运脚，数倍加钱。今岁属和平，庶物穰贱。南亩有十千之穗，京师同水火之饶。均其余以减远费，顺其便使农无伤。自今已后，关内诸州庸调资课，并宜准时价变粟取米，送至京逐要支用。其路远处不可运送者，宜所在收贮，便充随近军粮。其河南、河北，有不通水利，宜折租造绢，以代关中调课。所司仍为条件，称朕意焉。"审国用之所须，各取之于所宜之地。又筹计其转运之方，此桑弘羊平准之法之精意也。虽以精心运之，犹不易行，而况于开元末之怠荒哉？

抑籴之弊更甚者，则为迫借。《旧五代史·唐末帝纪》：清泰二年六月，以边储不给，诏河东户民积粟处量事抄借。仍于镇州支绢五万匹，送河东充博采之直。《新史·晋纪》：出帝天福八年（943），括借民粟是也。《旧书·宪宗纪》：元和十二年七月，诏以定州饥，募人入粟受官，及减选、超资。虽亦非政体，然较之迫借等，则犹贤矣。

第三节 服 饰

隋、唐之世，为胡化与中国旧俗渐相融合之时。隋文帝尽革胡服，已见第二章第一节。其时高昌慕化，请解辫，已见第二章第五节。服制之定也，开皇三年正月朔旦，大陈文物。时突厥染干朝见，慕之，请袭冠冕。帝不许。明日，复率其下拜表固请。帝大悦。谓牛弘等曰："昔汉制初成，方知天子之贵，今衣冠大备，足致单于解辫，卿之功也。"赐帛各有差。《隋书·礼仪志》。此特朝廷礼仪，至于民间习俗，则初未能尽改。《旧书·孙伏伽传》：高祖平王世充、窦建德，大赦天下，既而责其党羽，并令配迁。伏伽上表谏曰："东都城内及建德部下，有与陛下积小故旧，编发友朋，犹尚有人，败后始至。此等岂忘陛下？皆云被壅故也。"编发即辫发。此云编发，意谓少时，犹中国人言结发。足见高祖家中，尚沿北族旧习也。《新书·车服志》云：初妇人施幂䍦以蔽身。永徽中始用帷帽，施裙及颈，坐檐以代乘车。命妇朝谒，则以驼驾车。数下诏禁而不止。武后时，帷帽益盛。中宗后乃无复幂䍦矣。官人从驾，皆胡冒乘马，海内效之，至露髻驰骋，而帷帽亦废。有衣男子衣而靴，如契丹之服。武德间，妇人曳履及线靴。开元中初有线鞋，侍儿则着履，奴婢服襕衫，而士女衣胡服。其后安禄山反，当时以为服妖之应。参看第十六章第一节。《五行志》亦云：天宝初，贵族及士民，好为胡服、胡冒。《旧五代史·汉高祖纪》：天福十二年闰七月，禁造契丹样鞍辔、器械、服装。此等多由见异思迁；抑中国衣服宽博，可以备礼容，而不便于作事，西北夷之服，于此或有所长也。外夷入居中国，改从华俗者亦多。《旧书·德宗纪》：大历十四年七月庚辰，诏鸿胪寺：蕃客入京，各服本国之服。《通鉴》云诏回纥诸胡，由其或衣华服，诱取妻妾，已见第十六章第一节。

其原出胡狄，而为中国人所习用者莫如靴。皇甫鎛以积年库物给边军，为裴度所奏，引其足奏曰："此靴乃内库出者，坚韧可久服。"已见第十八章第一节。《旧书·王锷传》：锷善小数。尝听理，有遗匿名书于前者，左右取以授锷，锷内之靴中。靴中先有他书，及吏退，锷探取焚之。人信其以所匿名者焚也。既归，省所告者。异日，以他微事连，固穷按验之以谲众。《酷吏·来子珣传》：永昌元年四月，以上书陈事，除左台监察御史。时朝士有不带靴而朝者。子珣弹之曰："臣闻束带立于朝。"举朝大噱。《朱泚传》：段秀实与刘海宾谋诛泚。同入见。海宾于靴中取匕首。为所觉，遂不得前，《新书·温造传》：兴元军杀李绛，造往代，悉杀之，监军杨叔元拥造靴祈哀。《韦安石传》：子斌，天性质厚。每朝会，不敢离立笑言。尝大雪，在廷者皆振裾更立，斌不徙足。雪甚，几至靴，亦不失恭。《李光弼传》：河阳之战，光弼内刀于靴，曰："战危事。吾位三公，不可辱于贼。万有一不捷，当自刎以谢天子。"《崔戎传》：为华州刺史，徙兖、海、沂、密观察使。民拥留于道，不得行。乃休传舍。民至抱持取其靴。《裴度传》：王承宗、李师道谋缓蔡兵，乃伏盗京师，刺用事大臣。已害宰相元衡，又击度。刃三进，断靴、刺背、裂中单，又伤首。度冒毡得不死。《李训传》：甘露之变，仇士良手搏训而踬。训压之。将引刀靴中，救至，士良免。《文艺·李白传》：白尝侍帝，玄宗。醉，使高力士脱靴。《新五代史·李仁矩传》：董璋置酒召仁矩，仁矩辞醉不往。于传舍与倡妓饮。璋怒，率衙兵露刃之传舍。仁矩皇恐，不袜而靴，走庭中。《王彦章传》：晋取郓州，梁人大恐。宰相敬翔顾事急，以绳内靴中，入见末帝。泣曰："先帝取天下，不以臣为不肖，所谋无不用。今强敌未灭，陛下弃忽臣言。臣身不用，不如死。"乃引绳将自经。末帝使人止之。问所欲言。翔曰："事急矣，非彦章不可。"皆文武官吏着靴之证也。《旧书·元稹传》：稹还京，宿敷水驿，内官刘士元后至争厅，排其户。稹袜而走厅后。《李石传》：中使田金操、刘行深巡边回，走马入金光门，从者讹言兵至。百官朝退，仓皇骇散，有不及束带、袜而乘者。《新书·叛臣·李锜传》：裴行立攻衙门。锜拊膺曰："行立亦叛吾邪？"跣足逃于女楼下。《旧五代史·殷鹏传》：冯玉为枢密使，擢为本院学士。每有庶寮，秉鞹谒玉。故事，宰臣以履见之。鹏多在玉所，见客亦然。此诸事，除冯玉外，其余亦未必履而不靴，观李仁矩事可知也。《新五代史·梁家人传》：太祖元贞皇后张氏。郴王友裕攻徐州，破朱瑾于石佛山。瑾走，友裕不追。太祖大怒，夺其兵。友裕皇恐，与数骑亡山中。久之，自匿于广王。后阴使人教友裕脱身自归。友裕晨驰入见太祖。拜伏庭中，泣涕请死。太祖怒甚，使左右捽出，将斩之。后闻之，不及履，走庭中，持友裕泣曰："汝束身归罪，岂不欲明非反乎？"太祖意解，乃免。则妇人耳。然则靴之通行诚广矣。《旧书·音乐志》：长寿乐、天授乐、万岁乐、破阵乐皆用龟兹乐，舞人皆着靴。惟龙池乐备用雅乐而无钟磬，舞人蹑履。其高丽乐、扶南乐、高昌乐、疏勒乐、康国乐、安国乐，舞人亦皆着靴，而百济乐用皮履，天竺乐着碧麻鞋。南北两派服饰之异，固自分明也。高丽、扶南之乐，盖皆受诸胡狄。《通鉴》：唐肃宗乾元二年（759）胡《注》曰："《实录》曰：靴，胡履也。赵武灵王好胡服，常短勒，以黄皮为之。后渐以长勒。军戎通服。唐马周杀其勒，加以靴毡。开元中，裴叔通以羊为之隐麝，加以带子装束。故事，胡虏之服，不许着入殿省，至马周加饰，乃许之。"则靴入中国，其制亦有变迁也。

　　袴褶之服，其原疑亦出北夷，而中国效之。说见《两晋南北朝史》第二十一章第三节。《宋书·礼志》谓为车驾亲戎，中外戒严之服。然《隋书·礼仪志》谓隋服制定后，师旅务殷，车驾多行幸，百官行从，惟服袴褶。而军旅间不便，至开皇六年（586）后，诏从驾涉远者，文武官等皆戎衣，则又以为不便矣。《新书·百官志》：九品已上，自十月至二月，袴褶以朝。御史台。《旧书·归崇敬传》：崇敬以百官朔望朝服袴褶非古，上疏云："按三代典礼，两汉史籍，并无袴褶之制，亦未详所起之由。隋代已来，始有服者。事不师古，伏请停罢。"从之。代宗时。盖宋代惟用诸车驾亲戎，中外戒严，至隋服之始广也？《新书·娄师德传》：检校丰州都督，衣皮袴率士屯田，则唐世军中亦服之。

毡之行用甚广。裴度因冒毡而得不死，即其一证。《旧传》云：度带毡帽，故创不至深。《新书·高宗纪》：显庆二年闰正月，如洛阳官。二月，赐百岁以上毡衾粟帛。四年闰十月，如东都。诏所过供顿，免今岁租赋之半。赐民八十已上毡衾粟帛。五年三月，皇后宴亲族邻里于朝堂，会命妇于内殿。妇人八十已上，版授郡君，赐毡衾粟帛。皆可见其相须之殷。《五行志》谓长孙无忌以乌羊毛为浑脱毡帽，人多效之，谓之赵公浑脱。近服妖，盖以其制之不衷，而非毡之不可用也。

袍衫之用亦日广。《新书·车服志》：中书令马周上议："礼无服衫之文。三代之制有深衣。请加襕袖褾襈，为士人上服。开骻者名曰缺骻衫，庶人服之。"《志》又云：军将有从戎缺骻之服。不在军者服长袍。庶人之服缺骻衫，盖取其便于动作也。以袍衫代深衣，势本最便，特格于礼文，惯习不易骤变，自有此制，则于礼文无捍格，衣裳愈可不用矣。《通鉴》：唐僖宗乾符元年（874），王凝母，崔彦昭之从母。凝、彦昭同举进士。凝先及第，尝衩衣见彦昭。且戏之曰："君不若举明经。"彦昭怒，遂为深仇。《注》云："衩衣，便服，不具礼也。"衩衣亦缺骻之伦。亦取其便于动作，故以为燕居之服耳。

中原衣服，始自古初，制本宽博，而南北皆较短窄，人情多好新奇，遂有互相放效以为美者，然终不易大变也。《旧书·令狐德棻传》：高祖问曰："比者丈夫冠，妇人髻，竞为高大，何也？"对曰："在人之身，冠为上饰，所以古人，方诸君上。昔东晋之末，君弱臣强，江左士女，皆衣小而裳大，及宋武正位之后，君德尊严，衣服之制，俄亦变改，此即近事之征。"高祖然之。此可见短窄之制，起自南方。《文宗纪》：大和二年五月，命中使于汉阳公主及诸公主第宣旨："今后每遇对日，不得广插钗梳。不须着短窄衣服。"短窄衣服，亦必非礼容，故被禁止也。韦坚之通广运潭，篙工柂师，皆大笠、侈袖、芒屦，为吴、楚服，其袖虽侈，其制必短。坚自衣缺骻衫锦半臂，正取其动作之便，不得篙工柂师，转衣宽博之服。《新书》本传。参看上节。此南方衣服短窄之明征，侈袖盖坚特为之。大和时诸主之服，或亦规橅楚制矣。然《旧书·文宗纪》：开成四年正月丁卯夜，于咸泰殿观灯作乐。三宫太后诸公等毕会。上性节俭。延安公主衣裾宽大，即时斥归。驸马窦瀚待罪。诏曰："公主入参，衣服逾制。从夫之义，过有所归。瀚宜夺两月俸钱。"距大和曾几何时，又以宽大为戒矣。衣服宜适起居，然其缘起，实非为取暖而为装饰，故易失之宽大。俗尚既成，即难骤变。其亟变者，不过趋时，并无根柢，故时摇荡不定也。《新书·车服志》：文宗即位，以四方车服僭奢，下诏准《仪制令》品秩、勋劳为等级。衣曳地不过二寸，袖不过一尺三寸；妇人裙不过五幅，曳地不过三寸；襦袖不过一尺五寸。后其制未能行。见第十八章第三节。《旧五代史·唐庄宗纪》：同光二年（924）圜丘礼毕赦诏云："近年已来，妇女服饰，异常宽博。倍费缣绫。有力之家，不计卑贱，悉衣锦绣。宜令所在纠察。"《张仁愿传》：兄仁颖，善理家。妇女衣不曳地。可见好尚宽大之风，久而未变矣。《新书·南蛮传》：初裹五姓，妇人衣黑缯，其长曳地。东钦蛮二姓，妇人衣白缯，长不过膝。其所处之境，无以大异也，而被服适相反，亦可见习俗各有所受之，而不易骤变也。

　　女子出门，必拥蔽其面，此俗相沿甚久。已见第十六章第一节。夫如是，故伪为妇人甚易。《旧书·丘和传》：汉王谅之反也，以和为蒲州刺史。谅使兵士服妇人服，戴羃𬍤，奄至城中。和脱身而免。由是除名。又《李密传》：密入唐后，复起事，简骁勇数千人，着妇人衣，戴羃𬍤，藏刀裙下，诈为妻妾，自率之入桃林县舍。须臾，变服突出。因据县城。二事相类。所以不易发觉，皆由羃𬍤为之蔽也。

　　妇女服饰，好趋时尚，髻亦为其一端。《新书·五行志》言杨贵妃常以假鬓为首饰，而好服黄裙。时人为之语曰："义髻抛河里，黄裙逐水流。"元和末，妇人为圆鬟椎髻。不设鬓饰。不施朱粉，惟以乌膏注唇，状似悲啼者。僖宗时，内人束发极急。及在成都，蜀妇人效之。时谓为囚髻。唐末，京都妇人梳发，以两鬓抱面，状如椎髻，时谓之抛家髻。皆其事也。

　　趋时者势必流于奢侈，故历代皆有禁令。《旧书·高宗纪》：永隆二年正月，上诏雍州长史李义玄曰："朕思还淳反朴，示天下以质素。如闻游手堕业，此类极多。时稍不丰，便致饥馑。其异色绫锦并花间裙衣等，靡费既广，俱害女工。天后我之匹敌，常着七破间裙。岂不知更有靡丽服饰？务遵节俭也。其紫服赤衣，间阎公然服用。兼商贾富人厚葬越礼。卿可严加捉搦，勿使更然。"《文宗纪》：大和三年九月，敕两军诸司内官不得着纱縠绫罗等衣服。驸马韦处仁戴夹罗巾。帝谓之曰："比慕卿门地清素，以之选尚。如此巾服，从他诸戚为之，惟卿非所宜也。"《旧五代史·唐明宗纪》：天成二年正月，诏曰："乱离斯久，法制多隳。不有举明，从何禁止？诸都军将衙官使下系名粮者，只得衣紫皂。庶人商旅，只着白衣。"皆其事也。然此等所禁，实非其至侈者，其至侈者，则法令不能行矣。《旧书·五行志》云：张易之为母阿臧为七宝帐，有鱼龙鸾凤之形，仍为象床犀簟。中宗女安乐公主有尚方织成毛裙。合百鸟毛。正看为一色。旁看为一色。日中为一色。影中为一色。百鸟之状，并见裙中。凡造两要，一献韦氏。计价百万。又令尚方取百鸟毛为鞯面。视之各见本兽形。韦后又集鸟毛为鞯面。安乐初出降武延秀，蜀川献单丝碧罗笼裙。缕金为花鸟，细如丝发。鸟子大如黍米，眼鼻嘴甲俱成，明目者方见之。自安乐公主作毛裙，百官之家多效之。江岭奇禽异兽毛羽，采之殆尽。其穷奢极欲如此。文宗言前时内库惟有二金鸟锦袍，一玄宗幸温汤御之，一与贵妃。今富家往往皆有。又问汉阳公主："今之弊何代而然？"主言元和后多出禁藏纤丽物赏战士，由是散在人间，狃以成风，皆见第十八章第三节。此可见奢侈之风，皆居高明之地者启之也。风尚既成，群相放效，而力有不赡，则诈伪起焉。《旧五代史·梁太祖纪》：开平三年五月，诏曰："应东西两京及诸道州府，创造假犀、玉、真珠、要带、璧、珥，并诸色售用等，一切禁断，不得更造作。如公私人家先已有者，所在送纳长吏，对面毁弃。如行敕后有人故违，必当极法，仍委所在州府，差人检察收捕，明行处断。"日出多伪，民安取不伪？且珠玉等非如金银有钱币之用，伪造则凡民将受其害也，而以极法处之，不亦贱人命而为纵侈者作保障邪？

斯时蚕织之业，中原似尚胜于江南。观范延策请不禁过淮猪羊而禁丝绵匹帛可知。见第十九章第三节。至能织纤丽之品者，则并不以中原之地为限。南诏因攻蜀而工文织，后唐庄宗命蜀匠织十幅无缝锦为被材，被成，赐名六合被，见《青异录》。可见蜀中文织之工。盖其技自古相传，其地又较安静，工业未曾破坏耳。偏北之区，亦有无蚕业者。《新书·藩镇传》：朱滔欲救田悦，士弗听。裨将蔡雄好谕士曰："始天子约取成德，所得州县，赐有功者。拔深州者燕也。本镇尝苦无丝纩，冀得深州，以佐调率。今顾不得。又天了以帛赐有功士，为马燧掠去。今引而南，非自为也。"盖幽州丝纩甚希，故以是歆动之耳。《狄仁杰传》：仁杰为来俊臣所构，捕送制狱。守者寝弛。即丐笔书帛，置楮衣中，请付家撤絮。其子光远得之，乃上变。《孝友·许伯会传》：母丧，负土成坟，不御絮帛。似絮为人所多有。然《魏徵传》言徵疾甚，家初无正寝，太宗令辍小殿材为营构，五日毕，并赐素褥布被，以从其尚，则其用之。尚不甚普遍矣。

卉服，野人仍多用之。朱桃椎缉木叶自蔽，又织芒履以易米茗是已。见第一节。《通鉴》：晋高祖天福六年（941），唐主性节俭，常蹑蒲履。《注》云："织蒲为屦，江淮之人多能之。"此即韦坚使篙工柂师所服也。其技盖自唐至宋未变。又有以纸为衣者。《旧书·回纥传》：东京之平，朔方军及郭英义、鱼朝恩等军与回纥纵掠坊市，及汝、郑等州。比屋荡尽，人悉以纸为衣是也。此则祇取蔽体，无益御寒矣。

丧服不可与人接，然泥古之士，仍有守礼不变者。《新书·文艺·孙逖传》：子成，通经术。尝有期丧，吊者至，成不易缞而见。客疑之，请故。答曰："缞者古居丧常服，去之则废丧也。今而巾幞，失矣。”此古义也。然《旧书·文苑·萧颖士传》：李林甫采其名，欲拔用之，乃召见。时颖士寓居广陵，母丧，即衰麻而诣京师。径谒林甫于政事省。林甫素不识，遽见衰麻，大恶之。即令斥去。则其事之不谐于俗久矣。

服饰有以为符契之用者，隋之军记带，唐之佩鱼是已。《隋书·礼仪志》：大业七年（611）征辽东，通诸道合三十军，亘一千四十里。诸军各以帛为带。长尺五寸，阔二寸。题其军号为记，御营内者，合十二卫、三台、五省、九寺，并分隶内外前后左右六军。亦各题其军号，不得自言。台省王公已下，至于兵丁厮隶，悉以帛为带，缀于衣领，名军记带。诸军并给幡数百，有事使人交相去来者执以行。不执幡而离本军者，他军验军记带，知非部兵，则所在斩之。此军中所用也。《新书·车服志》：随身鱼符者，以明贵贱，应召命。左二右一。左者进内，右者随身。皇太子以玉契召，勘合乃赴。《旧书·崔义玄传》：子神庆，则天时为太子右庶子。时有突厥使入朝，准仪注，太子合与朝参，未降敕书。神庆上疏曰：“伏以五品已上所以佩龟者，比为别敕征召，恐有诈妄，内出龟合，然后应命。况太子元良国本，万方所瞻？古来征召，皆用玉契。此诚重慎之极，防萌之虑。昨缘突厥使见，太子合与朝参，直有文符下宫，曾不降敕处分。今人禀淳化，内外同心，然古人虑事于未萌之前，所以长无悔吝之咎。况太子至重，不可不深为诚慎。以臣愚见，太子既与陛下异宫，伏望每召太子，豫报来日。非朔望朝参，应须别唤，望降墨敕及玉契。”则天甚然之。亲王以金，庶官以铜，皆题其位姓名。官有贰者加左右。皆盛以鱼袋。三品以上饰以金，五品以上饰以银。刻姓名者去官纳之，不刻者传佩相付。此平时所用也。又云：高宗给五品以上随身鱼银袋，以防召命之诈。出内必合之。三品以上金饰袋。垂拱中，都督刺史始赐鱼。天授二年（691），改佩鱼皆为龟。其后三品以上龟袋饰以金，四品以银，五品以铜。中宗初，罢龟袋，复给以鱼。郡王嗣王亦佩金鱼袋。景龙中，令特进佩鱼。散官佩鱼，自此始也。然员外、试、检校官犹不佩鱼。景云中，诏衣紫者鱼袋以金饰之，衣绯者以银饰之。开元初，驸马都尉从五品者假紫金鱼袋，都督、刺史品卑者假绯鱼袋。五品以上检校、试、判官皆佩鱼。中书令张嘉贞奏致仕者佩鱼终身。自是百官赏绯紫，必兼鱼袋，谓之章服。当时服朱紫佩鱼者众矣。此则符契变为服饰之渐也。安重荣以为金鱼袋不足贵，刻玉为鱼佩之。《新史》本传。好奢者可谓无微不至矣。

第四节　宫　室

隋、唐两代，于宫室颇侈。以隋文帝之恭俭，犹营仁寿宫以劳民，见第二章第一节。而炀帝无论矣。炀帝事皆见第二章第四节。窦琎营洛阳宫，失之壮丽，唐太宗毁之，见第十八章第三节。而阎立德为营玉华、翠微二宫，徐惠不以为俭。见第三章第一节。宫为立德所营，见《旧书》本传。此所谓作法于贪。至武后，遂大纵恣。事皆见第四章第三节。中宗集群臣于梨园球场，令其分朋拔河，见第四章第六节。武崇训、杨慎交注膏作场，以利其泽。此真匪夷所思。至睿宗，又为金仙、玉真二主作观。见第五章第一节。中叶后，则穆宗于禁中造百尺楼，见《新书·李珏传》。敬宗以钜金饰清思院。见第八章第五节。其仍世侈靡，不亦甚乎？《新书·韦弘机传》：高宗言："两都我东西宅，然因隋宫室，日仆不完。朕将更作，奈财用何？"弘机即言："臣任司农十年，省惜常费，积二十万缗。以治宫室，可不劳而成。"帝大悦，诏兼将作、少府二官督营缮。初作宿羽、高山等宫。徙洛中桥于长夏门，废利涉桥。人多便之。天子乃登洛北绝岸，延眺良久，叹其美。诏即其地营宫。所谓上阳者。尚书左仆射刘仁轨谓侍御史狄仁杰曰："古天子陂池台榭，皆深宫复禁，不欲百姓见之，恐伤其心，而今列岸谳廊，亘王城外，岂爱君哉？"乌乎！可不惧乎？

禁苑之地，孟子所谓坏宫室以为污池，民无所安息，弃田以为苑囿，使民不得衣食者也。此犹夺民之地而已，贪夫为之，则更出其所有，以与民争利。则天时裴匪躬检校西苑，欲鬻苑中果菜是已。见《旧书·苏良嗣传》。此犹仅与民争利，乃如炀帝，课天下诸州各贡草木、花果、奇禽、异兽，以实苑囿，见第二章第四节。则宋代花石纲所取法，受其害者更非止一方矣。则天幸三阳宫，自夏涉秋不还。张说疏谏曰："宫城褊小，万方辐凑。填城溢郭，并锸无所。排斥居人，蓬宿草次。风雨暴至，不知庇托。孤茕老病，流转衢巷。"又曰："池亭奇巧，诱掖上心，削峦起观，竭流涨海。俯贯地脉，仰出云路。易山川之气，夺农桑之土。延木石，运斧斤。山谷连声，春夏不辍。劝陛下作此者，岂正人哉？"苑囿绵地广而所营建少，则其劳民力不甚深；宫室用力多而其面积小，则其占民地不甚广；逮作宫于风景清嘉之地，而二者兼之矣。

高明之家，亦皆纵恣不守法度。隋秦王俊，史言其盛治宫室，穷极侈丽。杨素则东西二京，居宅侈丽。朝毁夕复，营缮无已。贺若谊于郊外构别庐，多植果木。每邀宾客，列女乐，游集其间。许敬宗第舍华僭。至造连楼，使诸妓走马其上。长宁公主下嫁杨慎交，造第东都。使杨务廉营总。第成，府财几竭。乃擢务廉将作大匠。又取西京高士廉第、左金吾卫故营合为宅。右属都城，左俯大道。作三重楼以冯观。筑山浚池。帝及后数临幸，置酒赋诗。又并坊西隙地广鞠场。东都废永昌县，主匄其治为府。以地濒洛，筑障之。崇台蜚观相联属。无虑费二十万。魏王泰故第，东西尽一坊，潴沼三百亩，泰薨，以与民，至是，主匄得之。亭阁华诡埒西京。东都第成，不及居，韦氏败，斥慎交绛州别驾。主偕往。乃请以东都第为景云祠。而西京鬻第，评木石直，为钱二十亿万。安乐公主下嫁武崇训，营第及安乐佛庐，皆宪写宫省，而工致过之。尝请昆明池为私沼。帝曰："先帝未有以与人者。"主不悦。自凿定昆池，延袤数里。定，言可抗订之也。司农卿赵履温为缮治。累石肖华山。隥约横邪，回渊九折。以石潨水。又为宝炉，镂怪兽神禽，间以璂、贝、珊瑚，不可涯计。崇训死，主素与武延秀乱，即嫁之。夺临川长公主宅以为第。旁彻民庐，怨声嚣然。第成，禁藏空殚。杨贵妃姊妹昆仲五家，甲第洞开，僭拟宫掖。每构一堂，费逾千万计。见制度宏壮于己者，即彻而复造，土木之工，不舍昼夜。玄宗为安禄山起第京师。以中人督役。戒曰："善为部署。禄山眼孔大，毋令笑我。"为琐户交疏。台观华僭。帘幕率缇绣。金银为筹筐瓜篱。此等皆所谓木妖也。天宝乱后，武人跋扈，纲纪弥不可问。《旧书·德宗纪》：大历十四年七月，毁元载、马璘、刘忠翼之第。以其雄侈逾制也。《璘传》云：天宝中，贵戚勋家，已务奢靡，而垣屋犹存制度。然卫公李靖家庙，已为嬖臣杨氏马厩矣。及安、史大乱之后，法度隳弛。内臣戎帅，竞务奢豪。亭馆第舍，力穷乃止。时谓木妖。璘之第，经始中堂，费钱二十万贯。他室降等无几。及璘卒于军，子弟护丧归京师，士庶观其中堂，或假称故吏，争往赴吊者，数十百人。德宗在东宫，宿闻其事。及践阼，条举格令，第舍不得逾制。仍诏毁璘中堂及内官刘中翼之第。璘之家园，进属官司。自后公卿赐宴，多于璘之山池。按《本纪》贞元十一年二月、三月、九月，十九年二月，二十年九月，皆书其事。子弟无行，家财寻尽。其时崔宽有别墅，池馆台榭，当时第一。杨绾为相，乃潜遣毁拆；见第六章第六节。而穆宗幸郭城南庄，钗亦以庄为献；《旧书·本纪》元和十五年（820）。则能长保所有者亦鲜。然为之者仍不绝。张延赏，东都旧第在思顺里，亭馆之丽，甲于都城。子孙五代，无所加工。李抱真，大起台榭，穿池沼以自娱。杜佑，城南樊川有佳林亭，卉木幽邃。子式方，甲第在安仁里。杜城有别墅。令狐峘，南山豹林谷有别墅。胡证，于京城修行里起第，连亘闾巷。裴度，东都立第于集贤里。筑山穿池，竹木丛翠。有风亭水榭，梯桥架阁，岛屿回环。又于午桥创别墅。花木万株。中起凉台暑馆，名曰绿野堂。引甘水贯其中，酾引脉分，萦带左右。牛僧孺，洛都筑第于归仁里。任淮南时，佳木怪石，置之阶廷。馆宇清华，竹木幽邃。李德裕，在长安私第别构起草院。院有精思亭。东都于伊阙南置平泉别墅。清流翠篠，树石幽奇。卢钧为尚书左仆射，常移病不视事。与亲旧游城南别墅，或累日一归。此等犹皆显者。若白居易，仕宦不为得志，而其居地亦殊胜，已见第十八章第三节。王维尤偃蹇，犹得宋之问蓝田别墅。辋水周于舍下。虽司空图，犹有先人别墅。在中条山之王官谷。泉石林亭，颇称幽栖之趣。张全义，侧身陇亩之间，而私第在会节坊，室宇园池，亦为一时钜丽。而朱汉宾有第在怀仁里，北限洛水，南枕通衢，层屋连甍，修木交干。孙彦韬罢密州赴阙，起甲第于洛阳，华堂广庑，亚王公之家。不足异矣。

《旧书·李义琰传》：义琰宅无正寝。弟义琎为司功参军，乃市堂材送焉。及义琎来观，义琰谓曰："以吾为国相，岂不怀愧？更营美室，是速我祸。此岂爱我意哉？"义琎曰："凡人仕为丞、尉，即营第宅。兄官高禄重，岂宜卑陋以逼下也？"义琰曰："事难全遂，物不两兴。既有贵仕，又广其宇。若无令德，必受其殃。吾非不欲之，惧获戾也。"竟不营构。其木为霖雨所腐而弃之。观义琎之言，可知时人之好营居宅。马周为御史，遣人以图购宅。众以其兴书生，素无赀，皆窃笑。他日，白有佳宅，直二百万。周遽以闻，诏有司给宅，并赐奴婢什物。人乃悟。程权受代，以靖安里私第侧狭，赐地二十亩，以广其居。朝廷之待士大夫，不为薄矣。文宗即位，以四方车服奢僭，下诏准《仪制令》品秩勋劳为等级。王公之居，不施重栱藻井。三品堂五间九架，门三间五架。五品堂五间七架，门三间两架。六品七品堂三间五架，庶人四架，而门皆一间两架。苟遵仪制，安用广地？然诏下人多怨者，京兆尹杜悰条易行者为宽限，而事遂不行矣。《新书·车服志》。《旧书·魏知古传》：睿宗为金仙、玉真二主造观，知古上疏，言"两观之地，皆百姓之宅。卒然逼迫，令其转移。扶老携幼，投窜无所"。则京都之中，空宅甚少。此蓄钱令下，富家所由买宅以事僦赁也。见第十九章第四节。《旧书·穆宗纪》：元和十五年四月，敕内侍省见管高品官，白身都四千六百一十八人。除官员一千六百九十六人外，其余单贫无屋室居止，宜每人加衣粮半分。亦可见京师僦屋之艰，僦价之贵也。然李守贞平杨光远后，晋高祖以光远东京地赐之，守贞因取连宅军营，以广其第。大兴土木，治之岁余，为京师之甲。军营如此，而况民居？因势豪之攘夺而流离失所者，史盖不能尽记矣。《旧五代史·唐庄宗纪》：同光二年八月，诏洛京应有隙地，任人请射修造。有主者限半年令本主自修盖。如过限不见屋宇，许他人占射。《明宗纪》：天成四年六月，诏京城空地，课人盖造。如无力者，许人请射营构。合第十八章第二节所引哀帝天祐二年十月敕观之，可见京城之内，地多有主。别墅虽在郊坰，然《旧史·皇甫遇传》言：遇镇河阳，于部内创别业，开畎水泉，以通溉灌。所经坟墓悉毁之。部民以朝廷方姑息郡帅，莫敢诉。坟墓如此，于庐舍岂尚有所顾忌乎？《新书·柳公绰传》言：元载于昭应有别墅，以奴主务。自称郎将，怙势纵暴，租赋未尝入官。于国如此，而况于人民乎？《旧书·隐逸·田游岩传》。高宗将营奉天宫于嵩山，游岩旧宅，先居宫侧，特令不毁。仍亲书题额悬其门，曰隐士田游岩宅。此等事史每以为美谈，实仅千百之十一耳。曰特令不毁，则此外之见毁者多矣。隐士宅不当毁，非隐士宅当毁邪？山居者孰非隐沦之人？以名闻于帝京者，又岂真辟世之士邪？

　　能以俭德自将者，亦非无之，如李义琰即其一也。魏徵家无正寝，疾革，太宗乃为营构。冯道持服景城，所居惟茅茨，皆已见前。徵事见上节。道事见第十八章第三节。温彦博家亦无正寝，卒之日，殡于别室。太宗命有司为造堂焉。李吉甫，服物食味，必极珍美，而不殖财产。京师一宅之外，无他第墅。公论以此重之。

郑覃，所居未尝增饰，才庇风雨，家无媵妾，人皆仰其素风。李愚，初不治第。既命为相，官借延宾馆居之。此等虽或戒满盈，或以避祸，不必皆出纯德，要不可谓不异于流俗。《新书·白居易传》：李师道上私钱六百万，为魏徵孙赎故第。居易言："徵任宰相，太宗用殿材成其正寝，后嗣不能守，陛下犹宜以贤者子孙，赎而赐之。师道人臣，不宜掠美。"宪宗从之。其《讽谏集》所谓"魏公宅犹存，元和诏还五代孙"者也。则亦未尝不获报。其以奢侈见菲薄者，则如潘孟阳，居第颇极华峻。宪宗微行，至乐游原，见其宏敞，工犹未已，问之。左右以孟阳对。孟阳惧而罢作。范传正，历三郡，以政事修理闻，擢为宣歙观察使。受代至京师，宪宗闻其里第过侈，薄之。因拜光禄卿。以风恙卒。杨行密登城，见王茂章营第，曰："天下未定，而茂章居寝郁然，渠肯为我忘身乎？"茂章遽毁损。此等皆仅至于败。其终至陨越者，则如马璘等是矣。然终不足以止滔滔之势也。

《日知录》曰："读孙樵《书褒城驿壁》，乃知其有沼、有鱼、有舟。读杜子美《秦州杂诗》，又知其驿之有池、有林、有竹。今之驿舍，殆于吏人之垣矣。予见天下州之为唐旧治者，其城郭必皆宽广，街道必皆正直。廨舍之为唐旧创者，其基址必皆宏敞。宋以下所置，时弥近者制弥陋。此又樵所谓州县皆驿，而人情之苟且，十百于前代矣。"又曰："今日所以百事皆废者，正缘国家取州县之财，纤豪尽归之于上，而吏与民交困，遂无以为修举之资。延陵季子游于晋，曰：吾入其都，新室恶而故室美，新墙卑而故墙高，吾是以知其民力之屈也。元注：《说苑》。又不独人情之苟且也。"可谓言之痛矣。然知其一未知其二也。宋以后民力固屈矣，唐以前亦曷尝纾哉？城郭、街道、衙、驿，皆后不如前，盖以役法稍善，庸雇多而征发少，兴建遂不如前世之易。多取州县之财归之于上，诚足使吏民交困，然留之地方，恐吏多幸而民亦未必获其福也。《旧五代史·李从温传》：从温始以明宗本枝，历居藩翰，无文武才略，资济代之用。凡临民，以货利为急。在常山日，睹衙署池潭凡十余顷，皆立木为岸，而以修篁环之。从温曰："此何用为？"悉命伐竹取木，鬻于列肆，获其直以实用帑焉。从温之取民，或不免于为茧丝，然此事则不能谓其非是。衙署池潭十余顷，果以奉官乎？抑以利民乎？且违山泽不得障管之义矣。王峻为枢密使，于本院之东，别建公署，廊庑听事，高广华侈，亦竭民力以奉官吏也。《旧书·文宗纪》：大和九年二月，发神策军修淘曲江。"如诸司有力，要于曲江置亭馆者，宜给与闲地。"不遏其流，而反扬其波，何哉？

贵富之家，保守先业之志颇笃。《新书·李逊传》：弟子讷，居与宰相杨收接。收欲市讷冗舍以广第。讷叱曰："先人旧庐，为权贵优笑地邪？"《杨嗣复传》：子损，家新昌里，与路岩第接。岩方为相，欲易其厩以广第。损族仕者十余人，议曰："家世盛衰，系权者喜怒，不可拒。"损曰："今尺寸土皆先人旧赀，非吾等所有，安可奉权臣邪？穷达命也。"卒不与。皆其事也。《旧书·李皋传》：初扶风马彝未知名，皋始辟之，卒以正直称。汉阳王张柬之有林园在州西，公府多假之游宴。皋将买之。彝敛袵而言曰："张汉阳有中兴功，遗业当百代保之。王纵欲之，奈何令其子孙自鬻焉？"皋谢曰："主吏失辞，为足下羞。微足下，安得闻此言。"合此及李师道欲赎魏徵故宅观之，可见时人视名贤旧居之重。行路如此，而况子孙？其欲世保之宜矣。然其事亦非易。《萧复传》：广德中，连岁不稔，谷价翔贵，家贫，将鬻昭应别业。宰相王缙闻其林泉之美，心欲之。乃使弟纮诱焉。曰："足下之才，固宜居右职。如以别业奉家兄，当以要地处矣。"复对曰："仆以家贫而鬻旧业，将以拯济孀幼耳。以易美职，令门内冻馁，非鄙夫之心也。"缙憾之，乃罢复官。沈废数年。此虽能拒权相，然卒不能不因贫而鬻矣。《新书·柳浑传》：左丞田季羔从子伯强，请卖私第，募兵助讨吐蕃。浑曰："季羔先朝号名臣。由祖以来世孝谨，表阙于门。隋时旧第，惟田一族耳。讨贼自有国计，岂容不肖子毁门构，徼一时幸，损风教哉？"德宗嘉纳。隋时旧第惟一族，可见保守先业之难。《旧史·李敬义传》："德裕之孙，初随父贬连州，遇赦得还。尝从事浙东，自言遇涿道士，谓之曰：子方厄运，不宜仕进。敬义悚然，对曰：吾终老贱哉？涿曰：自此四十三年，必遇圣王大任子其志之。敬义以为然，乃无心仕宦，退归洛南平泉旧业，为河南尹张全义所知。岁时给遗特厚，出入其门，欲署幕职，坚辞不就。初德裕之为将相也，大有勋于王室，出藩入辅，绵历累朝，及留守洛阳，有终焉之志。于平泉置别墅，采天下奇花异竹，珍木怪石，为园池之玩。自为家戒序录，志其草木之得处刊于石。云：'移吾片石，折树一枝，非子孙也。'洎巢、蔡之乱，洛都灰烬。全义披荆榛而创都邑。李氏花木，多为都下移掘，樵人鬻卖，园亭扫地矣。有醒酒石，德裕醉即踞之，最保惜者。光化初，中使有监全义军，得此石，置于家园。敬义知之。泣谓全义曰：'平泉别业，吾祖戒约甚严。子孙不肖，动违先旨。'因托全义请石于监军。他日宴会，全义谓监军曰：'李员外泣告，言内侍得卫公醒酒石。其祖戒堪哀。内侍能回遗否？'监军愤然，厉声曰：'黄巢败后，谁家园池完复？岂独平泉有石哉？'全义始受黄巢伪命，以为诟己，大怒曰：'吾今为唐臣，非巢贼也。'即署奏笞毙之。"夫德裕，忘其父一宅之外无他第墅之美，而溺志于游处，身日蹈危机而不自知，不以清德诒子孙，并不能以经籍文艺垂教，而殷殷以卉木为属，可不谓之悖乎？敬义不知盖前人之愆，而垂泣于一石，可以谓之孝乎？内官当唐末，所居何世，而犹失色于杯酒之间，以取杀身之祸，可不谓之至愚乎？全义硁硁，身披荆榛，一若能图晚盖者，而亦一怒而杀人，不亦阴贼著于心，卒发于睚眦如故乎？敬义后归太原，张承业尤不悦唐朝宰辅子孙，或面折于公宴，或指言德裕过恶。敬义不得志，郁愤而卒。凶德参会，而皆戕其身，岂不哀哉？唐德宗之行间架税也，史言衣冠士族，或贫无他财，独守故业，坐多屋出算者动数十万，不胜其苦。即终克保守，其所得者，亦不过如是而已，安用高墙围大屋哉？

古有宅经而无葬经。所谓宅经，盖亦相其阴阳，观其流泉之意，乃所以图安居，而非谓所居之地，足以祸福人也。然形家之说稍盛，则又自墓而贻之宅。唐太宗以阴阳书渐致讹伪，穿凿既甚，拘忌亦多，命吕才与学者十余人共加刊正。《旧书·才传》载其叙《宅经》之辞曰："近代师巫，更加五姓之说，谓天下万物，悉配属之，行事吉凶，依此为法。"其矫诬概可见矣。然信之者仍不乏。《新书·杜正伦传》云：伦与城南诸杜，昭穆素远，求同谱不许，衔之。诸杜所居号杜固。世传其地有壮气，故世衣冠。正伦既执政，建言凿杜固通水以利人。既凿，川流如血，阅十日止。自是南杜稍不振。观此等传说，而知其说入人之深也。无他，患得患失之心中之而已。

营造寺观，亦为耗费之一大端。《新书·辛替否传》：武崇训死，安乐公主弃故宅别筑第，侈费过度。又盛兴佛寺。替否上疏曰："今天下之寺无数。一寺当陛下一宫，壮丽用度，尚或过之。"侈于居室者，不能随地皆有，寺观则不然，此其耗蠹生民，所以为尤甚也。高力士于来庭坊造宝寿佛寺，兴宁坊造华封道士观，宝殿珍台，侔于国力。鱼朝恩献通化门外赐庄为寺，以资章敬太后冥福。仍请以章敬为名。复加兴造。穷极壮丽。以城中材木不足充费，乃奏坏曲江亭馆、华清宫观楼及百司行廨、将相没官宅给其用。土木之役，仅逾万亿。高骈于府第别建道院。院有迎仙楼、延和阁。高八十尺，饰以珠玑金钿。侍女数百，皆羽衣霓服，和声度曲，拟之钧天。日与吕用之、殷守一谈论其间，宾佐罕见其面。而用之亦建大第，又建百尺楼，托云占星，实窥伺城中之有变者。此等耗费，诚使人闻之变色。然玄宗出内库钱五十万为僧一行起塔，业已自启之矣。上行下效，岂不信哉？

宏伟壮丽之工，必有智巧之匠而后能为之。然此等名皆不传，尸其名者，特官吏之总其事者耳。隋世之宇文恺、阎毗、何稠则其人。见第十九章第二节。唐世姜确，史称其有巧思，凡朝之营缮，必谘而后行，亦其伦也。何稠有所为，皆先令黄亘及其弟衮立样，当时工人皆称其善，莫能有所损益。亦见第十九章第二节。味此言，便知立样皆出工人。隋时欲造明堂，宇文恺尝再为木样以献。唐高宗初年欲造明堂，亦内出九室样，令有司损益之。见《隋书》及《旧唐书》《礼仪志》。此等样，亦必匠人所为也。《旧书·裴延龄传》，訾其"追捕夫匠，迫胁就功"，可见营造之必用匠人矣。匠人之中，必有有智巧能指挥众匠者。柳宗元《梓人传》，意虽不在传梓人，亦可借以窥见当时匠人之情形也。民间简陋之室，或有不必匠人而亦能为之者。如《新书·隐逸·张志和传》：言其兄鹤龄，恐其遁世不还，为筑室越州东郭。茨以生草，椽栋不施斤斧。此盖民居之稍精洁者，即昔人所谓精舍也。或凡民皆能为之耳。

《旧书·张玄素传》：贞观四年（630），诏发卒修洛阳宫乾阳殿，以备巡幸。玄素上书谏。有口："臣尝见隋室造殿，楹栋宏壮，大木非随近所有，多从豫章采来。二千人曳一柱。其下施毂，皆以生铁为之。若用木轮，即便火出。铁毂既生，行一二里，即有破坏，仍数百人，别赍铁毂以随之。终日不过进三二十里。略计一柱，已用数十万功。"盖北方原野，已无大木，故不得已而求诸南方山间也。《裴延龄传》言：德宗时计料造神龙寺，须长五十尺松木。延龄奏曰："臣近于同州检得一谷，木可数千条，皆长八十尺。"上曰："人言开元、天宝中，侧近求觅长五六十尺木尚未易，须于岚、胜州采市，如今何为近处便有此木？"延龄奏曰："臣闻贤材、珍宝、异物，皆在处常有，遇圣君即出。见今此木生关辅，盖为圣君？岂开元、天宝合得有也？"其辞似甚诞妄。然史于延龄多诬辞，前已言之，此言亦不足信。盖林木必近水陆道，采伐后易运出，乃有人求之，不则封闷终古耳。在侧近而人莫之知，亦无足异也。不然，延龄敢斥玄宗非圣君乎？且既计度造寺，则旦晚便须采用，言之虚实立见，又岂可以面谩哉？然有材木而不便采伐，即同于无有。故其时木材，终虞阙乏也。《传》又载德宗谓延龄："朕所居浴堂院殿一袱，以年多之故，似有捐蠹，欲换之未能。"可以见其艰得矣。

材木之足用与否，既系于采伐运送而不系于有无，故僻陋之区，虽密迩山林，仍有觉其不足者，而砖瓦亦或难得，民乃多以茅竹代之。此可见隋、唐、五代时，豪富者之所居，虽侈费而无极，而民居则仍甚简陋矣。《旧书·宋璟传》：转广州都督。广州旧族，皆以竹茅为屋，屡有火灾。璟教人烧瓦，改造店肆，自是无复延烧之患。此所改造，盖仅及店肆，以民居不如店肆之密比也。又《李复传》：附《李曼传》后。迁广州刺史。劝导百姓，变茅屋为瓦舍。《新书·杨于陵传》：出为岭南节度使。教民陶瓦易蒲屋，以绝火患。此皆指岭外。然《王仲舒传》言其为苏州，变屋瓦，绝火灾。《韦丹传》言其为江南西道观察使，始民不知为瓦屋，草茨竹椽，久燥则夏而焚。丹召工教为陶。聚材于场，度其费为估，不取赢利。人能为屋者，受材瓦于官。免半赋，徐取其偿。逃未复者，官为为之。贫不能者畀以财。则岭北亦有之矣。《旧书·牛僧孺传》：刺鄂州。江夏城风土散恶，难立垣墉。每年加版筑，赋菁茅以覆之。吏缘为奸，蠹弊绵岁。僧孺至，计苫苦版筑之费，岁十余万。即赋之以砖，以当苫筑之价。凡五年，墉皆甃甓。蠹弊永除。《高骈传》：为成都尹。蜀土散恶，成都比无垣墉。骈乃计每岁完葺之费，甃之以砖甓。雉堞由是完坚。《旧五代史·赵犨传》：季弟珝。充忠武军节度使。陈州土壤卑疏，每岁壁垒摧圮，工役不暇。翙营度力用，俾以甓周砌四墉，自是无霖潦之虞。则是时砖之为用，亦不甚普遍也。《旧书·李光弼传》：史思明等攻太原，光弼躬率士卒百姓，于城外作掘壕以自固，作堑数十万。众莫知所用。及贼攻城于外，光弼即令增垒于内，坏辄补之。作掘壕以自固，作堑数十万，语不可解。王鸣盛谓上作字衍，堑当作墼，其说是也。此虽仓卒间事，然可见太原平时，亦多用墼，故民习为之也。

《新书·地理志》：舒州桐城县。自开元中徙治山城。地多猛虎毒虺。元和八年（813），令韩震焚荡草木，其害遂除。又袁州宜春县，西南十里有李渠，引仰山水入城。刺史李将顺凿。《旧书·李皋传》：为江陵尹。先江陵东北有废田。傍汉古堤二处。每夏则溢。皋始命塞之。广田五千顷。亩得一钟。规江南废洲为庐舍。架江为二桥。流人自占二千余户。自荆至乐乡，凡二百里。旅舍乡聚凡数十，大者皆数百家。楚俗佻薄，不穿井，饮陂泽。皋始命合钱开井以便人。《新书》传略同。又见《地理志·江陵县》下。《新书·长孙无忌传》：从父弟操，徙陕州，城中无井，人勤于汲。操为醴河溜入城。百姓利安。《贾曾传》：子至。肃宗时为中书舍人。蒲州刺史以河东濒贼，彻傅城庐舍五千室，使贼不得保聚。民大扰。诏遣至慰安。官助营完，蒲人乃安。《元结传》：拜道州刺史。初西原蛮掠居人数万去，遗户裁四千。结为民营舍。给田免徭役，流亡归者万余。此与宋璟等，皆良吏之能留意民居者也。

晋天福中，户部奏李自伦旌表之式，已见第十六章第二节。此颇可见乡间大户房屋式样。《新书·孝友传》：刘君良，四世同居。武德中，深州别驾杨弘业至其居。凡六院，共一庖。一院盖即今所谓一进也。《旧书·宗室传》：河间王孝恭之子晦，私第有楼，下临酒肆。其人尝候晦言曰："微贱之人，虽则礼所不及，然家有长幼，不欲外人窥之。家迫明公之楼，出入非便，请从此辞。"晦即日毁其楼。此可见当时居宅，有楼者尚少也。

《日知录》云："北人以土为床，而空其下以发火，谓之炕。古书不载。元注："诗瓠叶传：炕火曰炙。正义曰：炕，举也。谓以物贯之而举于火上以炙之。"《左传》：宋寺人柳炽炭于位，将至则去之。《新序》：宛春谓卫灵公曰：君衣狐裘，坐熊席，陬隅有灶。《汉书·苏武传》：凿地为坎，置煴火。是盖近之，而非炕也。元注："庾信《小园赋》：管宁藜床，虽穿而可坐，嵇康锻灶，既暖而堪眠。"愚案此谓既暖则可炀之瞑目以息耳，非如今人之炕，寝处其上也。《旧唐书·东夷·高丽传》："冬月皆作长坑，下然煴火以取暖，此即今之土炕也。但作坑字。"愚案此俗后由女真传入中国，而女真实受诸高丽。女真初穴居，必不能作炕也。陬隅有灶，盖特然火以取暖。寻常人之炀灶，则特因炊爨之便，或又移其余烬于室内以为煴耳。北方人之发火以暖炕，亦有与炊爨合为一事者。此于费用尤省，故贫民便之。高丽盖亦如此？故《旧书》元文，上有"其俗贫窭者多"六字，《新书》则云"窭民盛冬作长坑煴火以取暖"也。此寒地之俗，有裨贫民者。故能传入中国。《新五代史·晋本纪》：天福七年（942），北京留守刘知远进百头穹庐。《注》曰："穹庐，夷狄之用也。"此则无道之主，好尚新奇，如卫侯之效夷言耳。史故记之，以见其为北迁之兆欤？

筑城多为守御之计。隋炀帝令发人城府县驿，又令人悉城居，已见第二章第六节。此盖图坚壁清野？后唐庄宗以潞州叛，诏天下州镇无得修城浚隍，悉毁防城之具。潞州平，又命夷之，《通鉴》同光二年（926）。则如秦始皇之隳名城矣。《通鉴》：唐宣宗大中十二年正月以王式为安南都护经略使。"式有才略。至交趾，树芳木为栅，可支数十年。深堑其外，泄城中水。堑外植竹。寇不能冒。"胡《注》曰："史炤曰：芳，都聊切，又音调。余案《广韵》芳都聊切又音调者，蕈华也，其字从草从刀。又《类篇》有从草从力者，香菜也。历得切。昔尝见一书从草从力者，读与棘同。棘，羊矢枣也。此木可以支久。范成大《桂海虞衡志》芳竹，刺竹也。芒刺森然。广东新州素无城。桂林人黄齐守郡，始以此竹植之，羔豚不能径，号竹城，至今以为利。传闻交趾外城，亦是此竹。正王式所植者也。"此又偏方之地，各因其宜以为固者也。惟周世宗之城大梁，兼欲整街衢市里。《旧五代史·本纪》：帝之为澶州节度也，澶之里巷湫隘，公署毁圮。帝即广其街肆，增其廨宇，吏民赖之。及即位，显德二年四月，诏于京城四面，别作罗城。以来春兴役。三年正月，遂发丁夫十万城京师罗城。《通鉴》云：发开封府曹、滑、郑州之民十余万筑大梁外城。又唐宪宗元和十四年胡《注》曰："凡大城谓之罗城，小城谓之子城，又有第三重城，以卫节度使居宅，谓之衙城。"《通鉴》：显德二年四月，帝以大梁城中迫隘，诏展外城。先立标帜。俟今冬农隙兴版筑。东作动则罢之，更俟次年。以渐成之。且令自今葬埋皆出所标七里之外。其标内俟县官分画。街衢、仓场、营廨之外，听民随便筑室。十一月，先是大梁城中民侵街衢为舍，通大车者盖寡。上命悉直而广之。广者至三十步。又迁坟墓于标外。上曰："近广京城，于存殁扰动，诚多怨谤之语，朕自当之，他日终为人利。"《新五代史·王朴传》曰：朴性刚果，又见信于世宗。凡其所为，当时无敢难者。世宗征淮，朴留京师。广新城，通道路，壮伟宏阔。今京师之制，多其所规为。《默记》引《闲谈录》云：朴性刚烈，大臣藩镇皆惮之。世宗收淮南，俾朴留守。时以街巷隘狭，例从展拆。朴怒厢校弛慢，于通衢中鞭背数十。其人愤然。叹云："宣补厢虞候，岂得便从决？"朴微闻之。命左右擒至，立毙于马前。世宗闻之，笑谓近臣曰："此大愚人。去王朴面前夸宣补厢虞候，宜其死矣。"街衢市里，诚合整齐，然居民之流离失所者，亦合曲为之计。不此之图，徒欲侈耳目之观，而以操切之道行之，视人命如草芥，终为武夫悖戾之气也。

隋筑长城，已见第二章第六节。唐世则不复事此。《新书·地理志》：妫州怀戎县北九十里有长城。开元中张说筑。《刘弘基传》：突厥患边，督步骑万人备塞。自幽北东拒子午岭，西抵临泾，筑障遮虏。此特偶一为之，以备寇钞。唐初突厥为患最深。或请筑古长城，发兵乘塞，太宗不听。其后思摩渡河，遣使谢曰："有如延陀侵逼，愿入保长城。"诏许之。则因前世所筑以为用耳。《旧书·李勣传》：太宗谓侍臣曰："隋炀帝不能精选贤良，安抚边境，惟筑长城，以备突厥。情识之惑，一至于此。朕今委任李世勣于并州，遂使突厥畏威遁走，塞垣安静，岂不远胜筑长城邪？"盖长城原以捍小寇，非以御大敌。唐初突厥拥众百万，非长城所能御，修筑徒以劳民；其后塞垣安静，则又无事乎此；更后，默啜再兴，则又非长城所能御也。《旧书·高丽传》云：贞观五年（631），诏遣广州都督府司马长孙师往收瘗隋时战亡骸骨，毁高丽所立京观。建武惧伐其国，乃筑长城，东北自扶余城，西南至海，千有余里。此乃亿测之辞，殊非情实。隋、唐时句丽之所以拒中国者，专恃弃地以徼中国之师，岂有筑长城之理？长城亦岂足以御中国之师？此长城，亦所以备北族之寇钞者耳。

　　床仍为尊者之坐。《新书·李岘传》：故事，政事堂不接客。自元载为相，中人传诏者引升堂，置榻待之。岘至，即敕吏撤榻。《李吉甫传》：初政事堂会食有巨床，相传徙者，宰相辄罢，不敢迁。吉甫笑曰："世俗禁忌，何足疑邪？"撤而新之。《裴坦传》：令狐绹当国，荐为职方郎中，知制诰，而裴休持不可。故事，舍人初诣省视事，四丞相逆之，施一榻堂上压角而坐。坦见休，重愧谢。休勃然曰："此令狐丞相之举，休何力？"顾左右索肩舆驱出。省吏骀骇，以为唐兴无有此辱。人为坦羞之。是官署中惟尊者有床也。《旧书·封伦传》：杨素负贵恃才，多所陵侮，惟击赏伦。每引与论宰相之务，终日忘倦。因抚其床曰："封郎必当据吾此坐。"《李靖传》：杨素、牛弘皆善之。素尝拊其床谓靖曰："卿终当坐此。"《韦云起传》：子方质，则天初，同凤阁鸾台平章事。武承嗣、三思，当朝用事，诸宰相咸倾附之，方质疾假，承嗣等诣宅问疾，方质据床不为之礼。《文苑·杜甫传》：甫性褊躁无器度，恃恩放恣。尝冯醉登严武床，瞪视武曰："严挺之乃有此儿？"《新书·李勉传》：父择言累为州刺史，以吏治称。张嘉贞为益州都督，性简贵，接部刺史倨甚。择言守汉州，独引同榻坐，讲绎政事。名重当时。《张守珪传》：再迁幽州良杜府果毅。时卢齐卿为刺史，器之。引与共榻坐。谓曰："不十年，子当节度是州，为国重将。愿以子孙托，可僚属相期邪？"是尊卑相接，尊者皆有床也，而燕居无论已。《新五代史·刘赞传》：父玭，每食则自肉食，而以蔬食食赞于床下。参看第一节。此盖故抑之，欲其勉学？非然者，子弟亦未必不得床坐。《旧书·高开道传》：张君立奔开道，与其将张金树潜相结连。开道亲兵数百人，皆勇敢士也，号为义儿，常在阁内。金树每督兵于阁下。将围开道，潜令数人入阁内，与诸义儿阳为游戏。日将夕，阴断其弓弦。又藏其刀仗，聚其矟于床下。逮暝，金树以其徒大呼来攻。阁下向所遣人抱义儿稍,一时而出。是虽义儿亦皆有床矣。床之安者,以绳为之。《旧书·穆宗纪》:群臣请立太子,上于紫宸殿御大绳床见百官。《文苑·王维传》:斋中无所有,惟茶铛、药臼、经案、绳床是已。其便于携取者,则为胡床。《隋书·列女传》:郑善果母,每善果出听事,母恒坐胡床,于障后察之是也。虽军中亦携之。《旧书·张亮传》:伐高丽,为沧海道行军大总管。率舟师自东莱渡海袭沙卑城,破之。进兵顿建安城下。营垒未固,士卒多樵牧。敌奄至。军中皇骇。亮素怯懦,无计策,但踞胡床直视而无言。将士见之,翻以亮为有胆气。其副总管张金树等乃鸣鼓令士众,击破之。《郝处俊传》:诏李勣为浿江道大总管,以处俊为副。征高丽,未皇置陈,敌奄至。军中大骇。处俊独据胡床,方餐干糒。乃潜简精锐击败之。是其事也。亦谓之坐床。《旧五代史》:梁太祖欲杀朱珍,霍存等数十人叩头救,太祖怒,以坐床掷之,乃退。《薛史》云举胡床掷之是也。用筵席者甚少。《旧书·王珪传》:子敬直,尚南平公主。礼有妇见舅姑之仪。自近代,公主出降,此礼皆废。珪曰:"今主上钦明,动循法制。吾受公主谒见,岂为身荣?所以成国家之美耳。"遂与其妻就席而坐,令公主亲执笲行盥馈之道,礼成而退。此特所以备礼。《旧五代史·李愚传》:尝有疾,诏近臣宣谕,延之中堂,设席惟管秸,此贫者之为。又《李茂贞传》:御军整众,都无纪律。当食则造庖厨,往往席地而坐,此则当时贱者皆如此也。《新五代史·卢程传》:既拜相,人有假驴夫于程者。程帖兴唐府给之。府吏启无例。程怒,笞吏背。少尹任圜,庄宗姊婿也,诣程诉其不可。程戴华阳巾,衣鹤氅,据几决事。视圜骂曰:"尔何虫豸?恃妇家力邪?宰相取给州县,何为不可?"此则沐猴而冠耳。然其时之用几案,究尚不如后世之普遍。《新书·薛收传》:子元超,为中书舍人。省中有盘石,道衡为侍郎时,尝据以草制。元超每见,辄泫然流涕。收道衡子。若在近世,属草必无据石者已。

前世讥富者之侈曰木土被文锦,盖以饰墙屋而已。至唐世,乃又有所谓地衣者。懿宗时,李可及为《叹百年曲》,以绝五千匹为地衣,已见第十章第一节。又有织丝为毯以被地者,元和时宣州进之。白居易《新乐府·红线毯》篇尝咏之。曰:"宣州太守加样织,自谓忠臣能竭力。百夫同担进宫中,线厚丝多卷不得。"又曰:"宣州太守知不知?一丈毯,千两丝。地不知寒人要暖,少夺人衣作地衣。"亦慨乎其言之矣。《通鉴》:后晋齐王开运二年(945),帝自阳城之捷,谓天下无虞,奢侈益甚。四方贡献珍奇,皆归内府。多造器玩,广宫室,崇饰后庭。近朝莫之及。作织锦楼以织地衣,用织工数百。期年乃成。则其全无心肝,又非唐元和、咸通之比矣。杜亚制油衣,令舟子衣之以入水,见第十八章第三节。此虽奢侈,犹以之衣人。《新书·马璘传》,谓其治第京师,寝堂无虑费钱二十万缗。方璘在军,守者覆以油幔,则又地衣之类矣。

灯檠以铁为之。《新书·胡证传》：证膂力绝人。裴度未显时，羸服私饮，为武士所窘。证闻，突入。坐客上，引觥三釂。客皆失色。因取铁灯檠，摘枝叶栎合其跗，横膝上。谓客曰："我欲为酒令，饮不釂者，以此击之。"众唯唯。证一饮辄数升。次授客。客流离盘杓不能尽。证欲击之。诸恶少叩头请去。证悉驱出。是其事也。尊者盖多用蜡烛？《柳公权传》：文宗复召侍书，迁中书舍人，充翰林书诏学士。尝夜召对子亭，烛穷而语未尽，官人以蜡液濡纸继之是也。贫者或无膏油，则然薪代之。《旧书·马怀素传》：家贫无灯烛，昼采薪苏，夜然读书。《新书·毕诚传》：早孤，夜然薪读书。《柳璨传》：少孤贫好学，昼采薪给费，夜然叶照书是也。

汉人言舜造漆器，谏者七人，可见其时尚以施漆为侈靡之事，而《宋书·礼志》则反以为俭，已见《两晋南北朝史》第二十章第二节。唐时亦然。刘秩之议币制曰："夫铸钱用不赡者，在乎铜贵，铜贵在采用者众。夫铜，以为兵则不如铁，以为器则不如漆，禁之无害，陛下何不禁于人？"《旧书·食货志》。可见铜之用日微，而铁与漆之用则日广矣。《旧书·卢承庆传》：临终戒其子："墓中器物，瓷漆而已。"《新书·邓景山传》称其清约，用器止乌漆。亦皆以用漆器为俭。

第五节　葬　埋

古重神不重形，故嬴博去吴，千有余里，季子不归葬。然此特古俗之一，附经义而传者耳。信此义者盖寡？不然，何由有墦间之祭，而厚葬者亦何其多邪？重视形魄之见，盖历代流俗皆然，虽士君子亦不能免。崔损，身居宰相，母野殡不言展墓，不议迁祔，则士君子罪之。《旧五代史·周太祖纪》：广顺二年十一月，诏应内外文武官寮幕职州县官举选人等，今后有父母、祖父母亡殁，未经迁葬者，其主家之长，不得辄求仕进。所司亦不得申举解送。则虽叔世之武夫，亦知此义矣。而俗视归葬尤重。《旧书·列女传》：王和子，徐州人。父及兄为防秋卒，戍泾州。元和中，吐蕃寇边，战死，无子。母先亡。和子时年十七。被发徒跣衰裳，独往泾州，行丐，取父兄之丧，归徐营葬。手植松柏，鬋发坏形，庐于墓所。又：大中时，兖州瑕丘县人郑仁佐女，年二十四。先许适骁雄衙官李玄庆。神佐亦为官健，戍庆州。时党项叛，神佐战死。其母先亡，无子。女乃鬋发坏形，自往庆州，护父丧还，与母合葬。便庐于坟所，手植松桧。誓不适人。《新书·列女传》：杨含妻萧，父历，为抚州长史，以官卒。母亦亡。萧年十六，与娣皆韶淑。毁貌载二丧还乡里。贫不能给舟庸，次宣州战鸟山，舟子委柩去。

萧结庐水滨，与婢穿圹纳棺成坟，莳松柏，朝夕临。长老为立舍，岁时进粟缣。丧满不释衰。人高其行。或请昏。女曰："我弱不能北还，君诚为我致二柩葬故里，请事君子。"于是含以高要尉罢归，聘之。且请除素。萧以亲未葬，许其载，辞其采。已葬，乃释服而归杨焉。观三女之见称，而知世视归葬之重矣。崔玄亮，晚好黄、老，而犹遗言："山东士人利便近，皆葬两都，吾族未尝迁，当归葬滏阳，正首丘之义"，而况方内之士？能如李义之遗令薄葬，毋还乡里者，盖亦寡矣？《旧书·德宗纪》：大历十四年八月，诏人死亡于外，以棺柩还城者勿禁。《宣宗纪》：大中三年六月，敕先经流贬罪人，不幸殁于贬所，有情非恶逆，任经刑部陈牒，许令归葬。绝远之处，仍量事官给棺椟。盖亦所以顺俗？晋李太后病亟，欲焚骨送范阳佛寺，赵莹被疾，求归骨南朝，自更无足怪矣。皆见第十三章第三节。张砺为萧翰锁之北去，卒于镇州，家人烬其骨，归葬于滏阳，见《旧五代史》本传。《旧五代史·陆思铎传》：典陈郡日，甚有惠政。常戒诸子曰："我死则藏骨于宛丘，使我栖魂于所理之地。"魂无不之，欲栖其地，何待瘗藏？此适足见其视形魄之重，非能破归葬之惑者也。

夫如是，厚葬自不能免。薛举区区，而起坟茔，置陵邑，岂特沐猴而冠哉？李义府改葬其祖父，营墓于永康陵侧。三原令李孝节，私课丁夫车牛，为其载土筑坟，昼夜不息。于是高陵、栎阳、富平、云阳、华原、同官、泾阳等七县，以孝节之故，惧不得已，悉课丁车赴役。高陵令张敬业，恭勤怯懦，不堪其劳，死于作所。王公已下，争致赠遗。其羽仪导从，辒辌器服，并穷极奢侈。又会葬车马，祖奠供帐，自灞桥属于三原七十里间，相继不绝。此成何事体乎？犹可诿曰：权相纵恣，不可以常理论也。苏味道以模棱称，而长安中请还乡改葬其父，优制令州县供其葬事，味道因此侵毁乡人墓田，役使过度，为宪司所劾，左授坊州刺史，不亦异乎？犹可诿曰：其位究居宰相也。李光进不过一战将，而葬其母，将相致祭者四十四幄，穷极奢靡，此何为乎？犹可诿曰：光进固有战功，位通显也。高宗永隆二年正月，诏雍州长史李义玄：商贾富人，厚葬越礼，可严加捉搦，勿使更然。《旧书·本纪》。太极元年（712），左司郎中唐绍上疏曰："臣闻王公已下送终明器等物，具标甲令，品秩高下，各有节文。近者王公百官，竞为厚葬。偶人像马，雕饰如生。徒以眩耀路人，本不因心致礼。更相扇慕，破产倾资。风俗流行，下兼士庶。若无禁制，奢侈日增。望诸王公已下送葬明器，皆依令式。并陈于墓所，不得衢路行。"《旧书·舆服志》。玄宗时，王皇后欲厚葬其父，见下。宋璟等谏，亦言"比来蕃夷等辈，及城市间人，递以奢靡相高，不以礼仪为意"，则为此者正不待高官厚禄矣。太宗贞观十七年（643），即禁送终违令式者。《新书·本纪》。玄宗开元二年九月，制曰："自古帝王，皆以厚葬为戒。近代已来，共行奢靡。递相放效，浸成风俗。既竭家产，多至凋弊。且墓为贞宅，自有便房。今乃别造田园，名为下帐。又冥器等物，皆竞骄侈。失礼违令，殊非所宜。戮尸暴骸，实由于此。承前虽有约束，所司曾不申明。丧葬之家，无所依准。宜令所司据品令高下，明为节制。冥器等物，仍定色数及长短大小。园宅下帐，并宜禁绝。坟墓茔域，务遵简俭。凡诸送终之具，并不得以金银为饰。如有违者，先决杖一百。州县长官，不能举察，并贬授还官。"《旧纪》。二十九年正月，又禁厚葬。《新纪》。代宗大历七年六月，诏诫薄葬。不得造假花果及金手脱宝钿等物。《旧纪》。法令非不具也，然亦具文而已。

以言教不如以身教。下之于上也，不从其令而从其意，法令之不行，在上者固有以启之也。唐太宗尝自定陵地于九嵕山。诏言豫为此制，务从俭约。《旧纪》贞观十一年（637）。然高祖之崩也，有诏山陵制度，准汉长陵故事，务从隆厚。虞世南疏谏，不听，再疏言之。公卿亦再奏请遵遗诏，乃获颇有减省。《旧书·世南传》。善夫，世南之言之也。曰："汉家即位之初，便营陵墓，近者十余岁，远者五十年，方始成就，今以数月之间，而造数十年之事，其于人力，亦已劳矣。"然则太宗自定之终制，所谓"积以岁月，渐而备之"者，得毋欲使劳民之迹不显，谏者无所发口邪？《新五代史·温韬传》云：韬在镇七年，韬事见第十二章第四节。唐诸陵在其境内者，悉发掘之。取其所藏金宝。而昭陵最固。昭陵，太宗陵。韬从埏道下，见宫室制度闳丽，不异人间。中为正寝。东西厢列石床。床上石函。中为铁匣。悉藏前世图书。钟、王笔迹，纸墨如新。韬悉取之。遂传人间。惟乾陵风雨不可发。乾陵，高宗陵。然则太宗所谓俭约者安在也？世南论汉家陵墓之皆遭发掘也，曰："无故聚敛百姓，为盗之用。"太宗实躬蹈之矣。其所谓能纳谏者，又何在也？高宗第五子弘，即尝为太子，而谥为孝敬皇帝者，其墓亦称恭陵，制度一准天子之礼。《旧书·高宗诸子传》。《传》又云：功费巨亿。万姓厌役，呼嗟满道，遂乱投砖瓦而散。《狄仁杰传》云：司农卿韦机兼领将作、少府二司。高宗以恭陵玄宫狭小，不容送终之具，遣机续成其功。机于埏之左右为便房四所。又造宿羽、高山、上阳等宫，莫不壮丽。仁杰奏其太过。机竟坐免官。机，《新书》作弘机，以逢迎高宗作宫室，得兼将作、少府，事见上节。盖其贾民怨实深，不得已乃罢斥之以自解也。唐诸太子陵，皆有令、丞，同诸陵署，见《职官志》。《新书·儒学·卢粲传》：武崇训死，诏墓视陵制。粲曰："凡王、公主墓，无称陵者。惟永泰公主，事出特制，非后人所援比。崇训茔兆，请视诸王。"诏曰："安乐公主与永泰不异。崇训于主当同穴，为陵不疑。"粲固执以"陵之称本施尊极，虽崇训之亲，不及雍王。雍墓不称陵，崇训缘主而得假是名哉？"诏可。主大怒，出粲陈州刺史。永泰亦中宗女，以郡主下嫁武延基，为武后所杀，中宗追赠，以礼改葬，墓号为陵。见《新书·诸公主传》。雍王，即章怀太子。玄宗兄宪之殁，虽敕其子，务令俭约，送终之物，皆令众见，然后父王仁皎殁，将筑坟，皎子驸马都尉守一请同昭成皇后父孝谌故事，坟高五丈一尺。宋璟及苏颋请一依礼式。上初从之，翼日，又令准孝谌旧例。璟等再言之。乃慰勉，分赐以采绢四百匹。《新书·宋璟传》。德宗初政，度越贞观，然尝欲厚奉元陵，代宗陵。令狐峘疏谏，乃已。《旧书·峘传》。或谓此亦如太宗之欲奉献陵，高祖陵。故为是言，待臣子之诤而后罢之，乃所以为伪耳。然后其第五子肃王详薨，欲如西域造塔，以李岩谏而止。《旧书·德宗诸子传》。如山南也，长女唐安公主殁于城固，诏所司厚其葬礼，宰相姜公辅谏，帝怒，陆贽救之，怒不已，公辅卒罢相。其后义阳、义章二主，咸于墓所造祠堂百二十间。宪宗女永昌公主薨，令京兆尹元义方减其制之半。宰相李吉甫谏，乃已。文敬太子謜者，顺宗子，德宗爱之，命为子者也。其薨，帝亦悼念，厚葬之，车土治坟，至废农事。《新书·吴凑传》。则其欲厚奉元陵也，谓其实非所欲可乎？贞元十四年（798），以昭陵旧宫为野火所焚，所司请修奉。昭陵旧宫在山上，缘供水稍远，百姓劳弊，欲于见住行宫处修创，冀久远便人。令宰臣百寮集议。议者多云宜就山下，上意不欲，遂于山上重造。命宰相崔损为八陵修奉使。于是献、昭、乾、定、泰五陵造屋五百七十间，桥陵一百四十间，元陵三十间。惟建陵仍旧，但修葺而已。定陵，中宗陵。泰陵，玄宗陵。桥陵，睿宗陵。建陵，肃宗陵。所缘陵寝中床蓐帷幄，一事以上，帝亲自阅视，然后授损，送于陵所。《旧书·崔损传》。修旧如此，而况营新？若懿宗之于文懿，则更不足论矣。见第十章第一节。上以是为慈孝，而诫下之人以薄葬，是使天下之人俭其亲也。其可得乎？五代诸主，惟周太祖临终遗命，见《旧史·本纪》。颇出肺府，则缘其时民力实竭，抑亦亲见唐家陵墓，无不发掘故也。

让皇帝之葬也，所司请依诸陵旧例，内置千味食。监护使左仆射裴耀卿奏曰："尚食所料水陆等味，一千余种。每色瓶盛，安于藏内。皆是非时瓜果，及马、牛、驴、犊、獐、鹿等肉，并诸药酒三十余色。仪注礼料，皆无所凭。动皆宰杀。盛夏胎养，圣情所禁。又须造作什物，动逾千计。求征市井，实谓烦劳。伏望依礼减省。"制从之。孟子曰："仲尼曰：始作俑者，其无后乎？为其象人而用之也，如之何其使斯民饥而死也？"今尚食之所料，饥民几人食乎？《旧书·穆宗纪》：元和十五年五月，诏入景陵玄宫合供千味食。鱼肉肥鲜，恐致薰秽。宜令尚药局以香药代食。此以避宰杀慈于物则得矣，其所费，恐更广于尚食之所料也。

唐有皇帝谒陵之礼。不躬谒，则使公卿行陵。朔望、节日上食，日祭，荐新，礼极烦琐，所费亦多。皆见《新书·礼乐志》。寒食上墓，本非华俗，而开元二十年（732），编入五礼，永为恒式。是教民墓祭也。见《旧书·本纪》。按是时王室尚无之。《通鉴·后汉纪》：天福十二年（947），高祖命郭从义入大梁清宫，密令杀李从益及王淑妃。淑妃且死，曰："吾儿为契丹所立，何罪而死？何不留之，使每岁寒食，以一盂麦饭洒明宗陵乎？"闻者泣下。注引"《五代会要》曰：人君奉先之道，无寒食野祭。近代庄宗每年寒食出祭，谓之破散，故袭而行之。欧阳修曰：寒食野祭，而焚纸钱，中国几何其不为夷狄矣。按唐开元敕，寒食上墓，同拜扫。盖唐许士庶之家行之，而人君无此礼也。"愚案欧公语见《新五代史·晋家人传》。其于群臣，亦以是为宠。如樊子盖为武威太守，朝于江都，炀帝谓之曰："富贵不还故乡，真衣绣夜行耳。"敕庐江郡设三千人会，赐米麦六千石，使谒坟墓，宴故老。当时荣之。来护儿从驾江都，亦赐物千段，令上先人冢，宴父老。魏元忠求归乡里拜扫，中宗赐银千两，已见第十九章第五节。张行成为太子少詹事，太宗东征，皇太子于定州监国，即行成本邑也。太子谓行成曰："今者送公衣锦还乡。"令有司祀其先人墓。宪宗元和元年三月，诏常参官寒食拜墓，在畿内听假月往还，他州府奏取进止。是亦教其拜墓也。邴元真之降王世充也，世充以为行台仆射，镇渭州。李密故将杜才干恨其背密，伪以兵归之，斩取其首祭密冢，乃归唐。贺鲁之平也，高宗曰："先帝赐贺鲁二千帐主之，今罪人既得，献昭陵其可乎？"许敬宗曰："古者军凯还则饮至于庙，若诸侯献馘天子，未闻献于陵。然陛下奉园寝与宗庙等，可行不疑。"于是执而献昭陵，赦不诛。此何异邴元真之智乎？文德皇后既葬，太宗即苑中作层观以望昭陵。引魏徵同升。徵熟视曰："臣眊昏不能见。"帝指示之。徵曰："此昭陵邪？"帝曰："然。"徵曰："臣以为陛下望献陵。若昭陵，臣固见之。"帝泣，为毁观。独孤皇后崩，代宗亦欲近城为陵，以朝夕临望。《新书·姚南仲传》。要之皆以魂神为栖于丘墓而已。夫如是，民安得不厚葬？况国又以侈葬为崇德报功之礼乎？如郭子仪卒，旧令一品坟高丈八尺，诏特加十尺。虽有一二知礼之士，遗命薄葬，又安能挽其颓风哉？主张薄葬之士，亦有数科。萧瑀、白敏中，信佛者也。傅奕、王绩，近道者也。此外则多为守礼或尚俭之士，然亦不必皆达者。如冯宿，虽遗命薄葬，而悉以平生书纳墓中是也。《旧书·李传》：既遇疾，忽谓弟弼曰："我似得小差，可置酒以申宴乐。"于是堂上奏女伎，檐下列子孙。宴罢，谓弼曰："我自量必死。欲与汝一别耳。恐汝悲哭，诳言似差。未须啼泣，听我约束。我见房玄龄、杜如晦、高季辅，辛苦作得门户，亦望垂裕后昆，并遭痴儿，破家荡尽。我有如许才独犬，将以付汝。汝可防察。有操行不伦，交游非类，急即打杀，然后奏知。又见人多埋金玉，亦不须尔。惟以布装露车，载我棺枢。棺中敛以常服。惟加朝服一副。死傥有知，庶着此奉见先帝。明器惟作马五六匹。下帐用幔布为顶，白纱为裙，其中著十个木人，示依古礼刍灵之义。此外一物不用。姬媵已下，有儿女而愿住自养者听之。余并放出。事毕，汝即移入我堂，抚恤小弱。违我言者，同于戮尸。"此后略不复语。观其言似能守礼尚俭，实则其贪痴更甚耳。

唐王室之所为，尚有甚非礼者。《旧书·代宗纪》：大历三年五月，追谥故齐王倓为承天皇帝，兴信公主亡女张氏为恭顺皇后，祔葬。此冥婚也，而殆于用殉矣。殉葬之礼，中国久绝。太宗之崩，阿史那社尔、契苾何力请以身殉。宁国公主下嫁磨延啜。磨延啜死，其国人欲以主殉。主曰："中国人婚死，朝夕临，丧期三年，此终礼也。回纥万里结昏，本慕中国，吾不可以殉。"乃止。然劙面哭，亦从其俗云。吐蕃，其君臣自为友五六人，曰共命，君死，皆自杀以殉。钦陵之死，左右徇而死者百余人。刘元鼎入吐蕃，记所经见曰："河之西南，地如砥，原野秀沃。夹河多柽柳。山多柏。坡皆丘墓，旁作屋，赭涂之，绘白虎。皆虏贵人有战功者。生衣其皮，死以旌勇，徇死者瘗其旁。"皆戎狄之俗也。其在中国，则惟杜伏威，士有战死，以其妻殉耳。

助人营丧，在城市中亦成职业。《旧五代史·郑阮传》，言其为赵州刺史，尝以郡符，取部内凶肆中人隶其籍者，遣于青州舁丧至洛郡。人惮其远，愿输直百缗，以免其行。又《晋高祖纪》：天福二年九月，将作少监高鸿渐上言："伏睹近年已来，士庶之家死丧之苦，当殡葬之日，被诸色音声、伎艺人等作乐搅扰，求觅钱物。请行止绝。"从之。此凶肆及音声伎艺人，皆借助人营丧以谋食者也。又《宋史·陶谷传》：尝上言："坊市死亡丧葬，必候台司判状。奴婢病亡，亦须检验。吏因缘为奸，而邀求不已，经旬不获埋瘗。望申条约，以革其弊。"此事亦在晋世。

厚葬之弊既起，而发掘之祸，亦即随之。《新书·王徽传》，言"沙陀会诸军平京师。大乱之后，宫观焚残，园陵皆发掘，鞠为丘莽，乘舆未有东意。诏徽充大明宫留守京畿安抚制置修奉使。徽外调兵食，内抚绥流亡，逾年稍稍完聚。兴复殿寝，裁制有宜，即奉表请帝东还"。则唐室诸陵，黄巢起义时，已遭发掘，而其后复遭温韬之祸。《旧五代史·唐庄宗纪》：同光三年（925），诏曰："关内诸陵，顷因丧乱，例遭穿穴，多未掩修。其下宫、殿宇、法物等，各令奉陵州府，据所管陵园修制。仍四时各依旧例荐飨。"盖自黄巢起义至此，迄未修复也？《晋高祖纪》：天福四年正月，盗发唐闵帝陵。《少帝纪》：天福八年正月，盗发唐坤陵，庄宗母曹太后之陵也。此其见发尤速。《唐明宗纪》：长兴二年二月，诏禁天下不得再发无主坟墓。可见遭开发者之多矣。《新书·柳仲郢传》：拜东都留守。以盗发父墓，弃官归华原。《伊慎传》：乾符中，盗发其墓，赐绢二百修瘗。《文艺·李频传》：表丐建州刺史。既至，以礼法治下。更布条教。时朝政乱，盗兴相椎敚，而建赖频以安。卒官下。丧归，父老相与扶柩葬永乐。州为立庙梨山，岁祠之。天下乱，盗发其冢。则虽有主且为众所共护之墓，亦不能免矣。《旧书·本纪》：元和十四年二月，敕淄青行营诸军，所至开发坟墓，宜严加止绝。会昌三年（843），讨泽潞，诏诸道进军，并不得焚烧庐舍，发掘坟墓。《旧史·晋高祖纪》：天福三年八月，诏魏府城下，自屯军以来，坟墓多经劚掘。虽已差人收掩，今更遣太仆卿邢德昭往伸祭奠。又可见军士之竞事椎埋也。《新书·赵犨传》：弟玼，黄巢起事时，畏先冢见残，即夜缒死士取柩以入。此在将帅则然耳。凡民之柩，安可尽取乎？抑且不必兵燹。《新书·百官志》：诸陵四至有封，禁民葬，惟故坟不毁。然《旧书·韩滉传》言其以国家多难，恐有永嘉渡江之事，筑石头五城，以为备豫。去城数十里内，先贤丘墓，多令毁废。《旧史·皇甫遇传》：言其镇河阳，于部内开别业，所经坟墓悉毁。见上节。则官吏且躬自为之矣。《新书·郭子仪传》曰：破吐蕃灵州，鱼朝恩使人发其父墓。

盗未得。子仪自泾阳来朝，中外惧有变。及入见，帝喻之。即号泣曰："臣久主兵，不能禁士残人之墓。人今发臣先墓，此天谴，非人患也。"子仪之无足忌，说已见第十八章第三节。朝恩即忌之，又何必毁其父墓？《旧传》云：捕盗未获，人以鱼朝恩素恶子仪，疑其使之。子仪心知其故。及自泾阳将入，议者虑其构变，公卿忧之。及子仪入见，帝言之。子仪号泣奏曰："臣久主兵，不能禁暴，军士残人之墓，固亦多矣。此臣不忠不孝，上获天谴，非人患也。"朝廷乃安。然则谓子仪先冢之见发，由朝恩所使，乃揣测之辞，《新书》以为实然，误矣。子仪富可敌国，其葬父，盖必有慢藏诲盗者？使其中有可欲，虽锢南山犹有隙，此其所以声势赫奕，父墓一见发，而疑其将构变之浮议即起，而州县终不能善护之欤？军士残人之墓多矣，此则其自书供状耳。李载义，母葬范阳，为杨志诚掘发。后志诚被逐，道太原，载义奏请剔其心偿母怨，不许。又欲杀之。官属苦救，乃免。然尽戕其妻息士卒。《新书·藩镇传》。时人之报发墓，亦云酷矣，而终不能戢椎埋者之心。使其中有可欲，虽锢南山犹有隙，岂不信哉？杨行密之死也，夜葬山谷，人不知所在，《新书》本传。不亦心劳日拙乎？

以重视尸体之故，遂至于残贼尸体，此二者其事虽殊，其心则一也。杨玄感之围东都也，卫玄援之，至华阴，掘杨素冢，焚其骸骨，夷其茔域，示士卒以必死。此已为野蛮，犹曰：争战之际，以作士气也。《新书·李泌传》曰：肃宗在东宫，李林甫数构谮，势危甚。及即位，怨之，欲掘冢焚骨。此言不知信否。然韦后之败，睿宗夷其父玄贞、兄洵墓，天宝九载（750），复诏发掘；《新书·外戚传》。元载之死，亦发其父祖冢，斫棺弃尸。则此言亦不敢谓为非信。来子珣诬雅州刺史刘行实弟兄谋反，已诛，复掘夷先墓，转不足责矣。李锜诛，有司将毁其祖墓，卢坦谏止，而董昌败卒发其先墓。此何为者哉？杨行密先冢皆为蔡俦所发。后吏请夷俦世墓，行密不许，其识转非唐朝所及矣。后唐庄宗灭梁，欲掘梁太祖墓，斫棺戮尸。张全义以为梁虽仇敌，今已屠灭其家，足以报怨。剖棺之戮，非王者以大度示天下也。庄宗以为然，铲去墓阙而已。《新五代史·全义传》。梁祖之为人不足取，然当唐末沙陀横行之际，实藩卫民族之一人也，而其茔墓，乃借张全义之巽辞以免祸，不亦悲乎？参看《两晋南北朝史》第二十一章第五节。《旧五代史·汉隐帝纪》：乾祐三年十一月庚寅，枢密使郭威奏"左军巡勘得飞龙使后赞，款伏与苏逢吉、李业、阎晋卿、聂文进、郭允明等同谋，令散员都虞候奔德等下手杀害史弘肇等。权开封尹刘铢，具伏朋附李业为乱，屠害将相家属。其刘铢等准诰旨处置讫。并苏逢吉、郭允明、阎晋卿、聂文进首级，并枭于南北市。其骨肉放弃。"此为未葬而不许其收葬者。事与剖棺戮尸异，而其为残贼则同也。

贵富者竞为厚葬，若贫民，则有身死而不获瘗埋者。《旧书·于頔传》：出为湖州刺史。州境陆地褊狭，送终者往往不掩其棺椁，顿葬朽骨凡十余所。《新书》云：顿为坎瘗枯骨千余。此虽葬而如未葬者也。《李大亮传》云：罄其家赀，收葬五叶宗族无后者三十余丧，可见贫不能葬者之众矣。此尚在平时，若直兵乱，则更有不堪设想者。《隋书·炀帝纪》：大业十年二月，诏曰："往年出车问罪，将届辽滨。庙算胜略，具有进止。而谅暗凶，罔识成败。高颎愎很，本无智谋。临三军犹儿戏，视人命如草芥。不遵成规，坐诒挠退。遂令死亡者众，不及埋藏。今宜遣使人，分道收葬设祭。于辽西郡立道场一所。"此身征辽丧败，而移其责于前人也。亦可笑矣。虽有此诏，然唐太宗贞观五年七月，遣使毁高丽所立京观，仍命收隋人骸骨，祭而葬之。十九年（645），伐高丽，次辽泽，又命瘗隋人战亡者。见新、旧《书》《本纪》及《高丽传》。则可见死亡之众，而收葬之不易遍矣。《隋书·韩擒虎传》：弟洪，为代州总管。仁寿元年（601），突厥达头可汗犯塞。洪拒之，遇于恒安。众寡不敌。溃围而出。死者大半。炀帝北巡，见白骨被野，以问侍臣。侍臣曰："往者韩洪与虏战处也。"帝闵然。收葬骸骨。命五郡沙门，为设佛供。《旧书·刘昌传》：昌至平凉劫盟之所，收聚亡殁将士骸骨，坎瘗之。因感梦于昌，有愧谢之意。昌上闻。德宗下诏深自刻责。遣秘书少监孔述睿及中使以御馔、内造衣服数百袭令昌收其骸骨。分为大将三十人，将士百人，各具棺椁衣服，葬于浅水原。分建二冢。大将曰旌义，将士曰怀忠。《新书·元结传》：摄监察御史，为山南西道节度参谋。募义士，于唐、邓、汝、蔡降剧贼五千，瘗战死露胔于泌南，名曰哀丘。皆令人读之酸鼻。然此特其记载之较详者耳，其暴骨如莽，而史不能纪其详者，盖不知凡几矣。且如唐高祖武德三年六月，瘗州县暴骨。《新书·本纪》。太宗贞观二年四月，诏骸骨暴露者，令所在埋瘗。《旧纪》。《新纪》云：瘗隋人暴骸。四年九月，令收瘗长城之南骸骨，仍令致祭。《旧纪》。《新纪》云：瘗长城南隋人暴骨。五年二月，诏诸州有京观处，无问新旧，宜悉划削，加土为坟，掩蔽枯朽，勿令暴露。此京观非有意为之以示武功，特野死而莫之殣耳。以此推之，贞观五年（631）所毁，亦未必高丽所立。高丽此时，用兵极矜慎有谋，何为此以激怒中国邪？皆隋末丧乱，野死不葬者也。亦奚减征辽之所丧哉？此特举其最著者，余类此者，尚不胜枚举。契丹主北去时，屠相州，后王继弘镇相州，于城中得髑髅十余万，已见第十三章第四节。《旧五代史·汉隐帝纪》：乾祐三年正月，分命使臣赴永兴，凤翔、河中收葬用兵已来所在骸骨。时已有僧聚髑髅二十万矣，所指即相州事也。永兴、凤翔、河中等处，为数亦不少，然史不能纪其详矣。而凶荒疾疫之所被，其所伤害，亦不必减于兵死也。岂不哀哉？《旧书·高宗纪》：咸亨元年十月癸酉，大雪，平地三尺余。行人冻死者，赠帛给棺木。永隆元年九月，河南、河北诸州大水。遣使振恤。死者给以棺椁，其家赐物七段。永淳元年六月，关中初雨，麦田涝损，后旱，京兆、岐、陇螟蝗食苗并尽。加以民多疫疠，死者枕藉于路。诏所在官司埋瘗。《文宗纪》：大和六年五月，诏如闻诸道水旱害人，疾疫相继。其遭灾疫之家，一门尽殁者，官给凶器，皆凶灾疾疫之仍至者。《新书·代宗纪》：宝应元年十月，诏浙江民疫死不能葬者为瘗之。时直袁晁之乱，盖兵灾疾疫，相因而至也。

古之论葬地者，皆兼望气言之，已见《两晋南北朝史》第二十一章第五节。《隋书·艺术·萧吉传》：献皇后崩，上令吉卜择葬所。吉历筮山原，至一处，云卜年二千，卜世二百，具图而奏之。上曰："吉凶由人，不在于地。高纬父葬，岂不卜乎？国寻灭亡。正如我家墓田，若云不吉，朕不当为天子，若云不凶，我弟不当战殁。"然竟从吉言。吉表曰："去月十六日，皇后山陵西北，鸡未鸣前，有黑云方圆五六百步，从地属天。东南又有旌旗、车马、帐幕，布满七八里，并有人往来检校，部伍甚整。日出乃灭。同见者十余人。谨案葬书云：气王与姓相生大吉。今黑气当冬王，与姓相生，是大吉利，子孙无疆之候也。"上大悦。又云：尝行经华阴，见杨素冢上有白气属天，密言于炀帝。帝问其故，吉曰："其候，素家当有兵祸灭门之象。改葬者庶可免乎？"帝后从容谓杨玄感曰："公家宜早改葬。"玄感亦微知其故，以为吉祥，托以辽东未灭，不遑私门之事。未几而玄感以反族灭。帝弥信之。亦兼望气与卜筮言之也。吉著《宅经》八卷，《葬经》六卷，新旧《志》皆作二卷。《新志》吉《五姓宅经》二十卷。则亦兼图阳宅矣。献皇后之葬，山陵制度，多出杨素。素因之受赏。诏曰："葬事依礼，惟卜泉石。至如吉凶，不由于此。素义存奉上，情深体国。欲使幽明俱泰，宝祚无穷。以为阴阳之书，圣人所作，祸福之理，特须审慎。乃遍历川原，亲自占择。纤芥不善，即更寻求。志图元吉，孜孜不已。心力备尽，人灵协赞，遂得神皋福壤，营建山陵。论素此心，事极诚孝。岂与夫平戎定寇，比其功业？非惟廊庙之器，实是社稷之臣。"其言吉凶不由葬地，亦与《萧吉传》同，而又盛称素忠，不恤其辞之自相矛盾，则祸福之念中之也。《旧书·方技·严善思传》：则天崩，欲开乾陵合葬，善思奏议不宜以卑动尊，似能据礼立言。然又云："修筑乾陵之后，国频有难，遂至则天太后，权总万机，二十余年，其难始定。今乃更加营作，伏恐还有难生。汉时诸陵，皇后多不合葬，魏、晋以降，始有合葬者。然两汉积年，向余四百，魏晋之后，祚皆不长。虽受命应期，有因天假，然循机享德，亦在天时。但陵墓所安，必资胜地。后之胤嗣，用托灵根。或有不安，后嗣亦难长享。山川精气，土为星象。若葬得其所，则神安后昌。若葬失其宜，则神危后损，所以先哲垂范，具之《葬经》。欲使生人之道必安，死者之神必泰。"亦以祸福言之也。

《葬经》之名，见于经籍志者尚多，而吕才叙葬书之文，则略见于《旧书》传中。其说曰："《孝经》云：卜其宅兆而安厝之。以其顾复事毕，长为感慕之所，窀穸礼终，永作魂神之宅，朝市迁变，不得豫测于将来，泉石交侵，不可先知于地下；是以谋及龟筮，庶无后艰。斯乃备于慎终之礼，曾无吉凶之义。暨乎近代以来，加之阴阳葬法。或选年月便利，或量墓田远近。一事失所，祸及死生。巫者利其货贿，莫不擅加妨害。遂使葬书一术，乃有百二十家。”又云：“葬书云：富贵官品，皆由安葬所致，年命延促，亦日坟陇所招。”又云：“今之丧葬吉凶，皆依五姓便利。古之葬者，并在国都之北，域兆既有常所，何取姓墓之义？”又云：“野俗无识，皆信葬书。巫者诈其吉凶，愚人因而徼幸。遂使擗踊之际，择葬地而希官品；荼毒之秋，选葬时以规财禄。”可以见其迷信之概。《温大雅传》：大雅将改葬其祖父。筮者曰：《新书》云：卜人占其地。“葬于此地，害兄而福弟。”大雅曰：“若得家弟永康，我将含笑入地。”葬讫，岁余而卒。此等盖即巫者之所传也。《旧史·王建立传》：疾作，谓其子守恩曰：“榆社之地，桑梓存焉。桑以养生，梓以送死。予生为寿宫，刻铭石室。死当速葬。葬必从俭。违吾是言，非孝也。”建立先人之坟，在于榆社。其冈阜重复，松桧蔼然。占者云后出公侯。故建立自为墓，恐子孙易之也。可谓固矣。李义琰不营居宅，似乎恭俭，见上节。而后改葬父母，乃使舅氏移茔。其恭俭也，得毋正其贪痴邪？

《唐书·礼仪志》：牛弘撰仪礼，在京师葬去城七里外。周世宗欲展筑大梁外城，先立标识，令葬者皆出七里外，见上节。所行者当即此礼。然恐亦未必能行也。

前世立碑有禁。牛弘制礼：“三品已上立碑，七品已上立碣。若隐沦道素，孝义著闻者，虽无爵，奏请立碣。”《旧书·懿宗纪》：咸通九年（868），庞勋平后，诏“先贤坟墓碑记，为人所知，被贼毁废者，即与掩藏，仍量致祭。”《旧史·唐明宗纪》：长兴二年四月，“禁人毁废所在碑碣，恐名贤遗行失所考也。”则其视之颇重。然碑碣皆有制限，志铭则不然，故为之者渐多。《旧书·傅奕传》：常醉卧，蹶然起曰：“吾其死矣。”因自为墓志曰：“傅奕，青山白云人也。因酒醉死。乌乎哀哉。”《辛秘传》：元和十二年（817），为昭义节度使。凡四岁。及归，道病，先自为墓志，皆其事也。立碑之禁，本所以戢虚美。然志铭后亦渐染其习。《卢承庆传》：临终诫其子曰：“碑志但记官号年代，不须广事文饰。”则其证。然立碑亦为致寇之媒。《通鉴》：后周太祖广顺二年五月，唐司徒致仕李建勋卒。且死，戒其家人曰：“时事如此，吾得良死，幸矣。勿封土立碑。听人耕种于其上。免为它日开发之标。”及江南之亡也，诸贵人高大之冢，无不发者，惟建勋家莫知其处。斯为贤知者乎？

殊俗葬法，亦有传于中国者。德宗欲为肃王详造塔，已见前。姜公辅之谏厚葬唐安也，德宗谓陆贽曰：“唐安夭亡，不欲于此为茔陇，宜令造一砖塔安置，功费甚微，不合关宰相论列。”是亦欲为之造塔也。《旧书·李暠传》：迁黄门侍郎，兼太原尹，仍充太原已北诸军节度使。太原旧俗，有僧徒以习禅为业，及死，不敛，但以尸送近郊，以饲鸟兽。如是积年。土人号其地为黄坑。侧有饿狗千数，食死人肉，因侵害幼弱，远近患之。前后官吏，不能禁止。暠到官，申明礼宪，期不再犯。发兵捕杀群狗。其风遂革。此等风气，疑皆来自印度。《隋书·达奚长孺传》：开皇二年（582），突厥沙钵略可汗并弟叶护及潘那可汗众十余万，寇掠而南。诏以长孺为行军总管，率众二千击之。遇于周盘。众寡不敌。长孺慷慨，神色愈烈。转斗三日，杀伤万计。虏气稍夺。于是解去。突厥本欲大掠秦、陇，既逢长孺，兵皆力战，虏意大沮。明日，于战处焚尸，恸哭而去。《新书·突厥传》：太宗数颉利之将亡曰："俗死则焚，今葬者皆起墓，背父祖命，慢鬼神也。"则突厥之于火葬，行之甚旧。仆固怀恩死，部曲焚其尸以葬，盖亦此俗？然《新五代史·王建立传》言明宗为代州刺史，以建立为虞候将。庄宗尝遣女奴之代州祭墓，女奴侵扰代人，建立捕而笞之，则沙陀又行土葬之法也。

第六节 交 通

隋、唐两代，交通之业，远迈前朝者，莫如运河，其功实成于隋世。则以南北久分，骤见统一，而南方之富庶，又远非分裂以前比也。炀帝开通济渠，已见第二章第四节。自此已前，文帝已开山阳渎。《隋书·高祖纪》：开皇七年四月，于扬州开山阳渎，以通运漕。《通鉴》胡《注》曰："春秋吴城邗，沟通江淮，山阳渎通于广陵尚矣。隋特开而深广之，将以伐陈也。"及是帝又发淮南民十余万开邗沟至扬子入江。《通鉴》大业元年（605）。大业六年（610），敕穿江南河，自京口至余杭，八百余里。《通鉴》。《鉴》又云：广十余丈，使可通龙舟。并置津官草顿，欲东巡会稽。唐开元时，齐澣复开伊娄河，自京口直达扬子。《十七史商榷》云："夫差开邗沟，通江淮，与今瓜洲抵扬州之路，不知是一是二，要为近之。然夫差时此道但可运粮，不胜战舰。其用兵争霸上国，仍沿江入海，自海溯淮，不由邗沟也。《汉志》：广陵国江都县注：渠水首受江，北至射阳入湖，此即夫差邗沟。然汉时大兵大役，亦必不以此为渡江之路。直至隋大业中，大发淮南夫开邗沟，自山阳至扬子入江，江淮始大通，而汴泗亦通矣。而道犹浅，六朝都建业，南北往来，以瓜步为通津。《旧唐书·齐澣传》：开元二十五年（737），迁润州刺史。润州北界隔吴江，至瓜步，沙尾纡汇六十里。船绕瓜步，多为风涛所漂损。澣乃移其漕路，于京口塘下直渡江二十里。又开伊娄河二十五里，即达扬子县。与《新书·地理志》略同。皆不言是瓜洲，其实则瓜洲也。澣虽改道，却于江北遥领。至大历，乃又改旧。《张延赏传》：延赏为扬州刺史。瓜洲悬属江南，奏请以江为界。《新传》亦载此事，而谬改瓜洲为瓜步。"于是江、淮、河三水交通，漕转东南，以给西北，安、史乱后，唐室遂倚此道为命脉矣。然运河之开，初非专便漕转。李勣之归翟让也，说之曰："宋、郑两郡，地管御河，商旅往还，船乘不绝，就彼邀截，足以自资。"让然之。劫公私船取物，兵众大振。可见其兼为商旅所资矣。然及唐末，其道几废。《通鉴》唐昭宗天复二年（902），杨行密发兵讨朱全忠。军吏欲以巨舰运粮。都知兵马使徐温曰："运路久不行，葭苇湮塞。请用小艇，庶几易通。"军至宿州，会久雨，重载不能进，士有饥色，而小艇先至。行密由是寄温，始与议军事。周世宗显德五年三月，浚汴口，导河流达于淮，江淮舟楫始通。《注》云："此即唐时运路也。自江淮割据，运漕不通，水路湮塞。今复浚之。"缅想斯时，商旅之出其间者，亦必极少矣。先一年，显德四年（959）。四月，诏疏汴水北入五丈河。由是齐、鲁舟楫，皆达于大梁。其明年，显德六年（961）。二月，又发徐、宿、宋、单等州丁夫数万浚汴水。又自大梁城东导汴水入于蔡水，以通陈、颍之漕。浚五丈渠，东过曹、济、梁山泊，以通青、郓之漕。发畿内及滑、亳丁夫数千，以供其役。亦据《通鉴》。《注》云"魏收《地形志》曰：汴水在大梁城东，分为蔡渠。《九域志》曰：浚仪县之琵琶沟，即蔡河也。《会要》曰：惠民河与蔡河一水，即闵河也。建隆元年（960），始命陈承昭督丁夫导闵河自新郑与蔡水合。贯京师，南历陈、颍达寿春，以通淮右。舟楫相继，商贾毕至，都下利之。于是以西南为闵河，东南为蔡河。至开宝六年（973），始改闵河为惠民河。"此又宋代漕转之所资也。炀帝又开永济渠，亦见第二章第四节。此皆其较大者。其功仅及于一方者，则未易枚举。《新书·地理志》所载颇多。如元和中，严砺自长举而西，疏嘉陵江三百里，焚巨石沃醯而碎之，通漕以馈成州戍兵。《新书·地理志》。又如高骈为静海军节度，由安南至广州，江漕梗险，多巨石。骈募工剗治。由是舟得安行，储饷毕给。《新书》本传。据《旧纪》，事在咸通八年（867）。皆其工之较艰巨者也。

隋炀帝大业三年（607），北巡，发河北十余郡丁男凿太行山，达于并州，以通驰道。六月，顿榆林。欲出塞耀兵，径突厥中指于涿郡。恐启民惊惧，先遣长孙晟谕指。于是发榆林北境，至其衙，东达于蓟，长三千里，广百步，举国就役，开为御道。八月，至太原，欲过张衡宅。上太行，开直道九十里。九月，至济源。衡，济源人。唐玄宗幸东都，次永宁之崤谷，驰道隘狭，车骑停拥。河南尹李朝隐，知顿使王怡，并失于部伍。上令黜其官爵。宋璟谏，乃舍之。此皆帝王巡幸，以驰道劳民者也。《旧书·敬宗纪》：宝历二年正月，兴元节度使裴度奏修斜谷路及馆驿皆毕功。《文宗纪》：开成元年五月，昭义奏开夷仪山路通太原、晋州，从之。《新书·地理志》：商州，贞元七年（791），刺史李西华自蓝田至内乡，开新道七百余里。回山取途，人不病涉。谓之偏路。行旅便之。《高骈传》：为静海军节度。使者岁至，乃凿道五所，置兵护送。其径青石者，或传马援所不能治，既攻之，有震碎其石，乃得通，因名道曰天威云。此等虽暂劳民，或于交通有益。亦有反堙塞之者。如《隋书·高祖纪》：王谦平后，更开平道，毁剑阁之路，立铭垂诫是也。此等用意，虽在防负固，然舍险就夷，亦足利民。《旧书·阎立德传》：太宗征辽，立德以将作大匠从。师至辽泽，东西二百余里，泥淖，人马不通。立德填道造桥，兵无留碍。此则仅取济一时耳。炀帝北巡时，敕有司不得践暴禾稼。其有须开为路者，有司计地所收，即以近仓酬赐，务从优厚。此似颇能恤民，然恐亦虚文而已。

《旧书·舆服志》：景龙二年七月，皇太子将亲释奠于国学，有司草仪注，令从臣皆乘马着衣冠。太子左庶子刘子玄进议曰："古者自大夫已上皆乘车，而以马为騑服。魏、晋已降，迄于隋代，朝士又驾牛车。历代经史，具有其事，不可一二言也。至如李广北征，解鞍憩息；马援南伐，据鞍顾盼；斯则鞍马之设，行于军旅，戎服所乘，贵于便习者也。案江左，官至尚书郎，而辄轻乘马，则为御史所弹。又颜延之罢官后，好骑马出入闾里，当代称其放诞。此则专车冯轼，可摄朝衣，单马御鞍，宜从袭服，求之近古，灼然之明验矣。皇家抚运，沿革随时。至如陵庙巡幸，王公册命，则盛服冠履，乘彼辂车；其士庶有衣冠亲迎者，亦时以服箱充驭；在于他事，无复乘车，贵贱所通，鞍马而已。《新书·车服志》：王公车辂，藏于太仆，受制行册命、巡陵、昏葬则给之。余皆以骑代车。臣伏见比者銮舆出幸，法驾首途，左右侍臣，皆以朝服乘马。非惟不师古道，亦自取惊今俗。傥马有惊逸，人从颠坠，固以受嗤行路，有损威仪。今议者皆云：秘阁有《梁武帝南郊图》，有衣冠乘马者，此则近代故事，不得谓无其文。臣案此图是后人所为，非当时所撰。且观当今，有古今图画者多矣。如张僧繇画群公祖二疏，而兵士有着芒屩者。阎立本画昭君入匈奴，而妇人有着帷帽者。夫芒屩出于水乡，非京华所有，帷帽创于隋代，非汉宫所作，岂可征此二画，以为故实？乘马衣冠，窃谓宜从省废。"皇太子手令付外宣行，仍编入令，以为恒式。观此，当时贵贱，已无复乘车者矣。惟妇人犹或有之。《旧五代史·史圭传》：罢归，闭门杜绝人事。虽亲戚故人造者，不见其面。每游行别墅，则乘妇人毡车，以自蔽匿，其证也。

乘马实亦为体制起见，不则多用牛驴。运载亦然。《隋书·牛弘传》：有弟曰弼，好酒而酗。尝因醉射杀弘驾车牛。此尚以牛驾车。《旧书·李密传》：尝欲寻包恺，乘一黄牛，被以蒲鞯，仍将《汉书》一帙，挂于角上。一手捉牛靷，一手翻卷书读之。尚书令越国公杨素见于道，从后按辔蹑之。既及，问曰："何处书生，耽学若此？"密识越公，乃下牛再拜，自言姓名。则以牛供骑乘矣。《五行志》：景龙中，东都霖雨百余日，闭坊市北门。驾车者苦污，街中言曰："宰相不能调阴阳，令我污行。"会中书令杨再思过，谓之曰："于理则然，亦卿牛劣耳。"《张孝忠传》：子茂昭入朝。顺宗听政，加中书门下平章事，且令还镇。赐女乐二人。三表辞让。及中使押辇车至第，茂昭立谓中使曰："女乐出自禁中，非臣下所宜目睹。昔汾阳、咸宁、西平、北平，尝受此赐，不让为宜。茂昭无四贤之功，述职入觐，人臣常礼，奈何受此宠赐？"顺宗闻之，深加礼异，允其所让。《新书·高祖诸子传》：虢庄王凤之曾孙巨，为河南尹，征乘牛之出入市者，斥所得佐用度。此等皆城市之中，以牛车运载者。《隋书·宇文化及传》：行至徐州，水路不通，夺人车牛，得二千两。并载宫人珍宝。其戈甲戎器，悉令军士负之。《旧书·韦思谦传》：中宗崇饰寺观，思谦子嗣立上疏谏，谓其"转运木石，人牛不停"。宪宗用兵淮蔡，《纪》谓京畿民户供军，车乘相错于路，牛皆馈军，民户多以驴耕。见第八章第二节。《元稹传》：稹自叙分莅东都时事云：朝廷馈东师，主计者误命牛车四千三百乘，飞刍越太行。《李石传》：石奏咸阳令韩辽请开兴成渠旧漕。在咸阳县西十八里，东达永丰仓。自秦、汉已来疏凿，其后堙废。昨辽计度，用功不多。此漕若成，自咸阳抵潼关三百里内，无车挽之勤，则辕下牛尽得归耕，永利秦中矣。《旧五代史·杨思厚传》：于黎阳采巨石，将纪德政。以铁车负载，驱牛数百以曳之。所至之处，丘墓庐舍，悉皆毁坏。《唐庄宗纪》：同光三年三月，至戚城。时宫苑使王元平、伶人景进为帝广采宫人，不择良家委巷，殆千余人。车驾不给，载以牛车，累累于路焉。此道路之间，以牛车运载者。《旧书·房琯传》：陈涛斜之战，琯用春秋车战之法，以车二千乘，马步夹之。既战，贼顺风扬尘鼓噪，牛皆震骇。因缚刍纵火焚之。人畜挠败，为所伤杀者，四万余人。则战陈亦有用之者矣。盖马不给而当时驾车习用牛故也？其用驴者：《隋书·食货志》言：高祖时关中连年大旱，买牛驴六千余头，分给尤贫者，令往关东就食。又言：炀帝西巡，经大斗拔谷，士卒死者十二三，马驴十八九。又言：大业九年（613），诏又课关中富人，计其资产出驴，往伊吾、河源、且末运粮。多者至数百头。价至万余。又云：益遣募人征辽。马少不充，八驮而许为六驮。《通鉴》唐僖宗广明元年（880），上幸兴元，道中无供顿，汉阴令李康以骡负糗粮数百驮献之。从行军士始得食。《注》云："以驴马负物为驮。唐递驮每驮一百斤。"案此盖行之车道不通之处。又不足，听半以驴充。《杨义臣传》：与汉王将乔钟葵战。以兵少，悉取军中牛驴，得数千头。复令兵数百人，人持一鼓，潜驱之涧谷间。出其不意。兵初合，命驱牛驴者疾进。一时鸣鼓，尘埃张天。钟葵不知，以为伏兵发，大溃。《旧书·来瑱传》：瑱之被刑也，门客四散，掩于坎中。校书郎殷亮后至，独哭于尸侧，货所乘驴，以备棺衾。《新书·食货志》：贞元中，盗鬻两池盐一石者死。至元和中，减死流天德、五城。皇甫镈奏论死如初。一斗以上杖背，没其车驴。《高开道传》：幽州饥，开道许输以粟。罗艺遣老弱凑食，皆厚遇之。艺悦，不为虞，更发兵三千，车数百，马驴千，往请粟。开道悉留不遣。《诸公主传》：宪宗女岐阳庄淑公主，下嫁杜悰，悰为澧州刺史，主与偕，从者不二十，婢乘驴，不肉食。《旧五代史·梁太祖纪》：开平三年八月，敕所在长吏："自今后州、县、府、镇，凡使命经过，若不执敕文券，并不得妄差人驴，及取索一物已上。"《安王友宁传》：攻博昌，月余未能拔。太祖怒，遣刘捍督战。友宁乃下俘民众十余万，各领负木石，牵牛驴，于城南为土山。既至，合人畜木石，排而筑之。冤枉之声，闻数十里。皆可见驴之用，殆与牛马等也。

亦有用骡及橐驼者。《隋书·五行志》：仁寿二年（602），西河有胡人，乘骡在道，忽为回风所飘，并一车上千余尺乃坠，皆碎焉。《旧书·吴少诚传》：地既少马，广畜骡，乘之教战，谓之骡子军，尤称勇悍。《刘沔传》：少事李光颜，为帐中亲将。元和末，光颜讨吴元济，常用沔为前锋。蔡将有董重质者，守洄曲。其部下乘骡即战，号骡子军，最为劲悍。官军常警备之。沔骁锐善骑射。每与骡军接战，必冒刃陷坚，俘馘而还。故忠武一军，破贼第一。《安禄山传》：自禄山陷两京，常以骆驼运两京御府珍宝于范阳，不知纪极。《新五代史·王章传》：魏州南乐人，为州孔目官。张令昭逐节度使刘延皓，章事令昭，令昭败，章妇翁白文珂与副招讨李周善，乃以章托周。周匿章褚中，以橐驼负之洛阳，藏周第。皆其事也。

其贵人则多乘马。《新书·车服志》，有皇太子乘马之服。《旧书·王毛仲传》：天宝中，玄宗在华清宫，乘马出宫门，欲幸虢国夫人宅。陈玄礼曰："未宣敕报臣，天子不可轻去就。"玄宗为之回辔。则虽天子微行，亦乘之矣。《隋书·卢思道传》：从父兄昌衡，尝行至浚仪，所乘马为佗牛所触，因致死。牛主陈谢，求还价直。拒而不受。《旧书·李怀远传》：虽久居荣位，而弥尚简率。常乘款段马。左仆射豆卢钦望谓曰："公荣贵如此，何不买骏马乘之？"答曰："此马幸免惊蹶，无假别求。"闻者莫不叹美。《韩滉传》：性持节俭。入仕之初，以至卿相，凡四十年，相继乘马五匹，皆及敝帷。《良吏·贾敦颐传》：贞观中，历迁沧州刺史。在职清洁。每入朝，尽室而行。惟弊车一乘，赢马数匹。羁勒有阙，以绳为之。见者不知其刺史也。《忠义·王义方传》：少孤贫。初举明经。因诣京师。中路，逢徒步者。自云父为颍上令，闻病笃，倍道将往。徒步不前，计无所出。义方解所乘马与之，不告姓名而去。《新书·朱敬则传》：出为郑州刺史。侍御史冉祖雍诬与王同皎善，贬涪州刺史。既明非其罪，改庐州。代还，无淮南一物。所乘止一马，子曹步从以归。《樊泽传》：少孤，依外家，客河朔。相卫节度使薛嵩表为尧山令。举贤良方正。次潼关，雨潦，困不能前。有熊执易者，同舍逆旅，哀之，辍所乘马，倾褚以济，自罢所举。此等皆廉俭者，亦无不乘马。其豪奢者，则如裴冕枥马直百金者常十数矣。其乘他畜者，则为特异之事。《隋书·文学·崔儦传》：杨素重儦门地，为子玄纵娶其女。亲迎之始，公卿满坐。素令骑迎儦。儦故敝其衣冠，骑驴而至。《旧书·冯宿传》：弟定，于顿牧姑苏也，定寓焉，顿友于布衣间。后顿帅襄阳，定乘驴诣军门，吏不时白，定不留而去。《新书·隐逸传》：王绩，乘牛经酒肆，留或数日。史德义居虎丘山，骑牛带瓢，出入廛野。陆龟蒙，居松江甫里。不乘马、升舟，设蓬席，赍束书，茶灶，笔床，钓具往来，时谓江湖散人。此等非偃塞之徒，则隐逸之士也。《旧书·韦绶传》：为长安县尉。遭朱泚之乱，变服乘驴赴奉天，盖欲自侪于氓庶？《旧史·王师范传》：将至汴，缟素乘驴；《刘郡传》：郡闻师范之命降，亦素服跨驴而发；则当丧亡之际也。《旧书·魏少游传》：乾元二年十二月，议率朝臣马以助军，少游与汉中郡王瑀沮其议，上知之，贬渠州刺史，可见朝官无不有马者。参看第十九章第一节。《薛收传》：子元超，拜东台侍郎。右相李义府以罪配流巂州。旧制，流人禁乘马。元超奏请给之，坐贬为简州刺史。《新书·魏元忠传》：上封事，言"师行必借马力。不数十万，不足与虏争。请自王公及齐人，挂籍之口，人税百钱。又弛天下马禁。使民得乘大马，不为数限。官籍其凡，勿使得隐。不三年，人间畜马，可五十万。即诏州县，以所税口钱市之。若王师大举，一朝可用。且虏以骑为强，若一切使人乘之，则市取其良，以益中国，使得渐耗虏兵之盛，国家之利也。"皆可见当时乘马之限。此实维体制之虚文而坏戎备也。然《旧书·穆宗纪》：长庆元年正月，灵武节度使李听奏，请于淮南、忠武、武宁等道防秋兵中，取三千人衣赐月粮赐当道，自召募一千五百人马骁勇者以备边。仍令五十人为一社，每一马死，社人共补之。马永无阙。从之。可见民间自有有马者可募。苟弛马禁，实可使马大蕃息也。

单马虽捷，究不如乘车之安，故车废而肩舁遂盛。《隋书·礼仪志》云："今辇制象辂车而不施轮，用人荷之。"又云："今舆制如辇，但小耳。"此车变为舁之渐也，其初盖惟宫中用之？《旧书·李训传》：甘露之变，文宗乘软舁出紫宸门。升含元殿。《通鉴》作软舆，《注》曰："软舆，盖以裀褥积而为之，下施桐，令人举之"，其物也。《新五代史·唐家人传》：庄宗有爱姬，甚有色，而生子，刘后心患之。庄宗燕居宫中，元行钦侍侧。庄宗问："尔新丧妇，其复娶乎？吾助尔聘。"后指爱姬请曰："帝怜行钦，何不赐之？"庄宗不得已，阳诺之。后趣行钦拜谢、行钦再拜。起顾爱姬，肩舆已出宫矣。《张彦泽传》：彦泽迁出帝于开封府。帝与太后、皇后肩舆，宫嫔宦者十余人皆步从。《晋家人传》：耶律德光入京师，帝与太后肩舆至郊外。皆宗中习用肩舆之证。既利其安，则历险阻之地者，亦欲用之。《旧书·王方庆传》：则天尝幸万安山玉泉寺，以山迳危悬，欲御要舆而上。方庆谏止。要舆者，《通鉴》：玄宗开元三年九月，以马怀素为左散骑常侍，使与右散骑常侍褚无量更日侍读。每至门，令乘肩舆以进。或在别馆，道远，听于宫中乘马。亲送迎之。待以师傅之礼。以无量羸老，特为之造要舆，在内殿，令内侍舁之。《注》云："要舆，令人举之，适与要平"是也。房玄龄晚节多病，太宗幸玉华宫，诏玄龄居守，听卧治事。稍棘，召许肩舆入殿。帝视流涕。玄龄亦感咽不自胜。李纲，以足疾赐步舆，听乘至閤。韦思谦，辞疾不许，诏肩舆以朝，听子孙侍。苗晋卿，代宗之立，年已衰暮，又患两足，特许肩舆至中书，入閤不趋。崔祐甫被疾，肩舆至中书，卧而承旨。李叔明朝京师，以病足，赐锦辇，令宦寺肩舁以见。僧神秀，则天追赴都，肩舆上殿，亲为跪礼。张果至东都，舍集贤院，肩舆入宫。王建立，天福五年（940）入觐。晋高祖曰："三纪前老兄，宜赐不拜。"仍许肩舆入朝。上殿，则使二宦者掖之。

七年三月，赐宰臣李崧白藤肩舆。周太祖广顺二年八月，赐宰臣李谷白藤肩舆。皆见《旧史·本纪》。皆以尊贤，特蒙优礼。唐玄宗开元二十年四月乙亥，燕百官于上阳东州，醉者赐以床褥，肩舆而归，相属于路，《旧书·本纪》。则出特旨，蒙其恩者非一人矣。其不待命得乘之者，盖惟官之最贵者为然。《通鉴》：唐昭宗景福二年（893），李茂贞使其党纠合市人数百千人，拥观军容使西门君遂马诉曰："岐帅无罪，不宜致讨，使百姓涂炭。"君遂曰："此宰相事，非吾所及。"市人又邀崔昭纬、郑延昌肩舆诉之。二相曰："兹事主上专委杜太尉，吾曹不与知。"市人因乱投瓦石。二相下舆走匿民家，仅自免。丧堂印及朝服。《注》云："旧制，朝臣入朝皆乘马，宋建炎播迁，以扬州街路滑，始许朝士乘担子。观此，则唐末宰相，亦有乘肩舆者矣。"案裴休索肩舆出省，见上节，此尚在崔昭纬、郑延昌之前。《旧五代史·卢程传》：后唐庄宗即位，与豆卢革并命为平章事。受命之日，即乘肩舆，驺导喧沸。庄宗闻，询于左右。曰："宰相担子入门。"庄宗骇异，登楼见之，笑曰："所谓似是而非者也。"则遂沿为故事矣。然亦可见其时惟宰相得乘之也。《新书·宦者传》：王仲先乘肩舆造朝，此为僭逆，不足论。非辇毂之下，亦官之尊者乘之。张弘靖入燕，肩舆于三军之中，已见第八章第四节。卢程使晋阳宫册皇太后，山路险阻，安坐肩舆，亦见《旧史》本传。自更无足怪矣。《新五代史·王建立传》：子守恩，以潞州降汉。汉高祖即位，以为昭义节度使，徙镇静难。西京留守，加同中书门下平章事。周太祖以枢密使将白文珂等军西平三叛。还过洛阳，守恩以使相自处，肩舆出迎。太祖怒。即日以头子命文珂代守恩为留守。足见虽在外，位稍卑者，尚不敢乘之也。《旧书·王铎传》：僖宗自蜀将还，以铎为沧景节度使。时杨全玫在沧州，闻铎之来，诉于魏州乐彦祯。铎受命赴镇。至魏州旬日，彦祯迎谒，宴劳甚至。铎以上台元老，功盖群后，行则肩舆，妓女夹侍。宾寮服御，尽美一时。彦祯子从训，凶戾无行，窃所慕之。令甘陵州卒数百人，伏于漳南之高鸡泊。及铎行李至，皆为所掠。铎与宾客十余人皆遇害。此固由二镇之悖戾，然亦可见乘肩舆者尚罕，故为众所属耳目也。

　　无关体制之处，则人得乘之。其初盖偏于妇女？唐世妇女乘檐子，已见第十六章第一节。《旧书·舆服志》云：奚车，契丹塞外用之。开元天宝中，渐至京城。兜笼，巴蜀妇人所用。乾元已来，蕃将多著勋于朝；兜笼易于担负；京城奚车、兜笼，代于车舆矣。《旧书·文苑·元德秀传》：事母以孝闻。开元中，从乡赋岁游京师。不忍离亲，每行则自负板舆，与母诣长安。《新书·裴玢传》：为山南西道，以疾辞位。入朝，不事驺仗，妻乘竹舆。《新五代史·唐六臣传》：张策，王行瑜辟观察支使。李克用攻行瑜，策与婢肩舆其母东归。行积雪中，行者怜之。《楚世家》：周行逢果于杀戮。夫人严氏谏。行逢怒曰："此外事，妇人何知?"严氏不悦。绐曰:"家田佃户,以公贵,颇不力农,多恃势以侵民,请往视之。"至则营居以老。岁时衣青裙押佃户送租入城。行逢强邀之,以群妾拥升肩舆,严氏卒无留意。皆妇人乘肩舁之证。久则老者病者亦乘之。《旧书·白居易传》:致仕,与香山僧如满结香火社,每肩舆往来,白衣鸠杖,自称香山居士。《李洧传》:附《李正己传》。以徐州归顺,加徐、海、沂都团练观察使,寻加密州。未几,疽发背。稍平,乃大具糜饼,饭僧于市。洧乘平肩舆,自临其场。市人欢呼。洧惊,疽溃于背而卒。《牛僧孺传》:子蔚,黄巢攻京师,方病,子徽与其子自扶蓝舆,投窜山南。《孝友·裴敬彝传》:乾封初,累转监察御史。时母病,有医人许仁则,足疾不能乘马,敬彝每肩舆之以候母焉。《新书·郑权传》:穆宗立,以左散骑常侍持节,为回鹘告哀使。以足疾辞。不许。肩舁就道。《新五代史·宦者·张承业传》:庄宗已诺诸将即皇帝位,承业方卧病,自太原肩舆至魏谏,不听,复肩舆归太原。《楚世家》:陈赡杀刘建锋,军中推行军司马张佶为帅。将入府,乘马辄踯躅。伤佶髀。佶卧病,语诸将曰:"吾非汝主也。马公英勇,可共立之。"诸将乃共杀赡,磔其尸,遣姚彦章迎马殷于邵州。殷至,佶乘肩舆入府。殷拜谒于庭中。佶召殷上,乃率将吏下,北面再拜,以位与之。皆其事也。《旧书·郗士美传》:出为鄂州观察使。贞元十八年(802),伊慎有功,特授安黄节度。二十年,慎来朝,其子宥主留事。朝廷未能去。会宥母卒于京师,利主军权,不时发丧。士美命从事托以他故过其境。宥果迎之。告以凶问。先备肩篮,即日遣之。肩篮,《通鉴》作篮舆。《注》云:"篮舆,即今之轿也。"元和五年(810)。此有丧者,亦以病者待之也。

　　辇初供军用,后乃供凡运载之用。《通鉴》:开元十三年(725),东封,发东都,有司辇载供具之物,数百里不绝。《注》云:"司马法及贾公彦所云,皆言行军之用,此所谓辇载,兼凡器物而言"是也。人之所乘,亦曰步辇。后唐明宗长兴四年(933),以卢文纪、吕琦为蜀王册礼使。至成都,孟知祥服衮冕,备仪卫诣驿降阶北面受册。升玉辂。至府门,乘步辇以归。《注》曰"步辇,以人挽之"是也。《新书·王求礼传》:武后时为左拾遗。监察御史。后方营明堂,雕饰谲怪,侈而不法,求礼以为铁鹫金龙,丹腹珠玉,乃商琼台、夏瑶室之比,非古所谓茅茨采椽者。自轩辕来,服牛乘马。今辇以人负,则人代畜,上书讥切。此亦袭旧论耳。檐子等方日兴,又何讥于步辇邪?

　　《新书·百官志》:驾部郎中、员外郎,掌舆辇、车乘、传驿、厩牧、马牛杂畜之籍。凡给马者:一品八匹,二品六匹,三品五匹,四品、五品四匹,六品三匹,七品以下二匹。给传乘者:一品十马,二品九马,三品八马,四品、五品四马,六品、七品二马,八品、九品一马。三品以上敕召者给四马,五品三马,六品以下有差。凡驿马,给地四顷,莳以苜蓿。凡三十里有驿。驿有长。举天下四方之所达，为驿千六百三十九。阻险无水草镇戍者，视路要隙置官马。水驿有舟。凡传驿马驴，每岁上其死损肥瘠之数。其制颇为精详。然不过统属而已。能举其职与否，实在地方官吏。唐制：在州，道路、逆旅属户曹，门户、管钥、烽候、传驿属兵曹。津梁、舟车属士曹。然官吏之能举其职者少，而过者又不免恣睢自便，驿遂为困民之一大端矣。国家于驿传经费，时亦借出举以维持之。如玄宗开元二十六年正月，长安、万年两县，各与本钱一千贯，收利供驿。《旧书·本纪》。懿宗咸通五年五月，制以南蛮乱后，潭、桂两道，各赐钱三万贯文，以助军钱，亦以充馆驿息利本钱。其江陵、江西、鄂州三道，令本道观察使准此例兴置是。详见第十八章第四节。此亦非善政也。元稹之分司东都，徐州监军孟昇死。节度使王沼传送其丧枢还京，给券乘驿，仍于邮舍安置丧枢。枢至洛，其下欧诟主邮吏。稹令徙枢于外，不得复乘传。《旧书·稹传》。而身旋遭宦官争厅之祸，为所棰击伤面，反遭贬斥。已见第八章第三节。《旧书·方技·金梁凤传》：梁凤在河陇，谓吕谭曰："判官骨相，合得宰相，须得一大惊怖即得。"谭后至驿，责让驿长，搒之。驿吏武将，性粗猛，持弓矢突入射谭。矢两发，几中谭面。谭逾墙得免。驿吏固粗猛，谭安可擅搒驿长乎？《新书·柳公绰传》：长庆元年（821），复为京兆尹。时幽镇用兵，补置诸将，使驿系道。公绰奏曰："比馆递匮乏，驿置多阙。敕使衣绯紫者，所乘至三四十骑，黄绿者不下十数。吏不得视券，随口辄供，驿马尽，乃掠夺民马。怨嗟惊扰，行李殆绝。请著定限，以息其弊。"有诏中书条检定数。由是吏得纾罪。《高元裕传》：兄少逸，出为陕、虢观察使。中人责峡石驿吏供饼恶，鞭之。少逸封饼以闻。宣宗怒，召使者责曰："山谷间是饼岂易具邪？"谪隶恭陵。观此诸事，可知乘驿者暴横之甚。《旧书·崔衍传》：为虢州刺史，上陈人困，特以当邮传冲要为言，宜矣。申饬之令，亦非无有。如《旧书·宪宗纪》：元和十一年十月，敕诸道奏事官，非急切不得乘驿马。《旧史·周世宗纪》：显德二年四月，诏应自外新除御史，未经朝谢，行过州县，不得受馆驿供给及所在公礼是也。然其奉行与否，正是难言。且如唐代，扰乱驿传，中人为甚，而宪宗顾以中人为馆驿使，事见第八章第三节。《旧书·裴潾传》。宪宗宠任内官，有至专兵柄者。又以内官充馆驿使。有曹进玉者，恃恩暴戾，遇四方使多倨。有至捽辱者。宰相李吉甫奏之。十二年（817），淮西用兵，复以内官为使。潾上疏曰："馆驿之务，每驿皆有专知官。畿内有京兆尹，外道有观察使、刺史，迭相监临。台中又有御史充馆驿使，专察过阙。伏知近有败事，上闻圣聪。但明示科条，督责官吏，据其所犯，重加贬黜，敢不惕惧，日夜厉精？若令宫闱之臣，出参馆驿之务，则内臣外事，职分各殊，切在塞侵官之原，绝出位之渐。事有不便，必戒以初。令或有妨，不必在大。"其言可谓深切著明矣。不亦翻其反而乎？

　　韦孝宽之代尉迥也，知其叛，西遁。每至亭驿，辄尽驱传马而去，复谓驿司曰："蜀公将至，宜速具酒食。"迥寻遣骑追孝宽。至驿，辄逢盛馔，又无马，遂迟留不进。《隋书·韦世康传》。吉温，安禄山加河东节，奏为副使，复奏为魏郡太守。杨国忠入相，追入为御史中丞。温于范阳辞禄山，禄山令累路馆驿作白绸帐以俟之。《旧书·酷吏温传》。合亭林所称当时驿舍之美观之，见第四节。而隋、唐驿传之情形可以想见矣。职是故，当时公私行旅，尚多栖止其间。《新书·忠义·颜杲卿传》：禄山反，令与假子李钦凑以兵七千屯土门。杲卿矫贼命诏钦凑计事，钦凑夜还。杲卿辞城门不可夜开，舍之外邮。使长吏袁履谦及参军冯虔、郡豪翟万德等数人饮劳。既醉，斩之。先是禄山将高邈召兵范阳，未还，杲卿使藁城尉崔安石图之。邈至满城，虔、万德皆舍传舍。安石绐以置酒，瀡舍马。虔叱吏缚之，而贼将何千年自赵来，虔亦执之。日未中，送二贼首。《卓行传》：权皋，安禄山表为蓟尉，署幕府。皋度禄山且叛，诈死南奔。客临淮，为驿亭保，以诇北方。《孝友传》：武后时，下邽人徐元庆，父爽，为县尉赵师韫所杀。元庆变姓名，为驿家保。久之，师韫以御史舍亭下，元庆手杀之。《旧书·姚南仲传》：贞元十五年（799），代李复为郑滑节度使。监军薛盈珍，恃势夺军政。南仲数为盈珍谗毁。德宗颇疑之。十六年（800），盈珍遣小使程务盈驰驿奉表，诬奏南仲阴事。南仲裨将曹文洽亦入奏事，伺知盈珍表中语，私怀愤怒。晨夜兼道追务盈。至长乐驿，及之。与同舍宿。中夜，杀务盈，沈盈珍表于厕中，乃自杀。《旧五代史·乌震传》：好为诗，善笔札。凡邮亭、佛寺，多有留题之迹。《贾馥传》：故王镕判官。张文礼杀镕，遣馥至邺都劝进。因留邺下，栖迟邮舍。《赵思绾传》：遣供奉官王益部署思绾等赴阙。益至永兴，副使安友规、巡检使乔守温出迎，于郊外离亭置酒。并当时行旅栖止传舍之证。《旧书·李絺传》，言其为坊、绛州，常饰厨传，以奉往来中使及禁军中尉宾客，以求善誉。《新书·王播传》：弟子式，大中中，为晋州刺史，饰邮传，器用毕给。《循吏·何易于传》：为益昌令。馈给往来，传符外一无所进，故无异称。《旧史·华温琪传》：拜华州节度使。以己俸补葺祠庙廨舍千余间，复于邮亭创待客之具，华而且固，往来称之。悃愊之与声华，皎然异路矣。

偏僻之地，邮驿之不修者盖多？《旧书·宪宗纪》：元和元年正月，复置斜谷路馆驿。时高崇文方由此出兵也，可谓临渴掘井矣。《宣宗纪》：大中三年十一月，东川节度使郑涯、凤翔节度使李玭奏修文川谷路，自灵泉至白云，置十一驿。下诏褒美。经年，为雨所坏。又令封敖修斜谷旧路。足见其废坏时多也。惟实心为民者，乃能于此等地方，加以修饬。《新书·窦怀贞传》：从子兢，调鄩令。修邮舍道路，百姓德之。《循吏·贾景骏传》：神龙中，历肥乡令。后为赵州长史，道出肥乡，民喜，争奉酒食迎犒。有小儿亦在中。景骏曰："方儿曹未生，而吾去邑，非有旧恩，何故来？"对曰："耆老为我言：学庐、馆舍、桥障，皆公所治，意公为古人，今幸亲见，所以来。"景骏为留终日。后迁房州刺史。

州穷险，无学校，好祀淫鬼。景骏为诸生贡举。通隘道，作传舍，罢祠房无名者。此等皆非欲奉过客以干声誉，真能有益于民，故为民所称道也。亦可见民之不可欺矣。

驿马之诛求，厉民最甚。《旧书·李渤传》：泽潞节度使郗士美卒，渤充吊祭使。路次陕西，上疏言道途不修，驿马多死。宪宗览疏惊异。即以飞龙马数百匹付畿内诸驿。《文苑·刘宪传》：父思立，高宗时为侍御史。属河南、河北旱，遣御史中丞崔谧等分道存问振给。思立上疏言："无驿之处，其马稍难简择。公私须预追集。每为一马，遂劳数家。望且委州县振给。"无驿处如此，有驿处更不必论。宪宗时设非有李渤上陈，亦必诛求于民矣。《新书·王翃传》：兄曾孙凝，出为商州刺史。驿道所出，吏破产不能给。而州有冶赋羡银，常榷直以优吏奉，凝不取，则以市马，故无横扰，人皆慰悦。《卢钧传》：拜华州刺史。关辅驿马疲耗，钧为市健马，率三岁一易。自是无乏事。能如此弥缝匡救者，恐不多也。《通鉴》：唐玄宗天宝六载（747），罗希奭自青州如岭南，所过杀迁谪者。郡县皇骇。排马牒至宜春，李适之忧惧，仰药自杀。《注》云："御史所过，沿路郡县给驿马，故未至先有排马牒。"亦可见供应之严切也。

《旧书·职官志》：度支郎中、员外郎之职，转运、征敛、送纳，皆准程而节其迟速。凡天下舟车，水陆载运，皆具为脚直。轻重贵贱，平易险涩，而为之制。《通鉴》：唐昭宗乾宁元年（894），董昌苛虐，于常赋之外，加敛数倍，以充贡献及中外馈遗。每旬发一纲，金万两，银五千铤，越绫万五千匹，他物称是。用卒五百人。或遇雨雪风水，违程皆死。《注》云："唐制陆行之程：马日七十里，步及驴五十里，车三十里。水行之程：舟之重者，溯河日三十里，江四十里，余水四十五里。空舟，溯河四十里，江五十里，余水六十里。沿流之舟，则轻重同制，河日一百五十里，江一百里，余水七十里。转运、征敛、送纳，皆准程节其迟速。其三峡、砥柱之类，不拘此限。若遇风水浅不得行者，即于随近官司申牒验记，听折半功。不及是则为违程。董昌盖计日限程以至长安，又不许以雨雪风水准折也。"《旧书·高宗纪》：贞观十八年（644），太宗将伐高丽。令太子留镇定州。及驾发有期，悲啼累日。因请飞驿递表起居，并递敕垂报。并许之。飞表奏事，自此始也。《通鉴》：后晋齐王开运三年十二月乙巳朔，李谷自书密奏，具言大军危急之势，请车驾幸滑州，遣高行周，符彦卿扈从，及发兵守澶州、河阳，以备虏之奔冲。遣军将关勋走马上之。《注》云："走马上之，急报也。宋自宝元、康定以前，边镇率有走马承受之官。"此等，皆出常程之外者也。

《通鉴》：唐懿宗咸通九年（868），庞勋于递中申状于崔彦曾。《注》云："递中，谓入邮筒递送使府。"又僖宗乾符三年（876），蛮遣李瑶还，递木夹以遗高骈。已见第十二章第二节。皆可见唐人传命之法。

驿在愈荒僻之处，为用愈大，故收复旧疆，或开拓境宇者，多事设置。《旧书·宪宗纪》：元和八年十一月，以盐州隶夏州。自夏州至丰州，初置八驿。此所以经略边境。《太宗纪》：贞观二十一年（647），于突厥之北，至于回纥部落，置驿六十六所，以通北荒。《新书·回鹘传》：延陀亡后，铁勒诸部入朝，请于回纥、突厥部治大涂，号参天至尊道。乃诏碛南鹈鹕泉之阳，置过邮六十八所，具群马、湩肉待使客，即此事也。此其规模，可谓甚远。然此等邮驿，非借兵力不能维持，而维持之所费尤巨，终不免劳中国以事四夷也。驿传于通信最便，用兵之际尤亟，故好武之国，虽荒陋亦能置之。《旧书·吐蕃传》，记徐舍人与僧延素语，适有飞鸟使至。飞鸟，犹中国驿骑也。云术者上变，召军急还，遂归之。《新书》略同。又云：其举兵，以七寸金箭为契。百里一驿。有急兵，驿人臆前加银鹘。甚急，鹘益多。告寇举烽。则其制亦颇详备矣。驿既所以便通讯，故有力而欲速知机密者，亦或置之。此为法令所不许。《隋书·荣毗传》：为华州长史。时晋王广在扬州，每令人密觇京师消息。遣张衡于路次，往往置马坊，以畜牧为辞，实给私人也。州县莫敢违。毗独遏绝其事。上闻而嘉之，赉绢百匹。是其事矣。若唐玄宗时之店有驿驴，见第十八章第一节。则如郑当时之置驿马长安诸郊，存诸故人，请谢宾客，见《秦汉史》第十七章第六节。取节畜力而已，不为干禁也。

烽候所置，大率相去三十里。若有山冈隔绝，须逐便安置，得相望见，不必要限三十里。逼边境者，筑城置之。每烽置帅、副各一人。其放烽，有一炬、两炬、三炬、四炬，随贼多少为差。每日初夜，放烟一炬，谓之平安火。《通鉴》至德元载（756）、元和七年（812）《注》，皆据《唐六典》。《通鉴》：哥舒翰败于潼关，麾下来告急，玄宗不时召见，及暮，平安火不至，始惧，是也。

《隋书·杨素传》：素再讨江南之乱，至会稽。先是泉州人王国庆，南安豪族也。杀刺史刘弘，据州为乱。诸亡贼皆归之。自以海路艰阻，非北人所习，不设伍。素泛海掩至。国庆皇遽，弃州而走。似当时闽、浙间海道，尚未畅通者。然唐懿宗时，陈磻石遂能海运以馈安南之师。事见第十章第二节。《旧书·本纪》：咸通三年（862），磻石诣阙上书，言有奇计以馈南军。天子召见。磻石奏臣弟听思，曾任雷州刺史。家人随海船至福建。往来大船，一只可致千石。自福建装船，不一月至广州，得船数十艘，便可致三万石至广府矣。又引刘裕海路进军破卢循故事。执政是之。以磻石为盐铁巡官，往扬子院，专督海运。于是康承训之军，皆不阙供。五年五月丁酉，制淮南、两浙海运，局隔舟船，访闻商徒失业颇甚。所由纵舍，为弊实深。亦有般货财委于水次，无人看守，多至散亡。嗟怨之声，盈于道路。宜令三道据所般米石数，牒报所在盐铁巡院，令和雇入海舸船，分付所司。通计载米数足外，辄不更有隔夺，妄称贮备。其小舸短船，到江口，使司自有船，不在更取商人舟船之限。如官史妄行威福，必议痛刑。则自淮南、两浙至闽、粤，海道悉已畅通，且商人有大船颇多。《新书·王义方传》：补晋王府参军，直弘文馆。素善张亮，亮抵罪，故贬吉安丞。道南海，舟师持酒脯请福。义方酌水誓曰："有如忠获戾，孝见尤。四维廓氛，千里安流。神之听之，无作神羞。"是时盛夏，涛雾蒸涌，既祭，天云开露，人壮其诚。则自长安至江西，反有取道于海者矣。然则王国庆之不虞，特谓北兵不能航海而至，而非其时闽、浙海道之不通也。五代割据，闽、浙与中原隔绝，皆道海而来。欧《史·吴越世家》云：朝廷遣使，皆由登、莱泛海，岁常飘溺。《闽世家》云：审知岁遣使泛海自登、莱朝贡于梁。使者入海，覆溺十常三四。中原使闽、浙，入海失事，见于史者颇多。孔崇弼，事见第十八章第一节。司马邺、张文宝、李专美、程逊、裴羽、段希尧、司徒诩等，皆见《旧史》本传。程逊事且特书于晋高祖纪天福四年(939)。如此，安得通行无阻。薛《史·司马邺传》言："时扬州诸步多贼船，过者不敢循岸，必高帆远引海中。"盖使节之行，与寻常商民有异，故多覆溺之患也。《旧书·陆元方传》：则天革命，使元方安辑岭外。将涉海，风涛甚壮。舟人莫敢举帆。元方曰："我受命无私，神岂害我？"遽命之济。既而风涛果息。则自中原至南方者，久习于海矣。《旧五代史·方太传》：青州千乘人。少隶本军为小校。尝戍登州，劫海客，事泄，刺史淳于晏匿之，遇赦免。可见其时戍将，有为盗贼之行者也。

　　海外交通，已见第十五章第二节。《隋书·经籍志》：子部天文家有《海中星占》《星图海中占》各一卷。盖时尚未能用罗盘针，凭此以决方向。唐、五代之世，亦尚如此。而蓄鸽传信之法，唐时业已有之。桑原骘藏《蒲寿庚传》云："李肇《国史补》下曰：南海舶，外国船也。师子国舶最大。梯而上下数丈。皆积宝货。舶发之后，海路必养白鸽为信。舶没，鸽虽数千里亦能归也。段成式《酉阳杂俎》十六：大理丞郑复礼言：波斯舶上多养鸽。鸽能飞行数千里。辄放一只至家，以为平安信。考印度远洋船，养鸽及他飞行力强之鸟，以搜索陆地，起原颇早。中国记南洋贸易船养鸽事，则始自唐。张九龄养白鸽，用以通信，称曰飞奴，见王仁裕《开元天宝遗事》。九龄岭南产，使鸽传书，实传自外国贸易船也。"《考证》三十一。

　　造船之技颇精。隋文帝诏括江南诸州船长三丈已上者入官，已见第二章第一节。炀帝乘龙舟如江都，见第二章第四节。《通鉴》述其制云："龙舟四重，高四十五尺，长二百丈。上重有正殿、内殿、东西朝堂。中二重有百二十房。皆饰以金玉。下重内侍处之。皇后乘翔螭舟，制度稍小，而装饰无异。别有浮景九艘，三重，皆水殿也。又有漾采、朱鸟、苍螭、白虎、玄武、飞羽、青凫、陵波、五楼、道场、玄坛、板艒、黄篾等数千艘，后宫、诸王、公主、百官、僧尼、道士、蕃客乘之，及载内外百官供奉之物。共用挽船士八万余人。其挽漾采以上者，九千余人，谓之殿脚。皆以锦采为袍。又有平乘、青龙、艨艟、漕舸、八櫂、艇舸等数千艘，并十二卫兵乘之，并载兵器帐幕。兵士自引，不给夫。舳舻相接，二百余里。"唐太宗伐高丽，命张亮率江、淮、岭、硖劲卒四万，战船五百艘，自莱州泛海趣平壤。《旧书·高丽传》。《新书·阎立德传》：即洪州造浮海大航五百艘，盖即亮所将者也。贞观二十二年（648），以高丽困弊，议以明年发三十万众一举灭之。或以为大军东征，须备经岁之粮，非畜乘所能载，宜具舟舰为水运。隋末，剑南独无寇盗，属者辽东之役，剑南复不与，及其百姓富庶，宜使之造舟舰。上从之。七月，遣右领左右府长史强伟于剑南道伐木造舟舰。人者或长百尺。其广半之。别遣使行水道。自巫峡抵江、扬趋莱州。八月，敕越州都督府及婺、洪等州造海船及双舫千一百艘。强伟等发民造船，役及山僚，雅、邛、眉三州僚反。遣茂州都督张士贵、右卫将军梁建方发陇右、峡中兵二万余人以击之。蜀人苦造船之役，或乞输直，雇潭州人造船。上许之。州县督迫严急，民至卖田宅、鬻子女不能供。谷价踊贵，剑外骚然。上闻之，遣司农少卿长孙知人驰驿往视之。知人奏称"蜀人脆弱，不耐劳剧。大船一艘，庸绢二千二百三十六匹。山谷已伐之木，挽曳未毕，复征船庸，二事并集，民不能堪。宜加存养。"上乃敕潭州船庸，皆从官给。《通鉴》。太宗是时之劳民，几与隋炀帝无异。然观造船之大而且多如是，隋、唐二代之工艺，亦略可见矣。战斗利用大船，观宋武帝克卢循事可知，说见《两晋南北朝史》，然亦有不利之时。《旧五代史·李珽传》：成汭之镇荆州，辟为掌书记。天复中，淮寇大举围夏口，逼巴陵。太祖患之。飞命汭率水军十万援鄂。珽入言曰："今舳舻容介士千人，载稻倍之，缓急不可动。吴人剽轻，若为所绊，则武陵、武安，皆我之仇也，将有后虑。不如遣骁将屯巴陵大军对岸。一日不与战，则吴寇粮绝，而鄂州围解矣。"不听。淮人果乘风纵火，舟尽焚，兵尽溺，汭亦自沈于江。朗人、潭人，遂入荆渚，一如所料。即恃大之殷鉴也。《新书·归崇敬传》：大历初，授仓部郎中，充吊祭册立新罗使。海道风涛，舟几坏。众惊，谋以单舸载而免。答曰："今共舟数十百人，我何忍独济哉？"少选风息。则航海大船，亦别有小舟随之。《通鉴》：周世宗显德三年（956），太祖皇帝乘皮船入寿春濠中，城上发连弩射之。矢大如屋椽。衙将张琼，遽以身蔽之，矢中琼髀，死而复苏。镞著骨不出。琼饮酒一大卮，令人破骨出之。流血数升，神色自若。《注》云："皮船，缝牛皮为之。"盖正所以御矢石也。《旧书·李皋传》：常运心巧思，为战船，挟二轮踏之，疾若挂帆席。《新书》略同。案此船宋杨太亦用之，未必传诸皋，则工匠必有能为之者。皋与太乃从而用之耳。未必真皋所创也。轮船虽捷，然用人力必多，则所费巨而战陈以外不可用，此所以虽有其制，而卒失其传欤？

《旧书·职官志》：水部郎中，员外郎之职。凡天下造舟之梁四，《注》云：河则蒲津、大阳、河阳，洛则孝义。石柱之梁四，《注》云：洛则天津、永济、中桥，霸则霸桥。木柱之梁三，《注》云：皆渭川、便桥、中渭桥、东渭桥也。巨梁十有一，皆国工修之。其余皆所管州县，随时营葺。其大津无梁，皆给船人。量其大小、难易，以定其差。国工所修，为数甚少。故津梁济渡之便否，实视乎州县之能举其职与否也。造桥之技，似不如造船之精。《李昭德传》：初都城洛水天津之东，立德坊西南隅，有中桥及利涉桥，以通行李。上元中，司农卿韦机始移中桥置于安众坊之左街，当长夏门。都人甚以为便。因废利涉桥。所省万计。然岁为洛水冲注，常劳治葺。昭德创意，积石为脚，锐其前以分水势。自是竟无漂损。《良吏·韦机传》：孙景骏，神龙中，累转肥乡令。县北界漳水，旧有架柱长桥，每年修葺，景骏改造为浮桥。足见石柱、木柱之梁，工程均不甚坚实。《新书·地理志》：河中府河西县，有蒲津关，一名蒲阪。开元十三年（725），铸八牛。牛有一人策之。牛下有山，皆铁也。夹岸以维浮梁。其工程可谓甚巨。然《李固言传》云：领河中节度使，蒲津岁河水坏梁，吏撤筌用舟，邀丐行人。固言至，悉除之。则造舟之梁，亦有不安固者矣。《旧五代史·王周传》：周为定州，桥败，覆民租车。周曰："桥梁不饬，刺史之过也。"乃还其所沈粟，出私财以修之。民庶悦焉。此虽为德政，然州县桥梁之不饬，亦于此可见矣。太宗征辽，诏所过水可涉者，勿作桥梁。《新书·高丽传》。张守珪北伐，次滦河，属冻泮，欲济无梁，贾循揣广狭为桥以济。《新书》本传。则偏僻之地，桥梁尤少。然济渡亦未见善。《旧五代史·崔棁传》：兄榆，闲居滑州。尝欲访人于白马津。比及临岸，叹曰："波势汹涌如此，安可济乎？"乃止。白马为今古通津，乃使人临河而叹，得毋津吏亦有不尽其职者耶？

城市中路，为造屋者所侵，殆于古今一辙。《旧书·杜亚传》：出为扬州刺史。扬州官河填淤，漕挽湮塞，又侨寄衣冠及工商等，多侵衢造宅，行旅拥弊。亚乃开拓疏启，公私悦赖。《于頔传》：改苏州刺史。浚沟渎，整街衢，至今赖之。皆其事也。《宣宗纪》：大中三年六月，御史台奏义成军节度使韦让于怀真坊侵街造屋九间，已令毁拆讫。身膺旄节，而所为如此，不亦异乎？然侵占者恐正始于此等人。《五代史补》云：罗绍威有词学，尤好戏判。尝有人向官街中鞴驴，置鞍于地。值牛车过，急行，碾破其鞍。驴主怒，殴驾车者。为厢司所擒。绍威更不按问，遂判其状云："邺城大道甚宽，何故驾车碾鞍？领鞴驴汉子科决，待驾车汉子喜欢。"词虽俳谐，理甚切当，论者许之。邺城大道果宽乎？若然，亦不过通都大邑，政令之力较强，侵占不致过甚，如清末南北京、保定、沈阳等地，街衢尚较小城市为宽耳。如韦让之所为，设非在长安，恐未易令其毁拆矣。故工商之侵占为蚕食，衣冠之侵占为鲸吞也。至于日久而地益繁盛，则其拥弊，恐有更甚于寻常城市者矣。周世宗之治大梁，取一切之法，见上节。盖亦有所不得已也。路工亦不坚实。庄宪太后崩，李翛为山陵桥道置顿使，灵驾至渭城北门，门坏，已见第八章第三节。《旧书·翛传》云：先是桥道司请改造渭城北门，翛以劳费不从。令深凿轨道以行。掘土既深，旁柱皆悬，因而顿坏。掘土而损及城门旁柱，路基之不坚实可知。

街衢之旁，尚多植树，此则胜于后世者也。刘世龙说唐高祖伐六街树为樵，已见第十九章第一节。《旧书·玄宗纪》：开元二十八年正月，两京路及城中苑内种果树。《僖宗纪》：广明元年四月甲申朔，大风。拔两京街树十二三。东都长夏门内古槐，十拔七八。宫殿鸱尾皆落。《吴凑传》：官街树缺，所司植榆以补之。凑曰："榆非九衢之玩。"亟命易之以槐。及槐阴成而凑卒，人指树而怀之。皆官街有树之证。《范希朝传》：为振武节度使。单于城中旧少树。希朝于他处市柳子，命军人植之。俄遂成林。居人赖之。则虽边方，亦有能留意于此者矣。

门、关之政，唐制掌于司门郎中、员外郎。凡关二十有六。新旧《志》同。《新书·太宗纪》：武德九年八月，废潼关以东濒河诸关。《武后纪》：长安三年十二月，天下置关三十。则亦时有废置。为上、中、下之差。京城四面有驿道者为上关，无驿道及余关有驿道者为中关，他皆为下关。上、中关有令、丞，下关但有令。关呵而不征。入一关者，余关不讥。蕃客往来，阅其装重。司货贿之出入。其犯禁者，举其货，罚其人。阑遗之物，揭于门外，榜以物色，期年没官。凡度关，先经本部、本司请过所。在京则省给之，在外则州给之。虽非所部，有来文者，所在亦给。出塞逾月者给行牒。猎手所过给长籍，三月一易。兼据新旧《志》司门职文。《十七史商榷》云：《旧志》关令，凡行人车马，出入往来，必据过所以勘之，语本《六典》。《新》作车马出入，据过所为往来之节，改得殊不如《旧》。又有所谓公验者。《隋书·高祖纪》：开皇十八年九月，敕舍客无公验者，坐及刺史、县令。《通鉴》：唐宣宗大中六年十二月，中书、门下奏："度僧不精，则戒法堕坏。造寺无节，则损费过多。请自今诸州准元敕许置寺外，有胜地灵迹许修复。繁会之县，许置一院。严禁私度僧尼。若官度僧尼有阙，则择人补之。仍申祠部给牒。其欲远游寻师者，须有本州公验。"从之。《注》云："公验者，自本州给公文，所至以为照验。"《旧书·德宗纪》：贞元八年闰十二月，门下省奏："邮驿条式，应给纸券，除门下外，诸使、诸州，不得给往还券。至所诣州府纳之，别给俾还朝。常参官在外除授，及分司假宁往来并给券。"从之。往还券亦公验之类。然持之太久，流弊必多，故禁之也。《旧史·梁太祖纪》：开平三年十月，诏以寇盗未平，凡诸给过所，并令司门郎中、员外郎出给，以杜奸诈。四年十一月，诏曰："关防者，所以讥异服，察异言也。况天下未息，兵民多奸，改形易衣，觇我戎事。比者有谍，皆以诈败，而未尝罪所过地。叛将逃卒，窃其妻孥而影附使者，亦未尝诘其所经。今海内未同，而缓法弛禁，非所以息奸诈，止奔亡也。应在京诸司，不得擅给公验。如有出外须执凭繇者，其司门过所，先须经中书、门下点检。宜委赵光逢专判出给。俾繇显重，冀绝奸源。仍下两京、河阳及六军诸卫、御史台，各加钤辖。公私行李，复不得带挟家口向西。其襄、邓、鄜、延等道，并同处分。"可见其重之之由矣。然其事亦难严行。《新史·杨邠传》：邠虽长于吏事，而不知大体。以故秉大政而务苛细。凡前资官不得居外，而天下行旅，皆给过所然后得行。旬日之间，人情大扰。邠度不可行而止。其明验矣。

关虽云呵而不征，后亦不能维持。《新书·张知謇传》：弟知泰，武后革命，奏置东都诸关十七所，讥敛出入。百姓惊骇。樵米踊贵。卒罢不用。议者羞薄之。《旧书·崔融传》：长安三年（703），有司表税关市。事条不限工商，但是行人尽税。融上疏谏，则天纳之，乃寝其事。融疏有曰："关必据险路，市必凭要津。富商大贾，豪宗恶少，轻死重义，结党连群，暗鸣则弯弓，睥睨则挺剑，小有失意，且犹如此，一旦变法，定是相惊。乘兹困穷，便恐南走越，北走胡。非惟流逆齐人，亦自搅乱殊俗。又如边徼之地，寇贼为邻。兴胡之旅，岁月相继，悦同科赋，致有猜疑，一从散亡，何以制禁？"又云："天下诸津，舟航所聚。旁通巴、汉，前指闽、越，七泽、十薮，三江、五湖，控引河、洛，兼苞淮、海。弘舸巨舰，千轴万艘。交贸往还，昧旦永日。今若江津、河口，置铺纳税，纳税则检覆，检覆则迟留，此津才过，彼铺复止。非惟国家税钱，更遭主司僦略。船有大小，载有多少，量物而税，触途淹久。统论一日之中，未过十分之一。因此拥滞，必致吁嗟。一朝失利，则万商废业，万商废业，则人不聊生。其间或有轻诮任侠之徒，斩龙刺蛟之党，鄱阳暴虐之客，富平悍壮之夫，居则藏锣，出便辣剑。加之以重税，因之以威胁。兽穷则搏，鸟穷则攫，执事者复何以安之哉？"其辞可谓危矣。然肃宗时，李巨为东京留守，于城市桥梁税出入车牛等钱，颇有乾没，士庶怨讟。韩滉为镇海，泾师之乱，命所部闭关梁，禁牛马出境。而大中时，方镇且设邸阁居茶，横赋商人。见第一节。至于孔谦，则竟障塞山谷径路矣。

门禁亦司门掌之。凡著籍，月一易之。流内记官爵姓名，流外记年齿状貌，非迁解不除。凡有名者，降墨敕，勘铜鱼、墨契而后入鱼、契之制，见《新书·车服志》。

巡警之务，属于金吾、千牛二卫，见《新书·百官志》：德宗尚苛伺，中朝士相过，金吾辄飞启，宰相至阁门谢宾客，事见第七章第六节。阎知微之使突厥，裴怀古监其军。默啜胁知微称可汗，又欲官怀古。怀古不肯拜。囚军中。因得亡。而素尫弱，不能骑，宛转山谷间，仅达并州。时长史武重规纵暴，左右妄杀人取赏。见怀古至，争执之。有果毅尝识怀古，疾呼曰："裴御史也。"乃免。其司苛察者，亦军人也。吴元济禁偶语于道，夜不然烛，酒食相馈遗者，以军法论。《新书·裴度传》。朱泚亦禁居人夜行。三人以上，不得聚饮食。果何益邪？刘瑑，宣宗时为宣武节度使，下令不何止夜行，使民自便，境内以安。世岂有专务司察，而可以为治者哉？

儒家之不达时务，莫过于不知社会之变迁，谓商业可以禁遏，欲驱天下而复返诸农。率是见也，遂并交通而亦欲阻塞之矣。如苏威是也。《隋书·李谔传》云：威以临道店舍，乃求利之徒，事业污杂，非敦本之义。遂奏高祖，约遣归农。有愿依旧者，所在州县，录附市籍。仍撤毁旧店。并令远道限以时日。正值冬寒，莫敢陈诉。谔因别使，见其如此，以为四民有业，各附所安。逆旅之与旗亭，自古非同一概，即附市籍，于理不可。且行旅之所依托，岂容一朝而废？徒为劳扰，于事非宜。遂专决之，并令依旧。使还诣阙，然后奏闻。高祖善之，曰："体国之臣，当如此矣。"逆旅之不可废，潘岳论之已详，威岂未之见邪？《旧书·马周传》：西游长安，宿于新丰逆旅。主人惟供诸商贩而不顾待。周遂命酒一斗八升，悠然独酌。主人深异之。《杨再思传》：少举明经，授玄武尉、充使诣京师，止于客舍。会盗窃其囊装。再思邂逅遇之。盗者伏罪。再思谓曰："足下当苦贫匮，至此无行。速去，勿作声，恐为他人所擒。幸留公文，余财尽以相遗。"盗者赍去。再思初不言其事。假贷以归。冯定诣于顿，不留而去，顿惭，驰载钱五十万谢之，定亦饭于逆旅，复书责以贵敖，而返其遗。李勉游梁、宋，与诸生共逆旅，已见第十九章第五节。《张褐传》：释褐寿州防御判官。于琮布衣时，客游寿春，郡守待之不厚。褐以琮衣冠子，异礼遇之。琮将别，谓褐曰："吾饷逆旅翁五十千，郡将之惠，不登其数，如何？"褐方奉母家贫，适得俸绢五十匹，尽以遗琮。约曰："他时出处穷达，交相恤也。"举此数事，足见当时依于逆旅者之多。《文苑·崔咸传》：父锐，初佐李抱真为泽潞从事。有道人，自称卢老，曾事隋朝云际寺李先生，豫知过往未来之事。属河朔禁游客，锐馆之于家。一旦辞去。且曰："我死，当与君为子。"因指口下黑子，愿以为志，咸之生也，果有黑子，其形神即卢老也。父即以卢老字之。禁游客之时，当不能复舍逆旅，然亦游客为然，工商者未必然也。高崇文之讨刘辟，军至兴元，军中有折逆旅匕箸，斩之以徇。朱泚走泾州，田希鉴拒之，泚亦更舍逆旅。则虽行师之际，亦有依之者矣。

第六章　隋唐五代政治制度

第一节　政　体

时代愈后，则君位愈尊，积重之势然也。晋、南北朝之世，习以皇帝之称为最尊，天王次之，王又次之，已见《两晋南北朝史》第二十二章第一节。《十七史商榷》云："李克用似未便与曹孟德一例，故薛《史》虽作本纪，称为武皇，削一帝字，稍示别异。陶岳、王禹偁，皆有此称。《宋史·郭从义传》，犹仍此名。大约当时人语如此。"可见此义在唐、五代之世，犹为人所共知。然君主之肆然自大者，已不能守。欧《史·马缟传》：缟以后唐庄宗时判太常卿。明宗入立，继唐太祖。庄宗而不立亲庙。缟言："汉诸侯王入继统者，必别立亲庙。光武皇帝立四亲庙于南阳。请如汉故事，立庙以申孝享。"明宗下其议。礼部尚书萧顷等请如缟议。宰相郑珏等议引汉桓、灵为比。以谓桓帝尊其祖解渎亭侯淑为孝元皇，父苌为孝仁皇。请下有司，定谥四代祖考为皇，置园陵，如汉故事。事下太常博士王丕议：汉桓帝尊祖为孝穆皇帝，父为孝崇皇帝。缟以为孝穆、孝崇，有皇而无帝。惟吴孙皓尊其父和为文皇帝，不可以为法。右仆射李琪等议与缟同。明宗诏曰："五帝不相袭礼，三王不相沿乐。惟皇与帝，异世殊称，爰自嬴秦，已兼厥号。朕居九五之位，为亿兆之尊。奈何总二名于眇躬，惜一字于先世？"乃命宰臣集百官于中书，各陈所见。李琪等请尊祖祢为皇帝，曾高为皇。宰相郑珏合群议奏曰："礼非天降，而本人情。可止可行，有损有益。今议者引古，以汉为据，汉之所制，夫复何依？开元时尊皋陶为德明皇帝，凉武昭王为兴圣皇帝，皆立庙京师，此唐家故事也。臣请四代祖考皆加帝如诏旨，而立庙京师。"诏可其加帝，而立庙应州。邈佶烈之意，盖以是为能尽孝矣。客星据位，原为沐猴而冠，缟以申孝享立议，又引汉家故事净之，亦可谓不可与言而与之言矣。卢文纪以缟为迂儒而鄙之，诚有由也。

不徒追尊祖考也，抑且眡及于子弟。事始魏孝庄之于孝宣，亦已见《两晋南北朝史》。唐高宗子弘之死，时人以为武后所酖。《通鉴》语。《考异》曰："《新书·本纪》云：己亥，天后杀皇太子。《新传》云：后将逞志，弘奏请数忤旨。从幸合璧宫，遇酖薨。《唐历》云：弘仁孝英果，深为上所钟爱。自升为太子，敬礼大臣、鸿儒之士，未尝居有过之地。以请嫁二公主，失爱于天后，不以寿终。《实录》《旧传》，皆不言弘遇酖。按李泌对肃宗云：高宗有八子，睿宗最幼，天后所生四子，自为行第，故睿宗第四。长曰孝敬皇帝。为太子，监国。仁明孝弟。天后方图听朝，乃酖杀孝敬，立雍王贤为太子。《新书》盖据此及《唐历》也。按弘之死，其事难明，今但云时人以为天后酖之也，疑以传疑。"乃追谥为孝敬皇帝，盖以息物议也。玄宗既篡储位，兄宪死，追谥为让皇帝。肃宗立，亦追谥其兄琮曰奉天皇帝。代宗则追谥建宁曰承天。盖其得位皆有惭德，其为是，正所以掩其争夺之迹也。失礼之本意矣。合于经义、故事与否，又何足论？

尊号二字，昉自秦世。《史记·秦始皇本纪》：李斯等与博士议帝号曰"臣等昧死上尊号，王为泰皇"是也。陆贽言尊号之始，乃在圣刘、天元。圣刘别有取义，天元与皇帝之称，则皆意在自尊大耳。然皆非自美也。李斯等之言曰："古有天皇，有地皇，有泰皇，泰皇最贵。"泰与天地，义不相配，疑本作人。篆书大，象人形，字讹为大，又音假作泰耳。议言"五帝地方千里，其外或朝或否，天子不能制"，盖以古三皇为不然？故以其称相尊。始皇则习见时人以宰制天下者为帝，欲留其号，而又取斯等之议，加一皇字，以明其非仅制千里之帝耳。此自尊，非自美也。汉哀帝号陈圣刘太平皇帝者？陈田同音，土田同义，言帝虽姓刘，所行者实土德之政，说见《秦汉史》第二十章第三节。此则别有取义，并非自尊。周宣帝自号天元，乃出童騃之性，说见《两晋南北朝史》第十五章第一节。此亦妄自尊大耳。陆贽告德宗之辞曰："古之人君，或称皇称帝，或称王，但一字而已。至暴秦，乃兼皇帝二字。后代因之。及昏僻之君，乃有圣刘、天元之号。是知人之轻重，不在自称。与其增美称而失人心，不若黜旧号以祇天戒。"陈戒之意，昭然可见，非欲考尊号之所自来也。《通鉴》天授二年（691）胡《注》，以汉哀帝称陈圣刘太平皇帝为尊号之始，似非。降逮唐世，乃有称美之辞，生前及死后皆用之。生前所加者，即后世所谓徽号，死后所用，则与谥相淆，而当时皆谓之尊号，实非古尊号二字之义也。《十七史商榷》云："唐诸帝有生前所上之尊号，如旧《玄宗纪》：开元二十七年二月，加尊号开元圣文神武皇帝，又肃宗奉上皇尊号曰太上至道圣皇帝是也。有崩后所上之尊号，如上元二年四月，上皇崩，群臣上谥曰至道大圣大明孝皇帝是也。此称为谥。而其余如高祖，则云：贞观九年五月，高祖崩，群臣上谥曰大武皇帝。高宗上元元年八月，改上尊号曰神尧皇帝。天宝十三载二月，上尊号曰神尧大圣大光孝皇帝。太宗则云：贞观二十三年五月，上崩，百僚上谥曰文皇帝。上元元年（760），改上尊号曰文武大圣皇帝。天宝十三载（754），改上尊号为文武大圣大广孝皇帝。凡此之类，皆或称谥，或称尊号者，盖生上尊号，固起于唐，前世未有，即殁而上谥，前世亦用一字而已，无连累数字者。若至道、大圣，皆不得为谥，故云尊号也。"案前世庙号、谥法，皆止一字，东晋、萧梁、北魏、北齐，间有两字，唐世始累数字为谥，诘屈不可诵，史家于诸帝多称其庙号，已见第十章第四节。唐世亦间有称谥者：一如玄宗谥七字，末三字曰大明孝，肃宗谥九字，末三字曰大宣孝，大孝之谥，诸帝所同，乃称玄宗为明皇，肃宗为宣皇是也。又其一，则如敬宗，《旧书》列传中屡称为昭愍，亦间有一篇之中，忽称敬宗，忽称昭愍者。盖石晋之世，群臣避讳为之，后人校改未尽。至如《萧俛》《白居易传》，前称宪宗，后称章武，《李德裕传》前称武宗，后云昭肃，则仅偶一见之，盖吏臣杂采他书，未及整理者耳。说见《廿二史考异》。《通鉴》：代宗大历十四年（779），礼仪使吏部尚书颜真卿上言："上元中政在宫壸，始增祖宗之谥。玄宗末奸臣窃命，累圣之谥，有加至十一字者，按周之文、武，称文不称武，言武不称文，岂盛德所不优乎？盖群臣称其至者故也？故谥多不为褒，少不为贬。今累圣谥号太广，有逾古制。请自中宗以上，皆从初谥。睿宗曰圣真皇帝，玄宗曰孝明皇帝，肃宗曰宣皇帝，以省文尚质，正名敦本。"上命百官集议。儒学之士，皆从真卿议。独兵部侍郎袁修，官以兵进，奏言"陵庙玉册木主，皆已刊勒，不可轻改"，事遂寝。不知陵中玉册所刻，乃初谥也。胡《注》曰："唐陵中玉册，自睿宗圣真皇帝以上，所刻皆初谥。然玄宗谥册曰至道大圣大明孝皇帝，肃宗谥册曰文明武德大圣大宣孝皇帝。袁修所谓木主、玉册，皆已刊勒，有见乎此耳。"案玉册虽刊，不害称名之从简，袁修终未为知礼也。胡氏又云："天宝十三载（754），加祖宗谥号，并庙号皆为九字，而群臣上玄宗尊号，凡十四字。未知颜真卿所谓加至十一字何帝也。"案《旧书·懿宗纪》：咸通十三年（872），制追谥宣宗为玄圣至明成武献文睿智章仁神聪懿道大孝皇帝。《廿二史考异》云："诸帝之谥，皆具载本纪，纪首又冠以最后增加之谥。独宣宗纪祇载初上之谥，纪首亦但书圣文献武孝皇帝，于史例未合。但高祖、太宗，受命之君，谥止七字，肃、顺、宪三宗，亦止九字，宣宗德薄于前朝，而骤加至十八字，九庙有灵，何以自安？史臣略而不书，非无见也。"愚谓此直是遗漏，不必求之深而反失之。史文既有阙遗，则真卿以前，诸帝谥号，未必无加至十一字者也。又案称美之辞，当与张大之辞有别。故唐世生前所加，亦称徽号。见下引《旧书》本纪之文。后世遂专称徽号矣。然虽太后、皇后亦有之。武后之加尊号，始于垂拱四年（688）。是岁，武承嗣造瑞石，文曰："《圣母》临人，永昌帝业。"令雍州人唐同泰献之，称获之洛水。后加尊号曰圣母神皇。时尚为唐太后也。载初元年（689），既革唐命，加尊号曰圣神皇帝，降皇帝为皇嗣。二年（691），正月朔，受尊号于万象神宫。长寿二年九月，又加尊号曰金轮圣神皇帝。明年，为延载元年（694），又加号曰越古金轮圣神皇帝。证圣元年（685），又加号曰慈氏越古金轮圣神皇帝。旋以明堂灾，去慈氏越古之号。九月，亲祀南郊，复加尊号为天册金轮大圣皇帝。至圣历三年五月，以疾瘳改元久视，乃去天册金轮大圣之号。此皆在其为帝时。中宗以景龙元年（707）称尊号曰应天神龙皇帝。韦后亦加尊号曰顺天翊圣皇后。以上皆兼据《旧书·本纪》及《通鉴》。《旧书·本纪》：肃宗乾元二年二月，壬子望，月食既。百官请加皇后张氏尊号曰翊圣。上以月食阴德不修而止。《李揆传》：其为舍人也，宗室请加张皇后翊圣之号。肃宗召揆问之。对曰："臣观往古，后妃终则有谥。生加尊号，未之前闻。景龙失政，韦氏专恣，加号翊圣。今若加皇后之号，与韦氏同。陛下明圣，动遵典礼，岂可踪景龙故事哉？"肃宗惊曰："凡才几误我家事。"遂止。《通鉴》云：百官请加皇后尊号曰顺圣。《考异》曰："旧纪作翊圣，今从实录。"玄宗尝六受尊号。一在开元元年（713），曰开元神武皇帝。二在其二十七年（739），曰开元圣文神武皇帝。三在天宝元年（742），得灵符，加号曰开元天宝圣文神武皇帝。四在其七载（748），曰开元天宝圣文神武应道皇帝。五在其八载（749），曰开元天地大宝圣文神武应道皇帝。六在其十三载（754），追谥诸帝皆为孝，群臣上尊号曰开元天地大宝圣文神武证道孝德皇帝。以上亦兼据《旧纪》及《通鉴》。及为上皇，肃宗又奉上尊号。自此遂沿为故事。惟肃宗尝一去之，兼及年号。未几大渐，代宗监国，旋复。肃宗去尊号及年号，事在上元二年九月。是月，并以建子月为岁首。明年建巳月，上皇崩，上亦大渐，命太子监国，复建寅，以是月为四月，而改元曰宝应。德宗在奉天时，亦尝去尊号。兴元元年正月朔诏。贞元时，群臣请复，不许。《旧纪》：贞元五年十月，百寮请复徽号，不允。六年十月，文武百寮、京城道、俗抗表请复徽号。上曰："朕以春夏亢旱，粟麦不登，精诚祈祷，获降甘雨，既致丰穰。告谢郊庙。朕傥因湮祀而受徽号，是有为为之，勿烦固请也。"开成中，群臣请上尊号，文宗亦尝拒之。《旧纪》：开成二年（837），以彗星见下赦诏曰："近者内外臣寮，继贡章表，欲加徽号。夫道大为帝，朕膺此称，祗愧已多，翅钟星变之时，敢议名物之美！非惟既往，且戒将来。中外匡寮，更不得上表妄请。表已在路，并宜追还。"二君皆贤君，其所为固终异于庸主邪？南唐始终不用尊号，实较唐代为优。《通鉴》：晋高祖天福四年正月，唐群臣江王知证等累表请唐主复姓李，立唐宗庙。唐主许之。群臣又请上尊号。唐主曰："尊号虚美，且非古。"遂不受。其后子孙皆踵其法，不受尊号；又不以外戚辅政；宦者不得与事；皆他国所不及也。汉隐帝加钱俶母以顺德之号，则踵唐之失而又甚焉者矣。薛《史·本纪》：乾祐二年十一月，以吴越国王钱弘俶母吴氏为顺德太夫人。时议者曰："封赠之制，妇人有国邑之号，死乃有谥。后妃、公主亦然。唐则天女主，自我作古，乃生有则天之号。韦庶人有顺圣之号。知礼者非之。近代梁氏赐张宗奭妻号曰贤懿，又改为庄惠。今以吴氏为顺德，皆非古之道也。"

又古者祖有功，宗有德，其庙乃世祀不祧，至唐则无帝不称宗，而臣议君之意益微矣。

皇王之称，非他族所知，彼而欲尊中国之天子，则亦习以其称尊者之辞为称号耳。晋世夷狄，以大单于之号统北蛮，由此也。唐世北夷尊中国皇帝为天可汗，事亦如此。事在贞观二十年（646）。《旧书·本纪》云："咸请至尊为可汗。"《新书·本纪》亦云："请上号为可汗。"《通鉴》云："咸云愿得天至尊为天可汗。"《新书·回纥传》云："请于回纥、突厥部治大涂，号参天至尊道。"或云至尊，或云天至尊；或云可汗，或云天可汗；疑天字皆唐人所加。在彼则但云可汗耳。北族同时本可有数可汗，如突利在颉利时亦为东方可汗是也。一族如此，合诸部族自更然。成吉思、达延，皆尝再正汗位，其初所为者，蒙古本部族之汗，后所为者，则诸部族之汗也。当此之时，诸部族之长，亦未必自去汗号，特诸汗相遇时，共仞成吉思、达延为最尊耳。此即所谓至尊。事出临时，一时自不能有二，安用于其上再加天字乎？诸汗之同时并立，正犹周时吴楚在南方各自称王。但在会盟时不欲抑周而上之，即不为叛周矣。《新旧·回纥传》云："私自号可汗，署官吏，壹似突厥。"似以其称汗为不然，亦未免蓬之心也。又外人不知君臣之分，则以称父子、叔侄为尊卑，说见第十二章第二节，第十三章第十三节。然则中国之见屈于北夷，正不待赵宋之世矣。

世惟自足于中者，不待炫鬻于外。汉宣帝时，呼韩邪单于来朝，诏公卿议其仪。丞相霸、御史大夫定国议：其礼仪宜如诸侯王，位次在下。萧望之以为"单于非正朔所加，故称敌国，宜待以不臣之礼，位在诸侯王上。使匈奴后嗣，阙于朝享，不为叛臣。"天子采之，下诏曰："盖闻五帝三王，教化所不施，不及以政。今匈奴单于称北蕃，朝正朔，朕之不逮，德不能弘覆，其以客礼待之。"令单于位在诸侯王上，赞谒称臣而不名。诏书所称，义见《书·传》，亦经说也。唐世，此义犹有存焉。《新书·高丽传》：高祖谓左右曰："名实须相副。高丽虽臣于隋，而终拒炀帝，何臣之为？朕务安人，何必受其臣？"裴矩、温彦博谏曰："辽东本箕子国，魏、晋时故封内，不可不臣。中国与夷狄，犹太阳于列星，不可以降。"乃止。高祖之言善矣，矩、彦博之意，亦谓故封不可由我而失，非谓凡荒外政教所不及者，皆当责以臣礼也。《大食传》：开元初，遣使献马、钿带。谒见不拜。有司将劾之。中书令张说谓"殊俗慕义，不可置于罪。"玄宗赦之。使者又来，辞曰："国人止拜天，见王无拜也。"有司切责，乃拜。张说之言，亦与清世断断争公使跪拜者，大异其趣矣。薛《史·周恭帝纪》：显德六年七月，尚辇奉御金彦英，本高丽人也。奉使高丽，称臣于其王，故及于罪。何其褊狭？

外族演进迟，其俗乃有足与中国古俗相证者。《新书·吐蕃传》：其君臣自为友，五六人曰共命。君死，皆自杀以殉。此秦穆之所以杀三良也。《旧书·波斯传》：其王初嗣位，便密选子才堪承统者，书其名字，封而藏之。王死后，大臣与王之群子共发封而视之。奉所书名者为主焉。与清世建储之法，若合符节，事相类，所以处置之者自亦相类，固不必其相师也。

第二节　封　建

封建之制，秦、汉而后，久已理不可行，而亦势不能行，而昧者犹时欲复之。其说亦可分二等：晋初之议复封建，犹有为天下之意也，至唐则纯乎视天下为一家之私产而欲保之矣。

封建之所以不可复行也，以其势不能，固也。当列国未一之时，国各有其自立之道，欲替之而不可得，故其势足以相仇，而亦足以相辅。秦、汉而后，则异是矣。秦、汉之所以获统一，本因其力在列国中为独强，统一之后，更欲树国使为己藩辅，则必使其力足与己相抗而后可。何也？树国于外，本所以防窃据于中也。然如是，安能保其不与己相抗？吴、楚不灭，新莽或不易代汉，然吴、楚不灭，能保其当哀、平之世，无裂冠毁冕之志乎？晋初议封建者，莫如刘颂之得其实。颂谓建国欲以为藩辅，则其国必不可替，然其势可替也，安能保执中央之权者不之替乎？抑其势可替者，虽强存之亦奚益？故郡县之世，更言封建，其道终穷也。然晋初之言封建者，实非徒欲为一家保其私产。盖自当时之阅历言之，替旧朝者，其道有二：一为权臣之移国，王莽、曹操是也。一为匹夫之崛起，张楚、黄巾是也。欲绝此二者，时人所见，自谓非封建莫由。司马氏之欲复封建，固不敢谓其无欲私天下之心，然如陆机、刘颂之徒，则必非为一姓计者也。参看《两晋南北朝史》第二章第三节。至唐而其意迥异矣。

封建之制，本有两元素：君国子民，子孙世袭，一也，此自其为部落酋长之旧。锡以荣名，畀之租入，二也，此则凡人臣之所同矣。前者势不能行，而后者不容遽废，而财力又有给有不给，则锡以荣名，而于租入则或与之，或靳之，又其势也。故自魏、晋以来，大率存五等之名，而封户则或有或无，隋、唐虽异其名，不能异其实也。《隋书·百官志》：隋初封爵，本有国王、郡王、国公、郡公、县公、侯、伯、子、男，凡九等。炀帝惟留王、公、侯三等，余并废之。《新书·百官志》：唐爵九等：一曰王，食邑万户。二曰嗣王、郡王，食邑五千户。三曰国公，食邑三千户。四曰开国郡公，食邑二千户。五曰开国县公，食邑千五百户。六曰开国县侯，食邑千户。七曰开国县伯，食邑七百户。八曰开国县子，食邑五百户。九曰开国县男，食邑三百户。《旧书·职官志》：武德令惟有公、侯、伯、子、男，贞观十一年（637），加开国之称也。皇兄弟、皇子皆封国为亲王。皇太子之子为郡王。亲王之子，承嫡者为嗣王，诸子为郡公，以恩进者封郡王。袭嗣郡王、嗣王者封国公。皇姑为大长公主，姊为长公主，旧书作姊妹。女为公主。皇太子女为郡主。亲王女为县主。凡封户，三丁以上为率。岁租三之一入于朝廷。《六典》云：旧制户皆三丁已上，一分入国。开元中，定以三丁为限，租赋全入封家。食实封者得真户，分食诸州。皇后、诸王、公主食邑，皆有课户。名山、大川、畿内之地，皆不以封。此自七国乱后历代通行之制也，而唐高祖、太宗，曾不以是为已足。

《旧书·宗室传》曰：高祖受禅，以天下未定，广封宗室，以威天下。皇从弟及侄，《通鉴》云：再从、三从弟及兄弟之子。见武德九年（626）。年始孩童者数十人，皆封为郡王。太宗即位，因举宗正属籍，问侍臣曰："遍封宗子于天下，便乎？"尚书右仆射封德彝对曰："历观往古，封王者今最为多。两汉已降，惟封帝子及亲兄弟，若宗室疏远者，非有大功如周之郇、滕，汉之贾、泽，并不得滥封，所以别亲疏也。先朝敦睦九族，一切封王，爵命既隆，多给力役。盖以天下为私，殊非至公驭物之道。"太宗曰："朕理天下，本为百姓，非欲劳百姓以养己之亲也。"于是宗室率以属疏降爵为郡公，惟有功者数十人封王。《通鉴》云：降宗室郡王，皆为县公，惟有功者数人不降。似高祖纯乎自私，而太宗颇能干蛊者。其实太宗之私心，乃更甚于其父。《旧书·萧瑀传》，太宗尝谓瑀曰："朕欲使子孙长久，社稷永安，其理如何？"瑀对曰："臣观前代，国祚所以长久者，莫若封诸侯以为磐石之固。秦并六国，罢侯置守，二代而亡。汉有天下，郡、国参建，亦得年余四百。魏、晋废之，不能永久。封建之法，实可遵行。"太宗然之，始议封建。此事《通鉴》系贞观元年七月，实在太宗即位之初。《新书·宗室传赞》曰：始唐兴，疏属毕王。至太宗，稍稍降封。时天下已定，帝与名臣萧瑀等喟然讲封建事，欲与三代比隆。而魏徵、李百药皆谓不然。徵意以唐承大乱，民人凋丧，始复生聚，遽起而瓜分之，故有五不可之说。《通鉴》曰：徵以为"若封建诸侯，则卿、大夫咸资体禄，必致厚敛。又京畿赋税不多，所资畿外，若尽以封国、邑，经费顿阙。又燕、秦、赵、代，俱带外夷。若有警急，追兵内地，难以奔赴"。百药称帝王自有命历，祚之短长，不缘封建。又举春秋二百四十二年之祸，亟于哀平、桓灵，而诋曹元首、陆士衡之言，以为缪悠。而颜师古独议建诸侯当少其力，与州县杂治，以相维持。然天子由是罢不复议。此事《旧书·李百药传》系贞观二年（628），《通鉴》于贞观五年（631）追叙。下云：十一月，诏皇家宗室及勋贤之臣，宜令作镇藩部，贻厥子孙。非有大故，毋或黜免。所司明为条制，定等级以闻。则虽云罢议，其心初未尝回也。《旧书·百药传》云：太宗竟从其议，谓其后封建终废耳，非谓当时即听其说。十年三月，出诸王为都督。《新纪》。十一年（637），定制诸王、勋臣为世封刺史。新、旧《纪》同。以诸王为世封刺史诏，见《旧书·高祖二十二子传》。以功臣为世封刺史诏，见《旧书·长孙无忌传》。《旧书·长孙无忌传》：无忌等上言曰："臣等披荆棘以事陛下。今海内宁一，不愿远离。而乃世牧外州，与迁徙何异？"乃与房玄龄上表。太宗览表，谓曰："割地以封功臣，古今通义。意欲公之后嗣，翼朕子孙，长为藩翰，传之永久，而公等薄山河之誓，发言怨望，朕亦安可强公以土宇邪？"于是遂止。下乃叙十二年太宗幸其第事。《新书》略同。一似其事实未尝行者。然停世袭刺史事，新、旧《纪》皆在十三年二月。《通鉴》亦同。《鉴》云：上既诏宗室袭封刺史，左庶子于志宁上疏争之，侍御史马周亦上疏。会司空赵州刺史长孙无忌等皆不愿之国，上表固让。表与《旧书·无忌传》所载，辞异意同。无忌又因子妇长乐公主固请于上。且言"臣披荆棘事陛下，今海内宁一，奈何弃之外州？与迁徙何异？"上曰："割地以封功臣，古今通义。意欲公之后嗣，辅朕子孙，共传永久，而公等乃复发言怨望，朕岂强公等以茅土邪？"乃诏停世封刺史。新、旧《书·于志宁、马周传》，亦皆载其诤封建事。《新书·周疏》有"伏见诏宗室功臣悉就藩国"之语。则世封之制，虽定于十一年（637），实至十三年（639）就国诏下而其事始亟，而诸臣乃力辞，而太宗乃从而允之，在当时则初未尝止也。然世封之诏虽停，而以皇子为都督、刺史之事仍未废。十七年（643），褚遂良又上疏诤之，《旧传》虽云帝深纳之，《新传》亦云帝嘉纳。终未闻其发明诏遂罢其事也。自汉已后，藩王已习不与政，势已不足为祸，而兼方面者则不然。晋之八王是也。太宗虽罢世封，而不革皇子督州之法，其自私之心，可谓始终不变矣。幸而时无永康之衅，皇子又多幼小，获免于前世之祸耳，岂其能与治同道哉？而尚论者皆以为贤君，仲任《治期》之论，信不诬也。

《新书·宗室传赞》又载诸家之论曰："名儒刘秩，目武氏之祸，则建论，以为设爵无土，署官不职，非古之道。故权移外家，家庙绝而更存。存之之理，在取顺而难逆，绝之之原，在单弱而无所惮。至谓郡县可以小宁，不可以久安。大抵与曹、陆相上下。而杜佑、柳宗元深探其本，据古验今而反复焉。佑之言曰：夫为人置君，欲其蕃息，则在郡县，然而主祚常促。为君置人，不病其寡，则在建国，然而主祚常永。故曰：建国利一宗，列郡利百姓。且立法未有不敝者，圣人在度其患之长短而为之。建国之制，初若磐石，然敝则鼎峙力争，陵迟而后已，故为患也长。列郡之制，始天下一轨，敝则世崩俱溃，然而戡定者易为功，故其为患也短。又谓三王以来，未见郡县之利，非不为也。后世诸儒，因泥古强为之说，非也。宗元曰：封建非圣人意，然而历尧、舜、三王莫能去之，非不欲去之，势不可也。秦破六国，列都会，置守宰，据天下之图，摄制四海，此其得也。二世而亡，有由矣。暴威刑，竭人力，天下相合，劫令杀守，圜视而并起，时则有叛民无叛吏。汉矫秦枉，剖海内，立宗子、功臣。数十年间，奔命扶伤不给，时则有叛国无叛郡。唐兴，制州县，而桀黠时起。失不在州而在于兵。时则有叛将无叛州。以为矫而革之，垂二百年，不在诸侯明矣。又言汤之兴，诸侯归者三千，资以胜夏。武王之兴，会者八百，资以灭商。徇之为安，故仍以为俗。是汤、武之不得已，非公之大者也，私其力于己也。秦革之者，其为制，公之大者也，其情私也。然而公天下之端自秦始云。"杜、柳二家之论，自为通识也。唐时论封建者，尚有朱敬则，《旧书》备载其说。知世异变不可泥古，而未能探世变之原，无甚足观。

高祖、太宗之于封建，可谓极其渴慕，然而终不能行者，势使然也。然不行遂不足以祸天下乎？是又不然。裂地虽徒有其名，然封君皆得自征租，则分人犹有其实，与凡人臣未尽同，即封建之弊未尽去也。唐代封户之制，见于《新书·十一宗诸子传》：《旧书·玄宗诸子传》略同。亲王八百，增至千。公主三百。长公主止六百。高宗时，沛、英、豫三王，太平公主武后所生，户始逾制。垂拱中，太平至千二百户。圣历初，相王、太平皆三千，寿春等五王各三百。神龙初，相王、太平至五千，《主传》云：薛、武二家女皆食实封。卫王三千，温王二千，寿春等王皆七百，嗣雍、衡阳、临淄、巴陵、中山王五百。安乐公主二千，长宁千五百，宣城、宜城、宣安各千，相王女为县主各三百。相王增至七千，安乐三千，长宁二千五百，宜城以下二千。相王、太平、长宁、安乐以七丁为限，虽水旱不蠲，以国租庸满之。中宗遗诏，雍、寿春王进为亲王，户千。《太平公主传》云：睿宗即位，加实封至万户，《旧书·外戚传》同。开元后，天子敦睦兄弟，故宁王户至五千五百，岐、薛五千。申王以外家微，户四千，邠王千八百，帝妹户千，《诸公主传》云：开元新制：长公主封户二千，帝妹千。中宗诸女如之，通以三丁为限。及皇子封王户二千，公主五百。咸宜公主以母惠妃故封至千，自是诸公主例千户止。

《诸公主传》云：开元新制：皇予王户二千，主半之。观其逾制之甚，而知其朘民之烈矣。而犹不止此。《旧书·韦思谦传》：子嗣立，以中宗景龙三年（709）同中书门下三品。上疏言："食封之家，其数甚众。昨略问户部，云用六十余万丁。一丁两匹，《新书》云：人课二绢。即是一百二十万已上。臣顷在太府，知每年庸调绢数，多不过百万，少则七八十万已来。比诸封家，所入全少。傥有虫霜旱潦，曾不半在。国家支供，何以取给？皇运之初，功臣共定天下，当时食封，才上三二十家。今以寻常特恩，遂至百家已上。《通鉴》同。《新书》云：国初功臣共定天下，食封不二十家。今横恩特赐，家至百四十以上。封户之物，诸家自征。或是官典，或是奴仆。多挟势逞威，陵夺州县。凡是封户，不胜侵扰。或输物多索裹头，《通鉴》注：裹头，谓行橐贵裹以自资者。或相知要取中物。百姓怨叹，远近共知。复有因将货易，转更生衅，征打纷纷，曾不宁息。贫乏百姓，何以克堪？若限丁物送太府，封家但于左藏请受，不得辄自征催，则必免侵扰，人冀苏息。"《新书·嗣立传》言：时恩幸食邑者众，封户凡五十四州，皆据天下上腴。一封分食数州，随土所宜，牟取利入。至安乐、太平公主，率取高赀多丁家，无复如贫民有所损免。为封户者，亟于军兴。监察御史宋务光建言愿停征，一切附租庸输送。不纳。《务光传》言其以监察御史巡察河南道。时滑州输丁少而封户多，每配封，人皆亡命失业。务光建言："通邑大都不以封。今命侯之家，专择雄奥。滑州七县，而分封者五。《通鉴》云：滑州地出绫缣，人多趋射，尤受其弊。王赋少于侯租，入家倍于输国。请以封户均余州。"又请食赋附租庸送，停封使，息传驿之劳。不见纳。《通鉴》系景龙三年（709）。《旧书·宋璟传》：言其在中宗时，检校贝州刺史。时河北频遭水潦，百姓饥馁。武三思封邑在贝州，专使征其租赋，璟拒而不与。《韦安石传》言：三思有实封数千户在贝州。时属大水，刺史宋璟议称租庸及封丁，并合捐免。安石从祖兄子巨源，以为谷稼虽被湮沈，其蚕桑见在，可勒输庸调。由是河朔户口，颇多流散。韦庶人之难，巨源为乱兵所杀，太常博士李处直议谥曰昭，户部员外郎李邕驳之，谓"租庸捐免，甲令昭明。匪今独然，自古不易。三思虑其封物，巨源启此异端"。其肆无忌惮，可谓甚矣。然《新书·张廷珪传》言：景龙中，宗楚客、纪处讷、武延秀、韦温等封户多在河南、河北，讽朝廷诏两道蚕产所宜，虽水旱得以蚕折租。廷珪谓"若以桑蚕所宜而加别税，则陇右羊、马，山南椒、漆，山之铜、锡、铅、锴，海之蜃、蛤、鱼、盐，水旱皆免，宁独河南、北外于王度哉？愿依贞观、永徽故事，准令折免"。诏可。则弁髦法令者，正不独巨源一人矣。上则病国，下则病民，有国家者，亦何乐而有此乔木世臣哉？

太宗虽欲分封诸子，又欲使为都督刺史，然其后并不克维持。《新书·十一宗诸子传》云：初文德皇后崩，晋王最幼，太宗怜之，不使出。豫王亦以武后少子不出阁。嗣圣初即帝位，及降封相王，乃出阁。中宗时，谯王失爱迁外藩。温王年十七，犹居宫中，遂立为帝。开元后，皇子幼，多居禁内。既长，诏附苑城为大宫，分院而处，号十王宅。以十举全数，非谓适十人也。既诸孙多，又于宅外置百孙院。天子岁幸华清宫，又置十王、百孙院于宫侧。宫人每院四百余，百孙院亦三四十人。可谓纵侈无度矣。《赞》曰："唐自中叶，宗室子孙，多在京师，幼者或不出阁。虽以国王之实，与匹夫不异。故无赫赫过恶，亦不能为王室轩轾。运极不还，与唐俱殚。然则历数短长，自有底止。彼汉七国，晋八王，不得其效，愈速祸云。"足见太宗之计之过矣。

文致太平之事，天宝时尝行之。《通鉴》：天宝七载五月，群臣上尊号，赦天下，择后魏子孙一人为三恪。《注》云：盖以后魏子孙与周、隋子孙为三恪也。明年，寻罢魏后。九载八月，处士崔昌上言："国家宜承周、汉，以土代火。周、隋皆闰位，不当以其子孙为二王后。"事下公卿集议。集贤殿学士卫包上言："集议之夜，四星聚于尾，天意昭然。"上乃命求殷、周、汉后为三恪，废韩、介、酅公。《注》：韩，元魏后。介，后周后。酅，隋后。以昌为左赞善大夫，包为虞部员外郎。此亦邪说干进而已矣。

封爵至唐中叶后而大滥。《陔余丛考》云："唐初，李靖、李勣、尉迟敬德、秦叔宝战功，皆祇封公。其膺王爵者，惟外蕃君长内附，及群雄来降者而已。《通鉴》：后唐庄宗同光二年（924），吴越王镠复修本朝职贡。帝因梁官爵而命之。镠厚贡献，并赂权要，求金印、玉册，赐诏不名。称国王。有司言故事惟天子用玉册，王公皆用竹册；又非四夷无封国王者。帝皆曲从镠意。武后欲大其族，武氏封王者二十余人，王爵始贱。中宗复位，遂亦封敬晖、张柬之等五王。并李多祚亦王。案中宗复位后，敬晖等言诸武不当王，而帝言攸暨、三思，皆与去二张，才降封一级为郡王，余则降为国公及郡公，见《新书·外戚传》。韦后外戚追王者亦五人。然不久皆革除。开元以来，无复此事。天宝末，安禄山封北平郡王，哥舒翰封西平郡王，火拔归仁封燕山郡王，于是又有圭爵之制，《通鉴》：天宝九载（750），赐安禄山爵东平郡王，唐将帅封王自此始。然亦未滥也。肃宗起灵武，府库空竭，专以官爵赏功。诸将出征，皆给空名告身，自开府、特进、列卿、大将军，皆听临时注授。有至异姓王者。案《旧书·代宗纪》：永泰元年十月，丙午，封朔方大将孙守亮等九人为异姓王，李国臣等十三人为同姓王。盖王爵之滥之始，故郑重书之也。及德宗奉天之难，危窘万状，爵赏尤殷。是时王爵几遍天下，稍有宣力，无不王者矣。大概肃宗以后王者有数种：有以大功封者，有功不必甚大而封者，并有不必战功而亦封者；有自贼中自拔来归而封者，有未能自拔，但送款即封者，有贼将来降而亦封者；有藩镇跋扈，不得已而封之者，有兵盛欲其立功而先封者。其时封王者不必皆高官显秩。《通鉴》谓军中但以职任相统摄，不复计爵之高下，至有僮仆衣金紫、称大官而执贱役如故者。今按郭子仪麾下，宿将数十，皆王侯贵重，子仪颐指若部曲，家人亦仆隶视之。可见是时爵命，人皆不以为贵，身受者亦不以为荣。爵赏驭人之柄，于是乎穷，可以观世变也。"爵赏之溢至是，实封自难遍及。《旧书·代宗纪》：永泰二年正月，减子孙袭实封者半租，永为常式，盖不得已而为之限。《职官志·户部》：凡有功之臣，赐实封者，皆以课户充。凡食封，皆传于子孙。此不必滥，但积之久，其数即已甚广矣，况其滥邪？宪宗时，定实封节度使兼宰相者，每食实封百户，岁给绢八百匹，绵六百两。不兼宰相者，每百户给绢百匹。诸卫大将军，每百户给三十五匹。《陔余丛考》谓"至是始改制，封家不得自征，而概给于官"。"汉唐食封之制"条。盖病国厉民之制，虽无意于去之，其势亦自穷而不得不变矣。然虽有此改革，滥授者之必不能遍及，亦无疑也。

柳宗元谓汉世有叛国而无叛郡，郡固不足以叛也。魏、晋以后，欲行封建者，其所树，率不能过于郡，此其所以不克立也。然使所树者而过于郡，则干戈必旋起，亦安能如古之国，历千余载，相藩辅哉？太宗与建成、元吉相龃龉，高祖尝欲王太宗于东。使其事行，则其规模，又过于汉初之国矣。然可一朝居乎？且必一战而胜负之局决，又不能如楚、汉之相持五年，亦无疑也。而欲以是为安，可见高祖之昏愚矣。然亦可以觇世变矣。朱滔、田悦、王武俊、李纳之相王，貌拟古之诸侯，沐猴而冠，更可发一大噱。

第三节　官制（上）

隋以太师、太傅、太保为三师，不主事，不置府僚。太尉、司徒、司空为三公，参议国之大事，依后齐置府僚，无其人则阙。寻亦省府及僚佐。炀帝即位，废三师官。唐复置。亦皆不设僚属。

尚书省：隋置令，左右仆射各一人。总吏部、礼部、兵部、都官、度支、工部六曹尚书，是为八座。属官有左右丞各一人，都事八人，分司管辖。六尚书分统三十六侍郎，分司曹务。后改都官为刑部，度支为民部。炀帝改三十六曹曰司，侍郎曰郎，惟六曹仍称曹，各置侍郎一人，以贰尚书。唐太宗尝为尚书令，臣下避不敢居，乃以仆射为长官。郭子仪尝以功高拜尚书令，末年李茂贞亦尝一守尚书令，旋亦辞避。见《旧纪》天复三年（903）。六部：《武德令》以礼部次吏部，兵部次之，民部次之。贞观年，改以民部次礼部，兵部次之。高宗即位，改民部曰户部。则天初，以户部次吏部，礼部次之，兵部次之。六部各领四司。改诸司郎曰郎中，而以员外郎副焉。

门下省：隋讳忠，改侍中曰纳言，置二人。炀帝改曰侍内。唐复为侍中。下有给事黄门侍郎四人。炀帝减二人，去给事之名。下有散骑常侍、通直散骑常侍、谏议大夫、散骑侍郎、员外散骑常侍、通直散骑侍郎、给事郎、员外散骑侍郎等，皆前世集书省之官也。唐门下侍郎二人，以贰侍中。散骑常侍、谏议大夫，皆分左右。常侍之分左右，事在显庆二年（657）。谏议之分左右，事在贞元四年（788）。武后时，置补阙、拾遗，亦分左右。皆左隶门下，右属中书。给事中之职，凡百司奏抄，侍中既审，则驳正违失。诏敕不便者，涂窜奏还，谓之涂归。于纠缪绳愆，所关尤大。《旧书·李藩传》：迁给事中，制敕有不可，遂于黄敕后批之。吏曰："宜别连白纸。"藩曰："别以白纸，是文状，岂曰批敕邪？"裴垍言于帝，以为有宰相器。属郑絪罢免，遂拜藩门下侍郎，同平章事。此事在元和四年（809）。《藩传》又云：河东节度使王锷，用钱数千万赂遗权幸，求兼宰相。藩与权德舆在中书，有密旨曰："王锷可兼宰相，宜即拟来。"藩遂以笔涂兼相事，却奏上云不可。德舆失色曰："纵不可，宜别作奏，岂可以笔涂诏邪？"曰："势迫矣，出今日便不可止，又何暇别作奏邪？"事果寝。此事《通鉴》系元和五年（810）。《考异》曰："《会要》：崔铉曰：此乃不谙故事者之妄传，史官之缪记耳。既称奉密旨，宜拟状中陈论，固不假以笔涂诏矣。凡欲降白麻，若商量于中书门下，皆前一日进文书，然后付翰林草麻。又称藩曰势迫矣，出今日便不可止，尤为疏阔。盖由史氏以藩有直谅之名，欲委曲成其美，岂所谓直笔哉？"

中书省：隋曰内史。炀帝改为内书。唐复为中书。隋置监、令各一人，寻废监，置令二人。侍郎初置四人，炀帝减为二人。唐皆因之。舍人八人，炀帝减为二人，唐置六人。通事舍人十六人，炀帝改隶谒者台，唐仍隶中书。唐舍人以一人知制诰，颛进画，给食于政事堂。其余分署制敕。以六员分押尚书六曹，佐宰相判案，同署乃奏。开元初，以他官掌诏敕策命，谓之兼知制诰。肃宗即位，又以他官知中书舍人事。兵兴，急于权便，政去台阁，决遣颛出宰相，自是舍人不复押六曹之奏。会昌末，宰相李德裕建议：台阁常务，州县奏请，复以舍人平处可否焉。

隋、唐定制，本以尚书、中书、门下三省长官为宰相，然尚书究不敌中书、门下之亲，故其后惟两省长官为真相；而两省之职，中书取旨，门下封驳，事亦嫌于迟滞，故后亦合议于政事堂。任宰相者，不必身为两省长官，但就他官界以他名，特以两省究为枢要之地，故同中书门下三品，同中书门下平章事，遂为习用之名，而尚书、仆射，非加此名者，遂不为宰相矣。《旧书·职官志》云："武德、贞观故事，以尚书省左右仆射各一人及侍中中书令各二人为知政事官。其时以他官与议国政者，云与宰相参议朝政，或云平章国计，或云专典机密，或云参议政事。贞观十七年（643），李勣为太子詹事，特诏同知政事，始谓同中书门下三品。自是仆射常带此称。自余非两省长官与知政事者，亦皆以此为名。永淳中，始诏郭正一、郭待举、魏玄同等与中书门下同承受进旨平章事。自天后已后，两省长官及同中书门下三品并平章事为宰相，其仆射不带同中书门下三品者，但釐尚书省而已。总章二年（669），东台侍郎张文瓘、西台侍郎戴至德等始以同中书门下三品入衔。自是相承至今。永淳二年（683），黄门侍郎刘齐贤知政事，称同中书门下平章事。自后两省长官及他官执政未至侍中、中书令者，皆称同中书门下平章事也。"案《通鉴》：中宗神龙元年（705），"五月，以唐休璟为左仆射，同中书门下三品如故。豆卢钦望为右仆射。六月，命右仆射豆卢钦望有军国重事，中书、门下可共平章。先是仆射为正宰相，其后多兼中书门下之职，午前决朝政，午后决省事，至是钦望专为仆射，不敢与政事，故有是命。是后专拜仆射者，不复为宰相矣。"此神龙复辟，仍沿武后以来之旧制也。开元元年（713），尝改左右仆射为丞相，然亦徒有其名。十六年（728）《通鉴》云："初张说、张嘉贞、李元纮、杜暹相继为相，用事。源乾曜以清谨自守，常让事于说等，唯诺署名而已。元纮、暹议事多异同，遂有隙，更相奏列。上不悦。六月，甲戌，贬黄门侍郎同平章事杜暹荆州长史，中书侍郎同平章事李元纮曹州刺史，罢乾曜兼侍中，止为左丞相，以户部侍郎宇文融为黄门侍郎，兵部侍郎裴光庭为中书侍郎，并同平章事。"此丞相徒有虚名之证。《旧书·王璠传》："转御史中丞，恃李逢吉之势，与左仆射李绛相遇于街，交车而不避。绛上疏论之曰：左右仆射，师长庶僚，开元中名之丞相，其后虽去三事机务，犹总百司之权。"谓此也。其以他官居职而假他名者：《新书·百官志》云："太宗时，杜淹以吏部尚书参议朝政，魏徵以秘书监参与朝政。其后或曰参议得失、参知政事之类，其名非一，皆宰相职也。"然《通典》云："隋有内史、纳言，是为宰相，亦有他官参与焉。"《注》曰："柳述为兵部尚书，参掌机事。又杨素为右仆射，与高颎参掌朝政。"则隋世已然矣。同三品之名，《新志》亦谓起于李勣。同平章事之名，则谓起于贞观八年（634），仆射李靖，以疾辞位，诏疾小瘳，三两日一至中书、门下平章事。又云："二名不专用，他官居职者，犹假他两名如故。自高宗以后，为宰相者，必加同中书门下三品，虽品高者亦然，惟三公、三师、中书令则否。"《旧书·高宗纪》：贞观二十三年（649），"以开府仪同三司英国公李勣为尚书左仆射，同中书门下三品，仆射始带中书门下。"说与《职官志》小异。《廿二史考异》云："唐初以三省长官为宰相。尚书令与左右仆射皆二品，侍中、中书令皆三品。论班序，当由侍中转中书令，乃迁仆射。李勣以仆射同中书门下三品，是以上兼下也。然自后仆射不带中书门下者，遂不复与闻政事，则宰相惟两省长官任之，而南省不得与。仆射虽居人臣之极地，不过备员而已。"案《旧志》言武德、贞观故事，以仆射、侍中、中书令为知政事官，则唐世宰相，实出差遣，不过初用三省长官，而后专于两省而已，原非有何制限。故以他官参与，亦无所不可也。此实最为灵活。观朱朴、柳璨之登相位可知。《旧书·代宗纪》：大历二年十一月，诏侍中、中书令升入正二品，门下、中书侍郎升入正三品，亦以其职高位下而改之。然是时知政事者已习用平章事之名，本不曰同三品矣。《新志》云："初三省长官议事于门下省之政事堂。其后裴炎自侍中迁中书令，乃徙政事堂于中书省。开元中，张说为相，又改政事堂号中书门下。列五房于其后：一曰吏房，二曰枢机房，三曰兵房，四曰户房，五曰刑礼房。分曹以主众务焉。"《文献通考》载元祐初司马光之议，谓"唐始合中书、门下之职，故有同三品同平章事。其后又置政事堂。盖以中书出诏令，门下掌封驳，日有争论，纷纭不决，故使两省先于政事堂议定，然后奏闻。开元中，张说奏改政事堂为中书门下。自是相承，至于国朝，莫之能改。非不欲分，理势不可复分也"。马君云："门下审覆之说始于唐。然唐以中书、门下为政事堂，则已合而为一矣。但门下省之官，有给事中，任出纳王命，有散骑常侍、左右司谏，任谏争阙失，皆所谓覆审，而贞观时太宗又命谏官随宰相入阁议事，有失辄谏，则门下省无不举职之官矣。坐庙堂者，商订于造命之初，毋或擅权而好胜，居纠驳者，审察于出令之后，不惮纠过以弼违，则上下之间，始无旷职，而三省之设，不为具文。固不必为宰相者各据一省，显分尔汝，然后谓之称其职也。"盖审覆之职不可无，而以纠驳者与商订者并列为宰相，则理不可通，而势亦不能行。然若知唐初本以三省或两省之长为知政事官，而非以三省为相职，则此疑又无从作耳。又按《旧书·文宗纪》：大和四年六月，"以守司徒门下侍郎平章事裴度为守司徒平章军国重事，待疾损日，三日五日一度入中书。"则平章军国重事之名，亦起于唐。

　　君权既尊，则辅相之权，往往移于其所私昵。汉、魏之世，公府之权，稍移于三省，唐中叶后，两省之权，又嬗于翰林，其道一也。《新书·百官志》曰："学士之职，本以文学言语被顾问，出入侍从，因得参谋议，纳谏诤。其礼尤宠。而翰林院者，待诏之所也。唐制，乘舆所在，必有文辞、经学之士，下至卜、医、技术之流，皆直于别院，以备燕见。而文书诏令，则中书舍人掌之。自太宗时，名儒学士，时时召以草制，然犹未有名号。乾封以后，始号北门学士。玄宗初置翰林待诏，以张说、陆坚、张九龄等为之。掌四方表疏批答，应和文章。既而又以中书务剧，文书多壅滞，乃选文学之士，号翰林供奉，与集贤院学士分掌制诏书敕。开元二十六年（738），又改翰林供奉为学士。别置学士院，专掌内命。凡拜免将相，号令征伐，皆用白麻。《通鉴》广明元年（880）注引韦执谊翰林故事曰："故事：中书省用黄白二麻，为纶命重轻之辨。近者所出，独得黄麻。其白麻皆在翰林院。自非国之重事，拜授将相，德音赦宥，则不得由于斯。"《通考》引石林叶氏曰："自张垍为学士，始别建学士院于翰林院之南，则与翰林院分而为二。然犹冒翰林之名。盖唐有弘文馆学士，丽政殿学士，故此特以翰林别之。其后遂以名官，讫不可改。然院名至今但云学士，而不冠以翰林，则亦自唐以来沿袭之旧也。"可见后来学士之职，实与始之所谓待诏者殊绝矣。《旧书·本纪》：敬宗宝历二年（826），命兴唐观道士孙准入翰林待诏。《新书·本纪》：文宗即位，省教坊乐工。翰林伎术冗员千二百七十人，此则仍是前此之待诏耳。其后选用益重，而礼遇益亲，至号为内相。《旧书·陆贽传》："贽初入翰林，特承德宗异顾，歌诗戏狎，朝夕陪游。及出居艰阻之中，虽有宰臣，而谋猷参决，多出于贽。故当时目为内相。"此人所指目也。《杜悰传》："元和中，翰林学士独孤郁，权德舆之女婿，时德舆作相，郁避嫌辞内职，上颇重学士，许之。"《哀帝纪》：天祐二年三月，"敕翰林学士户部侍郎杨注，是宰臣杨涉亲弟。兄既秉于枢衡，弟故难居宥密，可守本官，罢内职。"则诏令亦以为言矣。又以为天子私人，凡充其职者无定员。《廿二史考异》云："学士无定员，见于李肇《翰林志》。然《旧书·职官志》称翰林例置学士六人，内择年深德重者一人为承旨；白居易有同时六学士之句；则非无定员也。"案石晋开运元年（944）复学士院敕亦云："翰林学士与中书舍人，分为两制，各置六员。"见薛《史·职官志》。盖制无定员，而例则置六。翰林学士不见《唐六典》，本差遣，非正官也。自诸曹尚书下至校书郎，皆得与选。入院一岁，则迁知制诰。未知制诰者，不作文书。班次各以其官。内宴则居宰相之下，一品之上。宪宗时，又置学士承旨。《旧书·职官志》云："贞元已后，为学士承旨者，多至宰相。"《新书·沈既济传》："子传师，召入翰林为学士。改中书舍人。翰林缺承旨，次当传师，穆宗欲面命。辞曰：学士院长，参天子密议，次为宰相，臣自知必不能。愿治人一方，为陛下长养之。因称疾出。"唐之学士，弘文、集贤，分隶中书、门下省，弘文馆：武德四年（621）置，隶门下省，曰修文馆。九年（626），改曰弘文。神龙元年（705），避孝敬皇帝讳，改曰昭文。二年（706）曰修文。景云中，复为昭文。开元七年（719），复为弘文。集贤殿书院：开元五年（717），乾元殿写四部书，置乾元院使。六年（718），更号丽正修书院，置使及检校官，改修书官为丽正殿直学士。十二年（724），改集贤殿书院。隶中书省。弘文、集贤，皆五品已上为学士，六品已上为直学士。而翰林学士独无所属，故附列于此云。"《旧志》附中书省后。案唐世之尊崇学士，始于太宗为天策上将时。时作文学馆，下教，以杜如晦等十八人以本官为学士。凡分三番，递宿阁下。暇日访以政事，讨论坟籍。见《新书·褚亮传》。此时虽或与秘谋，究非国政，即贞观时召以草制，亦不过取其文辞。其密参政事以分宰相之权者，实始于高宗时之北门学士。见新、旧《书·刘祎之、元万顷传》。然未几仍复其旧。《新书·张说传》："常典集贤图书之任。后宴集贤院。故事，官重者先饮。说曰：吾闻儒以道相高，不以官阀为先后。太宗时修史十九人，长孙无忌以元舅每宴不肯先举爵。长安中与修珠英，当时学士，亦不以品秩为限。于是引觞同饮。时伏其有体。中书舍人陆坚以学士或非其人，而供拟太厚，无益国家者，议白罢之。说闻曰：古帝王功成则有奢满之失。今陛下崇儒向道，躬自讲论，详延豪俊，则丽正乃天子礼乐之司，所费细而所益者大。陆生之言，盖未达邪？"又《隐逸·贺知章传》："张说为丽正殿修书使，表知章及徐坚、赵冬曦入院撰《六典》等书。累年无功。开元十三年（725），迁礼部侍郎，兼集贤院学士。一日并谢。宰相源乾曜语说曰：贺公两命之荣，足为光宠，然学士侍郎孰为美？说曰：侍郎衣冠之选，然要为具员吏。学士怀先王之道，经纬之文，然后处之，此其为间也。"当时之尊学士，不过如此而已。然此已为崇儒重道之意。《文艺传》云："中宗神龙二年（706），于修文馆置大学士四员，学士八员，直学士十二员，象四时、八节、十二月，凡天子飨会游豫，惟宰相及学士得从，当时人所歆慕。然皆狎猥佻佞，忘君臣礼法，惟以文华取幸。"此则弄臣而已。《旧书·熊望传》云："昭愍嬉游之隙，学为歌诗。以翰林学士崇重不可亵狎，乃诏别置东头学士，以备曲宴赋诗。令采卑官才堪任学士者为之。"昭愍之荒纵，岂必愈于中宗，而所为相异如此，可见翰林学士之位望，前后不同矣。《新书·张说传》之陆坚，《旧书》作徐坚。中叶以后，时事艰难，侍从者乃多参秘计。如代宗时之柳伉，伉上书请诛程元振，事见第五章第四节。《困学纪闻》云："东坡谓及其有事且急也，虽代宗之庸，程元振之用事，柳伉之贱且疏，而一言以入之，不终朝而去其腹心之疾。愚按登科记：伉乾元元年（758）进士。翰林院故事载宝应以后，伉自校书郎充学士，出鄠县尉，改太常博士、兵部员外、谏议大夫，皆充学士。《新唐书·程元振传》云：太常博士翰林待诏柳伉上疏，以翰林故事考之，伉是时为学士，非待诏也。伉以博士在禁林，职近而亲，不可谓贱且疏。"案伉是疏盖出代宗授意，说已见前。德宗时之陆贽，德宗任贽最久，然即位即召张涉，后吴通玄等亦居翰林中，尚不独一贽也。顺宗时之王叔文，文宗时之李训是也。至此，其所司者已非复文辞。而陆贽攻吴通玄，犹以还职舍人为言，亦可谓昧于时务矣。其辞云："承平时，工艺书画之徒，待诏翰林，比无学士。祗自至德后，天子召集贤学士于禁中草书诏，因在翰林院待进止，遂以为名。奔播之时，道途或豫除改，权令草制。今四方无事，百揆时序，制书职分，宜归中书舍人。学士之名，理须停寝。"所攻者正其身所曾经，可谓过河拆桥矣。五代时，后唐明宗不通文字，四方章奏，常使安重诲读之。重诲亦不知书，奏读多不称旨。孔循教重诲求儒者置之左右。而两人皆不知唐故事，于是置端明殿学士，以冯道及赵凤为之。初班在翰林学士下，而结衔又在官下。明年，凤迁礼部侍郎，因讽任圜升学士于官，又诏班在翰林学士上。《新五代史·赵凤传》。此实通事之职，未足拟唐之学士也。石晋时，李瀚为翰林学士，好饮而多酒过。高祖以为浮薄。天福五年九月，诏废翰林学士。按《唐六典》，归其职于中书舍人。而端明殿、枢密院学士皆废。及出帝立，桑维翰为枢密使，复奏置学士，而悉用亲旧为之。《新五代史·桑维翰传》。可见其职仍居亲近也。南唐亦尝置宣政院于禁中，以翰林学士给事中常梦锡领之，专典机密云。《通鉴》后晋齐王开运三年（946）。

　　御史台：自汉改大夫为司空后，中丞出外为台主。隋讳忠，改为大夫。置治书侍御史二人，侍御史八人，殿内侍御史，唐曰殿中。监察御史各十人。炀帝增监察御史为十六人。唐长官仍曰大夫。贞观末，避高宗名，改治书侍御史为中丞，为之贰。其属有三院：一曰台院，侍御史隶焉。二曰殿院，殿中侍御史隶焉。三曰察院，监察御史隶焉。贞观初，马周以布衣进用。太宗令于监察御史里行，因置里行之名。监察御史，掌分察百寮，巡按郡县，屯田、铸钱，岭南、黔府选补，知大府、司农出纳，监决囚徒，其权颇大。武后文明元年（684），改御史台曰肃政台。光宅元年（684），即文明，亦即中宗嗣圣元年。分左右。左台知百司，监军旅。右台察州县，省风俗。寻命左台兼察州县。两台岁发使八人，春曰风俗，秋曰廉察，以四十八条察州县。神龙复为御史台。景云三年（712），以两台望齐，纠举苛察，百寮厌其烦，乃废右台。延和元年（712），即景云三年。是岁五月，改元为延和。复置。月余，复废。先天二年（713），延和元年八月，传位于太子，改元先天。复置。十月，复废。至德后，诸道使府参佐，皆以御史为之，谓之外台。《新书·高元裕传》：故事，三司监院官带御史者号外台，得察风俗，举不法。元和中，李夷简因请按察本道州县。后益不职。元裕请监院御史隶本台，得专督察。诏可。东都留台：有中丞一人，侍御史一人，殿中侍御史二人，监察御史五人。元和后不置中丞，以侍御史、殿中侍御史、监察御史主留台务。而三院御史，亦不常备。《旧书·韦思谦传》：授监察御史，尝谓人曰："御史出都，若不动摇山岳，震摄州县，诚旷职耳。"《新书·李华传》：天宝十一载（752），迁监察御史。宰相杨国忠支娅所在横猾，华出使，劾按不挠，州县肃然。权幸见疾，徙右补阙。天宝十三载（754）《通鉴注》引宋白曰："唐故事，侍御史各二人，知东西推。又各分京城诸司及诸道州府为东西之限。只日则台院受事，双日则殿院受事。又有监察御史，出使推按，谓之推事御史。"御史之威棱可想。然《旧书·德宗纪》：贞元元年三月，诏宰臣宣谕御史："今后上书弹奏，人自陈论，不得群署章疏。"盖时朋党之风日盛，虽御史，亦有结党相攻者矣？御史者人君耳目之司，君主之位日尊，则为之司纠察者，其权亦愈大，此固事之无可如何，或亦出于势不容已，独无如其身即下比何。此则督责之术，存乎其人，有治人无治法者矣。

谒者，司隶二台，皆炀帝所置。并御史为三台。谒者台：大夫一人，掌受诏劳问，出使慰抚，持节察授，及受冤枉而申奏之。又有通事谒者二十人。内史通事舍人改。次有议郎二十四人，通直三十六人，将事谒者三十人，谒者七十人，皆掌出使。其后废议郎、通直、将事谒者，谒者等员，而置员外郎八十员。寻诏门下、内史、御史、司隶、谒者五司监受表，以为恒式，不复专谒者矣。寻又置散骑郎二十人，承议郎、通直郎各三十人，宣德郎、宣义郎各四十人，征事郎、将仕郎、常从郎、奉信郎各五十人。是为正员，并得禄。当品又各有散员郎，无员无禄。寻改常从为登仕，奉信为散从。自散骑已下，皆主出使。量事大小，据品以发之。司隶台：大夫一人，掌诸巡察。别驾二人，分察畿内。一人案东都，一人案京师。刺史十四人，巡察畿外诸郡。从事四十人，副刺史巡察。其所掌六条：一察品官以上理正能否。二察官人贪残害政。三察豪强奸猾，侵害下人，及田宅逾制，官司不能禁止者。四察水旱虫灾，不以实言，枉征赋役，及无灾妄蠲免者。五察部内贼盗，不能穷逐，隐而不申者。六察德行孝弟，茂才异行隐不贡者。每年二月，乘轺巡郡县。十月入奏。后罢台而留司隶从事之名，不为常员，临时选京官清明者权摄以行。谒者、司隶二台，规模太大，置员太多，将不免于闲冗，故不久即有变更，至唐遂废之也。

太常、光禄、卫尉、宗正、太仆、大理、鸿胪、司农、太府为九卿。各置卿、少卿、丞。隋、唐同，其职掌，亦与前世无异。《旧书·刘祥道传》：转司礼太常伯。高宗龙朔二年（662），尝改官名，尚书为太常伯，侍郎为少常伯，而礼部为司礼。将有事于泰山。有司奏依旧礼，以太常卿为亚献，光禄卿为终献。祥道驳之曰："昔在三代，六卿并重，故得佐祠。汉、魏已来，权归台、省，九卿皆为常伯属官。今登封大礼，不以八座行事，而用九卿，无乃徇虚名而忘实事乎？"高宗从其议，竟以司徒王元礼为亚献，祥道为终献。"总群官而听曰省，分务而专治曰寺"，杨收语，见《新书》本传。其权力自不侔也。九卿之职，唐太仆寺统诸监牧，司农掌仓屯、盐池、司竹、温泉等监。京市，隋与平准署，京师诸苑监并隶司农，唐则两都诸市及常平署并隶太府。左右藏署，隋、唐并隶太府。左掌天下赋调、钱帛，右掌宝货、铜铁、骨角齿毛等。皆其较重要者也。

炀帝分太府置少府，与长秋、国子、将作、都水为五监。唐改长秋监为内侍省，而有军器监，亦五监也。少府监：初置监、少监、丞，后改监、少监曰令、少令，掌百工技巧之政。武德初废之，以所属诸署还隶太府。贞观元年（627），复置，而诸冶、铸钱、互市等监亦隶焉。互市监：隋时隶四方馆。四方馆者，炀帝所置，以待四方使者。后罢之。有事则置，名隶鸿胪寺。唐以互市监隶少府。可见是时之互市，重在皇室之所求也。

国子，隋初曰寺。置祭酒一人。统国子、大、四门、书、算五学。开皇十三年（593），改寺为学，隶太常。仁寿元年（601），又罢学。惟立太学一所。炀帝复置曰监。加置司业及丞。唐初曰国子学，隶太常。贞观改监。时分将作为少府，通将作为三监。统国子、大、四门、律、书、算六学。律学隋隶大理。天宝五载（746），置广文馆，亦隶焉。

将作，隋初为寺，置大匠一人。开皇二十年（600）为监，以大匠为大监，加置副监。炀帝改曰大匠、少匠、旋复。后又改曰令、少令。武德初，仍称大匠、少匠。后又改曰大监、少监。掌土木工匠之政。百工等监采伐材木者亦隶焉。

都水，隋初曰台。置使者及丞。有河堤谒者六十人，领掌船局有都水尉二人。及诸津。上津尉一人，丞二人。中津尉丞各一人。下津典作一人，津长四人。开皇三年（583），废入司农。十三年（593），复置。仁寿元年（601），改监。更名使者为监。炀帝复为使者。大业五年（609），复为监。加置少监。又改为令、少令。统舟楫、河渠二署。皆有令丞。武德初，废都水监为署。贞观六年（632），复为监。改令曰使者。开元二十五年（737），不隶将作监。明年，废舟楫署，仍领河渠署。河堤谒者属焉。诸津改尉曰令，皆有丞。

军器监，开元三年（715）置，有监、丞。唐初有武器监，后废，军器皆出少府左藏署。总弩坊、甲坊二署。掌缮甲弩，以时输武库。两京武库署属卫尉寺。

秘书省，隋置监、丞各一人。炀帝增置少监一人。后改监、少监为令，少令。武德初，复为监、少。隋领著作、太史二曹。武德改曰局。后太史或曰监，或曰局，其名亦或曰浑天，或曰浑仪，或曰太史，又或隶秘书，或否。天宝元年（742）以后，不复隶秘书。乾元元年（758），改其名曰司天台。

隋初，以尚书、门下、内史、秘书、内侍为五省。炀帝改内侍省为长秋监，而取殿内监之名，以为殿内省。置监、少监、丞各一人。唐少监、丞各二人。掌诸供奉。统尚食、尚药、尚衣、尚舍、尚乘、尚辇六局。各置奉御，而以直长贰之。唐因之，而更省名曰殿中。尚乘局，本太仆之职，掌左右六闲。武后万岁通天元年（696），置仗内六闲，亦号六厩，以殿中丞检校仗内闲厩，以中官为内飞龙使。圣历中，置闲厩使，以殿中监承恩遇者为之，分领殿中太仆之事，而专掌舆辇牛马。自是宴游供奉，殿中监皆不与。开元初，闲厩马至万余匹，骆驼、巨象皆养焉，以驼、马隶闲厩，尚乘局名存而已。《新书·百官志》。《旧书·职官志》曰："开元初，以尚乘局隶闲厩使，乃省尚乘，其左右六闲及局官，并隶闲厩使。"闲厩使押五坊以供时狩，厉民殊甚。参看第八章第三节。

隋内侍省有内侍、内常侍、内给事、内谒者监、内谒者、内寺伯等官，领内尚食、掖庭、宫闱、奚官、内仆、内府六局，并用宦者。炀帝改为长秋监。置令、少令各一人，丞二人，并用士人。余用宦者。《通典》。而改内常侍曰内承奉，内给事曰内承直。罢内谒者官。后复置。其属有掖庭、官闱、奚官三署，亦参用士人。唐复为内侍省，专用宦者。内侍、内常侍、内给事之名，亦复其旧。所领有掖庭、宫闱、奚官、内仆、内府及太子内坊六局。初隶东宫。开元二十七年（739），隶内侍为局。太宗定制，内侍省不置三品官。内侍是长官，阶四品。《旧书·宦者传》。天宝十三载（754），置内侍监二员，正三品，始隳其制。《通鉴注》曰：杨思勖以军功，高力士以恩宠，皆拜大将军，阶至从一品，犹曰勋官也。今则职事官矣。中叶后，京师兵柄，归于内官，号左右军中尉。将兵于外者，谓之观军容使。而天下军镇节度使，皆内官一人监之。《旧书·职官志》。五代时，前蜀王衍，且以宦者王承休为天雄军节度使焉。欧《史·前蜀世家》。而唐末之枢密使，为祸尤烈，见下。

隋有左右卫、掌宫掖禁御，督摄仗卫。左右武卫、领外军宿卫。左右武候，掌车驾出先驱后殿。昼夜巡察、执捕奸非、烽候道路水草所置，巡狩师田，则掌其营禁。又有左右领、掌侍卫左右，供御兵仗。左右府，各大将军一人，将军二人。左右监门府，掌宫殿门禁及守卫事。各将军一人。左右领军府，各掌十二军籍帐、差科、辞讼之事。不置将军。开皇十八年（598），又置备身府。炀帝改左右卫为左右翊卫，左右备身为左右骁卫，左右武卫依旧名。改领军为左右屯卫，加置左右御，改左右武候为左右候卫，是为十二卫。各置大将军一人，将军二人。又改左右领、左右府为左右备身府，掌侍卫左右。各置备身郎将一人，左右监门依旧名。改将军为郎将，各置一人。凡十六府。唐有左右卫，隋左右翊卫。武德五年（631），改曰左右卫府。龙朔二年（662）去府字。左右骁卫，武德五年（631），改左右骁骑卫曰左右骁骑府。龙朔二年（662），省府字。光宅元年，改曰左右武威卫。神龙元年（705）曰左右骁卫。左右武卫，唐初仍旧名为府。龙朔二年（662），省府字。光宅改为鹰扬卫。神龙复。左右威卫，隋左右屯卫。武德五年（631）改。龙朔二年（662）曰左右武威卫。光宅曰豹韬。神龙复。左右领军卫，唐采旧名置，见《通典》。龙朔曰戎卫。咸亨元年（670）复。光宅曰玉铃。神龙复。左右金吾卫，隋候卫。龙朔取古名改。左右监门卫，本府，龙朔去府字为卫。左右千牛卫，炀帝左右备身府。武德仍曰左右府。显庆五年（660），改为左右千牛卫。龙朔二年（662）曰奉宸卫。神龙复。凡十六卫，各有大将军一人，将军总三十人。是为南衙。其北衙：《旧志》数左右羽林、左右龙武、左右神武，盖据肃宗前言之？《新志》云左右龙武，左右神武，左右神策，则据德宗后言之。《新书·宦官传》崔胤言："贞元、元和，分羽林卫为左右神策军"，则羽林入于神策矣。及诛宦官，胤判六军十二卫，则其名仍为羽林、龙武、神武，参看第九节。北衙六军，亦置大将军各一人，将军各三人，左右神策军又有护军中尉。兴元元年（784），尝敕左右羽林、左右龙武、左右神武各置统军一人。贞元二年（786），又敕十六卫各置上将军一员。

东宫官：隋有太、少师、傅、保。开皇初置詹事。二年定令罢之。有门下、典书二坊。家令、率更、仆三寺及十率府。唐亦有三师、三少。惟其人，不必备。置詹事府，以统三寺、十率府之政。改门下曰左春坊，典书曰右春坊，设官较隋世尤详。王国有令及大农，掌判国司。郡王以下递减。大长公主、长公主、公主、郡主有家令及丞，掌其田园、财货等。弊天下以奉一家，远不如嬴秦子弟为匹夫者之大公矣。

时事多变，则官制之变迁亦多，而当纪纲颓废之际，则其变往往为弊窦之所丛焉。唐、五代之三司、租庸诸使是已。薛《史·职官志》云："唐朝已来，户部、度支掌泉货，盐铁时置使名。户部、度支，则尚书省本司郎中、侍郎判其事。天宝中，杨慎矜、王鉷、杨国忠继以聚货之术媚上受宠，然皆守户部度支本官，别带使额，亦无所改作。下及刘晏、第五琦，亦如旧制。自后亦以宰臣各判一司，不置使额。《通鉴》至德元载（756）注引宋白曰："故事，度支案，郎中判入，员外判出，侍郎总统押案而已。官衔不言专判度支。开元已后，时事多故，遂有他官来判者，乃曰度支使，或曰判度支，或曰知度支事，或曰句当度支使。虽名称不同，其事一也。"乾符后，天下兵兴，随处置租庸使，以主调发，兵罢则停。梁时乃置租庸使，专天下泉货。案租庸使之名，实始于第五琦。《通鉴》后唐明宗天成元年（926）注引宋白曰："同光二年（924），左谏议大夫窦专奏请废租庸使名目归三司。略曰：伏见天下诸色钱谷，比属户部，设度支、金部、仓部，各有郎中、员外，将地赋、山海、盐铁，分掌支计征输。后为租赋繁多，添置三司使额。同资国力，共致丰财。安、史作乱，民户流亡，征租不时，经费多阙。惟江淮、岭表，郡县完全。总三司货财，发一使征赋。在处勘覆，名曰租庸。收复京城，寻废其职。广明中，黄巢叛逆，僖宗播迁，依前又以江淮征赋置租庸使。及至还京，旋亦停废。伪梁将四镇节制征输，置宫使名目。后废宫使，改置租庸。"述租庸使缘起，较为详备也。庄宗中兴，秉政者不娴典故，踵梁朝故事，复置租庸使。以魏博故吏孔谦专使务。同光二年正月，敕盐铁、度支、户部三司，凡关钱物，并委租庸使管辖。天成元年四月，诏废租庸院，依旧为盐铁、户部、度支三司，委宰臣一人专判。长兴元年八月，许州节度使张延朗入掌国计。白于枢密使，请置三司名。宣下中书议其事。宰臣以旧制、覆奏，授延朗特进行工部尚书，充诸道盐铁转运等使，兼判户部度支事，从旧制也。明宗不从，竟以三司使为名焉。"《通鉴》云："三司使之名自此始。"案《鉴》天祐三年三月云："以朱全忠为盐铁、度支、户部三司都制置使，三司之名始于此。全忠辞不受。"盖因其不受，使名亦未立也。欧《史·刘审交传》曰：晋高祖分户部、度支、盐铁为三使。岁余，三司益烦弊，乃复合为一，拜审交三司使。此唐中叶后使务纷纭，而卒并为三司之略也。《新书·吴武陵传》：长庆初，窦易直以户部侍郎判度支，表武陵主盐北边。易直以不职薄其遇。会表置和籴贮备使，择郎中为之。武陵谏曰："天下不治，病权不归有司也。盐铁、度支，一户部郎事。今三分其务，吏万员。财赋日蹙。西北边院官，皆御史、员外郎为之。始命若责可信，今又加使权其务，是御史员外久于事，反不可信也。今更旬月，又将以郎中之为不可信，即更时岁，相公之为，亦又不可信，上下相阻，一国交疑，谁为可信者？况一使之建，胥徒走卒殆百辈，督责腾呼，数千里为不宁。诚欲边隅完实，独募浮民，徙罪人，发沃土，何必加使而增吏也？"巡院之设，始自江、淮，继及河、渭，终乃抵于缘边，已见第十九章第二节。缘边之弊如此，而况内地富厚之区？大历、建中、贞元三欲废使，摄其务归中枢，而卒不可得，岂不以权利所在，窟穴其中者众，遂深固而不可拔哉？《十七史商榷》云："《新书·班宏传》：贞元初，宰相窦参为度支使，宏以尚书副之。扬子院，盐铁转运之委藏也。宏任徐粲主之。以贿闻。参议所以代之。宏不可。二人不相合。参知帝薄己，乃让使。知张滂与宏交恶，荐滂为户部侍郎盐铁转运使，而以宏判度支。分滂关内、河东、剑南、山南西道盐铁、转运隶宏，以悦其意。愚案唐时天下财赋，转运使掌外，度支使掌内，虽有此分，然此等使名，实无定员，其爵秩职掌，随时变易。有以宰相兼领者，有以节度、观察等使兼领者。杨国忠为相领四十余使，新旧《唐书》皆不详载其职，洪迈考得中有度支。至转运虽有特遣使者，而中叶后节度、观察兼之者尤多。如浙西观察使李锜领江淮盐铁转运使是也。转运在外，亦遥隶度支。故扬子院为转运委藏，则主之者似宜转运择置，而度支使及副使，乃从中制之，及班宏为正使，而关内诸道转运使隶之，则可见矣。扬子院在广陵。《旧书·温庭筠传》：咸通中，失意归江东，路由广陵，乞索于扬子院是也。转运委藏，他无所见，而于扬子特设之。且宰相与尚书，争欲以私人主其事。而往来游客如庭筠者，从而乞索之。可见盐利聚于扬州，委积富厚，甲于他道矣。"案《旧书·宪宗纪》：元和六年（811），停河南水陆运、陕府陆运使额。诏言"转运重务，专委使臣，每道有院，分督其任"。可见设院之多。凡设院处皆不能无委积。虽不如扬州之富厚，其为利权之地则一，正未可以其不见纪载而忽之也。

　　所谓枢密使者，内诸司之一，而其初并未尝设司也。薛《史·职官志》曰："唐朝择中官一人为枢密使，以出纳帝命。至梁开平元年五月，改枢密院为崇政院，始命敬翔为院使。仍置判官一人。自后改置副使一人。二年十一月，置崇政院直学士二员。选有政术文学者为之。其后又改为直崇政院。后唐同光元年十月，崇政院依旧为枢密院。命宰臣郭崇韬兼枢密使。亦置直院一人。晋天福四年四月，以枢密副使张从恩为宣徽使，权废枢密院故也。先是晋祖以宰臣桑维翰兼枢密使，恳求免职，只在中书，遂以宣徽使刘处让代之。每有奏议，多不称旨。其后处让丁忧，乃以枢密印付中书、门下，故有是厘改也。开运元年六月，敕依旧置枢密院，以宰臣桑维翰兼枢密使，从中书、门下奏请也。周显德六年六月，命司徒平章事范质、礼部尚书平章事王溥并参加枢密院事。"此唐、五代之世枢密使一职变迁之大略也。胡三省《通鉴注》曰："代宗永泰中，置内枢密使，以宦者为之。初不置司局，但有屋三楹，贮文书而已。其职掌：惟受表奏于内中进呈；若人主有所处分，则宣付中书、门下施行。后僖、昭时，杨复恭、西门季玄欲夺宰相权，乃于堂状后帖黄，指挥公事。"宪宗元和三年（808）。案堂状帖黄，起于杨复恭，见《新书·严遵美传》。胡氏云内枢密使置自永泰，当有所据。《廿二史札记》以《李吉甫传》宪宗初有中书小吏滑涣，与枢密使刘光琦昵，颇窃权，又《裴洎传》李绛承旨翰林，有中人梁谦掌密命，谓其职当始德宗或宪宗之初，似未审。则后虽擅作威福，而其起实甚微。昭宗末年，朱温大诛宦官，以蒋玄晖为使。《廿二史札记》谓"此为枢密移于朝士之始"。梁祖改为崇政院，用敬翔为使，事见第十二章第二节。欧《史·翔传》云："友珪立，以翔先帝谋臣，不欲翔居内职，乃以李振代翔，拜翔中书侍郎，同中书门下平章事。翔以友珪畏己，多称疾未尝省事。"可见其职仍关重要。然《郭崇韬安重诲传》论曰："予读梁宣底，见敬翔、李振为崇政院使。凡承上之旨，宣之宰相而奉行之。宰相有非其见时而事当上决者，与其被旨而有所复请者，则具记事而入，因崇政使以闻，得旨则复宣而出之。梁之崇政使，乃唐枢密之职，盖出纳之任也。唐常以宦者为之。至梁戒其祸，始用士人。其备顾问，参谋议于中则有之，未始专行事于外也。至崇韬、重诲为之，始复唐枢密之名，然权侔于宰相矣。"然则敬翔、李振之所为，乃唐枢密使之初，崇韬、重诲之所为，则如杨复恭、西门季玄矣。二人皆自中门使起，见欧《史》本传。崇韬之为中门使，乃由孟知祥之荐，亦见前蜀世家。参看第十二章第三节。其起也，亦唐枢密使之初也。薛《史·刘处让传》云："处让以庄宗已来，枢密使罕有宰臣兼者，因盟心以觊其位。"欧《史》云："唐制，枢密使常以宦者为之。自梁用敬翔、李振，至庄宗始用武臣，而权重将相。高祖时，以宰相桑维翰、李崧兼枢密使。处让与诸宦者，心不平之。"薛《史·晋少帝纪》云："初高祖事后唐明宗，睹枢密使安重诲秉政专权，赏罚由己，常恶之。及登极，故断意废罢，一委中书。至是，冯道等厌其事繁，故复请置之，庶分其权。表凡三上，不允。"二说皆非其实。晋祖之废枢密，事在天福四年（939），实非登极即然。刘处让亦非与宦者比以争权势之流。窃疑当日攻桑维翰、李崧甚者，实为杨光远，处让转图和缓其争。因其本无意于此，故及其丁母忧而遂废。然特不用人而非废其职。冯道等《请复枢密表》曰："顷岁枢密使刘处让，偶属家艰，爰拘丧制。既从罢免，暂议改更。不曾显降敕文，永停使额。"冯道者，全身远害之流。《通鉴》叙是事云："勋旧皆欲复置枢密使。道等三奏，请以枢密旧职让之。"可见晋祖不欲任人之故。虽少帝，亦卒以委桑维翰，而不肯以界当时所谓勋旧者矣。此亦可见其职之重要也。《廿二史札记》曰："唐庄宗时，郭崇韬为使。明宗时安重诲为使，晋高祖时，桑维翰为使，汉隐帝时，郭威为使。其后出镇魏州，史弘肇又令带使以往。苏逢吉力争之不得，遂至称兵犯阙，莫不响应。"可以见其权势。经此积重，至宋，遂与中书对掌文武大柄，号称二府矣。欧《史·唐本纪》：于存勖僭即伪位后，书以"豆卢革、卢程同中书门下平章事"。又书"中门使郭崇韬，昭义监军张居翰为枢密使"。《注》曰："枢密使唐故以宦者为之，其职甚微，至此始参用士人，而与宰相权任钧矣。故与宰相并书。"《通鉴注》驳之曰："唐末，两枢密与两神策中尉，号为四贵，其职非甚微也，特专用宦者为之耳。"又引项安世曰："唐于政事堂后列五房，有枢密房以主曹务，则枢密之要，宰相主之，未始他付。其后宠任宦人，始以枢密归之内侍。"《十七史商榷》曰："五代必兼枢密者，方为有相权，如豆卢革辈，但有相名耳。"又曰："唐宦者所以擅国，枢密出纳王命，神策掌握禁军也。五代则鉴其弊，枢密以大臣为之，改左右神策为侍卫亲军，其都指挥使，亦以大臣充之。官制随时不同如此。"愚案事局久则不易更，故但易其人而不能革其官。历代官制之变迁，如是者多也。宣徽者，唐置南北院，有使、副使。梁因之。后唐省副使。掌总领内诸司及三班内侍之籍，郊祀、朝会、宴飨、供帐之事。应内外进奉，悉检其名物而已。至宋，亦以处勋旧大臣之罢政者焉。《通考》。

都指挥使，本方镇军校之名。自梁起宣武，乃以其镇兵因仍旧号，置在京马步军都指挥使而自将之。盖于唐六军诸卫之外，别为私兵。至后唐明宗，遂改为侍卫亲军，以康义诚为马步军都指挥使，从荣以河南尹为大元帅，典六军。此侍卫司所从始也。及从荣以六军反入宫，义诚顾望不出兵，而侍卫马军都指挥使朱弘实击之。其后遂不废。殿前军起于周世宗。是时宋太祖为殿前司都虞候。初诏天下选募壮士送京师，命太祖择其武艺精高者为殿前诸班，而置都检点，位都指挥使上，太祖实由此受禅焉。《通考》引石林叶氏说。

第四节　官制（下）

隋文帝开皇三年（583），罢郡，以州统县，已见第一章第一节。其时有州三百一十，郡五百有八，见《通典》。隋于雍州置牧。州、县亦如北齐，分为九等。开皇十四年（594），改为四等：曰上，曰中，曰中下，曰下。镇置将、副。戍置主、副。关置令、丞。文帝以并、益、荆、扬四州置大总管。其余诸州置总管者，列为上中下三等，总管刺史加使持节。《通典》曰："魏置使持节，宠奉使官之任。隋氏废郡而以刺史牧人，既非使官，则合罢持节之称。其时制置，不以名实相副为意，仍旧存之。后改为太守，亦不复省。所以使持节之名，及于边远小郡，乃不征典故之失。"炀帝悉罢之。并罢州置郡。京兆、河南则为尹。旧有兵处，刺史带诸军事以统之，至是别置都尉、副都尉，与郡不相知。又置京辅都尉，立府于潼关。并置副都尉。置诸防主、副官，掌同诸镇。其监察则归司隶台，已见前。此实有意复两汉郡县举职，刺史监察之旧者也。

唐武德元年（618），改郡为州，《通典》云：加号持节，后加号为使持节诸军事，而实无节，但颁铜鱼符而已。天宝元年（742），改州为郡，至德二载（757），又改郡为州。《旧书·职官志》上州刺史下注云乾元元年（758），误也。其叙及《新纪》《通鉴》，皆云至德二载（757）。通计唐代称郡者仅十五年，然前后虽称为州，论其实，则皆古之郡也。《旧书·地理志》惟列州名。《新书》及《通典》《元和郡县志》皆州郡名并举。盖明其中间曾为某郡,非谓其同时名州又名郡也。《新志》间有但举州名者,于渭州下发其凡,曰:"凡乾元后所置州,皆无郡名。"间有乾元前所置亦无郡名者,则于威州下注云"郡阙",以起其例,盖其地尝没于吐蕃,史失其传也。宋承唐,以州统县,而仍留郡名,以备王公封号。故《宋史·地理志》每州亦兼著郡名,其用意与《唐志》又异。《旧书·韦安石传》言其子陟为吴郡太守,其时只有苏州,则作史者措辞之不谛耳。说详《十七史商榷》《廿二史考异》。唐于西都、东都、北都皆置牧,以亲王为之,而以长史理人。开元元年(713),改雍州为京兆府,洛州为河南府;十一年(723),改并州为太原府,升长史为尹。初太宗伐高丽。置京城留守。其后车驾不在京师,则置留守,以右金吾大将军为副。开元以尹为留守,少尹为副,谓之三都留守。其后凤翔、成都、河中、江陵、兴元,亦皆为府置尹焉。唐初诸州复有总管。亦加号使持节。武德五年(622),以洺、荆、并、幽、交五州为大总管。七年(624),改大总管府为大都督府,总管府为都督府。太极初,以并、益、荆、扬为四大都督府。详见下。开元十五年(727),加潞州为五。其余都督定为上中下之差。都护,永徽中置于边方,掌统诸蕃。大都督亦亲王遥领,以长史主事。都护亲王领之,则曰大都护,以副大都护兼王府长史。其后诸王拜节度使者,亦留京师,而副大使知节度事。薛《史·职官志》:后唐天成二年(927)诏曰:"顷因本朝,亲王遥镇,其在镇者,遂云副大使知节度事。年代已深,相沿未改。今天下侯伯,并正节旄,惟东西两川,未落副大使字。宜令今后只言节度使。"则其制至五代刊落始尽也。羁縻都督府、州,皆边州都督、都护所领也。《新书·地理志》。开元中,定天下州、府,自京都及都督、都护府之外,以近畿之州为四辅,其余为六雄、十望、十紧及上、中、下之差。县亦有赤、畿、望、紧、上、中、下七等。《通典·职官典》。《新书·戴叔伦传》云:"天下州县有上、中、下、紧、望、雄、辅者,有司铨拟,皆便所私。"说与此舍。其《百官志》注言文宗世,宰相韦处厚议复置两辅、六雄、十望、十紧州别驾,亦见《旧书·处厚传》,盖谓两畿之州为辅,非谓称辅之州止两也。《新书·地理志》渭州下云:"季世所置州,不列上、中、下之第。"则前世所置皆有之,特不能无变易耳。《通典》备举四辅、六雄、十望之名,而云"初有十紧,后入紧者甚多,不复具列",则其一证。《典》又云:"户四万已上为上州,二万五千以上为中州,不满二万为下州。亦有不约户,以别敕为上州者。又谓近畿者为畿内州,户虽不满四万,亦为上州。其亲王任中下州刺史者,亦为上州。王去任后,即依旧式。"足见州之分等,条例甚多。虽云究以户口为主,然《旧纪》开元十八年三月云:"改定州县上、中、下户口之数。"则其率亦非无变易矣。抑近畿之州,《通典》述开元定制曰四辅,而韦处厚称为两辅者?或正以其数有变易,故改据两畿言之邪?《旧志》言户满二万已上为中州,《通典》五千字似衍。县:《通典注》云:"京都所治为赤县,京之旁邑为畿县,其余则以户口多少、资地美恶为差。"而《旧志》云:"长安、万年、河南、洛阳、太原、晋阳,谓之京县。京兆、河南、太原所管诸县,谓之畿县。"则赤县亦称京县,而称畿者又不仅雍、洛矣。《通鉴》:大历十二年(777),定节度使以下至主簿、尉俸禄。注述令、丞、簿、尉俸禄之数,县有鸬、赤之称。胡氏云:"类篇鸬翻阮切,鹰二岁色。《新地理志》唐京兆有赤县、次赤县,诸负郭亦皆为次赤县,鸬赤字义不可晓,盖次赤也?"今案七等益一次赤,则八等矣。又《十七史商榷》引宋谢维新《合璧事类》后集第七十九卷县官门知县云："国朝建隆元年（960），应天下诸县，除赤、畿外，有望、紧、上、中、下。四千户为望，三千户以上为紧，二千户以上为上，千户以上为中，不满千户为中下，五百户以下为下。"则其制宋尚相沿，而于中等之中，又析出中下，则亦八等矣。《通典·职官典》言州县皆七等，而《选举典》言郡自辅至下，县自赤至下皆八等，未知何故。若次赤中下亦列为一等，则其数适得八。岂此分别实起自《通典》成书以前，又为一等中之小别，可云无改于七等之旧，故辑选举、职官二典时，各有所据欤？要之州县等级交易，恐甚纷繁，多少名目，难以具详也。《选举典》云："初州县混同，无等级之差。凡所拜授，或自大而迁小，或始近而后远，无有定制。其后选人既多，叙用不给，遂累增郡县等级之差，其折冲府亦有差等。"又载沈既济请改革选举事条：请准旧令，州为上、中、下三等，县为赤、畿、上、中、下五等，而废紧、望、雄、辅之名。云"等级繁多，则仕进淹滞。使其周历，即务速选。官非久安，政亦苟且"。其缘起如此，自不免如戴叔伦传所谓有司铨拟，皆便所私之弊矣。要之州县等级之分，实无与于民生之厚薄，亦不足深考也。镇以五百人为上，三百人为中，不及者为下。戍以五十人为上，三十人为中，不及者为下。各置将副、主副。关亦分上、中、下。上、中关皆置令、丞，下关惟有令。监察之制，文明后尝欲以隶御史台，已见前。《新书·百官志》云："贞观初，遣大使十三人巡省天下。诸州水旱则遣使，有巡察、安抚、存抚之名。《旧书·太宗纪》：贞观二十年正月，遣大理卿孙伏伽、黄门侍郎褚遂良等二十二人以六条巡察四方，黜陟官吏。《新纪》云：遣使二十二人以六条黜陟于天下。神龙二年（706），以五品已上二十人为十道巡察使，按举州县，再周而代。景云二年（711），置都督二十四人，察刺史已下善恶。置司举从事二人，秩比侍御史。扬、益、并、荆四州为大都督。汴、兖、魏、冀、蒲、绵、秦、洪、润、越十州为中都督。齐、郇、泾、襄、安、潭、遂、通、梁、夔十州为下都督。当时以为权重难制，罢之。惟四大都督府如故。置十道按察使各一人。《旧纪》：六月，依汉代故事，分置二十四都督府。闰六月，初置十道按察。七月，新置都督府并停。惟雍、洛州长史，扬、益、并、荆四大都督府长史阶为三品。《通鉴》云：时遣使按察十道。议者以山南所部阔远，乃分为东西道。又分陇右为河西道。六月，壬午，分天下置汴、齐、兖、魏、冀、并、蒲、郇、泾、秦、益、绵、遂、荆、岐、通、梁、襄、扬、安、闽、越、洪、潭二十四都督，各纠察所部刺史以下善恶。惟洛及近畿州不隶都督府。太子右庶子李景伯、舍人卢俌等上言：都督专生杀之柄，权任太重，或用非其人，为害不细。今御史秩卑望重，以时巡察，奸究自禁。其后竟罢都督，但置十道按察使而已。李景伯、卢俌之议，见《新书·景伯传》，附其父《怀远传》后。《旧书·王志愔传》：景云二年（711），制依汉置刺史监郡。于天下冲要大州置都督二十人，妙选有威重者为之，遂拜志愔齐州都督，事竟不行。开元二年（714）曰十道按察采访处置使。《通鉴》：开元元年九月，复置右御史台，督察诸州，罢诸道按察使。二年闰二月，复置十道按察使。《旧纪》但书又置右御史台，不书按察使之罢，而亦书其复。《新书·张廷珪传》：请复十道按察使，帝然纳之，因诏陆象先等分使十道，此时事也。至四年（716）罢。《旧纪》：四年十二月，停十道采访使。《通鉴》：三年十二月，或上言按察使徒繁扰公私，请精简刺史、县令，停按察使。上命召尚书省官议之。

姚崇以为今止择十使，犹患未尽得人。况天下三百余州，县多数倍，安得刺史、县令，皆称其职乎？乃止。四年闰十二月，罢十道按察使。八年（720），复置十道按察使，秋冬巡视州、县。《通鉴》在五月。十年（722），又罢。《通典》同《通鉴》在十二年五月。十七年（729），复置十道京都两畿按察使。《通鉴》在五月。二十年（732）曰采访处置使。分十五道。《通鉴》在二十一年（733），云是岁分天下为京畿、都畿、关内、河南、河东、河北、陇右、山南东、西、剑南、淮南、江南东、西、黔中、岭南，凡十五道。各置采访使。以六条检察非法。两畿以中丞领之。余皆择贤刺史领之。非官有迁免，则使无废更。惟变革旧章，乃须报可。自余听便宜从事，先行后闻。《新书·地理志序》亦云事在二十一年（733）。《旧书·张九龄传》，言其在相位时，建议复置十道采访使。九龄之相，事在二十一年十二月，则此夺一字也。《新书·韩思复传》：子朝宗，开元二十二年（734）初置十道采访使，朝宗以襄州刺史兼山南东道。《李尚隐传》云：自开元二十二年（734）置京畿采访处置等使，用中丞卢奕为之。尚隐以大夫不充使。永泰以后，大夫王翊、崔涣、李涵、崔宁、卢杞乃为之。乃据朝宗、奕任职之时言之，非谓置使在二十二年（734）也。《旧书·地理志》：贞观元年（627），分天下为十道：一曰关内，二曰河南，三曰河东，四曰河北，五曰山南，六曰陇右，七曰淮南，八曰江南，九曰剑南，十曰岭南。开元二十一年（733），分天下为五十道，每道置采访使，检察非法，如汉刺史之职。京畿采访使，理京师城内。都畿理东都城内。关内以京官遥领。河南理汴州。河东理蒲州。河北理魏州。陇右理鄯州。山南东道理襄州。西道理梁州。剑南理益州。淮南理扬州。江南东道理蓟州。西道理洪州。黔中理黔州。岭南理广州。五十者十五之倒误。蓟州当作苏州。此分山南、江南各为二道，就关内、河南析出京畿、都畿，又增置黔中也。天宝末，又兼黜陟使。乾元元年（758），改曰观察处置使。"案《旧书·李峤传》：初置右御史台。峤上疏陈其得失，言"垂拱二年（686），诸道巡察使所奏科目，凡有四十四件。别准格敕令察访者，又有三十余条。巡察使率是三月已后出都，十一月终奏事，而每道所察文武官多至二千余人，少者一千已下。但准汉之六条，推而广之，则无不苞矣。无为多张科目，空费簿书。且机事之动，恒在四方。是故冠盖相望，邮驿继踵。今巡使既出，其他外州之事，悉当委之，则传驿大减矣。请大小相兼，率十州置御史一人，以周年为限。使其亲至属县，或入闾里，督察奸讹，观采风俗。然后可以求其实效，课其成功"。则天善之。乃下制分天下为二十道，简择堪为使者。会有沮议者，竟不行。神龙已后所行，则峤之说也。委任郡县，而于其上设监察之司，持霜简以肃纪纲，而勿与郡县之事，于法究为最善。隋、唐之世，屡经改革，终不能不循此而行，宜矣。然天宝已还，边兵日重，至德而后，加之天下兵兴，卒复于魏、晋、南北朝刺史握兵之旧。

《新书·兵志》云："唐初，兵之戍边者，大曰军，小曰守捉，曰城，曰镇，而总之者曰道。其军、城、镇、守捉皆有使，而道有大将一人，曰大总管。已而更曰大都督。至太宗时，行军征讨曰大总管，在其本道曰大都督。《百官志》云：武德初，边要之地，置总管以统军，加号使持节，盖汉刺史之任。七年（624），改总管曰都督。总十州者为大都督；贞观二年（628），去大字。凡都督府有刺史以下如故，然大都督又兼刺史，而不检校州事。其后都督加使持节则为将，诸将亦通以都督称。惟朔方犹称大总管。边州别置经略使。沃衍有屯田之州，则置营田使。自高宗永徽以后，都督带使持节者，始谓之节度使。然犹未以名官。景云二年（711），以贺拔延嗣为凉州都督河西节度使。《通鉴》：景云元年十月，以幽州镇守经略节度大使薛讷为左武卫大将军，兼幽州都督。节度使之名自讷始。《考异》曰：《统纪》：景云二年四月，以贺拔延秀为河西节度使，节度之名自此始。《会典》云，景云二年（711），贺拔延嗣为凉州都督，充河西节度，始有节度之号。又云：范阳节度，自先天二年（713）始除甄道一。《新表》：景云元年（710），置河西诸军州节度支度营田大使。按讷先已为节度大使，则节度之名，不始于延嗣也。今从《太上皇实录》。案此以节度使之名号言之，论其职守，则初不始于此等也。说见第九节。自此而后，接乎开元，朔方、陇右、河东、河西诸镇，皆置节度使。《旧书·地理志》云：开元中置十节度，已见第四章第七节，其《职官志》云：天宝中置八节度，盖安西、北庭，天宝中尝合为一，而岭南则至德已前初无节度之名也。说见《廿二史考异》；《通典·州郡篇》称节度使十，《职官篇》云：开元中凡八节度，曰碛西，曰河西，曰陇右，曰朔方，曰河东，曰幽州，曰剑南，曰岭南。《考异》曰："碛西即安西，而不别出北庭之名，《旧史》盖本于此。"又曰："《唐六典》：凡天下节度使有八：一朔方，二河东，三幽州，四河西，五陇右，六剑南，七碛西，八岭南，盖并平卢、幽州为一，碛西、北庭为一也。"及范阳节度使安禄山反，犯京师，天子之兵，弱不能抗，遂陷两京。肃宗起灵武，而诸镇之兵，共起诛贼。其后禄山子庆绪及史思明父子继起，中国大乱。肃宗命李光弼等讨之，号九节度之师。久之，大盗既灭，而武夫战卒，以功起行陈，列为侯王者，皆除节度使，由是方镇相望于内地。"《通典》云："分天下州县，制为诸道。每道置使，理于所部。其边方有寇戎之地，则加以旌节，谓之节度使。自景云二年四月，始以贺拔延嗣为凉州都督，充河西节度使。其后诸道因同此号。得以军事专杀。行则建节，府树六纛，外任之重莫比焉。"《旧书·职官志》：门下省符宝郎职，旌节之制，命大将帅及遣使于四方，则请而佩之。旌以专赏，节以专杀。《新书·百官志》：元帅、都统、招讨使掌征伐，兵罢则省。都统总诸道兵马，不赐旌节。《旧书·职官志》云："汉代奉使者皆持节，故刺史临郡皆持节。至魏、晋，刺史任重者，为使持节都督，轻者为持节。后魏、北齐总管刺史，则加使持节诸军事。以此为常。隋开皇三年（583），罢郡，以州统县，刺史之名存而职废，而于刺史太守官位中，不落使持节之名，至今不改，有名无实也。至德之后，中原用兵，大将为刺史者，兼治军旅。遂依天宝边将故事，加节度之号。连制数郡。奉辞之日，赐双旌双节。如后魏、北齐故事。名目虽殊，得古刺史督郡之制也。"此节度专擅，实魏、晋后刺史复起之征也。斯制也，历代承平之际，皆尽力欲除之。唐中叶后亦未尝不然，特力不能胜耳。《旧书·职官志》又云："至德后，中原置节度，又大郡要害之地，置防御使治军事，刺史兼之。《通典》云：以采访使并领之。采访理州县，防御理军事。初节使与采访各置一人，天宝中始一人兼领之。不赐旌节。上元后，改防御使为团练守捉使。又与团练兼置防御使名。"《地理志》云："至德之后，中原用兵，刺史皆治军戎，遂有防御、团练、制置之名。下文列举诸使之名，凡四十七，不见防御制置之名。盖前世使名甚长，诸史为求省文，所举皆不全也。要冲大郡，皆有节度之类，当作额。寇盗稍息，则易以观察之号。"《新书·百官志》云："武后圣历元年（698），以夏州都督领盐州防御使。及安禄山反，诸郡当贼冲者，皆置防御守捉使。乾元元年（758），置团练守捉使、都团练守捉使。大者领州十余，小者二三。代宗即位，废防御使。惟山南西道如故。元载秉政，思结人心，刺史皆得兼团练守捉使。杨绾为相，罢团练守捉使。惟澧、朗、峡、兴、凤如故。建中后，行营亦置节度使、防御使、都团练使。大率节度、观察、防御、团练使，皆兼所治州刺史。"观察初不握兵，意亦在挽此危局。然"节度列衔，往往称某军节度某处管内观察处置等使，则观察但为节度兼衔，且节度无不兼本州刺史，则权尽归于一家，而守土之臣，几无复分其任者矣"。《十七史商榷》。此其所以终至尾大不掉欤？

使节既张，支郡遂为之隶属。《新书·百官志》云："观察处置使，掌察所部善恶，举大纲。凡奏请皆属于州。"则观察原不应夺刺史之职。然《旧书·文宗纪》大和二年（828），南郊大赦节文云"刺史分忧，得以专达，事有违法，观察使然后奏闻"，则其于权限，实未能严守。节度兵权在握，自尤不待论矣。《新书·李吉甫传》：元和二年（807），杜黄裳罢相，擢吉甫同平章事。吉甫连塞外迁十余年，究知闾里疾苦。常病方镇强恣。至是为帝从容言："使属郡刺史，得自为政，则风化可成。"帝然之。出郎吏十余人为刺史。时尚无如藩镇何，特欲借刺史之才望以与之抗，使稍得自主而已。至淮西平，则中枢形势骤强，得行其志，乃由乌重胤还职刺史以为之唱。遂下支郡兵马并属刺史之诏。事见第八章第二节。《旧书·陆亘传》："亘刺兖州，延英面奏：凡节度使握兵分屯属郡者，刺史不能制，遂为一郡之弊，宜有处分。因诏天下兵分屯属郡者隶于刺史。"疑即此事也。薛《史·职官志》：梁开平四年九月，诏曰："魏博管内刺史，比来州务，并委督邮。遂使曹官擅其威权，州县同于闲冗。俾循通制，宜塞异端。并宜依河南诸州例，刺史得以专达。时议者曰：乌重胤以所管三州，各还刺史职分，是后虽幽、镇、魏三道，以河北旧风，自相传袭，沧州一道，独禀命受代，自重胤制置使然也。则梁氏之更张，正合其事矣。"然孔谦直以租庸帖调发诸州，观察使乃以唐制制敕不下支郡，刺史不专奏事诤之，见第十二章第三节。则可见宪宗、文宗之诏，能行之者实甚寡也。

外官之专横，率由其久握兵权，干涉民政而然。隋及唐初，皆有尚书行台。唐代又有元帅、副元帅、都统、副都统元帅、都统，皆以亲王为之，有名无实。副元帅、副都统则皆有实权。及招讨使等名目。然皆兵罢即撤，故不能为害。后来之节度、防御、团练等使，则不然矣。《旧书·职官志》叙次，先府、都督府、州、县，次以都护府，以其专设于边境，以掌诸蕃也。次乃及节度、都统、招讨、防御、团练等使，明其本为军官，后虽经久设立，寖与民政，实非本意也。《新书·百官志》首元帅，次都统，次节度，次观察，次团练，次防御，乃以府都督府继之，又继之以都护，终乃及于州县，且总标之曰外官，混文武及常设暂设之官为一，似欠条理。今文家五等之封，为百里、七十里、五十里，古文家则为五百里、四百里、三百里、二百里、百里，盖皆按切时势以立言。今文家所言，盖周初之制，古文家所言，则东周后事矣。百里之国，滕、薛、邾、莒之伦。此等国为大国所灭，则以之置县。秦、汉时县大率方百里是也。历代县之疆域，虽时有赢缩，然其本则未变。此等国，在春秋时已无足重轻矣。五百里之国，鲁、卫、宋、郑是也。在春秋时尚足自立，入战国乃日益削弱，以至于亡。此其区域，在秦、汉时则为郡。汉有叛国而无叛郡，明大小若此者，亦无能为。其在春秋时则争霸，在战国时则并称王，争为帝，而终之以并吞者，则齐、晋、秦、楚是也。此等国之封域，即古书所言邦畿千里之制。封国无能若是其大者，亦无若是其大，而犹受封于人者。故言封建之制者，皆不之及。此等国不徒在春秋、战国之世，为兵争之原，即汉初之地，更倍于此等国，亦未足以戢吴、楚七国之心也。然则欲求一统，其道无他，只是防邦畿千里之国之再起而已矣。而魏、晋、南北朝之州郡，唐、五代之藩镇，则此等国之再起者也。此中国统一与分裂之键也。

闾里编制，隋、唐略同。《隋书·高祖纪》：开皇九年二月，"制五百家为乡，正一人。《通鉴》作"置乡正一人"。百家为里，长一人"。《通鉴》作"置里长一人"。《百官志》："炀帝时，京都诸坊改为里，皆省除里司官，以主其事。"《旧书·职官志》：户部，"百户为里，五里为乡。两京及州县之郭分为坊，郊外为村。里及坊、村，皆有正以司督察。四家为邻，五邻为保，保有长以相禁约"。《食货志》云："五家为保。"家盖误字。又云："在邑居者为坊，在田野者为村"，则辞异意同。又云："村、坊、邻、里，递相督察。"《太宗纪》：贞观九年三月，"每乡置长一人，佐二人"。十五年十一月，"废乡长"。《通典》云："大唐凡百户为一里，里置正一人；五里为一乡，乡置老一人；以耆年平谨者县补之，亦曰父老。贞观九年（635），每乡置长一人，佐二人，至十五年（641）省。"是其编制及名目皆同也。薛《史·张全义传》云："全义为县啬夫，尝为令所辱，乾符末，黄巢起冤句，全义亡命入巢军。"唐时无啬夫之名，欧《史》仅云"少以田家子役于县"，薛《史》盖以古名相比附也。《隋书·李德林传》云：苏威奏置五百家乡正，即令理民间辞讼。德林以为"本废乡官判事，为其里闾亲戚，剖断不平。今令乡正专治五百家，恐为害更甚。且今时吏部总选人物。天下不过数百县，于六七百万户内，诠简数百县令，犹不能称其才，乃欲于一乡之内，选一人能治五百家者，必恐难得。又即时要荒小县，有不至五百家者，复不可令两县共管一乡"。敕令内外群官就东宫会议。自皇太子以下，多从德林议。开皇十年（590），虞庆则等于关东诸道巡省，使还，并奏云："五百家乡正，专理辞讼，不便于民，党与爱憎，公行货贿。"上令废之。德林复奏"政令不一，深非帝王设法之义"。因此忤意外出。案古者地治之职，皆有听讼之权，岂必能皆得其平？然事属相沿，民习有严上之心，故犹可以相安，既废之矣，而又复之，则嚣然之声起矣。乡官之始，必由人民推择；其后或由官命，亦必采听民意；历年愈久，则民之愿者与官日益离，其桀黠者依附献媚之术愈工，且或有以胁其众，使不敢诽己，其人乃去民日远。自左雄已言"乡官部吏，职斯禄薄，车马衣服，一出于民"，见《秦汉史》第十八章第三节。而可畀以听讼之权乎？既明知其不便矣，又岂可以护前而惮改作？德林之初议是，而其再奏则非矣。因此忤旨，不得咎文帝之听荧也。炀帝令省除里司，盖以京都为贵势豪猾所萃，什伍之长，势不足相检制，与魏甄琛请取武官领里尉之意同，见《两晋南北朝史》第二十二章第三节。非所语于外州县也。《新书·韩滉传》：滉为两浙观察使，里胥有罪，辄杀无贷。人怪之。滉曰："袁晁本一鞭背史，禽贼有负，聚其类以反。此辈皆乡县豪黠，不如杀之，用年少者，惜身保家不为恶。"足见正长中桀黠者之多。然滉残酷而好要功，徒以便于己私，而残民以逞，其心更可诛矣。薛《史·胡饶传》：饶与唐明宗部将王建立相善。明宗即位，建立领常山，奏饶为真定少尹。平棘令张鹏者，献策，请建立于境内，每县所管乡，置乡直一人，令月书县令出入行止。饶乃导而荐焉。建立行之弥年，辞讼蜂起，四郡大扰，此等教猱升木之举，其必无以善其后也审矣。《通典》："天宝七载（748），诏三十里置一驿，元注："其非通途大路则曰馆。"驿各有将，以州里富强之家主之，以待行李。自至德之后，民贫不堪命，遂以官司掌焉。"此则本非可责之于民。虽承平之世，民力亦不能堪，而况于丧乱之后邪？

官品：隋分为九，各有正从；自四品以下，复分为上下阶，凡三十阶；谓之流内。又有流内视品十四等；无一品及正四五品。又有流外勋品、二品、三品、四品、五品、六品、七品、八品、九品之差；又视流外亦有视勋品、视二品、视三品、视四品、视五品、视六品、视七品、视八品、视九品；皆无上下阶。炀帝三年（607），定令，除上下阶。唐自四品已下复有之。又有视流内，起正五品至从九品。流外、视流外，亦自勋品至九品，如隋之旧。

隋高祖又采后周之制，置上柱国、柱国、上大将军、大将军、上开府仪同三司、开府仪同三司、上仪同三司、仪同三司、大都督、帅都督、都督，总十一等，以酬勋劳，是为勋官。又有特进、左右光禄大夫、金紫光禄大夫、银青光禄大夫、朝议大夫、朝散大夫，以加文武官之德声者。并不理事。六品已下，又有翊军等四十三号将军，品凡十六等，为散号将军，以加泛授。居曹有职务者为执事官，无职务者为散官。上柱国已下为散实官，军为散号官。开皇六年（586），吏部又别置朝议、通议、朝请、朝散、给事、承奉、儒林、文林八郎，武骑、屯骑、骁骑、游骑、飞骑、旅骑、云骑、羽骑八尉。其品则正六品已下，从九品以上。

上阶为郎，下阶为尉。案"汉制，光禄大夫、太中大夫、郎、议郎、中郎、侍郎、郎中皆无员，多至数千人；特进、奉朝请，亦皆无职守，优游禄秩；则官之有散，自汉有之。然当时仕于朝者，不任以事，则置之散，盖以储才待须，与职事均其劳佚"。其"以职为实，以散为号"，则实自隋始也。《文献通考》引岳珂《愧郯录》说。炀帝于旧都督已上至上柱国及八郎、八尉四十三号将军皆罢之。并省朝议大夫。自一品至九品，置光禄、从品。左右光禄、左正二品，右从二品。金紫、正三品。银青光禄、从三品。正议、正四品。通议、从四品。朝请、正五品。朝散、从五品。九大夫，建节、正六品。奋武、从六品。宣惠、正七品。绥德、从七品。怀仁、正八品。守义、从八品。奉诚、正九品。立信、从九品。八尉，以为散职。其制似较高祖为简易。然及唐世，复有勋官，凡十二转。见《新书·百官志·司勋职》。文散官二十九等，见《吏部》。武散官四十五等，见《兵部》。玄宗平内难，赐卫士葛福顺等为唐元功臣。代宗以射生军清难，有宝应之称。德宗以泾军扇逆，有定难之号。其后随事而赐，亦无定名。《通考》。僖、昭频年播迁，功臣差多。至后梁、后唐，则遍及戎卒矣。《通鉴》贞元七年（791）《注》引宋白说。勋散官之名，皆古之高官。在隋世，盖犹不失其贵，至唐，则止于服色、资荫而已。杜佑《裁官议》云："柱国后魏末置，并是当时宿德，勋成业崇，皆主重兵，宠贵第一。周、隋以后，除授至多。暨乎国家，回作勋级，惟得三十顷地耳。"又云："后周改都督诸军事为总管，则总管为都督之任矣。又有大都督、帅都督、都督，并以为散官。炀帝改大都督为校尉，帅都督为旅帅，都督为队正；大唐武德七年（624），改上大都督为骁骑尉，大都督为飞骑尉，帅都督为云骑尉，都督为武骑尉；则都督之名微矣。"《通鉴》：兴元元年（784），陆贽奏："国家命秩之制，有职事官，有散官，有勋官，有爵号。然掌务而授俸者，惟系职事一官。勋、散、爵号，止于服色、资荫而已。"《注》："资荫，谓随资品得荫其子若孙及曾孙也。"文散官自四品已下，皆番上于吏部；武散官则番上于兵部；勋官亦番上于兵部及外州；殊为困辱。见《新书·百官志》吏兵部及司勋。《旧书·职官志》云："旧例，开府及特进，虽不执事，皆给俸禄，与朝会，行立在于本品之次。光禄大夫已下，朝散大夫已上，衣服依本品，无禄俸，不与朝会。朝议郎已下，黄衣执笏，于吏部分番上下，承使及亲驱使，甚为猥贱。每当上之时，至有为主事、令史守局钥、执鞭帽者。两番已上，则随番许简。通时务者，始令参选。一登职事已后，虽官有代满，即不复番上。"又云："永徽已后，战士授勋者，动盈万计。每年纳课。亦分番于兵部及本郡当上省司，又分支诸曹，身应役使，有类僮仆。据令乃与公卿齐班，论实在于胥吏之下。盖以其猥多，又出自兵卒，所以然也。"案是时征役，又多取勋官，见第九节引刘仁轨奏。无实利而徒有虚名，未有能使人重之者也。此徒恃虚名者之所以终穷也。

官禄：《隋书·百官志》云："京官：正一品禄九百石，其下每以百石为差，至正四品，是为三百石。从四品二百五十石，其下每以五十石为差，至正六品，是为百石。从六品九十石，其下每以十石为差，至从八品，是为五十石。食、封及官不判事者并九品，皆不给禄。其给皆以春秋二季。刺史、太守、县令，则计户而给禄。各以户数为九等之差。大州六百二十石，其下每以四十石为差，至于下下则三百石。大郡三百四十石，其下每以三十石为差，至于下下则百石。大县百四十石，其下每以十石为差，至于下下则六十石。其禄惟及刺史二佐及郡守、县令。"其职分田：《通典》云："京官一品者给田五顷，至五品则为田三顷。其下每品以五十亩为差，案自一品至五品，似每品亦以五十亩为差。至九品为一顷。外官亦各有职分田。"唐制：《通典》云："京官正一品，米七百石，钱六千八百。从一品米六百石。从品不言钱数，盖皆同正？正二品米五百石，钱六千。从二品米四百六十石。正三品米四百石，钱五千一百。从三品米三百六十石。正四品米三百石，钱四千二百。从四品米二百六十石。正五品米二百石，钱三千六百。从五品米一百六十石。正六品米一百石，钱二千四百。从六品米九十石。正七品米八十石，钱二千一百。从七品米七十石。正八品米六十七石，钱一千六百。从八品米六十二石。正九品米五十七石，钱一千三百。从九品米五十二石。《新书·食货志》不载钱数。外官各降一等。一品以五十石为一等，二品、三品以三十石为一等，四品、五品以二十石为一等，六品、七品以五石为一等，八品、九品以二石五斗为一等。其干力及防阁、庶仆并别给。内外文武官，自一品以下，并给职田。京官诸司及郡县，又给公廨田。并有差。"职分田之数，自十二顷至一顷，见《新书·食货志》。永徽中月俸、食料、杂用之数，见于《新书·食货志》。《通典》云："防阁庶仆，旧制季分、月俸、食料、杂用，即有分诸官应月给。开元二十四年六月，乃撮而同之，通谓之俸料。一品月俸六千，食料千八百，杂用千二百，防阁十五千，通计二十四千。二品、三品，月俸五千，食料千一百，杂用九百，防阁十千，通计十七千。四品月俸三千五百，食料七百，杂用七百，防阁六千六百六十七，通计十一千五百六十七。五品月俸三千，食料六百，杂用六百，防阁五千，通计九千三百。六品月俸二千，食料四百，杂用四百，庶仆二千五百，通计五千三百。七品月俸千七百五十，食料三百五十，杂用三百五十，庶仆千六百，通计四千五十。八品月俸千三百五十，食料三百，杂用三百，庶仆六百，通计二千五百五十。九品月俸千五十，食料二百五十，杂用二百，庶仆四百，通计千九百。"此承平时之制也。虽时有增减，大致不甚相远。李吉甫谓"国家之制，官一品俸三千，职田、租米，大抵不过千石"，盖辜较言之也。开元以后，置使渐众，各给杂钱，数乃甚巨。《新书·食货志》曰："宰相杨国忠，身兼数官，堂封外月给钱百万。幽州平卢节度使安禄山，陇右节度使哥舒翰，兼使所给，亦不下百万。"兵兴而后，权臣外官，乘机攘窃，尤有不可言者。《新书·食货志》又云："兵兴，权臣增领诸使，月给厚俸，比开元制禄数倍。"又云："代宗时，权臣月俸，有至九十万者。刺史亦至十万。"《裴冕传》云："领使既众，吏白俸簿月二千缗。"杨绾、常衮，始加厘正，《新书·食货志》云："杨绾、常衮为相，增京官正员官及诸道观察使、都团练使、副使以下料钱。"《通鉴》事系大历十二年（777），云："元载以仕进者多乐京师，恶其逼己，乃制俸禄，厚外官而薄京官。京官不能自给，常从外官乞贷。杨绾、常衮奏京官俸太薄。诏加京官俸岁十五万六千余缗。自兵兴以来，州县官俸给不一，重以元载、王缙，随情徇私，刺史月给，或至千缗。或数十缗。至是始定节度使以下至主簿、尉俸禄。衰多益寡，上下有叙，法制粗立。"案兵兴已后，旧法毁坏，新法不立，有权者乘机攘窃，政府无如之何；又财政穷蹙，坐视京官之困窘而无以救之；此亦事势使然，尽以归咎于元载，亦溢恶之辞也。是年所加京官之俸，见《通鉴注》引《唐会要》。德宗贞元四年（788），李泌奏京官俸太薄，请自三师以下，悉倍其俸，从之，亦见《通鉴》。史言其法制粗立，然《通考》载大中六年（852）中书门下奏："应诸州刺史，既欲责其洁己，须令俸禄稍充。但以厚薄不同，等级无制，致使俸薄处无人愿去，禄厚处终日争先。"又《新书·食货志》以会昌后百官俸钱，不复增减，特著其数，今核之，则最多者三师，钱二百万，最少者十六卫、六军、十率府执戟、长上、左右中郎将，钱二千八百五十而已。则其所谓均者又安在邪？然此特官吏受某弊而已，其因官俸而厉民，则又有不止于此者。

　　历代官俸之厉民，病在国家无充足之经费，于是或分之以田亩，或假之以事力，甚至界以资财，使为出举、兴生之事焉。官吏出举、兴生之弊，已见第十七章第四节。职分田及公廨田，亦"借民佃植，至秋冬受谷。"《通典·职官典》十七。然其诛求，实较民间之田主为尤甚。观第十七章第二节所引元结所言道州之情形可知。役民之事，名目尤繁。曰防阁，曰庶仆，曰邑士，曰仗身，曰亲事，曰帐内，曰白直，阎执衣，阎事力，曰守当，阎厅子。甚有如门夫者，乃州县无防人者，籍十八已上中男及残疾，以守城门及仓库门，番上不至者，闲月督课，为钱百七十，忙月二百，至开元二十四年（736），亦以给州县官焉。皆见《新书·食货志》及《通典·职官典》十七。或役其身，或收其课，又有既收其课，旋复加以签差者。以大体言之，收其课较之役其身者，民少得宽，如《新书·食货志》言："天宝初，天下白直岁役丁十万，有诏罢之，计数加税以供用，人皆以为便"是也。薛《史·周太祖纪》：广顺元年三月，壬申，诏曰："诸州府先差散从亲事官等，前朝创置，盖出权宜，苟便一时，本非旧贯。近者遍询群议，兼采封章，且言前件抽差，于理不甚允当。一则碍州县之色役，一则妨春夏之耕耘。贫乏者困于供须，豪富者幸于影庇。既为烦扰，须至改更。况当东作之时，宜罢不急之务。其诸州所差散从亲事官等，并宜放散。"诏下，公私便之。然又云：是月，"辛卯，诏诸道节度副使、行军司马、两京少尹、留守判官，并许差定当直人力，不得过十五人。诸府少尹、书记、支使、防御、团练副使不得过十人。节度推官、防御、团练军事判官，不得过七人。逐处系帐收管。此外如敢额外影占人户，其本官当行朝典。先是汉隐帝时，有人上言：州府从事、令录，皆请料钱，自合雇人驱使，不合差遣百姓丁户。秉政者然之。乃下诏州府从事令录本处先差职役，并放归农。自是官吏有独行趋府县者。帝颇知之，故有是命。"自壬申至辛卯，不过二十日耳。官吏果有独行趋府县者乎？即日有之，其上闻又何其速也？又《汉隐帝纪》：乾祐三年七月，"三司使奏州县令录佐官，请据户籍多少，量定俸户。县三千户已上，令月十千，主簿八千。二千户已上，令月八千，主簿五千。二千户已下，令月六千，主簿四千。每户月出钱五百。并以管内中等户充。录事参军判司俸钱，视州界令佐取其多者给之。其俸户与免县司差役，从之"。《通考》记此事云："俸户与除二税外，免放诸杂差遣，不得更种职田。所定俸户，于中等无色役人户内置，不得差令当直及赴衙参。"此亦收其课而免其役也。然《周世宗纪》，又载显德五年十二月，"诏重定诸道州府幕职、令录、佐官料钱，其州县官俸户宜停"。《通鉴》载是事云："诏凡诸色课户及俸户，并勒归州县。"《通考》载中书奏云："其内外官课户、庄户、俸户、柴炭纸笔户等并停。如今后更有人户愿充此等户者，仰本州勒充军户，配本州牢城执役。"则其名目尤多，而民反以获充此等色役为幸，则周太祖诏所谓豪富幸于影庇者也。《通鉴注》云："唐初，诸司置公廨本钱，以贸易取息，计员多少为月料。其后罢诸司公廨本钱，以天下上户七千人为胥士而收其课，计官多少而给之，此所谓课户也。唐又薄敛一岁税，以高户主之，月收息给俸，此所谓俸户也。"案罢公廨本钱置胥士，事在贞观十二年（638），敛一岁税主以高户，事在高宗时；皆见《新书·食货志》及《通典》。此二者盖最普遍。余如庄户、柴炭纸笔户等，则随时随地，巧立名目，事较琐细，故作史者略而不书耳。然亦可见此等名目遗佚者之多矣。**而去来之际，则有送迎。**《旧书·郝处俊传》："年十岁余，父卒于滁州，故吏赙送甚厚，仅满千余匹，悉辞不受。"《杜暹传》："补婺州参军，秩满将归，州吏以纸万余张赠之，暹惟受一百。"当时纸价责，万张之赠，亦不薄矣。薛《史·张万进传》："所至不治。洎至泾原，凶恣弥甚。卒，假殡于精舍之下，至辇车东还，凡数月之间，郡民数万，无一馈奠者。"可见以有馈奠为常也。**居官之时，又有相沿之供奉及临时之乞取。并有巧取豪夺，遂袭为故常者。**历代地方政费，相沿皆出自当地，故向来所谓陋规者，溯其原，实不可谓之非法，其说已见《两晋南北朝史》矣。然因之而多取或且虐取者亦甚多。《新书·列女传》：李畬母。"畬为监察御史，得廪米，量之三斛而赢。问于史，曰：御史米不概也。又问车庸有几？曰：御史不偿也。母怒。敕归余米偿其庸。因切责畬。畬乃劾仓官自言状。诸御史闻之有惭色。"此可谓其细已甚。然《钱徽传》："贬江州刺史。州有牛田钱百万，刺史以给宴饮赠饷。徽曰：此农耕之备，可他用哉？命代贫民租入。"《循吏·韦宙传》："出为永州刺史。州方灾歉，乃斥官下什用所以供刺史者，得九十余万钱，为市粮饷"，则为数颇巨矣。以其相沿已久，故民于取之者不以为贪，偶有不取者，则群誉为廉，若其视少府所入为人君私藏，偶出之以佐大农，遂群称其盛德焉。《旧书·长孙顺德传》："拜泽州刺史。先是长吏多受百姓馈饷，顺德纠摘，一无所容，称为良牧。"薛《史·安重霸传》："清泰初，移授西京留守京兆尹。先是秦、雍之间，令长设酒食私丐于部民者，俗谓之捣蒜。重霸之镇亦为之。秦人目为捣蒜老。"《史弘肇传》："所领睢阳属府公利，委亲吏杨亿就府检校，贪利凶横，负势生事，吏民畏之。副戎已下，望风展敬，聚敛刻剥，无所不至。月率万缗以输弘肇。一境之内，疾之如仇。"此等皆事未经久，故为上所禁，为下所疾，为俗所讥。若其习而安焉，则亦江州之牛田，永州之什用也。《旧书·赵涓传》："侍御史卢南史坐事贬信州员外司马。至郡，准例得厅吏一人。每月请纸笔钱。前后五年，计钱一千贯。南史以官闲冗放吏归，纳其纸笔钱六十余千。"刺史姚骥劾以为臧。德宗遣监察御史郑楚相、刑部员外裴澥、大理评事陈正仪充三司使，同往按鞫。澥奏"事非巨蠹"，不须三司并行，请独往。德宗忻然，命改敕。德宗性严，然从澥如转圜者，由其自谓"此事亦未为甚"也。《宣宗纪》：大中五年九月，"敕条疏，刺史交代，须一一交割公事与知州官，方得离任。准会昌元年（841）敕，刺史只禁科率由抑配人户。至于使州公廨及杂利润，天下州府，皆有规制，不敢违越。缘未有明敕处分，多被无良人吏致使恐吓，或致言讼起。今后应刺史下担什物及除替后资送钱物，但不率敛官吏，不科配百姓。一任各守州县旧例色目支给。如无公廨，不在资送之限。若辄有率配，以入己赃论"。此诏令明许相沿之陋规不为违法者也。"科率由"，当作"科率所由"，盖夺字？非法之求取如是，而于应给之禄，则国家困穷之际，又往往不能给之。然其所苦者，又不过无拳无勇之人，若乃工于攘窃者，又未尝不反以为幸也。亦足唏矣。唐自至德而后，屡减百官俸料，略见《新书·食货志》。其甚者，代宗永泰元年十月，"诏税百官钱市绢以赏回纥"。闰十月，"百寮上表，以军兴急于粮饷，请纳职田以助费，从之"。盖旬月之间，而夺其禄者再焉，事见《旧书·代宗纪》。《通鉴》：梁太祖开平三年正月，"以用度稍充，初给百官全俸"。《注》云："唐自广明丧乱已来，百官俸料，额存而已，至是复全给。"然薛《史·唐庄宗纪》，又载同光四年二月，宰臣豆卢革上言"请支州县实俸"，则开平三年（909）所给，实仅指内官也。宋真宗咸平四年（1001），杨亿疏言："唐制，内外官俸钱之外，有禄米、职田，又给防阁、庶仆、亲事、帐内、执衣、白直、门夫，各以官品差定其数，岁收其课，以资于家。本司又有公廨田、食本钱，以给公用。自唐末离乱，国用不充，百官俸钱，并减其半，自余别给，一切权停。今郡官于半俸之中，已是除陌，又于半俸三分之内，其二以他物给之，鬻于市廛，十裁一二。曾餔口之不及，岂代耕之足云？昔汉宣帝下诏，言吏能勤事而俸禄薄，欲其无侵渔百姓，难矣。遂加吏俸，著于策书。窃见今之束发登朝，陈力就列，其俸也，不能致九人之饱，不及周之上农，其禄也，未尝有百石之入，不及汉之小吏。若乃左右仆射，百寮之师长，位莫崇焉，月俸所入，不及军中千夫之帅"云云。顾亭林《日知录》《隋以后刺史》条引之，以为"今代所循，大抵宋之余弊"。然宋又未尝不承唐之余弊矣。仲长统论汉吏禄之薄，谓由秦刻之以丰军用，已见《秦汉史》第十八章第三节。更观杨亿之言，则知兵争之际，未有不厚于兵而薄于吏者，且未有不久而不复者也。然承其弊者果吏乎？《旧书·陆亘传》：为浙东观察使。"越之永嘉郡，城于海壖，常陷寇境，集官吏廪禄之半，以代常赋。因循相踵，吏反为幸。亘按举赃罪，表请郡守以降，增给其俸，人皆赖之。"刻吏禄而吏以为幸，增吏禄而民皆赖之，其故不可深长思也哉？

第五节　选举（上）

用人首重才德，才德必征诸行实，行实必考诸乡间，此汉以前选举之法所由立也。汉末，人士播迁，考详无地，于是九品中正之制兴焉。其法既极弊而不可挽救，而乡举里选之制，又卒不可复，而科目兴矣。

《通典·选举典》云："南朝至于梁、陈，北朝至于周、隋，选举之法，虽互相损益，而九品及中正，至隋开皇中方罢。"历代制中。其《职官典》云："隋有州都，大唐无。"总论州佐。又云："中正，隋初有，后罢，而有州都，大唐并无此官。"总论郡佐。然《通鉴》唐高祖武德七年正月云："依周、齐旧制，每州置大中正一人，掌知州内人物，品量望第，以本州门望高者领之，无品秩。"则初亦尝设其职。然死灰不可复然，后盖旋废，故《通典》不之及矣。

　　《新书·选举志》云："唐制，取士之科，多因隋旧。然其大要有三：由学馆者曰生徒，由州县者曰乡贡，皆升于有司而进退之。其科之目：有秀才，有明经，有俊士，有进士，有明法，有明字，有明算，有一史，有三史，有开元礼，有道举，有童子；而明经之别，有五经，有三经，有二经，有学究一经；有三礼，有三传，有史科；此岁举之常选也。其天子自诏者曰制举，所以待非常之才焉。"此文颇伤凌乱。《十七史商榷》云："虽大要有三，其实惟二：以地言，学馆、州县异；以人言，生徒、乡贡异；然皆是科目，皆是岁举常选，与制举非常相对。唐人入仕之途甚多，就其以言扬者，则有此三种耳。科之目十有二，盖特备言之。其实：若秀才则为尤异之科，不常举。若俊士，与进士实同名异。若道举，仅玄宗一朝行之，旋废。若律、书、算学，虽常行，不见贵。其余各科不待言。大约终唐世，常选之最盛者，不过明经、进士两科而已。王定保《摭言》卷一会昌五年（845）举格节文，及《两监篇》载会昌五年正月敕文，《谒先师篇》载开元五年九月诏文，皆专举明经、进士二科。又如裴庭裕《东观奏记》卷十一条云："京兆府进士、明经解送，设殊、次、平等三级，以甄别行实。韦澳为京兆尹，至解送日，榜曰：朝廷将裨教化，广设科场，当开元、天宝之间，始专重明经、进士是也。"愚案《旧书·职官志》礼部职云："凡举试之制，每岁仲冬，率与计偕。其科有六：一曰秀才，二曰明经，三曰进士，四曰明法，五曰书，六曰算。其有博综兼学，须加甄奖，不得限以常科。"《通典·选举典》亦云："其常贡之科：有秀才，有明经，有进士，有明法，有书，有算。凡众科有能兼学，则加超奖，不在常限。"虽所言不如《新志》之备，然实能分别轻重，提挈纲领。《新志》备列其名，而于其常行与否，不加分别；亦不别其轻重；未免失之汗漫矣。《十七史商榷》又云："生徒与乡贡，十二科皆有之。生徒是学、馆中人。馆惟京师有之，学则州县皆有。肄业其中者，州县试之送尚书省。乡贡则庶人之俊异者，平日不在学中，径怀牒自列于州县，州县试之而送省。玩下文所述，其制自明。"案此制之大异于前代者？前代选举之权，操之郡县，士有可举之材，而郡县不之及，士固无如之何，今则可以怀牒自列于州县。夫苟怀牒自列，州县即不得不试之；试之，即不得不于其中举出若干人。是就一人言之，怀才者不必获信，而合凡自列者而言之，则终必有若干人获举；而为州县所私而不能应试者，州县亦无从私之；是遏选举者之徇私，而俾怀才者克自致也。此选法之一大变也。又前世选举，首重才德，而学犹次之。汉世四科：曰"德行高妙，志节清白"者德，曰"才任三辅令"者才，曰"经中博士"，曰"文中御史"，则皆学也。学可以言扬，而才与德皆不能。才德既无术核实，而徒以虚文重之，其极，则徒举学之较可核实者而亦豁免之耳。科目兴而此弊除矣。此选法之又一大变也。

乡贡、学校，二者实互为盛衰。《新志》云："举人旧重两监，后世禄者以京兆、同、华为荣而不入学。天宝十二载（753），乃敕天下罢乡贡，举人不由国子及郡、县学者，勿举送。"然及十四载（755），即"复乡贡"矣。盖学校有名无实；而不论其为由乡贡，由学校，凡应举者皆意在得官，欲得官必求速化，骛声华、事奔竞之术正多，何必坐学？此则学校之所以日衰，乡贡之所以日盛。至明世，法虽束缚之一出于学，究亦学校其名，乡贡其实也。其机则唐代肇之矣。

举试之法。《新志》述之云：凡学六：国子、太、四门、律、书、算；又都督府、州、县皆有学；门下省有弘文馆；东富有崇文馆；每岁仲冬，州、县、馆举其成者送之尚书省。而举选不繇馆、学者，谓之乡贡。皆怀牒自列于州县。试已，长吏以乡饮酒礼会属僚，设宾主，陈俎豆，备管弦，牲用少牢，歌鹿鸣之诗，因与耆艾叙长少焉。至省，由户部集阅，而关于考功员外郎试之。《通典》云："武德著制，以考功郎中监试贡举。贞观以后，则考功员外郎专掌之。"又云："大唐贡士之法，多循隋制。上郡岁三人，中郡二人，下郡一人。有才能者无常数。"又云："旧令诸郡虽有一、二、三人之限，而实无常数。"开元二十四年（736），考功员外郎李昂为举人诋诃，帝以员外郎望轻，遂移贡举于礼部，以侍郎主之。礼部选士自此始。礼部侍郎亲故，移试考功，谓之别头。贞元十六年（800），中书舍人高郢奏罢，议者是之。新、旧《书》《郢传》皆不载其事，而《齐抗传》则皆云抗所奏罢。元和十三年（818），权知礼部侍郎庾承宣奏复。大和三年（829），高锴为考功员外郎，取士有不当，监察御史姚中立奏停。六年（832），侍郎贾餗又奏复之。初开元中，礼部考试毕，送中书门下详覆，事在二十五年（737），见《旧书·钱徽传》所载长庆元年（821）敕。《通典》同，云事为礼部侍郎姚奕所奏。其后中废。钱徽所举送，覆试多不中选，由是贬官，而举人杂文，复送中书、门下。钱徽事在长庆元年（821），见第八章第五节。《新志》承庾承宣奏复别头而云是岁，误。抑岂承宣奏复别头，实在元和十五年（820），而《志》误作十三年（818）邪？长庆三年（823），侍郎王起言故事，礼部已放榜，而中书、门下始详覆，今请先详覆而后放榜。议者以起虽避嫌，然失贡职矣。起，播弟，事见《旧书·播传》。大和八年（834），宰相王涯以为礼部取士，乃先以榜示中书，非至公之道。自今一委有司，以所试杂文、乡贯、三代名讳送中书门下。以上皆据《新志》。武后载初元年二月，策问贡人于洛城殿，数日方了。《通典》云："殿前试人自此始。"《通考》云：此"于殿陛之间，行员外郎之事"，非如后世"于省试之，外复有殿试"也。两都试人：《新志》云始于广德二年（763）。时贾至为侍郎，以岁方艰歉故。亦见《旧书·文苑》至本传。案《通考》载唐《登科记总目》，至德二载（757），进士二十二人，江淮六人，成都府十六人，江东七人，则分试之地，尚不止两都，盖丧乱时之权制也。观《通典》所载赵匡论举选之弊，见下节。则以此为患者，又不独艰歉之岁矣。

南北朝至隋、唐，皆偏尚文辞，其时取士，率以是为标准，虽最高之秀才科亦然焉。参看《两晋南北朝史》第二十二章第四节。《新志》云：凡秀才，试方略策五道，以文理粗通，为上上、上中、上下、中上，凡四等。《通典》云："案令文科第，秀才与明经，同为四等，进士与明法，同为二等。然秀才之科久废，而自武德已来，明经惟有丁第，进士惟乙科而已。"又云："高宗永徽二年（651），始停秀才科。"《通考》引唐《登科记总目》同。《旧书·职官志》礼部亦云：秀才试方略策五条。又云："此科取人稍峻，贞观已后遂绝。"《通典》则云："初秀才科等最高。贞观中，有举而不第者，坐其州长，由是废绝。自是士族所趋向，惟明经、进士二科而已。"《注》云："开元二十四年（736）以后，复有此举。《通考》引《登科记总目》不载。其时进士渐难，而秀才本科，无帖经及杂文之限，反易于进士。主司以其科废久，不愿收奖，应者多落之。三十年来，无及第者。至天宝初，礼部侍郎韦涉，始奏请有堪此举者，令官长特荐，其常年举送者并停。"案《新书·韩思复传》云：思复举秀才高第。思复卒于开元初，年七十四，其生，早亦当在贞观末。又《徐坚传》云：十四而孤，及壮，宽厚长者，举秀才及第。坚卒于玄宗东封后，年七十余，东封在开元十三年（725），上距永徽元年（650），已七十六年矣。秀才果绝于贞观，停于永徽，二人安能及第？《旧书·刘祥道传》：祥道于显庆二年（657）上疏，言"国家富有四海，已四十年，百姓官寮，未有秀才之举"。《职官志》论唐出身入仕者，亦云："其秀才，有唐已来无其人。"使以其言为实，则自武德已来，即当无此科，而《通考》引唐《登科记总目》，永徽以前，秀才固岁有其人，何也？然则永徽之停，殆亦如韦陟之奏，特停其常年举送者；贞观后之废绝，亦不过如此；其有才实拔出，或州长不惮见坐者，亦未必遂无举送也。《通典》三十年来无及第者一语，似自天宝元年（742）上溯至开元元年（713）言之。果尔，则开元之有此举，亦必非始二十四年（736），特二十四年已后、乃有常年举送者耳。《隋书·文学传赞》，言"隋世秀异之贡，不过十数，而杜正玄昆季三人与焉"。亦见新、旧《书·杜正伦传》。《新书·任敬臣传》：年十六，刺史崔枢欲举秀才，自以学未广，遁去。敬臣后为秘书郎，为监虞世南所赏，崔枢之欲举，或亦在贞观之初。又《张昌龄传》：州欲举秀才，以科久废固让，昌龄亦贞观时人。此亦久废特言其稀，非谓绝无之证。然则唐世所谓废绝，亦不过如隋世之举者甚稀耳。秀才无杂文之限，而论科第者犹以为最贵，似乎不重文辞，实则事适相反。《隋书·杜正玄传》言：杨素负才傲物，正言抗辞酬对，无所屈挠，素甚不悦。久之，林邑献白鹦鹉，素促召正言，至，即令作赋。正言援笔立成，素始异之。因令更拟诸杂文笔十余条。又皆立成，而辞理华赡。素乃叹曰："此真秀才，吾不及也。"此正以其文辞赏之。隋世举秀才，见于《隋书》及新、旧《书》者：尚有侯白、《隋书》附《陆爽传》。崔儦、王贞、皆见《隋书·文学传》。窦威、《旧书》本传。许敬宗，《新书》本传。其岑文本、薛收，则辞不应命。皆见《新书》本传。侯白行类俳优，崔儦性近清狂，王贞但工书翰，亦皆文士之流。又《隋书》所载，见举在陈世者有许善心，在齐世者有李德林。《德林传》云：杨遵彦命制《让尚书令表》，援笔立成，不加治点。因相赏异。以示吏部郎中陆卬，卬云已大见其文笔，浩浩如长河东注。《新书·张昌龄传》，言其固让秀才，更举进士。与王公治齐名，皆为考功员外郎王师旦所黜。太宗问其故。答曰："昌龄等华而少实，其文浮靡，非令器也。取之则后生劝慕，乱陛下风雅。"后昌龄以翠微宫成献颂获进。然则爰自齐世，至于唐初，重秀才者，皆以其能为杂文，杨素之赏杜正玄，初非特异之见，而开元二十四年（736）已后主司之不欲收奖，乃正以其不如进士之浮靡而薄之耳。然则加杂文后之进士，正乃前此之秀才也。

隋炀帝始建进士科。《通典·选举典》历代制中，《旧书·杨纂传》、大业中进士举，授朔方郡司法书佐。《新志》云："凡进士，试时务策五道，帖一大经。经策全通为甲第，策通四、帖过四以上为乙第。"又云："永隆二年（681），考功员外郎刘思立建言：明经多钞义条，进士惟诵旧策，皆无实才，而有司以人数充第。乃诏自今明经试帖，十得六以上，进士试杂文二篇，通文律然后试策。"此所言者皆不具。《旧书·薛登传》：登言炀帝置进士等科，后生之徒，缉缀小文，名之策学；杨绾亦言："炀帝置进士之科，当时犹试策而已"；皆可见进士初仅试策。《通典》云："明经、进士，初止试策。贞观八年（634），诏加进士试读经、史一部。至调露二年（680），考功员外郎刘思立始奏二科并加帖经。其后又加《老子》《孝经》，使兼通之。"《新志》云："上元二年（675），加试贡士老子策，明经二条，进士三条。"永隆二年（681），诏明经帖十得六，进士试文两篇，通文律者然后试策。长寿二年（693），太后自制《臣轨》两篇，令贡举人习业，停《老子》。神龙二年二月，制贡举人停《臣轨》，依旧习《老子》。开元二十一年（733），玄宗新注《老子》成，诏天下每岁贡士，减《尚书》《论语》策而加《老子》。《新志》同。又云："诏天下家藏其书。"二十五年二月，制明经每经帖十，取通五以上，免旧试一帖，仍按问大义十条，取六以上，免试经策十条，令答时务策三道，取粗有文、理者与夏第。其进士停小经，准明经帖大经十，帖取通四以上，然后准例试杂文及策。天宝元年（742），明经停《老子》，加习《尔雅》。又云："明经所试，一大经及《孝经》《论语》《尔雅》，帖各有差。既通而口问之，一经问十义，得六者为通。问通而后试策，凡三条。三试皆通者为第。进士所试，一大经及《尔雅》。帖既通而后试文、试赋，各一篇。文通而后试策，凡五条。三试皆通者为第。"《注》云："旧制帖一小经并注，开元二十五年（737），改帖大经。其《尔雅》亦并帖注。"又云："经策全通为甲第，通四以上为乙第，通三帖以下，及策全通而帖经文不通四，或帖经通四以上而策不通四，皆为不第。"此天宝已前明经、进士两科试法也。《新志》仅据最后之制言之，而二科之加帖经，不在永隆二年（681），又因是年之加杂文而误并为一焉。观

《通典》帖既通而后试文赋之说，则知初所试者并无诗，而赋亦不该于文之内。《新志》云："先是进士试诗、赋及时务策五道，明经策三道。建中二年（781），中书舍人赵赞权知贡举，乃以箴、论、表、赞代诗、赋，而皆试策三道。大和八年（834），礼部复罢进士议论而试诗、赋。"然钱徽一案，内出《孤竹管赋》《鸟散余花落》诗题以重试进士，则诗赋之复，初不待大和八年（834）矣。薛《史·李怿传》：后唐明宗天成时，常侍张文宝知贡举，中书奏落进士数人，仍请诏翰林学士院作一诗一赋，下礼部为举人格样，则其制至五代未改。《周太祖纪》：广顺三年正月，户部侍郎权知贡举赵上交奏："诸科举人，欲等第各加场数，进士除诗、赋外别试杂文一场"，从之。盖至是始复有所加？观此，亦可知诗、赋并不该于杂文之内。赵匡《举选议》，请"进士杂文，试笺、表、论、议、铭、颂、箴、檄等有资于用者，不试诗赋"，可见同为鞶帨之饰，时人视之，仍有有用无用之别。然则刘思立请加杂文时，亦当并无诗赋，而赵匡之议，亦或正欲复杂文初兴时之旧也。

进士科当唐之晚节，为世所共患，《新志》。其弊在于尚文。然尚文之弊，初非进士科所独，而进士实乃为尚文之风气所累。何也？案《隋书·李谔传》，载谔上书论文体之弊曰："开皇四年（584），普诏天下，公私文翰，并宜实录。其年九月，泗州刺史司马幼之，文表华艳，付所司治罪。自是公卿大臣，咸知正路。如闻外州远县，仍踵弊风。选吏举人，未遵典则。至有宗党称孝，乡曲归仁，学必典谟，文不苟合，则摈落私门，不加收齿；其学不稽古，逐俗随时，作轻薄之篇章，结朋党而求誉，则选充吏职，举送天朝。臣既忝宪司，谔时为治书侍御史。职当纠察。若闻风即劾，恐挂网者多。请勒诸司，普加搜访。有如此者，具状送台。"《传》云：上以谔前后所奏，颁示天下。四海靡然乡风，深革其弊。《旧书·薛登传》：登于天授中上疏论选举，亦谓"文帝纳李谔之策，风俗改励，政化大行。炀帝嗣兴，又变前法。置进士等科，于是后生之徒，复相放效。因陋就寡，赴速邀时。缉缀小文，名之策学。不以指实为本，而以浮虚为贵"。《通典》载沈既济之议云："显庆已来，高宗不康，武太后任事，参决大政，太后颇涉文史，好雕虫之艺，永隆中，始以文章选士。及永淳之后，太后君临天下，二十余年，当时公卿百辟，无不以文章达。因循日久，寝以成风。至于开元、天宝之中，五尺童子，耻不言文墨焉。是以进士为士林华选，四方观听，希其风采。每岁得第之人，不浃辰而周闻天下。"观此诸家之言，似乎隋炀帝、武则天、唐玄宗三人，于败坏风气，皆与有责。实则崇尚浮华之风已深，非隋文一时设施所能变，唐起关中，初较东方为鄙朴，及高宗已后，乃亦与之俱化耳。当时于举吏亦欲以策校之，《旧书·刘迺传》：天宝中，致书于知铨舍人宋昱曰："判者以狭辞短韵，语有定规为体，亦犹以一小冶，而鼓众金，虽欲为鼎、为镛，不可得也。若引文公、尼父，登于铨廷，虽图书、易象之大训，以判体挫之，曾不及徐、庾。"《薛珏传》：德宗时，诏天下举可任刺史县令者、有诏令与群臣询考。宰相将以辞策校之。珏曰："求良吏不可兼责以文学。"于制科亦试以诗赋，见下。皆尚文之弊所发，与进士设科之意何涉？进士浮薄之举，藉藉人口者诚多，则以此科为世所重，奔竞者多趋其途，而其事之传者亦独多耳。法制似刚，而实脆薄，风俗似柔，而实坚韧。其蚀法制，如水啮堤，名虽具存，实必潜变，而并其名而不克保者，又不知凡几也。进士之浮华，亦与诗赋、杂文无涉。薛《史·冯道传》云：工部侍郎任赞，因班退，与同列戏道于后曰："若急行，必遗下《兔园策》。"道寻知之。召赞谓曰："《兔园策》皆名儒所集，道能讽之。中朝士子，止看《文场秀句》，便为举业，皆窃取公卿，何浅狭之甚邪？"赞大愧焉。欧《史·刘岳传》云：宰相冯道，世本田家，状貌质野，朝士多笑其陋。道旦入朝，兵部侍郎任赞与岳在其后。道行数反顾。赞问岳："道反顾何为？"岳曰："遗下《兔园册》耳。"《兔园册》者，乡校俚儒教田夫、牧子之所诵也，故岳举以诮道。道闻，大怒，徙岳秘书监。岳时为吏部侍郎。《困学纪闻》云："《兔园册府》三十卷，唐蒋王恽命僚佐杜嗣先放应科目策，自设问对，引经史为训注。恽，太宗子，故用梁王兔园名其书。冯道《兔园册》谓此也。"《宋史·艺文志》亦云："《兔园策府》，三十卷，杜嗣先撰。"而晁公武《读书志》云："《兔园册》十卷，唐虞世南撰。"题名之异，盖由纂集本非一人，无足为怪，独其卷数不同耳。晁氏又云："奉王命，纂古今事为四十八门，皆偶俪之语。至五代时，行于民间，村塾以授学童，故有遗《兔园册》之诮。"孙光宪《北梦琐言》云："《兔园策》乃徐、庾文体，非鄙朴之谈，但家藏一本，人多贱之。"合观诸文，知士夫之尚此书，初盖以供对策之用，然后所重者，惟在其俪语而不在其训注，盖有录其辞而删其注者？故卷帙止三之一，若写作巾厢本，则并可藏之襟袖之间矣。村童无意科名，本无须乎诵此，然俚儒何知，但见名公贵人讽之，则亦以之教学童矣。吾幼时，尚见塾师以《故事琼林》《龙文鞭影》教学童者，其书皆为俪句，下注故实，其体盖与《兔园册府》正同？则不惟因而用之，并有创意为之者矣。何古今之相类邪？则以僻陋之区，风尚之变迁恒缓也。《文场秀句》，观其名可知其体，其鄙陋，自必更甚于割裂之《兔园册》，故冯道又转以之诮任赞焉。赵匡《举选议》曰："人之心智，盖有涯分，而九流七略，书籍无穷，主司征问，不立程限，故修习之时，但务钞略，比及就试，偶中是期，业无所成，固由于此。"此正《兔园册》等之所以见尚。然讽其辞而遗其注，其足与于钞略之事乎？对策者之所为如此，于诗赋、杂文，又何尤焉？此等人之文采，亦可知矣。抑诚有文采者，其文采亦未必足尚。《旧书·张荐传》云：祖鷟，聪警绝伦，书无不览。初登进士第，对策尤工。考功员外郎骞味道赏之曰："如此生，天下无双矣。"调授岐王府参军。又应下笔成章及才高位下，词标文苑等科。鷟凡应八举，皆登甲科。再授长安尉，迁鸿胪丞。凡四参选，判、策为铨府之最。员外郎员半千谓人曰："张子之文，如青钱，万简万中，未闻退时。时流重之，目为青钱学士。"如者，应足以挫文公、尼父，而无藉于捃撦《兔园册》《文场秀句》矣。然吾未知其视近世之尤侗、何栻何如也。《柳宗元传》云：江岭间为进士者，不远数千里，皆随宗元师法。凡经其门者，必为名士。宗元之文，岂为进士者所能知？毋亦徒以声气相标榜邪？

明经之科亦起隋。《通鉴》：唐高祖武德元年（618），"初北海贼帅綦公顺，率其徒三万攻郡城，明经刘兰成纠合城中骁健百余人袭击之"。《注》云："刘兰成盖尝应明经科，因称之。《新唐志》曰：唐制取士之科，多因隋旧，则明经科起于隋也。"案《旧书·韦云起传》云：隋开皇中明经举。《孔颖达传》云：隋大业初举明经高第。天宝前试法，已见前。《新志》云："凡明经，先帖文，然后口试，经问大义十条，对时务策三道。亦为四等。"其所言亦不具。贞元二年（786），诏明经习律，以代《尔雅》。元和时，明经停口义，复试墨义十条，五经取通五，明经通六。其尝坐法及为州县小吏，虽艺文可采勿举。皆见《新志》。盖是科为时所轻，故应者流品较杂也。《通鉴》：僖宗乾符元年（874），王凝母，崔彦昭之从母。凝、彦昭同举进士，凝先及第。尝衱衣见彦昭。且戏之曰："君不若举明经。"彦昭怒，遂为深仇。及彦昭为相，其母谓侍婢曰："为我多作衹履。王侍郎母子，必将窜逐，凝时为兵部侍郎。吾当与妹偕行。"彦昭拜且泣，谢曰："必不敢。"由是获免。明经之为人所轻如此。李珏甫冠，举明经，李绛见之曰："日角珠廷，非庸人相，明经碌碌，非子所宜。"乃更举进士，宜矣。张知謇兄弟五人，皆明经高第。恶请谒求进士。每敕子孙：经不明不得举。盖家本幽州，虽徙岐，尚沿河北旧风，较朴实也。珏、知謇事皆见《新书》本传。

明经之见轻，昔人皆谓由其所试惟资记诵。《通典》云："帖经者，以所习经掩其两端，中间开惟一行，裁纸为帖，凡帖三字。随时增损，可否不一，或得四、得五、得六者为通。"《注》云："后举人积多，其法益难，务欲落之，至有帖孤章绝句，疑似参互者以惑之。甚者或上抵其注，下余一二字，使寻之难知，谓之倒拔。《旧书·良吏·杨玚传》：开元十六年（728），迁国子祭酒。奏曰："窃见今之举明经者，主司不详其述作之意，曲求其文句之难。每至帖试，必取年头、月日，孤经绝句。且今之明经，习《左传》者十无二三。若此久行，臣恐左氏之学，废无日矣。请自今已后，考试者尽帖平文，以存大典。"年头、月日，《新书》作年头、月尾。《日知录》曰：帖试之法，用纸帖其上下文，止留中间一二句，因人以难记。年头如元年、二年之类，月日如十有二月乙卯之类。今改曰年头。月尾，属对虽工，而义不通矣。既甚难矣，而举人则有驱悬孤绝索幽隐，为诗赋而诵习之，不过十数篇，则难者悉详矣。此所谓帖括也。《旧书·杨绾传》：绾言"明经比试帖经，殊非古义。皆诵帖括，冀图缴幸"。其于平文大义，或多墙面焉。"《通典》又云："天宝十一载（752），礼部侍郎杨浚始开为三行。"《注》云："不得帖断绝疑似之言也。"《通考》：马贵与曰："愚尝见东阳丽泽吕氏家塾有刊本吕许公夷简应本州乡举试卷，因知墨义之式。盖十余条？有云：作者七人矣，请以七人之名对，则对云七人某某也，谨对。有云：见有礼于其君者，如孝子之养父母也，请以下文对，则对云：下文曰：见无礼于其君者，如鹰鹯之逐鸟雀也，谨对。有云请以注疏对者，则对曰：注疏曰云云，谨对。有不能记者，则只云对未审。其上则具考官批凿。如所对善，则批一通字，所对误及未审者，则批一不字。大概如儿童挑诵之状。故自唐以来贱其科。所以不通者，殿举之罚特重，而一举不第者，不可再应。案《考》载宋太祖乾德元年（963）诏：“旧制九经一举不第而止，自今一依诸科举人，许令再应。”盖以其区区记诵，犹不能通悉，则无所取材故也。”其言似矣。然业进士者之诵《册府》及《秀句》，亦何以异于业明经者之诵帖括邪？此则仍是尚文之风气为之耳。

明法：《新志》云：“试律七条，令三条。全通为甲第，通八为乙第。”《通典》云：“试律令各十帖，试策共十条。”《注》云：“律七条，令三条。”又云：“全通为甲，通八以上为乙，自七以下为不第。”《新志》辞亦不具。

书学：《新志》云：“先口试，通，乃墨试。《说文》《字林》二十条，通十八为第。”《通典》云：“试《说文》《字林》凡十帖，《注》云：“《说文》六帖，《字林》十帖。”口试无常限，皆通者为第。”

《新志》云：“凡算学：录大义本条为问答，明数造术，详明术理，然后为通。试《九章》三条，《海岛》《孙子》《五曹》《张丘建》《夏侯阳》《周髀》《五经算》各一条，十通六。《记遗》《三等数》帖读十得九为第。试《缀术》《缉古》，录大义为问答者，明数造术，详明术理；无注者合数造术，不失义理；然后为通。《缀术》七条，《缉古》三条，十通六，《记遗》《三等数》帖读十得九为第。落经者虽通六不第。”其辞似有衍错。《通典》云：“试《九章》《海岛》《孙子》《五曹》《张丘建》《夏侯阳》《周髀》《五经》《缀术》《缉古》帖各有差，《注》云：《九章》三帖，《五经》等七部各一帖，《缀术》六帖，《缉古》四帖。兼试问大义，皆通者为第。”

《旧书·职官志》云：“旧无五经学科。自贞元五年一月，敕特置三礼、《开元礼》科。长庆二年二月，始置三传、三史科。后又置五经博士，检年月未获也。”《通典·选举典》云：“贞元二年六月，敕自今已后，其诸色举选人中，有能习《开元礼》者，举一人同一经例。《新志》云：贞元二年（786），“诏习开元礼者举同一经例”。辞不完具。选人不限选数许集。问大义一百条，试策三道。全通者超资与官。义通七十条，策通两道以上者，不在放限。其有散试官能通者，亦依正员例处分。《新志》云：凡开元礼，通大义百条、策三道者，超资与官。义通七十、策通二者及第。散试官能通者依正员例，辞亦不确。五年五月，敕自今以后，诸色人中有习三礼，前资及出身人依科目选例，吏部考试，白身依贡举例，礼部考试。每经问大义三十条，试策三道。所试大义，仍委主司于朝官、学官中拣择精通经术三五人闻奏，主司与同试问。义、策全通者为上等，特加超奖。大义每经通二十五条以上，策通两道以上为次第，依资与官。如先是员外、试官者，听依正员例。其诸学生愿习三礼及《开元礼》者并听。仍永为常式。九年五月，敕其习《开元礼》人，问大义一百条，试策三道。全通者为上等。大义通八十条以上，策两道以上为次等。余一切并准三礼例处分。仍永为常式。其选授之法，亦同循前代。"则三礼始贞元五年（789），《开元礼》实始二年（786）也。《十七史商榷》云：李涪以《开元礼》及第，见《北梦琐言》第九卷。其三传、三史，《新志》谓始长庆三年（823）。云：是年，"谏议大夫殷侑言：三史为书，劝善惩恶，亚于六经。比来史学都废，至有身处班列，而朝廷旧章莫能知者。于是立史科及三传科"。又云："凡三传科：《左氏传》问大义五十条，《公羊》《穀梁传》三十条。策皆三道。义通七以上，策通二以上为第。白身视五经，有出身及前资官，视学究一经。""凡史科：每史问大义百条，策三道。义通七、策通二以上为第。能通一史者，白身视五经三传，有出身及前资官，视学究一经。三史皆通者奖擢之。"此数科，皆因当时治此学者少而设，寓有奖劝之意。然石晋天福五年（940），礼部侍郎张允奏罢明经之辞曰："窃窥前代，未设诸科，始以明经，俾升高第。"其时明经所试，"悉苞于九经、五经之中，无出于三礼、三传之内"，薛《史·选举志》。则设科实未免緟缛矣。

道举：《新志》云："开元二十九年（741），始置崇玄学，习《老子》《庄子》《文子》《列子》，亦曰道举。其生，京、都各百人，诸州无常员。官秩、荫第同国子，举送、课试如明经。""天宝十二载（753），道举停《老子》，加《周易》。"《通典》云："开元二十九年（741），始于京师置崇玄馆，诸州置道学，生徒有差，谓之道举。举送、课试之法，与明经同。"《通鉴》则云："开元二十五年正月，初置玄学博士，每岁依明经举。"三说互有异同，未知孰是。疑二十五年（737）仅立博士，至二十九年（741），乃大备馆、学之制也。《新志》崇玄学之名恐非是，当如《通典》作馆。不言州学，亦漏也。

《新志》云："凡童子科，十岁已下，能通一经及《孝经》《论语》，卷诵文十通者与官，通七者与出身。"案《旧书·王丘传》：年十一，童子举擢第，时类皆以诵经为课，丘独以属文见擢，由是知名，则能属文者，亦不限于讽诵也。《杨绾传》：绾奏孝弟力田，宜有实状；童子越众，不在常科；同之岁贡，恐长侥幸之路。诏停之。《通考》：广德二年（764），停童子岁贡，谓是也。《通考》又云："大历三年（768），又复之。仍每岁令本贯申送，礼部同明经举人之例，考试讫奏闻。十年（775），再停之。开成三年（838），敕诸道应荐万言及童子，起今以后，不得更有闻荐。"《注》云："虽有是命，而以童子为荐者，比比有之。"又云："后唐同光三年（925），礼部贡院奏：今后童子，委本州府依诸色举人考试，经解送省，任称乡贡童子。长吏不得表荐。若无本处解送，本司不在考试之限。天成三年（928），敕近年诸道解送童子，皆越常规，或年齿渐高，或神情非俊，或道字颇多讹舛，或念书不合格文。此后应州府不考艺能，滥发文解，其逐处判官责罚。仍下贡院，将解到童子，精加考校。须是年颜不高，念书合格，道字分明，即放及第。长兴元年（930），敕童子准往例委诸道表荐，不得解送。每年所放，不得过十人。仍所念书并须是正经，不得以诸子书虚成卷数。及第后十一选集，初任未得授亲民官。广顺三年（953），户部侍郎权知贡举赵上交奏：童子元念书二十四道，今欲添念书通前五十道，念及三十道者放及第，从之。"合观诸敕，而知当时童子一科，徼幸之习深矣。

《新书·艺文志》丁部别集类，有郁浑《百篇集》一卷。《注》云："浑尝应百篇举，寿州刺史李绅命百题试之。"案《通考》载宋太平兴国五年（980），有赵昌国者，求应百篇举。上出杂题二十字，曰"松风雪月天，花竹鹤云烟，诗酒春池雨，山僧道柳泉。"各令赋五篇，篇八句。逮日�，仅成数十首，率无可观。上以此科久废，特赐及第，以劝来者。仍诏有司："今后应百篇举，约此题为式。"《注》云："谓一日作诗百篇，不设此科，求应者即试之。"唐时疑亦如此，但如郁浑者，乃求试于州耳。晋天福五年（940），与明经并停，见下。然则五代时亦成常举也。

武举，《新志》叙于卷末，云起武后时。"长安二年（702），始置武举。其制，有长垛、马射、步射、平射、筒射，又有马枪、翘关、负重、身材之选。翘关长丈七尺，径三寸半。凡十举。后手持关，距出处毋过一尺。负重者，负米五斛，行二十步。皆为中第。亦以乡饮酒礼送兵部。《旧书·职官志》：兵部，"员外郎一人，掌贡举及杂请之事。凡贡举，每岁孟春，亦与计偕。有二科：一曰平射，二曰武举"。《通典》云："长安二年（702），教人习武艺。其后每岁如明经进士之法，行乡饮酒礼，送于兵部。其课试之制：画帛为五规，置之于垛，去之百有五步，列坐引射，名曰长垛。又穿土为埒，长与垛均，缀皮为两鹿，历置其上，驰马射之，名曰马射。又断木为人，载方版于顶上，凡四偶人，互列埒上，驰马入埒，运枪左右触，必版落而人不踣，名曰马枪。皆以儇好不失者为上。兼有步射、穿札、翘关、负重、身材、言语之选。通得五上者为第。其余复有平射之科。不拘色役，高第者授以官。其次以类升。又制为土木马，于里闾间教人习射。"其选用之法不足道，故不复书。《通考》云："《选举志》言唐武举选用之法不足道，故不详书，然郭子仪自武举异等中出，岂可概言其不足道邪？唐《登科记》所载异科出身者众，独轶武举，亦一欠事。"案《旧书·子仪传》："始以武举高等，补左卫长史。"高等，《新传》作异等。然亦常选也。沈既济尝欲停之，曰："武后置武举，恐人忘战。今内外邦畿，皆有师旅，偏裨将校，所在至多，诚宜设法减除，岂复张门诱人？况若此辈，又非骁雄。徒称武官，不足守御；虽习弓矢，不堪战斗；而坐享禄俸，规逃征徭。今请悉停，以绝奸利。"可以见其效矣。

《新志》云："凡弘文、崇文生，试一大经、一小经，或二中经，或《史记》《前、后汉书》《三国志》各一，或时务策五道，经史皆试策十道。经通六，史及时务策通三，皆帖《孝经》《论语》共十条，通六为第。"开元时，"又敕州县学生年二十五以下，八品子若庶人二十一以下，通一经及未通经而聪悟有文辞、史学者，入四门学为俊士。诸学生通二经，俊士通三经，已及第而愿留者，四门学生补太学，太学生补国子学"。"天宝九载（750），置广文馆于国学，以领生徒为进士者。"此馆、学选举之法也。《旧书·职官志》礼部职云："弘文、崇文馆学生，虽同明经、进士，以其资荫全高，试取粗通文义。"则其事真不足道矣。

制举为非常之选。《新志》云："自汉以来，天子尝称制诏道其所欲问而亲策之。唐自京师，外至州县，有司常选之士，以时而举，而天子又自诏四方德行、才能、文学之士，或高蹈幽隐，与其不能自达者，下至军谋、将略、翘关、拔山、绝艺、奇伎，莫不兼取。其为名目，随其人主临时所欲。而列为定科者，如直言极谏；博通坟典，达于教化；军谋弘远，堪任将率；详明政术，可以理人之类，其名最著。而天子巡守、行幸、封禅泰山、梁父，往往会见行在。其所以待之之礼甚优。而宏才伟论非常之人，亦时出于其间，不为无得也。"《通考》云："唐制诏举人，不有常科，皆标其目而搜扬之。试之日，天子亲临观之。试已，糊其名，于中考之。文策高者，特授以美官。其次与出身。"下列唐制科名目及中制科人姓名，然不能具也。凡制科，得第、得官后仍可应，见《十七史商榷》。又有一科而可以再应者。《旧书·柳公绰传》：年十八，应制举，登贤良方正直言极谏科，授秘书省校书郎，贞元元年（785）也。四年（788），复应制举，再登贤良方正科。时年二十一，制出授渭南尉。《通考》引《容斋随笔》曰："唐世制举，科目猥多，徒异其名耳，其实与诸科等也。张九龄以道侔伊吕策高第，其策问殊平平，殊不及为天下国家之要道，则其所以待伊吕者亦狭矣。"《旧书·杨绾传》：天宝十三载（754），玄宗御勤政楼试博通坟典、洞晓玄经、辞藻宏丽、军谋出众等举人。命有司供食。既暮而罢。取辞藻宏丽外，别试诗赋各一首。制举试诗赋自此始。《新书》云：举辞藻宏丽科。玄宗已试，又加诗赋各一篇，绾为冠。由是擢右拾遗。制举加诗赋繇绾始。辞藻宏丽而外，未必亦加诗赋。然云试诗赋自此始，则后此之加试诗赋者必多矣。此岂待奇士之道？非常之举而如此，亦堪齿冷矣。然如刘蕡对策，殆为千古一人。而穆质，史亦言其"应制策人第三等"，而"其所条对，至今传之"。质，宁子，《旧书》附《宁传》。牛、李讥切李吉甫，不论其谁非谁是，亦不论其为公为私，而究之能讥切时政，非诵《册府》、《帖括》之士所能为也。此仲尼所以重告朔之饩羊欤？《旧书·刘蕡传》，言其"言论激切，士林感动"。又云："守道正人，传读其文，至有相对垂泣者。"《庞严传》亦云：蕡所对策，"大行于时"。则当时于讥切时政之语，虽莫能用，而民间之直道自在。《困学纪闻》云："唐制举之名，多至八十有六，至宰相者七十二人，策之书于史者，惟刘蕡一篇而已。"然观穆质之文，传至作史时，则传于世者非独一贯，史自失书也。

　　科举之敝，乍观之似由于尚文，深求之则殊不止此。赵匡《举选议》曰："举人大率二十人中方收一人，故没齿而不登科者甚众。《通考》载唐《登科记总目》，又加案语云："昌黎公赠张童子序，言天下之以明二经举，其得升于礼部者，岁不下三千人，谓之乡贡。又第其可进者，属之吏部，岁不及二百人，谓之出身。然观《登科记》所载，虽唐之盛时，每年礼部所放进士及诸科，未有及五七十人者，与昌黎所言不合。又开元十七年（730），限天下明经、进士及第，每年不过百人。又大和敕：进士及第，不得过四十人，明经不得过百一十人。然记所载逐年所取人数如此，则元未尝过百人，固不必为之限也。又明经及第者，姓名尤为寥寥。今日不得过百一十人，则是每科尝过此数矣。岂《登科记》所载未备而难凭邪？《唐史掫言》载华良入为京兆解不第，以书让考官曰：圣唐有天下垂二百年，登进士科者三千余人。以此证之，则每岁所放，不及二十人也，《登科记》不误矣。"按《新书·杨玚传》：载玚于开元时入为国子祭酒，奏言"唐兴，二监举者千百数，当选者十之二。考功覆校以第，谓经明行修，故无多少之限。今考功限天下明经、进士岁百人，二监之得无几"。《权德舆传》：德舆以德宗时知礼部贡举，真拜侍郎，取明经初不限员，盖权复开元以前之旧。又许孟容传载李绛之言，谓进士、明经岁大抵百人，说亦相合。三千人岁取其二十之一，则百二十，粗言之则曰不及二百耳。《登科记》所载，容有不备，明经姓名，更不能无遗漏也。收入既少，则争第急切。交驰公卿，以求汲引。《旧书·薛登传》：时选举渐滥，登上疏曰："乡议决小人之笔，行修无长者之论。策第喧竞于州府，祈恩不胜于拜伏。或明制才出，试遣搜扬，驱驰府寺之门，出入王公之第，上启陈诗，惟希歔唾之泽，摩顶至足，冀荷提携之恩。故俗号举人，皆称觅举。"又《杨绾传》：上疏条奏贡举之弊曰："祖习既深，奔竞为务。矜能者曾无愧色，勇进者但欲陵人。以毁为常谈，以乡为己任。投刺干谒，驱驰于要津。露才扬己，喧胜于当代。"《通考》引江陵项氏之言曰："风俗之弊，至唐极矣。王公大人，巍然于上，以先达自居，不复求士。天下之士，什什伍伍，戴破帽，骑蹇驴，未到门百步，辄下马奉弊刺再拜，以谒于典客者，投其所为之文，名之曰求知己。如是而不同，则再如前所为，名之曰温卷。如是而又不同，则有执贽于马前，自赞曰某人上谒者。"杜陵之诗曰："骑驴三十载，旅食京华春，朝叩富儿门，暮随肥马尘，残杯与冷炙，到处潜悲辛。"乃当时士林之实情，非文人之愤语也。段訾同类，用以争先。《新书·令狐楚传》：贡进士，京兆尹将荐为第一，时许正伦轻薄士，有名长安间，能作訾语，楚嫌其争，让而下之。楚岂恬退之士？可见訾语之可畏矣。《通考》引李肇《国史补》曰："造请权要，谓之关节。激扬声价，谓之还往。匿名造谤，谓之无名子。"故业因儒雅，行成险薄。唐代险薄之士最多。《旧书·李皋传》：皋为温州长史行县，见一妪，垂白而泣。哀而问之。对曰："李氏之妇。有二子：钧、锷，宦游二十年不归，贫无以自给。"时钧为殿中侍御史，锷为京兆府法曹，俱以文艺登科，名重于时。皋举奏，并除名勿齿。此犹遗行于家，扩而充之，则如下引贾至所云，无所不至矣。董邵南、李益则其人也。见第十六章第一、第五节。非受性如此，势使然也。"此皆所谓患得患失者。贾至云："近代趋仕，靡然乡风。致使禄山一呼，而四海震荡，思明再乱，而十年不复。乡使礼让之道弘，仁义之道著，则忠臣孝子，比屋可封，逆节不得而萌，人心不得而摇也。"《旧书·杨绾传》。此则所谓苟患失之，无所不至者矣。诸科以进士为重，进士偏重，至唐叔世而极。《摭言》谓"搢绅虽位极人臣，不由进士者，终不为美"。《通鉴》大和六年（832），李德裕还自西川，朝夕且为相，李宗闵百方沮之，不能得。杜悰曰："悰有一策，可平宿憾，恐公不能用。"宗闵曰："何如？"悰曰："德裕有文学，而不由科第，常用此为慊慊。若使之知举，必喜矣。"此说信否不可知，然时人有此等见地，则可见也。又后周世宗显德六年（959），上欲相枢密使魏仁浦，"议者以仁浦不由科第，不可为相"，此则更甚于《摭言》所云矣。欧《史·桑维翰传》：初举进士，主司恶其姓，以为桑丧同音。人有劝其不必举进士，可从他求仕者。维翰慨然，著《日出扶桑赋》以见志。又铸铁砚，以示人曰："砚弊则改而他仕。"卒以进士及第。亦有由也。而进士之浮薄尤甚，似乎尚文之风气使然。然明、清两朝，专以四书义取士，可谓黯然无华矣，其敦厚者安在？然则"敦厚浮薄，色色有之"，信不诬也。《新志》云：文宗好学嗜古，郑覃以经术位宰相，深嫉进士浮薄，屡请罢之。文宗曰："敦厚浮薄，色色有之，进士取人，二百年矣，不可遽废。"因得不罢。法敝诚不可不变，然法制似刚而实柔，风俗似柔而实刚，不揣其本，贸然变法，往往徒有其名，阅历深者类能知之，故多不肯轻举也。事之易致弊者，自不可无以防之，而法亦随时而密。隋、唐时，科举之制初立，其防弊之法，尚未甚周，故一切弊窦，随之而起，唐世取士，校艺之外，不废衡鉴，故考官与士子相交通，初非所禁；而属人助为搜采，亦非违法。如韦陟为礼部侍郎，令举人自通所工诗笔，知其所长，然后依常式考核；陆贽知贡举，输心梁肃，肃与崔元翰推荐艺实之士是也。取舍次第，豫泄于外，亦不为罪。韦贯之兄绶举孝廉，又贡进士。礼部侍郎潘炎将以为举首，绶以其友杨凝亲老，让之，不对策辄去，凝遂及第。聂屿，郑珏之知贡举，与乡人赵都俱赴乡荐。都纳赂于珏，人报翼日登第。屿闻不捷，诟来人以恐之。珏惧，俾俱成名。是其事矣。《新书·文艺传》称孙逖，开元时改考功员外郎，取颜真卿、李华、萧颖士、赵骅等，皆海内有名士，则采取誉望，不徒无罪，且为美谈矣。职是故，干谒、属托，遂乘之盛行。郑璟以于琮属李藩，已见第十七章第一节。李商隐以令狐绹奖誉甚力，故擢进士第。郑珏，以父徽为河南尹张全义判官，少依全义居河南。举进士数不中。全义以珏属有司，乃得及第。甚有如吴武陵：大和初，崔郾试进士东都，公卿祖道，武陵出杜牧所赋阿房宫，请以第一人处之。郾谢已得其人。至第五，郾未对，武陵勃然曰："不尔，宜以赋见还。"郾曰："如教。"牧果异等者。杨凭弟子敬之，史言其爱士类，得其文章，孜孜玩讽，人以为癖。雅爱项斯为诗，所至称之，斯是擢上第。此或出于爱好之诚，然借以行其私者必多矣。杨国忠子暄举明经。礼部侍郎达奚珣欲落之。遣子抚往见国忠：国忠即诟曰："生子不富贵邪？岂以一名，为鼠辈所卖？"珣大惊，即致暄高第。则公然势迫矣。崔棁，以石晋天福二年（937）知贡举。时有进士孔英，素有丑行，为时所恶。棁受命，往见桑维翰。维翰语素简，谓棁曰："孔英来矣。"棁谓维翰以英为言，考英及第。则几于颐指气使矣。主司亦有自为奸利者，如宋之问，中宗将用为中书舍人，太平公主发其知贡举时赇饷狼籍是也。求如王丘、高郢、许孟容、韦贯之等，颇以方正，为时所称者，已不易多得矣。《新书·高传》：子湜，咸通末，为礼部侍郎，时士多缘权要干请。湜不能裁。既而抵帽曰："吾决以至公取之，得谴固吾分。"乃取公乘亿、许棠、聂夷中等。足见自拔之难。弊窦既起，则所以防之者，亦继之而起矣。所谓相激使然也。《旧书·宣宗纪》：大中九年三月，试宏辞举人，漏泄题目，为御史台所劾，侍郎裴谂等皆获谴，登科十人，并落下。又《文苑传》：董思恭，知考功举事，坐豫泄题目，配流岭表而死。此漏题之事也。又《宣宗纪》：大中九年（855），礼部贡院捉到明经黄续之、赵弘成、全质等三人，伪造堂印、堂帖，兼续之伪著绯衫，将伪帖入贡院，令与举人虞蒸、胡简、党赞等三人及第，许得钱一千六百贯文。奉敕并准法处死。主司以自获奸人并放。《新书·温彦博传》：裔孙廷筠，思神速，多为人作文。大中末，试有司，廉视尤谨。廷筠不乐。上书千余言。然私占授已八人。执政鄙其为，授方山尉。此枪替之事也。观此，知后世科场之弊，唐代已多有之，然防范殊疏。赵匡举选议，谓试选人时，长吏当"亲自监临，皆分相远，绝其口授及替代"，可见其本无检束。又谓"俗间相传，云入试非正身，十有三四，赴官非正身，十有二三"，后世纲纪虽极废弛，能如是乎？《通考》引《国史补》曰：京兆府考而升之，谓之等第，外府不试而贡者，谓之拔解。薛《史·选举志》：梁开平元年（907），敕"近年举人，当秋荐之时，不亲试者，号为拔解，今后宜止绝"，即谓是也。则并考试而无之矣。后世能如是乎？《通考》又引《容斋随笔》云：《摭言》载高锴第一榜，裴思谦以仇士良关节取状头。锴庭谴之：思谦回顾，厉声曰："明年打脊取状头。"第二年，锴知举，诚门下不得受书题。思谦自携士良一缄入贡院。既而易紫衣，趋至阶下，白曰："军容有状，荐裴思谦秀才。"锴接之、书中与求巍峨。锴曰："状元已有人，此外可副军容意旨。"思谦曰："卑吏奉军容处分，裴秀才非状元，请侍郎不放。"锴俯首良久，曰："然则略要见裴学士。"思谦曰："卑吏便是也。"锴不得已，遂从之。马君案云：唐科目无糊名之法，故主司得以采取誉望，然以钱徽、高锴之事观之，权幸之属托，亦可畏也。东汉及魏、晋已来，吏部尚书司用人之柄，其时诿曰取行实，甄材能，故为尚书者，必使久于其任，而后足以察识。今唐人礼部所试，不过于寸晷之间，程其文墨之小技，则所谓主司者，当于将试之时，择士大夫之有学识操守者，俾主其事可矣，不必专以礼部为之。今高锴之为侍郎知贡举也，至于三年，仇士良之挟势以私裴思谦也，至于再属，于是锴亦不能终拂凶焰以取祸矣，此皆豫设久任之弊也。案临试乃择典试之人，而又峻其关防，此正后世考试之法，而其弊果较少，足见防范之不可以已也。**然则后世科场，防弊之法日密，甚至待士子若奴虏，防主司如盗贼，亦有所不得已也。**待士之意，愈至后世而愈薄。即如糊名易书之法，唐代尚无之。《困学纪闻》云：晁错对策，首云平阳侯臣窋等所举贤良方正太子家令臣错，自言所举之人及其官爵无所隐，汉制犹古也。自后史无所纪。惟唐张九龄对策，首云嗣鲁王道坚所举道侔伊吕科行秘书省校书郎张九龄。自糊名易书之法密，不复见此矣。《旧书·文苑·刘宪传》云：则天时，敕吏部糊名考选人判，以求才彦，而《新书·选举志》云：初试选人皆糊名，令学士考判，武后以为非委任之方，罢之。则其法暂行而即废。《张说传》云：永昌中，武后策贤良方正，诏吏部尚书李景谌糊名较覆，盖亦一时之事也。《李揆传》：揆以肃宗时兼礼部侍郎，病取士不考实，徒露索禁所挟，乃大陈书廷中，进诸儒约曰："上选士务得才，可尽所欲言。"《通考》引《容斋随笔》，谓白居易集有奏状论重试郑朗事，言吏部进士，例许用书策，兼得通宵。昨重试之日，书策不容一字，木烛只许三条，乃知唐试进士，许挟书及见韵。则搜索事虽稍行，实非法所有。然《通考》载长兴四年（933）礼部新立条件，则入省门搜得文书者，不计多少，皆准例扶出，且殿将来两举矣。《新书·宗室传》：高祖兄蜀王湛八世孙戡，举进士，就礼部试，吏唱名乃入，戡耻之。明日，径返江东。舒元舆传。元和中举进士，见有司钩校苛切。既试尚书，虽水、炭、脂炬、餐具，皆人自将，吏唱名乃得入，列棘围席坐庑下。因上书，言"古贡士未有轻于此者"。且宰相、公卿繇此出，而有司以隶人待之，诚非所以下贤意。罗棘遮截疑其奸，又非所以求忠直也。此等事，在后世则习为故常矣。薛《史·和凝传》言：贡院旧例，放榜之日，设棘于门，及闭院门，以防下第之不逞者。《通鉴》后汉隐帝乾祐二年（949），有举人呼噪于贡院门，苏逢吉命执送侍卫司，则所谓不逞者也。欲无闭门设棘，得乎？又薛《史·选举志》载天福三年（938）崔棁奏曰："今年就举，比常岁倍多。科目之中，凶豪甚众。每驳榜出后，则时有喧张。不自省循，但言屈塞。互相朋扇，各出言辞：或云主司不公，或云试官受赂。实虑上达圣听，微臣无以自明。欲请举人落第之后，或不甘心，任自投状披陈，却请所试与疏义对证。兼令其日一甲，同共校量。若独委试官，恐未息词理。傥是实负抑屈，所司固难逭宪章，如其妄有陈论，举人乞痛加惩断。"从之。当时试官孤危之状，可以想见。长兴四年（933）条件：试官错书通不者，帖经、墨义，许以经疏照证。不当许陈诉，再加考校。贡院不理，即诣御史台论诉。知贡举、考官徇私，请行朝典。虚妄惩处。妄扇屈声，诬玷他人，牒送本道，重处色役，并永不得入举场，同保人亦请连坐罢三举。后周太祖广顺三年（953）敕，仍许陈诉，祗不得街市、省门，故为喧竞，及投无名文字，讪毁主司。故违者配流边远，同保人永不得赴举。主司不得受荐托书题，密具姓名闻奏。其举人不得就试。束湿之法，日甚一日，礼意亦更不可言矣。

科举之用，在抑贵游，登寒畯，其效亦非一时所致，于是科场之狱屡起焉。钱徽一案，固由党争，然《旧书·王播传》言：其时贡举猥滥，势门子弟，交相酬酢，寒门俊造，十弃六七，则讦其事者虽出私意，所讦之事，则未必诬也。《旧书·刘太真传》：转礼部侍郎，掌贡举。宰执烟族，方镇子弟，先收擢之。《王正雅传》：从孙凝，为礼部侍郎。贡闱取士，拔其寒俊，权豪请托不行。为所恶，出为商州刺史。《新书·唐俭传》：裔孙持，大和中为渭南尉。试京兆府进士，时尹杜悰，欲以亲故托之，持辄趋降阶伏。悰语塞，乃止。可见是时请托之普遍。代徽者为王起。《武宗纪》会昌四年（844）云：时左仆射王起，频年知贡举，每贡院考试讫，上榜后，更呈宰相取可否，复人数不多。宰相延英沦言："主司试艺，不合取宰相与夺。比来贡举艰难，放人绝少，恐非弘访之道。"帝曰："贡院不会我意。不放子弟即太过。无论子弟、寒门，但取实艺耳。"李德裕对曰："郑肃、封敖有好子弟，不敢应举。"帝曰："我比闻杨虞卿兄弟，朋比贵势，妨平人道路。昨杨知至、郑朴之徒，并令落下，抑其太甚耳。"《新书·杨收传》：弟严，举进士。时王起选士三十人，而杨知至、窦缄、源重、郑朴及严五人皆世胄。起以闻。诏独收严。德裕曰："臣无名第，不合言进士之非。然臣祖，天宝末，以仕进无他岐，勉强随计，一举登第，自后不于私家置《文选》，盖恶其祖尚浮华，不根艺实？然朝廷显官，须是公卿子弟。何者？自小便习举业，自熟朝廷间事，台阁仪范，班行准则，不教而自成。寒士纵有出人之才，登第之后，始得一班一级，固不能熟习也。则子弟成名，不可轻矣。"此事《新书》载《选举志》，讥其论之偏异。此固然，然亦可见其时子弟，见抑颇甚。当时欲为此论者恐甚多，特德裕得君专，乃敢尽言之耳。《纪》又载是年二月，陈商选士，三十七人中第，物论以为请托，令翰林学士白敏中覆试，落七人。《新书·郑畋传》：畋举进士，时年甚少，有司上第籍，武宗疑，索所试自省，乃可。《旧书·宣宗纪》：大中元年二月，礼部侍郎魏扶奏："臣今年所放进士三十三人。其封彦卿、崔琢、郑延休三人，实有辞艺，为时所称，皆以父兄见居重位，不得令中选。"诏令翰林学士承旨户部侍郎韦琮重考覆，敕可放及第。有司考试，只在至公。如涉请托，自有朝典。今后但依常例放榜，不得别有奏闻。《纪》言帝雅好儒士，留心贡举。有时微行人间，采听舆论，以观选士之得失。宣宗好为察察之明，其微行，盖亦欲察贡举之有无私弊，非意在搜扬儒士也。令狐绹以大中二年（848）为翰林学士，四年（850），同平章事，十年（856），懿宗即位，乃罢为河中节度使。绹子滈，少举进士，以父在内职而止。绹至河中，上言："臣二三年来，频乞罢免。每年为滈取得文解。意待才离中书，便令赴举。昨蒙恩制，宠以近藩。伏缘已逼吏部试期，便令就试"云云。诏令就试。是岁，中书舍人裴坦权知贡举，登第者三十人。有郑羲者，故户部尚书瀚之孙；裴弘馀，故相休之子；魏筜，故相扶之子；及滈，皆名臣子弟，言无实才。谏议大夫崔瑄上疏论之，请下御史台按问文解日月。《旧书·绹传》。《新书》云：瑄劾绹以十二月去位，而有司解牒尽十月。盖其事亦不能无弊也？然王铎从子荛，以铎当国，亦不敢举进士。《新书·王播传》。至哀帝天祐三年三月，朱全忠犹奏："河中判官刘崇子匡图，今年进士登第，遽列高科，恐涉群议，请礼部落下。"《旧书·本纪》。则唐自长庆以后，考官之不克行其志者甚众，而势家子弟之见抑者亦颇深。薛《史·李专美传》：以父枢唐昭宗时应进士举，为覆试所落，不许再入，心愧之，由是不游文场；而苏楷致挟私憾而驳昭宗之谥；见第十一章第四节。薛《史·苏循传》云：楷与卢赓等四人落下，不得再赴举场。可见其惩创之深矣。降逮五季，斯风未沫。薛《史·周太祖纪》：广顺二年（952），新进士中有李观者，不当策名，物议喧然。中书、门下以观所试诗赋失韵，句落姓名。知贡举赵上交移官。《世宗纪》：显德二年（955），取进士一十六人，四人放及第，一十二人句落，礼部侍郎刘温叟放罪。五年（958），取十五人，八人放及第，其中王汾以项曾剥落，熊若谷、陈保衡皆是远人。七人退黜，知贡举刘涛责授。皆其事也。六年正月，诏礼部贡院：今后及第举人，依逐科等第定人数姓名，并所试文字奏闻，候敕下放榜，则试官益无权矣。士大夫蔽于气类之私，每谓朝廷不当设防弊之法，然大为之防而民犹逾之，况于纵而弗问？则行事彰彰不可掩矣。故知术家之论，终不可废也。

贵势之比周，虽稍见抑，然科举中人比周之习复起，此则志徒在于富贵利达者所必不能免之弊矣。李肇《国史补》曰："互相推敬，谓之先辈，俱捷谓之同年，有司谓之座主。"此其党类之相牵引者也。《旧书·郑馀庆传》：孙从谠，故相令狐绹、魏扶，皆父贡举门生，为之延誉。《王播传》：弟起，李训、起贡举门生，欲援为相。《新书·韩偓传》：昭宗欲用为相，荐御史大夫赵崇，帝知偓，崇门生也，叹其能让。欧《史·裴皞传》：皞以文学在朝廷久：宰相马胤孙、桑维翰，皆皞礼部所放进士也。后胤孙知举，放榜，引新进士诣皞。皞喜，作诗曰："门生门下见门生。"世传以为荣。维翰已作相，尝过皞，皞不迎不送。人或问之。皞曰："我见桑公于中书，庶寮也。桑公见我于私第，门生也。何送迎之有？"人亦以为当。又《和凝传》：唐故事，知贡举者所放进士，以己及第时名次为重。凝举进士及第时第五，后知贡举，选范质为第五。后质位至宰相，封鲁国公，官至太子太傅，皆与凝同。当时以为荣焉。又《王仁裕传》：仁裕与和凝，于五代时皆以文章知名；又尝知贡举。仁裕门生王溥，凝门生范质，皆至宰相，时称其得人。其互相援引，不以为讳，反以为荣，且为世所欣慕如此。李商隐以令狐绹游誉得第，而后依李德裕党王茂元、郑亚，则党人以为诡薄，共排笮之矣。《新书·许孟容传》：弟季同，迁兵部郎中。孟容为礼部侍郎，徙季同京兆少尹。时京兆尹元义方，出为鄜坊观察使，奏劾宰相李绛与季同举进士为同年，才数月辄徙。帝以问绛。绛曰："进士、明经，岁大抵百人，吏部得官至千人，私谓为同年，本非亲与旧也。今季同以兄嫌徙少尹，岂臣所助邪？"将同年之称，推广之及于同得官于吏部者，以见其情之不亲，盖遁辞也？此事《通鉴》系元和七年（812），载绛对辞，但云"同年乃九州四海之人，偶同科第"，不及吏部同得官。《选举志》曰：武宗即位，宰相李德裕，尤恶进士。初举人既及第，缀行通名，诣主司第谢。其制：序立西阶下，北上东向。主人席东阶下，西向。诸生拜，主司答拜。乃叙齿谢恩。遂升阶，与公卿观者皆坐。酒数行，乃赴期集。又有曲江会题名席。至是，德裕奏："国家设科取士，而附党背公，自为门生。自今一见有司而止，其期集、参谒，曲江题名皆罢。"德裕之论正矣，然背公党私，岂禁其会集所能止邪。

科目之弊如此，自有欲革之者。其事当以杨绾为最著。绾以宝应二年（763），上疏条奏贡举之弊。欲制："县令察孝廉，荐之于州。刺史试其所通之学，通者送之于省。自县至省，不得令举人辄自陈牒，到状、保辩、识牒等一切并停。所习经，每经问义十条。对策三道。其策皆问古今理体及当时要务，取堪行用者。明经、进士、道举并停。其国子监举人，亦请准此。"诏左右丞、诸司、侍郎、御史大夫、中丞、给、舍同议。给事中李栖筠、尚书左丞贾至、京兆尹兼御史大夫严武与绾同。至议曰："自典午覆败，衣冠迁徙，南北分裂，人多侨处。圣朝一平区宇，尚复因循，版图则张，闾井未设，士居乡土，百无一二。欲依古制乡举里选，犹恐取士之未尽。请广学校，以弘训诱、保桑梓者，乡里举焉，在流寓者，庠序推焉。"《旧书·杨绾传》，亦见《文苑·贾至传》。议者更附至议。《新书·贾至传》。《选举志》以为李栖筠等议，盖栖筠等附之也。宰臣等奏以举人旧业已成，难于速改。其今岁举人，望且许应旧举，来岁奉诏。仍敕礼部具条例奏闻。代宗以废进士科问翰林学士。对曰："进士行来已久，遽废之，恐失人业。"乃诏孝廉与旧举并行。《旧书·杨绾传》。《通典》云：其明经、进士、道举并停，旋复故矣。《通考》：建中元年（780），六月九日敕孝廉科宜停。此与清季议改科举时，议者諈諉于士子之失职同，即北宋亦如是。盖士之视贡举，徒以为出身之路久矣。文宗大和七年（833），李德裕请依杨绾议，进士试论议，不试诗赋。八月，下制，进士停试诗赋。八年十月，贡院奏进士复试诗赋？从之。《通鉴》。盖德裕罢相故也。开成初，郑覃奏宜罢进士科。《旧书·本传》。《新书·选举志》云：屡请罢之。文宗曰："敦厚浮薄，色色有之，未必独在进士。此科置已二百年，不可遽改。"《旧书·覃传》。乃得不罢。《新书·选举志》。此唐时议变科举之事也。其私家论议，当以赵匡为最详。其文见于《通典》。欲以《礼记》《尚书》为本，《论语》《孝经》为之协助。明经通《书》《礼》者，谓之两经举。其试之，则停试帖而用策试、口问，兼及经义及时务。此外更通《周易》《毛诗》者名四经举。加《左氏》为五经举。不习《左氏》者，任以《公》《穀》代之。学《春秋》兼三传者，则称春秋举。但习《礼记》及《论语》《孝经》者，名一经举。明法亦不帖，但策问义并口问。进士试《礼记》《尚书》《论语》《孝经》及一史。匡议以《史记》《汉书》《后汉书》并刘昭所注《志》《三国志》《晋书》《南史》兼《宋、齐志》《北史》兼《后魏、隋书志》。国朝自高祖及睿宗《实录》并《贞观政要》，各为一史。杂文试笺、表、论、议、铭、颂、箴、檄等，不试诗赋。策于所习经史内征问，并时务。其《礼记》《尚书》《论语》《孝经》外更通诸子者，为茂才举。学兼经史，达于政体，策略深致，出辞典雅者，谓之秀才举。策试经、史、时务，而以谈论代口问。学倍秀才，辞策同之，谈论贯通，究识成败，谓之宏才举。国子监举人，亦准前例。案唐世议革贡举者，所言不外两端：一冀稍近于乡举里选，一则欲去明经之固陋，进士之浮华，而代之以较有用之学而已。《通典》：太宗谓吏部尚书杜如晦曰："今吏部取人，独举其言辞、刀笔，而不详才行。或授职数年，然后罪彰。虽刑戮继及，而人已弊矣。如之何？"对曰："昔两汉取人，必本于乡闾之选。今每岁选集，动逾数千，厚貌饰辞，何可知也？选曹但校其阶品而已，若抡才辨行，未见其术。"上由是将依汉法，令本州辟召。会功臣议行封建，事乃寝。使封建之事而成，太宗必且令诸邦君，各择其国之士矣，可见时人于乡举里选乡往之深。人之才德，吏部诚无由知之，而不知吏部之专，本由乡举里选之敝。帖经墨义，诗赋杂文，诚无用矣，然能钞略备策对者，相去又几何？此在今日，人人知之，在当时，固难责人以共谕也。

科举之法敝矣，然谓当时仕途之混浊，即由科举致之，则又不可。何者？科举而外，封爵、亲戚、资荫、勋庸、技术、胥吏，其途正多也。显庆初，黄门侍郎刘祥道言："每年入流，数过千四百人，经学、杂流、时务，比杂色三分不居其一。"开元中，国子祭酒杨玚亦言："诸色出身，每岁向二千余人，方诸明经、进士，多十余倍。"即赵匡亦谓"举人大率二十人中方取一人，而杂色之流，广通其路，此一彼十，此百彼千"也。且唐制登第未即释褐，《通考·选举考·辟召门》引吕东莱说，谓："唐进士登第者尚未释褐，或为人论荐，或再应皆中，或藩方辟举，然后释褐。"《十七史商榷》有一条，以韩愈、李商隐事证之，颇详。即释褐亦不过得八九品官。秀才甲第正八品上，乙第正八品下，丙第从八品上，丁第从八品下。明经甲第从八品下，乙第正九品上，丙第正九品下，丁第从九品下。进士甲第从九品上，乙第从九品下。见《新志》。《通典》云：自武德已来，明经惟丁第，进士惟乙科，见上。则其取之者虽非，而任之者犹未甚重也。

《新书·钟传传》曰：广明后州县不乡贡，惟传岁荐士，行乡饮酒礼，率官属临观，资以装赞，故士不远千里走传府。案唐登科之记，讫于天祐四年（907），则谓广明后州县不乡贡者实非，特南方诸州，有时如此耳。五代之世，贡举不废。其见于薛《史·本纪》者：后唐明宗长兴二年六月，复置明法科，同《开元礼》。末帝清泰二年九月，礼部贡院奏进士请夜试，童子依旧表荐，重置明算、道举。晋高祖天福五年四月，礼部侍郎张允奏请废明经、童子科，从之。因诏宏词、拔萃、明算、道举、百篇等科并停之。亦见《选举志》。少帝开运元年八月，诏复置明经、童子二科。亦见《选举志》。周世宗显德二年五月，礼部侍郎窦仪奏请废童子、明经二科及条贯考试次第，从之。五年八月，兵部尚书张昭上疏，望准唐朝故事置制举。帝览而善之。因命昭具制举合行事件，条奏以闻。十月，诏悬制科。凡三：其一曰贤良方正，能直言极谏科；其二曰经学优深，可为师法科；其三曰详闲吏理，达于教化科。不限前资、见任职官，黄衣、草泽，并许应诏。《通考》载五代登科记总目，自梁开平二年（908），讫周显德六年（959）。《按》云："五代五十二年，惟梁与晋各停贡举者二年，梁乾化四年（914）、贞明七年（921）。晋天福四年（939）、五年（940）。则降敕以举子学业未精之故。朝代更易，干戈扰攘之岁，贡举未尝废也。然每岁所取进士，其多者仅及唐盛时之半，而晋、汉以来，明经、诸科中选者，动以百计。盖帖书、墨义，承平之时，士鄙其学而不习，国家亦贱其科而不取，丧乱以来，文学废坠，举笔能文者罕见，国家亦姑以是为士子进取之涂，故其所取，反数倍于盛唐之时也。"案谓五季丧乱，而能举笔为文者罕见，恐未合实际。特唐时为进士者，多贵游若骛声华之士，此辈至此时，未必藉科目以自见，而业明经及诸科者，则犹以是为进取之途而已。此亦可见唐、五代之世，科举所取，尚未甚下逮于平民也。《通考》又云：开元时，以礼部侍郎专知贡举。其后或以他官领。多用中书舍人及诸司四品清资官。五代时，或以兵部尚书，或以户部侍郎，刑部侍郎为之，不专主于礼侍矣。又云：后唐庄宗同光三年（925），敕今年新及第进士，令翰林院覆试。今后礼部所试，委中书、门下子细详覆奏闻。周世宗显德二年（952），尚书礼部侍郎知贡举窦仪奏乞依唐穆宗时，考试及第进士，先具姓名、杂文申送中书，请奏覆讫，下当司，与诸科一齐放榜。此五代时贡举之大略也。

其偏隅诸国，则孟昶于其广政十二年（949），置吏部三铨，礼部贡举。刘龑于其四年置选部贡举，放进士、明经十余人，如唐故事，岁以为常。皆见欧《史·世家》。《通鉴》云：梁贞明六年（920），汉杨洞潜请立学校，开贡举，设铨选，汉主岩从之。又云：梁贞明二年（916），淮南初置选举。唐长兴三年（932），吴越元瓘置择能院，掌选举殿最。周广顺二年（952），唐之文雅，于诸国为盛，然未尝设科举，多因上书言事拜官。至是，始命翰林学士江文蔚知贡举。庐陵王克贞等三人及第。唐主问文蔚："卿取士何如前朝？"对曰："前朝公举私谒相半，臣专任至公耳。"唐主悦。中书舍人张纬，前朝登第，闻而衔之。时执政皆不由科第，相与沮毁，竟罢贡举。三年（953），祠部郎中知制诰徐铉言："贡举初设，不宜遽罢。"乃复行之。而《通考》谓至宋开宝中，南唐犹命张佖典贡举，放进士云。

第六节　选举（下）

举官之制，隋、唐时亦为一大变。其事维何？辟举之废是已。《隋书·百官志》曰："旧周、齐州、郡、县职，自州都、郡、县正已下，皆州、郡将、县令至而调用，理时事，至是不知时事，直谓之乡官。别置品官，皆吏部除授。每岁考殿最。刺史、县令，三年一迁，佐官四年一迁。开皇十五年（595），罢州、县乡官。"《通典·职官典·总论州佐》曰："北齐州、郡佐吏，皆州府辟除。及后主失政，赐诸佞幸卖官，多占州、郡，下逮乡官，多降中旨。故有敕用州主簿、郡功曹者。后周刺史，府官则命于天朝，州吏并牧、守自置。至隋，以州为郡，无复军府，则州府之吏，变为郡官矣。自魏、晋以后，刺史多带将军开府，州与府各置僚属，州官理民，府官理戎。大唐无州府之名，而有采访使及节度使。采访使有判官二人，支使二人，推官一人，皆使自辟召，然后上闻，其未奉报者称摄。其节度、防御等使寮佐辟奏之例亦如之。"案因卖官而敕用，乃乱政，非法制；军府亦非民政；然则自周、齐已前，地方用人之权，迄未属于中央也。州郡之用人，必就其地，自隋变法，而州郡用人之权失，士子仕于当地之途亦窒矣。《陔余丛考》"郡国守相得自置吏"条云："郡守置掾属，皆用本郡人。《通典》谓汉时惟三辅许兼用他郡人。案《汉书·循吏传》：黄霸淮阳人，补左冯翊卒史。如淳曰：三辅郡得用他郡人，其余则否。京房为魏郡太守，自请得除用他郡人。以欲用他郡人而特奏请，尤可见掾属无不用本郡人也。"故云为一大变也。

此专制政治演进必至之势。何者？专制政治之演进，必日摄地方之权而归诸中央也。《隋书·儒林·刘炫传》：牛弘尝从容问炫曰："《周礼》士多而府史少，今令史百倍于前，减则不济，其故何也？"对曰："古人委任责成，岁终考其殿最。案不重校，文不繁悉，府史之任，掌要目而已。今之文书，恒虑覆治，锻炼不密，万里追证，百年旧案。故谚云：老吏抱案死。古今不同，若此之相悬也。事繁政弊，职此之由。"弘又问："魏、齐之时，令史从容而已，今则不皇宁舍，其事何由？"对曰："齐氏立州，不过数十，三府、行台，递相统领，文书行下，不过十条，今州三百，其繁一也。往者州惟置纲纪，《通鉴注》云：此纲纪谓长史、司马。见大业三年（607）。郡置守、丞，县惟令而已，其所具寮，则长官自辟，受诏赴任，每州不过数十。今则不然，大小之官，悉由吏部，纤介之迹，皆属考功，其繁二也。省官不如省事，省事不如清心。官事不省，而望从容，其可得乎？"刘炫此对，古今以为名言，然以释隋氏事繁政弊之由则可矣，以其说为当行，而惜隋之不能用则不可。《通典·选举典评》曰："隋文帝素非学术，盗有天下，不欲权分。罢州郡之辟，废乡里之举。内外一命，悉归吏曹；才厕班列，皆由执政。执政参吏部之职，吏部总州郡之权。罔征体国推诚，代天理物之本意。"夫其为此，非出无意可知。此得谓其纯出私意乎？曰：否。治民者之欲腹民以自肥也久矣。其中岂无贤人，然千百之一二而已。贤士大夫可任，其党类不可任也。故州郡用人之权，及士子仕于本地方之权，皆不可以不替。以如是，则其腹民之势微耳。夫岂不知如是则其欲有所作为益难？然专制之治，固能为民除害，不能为民兴利者也。"治天下不如安天下，安天下不如与天下安"，处鞭长莫及之势，斯言固不可易矣。隋文之为此，诚不敢谓其无私意，然即无私意，此法亦不可不行也。故曰：隋、唐举官之法之变，实专制政治演进必至之势也。异域之人，欲植根于所至之地难，有不善，去之而已。若当地人，则虽革其职，不能逐其人；即能逐去之，亦不能尽去其连互之宗族戚党；其死灰复然易也。故以流官代土酋，非徒革其世袭之权，亦所以革其一曲之俗也，土酋非一人而能为治，则去其寮属，亦划除封建政体之一端已。

　　唐代举官，略依隋旧。《新书·选举志》云："凡选有文武，文选吏部主之，武选兵部主之。皆为三铨，尚书、侍郎分主之。《旧书·职官志》云：吏部尚书为尚书铨，侍郎二人，分为中铨、东铨。兵部尚书为中铨，侍郎分东、西。《通鉴》景云元年（710）云：旧制：三品以上官册授，五品以上制授，六品以下敕授，皆委尚书省奏拟。文属吏部，武属兵部。尚书曰中铨，侍郎曰东、西铨。后唐明宗天成元年（926）《注》引宋白曰："大和四年七月，吏部奏：当司旧以尚书之次为中铨，次为东铨。乾元中，侍郎崔器奏改中铨为西铨，以久次侍郎居左，新除侍郎居右，因循倒置，议者非之。请自今久次侍郎居西铨，新除侍郎居东铨。敕旨依。"盖吏部尚书与一侍郎同处，不能以其地别之，故以其官称之为尚书铨也。胡《注》又引《或说》曰："吏部东西铨并流外为三铨。"恐非是。三铨之制，时有罢复。韦氏败，以宋璟为吏部尚书，李乂、卢从愿为侍郎，姚元之为兵部尚书，陆象先、卢怀慎为侍郎。初尚书铨掌七品以上选，侍郎铨掌八品以下选，至是，通其品而掌焉。玄宗时，宇文融建议置十铨，乃以吏部尚书苏颋等分主之。太子左庶子吴兢谏。帝悟，复以三铨还有司。皆见《新书·选举志》。后唐明宗天成中，冯道为相，建言天下未一，选人岁才数百，而吏部三铨分注，虽曰故事，其实徒繁而无益。诏三铨合为一，尚书、侍郎共行选事。废帝时，姚颢、卢文纪为相，复奏分铨为三。见薛《史·选举志》、欧《史·姚颢传》。周太祖广顺元年十月，诏并吏部三铨为一铨，委本司长官通判，见薛《史·本纪》及《选举志》。以大体言之，三铨之制，乃唐五代所常行也。每岁五月，颁格于州县。选人应格，则本属或故任取选解，列其罢免、善恶之状，以十月会于省。去王城五百里以上旬，千里之内以中旬，千里之外以下旬，吏、兵部同，见《旧书·职官志》。过其时者不叙。《旧书·职官志·吏部》云："亦有春中下解而后集，谓之春选。若优劳人有敕，则有处分及即与官者，并听非时选，一百日内注拟之。"《新书·选举志》：贞观二年（628），侍郎刘林甫言：隋制以十一月为选始，至春乃毕，今选者众，请四时注拟。十九年（645），马周以四时选为劳，复以十一月选，至三月毕。林甫祥道父事，亦见《旧书·祥道传》，云当时甚以为便。又《唐林传》：兄皎，贞观中，累转吏部侍郎。先是选集无限，随到补职。时渐太平，选人稍众。皎始请以冬初一时大集，终季春而毕。至今行之。则议发于马周，事行于唐皎也。裴光庭尝促选限，至正月三十日毕。光庭卒后，萧嵩奏罢之。光庭行循资，事见《旧书·行循传》。吏部选人，本每年调集。乾元后三年一置选。选人停拥，其数猥多，文书真伪难辨，吏缘为奸。陆贽马相，乃奏分内外官员为三，计阙集人，每年置选。见新、旧《书》本传及《新书·选举志》。其以时至者，乃考其功过。同流者五五为联，京官五人保之，一人识之。刑家之子，工、贾、异类，及假名、承伪、隐冒、升降者有罚。文书乖错，隐幸者驳放之，非隐幸则否。凡择人之法有四：一曰身，体貌丰伟；二曰言，言辞辩正；三曰书，楷法遒美；四曰判，文理优长。四事皆可取，则先德行，德均以才，才均以劳。《旧书·职官志》："吏部，凡择人以四才，校功以三实。《注》云：四才，谓身、言、书、判。三实，谓德行、才用、劳效。德均以才，才均以劳。劳必考其实而进退之。"兵部，"凡试能有五，较异有三"。《注》云："五谓长垛、马射、马枪、步射、应对。三谓骁勇、才艺及可为统领之用也。"《齐抗传》：代郑馀庆为中书侍郎，同中书门下平章事。先时每年吏部选人试判，别奏官考覆，第其上下，既考，中书、门下复奏择官覆定，寝以为例。抗奏："吏部侍郎，已是朝廷精选，不宜别差考官重覆。"其年，他官考判讫，俾吏部侍郎自覆，一岁遂除考判官。盖抗所论奏也？薛《史·唐明宗纪》：天成三年十一月，吏部郎中何择奏流外官请不试书、判之类，从之。五品以上不试，上其名中书、门下。六品以下，始集而试，观其书、判。已试而铨，察其身、言。《旧书·职官志》：吏部，"若选人有身在军旅，则军中试书、判，封送吏部"。兵部，"其在军镇要籍，不得赴选，委节度使铨试其等第申省"。已铨而注，询其便利而拟。已注而唱，不厌者得反通其辞。三唱而不厌，听冬集。《志》又云："初诸司官兼知政事者，至日午后，乃还本司视事。兵部、吏部尚书、侍郎知政事者，亦还本司分阙注唱。开元以来，宰相位望渐崇，虽尚书知政事，亦于中书决本司事以自便，而左、右相兼兵部、吏部尚书者，不自铨总。又故事必三铨、三注、三唱而后拟官，季春始毕，乃过门下省。杨国忠以左、右相兼吏部尚书，建议选人视官资、书判、状迹、功优，宜对众定留放。乃先遣吏密定员阙，一日，会左右相及诸司长官于都堂注唱，以夸神速。由是门下过官、三铨注官之制皆废。"厌者为甲，上于仆射，乃上门下省，《旧书·职官志》：吏部，"若中铨、东铨，则过尚书讫，乃上门下省"。《通鉴》开元二年（714）《注》：唐制，凡文武职事官，六品已下，吏、兵部进拟。必过门下省，量其阶资，校其才用以审定之。若拟阙不当，随其优屈进退而量焉。谓之过官。给事中读之，黄门侍郎省之，侍中以闻，主者受旨而奉行焉，谓之奏受。视品及流外则判补。皆给以符，谓之告身。欧《史·刘岳传》：唐明宗时为吏部侍郎。故事：吏部文武官告身，皆输朱胶纸轴钱然后给。其品高者则赐之。贫者不能输钱，往往但得敕牒。五代之乱，因以为常。官卑者无复给告身，中书但录其制辞，编为敕甲。岳建言："制辞或任其才能，或褒其功力，或申以训诫。不给告身，皆不知受命之所以然，非王言所以告诏也。请一切赐之。"由是百官皆赐告身，自岳始也。此事《通鉴》系天成元年（926），云：岳上言后，敕文班丞、郎、给、谏，武班大将军以上，宜赐告身。其后执政议：以为朱胶绫轴，厥费无多，何惜小费？乃奏凡除官者，更不输钱，皆赐告身。当是时，所除正员官之外，其余试衔、帖号，止以宠激军中将校而已。及长兴以后，所除寖多。乃至军中卒伍，使、州镇戍胥吏，皆得银青阶及宪官。岁赐告身，以万数矣。凡流外，兵部、礼部举人，郎官得自主之，谓之小选。"《旧书·职官志》：吏部，"郎中一人，掌小铨。亦分为九品。通谓之行署。以其在九流之外，故谓之流外铨，亦谓之小选。其校、试、铨、注，与流内略同。"此唐铨法之大略也。其弊，时人多能言之。举其略，则曰：举天下之大，士人之众，委之数人之手，力有所极，照有所穷，铨综既繁，紊失斯广。魏玄同说。况其考校之法，皆在判书、簿历、言辞俯仰之间。安行徐言非德也，丽藻芳翰非才也，累资积考非劳也。沈既济语。古者主司所选，独甸内之吏，公卿之属耳。今则五服之内，政决王朝，一命免拜，必归吏部。按名授职，犹不能遣，何暇采访贤良，搜核行能邪？刘秩语。而所综既广，条章不得不多，胥徒之猾，又缘隙而起矣。张九龄语。以上皆据《通典》。故皆以为其法不如辟举。中宗时，韦嗣立上疏，言古者取人，必先采乡曲之誉，然后辟于州郡；州郡有声，然后辟于五府；才著五府，然后升之天朝，用一人所择者甚悉，擢一士所历者甚深。《旧书·韦嗣立传》。玄宗时，张九龄亦谓吏部之为，不过谨守格条，据资配职，不若令刺史、县令，精核其人，然后送台。代宗时，沈既济上《选举议》，事在大历十四年（779），见《通鉴》。言之尤为激切。其说曰："吏部之弊，非鉴之不明，择之不精，乃法使之然。前代选用，皆州府察举。及年代久远，讹失滋深。至于齐、隋，不胜其弊。凡所置署，多由请托。故当时议者，以为与其率私，不若自举，与其外滥，不若内收。是以罢州府之权，归于吏部。此矫时惩弊之权法，非经国不刊之常典。今吏部之法蹙矣，复宜扫而更之。州郡十分其人，五极其滥，犹有一半公道。吏部铨衡惟征书判，补授只校官资。有文无赖者，计日可升，有用无文者，终身不进。况其书判，多是假手，或他人替入，或旁坐代为。造伪作奸，冒名接脚，《通考·选举考》举官：贞元四年（788），吏部奏："艰难已来，年月积久。两都士类，散在远方；三库敕甲，又经失坠；因此人多冒，吏或诈欺。分见官者谓之擘名，承已死者谓之接脚。"又在其外。又闻昔时，公卿子弟亲戚，随位高低，各有分数，或得一人、二人、三人、四人不在放限者，礼部明经等亦然，谓之省例。凡今选法，皆择才于吏部，述职于州郡。若才职不称，责于刺史，则曰官命出于吏曹，不敢废也；责于侍郎，则曰量书判资考而授之，不保其往也；责于令史，则曰：按由历出入而行之，不知其他也。必州郡之滥，独换一刺史则革矣，如吏部之滥，虽更其侍郎无益也。"《通典》。其于吏部专主之弊，可谓穷形尽相矣。独不计此法之起，本由州郡选举之多弊，惩其弊而更复其旧，安保其弊之不复起乎？唐代区区，只使官尚留辟举之法者？则以采访本不赋政，而节度、防御等使，皆起于纲维既弛之后，不能束其下也。薛《史·唐庄宗纪》：同光二年八月，中书、门下上言："今后诸道，除节度副使、两使判官外，其余职员，并诸州军事判官，各任本处奏辟。"从之。《职官志》载奏辟曰："伪庭之时，诸藩参佐，皆从除授。"则梁时尝变此法。陆贽欲复台省辟举，犹不能行，《旧书·贽传》：贽以贞元八年（792）同平章事。请许台、省长官，自荐属官，仍保任之，事有旷败，兼坐举主。上许之。俄又宣旨曰：外议云：诸司所举，多引用亲党，兼通赂遗，不得实才，此法行之非便。今后卿等宜自选择，勿用诸司延荐。贽复论奏。上虽嘉其所陈，竟追寝长官荐士之诏。当时朋党方盛，官方复坏，外议所云，未必不实也。况举其权而悉委之州郡哉？《通考·选举考·辟举》：马君云：自隋时，一命之官，并出于朝廷，州郡无复辟署，士之才智者，苟非宿登仕版，则虽见知于方镇岳牧，亦不能稍振拔之，以收其用，至唐，则仕于朝者多由科目矣。然辟署亦时有之，而其法亦不一。有既为王官而被辟者，若张建封之辟许孟容，李德裕之辟郑畋，白敏中之辟王铎是也。有登第未释褐入仕而被辟者，若董晋之于韩退之是也。有强起隐逸之士者，若乌重胤之于石洪、温造，张博之于陆龟蒙是也。有特招智略之士者，若裴度之于柏耆，杜悰之于辛谠是也。而所谓隐逸智略之士，多起自白身。刘贡父言：唐有天下，诸侯自辟幕府之士，惟其才能，不问所从来，而朝廷常收其俊伟以补王官之阙，是以号称得人。盖必许其辟置，则可破拘挛以得度外之士，而士之偶见遗于科目者，亦可自效于幕府，取人之道所以广也。宋时虽有辟法，然白衣不可辟，有出身而未历任者不可辟；其可辟者，复拘以资格，限以举主；去古法愈远，而倜傥跅弛之士，不谐尺绳于科目，受羁縻于铨曹者，少得以自达矣。案唐、宋之异无他，唐方镇辟置，在选法之外，宋则复束之以常法耳。常法固不免拘挛，然不拘文法，可行于非常之时，而不可行诸平时，行诸平时则乱矣。

选举之弊之真根原，果安在乎？杜君卿之言曰："秦氏惟农与战，始得入官。汉有孝弟力田、贤良方正之科，乃时令征辟，而常岁郡国率二十万口贡止一人，约计当时推荐，天下才过百数，则考择审，必获器能。自兹厥后，转益烦广。只开元、天宝之中，一岁贡举，凡有数千，而门资、武功、艺术、胥吏，众名杂目，百户千途，人为仕者，又不可胜纪。比于汉代，且增数十百倍。安得不重设吏职，多置等级，递立选限以抑之乎？"唐代仕途冗滥，始于高宗时。《通典》又云：武德中，天下兵革方息，万姓安业，士不求禄，官不充员。吏曹乃移牒州府，课人应集。至则授官，无所退遣。四五年间，求者渐多，方稍有沙汰。贞观中，京师谷贵，始分人于洛州选集，参选者七千人，而得官者六千。又云：是时吏部之法，行始二十余年，虽已为弊矣，而未甚滂流，至于永徽中，官纪已紊，逮麟德之后，不胜其弊。又载显庆初刘祥道之言曰："今内外文武官三千四百六十五员，略攀大数，当一万四千人。人之赋命，自有修促。弱冠从政，悬车致仕，罕见其人。壮室而仕，耳顺而止，亦取其中数。此则一万四千人，三十年而略尽。年别入流者五百人，经三十年，便得一万五千，足充所须之数。况三十年之外，在官者犹多？此便足有剩人，不虑其少。今每年入流者千四百余人。应须数外，常剩一倍已上。"可以见其概矣。玄宗时，每年赴选常万人，见《旧书·苗晋卿、裴遵庆传》。任诸州郡则如彼，摄诸吏部则如此，然则求官者众，选举之弊，殆终不可免乎？求官者何以众？沈既济言之辨矣。其言曰："《礼》曰：天子之元子士也，天生无生而贵者，则虽储贰之尊，与士伍同。故汉王良以大司徒位免归兰陵，后光武巡幸，始复其子孙邑中徭役。丞相之子，不得蠲户课。而近代以来，九品之家皆不征；其高荫子弟，重承恩奖，皆端居役物坐食；百姓其何以堪之？先王制仕，所以理物也，置禄，所以代耕也。农、工、商有经营作役之劳，而士有勤人致理之忧。虽风猷道义，士伍为贵，其苦乐利害，与农、工、商不甚相远也。后代之士，乃撞钟鼓、树台榭以极其欢，而农工鞭臀背、役筋力以奉其养。得仕者如升仙，不仕者若沈泉。欢娱忧苦，若天地之相远也。故非类之人，或没死以趋上，构奸以入官。非惟求利，亦以避害也。唐选举好弊之滋，亦始高宗时。《新志》谓是时"仕者众，庸愚成集。有伪立符告而矫为官者，有接承他名而参调者，有远人无亲而置保者。试之日，冒名代进，或旁坐假手，或借人外助，多非其实。虽繁设等级，递差选限，增谴犯之科，开纠告之令以过之，犹不能禁。大率十人竞一官，余多委积不可遣。有司患之，谋为黜落之计，以僻书隐学为判目，无复求人之意，而吏求货贿，出入升降"。自此以后，以大体言之，殆如江河日下，虽时或整顿，终不能挽其横流之势也。至五代而极矣。薛《史·唐庄宗纪》：同光二年九月，宣宰臣于中书磨勘吏部选人，谬滥者焚毁告敕。十一月，时有选人吴延皓，取亡叔故旧名求仕。事发，延皓付河南府处死，尚书左丞判吏部尚书铨事崔沂已下贬官。此事乃郭崇韬所为。四年三月，左拾遗王松、吏部员外郎李慎仪上疏攻之。谓其年选人及行事官一千二百五十余员，得官者才及数十。以致二年（924）以来，选人不敢赴集，铨曹无人可注，中书无人可除。中书、门下请酌中定制，从之。事见薛《史·选举志》：志述时议，谓措绅之家，自无甄别。或有伯、叔告敕，鬻于同姓之家，随略更改，因乱昭穆。至有季父、伯舅，反拜侄、甥者。松乃韦说门人，说教其上此疏，识者非之。可见崇韬虽操切，其所举发，多不诬也。昔李膺、周举为刺史，守、令畏惮，睹风投印绶者四十余城。夫岂不怀？顾汉法不可偷也。自隋变选法，则虽甚愚之人，第能乘一劳，结一课，获入选叙，则循资授职，族行之官，随列拜揖，藏俸积禄，四周而罢，因缘侵渔，抑复有焉。其罢之日，必妻孥华楚，仆马肥脂，而偃仰乎士林之间。及限又选，终而复始。非为巨害，至死不黜。故里语谓人之为官若死然，未有不了而倒还者。为官如此易，享禄如此厚，上法如此宽，下敛如此重，则人孰不违其害以就其利者乎？"又设为问难而自释之曰："或曰：今四方诸侯，或有未朝觐者。若天下士人，既无常调，久不得禄，人皆嗟怨，必相率去我，入于他境，则如之何？答曰：善哉问乎！辟举法行，则搜罗必尽。自中人以上，皆有位矣。禄不及者，皆下劣无任之人。复何足惜？当今天下凋弊之本，实为士人太多。何者？凡士人之家，皆不耕而食，不织而衣，使下奉其上不足故也。大率一家有养百口者，有养十口者，多少通计，一家不减二十人，万家约有二十万口。今有才者既为我用，愚劣者尽归他人，有万家归之，则二十万人食其黍粟，衣其缣帛，享其禄廪，役其人庶。我收其贤，彼得其愚；我减浮食之口二十万，彼加浮食之人二十万；则我弊益减，而彼人益困。自古兴邦制敌之术，莫出于是。惟惧去我之不速也，夫何患焉？"沈氏言辟举之利，庸或太过，其言士人所以求仕之故，则可谓深切著明矣。求仕者此辈，司铨叙者亦此辈也，安得不互相徇隐？而督责之道，亦安可废乎？督责愈弛，则奸弊愈滋，庶政皆然，何独选举？然则州郡之辟举安得替？虽明知吏部之不任，犹不得不以选权尽归之乎？故曰：隋、唐铨法之变，实专制政治演进之理然也。

夫奸弊非独地方有之也，中央亦然。沈既济谓当时公卿，子弟亲戚，随位高低，各有分数，不在放限，则几于成为常例矣。德宗，严明之主也。虽陆贽欲令台省长官荐达其下，犹所不许，而李实，《旧书》本传言：吏部将奏，科目奥密，朝官不通书问，实乃身诣选曹，迫赵宗儒，且以势恐之。权德舆为礼部侍郎，实托私荐士，不能如意，后遂大录二十人，迫德舆曰："可依此第之，不尔，必出外官，悔无及也。"德舆虽不从，然颇惧其诬奏。唐史于实，容有谤辞，然德宗虽严，此等事仍不能免，则较然矣。徐浩为吏部侍郎，乃以妾弟冒选，托侍郎薛邕注授京尉，亦见《旧书》本传。则居其职者，且躬自为之，而请托更不足道矣。薛《史·唐明宗纪》：长兴二年五月，"诏近闻百执事等，或亲居内职，或贵列廷臣，或宣达君恩，或句当公事，经由列镇，干挠诸侯，指射职员，安排亲昵。或潜示意旨，或显发书题。自今后一切止绝。有所犯者，发荐人贬官，求荐人流配。如逐处长吏自徇人情，只仰被替人诣阙上诉，长吏罚两月俸，发荐人更加一等，被替人却令依旧"。当时中央之于地方，肆行请托如此。柳仲郢之知吏部铨也，"当调者持阙簿令自阅，即拟唱，吏无能为奸"，《新书》本传。则吏之为奸者又多矣。不特此也，即宰相亦干吏部之权。杜氏所谓执政参吏部之职也。唐制，六品以下官，本由尚书省奏拟，开元四年（716），始制员外郎、御史、起居、遗、补不拟。《新志》谓由是铨司之任轻矣。陆贽令台省长官，各举其属，而德宗罢之，贽争之曰："国朝五品已上，制敕命之，盖宰相商议奏可者也？六品已下则旨授，盖吏部铨材署职，诏旨画闻而不可否者也？开元中，起居、遗、补、御史等官，犹并列于选曹，其后幸臣专朝，舍金议而重己权，废公举而行私惠。是使周行庶品，苟不出时宰之意，则莫致也。"唐中叶之元载，五代时之苏逢吉是也。唐昭宗之在凤翔，亦既身居围城之中矣，而韦诒范乃多受人赂，至居母丧日，为债家所噪，乃汲汲谋起复，《通鉴》天复二年（902）。不诚令人齿冷乎？然积弊如武、韦之世，姚、宋起，即一扫而空之矣，若藩镇则散在四方，收摄不易，复何从一举而廓清之乎？故同是有弊，与其外滥，终无宁内收也。

以言语觇吏才，盖莫如判，然后亦全失初意。《通典》云："初吏部选才，将亲其人，覆其吏事，始取州县案牍疑义，试其断割，而观其能否，此所以为判也。后日月寝久，选人猥多，案牍浅近，不足为难，乃采经籍古义，假设甲乙，令其判断。既而来者益众，而通经正籍，又不足以为问，乃征僻书曲学隐伏之义问之，惟惧人之能知也。佳者登于科第，谓之入等，其甚拙者，谓之蓝缕，各有升降。选人有格限未至而能试文三篇，谓之宏词，试判三条，谓之拔萃，亦曰超绝，词美者得不拘限而授职。"此其难之也同于帖经，其取之也同于杂文矣。《评》曰："自魏三主，俱好属文。晋、宋、齐、梁，风流弥扇。浇讹之弊，极于有隋。唐当创业之初，承文弊之极，群公不议救弊以质，而乃因习尚文。尔后有司，尊贤之道，先于浮华，辨论之方，择于书判。文辞取士，是审才之末者，书判又文辞之末也。"言之可谓痛切矣。后唐明宗天成四年（926），中书奏："吏部流外铨诸色选人试判两节，并以优劣等第申奏。仍准元敕：业文者任征引今古，不业文者但据公理判断。"此不业文者，固未必遂有吏才，然据理判断，却近试判之初意也。天宝初，吏部侍郎苗晋卿、宋遥主选，以御史中丞张倚男奭居首。众知奭不读书，论议纷然。安禄山奏之。玄宗大集登科人，御花萼楼亲试。登第者十无一二。而奭手持试纸，竟日不下一字，时谓之曳白：《旧书·晋卿传》。号称尚文之朝，而其事如此，不尤堪齿冷乎？《晋卿传》又云：性谦柔。选人有诉讼索好官者，虽至数千言，或声色甚厉者，必含容之，略无愠色。又《裴遵庆传》：遵庆以永泰初知选事。选人天兴县尉陈琯，于铨庭言辞不逊，凌突无礼。代宗诏付遵庆，于省门鞭三十，贬为吉州员外司户参军。此等必皆有恃而然，故欲祛选弊，至烦天子亲试也。

与辟举之意相通者为论荐，其意亦欲以广识拔，毋令吏部专凭资格用人也。然其效更不如辟举。以辟举犹自用之，论荐则徒升诸朝，更易瞻徇情面也。《旧书·德宗纪》：建中元年（780）敕诏："常参官、诸道节度、观察、防御等使，都知兵马使、刺史、少尹、畿、赤令、大理司直、评事等，授讫，三日内于四方馆上表，让一人以自代。其外官，委长吏附送。其表付中书、门下，每官阙，以举多者授之。"《懿宗纪》：咸通四年（863）敕诏又云："中外官宜准建中元年（780）敕，授官后三日举一人自代。"此即晋世刘寔所建，特此以诏旨行之而已。魏玄同以高宗时为吏部侍郎，上疏论选举云："惟贤知贤，圣人笃论。身且滥进，鉴岂知人？今欲务得实才，兼宜择其举主。"盖以其时官方本甚浊乱云然也。薛登论选举则云："汉法，所举之主，终身保任。请宽立年限，容其采访。简汰堪用者，令其试守，以观能否。参验行事，以别是非。称职者受荐贤之赏，滥举者抵欺罔之罪。自然举得贤行，则君子道长矣。"案人藏其心，不可测度；

先后变节，尤难豫知；以所举之非贤，坐及举主，似失之酷。然犯罪情节，各有不同。审所举者之罪，以定举之者之负，而稍偏于宽，似于情理无悖。沈既济禁约杂条，以所举者犯罪之多寡，一人夺禄一年，二人夺赐，三人夺阶及爵，四人解见任职事官，五人贬官，六人除名。有犯赃罪至流以上者，倍论之。举用后续知过缪，具状申述，及自按劾者勿论。及其有无罔上之意，纳赂、属托、亲故、明知不善而故举，皆以罔上论，不在官赎之限。定举主罪之轻重，说亦不失平允也。然此等皆议论云尔，按其实，则事大不然。薛《史·职官志》：后唐同光二年三月，中书门下奏："近日诸道，多是各列官衔，便指州县，请朝廷之正授，树藩镇之私恩。自今后，大镇节度使，管内三州已上者，每年许奏管内官三人，以下者二人。仍须课绩尤异，方得上闻。防御使一人。刺史无奏荐之例，不得辄乱规程。"周广顺元年五月，诏今后州府不得奏荐无前官及无出身人。《通鉴》：晋天福三年三月，中书舍人李详上疏，以为"十年以来，赦令屡降，诸道职掌，皆许推恩。而藩方论荐，动逾数百。乃及藏典、书吏、优伶、奴仆"。观此，而所谓奏荐者可知矣。

铨选之地，尚不专于京邑。《新书·选举志》曰："太宗时，以岁旱谷贵，东人选者，集于洛州，谓之东选。高宗上元二年（675），以岭南五管，黔中都督府得即任土人，而官或非其才，乃遣郎官御史为选补使，谓之南选。《旧书·职官志》云：岭南、黔中，三年一置选补使，号为南选。《通典》云：黔中、岭南、闽中，郡县之官，不由吏部，以京官五品以上一人充使就补，御史一人监之，四岁一往，谓之南选。《通鉴》高宗总章二年（669）述唐铨法云："其黔中、岭南、闽中州县官，不由吏部，委都督选择土人补授。仪凤二年八月云：敕桂、广、交、黔等都督府，比来注拟土人，简择未精，自今每四年遣五品已上清正官充使，仍令御史同往注拟。时人谓之南选。"《旧书·韩思复传》：曾孙佽，出为桂州观察使。桂管二十余郡，州掾而下至邑长三百员，由吏部补者什一，他皆廉使量其才而补之。佽既至桂，吏以常所为官者数百人引谒。一吏执籍而前曰："具员请补其阙。"佽戒曰："在任有政者，不夺所理。有过者必绳以法。阙者俟稽诸故籍，取其可者，然后补之。"会春衣使内官至，求贿于邮吏，三豪家因厚其资，以求邑宰。佽悉诺之。使去，坐以挠法。各笞其背。自是豪猾敛迹。皆得清廉吏，以苏活其人。其后江南、淮南、福建，大抵因水旱，皆遣选补使，即选其人。而废置不常，选法又不著，故不复详焉。"《陔余丛考》有唐吏部分东选南选一条，可以参看。案唐时又有因兵乱遣使即选者，如肃宗时以崔涣为江淮宣谕选补使是也。《旧书·涣传》：赵匡言举选十弊，其六曰："大抵举选人以秋初就路，春末方归，休息未定，聚粮未办，即又及秋，事业不得修习，益令艺能浅薄。"其七曰："羁旅往来，糜费实甚。非惟妨阙正业，盖亦隳其旧产。未及数举，索然已空。"其八曰："贫窭之士在远方，欲力赴京师，而所冀无际，以此揆度，遂至没身。使斯人有抱屈之恨，国家有遗才之叹。"其九曰："官司运江淮之储，计五费其四，乃达京邑。刍薪之贵，又十倍四方。而举选之人，每年攒会。计其人畜，盖将数万？无成而归，十乃七八。徒令关中烦耗。"皆与举选集于京邑有关。沈既济之论曰："或曰：帝王之都，必浩穰辐凑，士物繁合，然后称其大。若权散郡国，远人不至，则京邑索矣。自古至隋，数百千年，选举之任，皆分郡国，当汉文、景、武帝之时，京师庶富，百廛九市不得顾，车不得旋，岂待举选之士为其助哉？自隋罢外选，招天下之人，聚于京师。春还秋往，鸟聚云合。穷关中地力之产，奉四方游食之资。是以筋力尽于漕运，薪粒方于桂玉。是由斯人，索我京邑。且权分州郡，所在辟举，则四方之人，无有退心，端居尊业，而禄自及，禄苟未及，业常不废。若仕进外绝，要攒乎京，货鬻田产，竭家赢粮，糜费道路，交驰往复，是驱地著而为浮冗也。王者当繁其天下，岂廛闬之间，校其众寡哉？"可与此论相发明。又云："选人不约本州所试，悉令聚于京师，人既浩穰，文簿繁杂，因此渝滥，其事百端。"则纲纪且因之隳坏矣，其为议者所訾，固无足怪。即选之法，盖亦所以稍救其弊邪？且政权贵乎普及，遐方之士，自有不乐远宦者，如《新书·欧阳詹传》言闽、越之士，当唐中叶以后，尚不乐北宦是也。见第十六章第五节。此等苟非有即选之法，而乡官又废，则并不获仕于州郡矣，亦将使远人觖望也。

选权既专归吏部，自必惟论资格。《新书·选举志》曰："初铨法简而任重。高宗总章二年（669），司列少常伯吏部侍郎。裴行俭，始设长名、榜引，铨注法。复定州县升降为八等。其三京、五府、都护、都督府，悉有差次。量官资授之。其后李敬玄为少常伯，委事于员外郎张仁祎，仁祎又造姓历，改状样、铨历等程式，而铨总之法密矣。"《敬玄传》云：拜西台侍郎同东西台三品，兼检校司列少常伯。时员外郎张仁祎有敏才，敬玄委以曹事。仁祎为造姓历、状式、铨簿。钳键周密，病心太劳死。敬玄因其法，衡综有序。自永徽后，选员浸多，惟敬玄居职有能称。《旧书·裴行俭传》云：行俭始设长名、姓历、榜引、铨注等法，又定州县升降，官资高下，以为故事。《通典》同。《通鉴》云：行俭与张仁祎设长名、姓历、榜引、铨注之法，又定州县升降，官资高下。《新书·行俭传》则云：行俭始设长名榜铨注等法，又定州县升降，资拟高下为故事。合观诸文，《新传》"榜"字下疑夺一"引"字，"姓历"则别一时所造也。行俭创法后，其子光庭又继之。《新志》云：开元十八年（730），侍中裴光庭兼吏部尚书，始作循资格。而贤愚一概，必与格合，乃得铨授。限年蹑级，不得逾越。于是久淹不收者皆便之，谓之圣书。及光庭卒，中书令萧嵩以为非求才之方，奏罢之。乃下诏曰："凡人年三十而出身，四十乃得从事。更造格，以分寸为差。若寻新格，则六十未离一尉。自今选人才业优异有操行。及远郡下寮，名迹稍著者，吏部随才甄择之。"《光庭传》云：初吏部求人，不以资考为限，所奖拔惟其才。往往得俊乂任之，士亦自奋。其后士人猥众，专务趋竞，铨品枉桡。光庭惩之。因行俭长名榜乃为循资格。无贤不肖，一据资考配拟。又促选限尽正月。任门下省主事阎麟之，专主过官。素与萧嵩轻重不平。及卒，嵩奏一切罢之。博士孙琬，以其用循资格，非奖劝之谊，谥曰克。时以为希嵩意。帝闻，特赐谥曰忠宪。《旧传》略同。又云：其流外行署，亦令门下省之。《职官志》云："光庭始用循资格，以注拟六品以下选人。其后每年虽小有移改，然相承至今用之。"《通典》云："光庭为侍中，以选人既无常限，或有出身二十余年而不获禄者，复作循资格。定为限域。凡官罢满，以若干选而集，各有差等。卑官多选，高官少选。贤愚一贯，必合乎格者，乃得铨授。自下升上，限年蹑级，不得逾越。久淹不收者皆荷之，谓之圣书。虽小有常规，而抢才之方失矣。其有异才高行，听擢不次，然有其制而无其事，有司但守文奉式，循资例而已。"《通鉴》云："先是选司注官，惟视其人之能否。或不次超迁，或老于下位。有出身二十余年不得禄者。又州县亦无等级，或自大入小，或初近后远，皆无定制。光庭始奏用循资格。各以罢官若干选而集。官高者选少，卑者选多。无问能否，选满即注。限年蹑级，毋得逾越。非负谴者，皆有升无降。其庸愚沈滞者皆喜，谓之圣书，而才俊之士，无不怨叹。宋璟争之不能得。光庭又令流外行署，亦过门下省审。"开元十八年(730)。开元二十一年六月，"制自今选人有才业操行，委吏部临时擢用。流外奏用，不复引过门下。虽有此制，而有司以循资格便于己，犹踵行之"。案《新书·张九龄传》，亦言九龄为相，上言废循资格，则时议之于循资，无以为然者。然出身二十余年而不获禄，其为沈滞，宁不更甚于六十未离一尉？为国求才，既非凡士大夫之素志，亦非吏部以一人尽揽九流，并其面而不识，而有待于保识者所能办，则限年蹑级，不犹足以息奔竞之风乎？苏轼有言："巧者侵夺已甚，则拙者迫休无聊"，果至于斯，官场风气，必也益坏，限年蹑级，不犹愈乎？薛《史·唐庄宗纪》：同光二年八月，中书门下奏"请差左丞崔沂等同详定选司长定格、循资格、十道图，从之"。欧《史·姚传》，言其为相，"循资、长定旧格，岁久多舛，因增损之。选人多不便之。往往邀遮宰相，喧诉不逊。颎等无如之何。废帝为下诏书禁止"。足见此法之不能废，亦足见不便之者，实皆幸进之徒也。

用人之要，不越儒吏两途。论者恒贵儒于吏，盖以吏徒能奉行故事，儒则明于治道，可与议法，即用法亦能得法外意也。儒而惟知记诵、辞章，则其不知治道，亦与吏等，而明习法令，知民情伪，或反不逮焉，而犹执旧说不变，则士夫之偏见也。然议论可以偏袒，事实不相假借，故吏之见用，卒随世而盛焉。牛弘言令史百倍于前，则其明证。刘炫推求其故，谓由文案之密。文案非士夫所乐为，并非其所能为，乃不得不多任胥史。任胥史不可无以督察之，或并非不习文法者所能，于是长官亦或出于是矣。《隋书·儒林传序》谓"曩之弼谐庶绩，必举德于鸿儒，近代左右邦家，咸取士于刀笔"是也。文书委积，则奸弊丛生，此由纲纪坏而宠赂彰，督责疏而比周密，初不关乎流品，而论者又多以是为言。如《隋书·刘炫传》言："高祖之世，以刀笔吏类多小人，年久长奸，势使然也，于是立法：州县佐史，三年而代。"是其事矣。此亦士夫偏见。《炫传》又言："诸郡置学官及流外给廪，皆发自炫。"然则流外初不给廪，又何以责其廉乎？《新书·刘晏传》云：晏尝言士有爵禄，则名重于利，吏无荣进，则利重于名，故检劾出纳，一委士人，吏惟奉行故事而已，爵禄独非利乎？显为名者，孰不阴以为利？至于二者不相容，则箪食豆羹见于色矣。《关播传》：播迁给事中。"故事，诸司甲库，以令史直曹，刓脱为奸，播悉易以士人，时韪其法。"夫岂知言也哉？《傅奕传》：唐初，太仆卿张道源建言："官曹文簿，繁总易欺，请减之以钤吏奸。"公卿举不谓然。奕独是之。为众沮誉不得行。奕与道源之见，实与刘炫同，然炫谓省官不如省事，不谓事未省而官可遽省，奕与道源，乃徒欲去文簿，宁不知文簿之设，本所以钤奸邪？文簿繁而奸又生，犹之为之斗斛权衡而又见窃。然因此而剖斗折衡，可乎？《李泌传》：泌为相，请复张延赏所减吏员。德宗问："今户口减承平时几何？"曰："三之一。"帝曰："人既凋耗，员何可复？"泌曰："户口虽耗，而事多承平时十倍，陛下欲省州县则可，而吏员不可减。"泌之为此，盖不能无违道干誉？然其说则是也。职是故，吏之见用，卒随世而益盛。

《通考》云："武德初，天下初定，京师粜贵，远人不愿仕流外，始于诸州调佐史及朝集典充选。不获已而为之。遂促年限，优以叙次。六七年有至本司主事及上县尉者。自此之后，遂为宦途。总章初，诏诸司令史考满者限试一经。时人嗟异，著于谣颂。"急而求之，已又加以限制，固无怪人心之不平也。然轩轾之见，即当急而求之之时，亦未能免。太宗穷诘张玄素出身以挫之，是其事矣。《旧书·薛收传》：从孙稷，睿宗时参知政事。睿宗以钟绍京为中书令，稷劝令礼让。因入言于帝曰："绍京素无才望，出自胥吏，虽有功勋，未闻令德，一朝超居元宰，师长百僚，臣恐清浊同贯，失于圣朝具瞻之美。"帝然其言，因绍京表让。遂转为户部尚书。此与玄宗欲加牛仙客尚书，而张九龄以其本河湟使典争之，正相类也。显庆中，刘祥道言："尚书省二十四司，及门下省、中书都事、主书、主事等，比来选补，皆取旧任流外有刀笔之人。纵欲参用士流，皆以俦类为耻。前后相承，遂成故事。且掖省崇峻，王言秘密，尚书政本，人物攸归，而多用胥徒，恐未尽铨衡之理。望有厘革，稍清其选。"此儒吏之显相争者也。

《新书·选举志》云：凡医术，不过尚药、奉御、阴阳、卜筮、图画、工巧、造食、音声及天文，不过本色局署令。鸿胪译语，不过典客署令。此皆因其才而用之，未可谓之歧视，然终亦不免轻视其人。《旧书·傅奕传》：高祖践阼，召拜太史丞。太史令庾俭，以其父质，在隋言占候忤炀帝意，竟死狱中，遂惩其事；又耻以数术进；乃荐奕自代。《新书·阎让传》：弟立本。太宗与侍臣泛舟春苑池，见异鸟，容与波上，悦之，诏坐者赋诗，而召立本俾状。阁外传呼画师阎立本。是时已为主爵郎中。俯伏池左，研吮丹粉，望坐者羞怅流汗。归，戒其子曰："吾少读书，文辞不减侪辈，今独以画见名，与厮役等，若曹慎毋习。"此其见轻，可谓甚矣。此自为非是。然艺术之士之见轻，亦有以其甘为嬖幸者，此则攻击之者，意又在于袪除弊事，非尽攻击其人矣。《旧书·韦贯之传》：宪宗时，转礼部员外郎。新罗人金忠义，以机巧进，至少府监，荫其子为两馆生。贯之持其籍不与，曰："工商之子不当仕。"《职官志·吏部职》云："凡官人，身及同居大功已上亲，自执工商，家专其业，及风疾使酒，皆不得入仕。"忠义以艺通权幸，为请者非一。贯之持之愈坚。既而疏陈忠义不宜污朝籍，辞理恳切，竟罢去之。又《曹确传》：懿宗以伶官李可及为威卫将军。确执奏曰："臣览贞观故事，太宗初定官品令，文武官共六百四十三员，顾谓房玄龄曰：朕设此官员，以待贤士。工商、杂色之流，假令术逾侪类，止可厚给财物，必不可超授官秩，与朝贤君子，比肩而立，同坐而食。大和中，文宗欲以乐官尉迟璋为王府率，拾遗窦洵直极谏，乃改授光州刺史。伏乞以两朝故事，别授可及之官。"帝不之听。此两事，皆非徒以其为杂色之流而轻之也。中宗置公主府官属，安乐府所补，猥滥尤多。左拾遗辛替否上疏，谓"富商豪贾，尽在缨冕之流，粥技行巫，咸涉膏腴之地"，使仍而弗革，尚复成何事体邪？

　　门荫亦为弊法。魏玄同之言曰："从政莅官，不可以无学。今贵戚子弟，例早求官，或髫龀之年，已要银艾，或童丱之岁，已袭朱紫。弘文、崇贤之生，千牛、辇脚之徒，课试既浅，技能亦薄，而门阀有素，资望自高。"《通典》。然则一至高门，而铨法皆废矣。郑善果父诚，讨尉迟迥战死，善果年十四而授沂州刺史。《隋书·列女传》。高劢者，骈之从子。朝廷优假骈，亦十四遥领华州刺史。薛《史·劢传》。此等纵不自为政，然稍长必历高官，奚翅使人学制美锦哉？《旧书·李怀远传》：宗人欲以高荫相假，怀远拒之。退而叹曰："因人之热，高士不为，假荫求官，岂其本志？"则荫并有假冒不实者矣。

　　《通考》以唐之捉钱令史、纳课品子为赀选，捉钱令史，后虽利其钱，初固与钱令捉，若纳课品子，则真赀选矣。其尤甚者，则为丧乱时事。《通考》：至德二年七月，宣谕使侍御史郑叔清奏："承前诸使下召纳钱物，多给空名告身，虽假以官，赏其忠义，犹未尽才能。今皆量文武才艺，兼情愿稳便，据条格议同申奏闻，便写告身。诸道士、女道士、僧、尼如纳钱，请准敕回授余人。并情愿还俗授官、勋、邑号等亦听。如无人回授，及不愿还俗者，准法不合畜奴婢、田宅、赀财，既助国纳钱，不可更拘常格。其所有赀财，能率十分纳三分助国，余七分并任终身自荫。身殁之后，亦任回与近亲。又准敕纳钱百千文，与明经出身：如曾受业，粗通帖策，修身谨行，乡曲所知者，量减二十千文。如先经举送，到省落第，灼然有凭，帖策不甚寥落者，减五十千文。若粗识文字，准元敕处分。未曾读学，不识文字者，加三十千。应授职事官并勋、阶、号及赠官等，有合荫子孙者：如户内兼荫丁、中三人以上免课役者，加一百千文。每加一丁、中，累加三十千文。其商贾：准令所在收税，如能据所有赀财，十分纳四助军者，便与终身优复。如于救条外，有悉以家产助国，嘉其竭诚，待以非次。如先有出身及官资，并量资历好恶，各据本条格例节级优加拟授。如七十以上，情愿授致仕官者，每色内量十分减二分钱。"此奏于虚名外兼粥实官，官职外并粥出身，乃至不识文字者，可同明经，可谓甚矣。《注》云："权为此制，寻即停罢。"盖所得仍不多也。《通考》又云："元和十二年（817），诏入粟助边，古今通制。如闻定州侧近，秋稼方登，念切救人，不同常例。有人能于定州纳粟五百石者，放优出身，仍减三选。一千石者，无官便授释褐官，有官者依资授官。二千石者超两资。如先有出身及官，情愿减选者，每三百石与减一选。"《旧纪》：诏以定州饥，募人入粟受官及减选、超资。时亦直用兵之际，无力救灾，故其优假如此也。

《通考》又记元和时事云："又敕入蕃使不得与私觌正员官告，量别支给。"案《新书·循吏传》：韦丹，顺宗为太子，以殿中、侍御史召为舍人。新罗国君死，诏拜司封郎中往吊。故事，使外国赐州县十官，卖以取赀，号私觌官。丹曰："使外国不足于赀，宜上清，安有贸官受钱？"即具疏所宜费。帝命有司与之，因著令，盖即此事也。《通考》又云：十五年（820），复其制。入回鹘使仍旧与私觌正员官十三员，吐蕃使八员。盖亦以费用不给之故？《新书·胡证传》：太和公主降回鹘，以检校工部尚书为和亲使。旧制，行人有私觌礼，县官不能具，召富人子纳赀于使，而命之官。证请俭受省费，以绝粥官之滥。盖其制又曾暂废？然恐亦不能久也。

清浊之别，隋、唐世仍有之。卢恺当开皇初，除吏部侍郎，后摄尚书事，何妥攻其与苏威朋党，除名。《传》言："周氏以降，选无清浊，及恺摄吏部，与薛道衡、陆彦师等甄别士流，故涉党固之诮。"而《彦师传》言："凡所任人，颇甄别于士庶，论者美之。"则周氏一时之事，未能变累世相袭之风也。唐世，"职事官资，清浊区分，以次补授"，详见《旧书·职官志》。又《韦温传》：文宗时，迁尚书右丞吏部员外郎。盐铁判官姚勖知河阴院，尝雪冤狱。盐铁使崔琪奏加酬奖，乃令权知职方员外郎。制出，令勖上省。温执奏曰："国朝已来，郎官最为清选，不可以赏能吏。"上令中使宣谕，言勖能官，且放入省。温坚执不奉诏。乃改勖检校礼部郎中。翼日，帝谓杨嗣复曰："韦温不放姚勖入省，有故事否？"对曰："温志在铨择清流，然姚勖士行无玷，梁公元崇之孙，自殿中判盐铁案，陛下奖之宜也。若人有吏能，不入清流，孰为陛下当烦剧者？此衰晋之风也。"上素重温，亦不夺其操。可见区别之严矣。

　　重内轻外之风，隋、唐时颇甚。贞观、开元之世，亟欲挽之，然皆未能奏效。肃、代以后，乃幡然一变，力求重内而不得矣。此可见制度与事势乖违，终必有名无实也。《新书·循吏传》曰："太宗尝曰：朕思天下事，丙夜不安枕。永维治人之本，莫重刺史，故录姓名于屏风，卧兴对之，得才否状，辄疏之下方，以拟废置。又诏内外官五品以上举任县令者。都督、刺史，职察州县。间遣使者，循行天下，劾举不职。始都督、刺史，皆天子临轩册授，后不复册，然犹受命日对便殿赐衣物乃遣。玄宗开元时，已辞，仍诣侧门候进止。又锢废酷史。诏三省侍郎缺，择尝任刺史者；郎官缺，择尝任县令者。宰相、名臣，莫不孜孜言长人不可轻授、亟易。是以授受之间，虽不能皆当，而所得十五。故协气嘉生，薰为太平，垂祀三百，与汉相埒。"此言虚美无实。《隋书·循吏·柳俭传》：高祖初有天下，妙简贤能，出为牧宰，以俭仁明著称，擢拜蓬州刺史。蜀王秀得罪，坐与交通免。炀帝嗣位，征之。于时以功臣任职，牧州领郡者，并带戎资，惟俭自良吏。帝嘉其绩用，特授朝散大夫，拜弘化太守，赐物一百段而遣之。然则隋高虽留心政事，至炀帝世，武人之司牧者犹多。《旧书·马周传》：周于太宗时上言："今朝廷独重内官，县令、刺史，颇轻其选。刺史多是武夫勋人，或京官不称职，方始外出。而折冲、果毅之内，身材强者，先入为中郎将，其次始补州任。边远之处，用人更轻。其材堪宰位，以德行见称擢者，十不得一。百姓未安，殆由于此？"是太宗亦未能革隋世之弊也。高宗以后，迁流弥甚。《旧书·韦嗣立传》：长安中，则天与宰臣议及州县官吏。纳言李峤，夏官尚书唐休璟等奏："窃见朝廷物议，莫不重内官，轻外职。每除授牧伯，皆再三披诉。比来所遣外任，多是贬累之人。风俗不澄，实由于此。"中宗时，嗣立上疏，言："刺史县令，理人之首。近年已来，不存简择。京官有犯及声望下者，方遣牧州。吏部选人，暮年无手笔者，方拟县令。"《萧至忠传》：中宗时上疏云："伏见永徽故事，宰相子弟，多居外职者。愿降明敕，令宰相已下及诸司长官子弟，并改授外官。"《卢怀慎传》：景龙中上疏云："比来州牧上佐及两畿县令，下车布政，罕终四考。在任多者一二年，少者三五月，遽即迁除，不论课最。或有历时未改，便倾耳而听，跂踵而望。争求冒进，不顾廉耻。"又云："内外官人，有不率宪章，公犯臧污，侵牟万姓，剥割蒸人，鞫按非虚，刑宪已及者，或俄复旧资，虽负残削之名，还膺牧宰之任。或江淮岭碛，微示惩贬，而徇财黩货，罕能悛革。小州远郡，蛮陬夷落，何负圣化，独受其弊乎？"皆可见其每况愈下之状。开元初，有人密奏：吏部选叙太滥，县令非材，全不简择。谢官日引入殿庭，问安人策一道。试者二百余人。韦嗣立子郓城令济第一。或有不书纸者。擢济为醴泉令。二十余人还旧官。四五十人放归习读。是试者二百人，不合格者殆三之一也。此据《旧书·韦嗣立传》，《通鉴》从《唐历》云：惟郓城令韦济词理第一，擢为醴泉令。余二百余人不入第，且令之官。四十五人放归学问。二年正月，"制选京官有才识者除都督、刺史，都督、刺史有政迹者除京官，使出入常均，永为恒式"。《通鉴》。然三年（715），张九龄言："京华之地，衣冠所聚，子弟之间，声名所出，从容附会，不劳而成。一出外藩，有异于是。人情岂忘其私，但法制之，不敢违耳。今不革之以法，无乃甚不可乎？臣以为宜悬以科条，定其资历。不历都督、刺史，虽有高第，不得入为侍郎、列卿。不历县令，虽有善政，亦不得入为台郎、给、舍。虽远处都督、刺史，至于县令，递次差降，以为出入，亦不十年频任京职，十年尽任外官。如此设科，以救其失，则内外通理，万姓获安。如积习为常，遂其私计，天下不可为理也。"《通典》。观其言，则二年之制，实未行也。四年（716），以尚书右丞倪若水为汴州刺史。扬州采访使班景倩入为大理少卿，过大梁，若水饯之，行立望其行尘，久之乃返。谓官属曰："班生此行，何异登仙？"《通鉴》。人情大可见矣。八年（720），宰相源乾曜言："形要之家，并求京职，俊乂之士，多在外官。三男俱是京任，望出二人。"《旧书》本传。此亦见二年之制，有文无实。《旧书·列女传》：宋庭瑜妻魏氏：父克己，有词学。则天时为天官侍郎。魏氏善属文。先天中，庭瑜自司农少卿左迁涪州别驾。魏氏随夫之任。中路，作《南征赋》以叙志。开元中，庭瑜累迁庆州都督。中书令张说，少时为克己所重。魏氏恨其夫为外职，乃作书与说，叙亡父畴昔之事，并为庭瑜申理。乃录《南征赋》寄说。说叹曰："曹大家东征之流也。"庭瑜寻转广州都督，道病卒，魏氏旬日亦殒。时人莫不伤之。使庭瑜不遽陨没，岂不转瞬内迁乎？十一年（723），山东旱，朝议选朝臣为刺史，以抚贫民，而至任多无可称。《旧书·王丘传》。十三年（725），帝自择刺史，凡十一人。治行，诏宰相、诸王、御史以上祖道洛滨。盛具，奏太常乐，帛舫水嬉。命高力士赐诗，帝亲书，且给纸笔令自赋，赍绢三千匹遣之。《新书·许景仙传》。其效亦可想矣。

安、史乱后，内外官轻重遽变。李皋抵法求外，事已见前。《新书·李泌传》：泌以贞元三年（787）同平章事。"是时州刺史月俸至千缗，方镇所取无艺，而京官禄寡薄，自方镇入为八座，至谓罢权。薛邕由左丞贬歙州刺史，家人恨降之晚。崔祐甫任吏部员外，求为洪州别驾。使府宾佐，有所忤者，荐为郎官。其当迁台阁者，皆以不赴取罪去。泌以为外太重，内太轻，乃请随官闲剧，普增其俸。时以为宜，而窦参多沮乱其事，不能悉如所请。"李实以外出迫权德舆，其说未知信否，即谓可信，唐中叶后，重内轻外者，亦惟此一事，况乎其说之实不可信也？然外官之见重，岂徒以其禄之厚哉？读《旧书·薛珏传》所述楚州营田事，即可见其禄之所由来。然此犹仅乾没而已。薛《史·相里金传》云：出为忻州刺史。凡部曲、私属，皆不令干与民事，但优其赡给，使分掌家事而已。故郡民安之，大有声绩。此可见刺史之下，倚势虐民者甚多。《安重荣传》云：晋高祖即位，授成德军节度使。自梁、唐已来，藩侯郡牧，多以勋授，不明治道。例为左右群小惑乱。卖官粥狱，割剥蒸民。率有贪猥之名，其实贿赂半归于下。惟重荣自能钩距，凡有争讼，多廷辩之。至于仓库耗利，百姓科敛，悉入于己，诸司不敢窥觎。此则括其下之所得，以归于己而已，民未获抒也。《刘审交传》：汉隐帝嗣位，用为汝州防御使。乾祐二年（949）春卒。郡人聚哭柩前，乞留葬本州界，立碑起祠，以时致祭。冯道闻之曰："予尝为刘汝州僚佐，知其为人。廉平慈善，无害之良吏也。刺辽、磁，治陈、襄、青，皆称平允，不显殊猷。其理汝也，又安有异哉？民之租赋，不能减也，徭役不能息也，寒者不能衣也，馁者不能食也，百姓自汲汲然，而使君何有于我哉？然身死之日，致黎民怀感如此者？诚以不行鞭朴，不行刻剥，不因公而徇私，不害物以利己，确然行良吏之事，薄罚宥过，谨身节用，安俸禄，守礼分而已。凡从事于斯者，孰不能乎？但前之守土者，不能如是，是以汝民咨嗟爱慕。今天下戎马之后，四方凶盗之余，杼轴空而赋敛繁，人民稀而仓廪匮，谓之康泰，未易轻言侯伯牧宰，若能哀矜之，不至聚敛，不杀无辜之民，和平宽易，即刘君之政，安足称邪？复何患不至于令名哉？"此可见当时所谓良吏者，并无足称，而其时之人，并此而不能为也。欧《史·郭延鲁传论》曰："乌乎！五代之民，其何以堪之哉？上输兵赋之急，下困剥敛之苛。自庄宗以来，方镇进献之事稍作，至于晋而不可胜纪矣。其添都、助国之物，动以千计；至于来朝、奉使、买宴、赎罪，莫不出于进献；而功臣大将，不幸而死，则其子孙率以家赀求刺史。其物多者，得大州善地；盖自天子皆以贿赂为事矣！则为其民者，其何以堪之哉？"又《王进传论》曰："五代之君，皆武人崛起，其所与俱勇夫悍卒，各裂土地，封侯王，何异豺狼之牧斯人也？虽其附托遭遇，出于一时之幸，然犹必皆横身敌陈，非有百夫之勇，则必有一日之劳。至如进者，徒以疾足善走而秉旄节，何其甚欤？"《廿二史札记》云："遍检薛欧二史，文臣为节度使者，惟冯道暂镇同州，桑维翰暂镇相州及泰宁而已。"其所以任之者如此。然果以贼民乎？抑以自贼乎？《五代史阙文》云：晋高祖引契丹围晋安寨，降杨光远，清泰帝至自覃怀，京师父老迎于上东门外。帝垂泣不止。父老奏曰："臣等伏闻前唐时，中国有难，帝王多幸蜀以图进取。陛下何不且入西川？"帝曰："本朝两川节度使，皆用文臣，所以明皇、僖宗，避寇入蜀。今孟氏已称尊矣，吾何归乎？"因恸哭入内，举火自焚。黄梨洲《明夷待访录》言：明之亡，从死者皆文臣，后起义兵者皆文臣及儒生，武人则无不以其众幸富贵，然后知承平时视如徒隶者未必非。乌乎！何其言之痛也？然则好用武人者，果以贼民乎？抑以自贼也？

　　回避之法，大体后密于前。《旧书·职官志》：吏部，"凡同司联事、句检之官，皆不得注大功已上亲"。《杨嗣复传》：元和十年（815），累迁至刑部员外郎。郑馀庆为详定礼仪使，奏为判官。改礼部员外郎。时父于陵为户部侍郎。嗣复上言："与父同省非便，请换他官。"诏曰："应同司官有大功以下亲者，但非连判及句检之官并官长，则不在回避之限。如官署同，职司异，虽父子兄弟，无所避嫌。"此正《职官志》所云。《良吏传》：贾敦颐，弟敦实，贞观中为饶阳令。时敦颐复授瀛州刺史。旧制，大功以上，不复连官。朝廷以其兄弟在职，俱有能名，竟不迁替。此则出于法外者矣。

考课之法，衰世必衰，以莫操督责之术也。《隋书·李谔传》：谔以当官者好自矜伐，奏论其弊曰："用人惟信其口，取士不观其行。矜夸自大，便以干济蒙擢，谦恭静退，多以恬默见遗。是以通表陈诚，先论己之功状，承颜敷奏，亦道臣最用心。自炫自媒，都无惭耻之色。强干横请，惟以乾没为能。"又谓隋时，刺史入觐，仍有"言辞不逊，高自称誉"者。盖自州郡割据以来，尾大不掉，致成此积习也。隋世考课自较严，然权集中枢，又苦不知地方情状，于是愿者敷衍塞责，狡者且上下其手矣。《房彦谦传》："迁秦州总管录事参军。尝因朝集时，左仆射高颎定考课，彦谦谓颎曰：诸州考校，执见不同，进退多少，参差不类；况复爱憎肆意，致乖平坦？宰贵既不精练，斟酌取舍；曾经驱使者，多以蒙识获成，未历台省者，皆为不知被退；又四方县远，难可详悉，惟量准人数，半破半成，徒计官员，莫顾善恶；自然欲求允当，其道无由。"谓宜"远布耳目，精加采访，褒秋豪之善，贬纤介之恶"。此岂可致之事邪？行之既久，终必至于不辨功罪，惟校岁月而已。"炀帝制百官不得计考增级，其功德行能有昭然者乃擢之"，《通典》。可见其弊已著矣。唐代考课，属吏部之考功。应考之官，具录当年功过行能，本司及本州考官对众读，议其优劣，定为九等考第，各于所由司准额校定，然后送省。内外文武官，量远近以程之，附朝集使送簿至省。每年别敕定京官位望高者二人，一人校京官考，一人校外官考。又定给事中、中书舍人各一人，其一人监京官考，一人监外官考。考功郎中判京官考，员外判外官考。京官集应考之人对读注定，外官对朝集使注定。凡考课之法，有四善、二十七最，分为九等。其流外官，本司量其行能功过，立四考等第而勉进之。亲、勋、翊卫等，略有三等。据《旧书·职官志》。《新书·百官志》略同。任期初因隋为四年，后减为三。《通典》载沈既济请改革选举事条云：六品以下官资历，并请以五周为满。《注》云：唐、虞迁官，必以九载，魏、晋以后，皆经六周。国家因隋为四，近又减削为三考。今三、四则太少，六、九则太多，请限五周，庶为折中。久任为论吏治者所称美。唐世，刘祥道、卢怀慎、赵憬等咸以为言，皆见《旧书》本传。然久任有熟习之美，亦有巧猾之弊。大抵事在应付物者，愈久而愈熟习，其在应付人者，则愈久而愈巧猾。然应付物者，实亦欲应付督责己之人，苟有趋避之方，自可不尽其责。则其利弊，正难以一言蔽。《新书·王播传》云：播居官以强济称。天性勤吏职。每视簿领纷积于前，人所不堪者，播反用为乐。所署吏，苟无大罪，以岁劳增秩而已，卒不易其职。彼其得吏之力必甚深，然安知非因其强济，故吏不敢欺，亦不敢惰弛，而岂徒久任之效邪？考课欲克举其实，其事极难。《旧书·赵宗儒传》：贞元六年（790），领考功事。黜陟公当，无所畏避。凡考之中上者，不过五十人，余多减入中中。此仅不畏强国而已，其得当与否，亦自难言。《通考》载宝应二年（763），考功奏请"立京、外按察。京察连御史台分察使，外察连诸道观察使，各访察官吏善恶报考功。至校考日，参事迹以为殿最"。而元和十四年（819），考功奏"近日都不见牒报"。又贞元时，考功奏："自至德至今三十年，诸司一例申中上考。"大中五年（851），吏部奏："近年以来，刺史皆自录课绩申省，务衒者则张皇其事，谦退者则缄默不言。又州府申官人核得冤狱书殊考者，其元推官人，多不惩殿。或云书考日当书下考，至时又不提举。又诸州府所申奏录课绩，至两考、三考以后，皆重具从前功课申省，以冀褒升，或校勘不精，便有侥幸。又近日诸州府所申考解，皆不指言善最，或漫称考秩，或广说门资。"皆可见其怠慢及背公党私之状。更进一步，遂有并受考而有所不甘者。薛《史·唐末帝纪》：清泰二年三月，太常丞史在德上疏言事。请应内外所管军人，凡胜衣甲者，宣下本部大将，一一考试武艺短长，权谋深浅。居下位有将才者，便拔为大将，居上位无将略者，移之下军。其东班臣僚，请内出策题下中书，令宰臣面试。如下位有大才者，便拔居大位，处大位无大才者，即移之下僚。其疏大约如此。卢文纪等见其奏，不悦。班行亦多愤悱。谏官刘涛、杨昭俭等上疏，请出在德疏辨可否宣行。中书覆奏，亦驳其错误。帝召学士马裔孙，谓曰："史在德语太凶，其实难容。朕初临天下，须开言路。若朝士以言获罪，谁敢言者？尔代朕作诏，勿加在德之罪。"诏辞亦载薛《史》，竭尽调停之致。在德所奏，是非姑措勿论，何至举朝怨怒若此？此非所谓盗憎主人者邪？又《职官志》载是年九月，尚书考功上言："今年五月，翰林学士程逊所上封事，内请自宰相、百执事、外镇节度使、刺史，应系公事官，逐年书考，较其优劣。"遂检寻《唐六典》《会要》考课，令书考第。从之。时议者曰："自天宝末权置使务已后，庶事因循，尚书诸司，渐至有名无实，废坠已久，未知凭何督责？程逊所上，亦未详其本原。其时所司虽有举明，大都诸官，亦无考校之事。"欧《史·卢文纪传》言：唐明宗时，为御史中丞，请悉复中外官校考法，诏虽施行，而官卒不考。法令非徒成为具文，乃并具文而无知者，亦难矣。

第七节　赋税（上）

税法至隋、唐，又为一大变，庸调变为两税是也。汉世税法，以田租、口赋为大宗。田租虽豪强侵陵，官家弗能正，然其取之仅三十之一，要不可谓之不轻，而口赋则取之颇重。案孟子以布缕之征，与粟米之征、力役之征并举，则农家所遍有者惟布缕，自战国已然。汉世亦应如是，顾其取之人人者，不以布缕而以钱，又不计其人之贫富而一例责之，则恶矣。魏武定河北，田租而外，户收绢二匹，绵二斤，而口率出钱之制遂废，善矣。然户不必皆有产，有产者亦不必均，而所取者乃一例责之，犹丧乱时之权制也。晋户调式，始比户而授之以田，魏、齐、周皆因之，尤善之善者矣。然官能按户授之以田，其实能否尚难言之。而不能保既授之后，其田遂无换易。并兼既起，田不给授，则有田者依然无田，而户调顾与田租合而为一，则无田者不徒当出绵布等调，并须出粟米之征，其受累反更深矣。斯时也，不能制民之产，举并兼者而悉出之，凡无田者皆授之田，则又宜分田租户调为二，田税随田收取，户税则视其赀产之有无多寡而分别取之，此则庸调之所以变为两税也。然论者皆莫喻斯理，直至迫于事势，乃不得已而行之焉。

隋依周制。丁男一床，租粟三石。桑土调以绢、绝，麻土调以布。绢、绝以匹，加绵三两。布以端，加麻三斤。单丁及仆隶各半之，役丁为十二番，匠则六番。开皇三年（583），减十二番，每岁为三十日役。减调绢一匹为二丈。十年五月，又以宇内无事，益宽徭赋，百姓年五十者，输庸停役。《通典·食货典·赋役中》。《隋书·高祖纪》：开皇十年六月，"制人年五十，免役收庸"。唐武德二年二月，"初定租庸调法"。《新书》本纪。其授田之制，已见第十七章第二节。取民之制，《旧书·职官志》述之。《户部》。云："凡赋人之制有四：一曰租，二曰调，三曰役，四曰课户。每丁：租粟二石。其调，随乡土所产，绫、绢、绝各二丈，谓无论出绫，出绢，出绝，皆以二丈为率，非谓三者皆出二丈，凡六丈也。杂出三种，其数亦同。故陆贽《均节赋税之奏》曰："岁输若绢、若绫、若绝，共二丈。"布加五分之一。输绫绢者绵三两，输布者麻三斤。凡丁，岁役二旬。无事则收其庸，每日三尺。有事而加役者，旬有五日免调，三旬则租、调俱免。凡庸、调之物，仲秋敛之，季秋发于州。《旧书·玄宗纪》：天宝三载（744）敕文："每岁庸、调八月起征，可延至九月。"租则准州土收长穰早晚，量事而敛之，仲冬起输，孟春而纳毕，本州纳者，季冬而毕。凡岭南诸州税米，及天下诸州税钱，各有准常。《新书·懿宗纪》：咸通四年七月，"免安南户税丁钱二岁"。户税盖调之异名？取其绵绢者称调，取其钱者言税也。以上述租庸调之制，《通典》《唐会要》《陆宣公奏议》《通鉴》皆同，说见《通考·田赋考》。《新书·食货志》云："凡授田者，岁输粟二斛，稻三斛，谓之租。丁，随乡所出，岁输绢二匹，绫、绝二丈，布加五之一，绵三两，麻三斤，非蚕乡则输银十四两，谓之调。用人之力，岁二十日，闰加二日，不役者日为绢三尺，谓之庸。有事而加役、二十五日者免调，三十日者租、调皆免，通正役不过五十日。"粟稻非一地所生，当非一地所出；绵为输绫绢者所出，麻则输布者所出；皆未分别言之。非蚕乡输银十四两，更不可解。唐时银不普用，安得以之为税?《廿二史考异》云:"《通典》载土贡,惟海南诸郡贡银,大率二十两,间有三十两、五十两者,独始安郡百两。一郡二十两,一丁乃当其三之二,有是事乎?"此必传写之误,并非原文如此也。凡丁户,皆有优复、蠲免之制。若孝子、顺孙、义夫、节妇,志行闻于乡闾者,州县申省,奏闻而表其门闾,同籍悉免课役。凡京师文武职事官,皆有防阁;凡州县官寮,皆有白直;凡州县官及在外监官,皆有执衣;凡诸亲王府属,并给士力,具品数如白直;凡有功之臣赐实封者,皆以课户充。"《新书·食货志》云:"太皇太后、皇太后、皇后缌麻以上亲,内命妇一品以上,亲、郡王及五品以上祖、父、兄弟,职事、勋官三品以上有封者,若县男父子,国子、大学、四门学生、俊士、孝子、顺孙、义夫、节妇同籍者,皆免课役。凡主户内有课口者为课户。若老及废疾、笃疾、寡妻妾、部曲、客女、奴婢及视九品以上官不课。"皆本于户调以来之制者也。此制必以户皆有田,其田又略平均为本,然其事必不可致也,于是本实拨而枝叶随之矣。

租庸调之变为两税,事见《旧书·杨炎传》:传云:"开元中,不为版籍。人户寝溢,堤防不禁。丁口转死,非旧名矣;田亩移换,非旧额矣;贫富升降,非旧第矣;户部徒以空文总其故事,盖非得当时之实?至德之后,天下兵起,始以兵、役,因之饥、疠。征求运输,百役并作。人户凋耗,版图空虚。军国之用,仰给于度支、转运二使。四方征镇,又自给于节度、都团练使。赋敛之司数四,而莫相统摄。于是纲目大坏,朝廷不能覆诸使,诸使不能覆诸州。四方贡献,悉入内库。权臣、猾吏,因缘为奸。或公托进献,私为臧盗者,动万万计。河南、山东、荆襄、剑南有重兵处,皆厚自奉养,王赋所入无几。吏职之名,随人署置,俸给厚薄,由其增损。故科敛之名数百,废者不削,重者不去,新旧仍积,不知其涯。百姓受命而供之,沥膏血,鬻亲爱,旬输月送无休息。吏因其苛,蚕食于人。凡富人多丁者,率为官、为僧,以色役免,贫人无所入则丁存。故课免于上,而赋增于下。是以天下残瘁,荡为浮人,乡居地著者,十不四五。如是者殆三十年。"苛税之兴,固缘兵起,然即无兵祸,而版籍无不失实,租庸调之法,亦将何以善其后乎?苛税之兴,似与租庸调法无涉,然使一切苛税,悉萃于乡居地著之人,则户调以来之法,举粟米、布缕、力役之征,悉合为一,而责诸力田之民,阶之厉也。法之变必不可免矣。《炎传》又云:"炎因奏对,恳言其弊。乃请作两税法,以一其名。曰:凡百役之费,一钱之敛,先度其数而赋于人。量出以制入。户无主客,以见居为簿。人无丁中,以贫富为差。不居处而行商者,在所郡县税三十之一,度与居者均,使无侥利。居人之税,秋夏两征之。俗有不便者正之。其租、庸、杂徭悉省,而丁额不废,申报出入如旧式。其田亩之税,率以大历十四年(779)垦田之数为准而均征之。夏税无过六月,秋税无过十一月。逾岁之后,有户增而税减轻,及人散而失均者,进退其长吏。而以尚书、度支总统焉。德宗善而行之,诏谕中外。而掌赋者沮其非利,言租庸之令，四百余年，旧制不可轻改。上行之不疑。天下便之。人不土断而地著，赋不加敛而增入，版籍不造而得其虚实，贪吏不诫而奸无所取。自是轻重之权，始归于朝廷。"参看第十七章第一节。此法精意，全在一其名及"户以见居为簿、人以贫富为差"二语。一其名，乃能使苛税悉除，赋不加敛而增入，吏不诫而奸无所取。民以见居为簿，故侥幸者无所容；税以贫富为差，则输将者称其力；故能使民不土断而地著，版籍不造而得实。杂税粗看似起军兴以来，实则版籍之不为者久，而税赋如旧，则其所由来，必不可问。然则开元已后租庸调之所入，久与至德后之苛税同，特至德后又加甚耳。今一举而廓清之，其所去者，实非仅军兴已来之新弊，而亦租庸调法之积弊也。用贫求富，农不如工，工不如商久矣，即微兼并之家，天下之农民，亦岂能皆域诸南亩？况乎兼并急而民之去之如流水乎？开元已来之不为版籍，非不欲为，无可为也。此则社会生计变，而租庸调之法，虽欲守之而无可守者也。两税之一其名，与明一条鞭之用意同。然明世加派，出自中央，而唐则使州、县各自为政；一条鞭专论丁粮，两税则主于赀产；则两税尤贤于一条鞭也。其后行之未能尽善，不能以咎立法之初意。

然此法非杨炎所能为也。田税与户税之分离，实由来已久。《旧书·代宗纪》：永泰元年五月，麦稔，判度支第五琦奏请十亩税一亩，效古什一而征，从之。大历四年十二月，敕京兆府税宜分作两等：上等每亩一斗，下等六升。能耕垦荒地者二升。五年（770），诏定京兆府户税。夏税上田亩六升，下田四升。秋税上田亩五升，下田三升。荒田开垦者二升。时又有青苗钱，皆履亩而税之事。参看第六章第四节。《新书·食货志》云："租庸调之法，以人丁为本。自开元以后，天下户籍，久不更造，丁口转死，田亩卖易，贫富升降不实。其后国家侈费无节而大盗起。兵兴，财用益屈，而租庸调法弊坏。自代宗时，始以亩定税，而敛以夏秋。至德宗相杨炎，遂作两税法。"说两税之缘起，固甚分明也。至户税：则《旧纪》云：大历四年正月戊子，"敕有司定王公士庶每户税钱，分上中下三等"。《食货志》详记其事云："大历四年正月十八日，《旧纪》是月庚午朔，则戊子为十九日，《纪》与《志》差一日。敕有司定天下百姓及王公已下每年税钱。分为九等：上上户四千文。上中户三千五百文。上下户三千文。中上户二千五百文。中中户二千文。中下户一千五百文。下上户一千文。下中户七百文。下下户五百文。其见官，一品准上上户，九品准下下户，余品并准依此户等税。若一户数处任官，亦每处依品纳税。其内外官仍据正员及占额内阙者税，其试及同正员文武官，不在税限。盖此等官皆无禄？其百姓有邸、店、行、铺及炉冶，应准式合加本户二等税者，依此税数勘责、征纳。其寄庄户准旧例从八等户税，寄住户从九等户税，比类百姓，事恐不均，宜各递加一等税。其诸色浮客及权时寄住田等，无问有官无官，各所在为两等收税：稍殷有准八等户，余准九等户。如数处有庄田，亦每处税。诸道将士庄田，既缘防御勤劳，不可同百姓例，并一切从九等输税。"《通考》论之曰："以钱输税而不以谷帛，以资力定税而不问身丁，人皆以为行两税以后之弊，观此则由来久矣。"《田赋考》。《通典》叙此事，追溯至武太后时，云：长安元年十月，诏天下诸州王公已下，宜准往例税户。《注》云：至大历四年正月制下，一例加税。《食货典·赋税下》。尤可见其由来之久。陆贽言"定户之际，视杂产以校之，田有常租，不宜复入两税"，此法盖亦有所本，尤可见二者分离之迹。然则两税久已阴行，杨炎之劳，不在创两税，实在毅然废租庸调法也。此所谓利道之整齐之者钦？

　　《新书·食货志》云："贞元四年（788），诏天下两税审等第，三年一定户。"《通鉴》云："正月朔，赦天下，诏两税等第，自今三年一定。"《考异》云："《实录赦》云：天下两税，更审定等第，仍加三年一定，以为常式。按陆贽《论两税状》云：两税之立，惟以资产为宗，不以丁身为本，资产少者则其税少，资产多者则其税多，然则当时税赋，但以贫富为等第，若今时坊郭十等户，乡村五等户，临时科隶也。"然则户税全与田亩分离矣。户等之制，由来已久，说见《两晋南北朝史》第二十二章第五节。隋世盖亦因之？《旧书·太宗纪》：贞观九年三月，敕天下户立三等，未尽升降，置为九等。自是盖遂遵其法？《旧书·职官志》：户部职云：凡天下之户，量其资，定为九等。又云：凡诸国蕃胡内附者，亦定为九等。《食货志》云：凡天下人户，量其资产，定为九等。每三年，县司注定，州司覆之。《高宗纪》：永徽五年十二月，敕二年一定户。盖以其升降数，故促其更定之期，然似未为经制。《玄宗纪》：开元十八年三月，改定州县上中下户口之数。岂其时租庸调法坏，收税实稍以资产为准，故有此举邪？

　　攻两税租庸调者，莫如陆贽：其说云："财之所生，必因人力，是以先王之制赋入也，必以丁夫为本。"善庸调之法，"天下为家，法制均壹，虽欲转徙，莫容其奸"。生计演进，民不能皆束诸南亩，前已言之。又云："资产之中，事情不一。有藏于襟怀囊箧，物虽贵而人莫能窥；有积于场圃困仓，直虽轻而众以为富。有流通蓄息之货，数虽寡而计日收赢，有庐舍器用之资，价虽高而终岁无利。如此之比，其流实繁。一概计估算缗，宜其失平长伪。"此则推定赀产之法未善，而非税法之不善。又訾两税定法之初，"每州各取大历中一年科率钱谷数最多者为定额"，为"总无名之暴赋，以立恒规"。且"军兴已久，事例不常，所在徭赋，轻重相悬"，而亦但令本道本州，各依旧额征税，此则因废无名之暴赋，事须急速，减省经费，均平各道各州科率，均非旦夕可行，故不得不如此。除弊之事，贵于急速。筹议过详，往往有阻力横生，事遂因之不行者。就耳目之所睹记，固人人可信其然也。若谓后来何遂相沿，不加改正？此则杨炎在相位不久，不能以是责之。要之就改革税法而论，炎终不失为救时相也。

　　在行两税法之先，亦有欲救时弊者，宇文融是也。《新书》融传云："开元时，天下户版刓隐，人多去本籍，浮食闾里，诡脱徭赋；豪弱相并；州县莫能制。融由监察御史陈便宜请校天下籍，收匿户、羡田佐用度。玄宗以融为覆田劝农使。钩检帐符，得伪勋、亡丁甚众。擢兵部员外郎，兼侍御史。融乃奏慕容琦等二十九人为劝农判官，假御史，分按州县。括正丘亩，招徕户口而分业之。又兼租地安辑户口使。于是诸道收没户八十万，田亦称是。岁终，羡钱数百万缗。帝悦。引拜御史中丞。然吏下希望融旨，不能无扰。张空最，务多其获，而浮客颇脱不止。初议者以生事沮诘百端，而帝意向之。宰相源乾曜等佐其举。又集群臣大议。公卿雷同不敢异。惟户部侍郎杨玚，以为籍外取税，百姓困弊，得不酬失。玚坐左迁。融乃自请驰传行天下。事无巨细，光上劝农使而后上台省。"参看第五章第一节。融之所为，或不免有弊，然其意，则固欲以正兼并而复租庸调之旧制也。然其事卒不能成，可见生计演变之势之不可逆矣。

　　两税之兴，其首要之务，实在去无名之暴赋，故建中行此制时，曾有"两税外辄率一钱以枉法论"之诏。是年改元赦文，见《旧书·本纪》。然两税兴后，杂率仍在所不免。陆贽《均节赋税之奏》曰："本惩赋敛繁重，所以变旧从新。新法既行，已重于旧。旋属征讨，国用不充，复以供军为名，每贯加征二百。当道或增戍旅，又许量事取资。诏敕皆谓权宜，悉令事毕停罢，息兵已久，加税如初。税法之重若是，奉进、宣索之繁，尚在其外。朝典束以彝章，不许别税。绮丽之饰，纨素之饶，非从地生，非自天降，若不出编户之筋力膏髓，将安所取哉？于是有巧避微文，曲承睿旨，变征役以召雇之目，换科配以和市之名，广其课而狭偿其庸，精其入而粗计其直，其为妨抑，特甚常徭。"则其弊实未尽除也。犹曰事出中央，与藩镇之各自横敛者不同也。然岂有中央横敛，而藩镇不妄肆诛求者？于是有因缘而加甚。如建中二年五月，以军兴十一而税，而贞元八年四月，韦皋遂请十二而税，以给官吏矣。十三年十月，黔中观察使奏："溪州人户，诉被前刺史魏从琚，于两税外每年加进朱砂一千斤，水银二百驮，户民疾苦，请停。"从之。皆见《旧书·本纪》。其妄肆诛求如此。《旧书·宪宗纪》：元和四年十二月，中丞李夷简奏："诸州府于两税外违格科率，请诸道盐铁、转运、度支巡院察访报台司，以凭举奏。"从之。《新纪》：元和四年闰月，禁刺史境内榷率，即此事。宪宗时，法令尚称严明，而亦如此，可见其弊不易绝。五代之世，纪纲愈坏。薛《史·符习传》：习于后唐明宗时移汴州。安重诲素不悦习，令汴人言习厚赋民以代纳藁，《旧书·韩休传》，言开元时号虢州支税草纳延厩，则藁税往往有之。及纳军租多收加耗，由是罢归京师。《刘铢传》：铢镇青州，擅行赋敛。每秋苗一亩，率钱三千，夏苗一亩钱二千，以备公用。《唐庄宗纪》：同光三年二月，诏兴唐府管内小篆豆税，每亩与减放三升。皆妄率于两税之外苟且酷者也。

　　税收中最易借口增加者为耗损。此固经收之官吏所不能偿，然既有此借口，即易因之多取。薛《史·梁太祖纪》：开平三年八月，敕今岁秋田，仰所在切如条流，本分纳税及加耗外，勿令更有科索，则加耗已与正税同为敕令所许矣。《唐明宗纪》：天成元年（926）即位赦诏："秋夏税每斗先有省耗一升，今后只纳正数，其省耗宜停。"然《王章传》谓"旧制秋夏苗租，民税一斛，别输二升，谓之雀鼠耗，乾祐中，输一斛者，别令输二斗，目之为省耗，百姓苦之"，则耗率竟加至十倍矣。又《唐明宗纪》：同光四年四月，"敕今年夏苗，委人户自供，通顷亩五家为保，本州具帐送省。州县不得差人检括，如人户隐欺，许人陈告，其田倍征"。借口隐欺，差人检括，实亦无异科率于两税之外也。《李琪传》：同光三年（925）秋，天下大水。庄宗召百寮，许上封事。琪疏劝薄敛，云："如以六军方阙，不可轻徭，两税之余，犹须重敛，则但不以折纳为事，一切以本色输官，又不以纽配为名，止以正耗加纳，犹应感悦，未至流亡。"折纳者，陆贽《均节赋税》之奏言："两税以钱谷定税，临时折征杂物，每税色目颇殊，惟计求得之利宜，靡论供办之难易。所征非所业，所业非所征，遂或增价以买其所无，减价以卖其所有。"此即宋世之折变。纽配者，以此物余数，折成他物。《旧书·李石传》：开成元年（926）赦诏："放京畿一年租税，及正、至、端午进奉，并停三年。其钱，代充百姓纽配钱。"薛《史·唐明宗纪》：同光四年四月，"敕夏秋苗税子，除元征石斗及地头钱，余外不得纽配"。《周太祖纪》：广顺三年十二月，左补阙王伸停任。坐检田于亳州，虚凭纽配故也。足见其害民之烈。又或以逃户之税，摊征之于见存之民。陆贽于贞元初已言之，见第十五章第三节。《旧书·李渤传》：泽潞节度使郗士美卒，渤充吊祭使。路次陕西，上疏曰："渭南县长源乡，本有四百户，今才一百余户。阌乡县本有三千户，今才一千户。其他州县，大约相似。访寻积弊，始自均摊。凡十家之内，大半逃亡，亦须五家摊税。似石投井中，非到底不止。"此事在元和末，而《懿宗纪》：咸通十三年六月，中书门下奏："应有逃亡户口税赋并杂色差科等，并不得辄更摊配于见存人户。"则不徒摊配不能绝，并可见正税之外，仍有杂色差科矣。凡此，皆可见两税外不得辄率一钱之诏之徒托空言也。而役之厉民尤甚。

役之法，有直役其身者，亦有取其资而免其执役者。前者所谓差役，后者以其所出之资，雇人应役，则所谓雇役也。差役事难分割，或为民力所弗胜；又或事非素习，则其赔累尤巨；故二者虽同为有取于民，而雇役之法，实远较差役为善。隋文帝时，许民五十已上，输庸停役；唐取民之法，更明以庸为名；可见赋税之演进，已自然趋向此途矣。然既取其庸，役仍不能全免；既不能免，遂由轻而重；久之又折为钱；折为钱而又责之以事。历代役法之厉民，大抵如此，而自唐至宋，则其尤剧之时也。《新书·肃宗纪》：乾元元年四月赦诏，有"天下非租庸毋辄役使"之语，足见役使出于租庸之外者甚多。取其庸而又役之，世皆以为两税兴后之弊，实则两税未行时久然矣。且殆无时不然也。应役本以成丁为限，然役及妇女，且为恒事，则未成丁者之见役，亦必在所不免。《旧书·职官志》户部职云："凡男女，始生为黄，四岁为小，十六为中，二十有一为丁，六十为老。"此为开元二十六年（738）之制，见《新书·食货志》。中宗神龙元年（705），韦后表请年二十二成丁，五十九免役，见《旧书·中宗纪》。《良吏·杨玚传》：初为麟游令。"中宗时，韦庶人上表，请以年二十二为丁限。及韦氏败，省司举征租调。玚执曰：韦庶人临朝当国，制书非一，或进阶卿士，或赦宥罪人，何独于已役中男，重征丁课？有司遂依玚所执，一切免之。"此特不追改既往，后此则韦氏之法必废矣。天宝三载（744），祀九宫贵神于东郊，礼毕大赦，"百姓十人已上为中男，二十三已上成丁"，见《旧书·本纪》《新书·食货志》。代宗广德改元赦文"男子二十成丁，五十入老"，见《旧书·本纪》。《新书·韩思彦传》：子琬，景云初上言"永淳时，雍丘令尹元贞坐妇女治道免官，今妇夫女役，常不知怪"，足见役及妇女者之多。"老翁逾墙走，老妇出门看。"正不待天宝之乱矣。唐末，刘仁恭欲尽发境内男子为兵，或说以妇人不能转饷，乃止，见第九节。此谓妇人不能转饷如男子，非不役妇人也。**时或名为和雇，然或不给其直，则亦徒有其名耳。**唐兴大工，役与雇二者兼用。如《旧书·高宗纪》：永徽五年三月，以工部尚书阎立德领丁夫四万筑长安罗郭。十一月，筑京师罗郭，和雇京兆百姓四万一千人是也。龙朔三年二月，陇、雍、同、岐等一十五州口征修蓬莱宫用役。《玄宗纪》：天宝十二载十月，和雇京城丁户一万三千人筑兴庆宫墙，起楼观。则用雇。盖役民法有定限，故以雇补其不足也。《韦凑传》：睿宗起金仙、玉真两观，凑进谏曰："高价雇人，三辅农人，趋目前之利，弃本逐末。一夫不耕，天下有受其饥者，窃恐不可。"似诚能以高价致人。然《裴延龄传》：陆贽上书疏其失，则谓其"追捕夫匠，迫胁就功，以敕索为名而不酬其直，以和雇为名而不偿其庸"。贽于延龄，攻之之庸有过当。然《新书·令狐楚传》言：营景陵，诏楚为使。亲吏韦正牧、奉天令于翚等不偿庸钱十五万缗，楚献以为羡余。怨诉系路。诏捕翚等下狱诛，出楚为宣歙观察使。又《韩愈传》：华阴令柳润有罪，前刺史劾奏之。未报而刺史罢。润讽百姓遮索军顿役直。后刺史恶之，按其狱，贬润房州司马。则名为雇而不偿其庸者甚多。延龄此事，亦不敢谓其必无也。贞观五年（631），太宗将修复洛阳宫，戴胄上表谏，言关中役重，已见第三章第一节。《旧书·马周传》：周于贞观十一年（637）上疏，言"今百姓承丧乱之后，比于隋时，才十分之一，而供官徭役，道路相继。兄去弟还，首尾不绝。远者往来五六千里，春秋冬夏，略无休时，陛下虽有恩诏，令其减省，而有司作既不废，自然须人，徒行文书，役之如故"。又《高季辅传》：季辅上封事五条，有云："畿内数州，实惟邦本。地狭人稠，耕植不博。菽粟虽贱，储蓄未多。特宜优矜，令得休息。强本弱枝，自古常事。关河之外，徭役全少，帝京三辅，差科非一，江南河北，弥复优闲，须为差等，均其劳逸。"其言畿辅役重，足与戴胄之言相证。然《新书·来济传》言：高宗时，"山东役丁，岁别数万人"。又《食货志》：开元时，裴耀卿言：江南户口多而无征防之役，然送租庸调物，得行日少，阻滞日多，转雇河师水手，重为劳费，则季辅所谓江南、河北优闲者，果安在也？《通鉴》：贞观十六年七月，庚申，"制自今有自伤残者，据法加罪，仍从赋役。隋末赋役重数，人往往自折支体，谓之福手福足，至是遗风犹存，故禁之"。是时役苟不重，民安肯自伤残？贞观号称太平，而犹如此，况于武、韦乱政之后哉？

差役之法，凡诸官吏，殆无不因以虐民。州郡虐民，所恃以正之者使家也。然《旧书·代宗纪》：永泰元年二月，"敕如闻诸州承本道节度、观察牒，科役百姓，致户口凋敝，委转运使察访以闻"。又《李逊传》：逊为濠州，观察使旨限外征役皆不从。则使家反有迫州家以虐民者矣。令长虐民，所恃以正之者州郡也。然《新书·何易于传》：为益阳令，刺史崔朴，尝乘春与宾属泛舟出益昌，旁索民挽纤。易于身引舟。朴惊，问状。易于曰："方春，百姓耕且蚕，惟令不事，可任其劳。"朴愧，与宾客疾驱去。则州郡反有迫令长以虐民者矣，甚者如武重规，为汴、郑二州刺史，未至而役人营缮，其无忌惮如此。见《外戚传》。其有非关公事，亦加役使者。如李义府改葬祖父，三原令李孝节私课丁夫车牛，马其载土筑坟，于是高陵、栎阳、富平、云阳、华原、同官、泾阳等七县，悉课丁车赴役，见《旧书·义府传》。而运输之事，尤为劳弊。运输以战时为最剧。如宪宗讨王承宗，配河南府馈运车四千两，房式时为尹，争之乃免，见《旧书·房琯传》。然其后讨蔡州，卒至京畿民户，牛皆馈军，多以驴耕焉，见《本纪》。玄宗时，天下输丁约四百万人，见《裴耀卿传》。又《王铵传》：铵为户口色役使。"时有敕给百姓一年复，铵即奏征其脚钱，广张其数；又市轻货；乃甚于不放。又敕本郡高户为租庸脚士，皆破其家产。"此等犹借口于惟正之供，甚至有如明州岁贡淡菜、蚶、蛤之属，役至四十三万人者，见《新书·孔戣传》。其关系一地方者，则如《崔玄亮传》言：歙民山处，输租者苦之，玄亮迁歙州，许计斛输钱，民赖其利是也。要之交通不便之时，运输实税收中之重负也。其能稍纾民力者，则一为以军代民，此事唐以前尚罕行。《旧书·敬宗纪》：宝历二年（826），以诸军丁夫二万人入内穿池、修殿。《文宗纪》：大和九年（835），发神策军一千五百人修淘曲江。此特于民之外，又役及于兵耳，非必计省民力也。自宋以后，以军代民役之事乃多。养兵徒以给役，固为无谓，然养兵不用，而又苦役其民，则更恶矣。故宋之以兵代民役，亦为彼善于此也。若迳由官漕转，不以烦民，则非善理财如刘晏者，莫能为也。《新书·晏传》：旧吏推明其功。陈谏著论，以为"初州县取富人督漕挽，谓之船头；主邮递，谓之捉驿；税外横取，谓之白著；人不堪命，皆去为盗贼。上元、宝应间，如袁晁、陈庄、方清、许钦等，乱江淮十余年乃定。晏始以官船漕而吏主驿事，罢无名之敛"。免役之道，首为列名士籍，次则厕身行伍，又次则商贩、僧道、色役，《旧书·本纪》：宪宗元和六年（811）中书门下请裁官之奏曰："国家自天宝已后，中原宿兵，见在军士可使者八十余万；其余浮为商贩，度为僧、道，杂入色役，不归农桑者，又十有五六；则是天下常以三分劳筋苦骨之人，奉七分坐待衣食之辈。"言之可谓痛切，而独不及士人，此所谓目能见千里而不自见其睫，其实以免役论，宦学终为其一大端也。《隋书·儒林传》：王孝籍，开皇中，召入秘书，助王劭修国史。劭不之礼。在省多年，而不免输税。孝籍郁郁不得志。奏记于吏部尚书牛弘曰："七年直省，课役不免。"又《新书·隐逸传》：张志和，县令使浚渠，执畚无忤色。此皆特异之事。《传》又云：白履忠，开元十年（722），刑部尚书王志愔荐，召赴京师。辞病老不任职。诏拜朝散大夫。乞还，吴就其里人也，谓曰："子素贫，不沾斗米匹帛，虽得五品，何益？"履忠曰："往契丹入寇，家取排门夫，吾以读书县为免，今终身高卧，宽徭役，岂易得哉？"可见宦学者以免役为常矣。军人则不徒不役，并有苞苴他人者。如《旧书·宣宗纪》：大中五年十月，京兆尹韦博奏：京畿富户，为诸军影占，苟免府县色役，或有追诉，军府纷然，请准会昌三年十二月敕，诸军使不得强夺百姓入军是也。此与假托他项色役者实同。《新书·食货志》言"诸使捉钱者给牒免徭役"。《李峤传》言"重赂贵近补府若史"则其事。《旧书·宪宗纪》：元和二年六月，命五坊色役户及中书、门下两省纳课陪厨户及捉钱人，并归府县色役。东都庄宅使、织造户，并委府县收管。所欲除者正此弊也。周太祖广顺元年（951），以诸州府差散从亲事官等，豪富者幸于影庇，碍州县色役，令其放散，已见第四节。而入勋、宇文融为覆田劝农使，句检帐符，得伪勋、亡丁甚众，已见上。《新书·外戚传》：杨国忠使戍泸南，旧勋户免行，国忠令当行者先取勋家，故士无斗志。刘仁轨言，显庆时东征者先取勋户，见第九节。皆可见勋户旧得免役。徙贯，《新书·李栖筠传》：拜浙西都团练观察使。奏"部豪姓多徙贯京兆、河南，规脱徭科。请量产出赋，以杜奸谋。诏可"。假冒、薛《史·唐明宗纪》：天成二年正月，诏富户或投名于势要，以求影庇，或希假于摄贵，以免丁徭，仰所在禁勘，以肃奸欺。及见旌表等，亦为其一途。《新书·列女传》：杨三安妻李，太宗遣州县存问，免其徭役。窦伯女、仲女，永泰中遇贼投谷死，诏旌门间，免其家徭役，官为庀葬。薛《史·梁太祖纪》：开平元年（907），诸道多奏军人、百姓割股，青齐、河朔尤多，帝曰："此若因心，亦足为孝，但苟免徭役，自残肌肤，欲以庇身，何能疗疾？并宜止绝。"役法苛重，苟有避免之途，民殆无不尽力以趋之者。《新书·循吏传》：韦丹子宙，出为永州刺史，罢冗役九百九十四员。永州僻在南服，而役夫之众如此，可见役法之苛重。其仅存者，则所谓无所入者而已。而其使之又不能均。《通鉴》：唐宣宗大中九年闰四月，诏以州县差役不均，自今每州县据人贫富及役轻重，作差科簿。送刺史检署讫，镵于令厅。注："县令厅事也。"每有役事，委令据簿定差。《注》云：今之差役簿始此。夫差役簿者，后世之人所痛心疾首于其不均者也。然在此时，已为较平之政矣。

役或必有技艺然后能为之，于是乎有匠役。《旧书·韦伦传》：杨国忠署为铸钱内作使判官。国忠多征诸州县农人令铸钱。农夫既非本色工匠，被所由抑令就役，多遭楚罚，人不聊生。伦请厚价募工晓者为之，由是役使减少，而益铸钱之数。可见专门之事，非有专门之技不可。《新书·百官志》：考功二十七最，其十九曰"功课皆充，丁匠无怨，为役使之最"。又工部职云："掌城池、土木之工役程式。凡京、都营缮，皆下少府、将作共其用。役千功者先奏。凡工匠，以州县为团，五人为火，五火置长一人。四月至七月为长功，二月、三月、八月、九月为中功，十月至正月为短功。将作监同。雇者曰为绢三尺。内中尚巧匠无作则纳资。"将作监云："自十月距二月休冶功，自冬距九月休土功。长上匠州率资钱以酬雇。"皆可见其役使之法。《隋书·袁充传》：充表奏隋兴已后，日景渐长，文帝大悦。将作役工，因加程课，丁匠苦之，则其工作长短，并无保障。而陆贽劾裴延龄，谓其兴作"百工比于幽囚"，则其使之且有甚酷者矣。《新书·尹思贞传》：睿宗立，召授将作大匠。仆射窦怀贞护作金仙、玉贞观，广调夫匠，思贞数有损节。怀贞让之。拂衣去，阖门待罪。此等人恐不可多得矣。《于志宁传》：东宫仆御，旧得番休，而太子不听。志宁上疏，言"窃见仆寺司驭，爰及兽医，自春迄夏，不得番

息"。兽医亦匠人之类也。《严郢传》：拜京兆尹，减隶官匠丁数十百人，可见其
为数之众。

两税行后，无复授田之法，并兼遂为法所不禁，而田之不均弥甚焉，然赋税
仍偏责诸小民，观元稹均田之论，及周世宗之深契其说可见也。第十八章第二节。
薛《史·唐末帝纪》：清泰元年六月，三司使刘昫奏："天下户民，自天成二年
（927）括定秋夏田税，逮今八年。近者相次有百姓诣阙诉田不均，累行蠲放，渐
失税额。望差朝臣一概检视。"不报。欧《史·刘审交传》：晋高祖时为三司使。
议者请检天下民田，宜得益租。审交曰："租有定额，而天下比年无闲田。民之
苦乐，不可等也。"遂止不检，而民赖以不扰。此两事，可见五代时田税减少之
情形。正税减则横敛必增，豪强者弥多幸，贫下者益困穷耳。岂有真受不均之
累，而能诣阙申诉者邪？《通鉴》后晋高祖天福六年（941），唐主分遣使者，按
行民田，以肥瘠定其税。民间称其平允。自是江淮调兵、兴役及他赋敛，皆以税
钱为准，至今用之。此亦元稹及周世宗所欲行者也。

唐世钱少，故民于出税，尤以纳钱为苦，观第十九章第四、五两节所述可
知。元和十四年（819），史馆修撰李翱上言：请改税法，不督钱而责布帛。至长
庆元年（821），以杨于陵之议，卒令两税皆输布帛丝纩，独盐酒课用钱焉。皆见
《通鉴》。然其后诛求严峻，不征钱之法，并不能坚守，而折价尤有甚高者。此弊
也，在五代之世，亦惟吴、唐为能除之，吴、唐诚割据诸国中较有规模者也。
《通鉴》：后梁均王贞明四年（918），先是吴有丁口钱，又计亩输钱，钱重物轻，
民甚苦之。宋齐丘说徐知诰："请蠲丁口钱。余税悉输谷、帛、绸、绢。匹直千
钱者，当税三千。"知诰从之。由是江淮间旷土尽辟，桑柘满野，国以富强。
《通考》亦载此事。又引《容斋随笔》云："阅大中祥符间太常博士许载著《吴
唐拾遗录》，言其时。吴田上上者顷税钱二贯一百，中田一贯八百，下田千五百。
皆足陌见钱。如见钱不足，许依市价折以金、银。并计丁口课调，亦科钱。齐丘
上策，乞虚抬时价而折绸、绢、绵本色。是时绢匹市价五百，绸六百，绵每两十
五。齐丘请绢匹抬为一贯七百，绸二贯四百，绵四十，皆足钱、丁口课调，亦请
蠲除。自吴变唐，自唐归宋，民到于今受其赐。"其遗泽可谓深矣。折价不高，
顾偏低至数倍，自来计臣，未有能言之能行之者也。吴、唐诚割据诸国中较有规
模者哉！

第八节　赋税（下）

山泽之利，隋时尽弃之。《隋书·高祖纪》：开皇元年三月，弛山泽之禁。

《百官志》：名山、大泽不以封，盐、铁、金、银、铜、锡及竹园，别都宫室、园圃，皆不以属国是也。唐制：山泽属于虞部，而都水监亦掌川泽之政。见《新书·百官制》。其禁时张时弛，《新书·玄宗纪》：开元十六年十一月，弛陂泽禁。《德宗纪》：大历十四年七月，弛邕州金坑禁。《敬宗纪》：宝历二年七月，以渼陂隶尚食，禁民渔。《懿宗纪》：咸通四年七月，弛廉州珠池禁。《苏瑰传》：子颋，开元八年（720），检校益州大都督府长史，按察节度剑南诸州。时蜀洞劫，人流亡，诏颋收剑南山泽、盐铁自赡。《卢坦传》：为东川节度使，尽蠲山泽、盐井、榷率之籍。《孔巢父传》：从子戣，累擢谏议大夫，条上四事，其一曰"山泽、榷酤，为州县弊"。大抵其权不甚统一，在盛时取之尚不甚酷，至藩镇割据而不可究诘矣。而要以盐利为最大。

隋开皇三年（583），"通盐池、盐井，与百姓共之"，见《隋书·食货志》。《通典》云："唐自上元以后，天下出盐处，乃各置盐司，节级权利。"《新书·食货志》云："唐有盐池十八，井六百四十，皆隶度支。"其中安邑、解县有池五，总曰两池。岁得盐万斛，以供京师。盐、灵、会三州，皆输米以代盐。安北都护府岁得盐万四千斛，以给振武、天德。诸井，山南西道、剑南西川、东川院领之，皆随月督课。幽州、大同、横野军有盐屯，岁得盐二千八百斛，下者千五百斛。负海州岁免租为盐二万斛，或以盐价市轻货，皆输司农。盖兵兴后之制也。《志》又云："天宝、至德间，盐每斗十钱。乾元元年（758），盐铁使第五琦初变盐法。就山海井灶近利之地置监院。游民业盐者为亭户，免杂徭。《旧书·琦传》云："就山海井灶，收榷其盐。官置吏出粜。其旧业户并人愿为业者，免其杂徭，隶盐铁使。"盗鬻者论以法。及琦为诸州榷盐铁使，尽榷天下盐，斗加时价百钱而出之，为钱一百一十。"加价十倍其本，诚可骇矣。刘晏为盐铁使，以盐吏多则州县扰，出盐乡因旧监置吏亭户，粜商人纵其所之。晏所管者，盖吴、越、扬、楚之盐。有监十。置巡院十三捕私盐者。奸盗为之衰息。然诸道加榷盐钱，商人舟所过有税。晏奏罢州县率税，禁堰埭以邀利者。晏之始至也，盐利岁才四十万缗，至大历末，六百余万缗。天下之赋，盐利居半。宫闱、服御、军饷、百官禄俸，皆仰给焉。《旧书·晏传》云：初岁入钱六十万贯，季年所入逾十倍，而人无厌苦。大历末，通计一岁征赋所入，总一千二百万贯，而盐利且过半。贞元四年（788），淮西节度使陈少游奏加民赋。自此江淮盐每斗亦增二百，为钱三百一十。《旧书·德宗纪》：建中三年五月，增税权盐钱。两税每贯增二百，盐每斗增一百。《陈少游传》：奏请盐每斗更加一百文。其后复增六十，河中、两池盐每斗为钱三百七十，江淮豪贾射利，或时倍之，官收不能半。其弊可谓深矣，而犹不止此。"刘晏盐法既成，商人纳绢以代盐利者，每缗加钱二百，以备将士春服。包佶为汴东水陆运两税盐铁使，许以漆器、玳瑁、绫绮代盐价。虽不可用者，亦高估而雠之，广虚数以罔上。亭户冒法私鬻不绝。巡捕之卒，遍于州县。盐估益贵。商人乘时射利。远乡贫民，至有淡食者。顺宗时，始减江淮盐价，每斗为钱二百五十。河中两池盐斗钱三百。其后盐铁使李锜奏江淮盐斗减钱十以便民，未几复旧。《旧书·穆宗纪》：长庆元年（821），盐铁使王播奏江淮盐估，每斗加五十文，兼旧三百文。方是时，锜盛贡献以固宠。朝廷大臣，皆饵以厚货。盐铁之利，积于私室，而国用耗屈。榷盐法大坏。多为虚估，率千钱不满百三十。李巽为使，以盐利皆归度支。物无虚估。天下粜盐、税茶，其赢六百六十五万缗。初岁之利，如刘晏之季年，其后则三倍晏时矣。《旧书·宪宗纪》：元和六年（811），王播奏："江淮、河、岭已南、兖郓等盐院，元和五年（810），都收卖盐价钱六百九十八万五千五百贯。校量未改法已前四倍。抬估虚钱一千七百四十六万三千七百贯。除盐本外付度支收管，从之。"七年四月，播奏："元和六年（811）卖盐铁，除峡内井盐外，计收六百八十五万九千二百贯。"其利皆如刘晏之季年。宪宗之讨淮西也，度支使皇甫镈加剑南东西两川、山南西道盐估以供军。贞元中，盗鬻两池盐一石者死，至元和中，减死流天德五城，镈奏论死如初。一斗已上杖背，没其车驴。能捕斗盐者赏千钱。节度观察使以判官，州以司录录事参军察私盐，漏一石以上罚课料。鬻两池盐者，坊、市、居邸主人、市侩皆论坐。刮碱土一斗，比盐一升。州县团保相察。比于贞元加酷矣。《通考》：元和十三年（818），盐铁使程异奏："应诸州府先请置茶盐店收税。伏准今年正月赦文：诸州府因用兵以来，或虑有权置职名，及擅加科配，事非常禁，一切禁断者。伏以榷税茶盐，本资财赋，赡济军镇，盖是从权，兵罢自合便停，事久实为重敛，其诸道先所置店及收诸色钱物等，虽非擅加，且异常制，伏请准赦文勒停。从之。"则当时兵事定后，苛税实有所减。《旧纪》不载此事，顾于异与皇甫镈之相，《书》云："是时上切于财赋，故用聚敛之臣居相位。诏下，群情惊骇。宰臣裴度、崔群极谏，不纳，二人请退。"采朋党之论以作史，其有害于实录甚矣。自兵兴，河北盐法，羁縻而已。至皇甫镈，又奏置榷盐使，如江淮榷法。犯禁岁多。及田弘正举魏博归朝廷，穆宗命河北罢榷盐。《旧书·穆宗纪》：元和十五年九月，改河北税盐使为榷盐使。长庆元年三月，罢河北榷盐法。许约计课利都数付榷盐院。《新书·王承元传》：大和五年（831），徙平卢：始盐禁未尝行两河，承元请归有司，由是兖郓诸镇皆奉法。户部侍郎张平叔议榷盐法弊，请粜盐，可以富国。诏公卿议其可否。中书舍人韦处厚、兵部侍郎韩愈条诘之，平叔屈服。事在长庆二年（822），见《旧书·穆宗纪》。亦见《韦处厚传》。韩愈奏云："平叔请令州、府差人自粜官盐，可以获利一倍。臣以为城郭之外，少有见钱，粜盐多用杂物贸易，盐商则无物不取，或赊贷徐还。用此取济，两得其便。今令吏人坐铺自卖，利不关己，罪则加身，非得见钱，必不敢受。如此，则贫者无从得盐。自然坐失常课，如何更有倍利？又欲令人吏将盐，家至户到而粜之，必索百姓供应，骚扰极多。贫家食盐至少，或淡食，动经旬月，若据口给盐，依时征价，官吏畏罪，必用威刑，臣恐所在不安，此尤不可之大者。平叔又言：浮寄奸猾者转富，土著守业者日贫。若官自粜盐，不问贵贱、贫富，四民僧道，并兼游手，因其所食，尽输官钱。并诸道军诸使家口亲族，递相影占，不曾输税，若官自粜盐，此辈无一人遗漏者。臣以为此数色人等，从来粜盐而食，国家榷盐，粜与商人，商人纳榷，粜与百姓，无贫富贵贱，皆已输钱于官矣，不必与国家交手付钱，然后为输钱于官也。"此奏论官粜不可之理，颇为深切著明。刘晏粜与商人，纵其所之之法，所以为简易也。官粜最难者为见钱之少。使家许以他物代盐价钱，而高其估以取利，亦未尝不借口于此。此铜钱之少，所以增财政措置之难之一端也。是时奉天卤池生水柏，以灰一斛，得盐十二斤，利倍鬵卤。文宗时，采灰一斛，比盐一斤论罪。《旧书·本纪》：大和二年（828），禁京兆奉天县界百姓烧灰煎盐。开成末，诏私盐月再犯者易县令，罚刺史俸。十犯则罚观察判官俸、料。宣宗即位，茶、盐之法益密。枭盐少私盗多者，谪观察判官，不计十犯。户部侍郎判度支卢弘止以两池盐法弊，遣巡院官司空舆更立新法，其课倍入。亦见新旧《书·弘止传》，皆附其兄《简辞传》后。《旧传》云：三年（829），课入加倍。迁榷盐使。以壕篱者盐池之堤禁，有盗坏与鬵鬵皆死。盐盗持弓矢者，亦皆死、刑。兵部侍郎判度支周墀又言两池盐盗贩者，迹其居处，保社按罪。鬵五石、市二石、亭户盗枭二石皆死。是时江吴群盗，以所剽物易茶、盐，不受者焚其室庐，吏不敢枝梧。镇戍、场铺、堰埭，以关通致富。宣宗乃择尝更两畿辅、望县令者为监院官，户部侍郎裴休为盐铁使上盐法八事。其法皆施行，两池榷课大增。其后兵遍天下，诸镇擅利。两池为河中节度使王重荣所有。岁贡盐三千车。中官田令孜募新军五十四都，饷转不足，乃倡议两池复归盐铁使。而重荣不奉诏，至举兵反，僖宗为再出，然而卒不能夺。"以上据《新书·食货志》。综言之，则国家急于求利，而官吏及商人，窟穴其中，以重困吾民而已。盐固为民食所急，然苟能善取之，则所增之价无几，而所得甚多。以此减贫民之赋，实为谋国之至计。故开元时即有此议。《旧书·良吏·姜师度传》云：左拾遗刘彤上言："请置盐铁之官，收利以供国用，则免重赋贫人，使穷困者获济。"疏奏，令宰相议其可否。成以为盐铁之利，甚裨国用。遂令师度与户部侍郎强循，并摄御史中丞，与诸道按察使计会，以收海内盐铁。其后颇多沮议者，事竟不行。《通典》载彤表云："取山泽，则公利厚而人归于农，取贫人，则公利薄而人去其业。夫煮海为盐，采山铸金，伐木为室，丰余之辈也。寒而无衣，饥而无食，庸赁自资者，穷苦之流也。收山海厚利，夺丰余之人，宽调敛重征，免穷苦之子，所谓损有余益不足。臣愿陛下诏盐铁、伐木等官，各收其利，贸迁于人，则不及数年，府有余储矣。然后下宽大之令，蠲穷独之徭。可以惠群生，可以柔荒服，虽戎狄未服，尧、汤水旱，无足忧也。"案取于山海，以宽农民之徭赋，实为利国利民之至计。晚周以来，儒、法二家所争辩者，即在于此。读《盐铁论》大夫与文学往复之辞而可知也。历代儒学盛行，学者牵于所闻，不察实际，故于法家之论，多不谓然。然事迫于无可如何，则亦有行之而不自知者，而其效亦终不可没。如《旧书·第五琦传》，称其变法"百姓除租庸外无得横赋，人不益税，而上用以饶"是也。唐代榷盐，病民固甚，然设无茶、盐等法，而所须者一一责诸出租庸两税之民，其不可终日，恐更不待懿、僖之世矣。汉武用桑弘羊，意或在于平准，其后岂不徒以敛财？夫亦岂不厉民？然较之明世三饷专取诸农民者何如？史册俱在，焉可诬也？然则刘彤、赵赞辈，皆唐世之通人矣。《通考》载开元十年八月敕云："诸州所造盐铁，每年合有官课，比令使人句当，除此更无别求。在外不细委知，如闻称有侵克。宜令本州刺史上佐一人检校，依令式收税。其姜师度，除蒲州盐池以外，自余处更不须巡检。"此即《旧传》所谓因多沮议，事竟不行者。开元以前，山海之税，盖至轻矣，而见沮犹如此，此非所谓"浮食之民，沮事之议，不可胜听"者乎？刘彤上书，师度奉使，据《旧传》，事在开元七年（719）。《通典》

谓彤上书在元年（713），恐误。其后兵起，以此取给于一时，亦胜无名之横敛。故李峘劝颜真卿行之河北，第五琦实取法焉。《新书·颜真卿传》：肃宗即位，复为河北招讨使。时军费困竭。李峘劝真卿收景城盐，使诸郡相输，用度遂不乏。第五琦方参贺兰进明军，后得其法以行，军食饶雄。三州、七关之复，委度支榷温池盐以赡边。谓灵州之温泉池也。事见《新书·吐蕃传》。交、广、邕南用兵，旧取岭北五道米往饷之，船多败没。郑畋为相，请以岭南盐铁委广州节度，岁煮海，取盐直四十万缗，市虔、吉米以赡安南，而罢荆、洪等漕役，军食遂饶。皆足见盐利之有裨国用。独无如交征利而不恤人民者，中央地方皆然。至于四分五裂之际，转以益藩镇割据之资。唐自军兴以前，取于山海者甚薄，至榷法兴而大异矣，故论者或以为盐税归诸地方，胜于中央。如《新书·独孤及传》：及子朗，元和中擢右拾遗，建言宜用观察使领盐铁，罢场、监管榷吏是也。不悟政清而取之薄，管榷亦无害于民，政苛而取之重，而又寄其权于地方，莫能管摄，则其厉民必更甚。中叶后虽行管榷，地方官仍颇有权。《新书·卢商传》：商以宣宗时为苏州刺史。吏以盐法求赢赀，民愈困。商令计口售盐，无常额，人便之，岁赀反增。足见变法权在州郡，不必请命中央。如董昌，且能罢榷盐以悦人矣。亦见《新书·本传》。又《成汭传》：为荆南留后，云安榷监，本隶盐铁，汭擅取之，故能畜兵五万。《藩镇传》；刘从谏熬盐、货铜铁，收缗十万。皆借盐税以为割据之资者也。而山海之利，本在轻徭赋以利凡民者，卒仍表散之于凡民，与计口增税无异也。

　　五代时，池盐、海盐等税，一切如故。薛《史·唐庄宗纪》：同光二年三月，以张绍珪充制置安邑、解县两池榷盐使。四年二月，以李肃为两池榷盐使。《朱友谦传》：庄宗灭梁，友谦觐于洛阳，既归藩，请两池榷盐每额输省课，许之。《明宗纪》：同光四年（926），孔谦既诛，中书门下上言：请停废诸道盐运使，盖谦为租庸使时所置也。天成二年十一月，贝州刺史窦廷琬请制置庆州青、白两池，逐年出绢十万匹，米万石。诏升庆州为防御所，以廷琬为使。廷琬由是严刑峻法，屡挠边人，课利不集。诏移任金州。廷琬据庆州叛，讨平之。事见本传。《周太祖纪》：广顺三年五月，前庆州刺史郭彦钦勒归私第。以其兼掌榷盐，擅加榷钱，民夷流怨故也。其时盖以通商之利为薄，故有取于官卖。《通考》云："官卖未必能周遍，而细民之食盐者，不能皆与官交易，则课利反亏于商税。于是立为蚕盐、食盐等名，分贫富五等之户而表散抑配之。薛《史·唐庄宗纪》：同光三年二月，"诏兴唐府管内有百姓随丝盐钱，每两与减五十文。逐年所表蚕盐，每斗与减五十文"。《明宗纪》：同光四年（926），孔谦诛后，中书门下上言：请百姓合散蚕盐，每年只二月内一度表散，依夏税限纳钱。《晋高祖纪》：天福元年十一月赦文："洛京管内逐年所配人户食盐，起来年，每斤特与减价钱十文。"《周太祖纪》：广顺三年十二月，"诏诸道州、府县、镇城内人户旧请蚕盐征价，起今后并停"。《通考》云：敕诸州、府并外县、镇城内，其居人屋税盐，今后不表，其盐钱亦不征纳。所有乡村人户合请蚕盐，所在州城、县、镇，严切检校，不得放入城内。合下引《通鉴》汉时郑州民以屋税受盐之事观之，当时城内居民，盖随所居按户表散也？逮其极弊也，则官复取盐自卖之，而人户所纳盐钱，遂同常赋矣。"薛《史·食货志》："晋天福中，河南、河北诸州，除表散蚕盐征钱外，每年末盐界分场务，《通考》云：种者曰颗盐，出解州。煮者曰末盐，出瀕海。《少帝纪》作"海盐界分"。约祟一十七万贯有余，言事者称虽得此钱，百姓多犯盐法，请将上件食盐钱，于诸道州、府计户，每户一贯至二百为五等配之，任人逐便兴贩。既不亏官，又益百姓。朝廷行之。诸处场务，亦且仍旧。俄而盐货顿贱。去出盐远处州县，每斤不过二十文，近处不过一十文。掌事者又难骤改其法，奏请重制盐场税。盖欲绝其兴贩，归利于小官也？七年十二月宣、旨下三司：应有往来盐货悉税之。过税每斤七文，住税每斤十文。其诸道州、府应有属州盐务，并令省司差人句当，既而祟盐虽多，而人户盐钱，又不放免，至今民甚苦之。"小见《少帝纪》天福七年（942）。马君所论，正指此也。马君又云："当时江南亦配盐于民而征米。后盐不给而征米如故。其弊历三百年而未除。宇县分割，国自为政，而苛政如出一辙，异哉！"案民多淡食，古今论盐务者皆深病之。今一例征钱，是使贫弱者为富强者出税也。为政至此，可谓极弊矣。薛《史·晋高祖纪》：天福元年十一月赦文："北京管内盐铠户合纳逐年盐利，昨者伪命指挥，每斗须令人户折纳白米一斗五升，极知百姓艰苦。自今后，宜令人户以元纳食盐石斗数目，每斗依实价计定钱数，取人户便稳，折纳斛斗。"铠户所纳如此，盐价之贵可知。《廿二史札记》有五代盐麹之禁一条，可以参看。《食货志》：周广顺三年三月，诏曰："青、白池务，素有定规。祗自近年，颇乖循守。比来青盐一石，抽税钱八百文，足陌，盐一斗。白盐一石，抽税钱五百文，盐五升。其后青盐一石，抽钱一千，盐一斗。访闻更改已来，不便商贩、蕃人、汉户，求利艰难，宜与优饶，庶令存济。今后每青盐一石，依旧抽税钱八百文，以八十五为陌，盐一斗。白盐一石，抽税五百，八十五陌，盐五升。此外不得别有要求。"云更改已来，不便商贩，则因抽税之重，招致盐价之昂，又可见也。《周太祖纪》：广顺二年八月，"诏改盐麹法。盐、麹犯五斤已上处死，煎鰛盐者，犯一斤已上处死。汉法不计斤两多少，并处极刑，至是始革之"。《通鉴》云："汉法，犯盐、麹无问多少抵死。郑州民有以屋税受盐于官，过州城，吏以为私盐而杀之，其妻讼冤，始诏以斤两定刑有差。"法酷如彼，吏残如此，诚亘古所罕闻矣。薛《史·晋高祖纪》：天福元年十一月改元赦文："其在京盐货，元是官场出祟，自今后并不禁断，一任人户取便祟易。仍下太原府，更不得开场祟货。"《食货志》：周显德三年十月，"敕漳河已北州、府界，元是官场祟盐，今后除城郭草市内仍旧禁法，其乡村并许盐货通商。逐处有鰛卤之地，一任人户煎炼、兴贩，则不得逾越漳河，入不通商地界"。此等皆渐废官卖之法，然仍旧贯处尚多也。

坑、冶之政，前世恒相连。唐掌冶署及诸铸钱监，皆属少府，铜、铁人得采而官收以税，惟镴官市。《新书·百官志》。《新书·食货志》云："德宗时，户部侍郎韩洄建议：山泽之利，宜归王者，自是皆隶盐铁使。开成元年（836），复以山泽之利归州县，刺史选吏主之。其后诸州牟利以自殖，举天下不过七万余缗，不能当一县之茶税。及宣宗增河湟戍兵衣绢五十二万余匹，盐铁转运使裴休请复归盐铁，以供国用。"他矿税皆州郡主之。《卢钧传》：钧为岭南节度使，"除采金税"是也。其坑冶之数，时有增减。岁入之数：《志》云：元和初，"岁采银万二千两，铜二十六万六千斤，铁二百七万斤，锡五万斤，铅无常数"；宣宗时，"天下岁率银一万五千两，铜六十五万五千斤，铅十一万四千斤，锡万七千斤，铁五十三万二千斤"；文宗时，"岁采铜二十六万六千斤"。铜禁本意，盖为铸钱，铁禁则虑其流入外国，后乃觊收其利。《王涯传》云："自李师道平，三道十二州皆有铜、铁官，岁取冶赋百万。观察使擅有之，不入公上。涯始建白，如建中元年九月戊辰诏书，收隶天子盐铁。"则其利实不薄。《新书·食货志》言：第五琦以钱谷得见，请于江淮置租庸使，吴盐、蜀麻、铜冶皆有税，实为言冶利之始。《宗室传》：河间元王孝恭治荆州，为置屯田，立铜冶，百姓利之，则官冶原足便民。然既意在言利，即转成为厉民之政。薛《史·唐明宗纪》：长兴二年十二月，"诏开铁禁，许百姓自铸农器、什器之属。于夏秋田亩，每亩输农器钱一钱五分"。《通鉴》云：初听百姓自铸农器并杂铁器。每田二亩，夏秋输农具三钱。《通考》载敕文云："诸道监冶，除依常年定数铸办供军熟铁并器物外，只管出生铁，比已前价，各随逐处见定高低，每斤一例减十文货卖。杂使熟铁，亦任百姓自炼。巡检节级句当。卖铁场官并铺户，一切并废。"欧《史》云：除铁禁，初税农具钱。《注》云：至今因之，故书。此亦如官卖盐之变为计口表散矣。薛《史·晋高祖纪》：天福六年八月敕制："天下农器，并许百姓自铸造。"《通考》载节文云："诸道铁冶，三司先条流，百姓农具破者，须于官场中出卖，铸时却于官场中买铁。今后许百姓取便铸造、买卖，所在场院，不得禁止搅扰。"盖长兴二年（931）之敕，仍未能尽行也。

《旧书·文宗纪》：开成三年六月，废晋州平阳院矾官，并归州县，则矾亦曾行禁榷。

《隋书·食货志》云：隋初尚依周末之弊，官置酒坊收利。开皇三年（583）罢之。《新书·食货志》云："唐初无酒禁。乾元元年（758），京师酒贵，肃宗以禀食方屈，乃禁京城酤酒，期以麦熟如初。《旧书·本纪》云：以岁饥禁酒，麦依常式，'麦'下盖夺'熟'字？二年（759），饥，复禁酤。非光禄祭祀、燕蕃客不御酒。广德二年（764），定天下酤户，以月收税。"《本纪》：武德二年闰二月，以谷贵，禁关内屠酤；咸亨元年八月，以谷贵禁酒。与《志》云无酒禁者不合。盖以其事属暂行，故不之数？此皆禁酤，其收税则实始广德。《通典·食货典》云："广德二年十二月，敕天下州各量定酤酒户，随月纳税，除此外不问官私，一切禁断。"说与《志》合。又云："大历六年二月，量定三等逐月税钱，并充布绢进奉。"盖规制粗备矣。《志》又云："建中元年（780），罢之。三年（781），复禁民酤，以佐军费。置肆酿酒，斛收直三千。州县总领。醨薄私酿者论其罪。寻以京师四方所凑，罢榷。"《德宗纪》：大历十四年七月，罢榷酤；建中三年正月，复榷酤。《旧书·德宗纪》亦云：大历十四年七月，罢天下榷酒。《通鉴》亦于是月书"罢天下榷酒收利"。《志》云罢于建中元年盖误？《旧书·食货志》云："建中三年（782），初榷酒。天下悉令官酿。斛收直三千。米虽贱，不得减二千。委州县综领。醨薄、私酿罪有差。以京师王者都，特免其榷。"盖是时官酿而饎，与前此令酤户纳税者有异，故云初。《通鉴》书"复榷天下酒"，则承大历十四年以前之榷法言之也。《新志》又云："贞元二年（786），复禁京城、畿县酒。天下置肆以酤者，斗钱百五十。免其徭役。独淮南、忠武、宣武、河东榷麹而已。《旧书·本纪》：贞元二年十二月，京城畿内榷酒。每斗榷钱一百五十文，蠲酒户差役。从度支奏也。元和六年（811），罢京师酤肆，以榷酒钱随两税青苗敛之。"《旧书·食货志》云：京兆府奏："榷酒钱除出正酒户外，一切随两税、青苗，据贯均率，从之。"《通考》：元和十二年（817），户部奏："准敕文，如配户出榷酒钱处，即不得更置官店榷酤。其中或恐诸州、府先有不配户出钱者，即须榷酤。请委州、府长官，据当处钱额，约米、麹时价收利，应额足即止。"则配户出钱者，又不止京师矣。《新志》云："大和八年（834），遂罢京师榷酤。"《旧书·王涯传》云：合度支、盐铁为一使兼领之，乃奏罢京畿榷酒钱以悦众，亦深文周内之辞。又云："凡天下榷酒，为钱百五十六万余缗，而酿费居三之一，贫户逃酤不在焉。"所云盖即大和时数？去酿费而计之，其利当盐利六之一也。《旧志》云："会昌六年九月，敕扬州等八道州府置榷麹，并置官店沽酒，代百姓纳榷酒，并充资助军用。各有权许限，扬州、陈许、汴州、襄州、河东五处榷麹。浙西、浙东、鄂岳三处置官店沽酒。如闻禁止私酤，过于严酷，一人违犯，连累数家，闾里之间，不免咨怨。从今已后，如有人私沽酒及置私麹者，但许罪止一身；并所由容纵，所由，《通考》作同谋。案容纵指所由，同谋别是一项人。《考》略去所由二字，《志》又误删同谋一项也。任据罪处分；乡井之内，如不知情，并不得追扰。其所犯之人，任用重典，兼不得没人家产。"《新志》云："昭宗世，以用度不足，易京畿近镇麹法，复榷酒以赡军。凤翔节度使李茂贞方颛其利，按兵请入奏利害。天子遽罢之。"《通鉴》事系天复元年（901），云："初杨复恭为中尉，借度支卖麹一年之利，以赡两军。自是不复肯归。至是，崔胤草敕，欲抑宦官，听酤者自造麹，但月输榷酤钱。两军先所造麹，趣令减价卖之，过七月无得复卖。"又云："崔胤之罢两军卖麹也，并近镇亦禁之。李茂贞惜其利，表乞入朝论奏。韩全诲请许之。茂贞至京师，全诲深与相结。崔胤始惧，阴厚朱全忠益甚，与茂贞为仇敌矣。"南北司之阴谋，别是一事。就税法论，可见是时官卖无以善其后，寝趋于听民酿而收其税也。唐世酒税，本委州县综领，故诸镇多得自专。《新书·崔从传》：为淮南节度副大使，知节度事。扬州凡交易赀产、奴婢有贯率钱，畜羊有口算，又贸麴牟其赢以佐用，从皆蠲除之。又《王仲舒传》：除江西观察使。初江西榷酒，利多他州十八，民私酿，岁抵死不绝，谷数斛易斗酒，仲舒罢酤钱九十万。《薛戎传》：累迁浙东观察使。所部州触酒禁罪当死，戎弛其禁。可见其宽严皆得自由。《敬晦传》：大中中，历浙西观察使。时南方连馑，有诏弛榷酒茗，官用告乏。晦处身俭勤，赀力遂充。《旧书·李德裕传》：敬宗诏浙西造银盝子妆具。德裕奏言："贞元中，李锜任观察使，职兼盐铁，百姓除随贯出榷酒钱外，更置官酤，两重纳榷，获利至厚。至薛苹任观察使时，又奏置榷酒，上供之外，颇有余财。自元和十四年七月三日敕却停榷酤，遂苦不足。"似其废置尚听命于中央。然如李锜之所为，不显与诏敕相反邪？《新书·李珏传》：为淮南节度使卒，疾亟，官属见卧内，惟以州有税酒直，而神策军常为豪商占利，方论奏未见报为恨，可想见其害民之烈，孔戣所由称榷酤为州县弊邪？

　　五代酒禁，亦随时而宽严不同，然以大体言之，则较唐为尤酷。《通考》：梁开平三年（909），敕诸道州府百姓自造麴，官中不禁。此为五代时最宽之政，至后唐而大变。薛《史·明宗纪》：天成三年七月，诏弛麴禁，许民间自造，于秋苗上征纳麴价，亩出五钱。时孔循以麴法杀一家于洛阳，或献此议，以为爱其人，便于国，故行之。此事亦见欧《史·孔循传》，云"循族杀其家"。《通鉴》则云"循族之"。所杀当是一家，非真连及宗族，然亦酷矣。薛《史·食货志》详载此诏曰："应三京、邺都及诸道州、府乡村人户，自今年七月后，于是秋田苗上每亩纳麴钱五文，足陌。一任百姓自造私麴，酝酒供家。其钱随夏秋征纳。"《通考》多"并不折色"四字。其京都及诸道州、府、县、镇、坊界内，《通考》多"及关城草市"五字。逐年买官麴酒户，便许自造麴、酝酒货卖。仍取天成二年正月至年终，一年逐户《通考》作"逐月"。计算都买麴钱数，内十分只纳二分，以充榷酒钱。其余诸色人，亦许私造酒、麴供家，即不得衷私卖酒。如有故违，便即纠察，勒依中等酒户纳榷。其坊村一任沽卖，不在纳榷之限。"《通考》引吴氏《能改斋漫录》曰："今之秋苗，有麴脚钱之类，此事起于五代后唐。当时虽纳麴钱，民间却许自卖酒，时移事变，麴钱之额，遂为定制，而民间则禁私酤矣。"此亦如盐之按户征钱而又官卖矣。薛《史·食货志》又载长兴元年二月敕书节文："秋苗一亩上元征麴钱五文，今后特放二文，只征三文。"二年（931）诏曰："乱离日久，贫下户多，各务耕田凿井，孰能枕麴藉糟？既随例以均摊，遂抱虚而输纳。应在京、诸道苗亩上所征麴钱，便从今年夏并放。其麴官中自造，委逐州减旧价一半，于在城扑断货卖。除在城居人不得私造外，乡村人户，或要供家，一任私造。敕下之日，人甚悦之。"此事《纪》在长兴二年五月。又云："七月，三司奏先许百姓造麴，不来官场收买，伏恐课额不逮。请复已前麴法。乡户与在城条法，一例指挥。仍据已造到麴纳官，量支还麦本。从之。"前诏不及一时而更，恐实未曾行也。《末帝纪》：清泰二年正月，"三司奏添征蚕盐钱及增麹价。先是麹斤八十文增至一百五十文"。《晋高祖纪》：天福元年十一月改元赦诏："麹每斤与减价钱三十文。"汉法，犯盐麹者，不计斤两，并处极刑，周广顺二年（952）始革之，已见上。《食货志》载显德四年七月诏曰："诸道州府麹务，今后一依往例官中禁法卖麹。逐处先置都务，候敕到日，并仰停罢。"《通考》云："敕停罢先置卖麹都务。应乡村人户，今后并许自造米醋，及买糟造醋供食。仍许于本州县界就精美处酤卖。其酒麹条法，依旧施行。先是晋、汉已来，诸道州、府皆权计麹额，置都务以酤酒。民间酒醋，例皆醨薄。上知其弊，故命改法。"盖晋、汉由卖麹进而卖酒，并及于醋，至此则禁卖酒醋，而麹法依旧也。薛《史·晋少帝纪》：天福八年九月，前颖州团练使田令方追夺在身官爵，勒归私第。坐前任耀州日额外配民麹钱，纳归私室故也。欧《史·慕容彦超传》：唐、晋之间，历磁、单、濮、棣四州。坐濮州造麹受赇，法当死，汉高祖自太原上章论救，得减死流于房州。法已弊而官吏又恣意臧贿，其厉民可知。

茶税始于建中三年九月，与漆、竹、木、商钱并税。兴元改元，又与漆、竹、木及闲架、除陌钱并罢。贞元九年正月乃复税。皆见《新书·本纪》。《食货志》云："德宗纳赵赞议，税天下茶、漆、竹、木，十取一，以为常平本钱。及出奉天，乃悼悔，下诏亟罢之。及朱泚平，佞臣希意兴利者益进。贞元八年（792），以水灾减税。明年，诸道盐铁使张滂奏：出茶州县若山及商人要路，以三等定估，十税其一。自是岁得钱四十万缗。然水旱亦未尝拯之也。"案赵赞之税竹、木、茶、漆，实欲以充常平本钱，已见第六章第三节。张滂之税，《通鉴》记其事云：滂奏去岁水灾减税，用度不足，请税茶以足之。自明年以往，税茶之钱，令所在别贮，俟有水旱，以代民田税。自是岁收茶税钱四十万缗，未尝以救水旱也。盖初意欲以抒民，而后移作别用？此实财政艰窘所致，未可以咎始议之人。《新志》并赵赞皆视为希意兴利者流，实非持平之论。《旧书·王绍传》：贞元中，为仓部员外郎。时属兵革、旱蝗之后，令户部收阙官俸，兼税茶及诸色无名之钱，以为水旱之备。绍自拜仓部，便准诏主判。及迁户部、兵部郎中，皆独司其务，擢拜户部侍郎，判度支。足见是时税敛，意多主于备荒。史家于德宗以后之筹款者，一切目为言利，实非平允之论也。《旧纪》与《通鉴》纪贞元九年（793）事，皆曰"初税茶"；《旧纪》又云："茶之有税自此始。"盖由赵赞之法未久即罢之故？然税茶不得云始于张滂，自以如《新纪》建中三年（782）言初税，贞元九年（793）言复税为是。胡三省注《通鉴》云"榷茶之说，始于赵赞，至张滂而始行"，未免失之回护矣。《鉴》云：凡州县产茶及茶山外要路，皆估其直，什税一，茶山皆属州县，不得如《新志》为并列之辞。《通典》云：制天下出茶州，商人贩茶者十分税一，措辞亦较《新志》为审。《旧书·德宗纪》：贞元十五年（799）讨吴少诚诏云"寿州茶园，辄纵凌夺"，而《少诚传》言其夺掠寿州茶山之利，盖园即在山上也。岂滂之法，或于出茶之山，或于其货鬻之州县，或于其贩运之路税之，立法初不一律，故《新志》之言如此邪？《志》又云："穆宗即位，两镇用兵，帑藏空虚；禁中起百尺楼，费不可胜计；盐铁使王播图宠以自幸，乃增天下茶税，率百钱增五十。事在长庆元年五月，见《纪》。拾遗李珏上疏谏，不报，见两《书·珏传》。江淮、浙东西、岭南、福建、荆襄，播自领之，两川以户部领之。天下茶加斤至二十两，播又奏加取焉。其后王涯判二使，置榷茶使，徙民茶树于官场，焚其旧积。天下大怨。令狐楚代为盐铁使兼榷茶使，复令纳榷，加价而已。李石为相，以茶税皆归盐铁，复贞元之制。"王涯变法，事在大和九年十月。《旧纪》云：涯献榷茶之利，乃以为榷茶使。茶之有榷税，自涯始也。又云：十二月，诸道盐铁转运榷茶使令狐楚奏榷茶不便于民，请停，从之。此所谓榷，盖指官卖，以别于张滂以来之税法？故云自涯始。涯之此举，诚为操切，然史之所去，亦有过当，且皆归狱于郑注，恐并未必得实也。《旧书·注传》云：初浴堂召对，上访以富人之术，乃以榷茶为对。其法，欲以江湖百姓茶园，官自造作，量给直，分命使者主之。帝惑其言，乃命王涯兼榷茶使。《新书·注传》略同。其《王涯传》云：始变茶法，益其税以济用度，下益困。而郑注亦议榷茶，天子命涯为使，心知不可，不敢争。李训败，乃及祸。初民怨茶禁苛急，涯就诛，皆群诟詈，抵以瓦砾。《旧书·涯传》云：涯与同列归中书会食，仓皇步出，至永昌里茶肆，为禁兵所擒。涯以榷茶事，百姓怨恨，诟骂之，投瓦砾以击之。谓榷茶议出郑注，涯知其不可不敢争，皆莫须有之辞。王涯见擒，何以在茶肆？事殊可思，而诟厉之，投以瓦砾者，亦岂真道而行之百姓邪？《志》又云："武宗即位，盐铁转运使崔珙又增江淮茶税。事在开成五年十一月，见《纪》。是时茶商所过州县有重税；或掠夺舟车，露积雨中；诸道置邸以收税，谓之搨地钱；故私贩益起。大中初，盐铁转运使裴休著条约。《旧书·休传》云：立税茶法二十条，奏行之。《新传》云：时方镇设邸阁居茶取直，因视商人他货横赋之，道路苛扰。休建言许收邸直，毋擅赋商人。私鬻，三犯，皆三百斤，乃论死。长行群旅，茶虽少皆死。雇载，三犯，至五百斤；居舍、侩保，四犯，至千斤者皆死。园户私鬻，百斤以上杖背，三犯加重徭。伐园失业者，刺史、县令以纵私盐论。庐、寿、淮南，皆加半税。私商给自首之帖。《通考》云：休以正税茶商，多被私贩茶人侵夺其利，请委强干官吏，先于出茶山口及庐、寿、淮南界内，布置把捉。晓谕招收，量加半税。给陈首帖子，令所在公行，更无苛夺。所冀招怀穷困，下绝奸欺，使私贩者免犯法之忧，正税者无失利之欺。案此欲变私贩为商人也。《新志》此处，辞不明白，或有夺误。《通鉴》文宗大和二年（828）《注》云：凡茶商贩茶，各以若干为一纲，而输税于官，则当时茶商，贩运之规模颇大，积至若干斤乃论罪，亦犹盐法所携极少者勿论也。天下税茶增倍。贞元江淮茶为大模，一斤至五十两。诸道盐铁使怵每斤增税钱五，谓之剩茶钱。自是斤两复旧。"观此，则当时之茶，计其重有常形制，税时不复榷，但案其形制收税也。唐茶税之大略如此。诸道多挠税法，亦与盐税同。懿宗时，以安南溪洞首领，能御蛮寇，以其须岭北茶药，令诸道一任商人兴贩不得禁止往来，则前此必有禁止者。《新书·循吏·何易于传》：为益昌令。盐铁官榷茶利，诏下所在毋敢隐，易于视诏书，曰："益昌人不征茶且不可活，矧厚赋毒之乎？"命吏阁诏。吏曰："天子诏何敢拒？吏坐死，公得免窜邪？"对曰："吾敢爱一身移暴于民乎？亦不使罪尔曹。"即自焚之。观察使素贤之，不劾也。地方之玩法捍命如此。如何易于者，固能恤民，然或反其道而行之，则其病民，亦有不可胜言者矣。

五代茶税，仍属度支盐铁。薛《史·梁末帝纪》：贞明六年二月，盐铁转运使敬翔奏请于雍州、河阳、徐州三处重置场院税茶，从之。偏方之国，以湖南收利为最饶。欧《史·刘建锋传》：高郁教马殷：民得自摘山收茗算。募高户置邸阁居茗，号八床主人。岁入算数十万。《通鉴》梁开平四年（910）云：湖南判官高郁，请听民自采茶，卖于北客，收其征以赡军。楚王殷从之。七月，殷奏于汴、荆、襄、唐、郢、复州置回图务，运茶于河南北卖之，以易缯纩战马而归。仍岁贡茶二十五万斤。诏许之。湖南由是富赡。盖既听民卖而收其税，官又自营运也。

贡茶之事，唐世已有。《旧书·刘晏传》：江淮茶、橘，晏与本道观察使各岁贡之，皆欲其先至。有土之官，或封山断道，禁前发者。晏厚以财力致之，常先他司。由是甚不为藩镇所便。《穆宗纪》：元和十五年三月，"罢申州岁贡茶"。《李石传》：开成改元大赦，石等商量节文：诸道除药物、口味、茶果外，不得进献。《哀帝纪》：天祐二年六月，"敕福建每年进橄榄子。比因阉竖，出自闽中，牵于嗜好之闲，遂成贡奉之典。虽嘉忠荩，伏恐烦劳。今后只供进腊面茶，其进橄榄子宜停"。是其事。

隋文帝登庸，除入市之税。《通典·食货典·杂税》。唐武后时，有司议税关市，并行人尽征之，崔融上疏谏，事遂未行。《新书·食货志》："肃宗即位，遣御史郑叔清等籍江淮、蜀汉富商右族訾畜，十收其二，谓之率贷。诸道亦税商贾以赡军。钱一千者有税。"率贷，德宗时尝行之，约罢兵后以公钱还，见第七章第三节。《旧书·僖宗纪》：乾符五年（878），太原节度借率富户钱以赏军，亦此类。此虽横取，不可云税。诸道所为，则征商之始也。然各自为政，非正法。《新书·代宗纪》：大历四年三月，"遣御史税商钱"，盖亦非普遍？两税法行，商贾于所在州县税三十之一，《通鉴》：建中二年五月，以军兴，增商税为什一。《注》云：杨炎定税法，商贾三十税一，今增之。普遍矣，然所以代庸调，亦不可云征商。故《新纪》于建中三年九月，书"初税商钱"也。其法，阅商人财货计钱，每贯税二十，已见第七章第三节。《宦者传》：田令孜语内园小儿尹希复、王士成等，劝僖宗籍京师两市蕃旅、华商宝货，举送内库。使者监闶柜坊茶阁，有来诉者，皆杖死京兆府。此亦横取，非征税。以税法论，唐朝于商人实未尝苛取。其病商甚者，乃在诸道各自为政，而中央不能禁止也。李忠臣设戍逻以征商贾。

又纵兵剽行人，道路几绝。《新书·穆宁传》。王锷以岭南地征薄，租其廛。王智兴税泗口以佐军须。李师道以军用屈，率贾人钱为助，命刘悟督之。从谏徙长子，道入潞，岁榷马、征商人。积叛，奴王协请税商人，使刘溪等分出检实。溪并齐民阅其货，十取二。钟传晚节重敛，商人至弃其货去。皆见《新书》本传。车驾在华州，商贾辐凑，韩建重征之。《通鉴》。皆可见其苛暴。五代之世尤甚。薛《史·唐庄宗纪》：同光二年二月，租庸使孔谦奏"诸道纲运客旅，多于私路苟免商税，请令所在关防，严加捉搦"，从之。欧《史·谦传》言其"障塞天下山谷径路，禁止行人，以收商旅征算"，即指此也。薛《史·唐明宗纪》：天成元年四月敕诏："诸州杂税，宜定合税物色名目，不得邀难商旅。"长兴二年八月，"诏天下州、府商税务，并委逐处差人，依省司年额，句当纳官"。足见是处皆有商税，而又各自为政。欧《史·闽世家》：王曦国计使陈匡范增商算，曦称为人中宝，又可见偏方诸国，征商之法亦苛。《通考》：后周显德五年（958），"敕诸道州、府，应有商贾兴贩牛畜者，不计黄牛、水牛，凡经过处，并不得抽税。如是货卖处，只仰据卖价每一千抽税钱三十，不得别有邀难"。马君曰："鬻卖而有税，理也。经过而有税，非理也，观此则其来已久。而牛畜之外，余物俱有过税，商旅安得愿出其涂乎？"案过、住两税，其为取诸民也钧，然过税尤恶于住税者？住税只一次，过税则不免节节留难也。此理至清季厘捐行而大著。观此论，则昔人早已知之矣。《通考》又云："宋太祖皇帝建隆元年（960），诏所在不得苛留行旅。赍装非有货币当算者，无得发箧搜索。又诏榜商税则例于务门，无得擅改更增损及创收。"引止斋陈氏曰："此薄税初指挥也。艺祖开基，首定商税则例，自后累朝守为家法。凡州县小可商税，不敢专擅，动辄奏禀三司，取旨行下。"《考》又载：李重进平，以宣徽北院使李处新知扬州，枢密直学士杜韡监州税。又引止斋曰："以朝臣监州税始于此，盖收方镇利权之渐。"此二者盖宋初改革税法之大端也。然商税遂不能除矣。

城外之征：《新书·西域传》云：开元时，诏焉耆、龟兹、疏勒、于阗征西域贾，各食其征。由北道者，轮台征之。由海路来者，税法无考。桑原骘藏《蒲寿庚传》云：据阿剌伯人所传，当时中国政府，收外国输入货物十分之三，《考证》二。则取之颇厚矣。然不必皆归公也，此宦南服者所由多富厚欤？

德宗时赵赞所行税法，以间架、除陌遭谤为最甚。间架税，已见第七章第三节。《旧书·卢杞传》云：所由吏秉笔执筹，人人第舍而计之。凡没一间，杖六十。告者赏钱五十贯文。盖其取之为已酷矣。然屋税似相沿有之。薛《史·末帝纪》：既入河南，"诏豫借居民五个月房课，不问士庶，一概施行"。殴《史·本纪》云：借民房课五月以赏军。《卢质传》云：命质等借民屋课五月。《通鉴》云：无问士庶，自居及僦者，豫借五月僦直。曰僦直似非官课，然曰豫借，则必本有此课而后可。盖其取之以僦直为准，虽自居者，亦计其僦直而取之，故有僦直之名？云无问士庶，则士人先必有免税者，弥可见庶民之旧有此税矣。薛《史·唐明宗纪》：天成二年（927），朱守殷既平，诏汴州城内百姓，既经惊劫，宜放二年屋税。《晋少帝纪》：开运三年九月，诏开封府以霖雨不止，应京城公私僦舍钱放一月。则汴州亦有之。然有之者必不仅汴、洛也。王锷节度岭南，以地征薄，人多牟利于市而租其廛，则所取似系宅地之税。

除陌法：《旧书·卢杞传》云：天下公私给与、贸易，率一贯旧算二十，益加算为五十。给与物或两换者，约钱为率算之。市主人、牙子，各给印纸，人有买卖，随自署记，翼日合算之。有自贸易不用市牙子者，验其私簿投状。其有隐钱百，没入二千，《通鉴》云："罚钱二千。"杖六十。告者赏钱十千，出于其家。法既行，主人、市牙，得专其柄，率多隐盗，公家所入，百不得半。怨讟之声，嚣然满于天下。案屋税后既相沿，除陌并系旧有，赵赞取民虽苛，怨毒何至如是之甚？唐史所云，盖亦未免谤辞也？

苛税不必新创，有但就旧税加重其额者。《旧书·穆宗纪》：元和十五年五月，诏以国用不足，应天下两税、盐利、榷酒、税茶，及户部阙官、除陌等钱，兼诸道杂榷税等，应合送上都及留州、留使，诸道支用，诸司使职掌人课、料等钱，并每贯除旧垫外量抽五十文。其京百司俸料，文官已抽修国学，不可重有抽取。《宪宗纪》：元和十四年十二月，国子祭酒郑馀庆奏"见任文官一品至九品，外使兼京正员官者，每月于所请料钱每贯抽十文修国子监"，从之。武官所给较薄，亦不在抽取之限。六月，"诏外官俸、料据数收贯停抽"。长庆元年十二月，"敕诸道除上供外，留州、留使钱，每贯割二百文以助军用，贼平后仍旧"。乃加重抽取之额之最普遍者也。

地方横敛，殊不可言。《新书·食货志》言德宗时进奉之弊云："户部钱物，所在州、府及巡院，皆得擅留。或矫密旨加敛。谪官吏，刻禄廪，增税通津死人及疏果。凡代易进奉，取于税入，十献二三，无敢问者。"案加敛及擅留之弊，后并未除。《旧书·懿宗纪》：咸通八年十月，兵部侍郎判度支崔彦昭奏："当司应收管江淮诸道州、府咸通八年（867）以前两税、榷酒及支米价，并二十文除陌，诸色属省钱，准旧例，逐年商人投状便换。自南蛮用兵已来，置供军使。当司在诸州府场、监钱，犹有商人便换。赍省司便换文牒至本州、府请领，皆被诸州、府称准供军使指挥占留。以此商人疑惑，乃致当司支用不充。乞下诸道州、府、场、监、院，依限送纳，及给还商人，不得托称占留者。"敕旨从之。《庾敬休传》：敬休奏"剑南西川、山南西道每年税茶及除陌钱，旧例委度支巡院句当榷税，当司于上都召商人便换。大和元年（827），户部侍郎崔元略，与西川节度使商量，取其稳便，遂奏请茶税事使司自句当，每年出钱四万贯送省。近年已来，不依元奏，三道诸色钱物，州、府逗留，多不送省。请取江西例，于归州置巡院一所，自句当收管诸色钱物送省"。从之。皆所谓擅留者也。《通考》：大和七年（833），御史台奏："大和三年（829）赦文，天下除两税外不得妄有科配，其擅加杂徭率，一切宜停，令御史台严加察访者。臣昨因岭南道擅置竹练场，税法至重，害人颇深，博访诸道，委知自大和三年准赦文两税外停废等事，旬月之内，或以督察不严，或以长吏更改，依前却置，重困齐人。伏望今后自大和三年准赦文所停两税外科配、杂榷等率复却置者，仰敕到后十日内，具却置事由闻奏，仍申报台司。每有出使郎官、御史，令严加察访。苟有此色，本判官重加惩责，长吏奏听进止。"旨依。又，开成二年十二月，武宁军节度使薛元赏奏："泗口税场，应是衣冠、商客金银、羊马、斛斗、见钱、茶盐、绫绢等，一物已上并税。今商量其杂税物请停绝。"敕旨依所奏并停，其所置官司、所由悉罢。《新书·元赏传》云：罢泗口猥税，人以为便。皆所谓加敛者也。薛《史·周太祖纪》：广顺二年十月，"诏诸州罢任或朝觐，并不以器械进贡。先是诸道州、府，各有作院，每月课进军器，逐季般送京师进纳。其逐州每年占留系省钱帛不少，谓之甲料。仍更于部内广配土产物，征敛烦重，民甚苦之"。此则既占留而又加敛者矣。其苛猥之甚者：如李巨为东京留守，于城市桥梁税出入车牛等钱。《旧书》本传。薛《史·唐明宗纪》：长兴元年（930）赦文："免河阳管内人户每亩旧征桥道钱五文。"则并有摊派之于田亩者。歇人马、牛生驹、犊，官籍蹄、嗷。《新书·崔元亮传》。五代时牛死者输皮入官。薛《史·唐明宗纪》：天成二年五月，"诏乡村民家死牛，但报本府，所由准例输皮入官"。《周太祖纪》：广顺二年十一月，"诏累朝已来，用兵不息，缮治甲胄，未免配役生灵。多取于民，助成军器。就中皮革，峻科刑。稍犯严条，皆抵极典。乡县以之生事，奸猾得以侵渔。宜立新规，用革前弊。应天下所纳牛皮，今将逐所纳三分内减二分，其一分于人户苗亩上配定。每秋夏苗共十顷，纳连角皮一张。其黄牛纳乾筋四两，水牛半斤。犊子皮不在纳限。牛、数、马、驴、骡皮筋甲，今后官中更不禁断。只不得将出化外敌境。州县先置巡检牛皮节级并停"。《通鉴》云：先是兵兴以来，禁民私卖买牛皮，悉令输官受直。唐明宗之世，有司止偿以盐。晋天福中，并盐不给。汉法，犯私牛皮一寸抵死。然民间日用，实不可无。帝素知其弊。至是，李谷建议均于田亩，公私便之。将一切税均于田亩，实为税法之最恶者，而公私顾以为便，是时之税法可知矣。李茂贞以地狭赋薄，下令榷油。因禁城门毋纳松薪，以其可为炬也。欧《史》本传。偏方诸国，如两浙钱氏，已见第十四章第四节。《通考·田赋考》载宋咸淳六年（1270）乐平县士民白札子云："五季暴政，江东西酿酒则有麴引钱，食盐则输盐米，供军须则有鞋钱，入仓库则有蓧钱。宋有天下，一切削去。独盐蓧米一项，诸路皆无，而江东独有之；江东诸郡皆无，而饶州独有之；饶州六邑皆无，而乐平独有之。本州元起催苗额十有八万，此正数也。乐平正苗二万七千五百余石，每石加盐米四斗，蓧米二斗八升二合。于是一石正苗，非三石不可了。夫所谓正苗者，隶之上供，籍之纲解，颗粒不敢言蠲减者也。加盐菱米者，徒以利郡县而已。欲望特赐指挥，行下本州契勘，诣实供申，从朝廷斟酌捐减施行。"马君云："南唐正赋之外，所取不一，宋因之，名曰沿纳，盐菱米其一也。"此札乃其父名廷鸾。在揆席时自草，作士民所陈，径下本州契勘。而郡守回申，止欲少作豁除，具文塞责。其父却回元奏，俾从实再申。守臣知不可拒，乃再诣实申上。即进呈。奉旨蠲除。盖自晋天福时创例，至是凡三百一十四年云。又引吴虎臣《能改斋漫录》，称"今所在有之"，谓"虎臣此书，作于绍兴时，则知南渡后此赋之未减者，非独饶州而已"。

第九节　兵　制

隋、唐之兵制，亦承时势而渐变。隋文帝平陈后，颇有意于偃武修文，然行之未卒其事。其时关内及缘边要地，仍行府兵之制。唐初亦沿之，而尤注意于关内。盖周行是制生效，故隋、唐二代皆沿之也。然是制与事势，实不相容，故至开元时遂变废矣。

隋平陈后，诏罢山东、河南及北方缘边新置军府，已见第二章第一节。曰"新置"，则旧有者之不罢可知。《隋书·许善心传》言：炀帝时，左卫大将军宇文述，每旦借本部兵数十人，以供私役，常半日而罢。摄御史大夫梁毗奏劾之。上方以腹心委述。初付法推，千余人皆称被役。经二十余日，法官候伺上意，乃言役不满日，其数虽多，不合通计。纵令有实，亦当无罪。诸兵士闻之，更云初不被役。上欲释之。付议虚实。百寮咸言为虚。善心以为"述于仗卫之所，抽兵私役，虽不满日，关于宿卫，与常役所部，情状乃殊。又兵多下番，散还本府，分道追至，不谋同辞，今殆一月，方始翻覆。奸状分明，此何可舍？"可见宿卫之兵，皆出于府。《食货志》言炀帝将事辽碣，增置军府，扫地为兵，租赋之入益减，可见欲增兵者，必增置军府。军府增而租赋减，又可见自周已来，为府兵则租庸调皆免之制仍存也。然其后之募益骁果，则纯为募兵之制矣。其统率之制：《通典》云："隋初，左右卫、左右武卫、左右武候各领军坊、乡团，以统戎卒。开皇中，置骠骑将军府，每府置骠骑、车骑二将军。大业三年（607），改骠骑府为鹰扬府，骠骑将军为鹰扬郎将，车骑将军为鹰扬副郎将。五年（609），又以鹰扬副郎将为鹰击郎将。九年（613），别置折冲、果毅及武勇、雄武等郎官，以统领骁果。"《职官典·折冲府》。《隋书·百官志》云："十二卫各置大将军一人，将军二人，总府事，并统诸鹰扬府。改大都督为校尉，帅都督为旅帅，都督为队正，增置队副以贰之。其军士：左右卫所领名骁骑，左右骁卫所领名豹骑，左右武卫所领名熊渠，左右屯卫所领名羽林，左右御卫所领名射生，左右候卫所领名伙飞，而总号卫士。每卫置护军四人，掌副贰将军，将军无则一人摄。寻改护军为武贲郎将，而置武牙郎将六人副焉。"又云："鹰扬每府置越骑校尉二人，掌骑士。步兵校尉二人，掌步兵。折冲郎将掌领骁果。果毅郎将贰之。其骁果，置左右雄武府雄武郎将以领之，以武勇郎将为副。"

　　唐初亦沿周、隋之制。《新书·兵志》曰："武德初，始置军府，以骠骑、车骑两将军府领之。析关中为十二道：曰万年道、长安道、富平道、醴泉道、同州道、华州道、宁州道、岐州道、豳州道、西麟州道、泾州道、宜州道，皆置府。三年（620），更以万年道为参旗军，长安道为鼓旗军，富平道为玄戈军，醴泉道为井钺军，同州道为羽林军，华州道为骑官军，宁州道为折威军，岐州道为平道军，豳州道为招摇军，西麟州道为苑游军，泾州道为天纪军，宜州道为天节军。军置将、副各一人，以督耕战，以车骑府统之。《旧纪》：武德二年七月，置十二军，以关内诸府分隶焉。《傅奕传》云：十二军之号，奕所定。六年（623），以天下既定，遂废十二军。改骠骑曰统军，车骑曰别将。居岁余，十二军复。而军置将军一人。军有坊，置主一人，以检察户口，劝课农桑。太宗贞观十年（636），更号统军为折冲都尉。别将为果毅都尉。诸府总曰折冲府。凡天下十道，置府六百三十四，皆有名号，而关内二百六十有一。《新书·地理志》，于各府州之下，皆注云有府若干。《廿二史考异》云：按《地理志》所载军府数之，关内道二百七十三，河南道六十二，河东道一百四十一，河北道三十，山南道十，陇右道二十九，淮南道六，江南道二，剑南道十，岭南道三，实止五百六十六，而关内乃有二百七十三，与《志》颇不相应。而《百官志》云：三辅及近畿州都督府皆置府，凡六百三十三，则又与两数俱别。《通典·州郡篇》云五百九十三，《职官篇》云五百七十四。《唐会要》云：关内置府二百六十一，又置折冲府二百八十，通计旧府六百三十三。《陆宣公奏议》云：太宗置府八百，在关中者五百。杜牧原十六卫云：外开折冲府五百七十有四。王伯厚引《邺侯家传》云：诸道共六百三十府。又引《理道要诀》云五百九十三。唐人述府兵之数，言人人殊，宜乎史家莫适从也。按《唐六典》云：天下之府五百九十四，亦见王伯厚《困学纪闻》卷十四引。《旧书·职官志·兵部》同。《通鉴》说置府之数，与《新书·兵志》同，见贞观十年（636）。军府不能无废置，唐代制度，诸书所载，或有异同，多因各据一时言之，府兵之数，盖亦如此，不足深异也。皆以隶诸卫。凡府三等：兵千二百人为上，千人为中，八百人为下。府置折冲都尉一人，左右果毅都尉各一人，长史、兵曹、别将各一人，校尉六人。《旧书·职官志》作五人。士以三百人为团，团有校尉；五十人为队，队有正；十人为火，火有长。火备六驮马。凡火，具乌布幕、铁马盂、布槽、锸、镢、凿、碓、筐、斧、钳、锯皆一，甲床二，镰二。队具火钻一，胸马绳一，首羁、足绊皆三。人具弓一，矢三十，胡禄、横刀、砺石、大觿、毡帽、毡装。行縢皆一，麦饭九斗，米二斗。皆自备；并其介胄戎装藏于库，有所征行，则视其入而出给之。其番上宿卫者，惟给弓矢，横刀而已。凡民年二十为兵，六十而免。其能骑而射者为越骑，其余为步兵、武骑、排槊手、步射。其隶于卫也，左右卫皆领六十府，诸卫领五十至四十，其余以隶东宫六率。凡发府兵，皆下符契，州刺史与折冲勘契乃发。若全府发，则折冲都尉以下皆行，不尽则果毅行，少则别将行。当给马者，官予其直市之，每匹与钱二万五千。刺史、折冲、果毅岁阅不任战者鬻之，以其钱更市。不足则一府共足之。凡当宿卫者番上。兵部以远近给番。五百里为五番，千里七番，一千五百里八番，二千里十番，外为十二番，皆一月上。若简留直卫者，五百里为七番，千里八番，二千里十番，外为十二番，亦月上。先天二年（713），诏曰：往者分建府卫，计户充兵，裁足周事。二十一入幕，六十一出军，多惮劳以规避匿。今宜取年二十五以上，五十而免。屡征镇者，十年免之。虽有其言，而事不克行。玄宗开元六年（718），始诏折冲府兵每六岁一简。自高宗、武后时，天下久不用兵，府兵之法寝坏。番役更代，多不以时。卫士稍稍亡匿，至是益耗散，宿卫不能给。宰相张说，乃请一切募士宿卫。《通鉴》在开元十年（722）。十一年（723），取京兆、蒲、同、岐、华府兵及白丁，而益以潞州长从兵，共十二万，号长从宿卫，岁二番。命尚书左丞萧嵩与州吏共选之。明年，更号曰彍骑。又诏诸州府马阙，官私共补之，今兵贫难致，乃给以监牧马。然自是诸府士益多不补，折冲将又积岁不得迁，士人皆耻为之。十三年（725），始以彍骑分隶十二卫。总十二万，为六番，每卫万人。京兆彍骑六万六千，华州六千，同州九千，蒲州万二千三百，绛州三千六百，晋州千五百，岐州六千，河南府三千，陕、虢、汝、郑、怀、汴六州各六百。内弩手六千。其制，皆择下户白丁、宗丁、品子强壮、五尺七寸以上，不足则兼以户八等、五尺以上，皆免征镇赋役。为四籍，兵部及州、县、卫分掌之。十人为火，五火为团，皆有首长。又择材勇者为番头，颇习弩射。自天宝以后，彍骑之法，又稍变废，士皆失拊循。八载（749），折冲诸府至无兵可交。李林甫遂请停上下鱼书。其后徒有兵额、官吏，而戎器、驮马、锅幕、糗粮并废矣。故时，府人目番上宿卫者曰侍官，言侍卫天子，至是卫佐悉以假人为童奴。京师人耻之，至相骂辱必曰侍官。而六军宿卫皆市人，富者贩缯采，食粱肉，壮者为角抵、拔河、翘木、扛铁之戏。及禄山反，皆不能受甲矣。初府兵之置，居无事时耕于野，其番上者，宿卫京师而已。若四方有事，则命将以出。事解辄罢，兵散于府，将归于朝。故士不失业，而将帅无握兵之重。所以防微渐，绝祸乱之萌也。及府兵法坏而方镇盛。武夫悍将，虽无事时，据要险，专方面，既有其土地，又有其人民，又有其财赋，以布列天下。然则方镇不得不强，京师不得不弱。故曰措置之势使然者以此也。"其述方镇缘起，已见第二节。

府兵之废，昔时论者多惜之，其实不然。近人唐君长孺，言之最审。唐君之言曰：西魏、北周，用兵皆在中原。府兵之职，惟在征行、宿卫，镇戍则委之乡兵。宿卫既近田里，征行亦为时甚暂。隋虽用兵北方，然突厥既服，徙之内地，留戍之兵，殆不甚多，故开皇中，此制尚得维持。及炀帝征高丽，死丧之威，足寒士心，于是逃亡者多，不能不借募兵弥补。贞观而后，疆域愈广，边防之线愈长。自关、陇而河西，自河西而西域，终乃极乎葱岭。且唐有东西两战场，不能兼顾，而用兵之时，征调之兵或远。唐君云：太宗征高丽，即受薛延陀牵制。拔灼杀兄自立，发兵寇夏州，太宗之急于回师，亦以西徼不靖也。贞观二十三年（649），铁勒平，乃谋大举东征，而太宗崩矣。高宗初年，经营西突厥，不能不姑置高丽。龙朔元年（661），征高丽，既围平壤，旋即班师，亦因西边警报。围平壤在八月，铁勒叛在十月；征高丽之将有萧嗣业、契苾何力，而伐铁勒之仙萼道总管为嗣业，明年，又命何力为铁勒道安抚使；可见二者之相关。此后吐蕃、西突厥，虽小有侵扰，当无大事，乾封元年（666），乃得大举东征。三年平高丽。一年之后，为咸亨元年（670），吐蕃陷四镇。乃移安东都护薛仁贵西征。旋有大非川之败。是年，高丽即有剑牟寻之叛，至四年（673）乃定。明年，新罗据百济故地，命刘仁轨讨之。上元二年（675），因其谢罪班师。三年二月，竟弃平壤，并徙熊津都督府于建安故城，盖已弃朝鲜半岛矣。闰三月，发兵击吐蕃。明年，为仪凤元年（676），乃命扶馀隆、高藏返其故土。《旧书·张文瓘传》言：新罗外叛，高宗将发役讨治。时文瓘疾病在家，乃舆疾请见，奏曰："比为吐蕃犯边，役屯寇境。新罗虽未即顺，师不内侵。若东西俱事征讨，臣恐百姓不堪其弊。请息兵修德，以安百姓。"高宗从之。《通鉴》系此事于三年九月。文瓘卒时，《旧书》本传，卒在二年，未知孰是。然立扶馀隆、高藏，已无意用兵，则文瓘之谏，殆在其前也。既置东北于度外，乃得于仪凤三年九月，大举征吐蕃。以主将不得其人，而有洮河之败。此后征西、北突厥，连岁兴师。所以不虞竭蹶者？一以新罗甚为恭顺，契丹尚未叛唐，一亦以黑齿常之经营洮河，已成重镇，足御吐蕃也。武后时，突厥中兴，亦因契丹之乱，不能兼顾，不得不就其要挟。陈伯玉集上军国机事曰："臣闻吐蕃近围瓜州，数日即退。或云此贼通使默啜，恐爪、沙遏止，故以此兵送之。臣虽未信。然惟国家比来劲敌，在此两蕃。契丹小丑，未足比类。今国家为契丹大发河东道及六胡州、绥、延、丹、隰等州稽胡精兵，悉赴灵州，缘塞空虚，灵、夏独立。秦中北据陇右，亦关东邻党。凶羯奸谋，觇知此隙，驱其丑类，大盗秦关、陇右马群，是国所宝。防备近策，宜豫改图。不可竭塞上之兵，使凶虏得计。"足见欲讨契丹，不得不调西边之兵，即不得不与突厥谋和协也。欲救此弊，必将用兵之地，分为若干区，区自有兵，不烦调发，而其长官亦须久任，则不得不变征发为召募，易临时之总管为节度使矣。节度使之制，盖始于刘仁轨之镇洮河？事在仪凤二年（677）。《玉海》百三十八引《邺侯家传》云："自初属六柱国家，及分隶十二卫，皆选勋德信臣为将军，有事则命总之出征，近不逾时，远不经岁。高宗始命刘仁轨为洮河镇守使，以图吐蕃。于是始屯军于境，而师老厌战矣。"唐君云：《邺侯家传》虽伪书，此说当有所据。自此以后，逐渐设立，至玄宗而有八或十，其事实非旦夕所致。中宗即位赦文云："天下军镇，不要者多。转输艰辛，府库虚耗。事须改弊，不可循常。宜简内外官人有才识者，分遣充使，巡边按覆。须留镇遏及应减，一事已上，并委使人共所管详度，还日具利害闻奏。其应支兵，先取当土及侧近人。仍

随地配割，分州定数。年满差替，各出本州。永为格例，不得逾越。"《全唐文》
十七。开元二年八月，以亲征河陇，命有司大募壮勇士从军。十月，薛讷克吐蕃，
停亲征。诏曰："比来缘边镇兵，每年更代，兵不识将，将不识兵，岂有缘路疲
人？盖是以卒与敌？其以西北军镇宜加兵数，先以侧近兵人充，并精加简择。"
《册府元龟》百二十四。五年五月，诏曰："每念征戍，良可矜省。其有涉河渡碛，
冒险乘危；多历年所，远辞亲爱；壮龄应募，华省未归；眷此劳止，期于折衷。
但碛西诸镇，道阻且长，数有替易，难于烦扰。其镇兵宜以四年为限。散之州
县，务取富户丁多。差遣后量免户纳杂科税。其诸军镇兵，近日递加年限者，各
依旧以三年、二年为限，仍并不得延留。其情愿留镇者，即稍加赐物。得代愿
住，听令复行。"十六年十二月，诏曰："健儿长镇，何以克堪？可分为五番，
每年放一番洗沐。远取先年人为第一番，周而复始。每五年共酬勋五转。"二十
二年四月，诏"天下诸州镇兵募及健儿等，年月已久，颇亦辛勤。或老疾尩羸；
或单弱贫窭；或亲老孤独，致阙晨昏；言念于斯，深用矜叹。宜委节度使及军州
简择。有如此色，一切放还。咸宜精审，以称朕意。"《册府元龟》百三十五。诸诏
非他，舍征发之府兵，而求之当地、侧近及征行客户；其远戍已久者，则或迳放
还，或定留戍年限，及分番令得休息而已。此一以纾民劳，一亦以救兵不识将、
将不识兵之弊也。然随事补苴，终非长策，卒乃旷然一大变焉。《唐六典·兵部
注》曰："旧健儿在军，皆有年限，更来往，颇为劳弊。开元二十五年（737），
敕以为天下无虞，宜与人休息。自今以后，诸军镇量闲剧、利害，置兵防健儿。
于诸色征行人内及客户中召募。取丁壮情愿充健儿常住边境者。每年加常例给
赐，兼给永年优复。其家口情愿同去者听。至军州，各给田地、屋宅，人赖其
利，中外获安。自是州郡之间，永无征发之役矣。"二十六年正月，迎气，诏曰：
"朕每念黎甿，弊于征戍，所以别遣召募，以实边郡，赐其厚赏，便令长住。今
诸军所召，人数向足，在于中夏，自可罢兵。既无兵革之事，足保农桑之业。自
今已后，诸军兵健，并宜停遣，其见镇兵并一切放还。"《册府元龟》百三十五。则
府兵戍守之制全废矣。既以长从充宿卫，又以长征充戍守，府兵自无所用之，故
天宝八载（749），遂停折冲府上下鱼书矣。《六典》之注，为李林甫所加。《玉
海》百三十八引《邺侯家传》云："开元末，李林甫为相，又请诸军召募长征健
儿，以息山东兵士。于是师不土著，无家族之顾，将帅胁一时之令，而偏裨杀将
自擅之兆生矣。"与事实不符。玄宗时，初无偏裨杀将之事；而太宗以降，多以
山东府兵出戍，交代往还，正所谓师不土著。既令诸军召募，投效者非边戍之
人，即久戍不归之士；又得移家口，给田地；则边军生事所资，悉在军镇，此将
帅所以得挟持之，而中央无以控制也。《家传》以为不取之农民，即是师不土
著，岂知长征健儿之制，正以农民苦于征戍，乃分兵民为二哉？林甫自夸，非诞

辞也。以上皆据唐君所撰《唐代兵制演变》，最取大意。愚按中国自一统之后，版图式廓，民之所惮，不在征戍而在其远，《秦汉史》已言之。故民兵之制，必不可以事外攘。唐代府兵之废坏，实由其遇之太薄。《旧书·刘仁轨传》：仁轨留镇百济，上表曰："臣看见在兵募，手足沈重者多，勇健奋发者少。兼有老弱，衣服单寒，惟望西归，无心展效。臣问：往在海西，见百姓人人投募，争欲征行；乃有不用官物，请自办衣粮，投名义征。唐时充兵之人，盖有二类？杜陵《前出塞》之诗曰："戚戚去故里，悠悠赴交河。公家有程期，亡命婴祸罗。君已富土境，开边一何多？弃绝父母恩，吞声行负戈。"又曰："送徒既有长，远戍亦有身，生死向前去，不劳吏怒嗔。路逢相识人，附书与六亲：哀哉两决绝，不复同苦辛。"惓惓于所亲爱，不忍远离，此府兵征戍者之类也。《后出塞》之诗曰："男儿生世间，及壮当封侯。战伐有功业，焉能守旧丘？召募赴蓟门，军动不可贿。千金买马鞍，百金装刀头。闾里送我行，亲戚拥道周。斑白居上列，酒酣进庶羞。少年别有赠，含笑看吴钩。"此轻侠之伦，冀幸富贵者。仁轨所云争欲征行者，即此类人，非凡百姓皆然。谏争之辞，恒不免过甚以耸听也。然杜陵则真诗史矣。何因今日募兵，如此孱弱？皆报臣云：今日官府，与往日不同，人心又别。贞观、永徽中，东西征役，身死王事者，并蒙敕使吊祭，追赠官职；亦有迴亡者官爵，与其子弟。从显庆五年（660）已后，征役身死，更不借问。往前渡辽海者，即得一转勋官。从显庆五年（660）以后，频经渡海，不被纪录。州县发遣兵募，人身少壮，家有钱财，参逐官府者，东西藏避，并即得脱，无钱参逐者，虽是老弱，推背即来。显庆五年（660）破百济勋，及向平壤苦战勋，当时军将号令，并言与高官重赏，百方购募，无种不道，泊到西岸，惟闻枷锁推禁，夺赐破勋。州县追呼，求住不得。公私困弊，不可言尽。发海西之日，已有自害逃走，非独海外始逃。又为征役蒙授勋级，将为荣宠，频年征役，惟取勋官，牵挽辛苦，与白丁无别。百姓不愿征行，特由于此。臣又问见在兵募：旧留镇五年，尚得支济，尔等始经一年，何因如此单露？并报臣道：发家来日，惟遣作一年装束。自从离家，已经二年。在朝阳瓮津，又遣来去运粮。涉海遭风，多有漂失。臣勘责见在兵募，衣裳单露，不堪度冬者，给大军还日所留衣裳，且得一冬充事，来年秋后，更无准拟。"《高宗诸子弘传》云：有敕征辽军人逃亡，限内不首，及更有逃亡者，身并处斩，家口没官。弘上表谏曰："窃闻所司以背军之人，身久不出，家口皆拟没官；亦有限外出首，未经断罪；诸州囚禁，人数至多。或临时遇病，不及军伍，缘兹怖惧，遂即逃亡。或因樵采，被贼抄掠；或渡海来去，漂没沧波；或深入贼庭，有被伤杀；军法严重，皆须相傔。若不及傔，及不因战亡，即同队之人，兼合有罪。遂有无故死失，多注为逃。军旅之中，不暇勘当，直据队司通状，将作真逃。家口今总没官，论情实可哀愍。伏愿逃亡之家，免其配没。"制从之。观此二疏，知高宗初年，府兵见待，曾有大变，而民情因之。《新书·韩思彦传》：子琬，于景云初上言，亦云"往召募人贾其勇，今差勒阇宗逃亡"。此等谏诤之辞，容有耸听之语，然民情前后不同，亦必非子虚也。所以如斯，固难以一言蔽，然是时用兵太多，欲厚遇之，名实皆有所不给，必其大焉者也。民之所惮，莫如远役，以道途艰苦，供给不足，私费亦有不逮也。郭虔瓘转安西副大都护，"请募关中兵一万人往安西讨击，皆给公乘，兼供熟食"。见《旧书》本传。供亿如此，民当不惮远行，然物力安能给邪？唐世府兵，负荷本重，如戎器、駄马等是也。《旧书·职官志·兵部》云："凡军行器物，皆于当州分给之，如不足则令自备，贫富必以均焉。"随身用度，更不必论，刘仁轨之兵所云来时遣作一年装束是也。开元五年（717）之诏，镇兵量免户杂科税，可见其本不能免，而是时亦不能全免。西北尤甚，太宗时，戴胄已言关中河外，尽置军团，见第三章第一节。《新书·地理志》所载军府之数，京兆百三十有一，河南三十有九，余州府不过一二十，少者乃一二耳。此非尽唐人强干弱枝之计，盖自周、隋已来，相沿如此也。贞观时议户狨地狭者徙宽乡，崔善为以为畿内户旧籍府兵不可；苏瓌徙同州刺史，岁旱，兵当番上者不能赴，瓌奏宜月增赐半粮；可见关中之民负荷之重。而禁卫多出于此。《弘传》又云：咸亨二年（671），驾幸东都，留太子于京师监国。时属大旱，关中饥乏。令取廊下兵士粮视之，见有食榆皮、蓬实者。乃令家令等各给米使足。《苏瓌传》：瓌以景龙三年（709）转右仆射，同三品。亦言"粒食踊贵，宿卫兵至有三日不得食者"。宿卫如此，岂况征戍？《辛替否传》：替否于睿宗时为左补阙，上疏陈时政曰："当今发一卒以御边垂，遣一兵以卫社稷，多无衣食，皆带饥寒。"可见中外皆然矣。张说之以彍骑代府兵也，《新书·说传》言："卫兵贫弱，班休者亡命略尽，说建请一切募勇强士，优其科条，简其色役，不旬日，得胜兵十三万。"可见民之所惮，在彼而不在此。番上之易为长从，番戍之易为长征，其理一也。安、史之乱，诚为乘虚而入，然使是时，府兵而在，亦断不足以御之，而不见默啜、李尽忠之蹂躏河北乎？其时府兵曷尝废也？故以府兵之废为玄宗、张说、李林甫咎，玄宗、张说、李林甫不任受责也。不惟玄宗、张说、李林甫，即自高宗以下之君臣，亦不任受责也。何者？势之所趋，固非人力所能挽，而其制亦本祇宜于周时，此时不必维持耳。然诸人仍有不能不任其责者，此则在于庙算之得失。唐君谓唐之用兵，皆务攻取，故府兵之制，不协事宜，是也。然则唐之务攻取，为得策乎？为失策乎？曰：亦可谓之得策，所惜者，初或用之过当，而后又不承权舆耳。用兵之道，不外二科：据其土，役其人，攘其物，此有所利而为之者也。中国之用兵于四夷，初无此意。特以其为我患而御之，或虑其将为我患而豫摧折之。前者固守御之师，后者之意，实亦仍在守御，不可谓之不义也。外夷顺服之日，设官以管理之，以防其逆节之萌，亦属此科矣。然攻取之兵，至于克捷之日，即宜解散，而防卫暨留镇之兵，则必不可多。何则？军久屯驻，则暮气盛而积弊深，必不可用；又养兵太多，为民力所不胜也。唐太宗之灭颉利，御侮之师也；其亡薛延陀，虑其将为我患而摧折之者也；攻高丽，辽东固中国地，当复；皆不可谓之不义，而其事西域，则实为黩武。何者？是时之情势，无取乎此也。丽、济既亡，辽东已复，且其形势已臻完固，若更据鸭绿江东之地，则为无所取材，故后遂弃之以与新罗，此举实最衷于理。辽东故中国郡县，貉人未必无移殖其间者，然必不能多，中国欲复之，宜也。鸭江以东，则故貉族之地，中国疆界，虽尝逾此，人之移殖者，亦必不能较貉族为多。以此分疆，最协于义。自唐弃平壤以后，中国不思越此而东，貉人亦不欲越此而西，两国遂获和平相处矣。其时吐蕃始炽；武后时，突厥再兴，契丹亦盛；中国理宜出攻取之师，而皆未能出，故至纵敌，以诒后患。玄宗时，突厥自亡，契丹亦戢，而吐蕃独肆侵陵。此时用兵，理应分别缓急，于吐蕃主攻，而于回纥、契丹，则不复主攻。陆贽言：吐蕃举国胜兵之徒，才当中国十数大郡。见《旧书》本传。虽甚强悍，非难摧破；况其多杂羌、浑等，又皆胁从而非心服乎？西域诸国，国小势分，本不能为中国患。此时之守四镇，非以甚焉者、龟兹、高昌，乃所以蕃卫河西也。攻者决策在己，守者多见致于人，与屯重兵于安西、北廷，曷若移之陇右以攻敌？吐蕃之能猾夏，实恃今青海之地为腹心，其地易守而难攻，中国坐视其跋扈而无可如何，实由于此。然众寡、贫富，迥不相侔，厚集其力以攻之，当无不可摧败者。此当如太宗时之攻吐谷浑，大举深入；且屡举以疲之；使其不获安居。不当如玄宗时争石堡等戍，置军以实河曲。争堡、置军，正乃守御之策，非攻取之师也。青海之地吃紧，则四镇不守而自固。西胡固惟利之求，回纥亦浸染胡俗，皆可以利啖；契丹尚未强大，但得廉耻之将以御之，固不待重兵也。哥舒翰多杀士以攻石堡，此邀功之为也。高仙芝之讨小勃律、攻石国，则兼以黩货矣。终致怛逻斯之败，非不幸也。吐蕃据今青海之地，无货利可歆，有之则羊马耳，固不足大启食欲，西域则不然矣。故不攻吐蕃而事西域，亦唐军纪败坏之一因也。兵力偏重，本非久计。况于过任蕃将？此实安、史之乱所由肇。然兼用蕃兵，亦爱惜民命之意，且合于天时、地利，未足深咎。然使唐是时于吐蕃主攻，则所抚用者当在羌、浑、党项，而非西胡。人所薪求，各因习俗，羌、浑、党项之桀，必不如安禄山、史思明辈，睨天位而思夺之也。然则同用蕃兵，其得失亦有间矣。又唐兵力之不振，实缘将帅之非人。仪凤中，魏元忠言兵事曰："当今朝廷用人，类取将门子弟。亦有死事之家，而蒙抽擢者。此等本非干略见知，虽竭力尽诚，亦不免于倾败。"又曰："薛仁贵、郭待封，受阃外之寄，奉命专征，不能激厉熊罴，乘机扫扑，败军之后，又不能转祸为福，因事立功，遂乃弃甲丧师，脱身而走。幸逢宽政，罪止削除。网漏吞舟，何以过此？"又曰："仁贵自宣力海东，功无尺寸，坐玩金帛，黩货无厌，今又不诛，纵恶更甚。"高宗时师出之失律，盖有其由？中宗以还，因循弥甚，明罚敕法，犹恐不逮，而玄宗仍任贪黩之徒，《通鉴》贞元二年（786）载李泌《议复府兵》之辞曰："牛仙客以积财得宰相，边将效之。山东戍卒，多赍缯帛自随，边将诱之，寄于府库，昼则苦役，夜系地牢，利其死而没入其财。故自天宝以后，山东戍卒还者，十无二三。"此说当亦出《邺侯家传》，传固伪，然其言亦必有所本也。且重任蕃将，则其措置，翩其反而矣。此安、史之乱所由成也，而于府兵之废何与哉？

中叶以后，调东方之兵，以戍西方，其弊，复与未变法以前等。《旧书·陆赞传》：赞尝疏论其事曰："关东之地，百物阜殷，从军之徒，尤被优养，惯于温饱，狃于欢康，比诸边隅，若异天地，而乃使之去亲族，舍园庐，甘其所辛酸，抗其所慑骇，将冀为用，不亦疏乎？矧又有休代之期，无统帅之驭。资奉若骄子，姑息如倩人。屈指计归，张颐待饲。犹患还期之赊缓，常念戎丑之充斥。王师挫伤，则将乘其乱离，布路东溃。情志且尔，得之奚为？复有抵犯刑禁，论徙军城。意欲增户实边、兼令展效自赎。既是无良之类，且加怀土之情，思乱幸灾，又甚戍卒。适足烦于防卫，谅无望于功庸。穷边之地，长镇之兵，百战伤夷，终年辛苦。角所能则练习，度所处则孤危，考其服役则劳，察其临敌则勇。然衣粮所给，惟止当身，例为妻子所分，常有冻馁之色。而关东戍卒，衣粮所须，厚逾数等，继以茶药之馈，益以蔬酱之资。丰约相形，县绝斯甚。又有素非禁旅，本是边军，将校诡为媚词，因请遥隶神策。不离旧所，惟改虚名。其于禀赐之饶，遂有三倍之益。俦类所以忿恨，忠良所以忧嗟，疲人所以流亡，经费所以褊匮。谓宜罢诸道将士防秋之制。率因旧数而三分之其一分，委本道节度使募少壮愿住边城者徙焉；其一分，则本道但供衣粮，委关内、河东诸军、州，募蕃、汉子弟愿傅边军者给焉；又一分，亦令本道但出衣粮，加给应募之人，以资新徙之业。又令度支散于诸道，和市耕牛，兼雇召工人，就诸军城，缮造器具。募人至者，家给耕牛一头，又给田农水火之器。初到之岁，与家口二人粮，并赐种子。待经一稔，俾自给家。若有余粮，官为收籴，各酬倍价，务奖营田。寇至则人自为战，时至则家自力农。时乃兵不得不强，食不得不足。与夫倏来忽往，岂可同等而语哉？"其所蕲求，亦与开元变法时等也。《通鉴》贞元二年（786），载德宗与李泌议复府兵，泌为上历叙府兵兴废之由，且言其利。三年（787），上复问泌以复府兵之策。泌言："今吐蕃久居原、会之间，以牛运粮，粮尽牛无所用，请发左藏恶缯，染为采缬，因党项以市之。又命诸冶铸农器，籴麦种，分赐缘边军镇，募戍卒耕荒田。约明年麦熟，倍偿其种，其余据时价五分增一，官为籴之。来春种禾亦如之。戍卒因屯田致富，则安于土，不复思归。旧制戍卒三年而代。及其将满，下令有愿留者，即以所开田为永业，家人愿来者，本贯给长牒续食而遣之。据应募之数，移报本道。虽河朔诸帅，得免更代之烦，亦喜闻矣。不过数番，则戍卒土著，乃悉以府兵之法理之，是变关中之疲弊为富强也。""既而戍卒应募，愿耕屯田者什五六。"此文盖出《邺侯家传》，不必信。然亦时人之见，可与陆赞之说相参证也。唐长孺云：敬舆上疏，《通鉴》在贞元九年（793），《册府元龟》九百九十三在八年，使如《家传》所云，三年诏下，愿留者十五六，是成效久著，何以一言不及？然则邺侯但曾为此说，实未尝行，或则全为李繁所假托，并无是言也。即敬舆所论，德宗亦未能用，大历以后，边境非无屯田，李、陆二公之谋罢防秋，则始终未行也。二公所论，皆开元、天宝置长征健儿之遗策。府兵番上，征镇亦不移家口，虽有田而在本贯，与所言绝不同。愚案《旧书·崔涣传》：子纵，贞元时为河南尹。先是戍边之师，由洛阳者，储饷取办于逼户，纵始官备，不征于人。然则东军西戍，不徒浪费衣粮，亦且累及缘路居民矣。欧《史·四夷附录》云：榆关东临海，北有山，皆斗绝，并海东北有路，狭仅通车，其旁地可耕殖，唐时置戍，以扼契丹。戍兵常自耕食，惟衣絮岁给幽州。久之，皆有田宅，养子孙，以坚守为己利。唐末，幽、蓟割据，戍兵废散，契丹因得出陷平、营，而幽、蓟之人，岁苦寇钞，土著之兵足用，而屈指计归之士，不能守土，于此亦可见。陆贽疏又论节制多门之弊曰："开元、天宝之间，控御西北两番，惟朔方、河西、陇右三节度而已。犹虑权分势散，或使兼而领之。中兴已来，未遑外讨，侨隶四镇于安定，权附陇右于扶风，所当西北两番，亦朔方、泾原、陇右、河东节度而已。关东戍卒，至则属焉。虽委任未尽得人，而措置尚存典制。自顷逆泚诱泾陇之众，叛怀光污朔方之军，割裂诛锄，所余无几。而又分朔方之地，建牙拥节者，凡三使焉。其余镇军，数且四十。皆承特诏委寄，各降中贵监临。人得抗衡，莫相禀属。每候边书告急，方令计会用兵。既无军法下临，惟以客礼相待。是乃从容拯溺，揖让救焚。冀无贴危，固亦难矣。谓宜择文武能臣，一人为陇右元帅，一人为朔方元帅，一人为河东元帅。见置节度，有非要者，随所便近而并之。"此策或疑统率之权太重，然观幽蓟割据，戍卒转因之废散，则知叛将所用者，亦非土著、爱田庐、恋妻子之众也。

府兵既废，养兵之数骤增，天宝初四十九万，见《旧书·地理志》。建中元年（780）七十六万八千余，见《通鉴》。元和二年（807），李吉甫撰《元和国计簿》，云八十三万，六年（811），中书、门下奏云八十余万。开成二年（837），王彦威进供军图略曰：至德、乾元之后，迄于贞元、元和之际，约计八十余万，长庆约九十九万。均见《旧书·本纪》。国家经费不支，此为论史者称美府兵之理。其实亦不相干。何者？府兵必免其庸调，宁非损失经费邪？举一国之民，且耕且战，必不如或耕或战者所生之利为多，此通工易事之理也。若乃多养老弱，乞休不许，此乃军政之失，与军民分业之理何涉？民兵、募兵，二者孰优？关涉极多，实难以一言蔽，但就财政、生计言之，则未必唐之府兵，优于宋之召募也。杜牧之言曰："百人荷戈，仰食县官，则挟千夫之名。"《新书·突厥传序》。然则养兵百万，实乃十万耳。十万之数，可云多乎？《李绛传》：绛亦言滨塞虚籍多，实兵少。《旧书·张说传》：既移河曲六州残胡，先是缘边镇兵，常六十余万。说以时无强寇，不假师众，奏罢二十余万，勒还营农。玄宗颇以为疑。说奏曰："臣久在疆场，具悉边事。军将惟欲自卫，及杂使营私，若御敌制胜，不在多养闲冗，以妨农务。陛下若以为疑，臣请以阖门百口为保。"上乃从之。然则养兵徒为边将私利者，逾三之一矣。王忠嗣兼朔方、河东节度使，自朔方至云中，缘边数千里，当要害地，开拓旧城，或自创制，斥地各数百里，史以为美谈，此必多置戍军，恐亦非必需，且或不免私利也。

方镇既横于外，所以把持京师者，复有禁军，其祸且更深于方镇焉。《新书·兵志》曰："所谓天子禁军者，南北衙兵也。南衙，诸卫兵是也。北衙者，禁军也。初高祖以义兵起太原，已定天下，悉罢遣归，其愿留宿卫者三万人，以渭北白渠旁民弃腴田分给之，号元从禁军。后老不任事，以其子弟代，谓之父子军。及贞观初，太宗择善射者百人为二番，于北门长上，曰百骑，以从田猎。又置北衙七营，选材力骁壮，月以一营番上。十二年（638），始置左右屯营于玄武门，领以诸卫将军，号飞骑。"《旧纪》在六月。复择马射为百骑，为游幸翊卫。

《旧书·职官志》云：太宗选飞骑之尤骁健者，别署百骑，以为翊卫之备。《姜谟传》云：太宗选趫捷之士，以充仗内宿卫，名为飞骑，每游幸即骑以从。高宗龙朔二年（662），始取越骑、步射置左右羽林军。《旧书·职官志》同。武后改百骑曰千骑，睿宗又改曰万骑，分左右营。及玄宗以万骑平韦氏，改为左右龙武军。皆用唐元功臣子弟，制若宿卫兵。《旧纪》：永昌元年十月，"改羽林军百骑为千骑"。景龙元年九月，"改左右羽林卫千骑为万骑"。开元二十六年（738），冬，"析左右羽林军置左右龙武军，以左右万骑营隶焉"。《职官志》云："万骑自开元以来，与左右羽林军名曰北门四军。开元二十七年（739），改为左右龙武军。"是时良家子避征戍者，亦皆纳资隶军，分日更上如羽林。开元十二年（724），诏左右羽林军、飞骑阙，取京旁州府士，以户部印印其臂，为二籍，羽林、兵部分掌之。末年，禁兵浸耗。及禄山反，天子西驾，禁军从者才千人。肃宗赴灵武，士不满百。及即位，稍复旧补北军。至德二载（757），置左右神武军，补元从、扈从官子弟，不足则取他色带品者，同四军。谓左右羽林、左右龙武。亦曰神武天骑。制如羽林。总曰北衙六军。又择便骑射者，置衙前射生手千人，亦曰供奉射生官，又曰殿前射生手，分左右厢，总号曰左右英武军。

《旧书·职官志》云：羽林、龙武，皆唐元功臣子弟，非外州人。肃宗在凤翔，方收京城，以羽林军减耗，寇难未息，乃别置神武军，同羽林制度官吏，谓之北衙六军。又置衙前射生手千余人，谓之左右英武军，非六军之例也。乾元元年（758），李辅国用事，请选羽林骑士五百人徼巡。李揆曰："汉以南北军相制，故周勃以北军安刘氏。朝廷置南北衙，文武区列，以相察伺。今用羽林代金吾警，忽有非常，何以制之？"遂罢。

《旧书·职官志》云：左右金吾卫，掌宫中及京城昼夜巡警之法，以执御非违。又云：汉置南北军，掌卫京师。南军若今诸卫也，北军若今羽林军也。飞骑仗或有敕上南衙者，羽林大将军承墨敕，白移于金吾引驾仗，引驾仗官与监门覆奏，又降墨敕，然后得入。上元中，以北衙军使卫伯玉为神策军节度使，镇陕州。中使鱼朝恩为观军容使，监其军。初哥舒翰破吐蕃临洮西之磨环川，即其地置神策军，以成如璆为军使，及安禄山反，如璆以伯玉将兵千人赴难，与朝恩皆屯于陕。时神策故地沦没，即诏伯玉所部兵号神策军，以伯玉为节度，与陕州节度使郭英乂镇陕。其后伯玉罢，以英乂兼神策军节度。英乂入为仆射，军队统于观军容使。代宗即位，以射生军入禁中靖难，皆赐名宝应功臣，故射生军又号宝应军。广德元年（763），代宗避吐蕃幸陕，朝恩举在陕兵迎扈，悉号神策军。天子幸其营。及京师平，朝恩遂以军归禁中自将之，尚未与北军齿也。永泰元年（765），吐蕃复入寇，朝恩又以神策军屯苑中。自是寖盛，分为左右厢，势居北军右，遂为天子禁军，非他军比。朝恩乃以观军容宣慰处置使知神策军兵马使。又用爱将刘希暹为神策虞候，主不法。遂置北军狱，募坊市不逞，诬捕大姓。没产为赏。至有选举旅寓而挟厚赀多横死者。朝恩得罪死，以希暹代为神策军使。是岁，希暹复得罪，以朝恩旧校王驾鹤代将。十数岁，德宗即位，以白志贞代之。是时神策兵虽处内，而多以裨将将兵征伐，往往有功。及李希烈反，河北盗且起，数出禁军征伐，神策之士，多斗死者。建中四年（783），下诏募兵。以志贞为使。搜补峻切。神策兵既发殆尽，志贞阴以市人补之。名隶籍而身居市肆，及泾卒溃，皆戢伏不出，帝遂出奔。案此言志贞事诬罔，辩见第七章第三节。志贞等流贬。神策都虞候李晟与其军之他将，皆自飞狐道西兵赴难，遂为神策行营节度，屯渭北。军遂振。贞元二年（786），改神策左右厢为左右神策军。特置监句当左右神策军，以宠中官，而益置大将军以下。又改殿前射生左右厢曰殿前左右射生军，亦置大将军以下。俄改殿前左右射生军曰左右神威军。《旧书·职官志》云：神威军，本号殿前射生左右厢。贞元二年九月，改殿前左右射生军。三年四月，改为左右神威军。非六军之例也。《通鉴》：贞元四年四月，更命殿前左右射生曰神威军。与左右羽林、龙武、神武、神策号曰十军。置监左右神威军使。左右神策军皆加将军二员，左右龙武军加将军一员，以待诸道大将有功者。自肃宗以后，北军增置威武、长兴等军，名类颇多，而废置不一。惟羽林、龙武、神武、神策、神威最盛，总曰左右十军矣。其后京畿之西，多以神策军镇之，皆有屯营。军司之人，散处甸内，皆恃势凌暴，民间苦之。自德宗幸梁还，以神策兵有劳者，皆号兴元元从奉天定难功臣，恕死罪。中书、御史府、兵部乃不能岁比其籍，京兆又不敢总举名实。三辅人假比于军，一牒至十数。长安奸人，多寓占两军，身不宿卫，以钱代行，谓之纳课户。益肆为暴。吏稍禁之，辄先得罪。故当时京尹、赤令，皆为之敛屈。《旧书·郭子仪传》：子仪《请代宗还京》之奏曰："六军之兵，素非精练。皆市肆屠沽之人，务挂虚名，苟避征赋。驱以就战，百无一堪。亦有潜输货财，因以求免。"此为当日禁卫窳败之由，神策军所以得乘虚而入也。神策既入，挂名之习不改，遂至因之以为暴。《通鉴》：贞元七年二月，"初上还长安，以神策等军有卫从之劳，皆赐名兴元元从奉天定难功臣，以官领之，抚恤优厚。禁军恃恩骄横，侵暴百姓，陵忽府县。至诟辱官吏，毁裂案牍。府县官有不胜忿而刑之者，朝答一人，夕贬万里。由是虽有公严之官，莫得举其职。市井富民，往往行赂寄名军籍，则府县不能制。辛巳，诏神威六军吏士与百姓讼者，委之府县。小事牒本军，大事奏闻。若军士陵忽府县，禁身以闻，委御史台推覆。县吏辄敢答辱，必从贬谪"。自古以来，未有公然纵军虐民，摧折官吏，如此其甚者也。《旧书·柳仲郢传》：富平县人李秀才，籍在禁军，诬乡人斫父墓柏，射杀之。法司以专杀论。文宗以中官所庇，决杖配流。法之不行如此。十年（794），京兆尹杨于陵请置挟名，敕五丁许二丁居军，余差以条限。繇是豪强少畏。事亦见《旧书·于陵传》。《宣宗纪》：大中五年（851），京兆尹韦博奏言京畿富户，为诸军影占，苟免府县色役，则此弊实未除。十二年（796），以监句当左神策军左监门卫大将军知内侍省事窦文场为左神策军护军中尉，监句当右神策军右监门卫将军知内侍省事霍仙鸣为右神策军护军中尉。监右神威军使内侍兼内谒者监张尚进为右神威军中护军，监左神威军使内侍兼内谒者监焦希望为左神威军中护军。十四年（798），又诏左右神策置统军，以崇亲卫，如六军。《新书·郑絪传》：入为起居郎翰林学士，累迁中书舍人。德宗自兴元还，置六军统军，视六尚书，以处功臣，除制用白麻付外。又废宣武军，益左右神策，以监军为中尉。窦文场恃功，阴讽宰相：进拟如统军比。絪当作制，奏言："天子封建或用宰相，以白麻署制，付中书、门下。今以命中尉，不识陛下特以宠文场邪？遂著为令也？"帝悟，谓文场曰："武德、贞观时，中人止内侍，诸卫将军同正赐绯者无几。自鱼朝恩以来，无复旧制。朕今用尔，不谓无私。若麻制宣告，天下谓尔胁我为之。"文场叩头谢。更命中书作诏，并罢统军用麻矣。当时中人之妄如此。时边军衣饷多不赡，而戍卒屯防，药茗蔬酱之给最厚。诸将务为诡辞，请遥隶神策军，禀赐遂赢旧三倍。繇是塞上往往称神策行营，皆内统于中人矣。《通鉴》云："皆统于中尉。"又元和七年（812），吐蕃犯泾州，及西门之外，驱掠人畜而去。上患之。李绛上言："京西、京北，皆有神策镇兵。始置之，欲以备御吐蕃，使与节度使犄角相应也。今则鲜衣美食，坐耗县官。每有寇至，节度使邀与俱进，则云申取中尉处分，比其得报，虏去远矣。纵有果锐之将，闻命奔赴，节度使无刑戮以制之，相视如平交，左右前却，莫肯用命，何所藉乎？请据所在之地，士马及衣粮、器械，皆割隶当道节度使，使号令齐一。"上曰："朕不知旧事如此，当亟行之。"既而神策军骄恣日久，不乐隶节度使，竟为宦者所沮而止。《新书·柳公绰传》：拜邠宁节度使。神策诸镇，列屯部中，不听本道节制，公绰论其宜。因诏屯营缓急悉受节度。宪宗号称英明，欲有所行，尚为宦官所格，昭愍昏愦，令岂能行？况岂有平时不受节制，临事乃可指挥者邪？薛《史·唐明宗纪》：长兴三年十月，"帝谓范延光曰：如闻禁军戍守，多不禀藩臣之命，缓急如何驱使？"延光曰："承前禁军出戍，便令逐处守臣管辖断决，近似简易。"帝曰："速以宣命条举之。"则五代时仍有此弊。其军乃至十五万。《通鉴》：唐昭宗天复三年（903），崔胤奏言："贞元之末，分羽林卫为左右神策军，以便卫从，始令宦官主之，以二千人为定制。"则神策本军，数并不多，而附从者则七十五倍之矣。《新书·李晟传》：李怀光谋沮其军，奏言："神策兵给赐比方镇独厚。今朱泚逆未平，军不可以异。欲晟自削其军，则士怨易挠。"怀光固桀骜，然此言则不能谓其非是也。顺宗即位，王叔文用事，欲取神策兵柄，乃用故将范希朝为左右神策京西诸城镇行营兵马节度使，以夺宦者权而不克。元和二年（807），省神武军。明年，又废左右神威军，合为一，曰天威军。八年（813），废天威军，以其兵分隶左右神策军。此时以左右羽林、左右龙武、左右神策为六军。至朱全忠废神策，乃以羽林、龙武、神武为六军，见下。及僖宗幸蜀，田令孜募神策新军，为五十四都，《通鉴》云"每都千人"，见光启元年（885）。离为十军，令孜自为左右神策十将兼十二卫观军容使。《通鉴》注：左右卫，左右骁卫，左右武卫，左右威卫，左右领军卫，左右金吾卫，谓之南衙十二卫。以左右神策大将军为左右神策诸都指挥使。诸都又领以都将，亦曰都头。景福二年（893），昭宗议以宗室典禁兵。及伐李茂贞，乃用嗣覃王允为京西招讨使，神策诸都指挥使李鐬副之。悉发五十四军屯兴平。已而兵自溃。茂贞逼京师，昭宗为斩神策中尉西门重遂、李周潼，乃引去。乾宁元年（894），王行瑜、韩建及茂贞连兵犯阙。天子又杀宰相韦昭度、李磎，乃去。李克用伐行瑜等。同州节度使王行实入，迫神策中尉骆全欢、刘景宣，请天子幸邠州。全欢、景宣及子继晟，与行实纵火东市。帝御承天门，敕诸王率禁军捍之。捧日都头李筠以其军卫楼下。茂贞将阎圭攻筠，矢及楼扉。帝乃与亲王、公主幸筠军。扈跸都头李君实亦以兵至。侍帝出幸莎城、石门。诏嗣薛王知柔入长安收禁军，清宫室。月余乃还。又诏诸王选亲军，收拾神策亡散，得数万。益置安圣、捧宸、保宁、安化军，曰殿后四军。安化军，《通鉴》作宣化。嗣覃王允与嗣延王戒丕将之。三年（896），茂贞再犯阙。嗣覃王战败。昭宗幸华州。明年，韩建畏诸王有兵，请皆归十六宅。留殿后兵三十为控鹤排马官，隶飞龙坊。余悉散之。且列甲围行宫，于是四军二万余人皆罢。又请诛都头李筠。帝恐，为斩于大云桥。俄遂杀十一王。及还长安，左右神策军复稍置之，以六千人为定。是岁，左右神策中尉刘季述、王仲先以其兵千人废帝，幽之。季述等诛。已而昭宗召朱全忠兵入诛宦官。宦官觉，劫天子幸凤翔。全忠围之。岁余，天子乃诛中尉韩全海、张彦弘等二十余人，以解梁兵。乃还长安。于是悉诛宦官，而神策左右军繇此废矣。诸司悉归尚书省郎官，两军兵皆隶六军，而以崔胤判六军、十二卫事。六军者，左右龙武、神武、羽林，其名存而已。自是军司以宰相领。及全忠归，留步骑万人屯故两军，以子友伦为左右军宿卫都指挥使。禁卫皆汴卒，崔胤乃奏六军名存而兵亡，非所以壮京师。军皆置步军四将，骑军一将，步将皆兵二百五十人，骑将皆百人，总六千六百人，番上如故事。乃令六军诸卫副使京兆尹郑元规立格募兵于市，而全忠阴以汴人应之。胤死，以宰相裴枢判左三军，独孤损判右三军。向所募士悉散去。全忠亦兼判左右六军、十二卫。及东迁，惟小黄门打毬供奉十数人、内园小儿五百人从。至谷水，又尽屠之，易以汴人。于是天子无一人之卫。以上参看第五章第八节，第六章第四节，第七章第六节，第十一章第二、第三、第四节。唐自中叶以后，号称藩镇跋扈，然始终擅命者惟河北。形要之地如襄、鄂，险塞之地如两川，夐远之地如黔、粤，皆未尝显然背命。东南财赋之区，尤为中央命脉所系。苟唐主赫然整顿，举藩镇之背命者讨平之，偃蹇者废易之，实未尝不可以复振；而唐自中叶后，除敬宗、懿宗、僖宗外，实无甚昏愚之主，而终于不能振拔者？则政事为宦官所把持实致之。谁生厉阶，至今为梗，德宗还跸后之措置，所以使读史者废书而叹也。《新书·柏良器传》：入为左神策大将军，知军事。募材勇以代士卒市贩者。中尉窦文场恶之。坐友人阑入，换右领军卫。自是军政皆中官专之。此事《通鉴》系贞元八年（792），云良器"妻族饮醉，寓宿宫舍"。《注》云："宫中直宿之舍也。"案事权之旁落，皆积渐而致。德宗始终维护宦官，乃害政之最甚者也。

五代之世，唐禁卫之名犹存，而其实权又移于他司，遂为宋制之本。欧《史·康义诚传论》曰："当唐之末，方镇之兵多矣。凡一军有指挥使一人，而合一州之诸军，又有马步军都指挥使一人，盖其卒伍之长也？自梁以宣武军建国，因其旧制，有在京马步军都指挥使。唐因之。至明宗时，始更为侍卫亲军马步军都指挥使。当是时，天子自有六军、诸卫之职，六军有统军，诸卫有将军，而又以大臣、宗室一人判六军诸卫事。此朝廷大将，天子国兵之旧制也。而侍卫亲军者，天子自将之私兵也。推其名号可知矣。天子自为将，则都指挥使，乃其卒伍之都长耳。然自汉、周以来，其职益重。汉有侍卫司狱。凡朝廷大事，皆决侍卫狱。是时史弘肇为都指挥使，与宰相、枢密使并执国政，而弘肇尤专任，以至于亡。然是时，方镇各自有兵，天子亲军，犹不过京师之兵而已。今方镇名存而实亡，六军诸卫又益以废，朝廷无大将之职，而举天下内外之兵，皆属侍卫司矣。则为都指挥使，其权岂不益重哉？亲军之号，始于明宗。其后又有殿前都指挥使，亦亲军也。皆不见其更置之始。今天下之兵，皆分属两司矣。"此自五代至宋之变迁也。都指挥使之名，所用亦甚广。《通鉴》：后梁太祖开平元年（907），晋王以蕃汉都指挥使周德威为行营都指挥使，率铁林都指挥使安元信等，以救潞州。《注》云：伍季之世，诸镇各有都指挥使，而命官之职分，有不同者。如周德威为蕃汉都指挥使，则蕃汉之兵，皆受指挥；行营都指挥使，则行营兵皆受指挥；铁林都指挥使，则铁林军一都之指挥使耳。读史者宜各以义类求之。

五代时，整顿军政者，起于周世宗。薛《史·本纪》：显德元年二月，"诏诸道募山林亡命之徒有勇力者，送于阙下。仍目之为强人。帝以捷勇猛之士，多出于群盗中，故令所在招纳。有应命者，即贷其罪，以禁卫处之。至有朝行杀夺，暮升军籍，仇人遇之，不敢仰视。帝意亦患之，其后颇有不获宥者。十月，大阅。帝亲临之。命令上一概简阅。选武艺超绝者，署为殿前诸班。复命总戎者自龙捷、虎捷以降，周太祖广顺元年（951），改侍卫马军曰龙捷左右军，步军曰虎捷左右军，见《五代会要》。一一选之。老弱羸小者去之。"其策皆宋世所沿也。

唐末五代，有一极残暴无道之事，黥兵士之面是也。《通考·兵考》："梁太祖开平元年（907），初帝在藩镇，用法严。将校有战殁者，所部兵悉斩之，谓之拔队斩。士卒失主将者，多亡逸不敢归。帝乃命凡军士皆文其面，以记军号。军士或思乡里逃去，关津辄执之，送所属，无不死者，其乡里亦不敢容，由是亡者皆聚山谷为盗，大为州县之患。至是，诏赦其罪。自今文面者亦听还乡里。盗减什七八。"此文出《五代史补》，《通鉴》亦采之。又引吴氏《能改斋漫录》曰："《五代史·刘守光传》：天祐三年（906），梁攻沧州，仁恭调其境内，凡男子年十五以上，七十以下，皆黥其面，文曰定霸都。士人则文其腕或臂，曰一心事主。得二十万人。此据薛《史》。欧《史》亦载此事，而辞较略。《通鉴》云：下令境内：军发之后，有一人在闾里，刑无赦。或谏曰："今老弱悉行，妇人不能转饷。此令必行，滥刑者众矣。"乃命胜执兵者尽行。得兵十万。薛《史·赵凤传》云：幽州人也。少为儒。唐天祐中，燕帅刘守光尽率部内丁夫为军伍，而黥其面。为儒者多为僧以避之。凤亦落发，至太原。故苏明允《兵制篇》曰：屯田府兵，其利既不足以及天下，而后世之君，又不能循而守之。至于五代，燕帅刘守光又从而为之黥面涅手，自后遂以为常法，使之不得与齐民齿。余按陶岳《五代史补》，乃云：健儿文面，自梁太祖始。梁、燕皆同时，则文面又不特始于仁恭也。"愚按薛《史·朱汉宾传》云：梁祖之攻兖郓也，朱瑾募骁勇数百人，黥双雁于其颊，立为雁子都。梁祖闻之，亦选数百人，别为一军，号曰落雁都，署汉宾为军使。当时目为朱落雁。梁攻兖郓，起于景福元年（892），越六年，为乾宁四年（897），而朱瑾亡奔淮南，尚在天祐三年（906）之前九年。然则梁祖之黥其士，确在刘仁恭之前；事果始于落雁都，则朱瑾之黥其士，又在梁祖之前也。然处相同之境地中，恒易为相同之事，亦不必相师耳。

唐兵之种类甚多。《旧书·职官志·兵部》云："凡兵士隶卫，各有其名。左右卫曰骁骑，左右骁卫曰豹骑，左右武卫曰熊渠，左右威卫曰羽林，左右领军卫曰射声，左右金吾卫曰佽飞。东宫左右卫率府曰超乘，左右司御率府曰旅贲，左右清道率府曰直荡。总名曰卫士。"此皆来自折冲府者。又曰："凡左右金吾卫有角手，诸卫有弩手。"此亦卫士，而以其技名。又曰："左右羽林军有飞骑及左右万骑、彍骑。天下诸军有健儿。凡关内有团结兵。秦、成、岷、渭、河、兰六州有高丽、羌兵。黎、雅、邛、翼、茂五州有镇防团结兵。天下诸州差兵，募取户殷丁多，人材骁勇。选前资官、勋官部分强明，堪统摄者，节级擢补主帅以领之。其义征者别为行伍，不入募人之营。"此等则皆取之别有其途者矣。

健儿之名，盖起开元之世？唐长孺谓疑即开元二年（714）大募壮勇士之称号。八年八月，诏云："宜差使于两京及诸州，且拣取十万人，务求灼然骁勇，不须限以蕃、汉，皆放番役杂科，惟令团伍教战。仍敕幽州刺史邵宠，于幽、易两州，选二万灼然骁勇者，充幽州经略军健儿，不得杂使，租庸资课并放免。"《册府元龟》百二十四。则健儿似专以争战为事。《通鉴》：代宗大历三年（768），平卢行军司马许杲，将卒三千人驻濠州不去，有窥淮南意。淮南节度使，崔圆令副使张万福摄濠州刺史。杲闻，即提卒去，止当涂。是岁，上召万福，以为和州刺史行营防御使，讨杲。万福至州，杲惧，移军上元。又北至楚州，大掠。淮南节度使韦元甫命万福追讨之。未至淮阴，杲为其将康自劝所逐。自劝拥兵继掠，循淮而东。万福倍道追杀之。元甫将厚赏将士。万福曰："官健常虚费衣粮，无所事。今方立小功，不足过赏。请用三分之一。"胡《注》曰："兵农既分，县官费衣粮以养军，谓之官健。犹言官所养健儿也。"十二年五月，"诏自都团练使外，悉罢诸州团练守捉使。又定诸州兵皆有常数。其召募给家粮、春冬衣者，谓之官健。差点土人，春夏归农，秋冬追集，给身粮、酱菜者，谓之团结"。二者之别，灼然可见。然团结虽系土著，官健并发家粮，亦非浮浪人也。《旧志》

之说，盖即据开、天时制言之。《建成传》云：建成令庆州总管杨文干募健儿送京师，则以后来之名，追述前事，然俗必先有此名，官家乃从而用之耳。

《通鉴》：开元十五年十二月，"制以吐蕃为边患，令陇右道及诸军团兵五万六千人，河西道及诸军团兵四万人。又征关中兵万人集临洮，朔方兵万人集会州防秋，至冬初无寇而罢。伺虏入寇，互出兵腹背击之"。此以团兵助正军之不足，亦所以省调发。胡《注》曰："府兵废，行一切之扶，团结民兵，谓之团兵。"此言似非是。唐除关中外，置府并不多，即府兵未废时，亦未必能不借民团为助也。二十七年（739），剑南节度使张宥文吏，不习军旅，悉以军政委团练副使章仇兼琼。《注》云：据《旧志》，上元后置团练使。余考唐制，凡有团结兵之地，则置团练使。此时蜀有黎、雅、邛、翼、茂五州镇防团结兵，故置团练副使。安、史乱后，诸州皆置团练使矣。团练使之置，自后多于前，然府兵未废时，必不能谓遂无团兵也。兴元元年（784），李怀光使其将符峤袭坊州，据之。渭北守将窦觎率猎团七百围之，峤请降。《注》云："团结猎户为兵，谓之猎团。"则各种人皆可团结矣。乡兵之用，历代皆不能免，其要，实在守卫乡土，以补正兵之不足，然后遂有用之出战者。《旧书·张镒传》：镒为濠州刺史，李灵曜反于汴州，镒训练乡兵，严守御之备，此以之守土者也。《诸葛爽传》：爽攻新乡，韩简逆战，偏将乐彦祯说其衙军奔归，爽军乘之，简乡兵八万大败，此则以之出战矣。《通鉴》：中和四年三月，校师立移檄行在百官及诸道将吏士庶，数陈敬瑄十罪，云："本道将士，八州坛丁，共十五万人，长驱问罪。"《注》云：按《新书·路岩传》：岩帅西川，置定边军于邛州，取坛丁子弟教击刺，使补屯籍，则坛丁者，蜀中边郡民兵也。又按路振《九国志》：石处温事孟知祥，补万州管内诸坛点检指挥使。见得蜀中诸郡，皆有坛丁。补屯籍犹使之守土，置使指挥，则意在用之出战矣。薛《史·周太祖纪》：广顺二年二月，"诏先获河东乡军一百余人，给钱、鞋放归"。四月，"诏停蔡州乡军"。《世宗纪》：高平之捷，"诏赐河东降军二千余人各绢二匹，并给其衣装；乡兵各给绢一匹；放还本部"。是彼此皆用乡兵也。《旧书·良吏·崔知温传》：麟德中，累转灵州都督府司马。州界有浑、斛薛部落万余帐，数侵掠居人。百姓咸废农业，习骑射以备之。知温表请徙于河北。是百姓不待官兵保护，自能团结御敌也。《李抱真传》：为怀泽潞观察留后。密揣山东当有变，上党且当兵冲。时承战余，土瘠赋重，无以养军。乃籍户丁男，三选其一。有材力者，免其租徭，给弓矢。令之曰："农隙分曹角射，岁终吾当会试。"及期，按簿而征之，都试以示赏罚。复命之如初。比三年，皆善射。得成卒二万。天下称昭义步兵冠诸军。然则训练亦非难，特不当如宋人之行保甲，置司以扰之耳。读苏轼《请存恤河北弓箭社》之奏，与司马光、王岩叟论保甲之疏，然后知人民自为之者之力之大，而代斫者之必伤其手也。然而籍于官，以兵为业，则有转不教练者。《旧书·宣宗纪》：大中六年五月，"敕天下军府有兵马处，宜选会兵法、解弓马等人，充教练使。每年合教习时，常令教习。仍于其时申兵部。"足见兵之不教者之多矣。

以兵不足用，临时调发人民者，五代时多有之。欧《史·史弘肇传》言梁末调民七户出一兵。《刘景岩传》言晋高祖起兵太原，唐废帝调民七户出一卒为义兵。《通鉴》记此事于天福元年十月，云"每七户出征夫一人，自备铠仗，谓之义军"。《考异》曰："薛《史》云十户，今从《废帝实录》。"又开运元年三月云："敕天下籍乡兵，每七户共出兵械资一卒。"此即后来号为武定军，又改为天威军者。见第十三章第四节。然则七户出一兵，殆为五代时成法。此无他，废唐时差兵募取之法，而强人以义征之役耳。欧《史·吴越世家》：周师渡淮，钱俶"尽括国中丁民益兵以会期。"《通鉴》：开运三年（946），唐围福州，吴越王弘佐救之。募兵久无应者。弘佐命纠之，曰："纠而为兵者，粮赐减半。"明日，应募者云集，皆可见当时取兵之酷。

以罪人为兵者，历代亦皆有之。隋改徒流为配防，见下节。炀帝置西海等郡，谪天下罪人，配为戍卒，大开屯田，发西方诸郡运粮以给之，其祸甚博。然唐太宗于西州亦用之。褚遂良谏疏谓其"岁遣千余人，远事屯戍，兼遣罪人，增其防遏"者也。中叶后防秋亦用之，见前引陆贽疏。《通考·兵考》：宪宗元和八年（813），刑部侍郎王播奏："天德军五城及诸边城配流人等，臣窃见诸配流人，多逢恩赦，悉得归还，惟前件流人，皆被本道重奏，称要防边，遂令没身，终无归日。臣又见比年边城犯流者，多是胥徒小吏，或是斗打轻刑，据罪可原，在边无益。请自今流人准格例满日，六年后并许赦还。"从之。《旧书·宣宗纪》：大中四年正月，大赦天下。"徒流比在天德，以十年为限，既遇鸿恩，例减三载。其秦、原、威、武诸州、诸关，先准格徒流，亦量与立限，止于七年。"十一月，"敕收复成、维、扶等三州，建立已定。条令制置，一切合同。其已配到流人，宜准秦、原、威、武等州流例，七年放还"。是以徒流守边，已成故事矣。

以奴为兵者：《新书·契丹传》：李尽忠反，募天下人奴有勇者，官畀主直，悉发以击虏。此犹用招募之法。《通鉴》：睿宗景云元年八月，万骑恃讨诸韦之功，多暴横，长安中苦之。诏并除外官。又停以户奴为万骑。更置飞骑，隶左右羽林。《注》曰："户奴为万骑，盖必起于永昌以后。"此殆立法强取之？足见是时取兵之难矣。

车战久废，然防冲突仍或用之。《隋书·杨素传》：开皇十八年（598），突厥达头可汗犯塞，以素为灵州道行军总管，出塞讨之。先是诸将与虏战，每虑胡骑奔突，皆以戎车步骑相参，舆鹿角为方阵，骑在其内。素谓人曰："此乃自固之道，非取胜之方也。"于是悉除旧法。令诸军为骑陈。达头闻之，大喜，曰："此天赐我也。"因下马，仰天而拜。率精骑十余万而至。素奋击，大破之。达头被重创而遁。杀伤不可胜计。此文自不免夸张，然形势大略可见。盖惟兵精者可以角利，不则战无百胜，不可不先为自固之计。《传》又言：素时贵幸，言无不从。从素征伐者，微功必录。他将虽有大功，多为文吏所谴却。故素虽严忍，士亦以此愿从焉。此亦如汉之卫、霍，所将常选，固非他将所得比方也。《旧书·房琯传》：战于陈陶斜。"琯用春秋车战之法，以车二千乘，马步夹之。既战，贼顺风扬尘鼓噪，牛皆震骇，因缚刍纵火焚之。"师遂挠败。盖亦以禄山兵精，虑为所乘，故为是以止冲突？至其所以败，则以所将兵太弱，抑牛尤非服习之马比也。《马燧传》：燧镇太原，承败军之后，兵甲寡弱。燧乃悉召将吏牧马厮役，得数千人，悉补骑卒。教之数月，皆为精骑。造甲者必令长短三等，称其所衣，以便进趋。又造战车，蒙以狻猊象，列戟于后。行则载兵甲，止则为营陈，或塞隘以遏奔冲。虽尚趋利，夫固不废藩卫。至于骑战，自属要图。唐世畜马最多，与其兵威之张，颇有关系；而安、史乱后，陇右马牧陷没，与其兵力之衰，亦甚有关；已见第十九章第一节。

攻坚之器，礧石仍重。《新书·李密传》：密命护军将军田茂，广造云旝三百具，以机发石，为攻城械，号将军炮，进逼东都。又《五行志》："大和三年（829），南蛮围成都，毁玉晨殿为礧，有吼声三，乃止。"可见攻守皆重发石。《通鉴》：梁贞明三年（917），吴王遣使遗契丹主以猛火油，曰："攻城以此油然火焚楼橹，敌以水沃之，火愈炽。"契丹主大喜。即选骑三万，欲攻幽州。述律后哂之曰："岂有试油而攻一国乎？"乃止。《注》曰：《南蕃志》：猛火油出占城国。蛮人水战，用之以焚敌舟。吴人盖亦得之南方者？此物用以攻城，必无大益。阿保机久历戎行，岂其轻躁如此。《通鉴》之云，必传者过也。

军械虽由官造，如唐时军器监总弩坊、甲坊二署，缮甲弩以输武库是也。见第一节。实多出于民间。公家所储，率多窳败。《新书·安禄山传》言：禄山反，州县发官铠仗，皆穿朽钝折不可用，持梃斗，弗能抗，可见其窳败之状。周时罢诸州贡械，见第八节。固以其厉民，亦以其不可用也。《李德裕传》：徙西川，请甲人于安定，弓人于河中，弩人于浙西，繇是蜀之器械皆犀锐。诸方造械，各有所长，此必民间巧匠，非官所畜也。隋开皇三年（583），禁大刀长槊。十五年（595），收天下兵器，敢有私造者坐之。《隋书·高祖纪》。晋天福二年（937），亦禁造甲兵，欧《史·本纪》。可见民间兵器之富。苟欲称兵，正不待如前世之劫武库矣。薛《史·唐庄宗纪》：同光二年五月，"诏天下收拆防城之具，不得修浚城隍"。又云："李嗣源遣使部送潞州叛将杨立等到阙，并碟于市。潞州城峻而隍深，至是，帝命划平之。因诏诸方镇撤防城之备焉。"盖因立部送到追书之，实则潞州之毁，撤防之诏，皆在砥立之前也。此秦人之隳名城，其意亦与禁兵器等，然何益哉？

第十节　刑　制

《隋书·刑法志》："开皇元年（581），诏高颎等更定新律。其刑名有五：一曰死刑二，有绞，有斩。二曰流刑三，有一千里，千五百里，二千里。应配者，一千里居作二年，一千五百里居作二年半，二千里居作三年。应住居作者，三流俱役三年，近流加杖一百，一等加三十。三曰徒刑五，有一年，一年半，二年，二年半，三年。四曰杖刑五，自五十疑当作六十。至于百。五曰笞刑五，自十至于五十。而蠲除前代鞭刑，及枭首、轘裂之法。又置十恶之条，多采后齐之制，而颇有损益。一曰谋反，二曰谋大逆，三曰谋叛，四曰恶逆，五曰不道，六曰大不敬，七曰不孝，八曰不睦，九曰不义，十曰内乱。犯十恶及故杀人狱成者，虽会赦，犹除名。其在八议之科，及官品第七以上，犯罪皆例减一等。其品第九已上，犯者听赎。应赎者皆以铜代绢。犯私罪以官当徒。定讫，诏颁之。《本纪》开皇元年十月戊子，行新律。三年（583），又敕苏威、牛弘等更定新律。除死罪八十一条，流罪一百五十四条，徒、杖等千余条，定留惟五百条。凡十二卷：一曰名例，二曰卫禁，三曰职制，四曰户婚，五曰厩库，六曰擅兴，七曰盗贼，八曰斗讼，九曰诈伪，十曰杂律，十一曰捕亡，十二曰断狱。十三年（593），改徒及流并为配防。胡三省曰："配防者，配隶军伍，使之防守。"见《通鉴》开皇十九年（599）《注》。炀帝即位，以高祖禁网深刻，又敕修律令。除十恶之条。时升称皆小旧二倍，其赎铜亦皆二倍，其实不异。三年（607），新律成，凡五百条，为十八篇，诏施行之，《本纪》：三年四月甲申，颁律令。谓之《大业律》。一曰名例，二曰捕亡，三曰违制，四曰请求，五曰户，六曰婚，七曰擅兴，八曰告劾，九曰贼，十曰盗，十一曰斗，十二曰捕亡，十三曰仓库，十四曰厩牧，十五曰关市，十六曰杂，十七曰诈伪，十八曰断狱。其五刑之内，降从轻典者二百余条。"《困学纪闻》云："五刑之法《疏》《周官·秋官·司刑疏》。谓宫刑至隋乃赦。崔浩《汉律序》：文帝除肉刑而宫不易。《书正义》：《吕刑正义》。隋开皇之初，始除宫刑。按《通鉴》：西魏大统十三年三月除宫刑，非隋也。"按汉文帝实曾除宫刑，说见《秦汉史》第十八章第七节。南北朝时亦有宫刑，西魏文帝、齐后主时乃除之，见《两晋南北朝史》第二十二章第七节。前世刑法，往往旋除旋复，其后盖又行之，故隋文帝又除之也。《吕刑疏》曰："开皇初，始除男子宫刑，妇人犹闭于宫。"则其所除者特肉刑，当时所谓宫刑，实未全废。然此要为一大事，《隋志》不应失载也。

《新书·刑法志》云："唐之刑书有四：曰律、令、格、式。令者，尊卑贵贱之等数，国家之制度也。格者，百官有司所常行之事也。式者，其所常守之法也。凡邦国之政，必从事于此三者。其有所违及人之为恶而入于罪戾者，一断以律。"《百官志·刑部》亦云："凡刑法之书有四：一曰律，二曰令，三曰格，四曰式。"《旧书·职官志·刑部》云："凡文法之名有四：一曰律，二曰令，三曰格，四曰式。凡律以正刑定罪，令以设范立制，格以禁违正邪，式以轨物程事。"《隋书·经籍志》云："汉初，萧何定律九章。其后渐更增益，令甲已下，盈溢架藏。晋初，贾充、杜预删而定之，有律、有令、有故事。梁时，又取故事之宜于时者为梁科。《志》梁科三十卷，陈科亦三十卷，盖大体沿梁。后齐武帝时，又于麟趾殿删正刑典，谓之《麟趾格》。后周太祖又命苏绰撰《大统式》。隋则律、令、格、式并行。"《隋书·本纪》：开皇元年十月，行新律。大业三年四月，颁律令。四年十月，颁新式于天下。《苏威传》云：上令朝臣厘改旧法，为一代通典，律、令、格、式，多威所定。《旧书·经籍志》有隋《开皇令》三十卷。则四者之并行，实非始于唐也，《旧书·职官志》云："凡律十有二章：一名例，二禁卫，三职制，四户婚，五厩库，六擅兴，七贼盗，八斗讼，九诈伪，十杂律，十一捕亡，十二断狱，《新书·刑法志》同。云"因隋之旧"。案此废大业律而复开皇之旧也。而大凡五百条。令二十有七篇，分为三十卷。第一至第七曰官品、职员，八祠，九户，十选举，十一考课，十二官卫，十三军防，十四衣服，十五仪制，十六卤簿，十七公式，十八田，十九赋役，二十仓库，二十一厩牧，二十二关市，二十三医疾，二十四狱官，二十五营缮，二十六丧葬，二十七杂令。而大凡一千五百四十六条。凡格二十四篇，式三十三篇，以尚书、御史台、九寺、三监、诸军为目。"此唐文法之大概也。

律、令、格、式，皆时有增损，而格、式尤烦。《旧书·刑法志》云：高祖"既平京城，约法为二十条。惟制杀人、劫盗、背军、叛逆者死。及受禅，诏纳言刘文静与当朝通识之士，因《开皇律令》而增损之，尽削大业烦峻之法。又制五十三条格。寻又敕裴寂等撰定律令。大略以开皇为准。惟正五十三条格，入于新律，余无所改。至武德七年五月奏上，颁行天下。《旧书·高祖纪》：武德元年五月，命裴寂等修律令。六月，废隋大业律令，颁新格，十一月，诏颁五十三条格，以约法缓刑。七年四月，大赦天下，颁行新律令。《经籍志》有武德令三十卷。《新书·艺文志》又有式十四卷。太宗即位，又命长孙无忌、房玄龄与学士、法官，更加厘改。定律五百条，分为十二卷。其目见上。有笞、杖、徒、流、死为五刑。流刑三，自二千里递加五百里至三千里。十四年（640），又制流罪三等，不限以里数，量配边恶之州。余同隋。又有议、请、减、赎、当、免之法，十恶之条。比隋代旧律，减大辟者九十二条，减流入徒者七十一条，凡削烦去蠹，变重为轻者，不可胜纪。又定令一千五百九十条，为三十卷。《新书·艺文志》二十七卷。《注》云：令一千五百四十六条。贞观十一年正月，颁下之。《本纪》同。又删武德、贞观已来敕格三千余条，定留七百条，以为格十八卷。其曹之常务，但留本司者，别为《留司格》一卷。《新书·艺文志》又有式三十三卷。永徽初，敕长孙无忌等撰定律、令、格、式。旧制不便者，皆随删改。遂分格为两部：曹司常务为留司格，天下所共为散颁格。散颁格下州县，留司格但留本司焉。《本纪》：永徽二年闰九月，颁新定律、令、格、式于天下。《新书·艺文志》：永徽律十二卷，又式十四卷，式本四卷，令三十卷，散颁天下格七卷，留本司行格十八卷。三年（652），诏曰：律学未有定疏，每年所举明法，遂无凭准。宜广召解律人，条义疏奏闻。于是成三十卷，四年十月，奏之，颁于天下。《纪》在十一月。自是断狱者，皆引疏分析之。龙朔二年（662），改易官号，因敕重定格、式，惟改曹局之名。麟德二年（665）奏上。至仪凤中，官号复旧，又敕删缉格、式，二年二月奏上。《新书·艺文志》：永徽留本司格后十一卷。则天敕删改格式，加计帐及句帐式，通旧式成二十卷。又以武德已来垂拱已后诏敕便于时者，编为新格二卷。则天自制序。《本纪》。垂拱元年三月，颁下亲撰垂拱于天下。盖以自制序，故谓之亲撰。其二卷之外，别编六卷，堪为当司行用，为《垂拱留司格》。《新书·艺文志》又有散颁格三卷。时韦方质凤阁侍郎。详练法理，又委其事于咸阳尉王守慎，又有经理之才。故垂拱格式，议者称为详密。方质，云起孙。《旧书》附《云起传》。云：方质多所损益，甚为时人所称。其律、令惟改二十四条，又有不便者，大抵依旧。中宗神龙元年（705），敕删定《垂拱格》后至神龙元年（705）已来制敕，为《散颁格》七卷，又删补旧式为二十卷，颁于天下。景云初，睿宗又敕删定格、式、律、令。太极元年二月奏上，名为《太极格》。《新书·艺文志》十卷。《本纪》：景云三年二月，颁新格、式于天下。开元初，玄宗敕删定格、式、令。至三年三月奏上，名为《开元格》。六年（718），又敕删定律、令、格、式。至七年三月奏上。律、令、式仍旧，名格曰《开元后格》。《新书·艺文志》：开元后格十卷。又式二十卷。十九年（731），侍中裴光庭、中书令萧嵩又以格后制敕，行用之后，颇与格文相违，于事非便，奏令所司删撰《格后长行敕》六卷，颁于天下。二十二年（734），户部尚书李林甫又受诏改修格、令。旧格、式、律、令及敕，总七千二十六条。其一千三百二十四条，于事非要，并删之。二千一百八十条，随文损益。三千五百九十四条，仍旧不改。总成十一卷，《律疏》三十卷，《令》三十卷，《式》二十卷，《开元新格》十卷。又撰《格式律令事类》四十卷，以类相从，便于省览。二十五年九月奏上。敕于尚书都省写五十本，发使散于天下。《本纪》：开元二十五年九月，颁新定令、格、式及事类一百三十卷于天下。《新书·刑法志》云：明年，吏部尚书宋璟又著格，皆以开元名书。天宝四载（745），又诏刑部尚书萧炅稍复增损之。大历十四年六月一日，德宗御丹凤楼大赦。赦书节文：律、令、格、式，条目有未折衷者，委中书、门下简择理识通明官共删定。自至德已来制敕，或因人奏请，或临事颁行，差互不同，使人疑惑。中书、门下与删定官详决，取堪长久行用者，编入格条。建中二年（781），罢删定格令使，委刑部删定。《新书·刑法志》：德宗时，诏中书、门下选律学之士，取至德以来制敕、奏谳，掇其可为法者藏之，而不名书。元和十三年八月，凤翔节度使郑馀庆等详定格后敕三十卷。右司郎中崔郾等六人修上。其年，刑部侍郎许孟容、蒋乂等奉诏删定，复勒成三十卷。刑部侍郎刘伯刍等考定，如其旧卷。《本纪》：元和二年七月，敕刑部侍郎许孟容等删定开元格后敕。十年十月，刑部尚书权德舆奏请行用新删定敕格三十卷，从之。《德舆传》曰：改刑部尚书。先是许孟容、蒋乂等奉诏删定格、敕。孟容寻改他官，乂独成三十卷，表献之，留中不出。德舆请下刑部，与侍郎刘伯刍等考定，复为三十卷。大和七年十二月，刑部奏先奉敕详定前大理谢登新编《格后敕》六十卷讫，都为五十卷，伏请宣下施行。可之。亦见《本纪》。《纪》又云：大和元年六月，"诏元和、长庆中，皆因用兵，权以济事，所下制敕，难以通行。宜令尚书省取元和已来制敕参详，删定讫，送中书、门下，议定闻奏"。《新书·刑法志》："文宗命尚书省郎官各删本司敕，而丞与侍郎覆视，中书、门下参其可否而奏之，为大和格后敕。"盖肇其事者尚书省，成之于大理，终乃复由刑部详定也？《旧书·冯宿传》：大和四年（830），入为工部侍郎。六年（832），迁刑部侍郎。修《格后敕》三十卷。开成四年（839），两省详定《刑法格》一十卷，敕令施行。《新书·刑法志》：开成三年（838），刑部侍郎狄兼谟采开元二十六年（738）以后至于开成制敕，删其繁者，为开成详定格。大中五年四月，刑部侍郎刘瑑等奉敕修大中刑法总要格后敕六十卷，起贞观二年六月二十日，至大中五年四月十三日，凡二百二十四年杂敕，都计六百四十六门，一千一百六十五条。《本纪》：四月癸卯，刑部侍郎刘瑑奏：据今年四月十三日已前，凡三百四十四年杂制敕，计六百四十六门，二千一百六十五条，议轻重，名曰《大中刑法统类》，欲行用之。《瑑传》曰：大中初，转刑部侍郎。瑑精于法律。选大中以前二百四十四年制敕可行用者二千八百六十五条，分为六百四十六门，议其轻重，别成一家法书，号《大中统类》，奏行用之。《纪》之三百四十四年，三百必二百之误。二千八百六十五条，《新书·瑑传》作二千八百六十五事。二千与《志》之一千，未知孰是？《纪》云议轻重，不成句，盖当如《传》作议其轻重，传写夺其字也。书名及卷数，《新书·艺文志》皆与《旧书·刑法志》同。《新传》作《大中刑律统类》，盖《旧传》《大中统类》之省言。此书敕修之旨为总要，《新传》云类而析之，盖瑑自创之体，故《旧传》谓其别成一家，而其书又以统类名也。《廿二史考异》疑其误，谓瑑书与张戣之书是一，恐非。搜辑至四月十三日，而即以其月奏闻，其书必未及杀青，当如《纪》《传》有欲行用之或奏行用之一语，语气乃为完具，《刑法志》亦疑有夺文也。七年五月，左卫率府仓曹参军张戣进《大中刑法统类》一十二卷，敕刑部详定奏行之"。《本纪》云：戣集律、令、格、式条件相类一千二百五十条，分一百二十一门，号曰《刑法统类》，上之。《新书·刑法志》云：戣以刑律分类为门，而附以格敕。《艺文志》：张戣《大中刑律统类》十二卷。此唐世制订之大略也。诸书多出官纂，或经官颁。《志》又云：详刑少卿赵仁本撰《法例》三卷，引以断狱，时议亦为折衷。后高宗览之，以为烦文不便，遂废不用。则似未经奏请而行用者。

五代刑法，大体沿唐。梁太祖开平三年十一月，诏删定律、令、格、式。四年十二月，宰臣奏：重刊定律令三十卷，式二十卷，格一十卷，目录一十三卷，律疏三十卷，请目为《大梁新定格式律令》，仍颁下施行之。薛《史·刑法志》、欧《史·本纪》：开成四年十二月，癸酉，颁律令格式。唐庄宗同光元年十二月，御史台奏："当司、刑部、大理寺收贮刑书，并是伪廷删改者。兼伪廷先下诸道，追取本朝法书焚毁，或经兵火。只定州敕库具在。请敕速写副本进纳。"从之。未几，定州王都进纳唐朝格、式、律、令，凡二百八十六卷。二年二月，刑部尚书卢价奏纂集《同光刑律统类》，凡一十三卷，上之。薛《史·刑法志》。末帝清泰二年四月，御史中丞卢损等，进清泰元年（934）以前十一年制敕堪悠久施行者，三百九十四道，编为三十卷。其不中选者，各令所司封闭，不得行用。诏其新编敕如可施行，付御史台颁行。晋高祖天福三年七月，差左谏议大夫薛融等详定唐明宗朝编敕。四年七月，融等上详定编敕三百六十八道，分为三十一卷。薛《史·本纪》。周太祖广顺元年六月，敕侍御史卢亿，刑部员外郎曹匪躬，大理正段涛同议定，重写法书一百四十八卷。先是汉隐帝末，因兵乱法书亡失。至是，大理奏重写律、令、格、式、统类、编敕。以晋、汉及国初事关刑法敕条凡二十六件，分为二卷，附于编敕，目为《大周续编敕》。命省、寺行用焉。世宗显德四年五月，中书、门下奏："准宣：法书行用多时，文意古质，条目繁细，使人难会。兼前后敕、格，互换重叠，亦难详定。宜令中书、门下并重删定，务从节要，所贵天下易为详究者。今朝廷之所行用者：《律》一十二卷，《律疏》三十卷，《式》二十卷，《令》三十卷，《开成格》一十卷，《大中统类》一十二卷，后唐以来至汉末编敕三十二卷，及皇朝制敕等。折狱定刑，无出于此。律、令则文辞古质，看览者难以详明。格、敕则条目繁多，检阅者或有疑误。臣等商量：差御史知杂事张湜等一十人编集新格。勒成部帙。律、令有难解者，就文训释。格、敕有繁杂者，随事删除。其中有轻重未当，便于古而不便于今，矛盾相违，可于此而不可于彼，尽宜改正，无或牵拘。候编集毕日，委御史台尚书省四品以上及两省五品以上官参详可否，送中书、门下议定，奏取进止。"诏从之。五年七月，中书、门下奏："湜等九人，编集刑书，悉有条贯。兵部尚书张昭等一十人参详旨要，更加损益。其所编集者，用律为正。辞旨有难解者，释以疏意。式、令有附近者次之。格、敕有废置者又次之。事有不便，与该说未尽者，别立新条于本条之下。其有文理深古，虑人疑惑者，别以朱字训释。至于朝廷之禁令，州县之常科，各以类分，悉令编附。其所编集，勒成一部。别有目录，凡二十卷。目为《大周刑统》。欲请颁行天下，与律、疏、令、式通行。其《刑法统类》《开成格》《编敕》等，采掇既尽，不在法司行使之限。敕宜依，仍颁行天下。"薛《史·刑法志》。胡三省谓"《刑统》一书，终宋之世行之"焉。《通鉴注》。

《新书·儒学·赵冬曦传》：神龙初，上书曰："古律条目千余。隋时，奸臣侮法，著律曰：律无正条者，出罪举重以明轻，入罪举轻以明重。一辞而废条目数百。自是轻重沿爱憎，被罚者不知其然。使贾谊见之，恸哭必矣。夫法易知则下不敢犯而远机阱，文义深则吏乘便而朋附盛。律、令、格、式，谓宜刊定科条，直书其事。以准加减、比附、量情，及举轻以明重，不应为之类，皆勿用。使愚夫愚妇，相率而远罪。犯者虽贵必坐。律明则人信，法一则主尊。"当时称是。此与文义之难知，殆当时法令不便于民之两大端。《旧书·刘文静传》，言其受命与当朝通识之士，更刊隋开皇律令而损益之。高祖谓曰："本设法令，使人共解，而往代相承，多为隐语，执法之官，缘此舞弄，宜更刊定，务使易知。"则律文深奥之弊，唐初已然，正不待周世宗言之矣。然人事日繁，法理益邃，犯罪科条，何由一一列举？而其条文，亦何由使人共喻耶？

《通考·刑考叙》曰："汉文除肉刑，善矣，而以髡笞代之，髡法过轻，而略无惩创，笞法过重，而至于死亡；其后乃去笞而独用髡，减死罪一等，即止于髡钳，进髡钳一等，即入于死罪；而深文酷吏，务从重比，故死刑不胜其众。魏、晋已来病之，然不知减笞数使之不死，徒欲复肉刑以全其生，肉刑卒不可复，遂独以髡钳为生刑，所欲活者傅生议，于是伤人者或折要体，而才剺其毛发；所欲陷者与死比，于是犯罪者既已刑杀，而复诛其宗亲。轻重失宜，莫此为甚。隋、唐已来，始制五刑，曰笞、杖、徒、流、死。此即有虞所谓鞭、朴、流、宅，虽圣人复起，不可偏废也。"案隋、唐五刑之制，实南北朝已后逐渐改革所成，说见《两晋南北朝史》第二十二章第七节。《隋书·隐逸传》载李士谦论刑罚之语，谓"臧重者死，酷而不惩，宜从肉刑，刖其一趾，再犯者断其右腕。流刑刖去右手三指，又犯者下其腕。小盗宜黥，又犯则落其所用三指，又不悛下其腕，无不止也。无赖之人，窜之边裔，职为乱阶，适所以召戎，非求治之道也。"自来欲复肉刑者，皆愍死刑之重，而士谦独恶其时之刑之轻，而欲以肉刑易之；且于古肉刑之外，别创斩指、断腕之法。曾不思古之去肉刑者，乃恶夫断者不可复属，虽欲改行为善，而道无繇至。断指去腕，酷更甚于斩趾，虽欲改行，其道何繇？不可偷生，遑云为善？此岂仁人之言哉？唐太宗即位，命长孙无忌、房玄龄与学士法官厘改法令。戴胄、魏徵言旧律令重。于是议绞刑之属五十条，免死罪，断其右趾。寻又愍其受刑之苦，谓侍臣曰："前代不行肉刑久矣，今忽断人右趾，意甚不忍。"王珪、陈叔达等皆谓其系以生易死，与古不同。后蜀王法曹参军裴弘献又驳律令四十余事，太宗令参掌删改。弘献于是与玄龄等建议：以为古者五刑，刖居其一，及肉刑废，制为死、流、徒、杖、笞，以备五刑，今复设刖足，是为六刑，减死在于宽弘，加刑又加烦峻。乃与八座定议奏闻。于是又除断趾法，改为加役，流三千里，居作二年。《旧书·法志》。盖肉刑废来久，行之终不厌于人心也。此亦见已逝之运之不可复返矣，时之为义大矣哉！

肉刑既废，流刑之用乃烦。一以其关涉边防，参看上节。一亦以居作之制，与奴婢相类，为治者或利之也。《新书·刑法志》曰：居作者著钳若校，京师隶将作，女子隶少府缝作。旬给假一日，腊寒食二日，毋出役院。病者释钳、校给假，疾差陪役。谋反者男女奴婢，没为官奴婢，隶司农，七十者免之。凡役，男子入于蔬圃，女子入于厨馈。玄宗诏言"徒非重刑，而役者寒暑不释械系"，则凡役者遇之皆酷。枷杖及讯囚之具，皆有定制。皆见《隋书》及新、旧《唐书》之《刑法志》。虽有此制，然不皆遵守。《新书·宇文融传》：子审，累迁大理评事。以夏楚大小无制，始创杖架，以高庳度杖长短，又铸铜为规，齐其巨细。《旧书·代宗纪》：大历四年（769）《戒刑官滥刑诏》有云："如闻州县官，比来率意恣行粗杖，不依格令，致使陨毙，深可哀伤。频有处分，仍闻乖越。"太宗尝览明堂针灸图，见人之五藏皆近背，针灸失所，则其害致死，遂诏罪人无得鞭背。《新书·刑法志》。然唐时有所谓重杖、痛杖者，只云一顿，而不限其数，或以致死，亦与前代以笞杀人无异。《通考》："代宗宝应元年（762），诏制敕与一顿杖者，其数止四十；至到与一顿及重杖一顿、痛杖一顿者，皆止六十；并不至死。德宗建中三年（782），刑部侍郎班宏奏：十恶中谋反、大逆、叛、恶逆四等，请准律用刑。其余犯别罪合处斩者，今后并请重杖一顿处死，以代极法。贞元八年（792），敕比来断罪，拘守科条，或至死刑，犹先决杖。今后罪至死者，先决杖宜停。宣宗大中七年（833），敕法司断罪，每脊杖一下，折法杖十下，臀杖一下，折笞杖五下。周世宗显德五年（958），敕州县自长官以下，因公事行责情杖，量情状轻重用，不得过臀杖十五，因责情杖致死者，具事由闻奏。"马君按："鞭、朴在有虞，为至轻之刑，在五刑之下。至汉文帝除肉刑，始以笞代斩趾，而笞数既多，反以杀人。其后罪不至死者，遂不复笞，而止于徒、流。魏、晋已下，笞数皆多，笞法皆重。至唐而后，复有重杖、痛杖之律。只曰一顿，而不为之数，行罚之人，得以轻重其手。欲活则活之，欲毙则毙之，出入乎生死之间，而使奸吏因缘为市，是何理也？至于当绞、斩者皆先决杖，或百或六十，则与秦之具五刑何异？建中时，始定重杖为死刑；贞元时，始令死刑不先决杖。盖革累朝弊法云？"且隋、唐皆沿北朝之法，决杖施于士夫，尤非所以养廉耻、厉节行也。《通考》："开元十年（722），前广州都督裴伷先下狱，中书令张嘉贞奏请决杖。兵部侍郎张说进曰：臣闻刑不上大夫，以其近于君也。故曰：士可杀不可辱。臣今秋巡边，中途闻姜皎朝堂决杖流，皎三品，亦有微功，不宜决杖廷辱，以卒伍待之。且律有八议，勋、贵在焉。今伷先亦不可轻，不宜决罚。上然其言。"又引《容斋洪氏随笔》曰："唐太宗自临治兵，以部陈不整，命大将军张士贵杖中朗将等，怒其杖轻，下士责吏。魏徵谏，上亟释之。明皇开元三年（715），御史大夫宋璟，坐监朝堂杖人，杖轻，贬睦州刺史。"又引吴氏《能改斋漫录》曰："陈政敏遁斋闲览，言杜子美脱身簿尉中，始与棰楚辞，韩退之判司卑官不堪说，未免棰楚尘埃间；杜牧之参军与簿尉，尘土惊羌勒，一语不中治，鞭笞身满创；谓唐时参军，簿尉，有过不免受杖。鲍彪谓详考杜、韩所言，捶有罪者也；牧之亦言惊见有罪者，非身受杖也。退之江陵途中云：栖栖法曹掾，何处事卑陬？何况亲狴狱，敲榜发奸偷？此岂身受杖者邪？然《太平广记》载李逊决包尉臀杖十下；及《旧唐书》于頔为湖州刺史,改苏州,追憾湖州旧尉,封杖以计强决之;则鲍论亦未当。"马君按:"以裴仙先之事观之,则唐三品官固有受杖者;张士贵、宋璟所监莅,必皆仙先之流;则捶楚非特簿尉未偿而已。"《陔余丛考》亦引《遁斋闲览》,而谓"唐制更不止此。《新唐书·刘晏传》:晏为转运使,代宗尝令考所部官,五品以上辄系劾,六品以下,杖然后奏,则不特簿尉矣。又张镐杖杀刺史闾丘晓,严武杖杀梓州刺史章彝,则节度使并可杖杀刺史矣。杨炎为河西节度使掌书记,以县令李太简尝醉辱之,令左右反接,榜二百,几死,则节度书记,并可杖县令矣。《旧唐书·本纪》:元和元年(806),观察使韩皋杖安吉令孙澥致死,罚一月俸、料;《新唐书》:穆宁为转运使,杖死沔州别驾,坐贬平集尉;虽有处分,然以至死故稍示罚,而长官得杖僚属之制自在也。百官受杖,本起后汉光武,明帝至加之九卿,顺帝始停之,而魏武又尝行之。《后魏书》:陈建在州贪暴,文成帝遣使罚杖二十。皮怀喜在州,以饮酒废事,孝文帝遣使决以杖罚。高允传:魏初法严,朝士多见杖罚。允历事五帝,五十余年,初无谴咎。《北齐书》:唐邕以从事中郎封士业征官钱违限,杖二十。《隋书》:燕荣为幽州总管,性严酷,元宏嗣除幽州长史,惧为所辱,文帝知之,敕荣曰:宏嗣杖十以上,皆须闻奏。荣乃因事笞之,每笞不满十,而一日之中,或至三四。又赵仲卿镇平凉,鞭笞长吏,辄至二百。《卢思道传》:思道请朝臣犯笞罪得以赎论,文帝从之。是思道未请以前,朝臣笞罪犹之决也。此又北朝杖罚之制。惟南朝稍异。按《齐书·陆澄传》:郎官旧坐杖皆有名无实。齐明帝用法严,尚书郎有杖罚者,因萧琛言,依旧不行,唐制盖沿北朝及隋故耳。"愚案隋文帝于朝堂杖人,及诏诸司属官怨犯,听于律外决杖,已见第二章第一节。《隋书·段文振传》:弟文操,大业中为武贲郎将,帝令督秘书省学士,辄鞭挞之,前后或至千数,尤为骇人听闻。

用刑出于定法之外者,亦时有之。隋炀帝尝行辍裂、枭首之刑,或磔而射之,命公卿已下,脔啖其肉。《隋书·刑法志》。《炀帝纪》:大业九年十二月,车裂杨玄感弟积善及党与十余人,仍焚而扬之。《传》云:磔其尸于东都市三日,复脔而焚之。《本纪》:十年十一月,支解斛斯政于金光门外。《食货志》云:"磔而射杀之。"《传》云:将出金光门,缚于柱,公卿百僚,并亲击射。脔食其肉,多有啖者。啖后烹煮,收其余骨,焚而扬之。《本纪》:十二年七月,幸江都宫,奉信郎崔民象谏,先解其颐,乃斩之,详见第二章第二节。又多坑杀人民。《隋书·五行志》:"周大象二年(580),尉迥败于相州,坑其党与数万人于游豫园。大业八年(612),杨玄感作乱于东都,尚书樊子盖坑其党与于长夏门外,前后数万。"《食货志》云:玄感平,帝谓侍臣曰:"玄感一呼,而从者如市,益知天下人不欲多,多则为贼。不尽诛,后无以示劝。"乃令裴蕴穷其党与,诏郡县坑杀之。死者不可胜数,所在惊骇。则子盖所为,亦未必阴承帝命矣。唐世亦多非刑。唐世非刑,多见两《书》:《刑法志》及《酷吏传》。杨慎矜之狱,卢铉于太府少卿张瑄,亦以酷刑讯之,见《旧书·慎矜传》。又《杨恭仁传》:弟子豫之,尚巢刺王女寿春县主。居母丧,与永嘉公主淫乱。为主婿窦奉节所擒。具五刑而杀之。此似出于猜忌。然亦何必用此非刑邪?其有残及尸骸者。《旧书·玄宗纪》:先天二年八月,制曰:"凡有刑人,国家常法。掩骼埋胔,王者用心。自今已后,辄有屠割刑人骨肉者,依法科残害之罪。"然上元中,中官马上言受赂为人求官,笞死,以其肉令从官食之,见《良吏·吕諲传》,则躬自蹈之矣。而族诛之法尤惨。《旧书·刑法志》:旧条疏:兄弟分后,荫不相及,连坐俱死,祖孙配没。同州人房强,弟任统军于岷州，以谋反伏诛，强当从坐。太宗录囚徒，悯之。谓侍臣曰："用刑当审事理之轻重。反逆有二：一为兴师动众，一为恶言犯法。轻重有差，而连坐皆死。岂朕情之所安哉？"更令百寮详议。于是房玄龄等议，定律：祖孙与兄弟缘坐俱配没，其以恶言犯法，不能为害者，兄弟免死配流。从之。然《陔余丛考》谓李锜反，伏诛，诏削一房属籍，宰相问蒋义："一房自大功乎？"义曰："大功锜之从父昆弟，其祖神通有功，可昧其勋乎？自期可乎？"曰："期者，锜昆弟。其父若幽死社稷，可尽削其子乎？"乃止锜一身及其子息。是门房尚无定制也。案族诛之刑，隋、唐世恒用之，且不必反逆。隋炀帝杀李浑、李敏，并族灭其家，见《隋书·本纪》大业十一年（615）。唐于阎知微亦行之，见《旧书·则天纪》圣历元年（698）。五代之世，更不足论，周世宗时，翰林医官马道元诉"寿州界被贼杀却男，获正贼见在宿州，本州不为斟断"。帝大怒，遣端明殿学士窦仪乘驿往按。狱成，坐族死者二十四人。《容斋随笔》记此事，讥世宗用刑之酷，谓薛《史》著之，欧《史》不载。《注》云：见《窦仪传》。今薛《史》无《窦仪传》，而其事见于《世宗纪》之显德五年（958），盖《纪》《传》复载之也，此与孔循之以鞫法而族杀一家者何如哉？中叶后，藩镇专横，极之五代，则更不足论矣。《廿二史札记》五代滥刑一条，可以参看。其用非刑者：如李罕之归李克用，留子顼为质；罕之送款于梁，克用将杀之，庄宗密与骏骑，使逃出境，而其子彦弼下蚕室，此拓跋氏所为也。克用又尝车裂李存孝。张文礼子处瑾之败，赵人请文礼妻子而醢之。刘守光欲称帝，孙鹤谏，守光亦脔其口而醢之。薛《史·刑法志》：晋开运三年十一月，左拾遗窦俨上疏，云"大辟之目，不出两端，淫刑所兴，近闻数等。或以长钉贯篸人手足，或以短刀脔割人肌肤，乃至累朝，半生半死。"人道或几乎息矣。

杜周曰："三尺安出哉？前主所是著为律，后主所是疏为令。当时为是，何古之法乎？"汉文帝出中渭桥，有一人从桥下走，乘舆马惊。张释之奏当此人犯跸，罚金。文帝轻之。释之曰："方其时上使诛之则已，今已下廷尉。廷尉，天下之平也，一倾，天下用法皆为轻重，民安所措其手足？"二说皆足乱政。何者？如周之说，天子可率意作法，如释之之说，又可率意坏法也。桃应问曰："舜为天子，皋陶为士，瞽瞍杀人，则如之何？"孟子曰："执之而已矣。""然则舜不禁与？"曰："夫舜，恶得而禁之，夫有所受之也。"明法非天子所制，虽天子亦不能不守也。其庶几乎？徒设此义，不能行也。《隋书·刑法志》言：高祖喜怒不恒，不复依准科律，此坏法之大者。唐太宗尝亲录囚徒，闵死罪者三百九十人，纵之还家，期以明年秋即刑。及期，囚皆诣朝堂，无后者。太宗嘉其诚信，悉原之。《新书·刑法志》。以此沽名，令人作欧。《新书·玄宗纪》：开元十六年正月，许徒以下囚保任营农。三月，辛丑，"免营农囚罪"。此与太宗所为，绝不相同。《唐临传》：出为万泉丞，有轻囚久系。方春农事兴，临说令：可且出囚，使就畎亩。不许。临曰：有所疑，丞执其罪。令移疾。临悉纵归。与之约。囚如期还。此必亦有监视保任等法，不虑其逃。令长有才德者，或多能行之，玄宗特普行之耳。太宗所释皆死罪囚，且天子所纵，乡里、所由，孰敢轻视？其相司察，恐亦与在狱无殊耳。然尝一怒而斩卢祖尚于朝堂，见第三章第一节。又何说乎？后此用法，以肃宗为最严。两京之平，衣冠被胁从者，相率待罪阙下。肃宗置三司使鞫之。吕諲、崔器，皆希旨深刻，竟杀三十九人。史谓叛众之意，自此而坚，此或出于怨望者之造作。详见《旧书·法志》。《志》云："先是安庆绪至相州，史思明、高秀岩等皆送款请命。至是，惧不自安，各率其党叛。后萧华拔魏州归国，尝语于朝云：初河北官闻国家宣诏放陈希烈等，胁从官一切不问，各令复位，悔归国之晚。及后闻希烈等死，皆相贺得计。于是河北将吏，人人益坚，大兵不解。"有是理乎？然又云："代宗宝应元年（762），回纥与史朝义战胜，擒其将士妻子老幼四百八十人。上以妇人虽为贼家口，皆是良家子女，被贼逼略，恻然闵之。令万年县于胜业佛寺安置，给粮料。若有亲属认者任还之。如无亲族者，任其所适，仍给粮递过。于是人情莫不感戴欣悦。"不罪见逼略之妇女，情理当然，而犹以为宽典，可见当时用刑之酷。《新书·藩镇传》：田悦使说王武俊，谓唐杀梁崇义"诛其口三百余，血丹汉江"，其酷亦不减于肃、代矣，朱玫之立襄王，朝臣受伪署者众，法司请行极法，杜让能固争之，乃获十全七八，见《旧书·让能传》。唐法之酷，固始终如一也。《李勉传》："肃宗时，关东献俘百余，诏并处斩，囚有仰天叹者。勉过问之。对曰：某被胁制守官，非逆者。勉哀之。乃上言曰：元恶未殄，遭点污者半天下，若尽杀之，是驱天下以资凶逆也。肃宗遽令奔骑宥释。由是归化日至。"此事在克西京前，故肃宗尚有招徕之意。然此并非食禄于朝而变节者也，何以初令并斩乎？足见肃宗天资之刻薄。然又载史思明之言曰："陈希烈已下皆重臣，上皇弃之幸蜀，既收复，当慰劳之，今尚见杀，况我本从禄山反乎？"《旧书·思明传》。则不能谓其无理矣。君荒淫以召乱，难至而弃其臣，已又责其为己死，不亦厚颜乎？君臣之义，须演进至立君所以为民，君臣职位虽殊，意在为民则一，乃能渐合于义。原其朔，则君豢臣以自卫，臣则因受禄于君，为之效死而已。后来虽经演变，此意终未脱尽，此实君臣之伦所由敝。然即以初义论，君固亦有应尽之责也。如玄宗者，可有责于其臣乎？此皆用法之偏。其任意为科条者，亦不可胜数。偶语军中者死。《新书·循吏·卢弘宣传》：徙义武节度使。河朔故法，偶语军中则死，弘宣使除之。和奸者男女并处极法。晋天福中，敕凡和奸者男子、妇人，并处极法。周太祖广顺二年（952），始诏准律科断。见薛《史·刑法志》。为"盗贼"者，迫于饥寒，不得已而出此者也，不胜则务立酷法以处之。隋文帝尝敕盗边粮一升已上皆斩，并籍没其家，见《隋书·本纪》开皇十五年（595）。又尝命盗一钱已上皆弃市。炀帝敕"天下窃盗，无轻重，不待闻奏皆斩"，见《刑法志》。《新书·刑法志》曰："武宗性严刻。故时窃盗无死法，所以原民情迫于饥寒也。至是臧满千钱者死，至宣宗乃罢之。"薛《史·刑法志》："周太祖广顺二年二月，中书、门下奏：准元年正月五日赦书：今后应犯窃盗臧及和奸者，并依晋天福元年（936）已前条例施行。请再下明敕，颁示天下。乃下诏：犯窃盗者，计臧绢满三匹已上者，并集众决杀，不满三匹者，等第决断。"《通鉴》记此事于广顺元年（951），云："唐衰多盗，不用律文，更定峻法，窃盗臧三匹者死。晋天福中，加至五匹。汉法，窃盗一钱已上皆死。"则武宗之法旋复，而周太祖之宽政，尚酷于天福时也。亦可哀矣。前世弊法，往往随意改复。且如唐太宗，已知恶言不可云叛，然《新书·裴遵庆传》，言其"调大理丞，边将萧克济，督役苛暴，役者有丑言，有司以大逆论。遵庆曰：财不足聚人，力不足加众，焉能反？由是全救数十族"。则为恶言者之族诛，仍未改也。要之一切，无复情理，率意妄行而已。尚何言哉？

司法之官，仍为地治者及廷尉，然错出干与者颇多。《新书·刑法志》云：

"凡州县皆有狱，而京兆、河南狱治京师。其诸司有罪及金吾捕者，又有大理狱。"《旧书·百官志》刑部职云："凡决死刑，皆于中书、门下详覆。在京诸司，则徒已上送大理，杖已下当司断之。若金吾纠获，亦送大理。"贞观中，李乾祐为御史大夫，别置台狱，有所鞫讯，便辄系之。由是自中丞、侍御史已下，各自禁人，牢扉常满。开元十四年（726），崔隐甫为御史大夫，引故事奏以为不便，乃去之。《旧书·良吏·隐甫传》。然中书、门下、御史台，皆杂出参与审判，及其合为三司，则其权尤大焉。《新书·百官志》：御史台职："凡冤而无告者，三司诘之。三司，谓御史大夫、中书、门下也。"《廿二史考异》云："此沿《唐六典》之文。考尚书刑部职云：凡鞫大狱，以尚书、侍郎与御史中丞、大理卿为三司使。又《刑法志》云：永徽以后，武氏得志，当时大狱，以尚书刑部、御史台、大理寺杂按，谓之三司。与此不同。盖三司鞫狱，出于临时遣使，故六典不著为令，而于刑部篇言：凡有冤滞不申欲诉理者，先由本司或随近官司断决，不伏，乃至尚书省，左右丞为申详之；又不伏，乃经三司陈诉；又不伏，乃上表；受表者又不达，听挝登闻鼓，正与此文互相证明。"《通鉴》：贞观十七年（643），纥干承基上变告太子谋反，敕长孙无忌、房玄龄、萧瑀、李世勣与大理、中书、门下参鞫之。《注》曰："唐制，凡国之大狱，三司详决。三司，谓给事中、中书舍人与御史参鞫也。今令三省与大理参鞫，重其事。"乾元二年（759），凤翔马坊押官为劫，天兴尉谢夷甫捕杀之，其妻讼冤。李辅国素出飞龙厩，敕监察御史孙蓥鞫之。无冤。又使御史中丞崔伯阳、刑部侍郎李晔、大理卿权献鞫之。《注》曰："此唐制所谓小三司也。"大历十二年六月，诏天下冤滞，州府不为理，听诣三司使，以中丞、舍人、给事中各一人，日于朝堂受词推决。尚未尽者，听挝登闻鼓。《注》云："所谓三司使，即御史中丞、中书舍人、门下省给事中也。三人者，各以一司来朝堂受词，故谓之三司。"《旧书·宣宗纪》：大中四年八月，刑部侍郎御史中丞魏谟奏："诸道州、府百姓诣台诉事，多差御史推劾。臣恐烦劳州县，请先差度支、户部、盐铁院官带宪衔者推劾，又各得三司使申，称院官人数不多，例专掌院务。今诸道观察使幕中判官，少不下五六人，请于其中带宪衔者委令推劾。如累推有劳，能雪冤滞，御史台阙官，便令奏用。"从之。蔽狱之法，意颇主于详慎。隋文帝既颁律，病下吏承苛政之后，务锻炼以致人罪，乃诏申敕四方，敦理辞讼。有枉屈县不理者，令以次经郡及州、省；仍不理，乃诣阙申诉，有所未惬，听挝登闻鼓，有司录状奏之。开皇十二年（592），诏诸州死罪不得便决，悉移大理案覆。事尽然后上省奏裁。十五年（595），奏死罪者三奏而后决。《隋书·刑法志》。唐太宗枉杀张蕴古、卢祖尚，后亦追悔，乃下制：凡决死刑，虽令即杀，仍三覆奏。《旧书·刑法志》及《蕴古》《祖尚传》。《志》又云：寻谓侍臣曰："比决囚虽三覆奏，须臾之间，三奏便讫，都未得思，三奏何益？自今已后，宜二日中五覆奏，下诸州三覆奏。又曹司断狱，多据律文，虽情在可矜，而不敢违法，守文定罪，或恐有冤。自今门下覆理，有据法合死而情可宥者，宜录状奏。"自是全活者甚众。其五覆奏，以决前一日、二日覆奏，决日又三覆奏，惟犯恶逆者一覆奏而已。著之于令。案此制后亦废弛。薛《史·刑法志》：天成二年（927），大理少卿王郁上言："凡决极刑，合三覆奏，近年以来，全不守此。伏乞今后前一日令各一覆奏。奉敕宜依。"穆宗，每有司断大狱，令中书舍人一人，参酌而轻重之，号参酌院。大理少卿崔杞奏：“大理寺守法之司。今别设参酌之官，有司定罪，议其出入，是与夺系于人情，而治官不得守其职。”乃罢之。《新书·法志》。要之求审级之多，定罪之审而已。审覆之制，亦有成为具文者。《新书·徐浩传》：肃宗时，建言故事有司断狱，必刑部审覆。自李林甫、杨国忠当国，专作威福，许有司就宰相府断事，尚书已下，未省即罢，乖慎恤意。请如故便。诏可。薛《史·汉隐帝纪》：乾祐元年七月，相州节度使王继宏杀节度判官张易，以讹言闻。是时法尚深刻，藩郡凡奏刑杀，不究其实，即顺其请。故当时从事，鲜宾客之礼，重足一迹而事之，犹不能免其祸焉。然此乃乱政，非法意也。然刺史、县令专杀之权，仍未能尽去，盖积习之不易改？《陔余丛考》云：“隋书陈孝意传；太守苏威，欲杀一囚，孝意谏不听，乃解衣请先受死，威乃释囚，是随时刺史得杀人也。《唐书》：刘仁轨为陈仓尉，有折冲都尉鲁宁暴横，仁轨榜杀之。太宗以其刚正，擢为咸阳丞。《封氏闻见记》：崔立为雒县，有豪族陈氏，为县录事。向来县令以下受其馈，皆与之平交。立到任，陈氏犹以故态见。立命伍伯曳之，杖死。陈氏子弟，相率号哭，围塞阶屏。立一一收录，尽杀之。是唐时县令、县尉，犹得专杀人也。军旅之际，更不待言。李光弼以侍御史崔众狂易，收系之。会使者至，拜众御史中丞。光弼曰：众有罪，已前系。今但斩侍御史，若使者宣诏，亦斩中丞。使者纳诏不敢出。乃斩众以徇。兵马使张用济赴军逗留，光弼亦斩以徇。真源令张巡守雍丘，有大将六人，官皆开府、特进，以力不敌贼，劝巡降。巡设天子画象于堂，遂斩六人。张镐按军河南，以刺史闾丘晓不救睢阳，致张巡陷没，亦杖杀晓。此更因军事严切，不可以常法论也。至宋，州郡不得专杀之例始严。《宋史·本纪》：太祖尝曰：五代诸侯跋扈，枉法杀人，朝廷不问。自今诸州大辟，录案闻奏，付刑部覆视之，遂著为令。自此诸州大辟，皆上刑部审覆。然《宋史》：李及知秦州。有禁卒，白昼攫妇人金钗于市。吏执以来。及方观书，略问数语，即命斩之。壬诏知汝州，有铸钱卒骂大校，诏即斩以徇。舒亶为临海尉，有使酒骂后母者，亶命执之，不服，即斩之，是宋时州、县，亦尚有专杀之例也。”愚案《新书·柳仲郢传》：“拜京兆尹。中书舍人纪于皋诉甥刘诩殴其母。诩为禁军校。仲郢不待奏，即捕取之，死杖下。宦官以为言，改右散骑常侍。”以是时禁军之横，而仲郢犹能如是，尤可见守令威权之大。别置理狱之司者，亦时有之。武后时于丽景门别置狱，李辅国置察事厅子，鱼朝恩于北军置狱是也。德宗贞元七年三月，“诏神威、神策、六军将士自相讼，军司推劾，与百姓相讼，委府县推劾，小事移牒，大事奏取处分；军司、府县，不得相侵”，《旧书·本纪》。尤显分军民为二矣。然非酷吏及军人。阉宦，亦有为此非法者。《旧书·文苑传》：唐次子扶，大和十五年，充山南道宣抚使。至邓州，奏内乡县行市、黄涧两场仓督邓琬等，先主宰河南、江西运到糙米。至淅川县，于荒村中屯贮。除支用外，六千九百四十五石，襄烂成灰尘，度支牒征元掌所由。自贞元二十年（804），邓琬父子兄弟至玄孙，相继禁系，二十八年，前后禁死九人。今琬孙及玄孙见在枷禁者。敕曰：如闻盐铁、度支两使，此类极多。其邓琬等四人，资产全已卖纳，禁系三代，瘐死狱中，实伤和气。邓琬等并疏放。天下州、府、监、院，如有此类，不得禁经三年已上，速便疏理以闻。盐铁、度支，妄禁系人，至于五世，是使言利之司，操族诛之柄也。

犹曰中叶后求利峻急使然也。《元稹传》言：东都百司，皆有牢狱。有裁接吏械人逾岁，台府不得而知。稹因飞奏，绝百司专禁锢。则并不待威权赫奕如度支、盐铁者矣。《裴潾传》：潾以穆宗时为刑部郎中。有前率府仓曹曲元衡者，杖杀百姓柏公成母。法官以公成母死在辜外，元衡父任军使，使以父荫征铜。柏公成私受元衡资货，母死不闻。公府、法寺，以经恩免罪。潾议曰："典刑者，公柄也，在官者得施于部属之内。若非在官，又非部属，虽有私罪，必告于官，官为之理，明不得擅行鞭捶于齐人也。且元衡身非在官，公成母非部属，而擅凭威力，横此残虐，岂合拘于常典？柏公成取货于雠，利母之死，悖逆天性，犯则必诛。"奏下，元衡杖六十，配流，公成以法论，至死。公议称之。刑及于非所治之人，公府、法寺，公然庇护，虽经平反，子坐死而贼虐者仍止于流，不更骇人听闻乎？然率府仓曹，犹其小焉者也，至于身拥旄节，则其杀生任意，更有不可胜言者矣。尚复成何事体哉？《新书·李元谅传》：安息人以讨朱泚，拔华州，迁镇国军节度使。李怀光反，与马燧、浑瑊讨之。其将徐廷光，素易元谅，数嫚骂为优胡戏，斥侮其祖。又使约降，曰："我降汉将耳。"及马燧至，降于燧。元谅见韩游瑰曰："彼诟吾祖，今日斩之，子助我乎？"许诺。既而遇诸道，即数其罪，叱左右斩之。诣燧谢。燧大怒，将杀元谅。游瑰曰："杀一偏裨尚尔，即杀一节度，法宜如何？"燧默然。元谅请输钱百万劳军自赎，瑊亦为请，燧赦之。帝以专杀，恐有司劾治，前诏免死。所以尚烦此诏者，以马燧力足制之耳，不然，恐有司亦莫或劾治之矣。《严武传》言：武最厚杜甫，然欲杀甫数矣。论者或不以为信。然梓州刺史章彝，始为武判官，因小忿杀之，亦何爱于甫哉？令狐彰子建归朝，为左神武大将军。妻李氏，恒帅宝臣女也。建恶将弃之，乃诬与佣教生邢士伦奸通，召士伦榜杀之，因逐其妻。士伦母闻，不胜痛卒。李氏奏请劾治。令三司诘之。李氏及奴婢款证被诬颇明白。建方自首伏，然仍会赦免坐，后为右领军大将军，复专杀不辜，德宗仍容贷之。而建复陈诉，辞甚虚罔，乃贬施州别驾。然则军人虽去军，仍敢专杀也。至于五代之世，则更不堪问。可参看《廿二史札记》五代幕僚之祸条。

　　《唐律疏义·名例篇》曰："诸化外人同类自相犯者，各依本俗法。"盖各率其俗之意。异类相犯者，以法律论。盖不可以此化外国之法，治彼化外国之人，事有所穷，故不得不用中国之法也。桑原骘藏《蒲寿庚传》引《宋史·大食传》云：熙宁中，其使辛押陁罗乞统察蕃长司公事，诏广州裁度。《唐会要》百云：天祐元年六月，授福建道佛齐国入朝进奉使都蕃长蒲诃粟或作粟。宁远将军。朱彧《萍洲可谈》二云：广州蕃坊，海外诸国人聚居。置蕃长一人，管句蕃坊公事。而唐时曾来中国之阿剌伯人索来萌氏记伊斯兰教情形云：为裁判侨寓教徒之争议，由中国皇帝之意，简教徒一人，使负其责。此人当即所谓蕃长，亦即彼所谓卡第。法官兼教职。元末易逢巴图塔氏谓广州有伊斯兰教徒之街，置法官与教长，教长处理教徒一切事，法官负裁判之责。盖不独广州，凡教徒侨居之都市皆然矣。《萍洲可谈》二云：蕃人有罪，诣广州鞠实，送蕃坊行遣。徒以上罪，则广州决断。《宋史·王涣之传》：知福州，未至，复徙广州。蕃客杀奴，市舶使据旧比，止送其长杖笞。涣之不可，论如法。唐、明律：擅杀有罪奴婢，杖一百，无罪者徒一年，宋律当同。蕃客所杀，必有罪奴，故市舶使主送蕃坊。又《汪大猷传》：知泉州。故事，蕃商与人争斗，非伤折罪，皆以牛赎。大猷曰："安有中国用岛夷俗者？苟在吾境，当用吾法。"楼钥《攻媿集·赠特进汪公行状》云：蕃商杂处民间，而旧法与郡人争斗，非至折伤，皆用国俗。唐律，殴人折指，或重伤其耳目者徒。此所谓折伤，当即《萍洲可谈》所谓徒罪矣。《宋史·日本传》：淳熙二年（1175），倭船火儿藤太明殴郑作死，诏械太明付其纲管，归治以其国之法。《明史·日本传》：成化四年（1468），日本足利义政使清启和尚之从者殴伤中国人。中国官捕之，欲加处分。清启抗议，谓当用本国法，获许。可知非一时之恩，实当时通行之法矣。以上皆桑原氏说。宋律沿唐，明律亦以唐为本，观宋、明之行事，而唐法亦略可推也。

复仇之义，仍深入于人心。《隋书·列女传》：炀帝长女南阳公主，嫁于宇文士及。化及弑逆，主随至聊城。而化及为窦建德所败，士及自济北归唐。及建德诛化及，时主有一子，名禅师，年且十岁。建德遣武贲郎将于士澄谓主曰："化及新行弑逆，人神所不容。今将族灭其家，公主之子，法当从坐。若不能割爱，亦听留之。"主泣曰："武贲既是隋室贵臣，此事何须见问？"建德竟杀之。主寻请建德，削发为尼。及建德败，将归西京，复与士及遇于东都之下，主不与相见。士及就之，立于户下，请复为夫妻。主拒之曰："我与君仇家，今恨不能手刃君者，但谋逆之日，察君不与知耳。"因与告绝，诃令速去。士及固请之。主怒曰："必欲就死，可相见也。"士及见其言切，知不可屈，乃拜辞而去。观此，知当时言仇，兼及其族，此刑法所以有族诛之条也。薛收"以父道衡在隋非命，洁志不仕"，唐兵起，"遁于首阳山，将协义举"。刘文静之死，"贞观三年（629），追复官爵，以子树义袭封鲁国公，许尚公主"。树义"与兄树艺怨父被戮，又谋反，伏诛"。独孤修德父机，为王世充所杀，世充降唐，徙蜀。将行，为修德所杀。皆是物也。《传》又载孝女王舜。父子春，齐灭之际，为其从兄长忻夫妻谋杀。舜时年七岁，妹粲五岁，璠二岁，并寄食亲戚。长，亲戚欲嫁之，辄拒不从。密谓二妹曰："我无兄弟，致使父仇不复，吾辈虽是女子，何用生为？我欲共汝报复，汝意如何？"皆泣曰："惟姊所命。"是夜，姊妹各持刀逾墙而入，手杀士忻夫妻，以告父墓。高祖原其罪。其烈，尤可使闻者动容矣。唐时复雠者，具载《两书》《刑法志》及《孝友》《列女传》中，事多相类，不烦罗列，而时人议论，则有足资研讨者。武后时，下邽人徐元庆，父爽，为县尉赵师韫所杀。元庆变姓名为驿家保。久之，师韫以御史舍亭下，元庆手杀之，自囚诣官。后欲赦死。左拾遗陈子昂议："宜正国之典，置之以刑，然后旌其闾、墓。"时题其言。后礼部员外郎柳宗元驳之曰："礼、刑之本，皆以防乱，旌与诛不得并。

若师韫以私怨虐非辜，州牧不知罪；刑官不知问，上下蒙冒，吁号不闻，而元庆能处心积虑，以冲仇人之胸，执事者宜有惭色。其或师韫之诛，不愆于法，是非死于吏，死于法也，法其可仇乎？《春秋传》曰：父不受诛，子复仇可也，父受诛，子复仇，此推刃之道；复仇不除害；若取此以断，则合于礼矣。请下臣议附于令。有断斯狱者，不宜以前议从事。"宪宗时，富平人梁悦，父为秦果所杀。悦杀仇，诣县请罪。诏曰："在礼，父仇不同天，而法杀人必死。礼、法，王教大端也，二说异焉。下尚书省议。"职方员外郎韩愈曰："复仇之名同，而其事各异，杀之与赦不可一。宜定其制曰：有复父仇者，事发，具其事下尚书省集议以闻，酌处之，则经律无失据矣。"有诏以悦申冤请罪诣公门，流循州。案部族之世，有仇，族自相报，既有国家，必不容如是，然国家岂能尽平人间之不平？不惟不能尽平人间之不平，右强以陵弱者，顾有之矣。宗元之言曰："礼之所谓仇者，冤抑沉痛而号无告也。"此其事卒不可免。《周官》称将复仇，先告于士，韩愈曰："若孤稚羸弱，抱微志而伺敌人之便，恐不能自言。"岂徒不能自言，言之，有司或反助其仇矣。刘玄佐为养子士朝所酖，玄佐养子士干，与士朝皆来京师，士干遣奴持刀给为吊，入杀士朝于次。德宗恶其专，亦赐士朝死。是也。此可告而不告，非所谓孤稚羸弱者之比也。故复仇之事，卒不能绝。国家不能尽职于先，而思补过于后，则韩愈具其事而议之之说，自为至当耳。

俗重复仇，可于张琇之事见之。《旧书·孝友传》：琇，蒲州解人。父审素，为巂州都督。有纠其军中臧罪。敕监察御史杨汪驰传就军按之。汪在路，为审素党与所劫。对汪杀告事者，胁汪令奏雪审素之罪。俄而州人翻杀审素之党。汪始得还。至益州，奏称审素谋反。因深按审素，构成其罪，斩之，籍没其家。《新书·孝友传》：审素为巂州都督，有陈纂仁者，诬其冒战级、私庸兵。玄宗疑之。诏杨汪即按。纂仁复告审素与总管董堂礼谋反。于是汪收审素系雅州狱，驰至巂州按反状。堂礼不胜忿，杀纂仁，以兵七百围汪，使露章雪审素罪。既而吏共斩堂礼，汪得出，遂当审素实反，斩之，没其家。《通鉴》事系开元十九年（731），云："或告审素臧污，制遣汪按之。总管董元礼，将兵七百围汪，杀告者。谓汪曰：善奏审素则生，不然则死。会救兵至，击斩之。汪奏审素谋反。审素坐斩，籍没其家。"亦无陈纂仁之名，而堂礼、元礼，名亦互异。纂仁为何如人，与审素有何关系，史皆不详，其告审素，何缘知其为诬？何至以此并告其谋反，且牵及董堂礼？堂礼见诬，自可辩白，发兵围使者，岂非坐实反谋？且将兵七百人，岂吏所能杀乎？疑此事传者不详，后人或加缘饰，《新传》《通鉴》所言，皆非实录也。琇与兄瑝，以年幼坐徙岭外。寻各逃归。累年隐匿。汪后累转殿中侍御史，改名万顷。开元二十三年（745），瑝、琇候万顷于都城，挺刃杀之。瑝虽年长，其发谋及手刃，皆琇为之。《新传》曰：瑝时年十三，琇少二岁。夜狙万顷于魏王池，瑝斫其马。万顷惊，不及斗，为琇所杀。既杀万顷，系表于斧刃，自言报仇之状，便逃奔，将就江外，杀与万顷同谋构父罪者。《新传》无与万顷同谋五字。行至泥水，《新传》云道汜水，《通鉴》同。为捕者所获。时都城士女，皆惊琇等幼稚孝烈，能复父仇，多言其合矜恕者。中书令张九龄又欲活之。裴耀卿、李林甫固言国法不可纵报仇。上以为然。而谓"道路谊议，故须告示"。乃下敕解释，而后"付河南府告示决杀"。"士庶咸伤愍之。为作哀诔，榜于衢路。市人敛钱于死所造义井。并葬瑝、琇于北邙。又恐万顷家人发之，并作义冢数所。"此虽或一时附和，然能得众人附和，亦必有其由也。韩思彦游太学，事博士谷那律。律为匪人所辱，思彦欲杀之，律不可。《新书》本传。知奋气快心，学人亦不免矣。复仇虽或不见赦，然见赦者究多。张颖为部曲曹澄所杀，奔金陵、周世宗征淮南，令李璟执送澄，以赐颖子永德，俾甘心焉，则朝廷且助人私报矣。

《隋书·刑法志》：开皇"三年（583），更定新律。于是置律博士弟子员。断决大狱，皆先牒明法，定其罪名，然后依断。五年（585），侍官慕容天远纠都督田元冒请义仓事实，而始平县律生辅恩舞文陷天远，遂更反坐。帝闻之，乃下诏曰：人命至重，县在律文，刊令科条，俾令易晓；分官命职，恒选循吏；小大之狱，理无疑舛。而因习往代，别置律官。报判之人，推其为首。杀生之柄，常委小人。刑罚所以未清，威福所以妄作。为政之失，莫大于斯。其大理律博士，尚书刑部曹明法，州、县律生，并可停废。自是诸曹决事，皆令具写律文断之。六年（586），敕诸州长史已下，行参军已上，并令习律。集京之日，试其通不"。观此，知大理旧有律博士弟子，刑部旧有明法，州县旧有律生，然皆视为小人，不之重，故其人亦不自重。开皇六年（586）之敕，则令官皆习律，革前此视为执技事上之流之习而已。然律学自为专门，终非凡官吏所能深通，则别设一学而重视其人，实为至当，而乃以责诸人人，恐荒落亦不免也。《旧书·太宗纪》：贞观六年二月，"初置律学"。选举既有明法之科，吏部于选人又试之以判，似足以矫此失。然所贵乎学者，谓其能高瞻远瞩，革当时之弊，非谓如秦之以吏为师，墨守一朝法令而已。然高宗定律疏之诏，谓律学未有定疏，所举明法，遂无凭准，则其所教习者，亦曷尝能出于当代律令之外哉？《新书·柳公绰传》：为刑部尚书。京兆狱有姑鞭妇至死者，府欲杀之。公绰曰："尊殴卑，非斗也。且子在，以妻而戮其母，不顺。"遂减论。父杀其子当诛，五经之大义也，自汉以来，儒者久阐明之矣，况于姑杀其妇乎？为治之道，莫亟于去专杀之威，宁当论人情乎？公绰以此挠京兆之法，不亦鄙儒也哉？而史犹称之，其时之所谓法学者可知矣。私家亦有好是学者，如《窦参传》言其"学律令"是也。然似不多。

第七章 隋唐五代学术

第一节 学 校

　　隋初有国子、太、四门、书、算五学，仁寿元年（601），废之，惟立太学一所，炀帝又复之，已见第二十一章第三节。论史者多訾文帝之不悦学，其实非也。《隋书·儒林传》曰："曩之弼谐庶绩，必举德于鸿儒，近代左右邦家，咸取士于刀笔。然则古之学者，禄在其中，今之学者，困于贫贱。明达之人，志识之士，安肯滞于所习，以求贫贱者哉？此所以儒罕通人，学多鄙俗者也。"又曰："自正朔不一，将三百年，师说纷纶，无所取正。高祖膺期纂历，平一宇内。顿天网以掩之，贲旌帛以礼之，设好爵以縻之。于是四海九州，强学待问之士，靡不毕集焉。天子乃整万乘，率百寮，遵问道之仪，观释奠之礼。博士罄悬河之辩，侍中竭重席之奥。考正亡佚，研核异同。积滞群疑，涣然冰释。于是超擢奇隽，厚赏诸儒。《本纪》：开皇二年十二月，赐国子生经明者束帛。十年十一月，幸国子学，颁赏各有差。《儒林·房晖远传》：文帝尝令国子生通一经者，并悉荐举，将擢用之。京邑达于四方，皆启黉校。齐、鲁、赵、魏，学者尤多。负笈追师，不远千里。讲诵之声，道路不绝。中州儒雅之盛，自汉、魏以来，一时而已。"是文帝初尝有意于兴学，且颇收其效也。不特此也。《本纪》：开皇三年四月，"诏天下劝学行礼"。《柳机传》：族弟昂，高祖受禅，拜潞州刺史。昂见天下无事，可以劝学行礼，因上表曰："陛下君临四海，因情缘义，为其节文，固已三百三千，事高前代。然下土黎献，尚未尽行。臣谬蒙奖策，从政藩部，人庶轨仪，实见多阙。仰睢深思远虑，情念下民，渐被以俭，使至于道，臣恐业淹事缓，动延年世。若行礼劝学，道教相催，必当靡然向风，不远而就。"上览而善之。因下诏曰："建国重道，莫先于学；尊主庇民，莫先于礼。自魏氏不竞，周、齐抗衡，分四海之民，斗二邦之力。务权诈而薄儒雅，重干戈而轻俎豆。民不见德，惟争是闻。朝野以机巧为师，文吏用深刻为法。风浇俗敝，化之然也。虽复建立庠序，兼启黉塾，业非时贵，道亦不行。其间服膺儒术，盖有之矣？彼众我寡，未能移俗，然其维持名教，奖饰彝伦，微相弘益，赖斯而已。朕受命于天，裁成万物。去华夷之乱，求风化之宜。戒奢崇俭，率先百辟。轻徭薄赋，冀以宽弘。而积习生常，未能惩革。闾阎士庶，吉凶之礼，动悉乖方，不依制度。古人之学，且耕且餐。今者民丁非役之日，农亩时候之余，若敦以学业，劝以经礼，自可家慕大道，人希至德，岂止知礼节，识廉耻，父慈子孝，兄恭弟顺者乎？始自京师，爰及州郡，宜祗朕意，劝学行礼。"自是天下州县，皆置博士习礼焉。此即《本纪》所云三年四月之诏，读《礼传》而可恍然于其所由来也。古之言儒学者，在朝廷之上，则思以此崇德化而缓刑诛；在闾阎之中，则思以此纳民于轨物，易争夺以和亲，使奢纵者知节。自今观之，不能先富后教，固终将徒托空言，然不能以此责古人。文帝于此二者，则可谓倦倦焉矣。而可谓之不悦学乎？开皇九年（589）平陈，又下诏，言"武力之子，俱可学文。有功之臣，降情文艺，家门子侄，各守一经，令海内翕然，高山仰止。京邑庠序，爰及州县，生徒受业，升进于朝，未有灼然，明经高第。此则教训不笃，考课未精。明勒所由，隆兹儒训"。其期望之意尤笃。然其效终不可睹。乃有仁寿二年（602）废学之举。诏言"国学胄子，垂将千数，州县诸生，咸亦不少，徒有名录，空度岁时"，其易辙之意可见。《儒林传序》谓"高祖暮年，不悦儒术，专尚刑名"。其实合前文观之，即知舍儒术而任刑名，乃历代相沿之积习，高祖特欲革之而未能耳。独指为不悦学，岂得事理之平？抑历代之于学校，皆视为粉饰升平之具，本不期其有何实效，故虽成具文，亦不失望，文帝则凡事务求实际，故睹其无效，即必从而裁撤之，则观其废学，正可见其初意之诚也。仁寿二年（602）废学之举：《本纪》云：国子学惟留学生七十人，大学、四门及州、县学并废。七月，改国子为太学。《百官志》云：罢国子学，惟立太学一所。《儒林传序》云：废天下之学，惟存国子一所，弟子七十二人。其《刘炫传》云：废国子、四门及州、县，惟置太学博士二十人，学生七十二人。国子、太学之存废，《本纪》言之最悉，《志》《传》所言皆不具。七十二人之数，则当从《儒林传》。此盖法孔门弟子身通六艺者之数？唐初国子学置生七十二人，盖亦有所受之也？见下。炀帝好事文饰，正与其父相反，其复学，自亦徒有其名。《本纪》载大业元年闰七月之诏曰："诸在家及见入学者，若有笃志好古，耽悦坟典，学行优敏，堪膺时务，所在采访，具以名闻，即当随其器能，擢以不次。若研精经术，未愿进仕者，可依其艺业深浅，门荫高卑，虽未升朝，并量准给禄。其国子等学，亦宜申明旧制，教习生徒，具为课试之法，以尽砥砺之道。"《儒林传》言："炀帝即位，复开庠序。国子、郡县之学，盛于开皇之初。征辟儒生，远近毕至，使相与讲论得失于东都之下，纳言定其差次，一以闻奏焉。"其所以拂拭而磨厉之者，似亦甚至。然虚文安能收实效？《传》又言其"外事四夷，戎马不息，师徒怠散，盗贼群起，空有建学之名，而无弘道之实，其风渐坠，以至灭亡"，宜矣。

唐学制，见于《新书·选举志》。《志》曰："凡学六，皆隶于国子监。国子学生三百人，以文武三品以上子孙，若从二品以上曾孙，及勋官二品县公、京官四品带三品勋封之子为之。太学生五百人，以五品以上子孙，职事官五品期亲，若三品曾孙，及勋官三品以上有封之子为之。四门学生千三百人，其五百人，以勋官三品以上无封，四品有封，及文武七品以上子为之。八百人以庶人之俊异者为之。"《旧书·职官志》："四门博士，掌教文武七品已上及侯、伯、子、男子之为生者，若庶人子为俊士生者。"则庶人之子，称为俊士。律学生五十人，书学生三十人，算学生三十人，以八品以下子及庶人之通其学者为之，京、都学生八十人。大都督府、中都督府、上州各六十人。下都督府、中州各五十人。下州四十人。京县五十人。上县四十人。中县、中下县各三十五人。下县二十人。《百官志》：西都、东都、北都、凤翔、成都、河中、江陵、兴元、兴德府，大、中、下都督府，上州，皆文学一人，医学博士一人。中、下州亦医学博士一人，而无文学。《注》云："武德初，置经学博士、助教、学生。德宗即位，改博士曰文学。元和六年（811），废中、下州文学。京兆等三府助教二人，学生八十人。大都督府、上州各助教一人。中都督府学生五十人，下府、下州各四十人。贞观三年（629），置医学，有医药博士及学生。开元元年（713），改医药博士为医学博士。诸州置助教。写本草、百一集验方藏之。未几，医学博士、学生皆省。僻州少医药者如故。二十七（739），复置医学生，掌四境巡疗。永泰元年（765），复置医学博士。三都、都督府、上州、中州，各有助教一人。三都学生三十人，都督府、上州二十人，下州十人。凡县，皆有经学博士、助教各一人，京县学生五十人，畿县四十人，中县以下各二十五人。"《旧书·职官志》：三府，经学博士一人，助教二人，学生八十人。医学博士一人，助教一人，学生二十人。大、中、下都督府，上、中、下州，各经学博士一人。助教，大、中都督府、上州各二人，下都督府、中、下州各一人。学生，大、中都督府、上州各六十人。下都督府、中州五十人，下州四十人。医学博士，大、中、下都督府，上、中、下州各一人。助教，大、下都督府，上、中州各一人，而中都督府、下州无文，疑佚夺。学生，大、中都督府、上州各十五人。下都督府，中、下州各十二人。京、畿、上、中、中下、下县，博士、助教各一人。学生，京县五十人，畿、上县各四十人，中、中下县各二十五人，下县二十人。《新书·百官志》：文学，县则州补，州则授于吏部，然无职事，衣冠耻之。可见其有名无实也。国子监生，尚书省补，祭酒统焉。州县学生，州县长官补，长史主焉。凡馆二：门下省有弘文馆，生三十人。东宫有崇文馆，生二十人。以皇缌麻以上亲，皇太后、皇后大功以上亲，宰相及散官一品、功臣身食实封者，京官职事从三品、中书、黄门侍郎之子为之。凡博士、助教，分经授诸生。未终经者无易业。凡生，限年十四以上十九以下。律学十八以上二十五以下。凡《礼记》《春秋左氏传》为大经，《诗》《周礼》《仪礼》为中经，《易》《尚书》《春秋公羊传》《穀梁传》为小经。通二经者，大经、小经各一，若中经二。通三经者，大经、中经、小经各一。通五经者，大经皆通，余经各一。《孝经》《论语》，皆兼通之。凡治《孝经》《论语》，共限一岁。《尚书》《公羊传》《穀梁传》各一岁半。《易》《诗》《周礼》《仪礼》各二岁。《礼记》《左氏传》各三岁。学书日纸一幅。间习时务策，读《国语》《说文》《字林》《三苍》《尔雅》。凡书学，《石经三体》限三岁，《说文》二岁，《字林》一岁。凡算学，《孙子》《五曹》，共限一岁，《九章》《海岛》共三岁，《张丘建》《夏侯阳》各一岁，《周髀》《五经算》共一岁，《缀术》四岁，《缉古》三岁。《记遗》《三等数》，皆兼习之。《旧书·职官志》：算学生，二分其经，以为之业。习《九章》《海岛》《孙子》《五曹》《张丘建》《夏侯阳》《周髀》十五人。习《缀术》《缉古》十五人。其《记遗》《三等》，亦兼习之。旬给假一日。前假，博士考试。读者千言试一帖，帖三言。讲者二千言问大义一条，总三条。通二为第。不及者有罚。岁终，通一年之业，口问大义十条。通八为上，六为中，五为下。并三下与在学九岁，律生六岁不堪贡者罢归。诸学生通二经，俊士通三经，已及第而愿留者，四门学生补太学，太学生补国子学。每岁五月有田假，九月有授衣假，二百里外给程。其不率教及岁中违程满三十日，事故百日，缘亲病二百日皆罢归。既罢，条其状，下之属所。五品以上子孙，送兵部准荫配色。每岁仲冬，州、县、馆、监举其成者，送之尚书省。此其教学选举之大略也。天宝五载（746），又置广文馆于国学，以领生徒为进士者。《新书·选举志》。亦见《旧书·本纪》。《旧书·职官志》云："至德后废。"故《百官志》言国子监总国子、太、广文、四门、律、书、算凡七学焉。又有所谓崇玄学者，见第二十一章第五节。

《旧书·儒学传序》云："高祖以义宁三年五月，初令国子学置生七十二员，取三品已上子孙。《新书》作子弟若孙。大学置生一百四十员，取五品已上子孙。四门学生一百三十员，取七品已上子孙。上郡学置生六十员，中郡五十员，下郡四十员。上县学生四十员，中县三十员，下县二十员。武德元年（618），诏皇族子孙及功臣子弟，于秘书外省，别立小学。《礼仪志》：武德七年二月，诏诸州有明一经已上，未被升擢者，本属举送，具以名闻，有司试策，皆加叙用，其吏民子弟，有识性明敏，志希学艺，亦具名申送。量其资品，并即配学。州县及乡，并令置学。太宗数幸国学，令祭酒、博士讲论。毕，赐以束帛。学士能通一大经已上，咸得署吏。又于国学增筑学舍一千二百间。大学、四门博士，亦增置生员。其书、算各置博士、学生，以备艺文。《本纪》：贞观三年九月，诸州置医学。六年二月，初置律学。凡三千二百六十员。其玄武门屯营飞骑，亦给博士，授以经业。有能通经者，听之贡举。是时四方儒士，多抱负典籍，云会京师。俄而高丽及百济、新罗、高昌、吐蕃诸国酋长，亦遣子弟请入国学。鼓箧而升讲筵者，八千余人。济济洋洋焉，儒学之盛，古昔未之有也。高宗薄于儒术，尤重文吏。则天称制，国子祭酒，多授诸王及驸马都尉，至于博士、助教，惟有学官之名，多非儒雅之实。是时复将亲祠明堂及南郊，又拜洛、封嵩岳，将取弘文、国子生充斋郎行事，皆令出身放选，前后不可胜数。因此，生徒不复以经学为意，惟苟希徼幸。二十年间，学校顿时隳废矣。玄宗在东宫，亲幸大学。大开讲论。学官生徒，各赐束帛。及即位，数诏州县及百官荐举经通之士。《新书·选举志》：玄宗又敕州县学生，年二十五以下，八品子若庶人二十一以下，通一经，及未通经而聪明有文辞、史学者，入四门学为俊士。即诸州贡举省试不第愿入学者亦听。《旧纪》：开元二十六年正月，制天下州县，每乡一学。仍择师资，令其教授。《通鉴》云：令天下州县，里别置学。又置集贤院。"此唐人述玄宗以前儒学兴替之大概也。案高宗时，书、算、律学，皆废而复兴，《旧纪》：显庆元年十二月，置算学。三年九月。废书、算、律学。龙朔二年五月，复律、书、算三学。三年正月，诏以书学隶兰台，算学隶秘阁，律学隶详刑寺。算学之置，《礼仪志》在显庆二年（657）。律、书、算三学之复，志在龙朔二年五月。并曾增置东都学生。《本纪》：龙朔二年正月，东都初置国子监，并加学生等员，均分于两都教授。《礼仪志》：东都置国子监丞、主簿、录事各一员，四门助教、博士、四门生三百员，四门俊士二百员。"中宗反正，诏宗室三等以下，五等以上，未出身愿宿卫及任国子生听之。其家居业成而堪贡者，宗正寺试送监举如常法。三卫番下日愿入学者，听附国子学、大学及律馆习业。蕃王及可汗子孙愿入学者，附国子学读书。"《新书·选举志》。虽情之不存，规制初未尝废也。至安、史乱后，物力艰难，乃欲承权舆而不可得矣。《旧书·礼仪志》言："至德后兵革未息，国子生不能廪食，生徒尽散。堂庑颓废，常借兵健栖止。"至永泰二年（766），乃有补国子生、重造国学之举。此事全出鱼朝恩之妄诞，遂乃以宦人而高坐说《易》。陈教坊之乐于上庠，事见《旧书·礼仪志》及两《书·朝恩传》。事类儿戏，祗足发噱。然上元中，国子尝置大成生二十人，所以待之者颇厚。取已及第而聪明者为之。试书，日诵千言。并日试策。业成十通七然后补。其禄俸同直官。通四经。业成，上于尚书，吏部试之。登第者加一阶放选，其不第则习业如初，三岁而又试，三试而不中选，乃从常调。见《新书·选举志》。永泰中，置两监生无定员，元和二年（807）定之。见《旧纪》及《新书·选举志》。西京：国子馆生八十人，太学七十人，四门三百人，广文六十人，律馆二十人，书、算馆各十人。东都：国子馆十人，太学十五人，四门五十人，广文十人，律馆十人，书馆三人，算馆二人。文宗好尚经术。郑覃又以名儒为宰相。大和七年八月，册皇太子永，降诏言："皇太子方从师傅，传授六经。一二年后，当令齿胄国庠，以兴坠典。宜令国子选名儒宜五经博士各一人。其公卿士族子弟，明年已后，不先入国学习业，不在应明经、进士限。"《旧书·本纪》。此为天宝罢乡贡后之旷举。于是立五经博士。事在开成元年五月，见《旧书·本纪》及《郑覃传》。又于太学立石经。自中叶后，学校屡遭兵燹，虽度支告匮，恒率官俸兴修。元和十四年（819），文官料钱贯抽十文，以修国子监，已见第二十一章第八节。此事由郑馀庆建言，见《新书·馀庆传》。又《刘伯刍传》：孙允章，咸通中，改国子祭酒。建言群臣输光学钱治庠序，宰相五万，节度使四万，刺史万，诏可。《旧书·昭宗纪》：大顺元年二月，宰相兼国子祭酒孔纬，以孔子庙经兵火，有司释奠无所，请内外文臣，自观察使、刺史，下及令、佐，于本官料钱上缗抽十文，助修国学，从之。犹袭元和故事也。群臣论议，若贾至、归崇敬等，亦甚以学校为重。至议见《旧书·本传》及《杨绾传》。其议关涉选举，选法不变，自无由行，可参看第二十一章第五节。

崇敬欲改国学之名及官名，说颇迂缪，然其重视学校则尤甚也。亦见《旧书·本传》。则唐人之于学校，迄未忘情也。然其效终不可睹。何哉？为政者之所求，急于应用，而历代学校所造，止于章句之儒，《旧书·张柬之传》：少补太学生，涉猎经史，尤好三礼。国子祭酒令狐德棻甚重之。柬之固有才，然亦能为章句，学校之所以重，在此不在彼也。实为不切于务。以儒生与文吏相较，则文吏之周于用，远非儒生之比矣。况其生徒多取贵游子弟，并章句而不能为哉？

学校顾名思议，必当以学业为重，然自汉世，设科射策，劝以官禄，遂成为选举之一途。既成为选举之途，则贵游子弟，必思捷足先据其处，势也。而选举且不能平矣，遑论学业？魏玄同言："弘文、崇贤之生，千牛、辇脚之类，课试既浅，艺能亦薄，而门阀有素，资望自高"是也。《旧书》本传。《旧书·常衮传》言：中官刘忠翼，泾原节度使马璘，各有亲戚，干贡部及求为两馆生。《许孟容传》：孟容征为礼部员外郎。有公主之子，请补弘文、崇文馆诸生，孟容举令式不许，而主诉于上，致烦中使问状。则入学须请托矣。《唐志》言诸生限年十四，而萧颖士十岁即补太学生，岂真其姿质过人哉？《旧书·魏元忠传》：初为太学生，志气倜傥，不以举荐为意，累年不调。《新书·裴炎传》：补弘文生，有司欲荐状，以业未就辞，十年乃举明经及第，亦未必果欲然斯之未信也。然则出学又须奔竞矣。资望更高者，如窦轨，母为隋文帝女，自不借通经然后入官，而《传》言其少入太学，盖以通声气，为名高。李则之五十余，犹执经诣太学听受，则之，高祖子虢王凤之后。《旧书》附其父《巨传》，《新书》见《高祖诸子传》。此等人盖如凤毛麟角矣。斯时之学校，其可以言学业乎？为学之所恶者，莫甚于口给以御人，而斯风自汉、魏至隋、唐，未之有改。即可知其学之不讲。《隋书·王颎传》：开皇五年（585），授著作佐郎。寻令于国子讲授。会高祖亲临释奠，国子祭酒元善讲《孝经》，颎与相论难，辞义锋起，善往往见屈。高祖大奇之。《杨汪传》：炀帝即位，岁余，拜国子祭酒。帝令百寮就学，与汪讲论。天下途儒硕学多萃焉。论难锋起，皆不能屈。帝令御史书其问答奏之，省而大悦。赐良马一匹。《褚辉传》：炀帝时，征天下儒术之士，悉集内史省，相次讲论。辉博辩，无能屈者。由是擢为太学博士。《新书·赵弘智传》：永徽初，入为陈王师，讲《孝经》百福殿。于是宰相、弘文馆学士、太学生皆在。弘智举五孝，诸儒更诘辩，随问酬悉，舌无留语。高宗喜，曰："试为我陈经之要，以辅不逮。"对曰："天子有争臣七人，虽无道不失天下，愿以此献。"帝悦，赐绢二百，名马一。是帝王以此奖借人也。《隋书·刘焯传》：与杨素等于国子共论古今滞义，前贤所不通者。每升坐，论难锋起，皆不能屈。素等莫不服其精博。《新书·陈少游传》：为崇玄生。诸儒推为都讲。有媢者，欲对广众切问，以屈少游。及升坐，音吐清辨，据引兼该、问穷而对有余。大学士陈希烈高其能。是公卿以此奖借人也。《隋书·元善传》：通博在何妥之下，然以风流酝藉，俯仰可观，音韵清朗。听者忘倦，由是为后进所归。妥每怀不平，心欲屈善。因善讲春秋，初发题，诸儒毕集。善私谓妥曰："名望已定，幸无相苦。"妥然之。及就讲肆，妥遂引古今滞义以难善，多不能对。善深衔之。二人由是有隙。《刘焯传》：因国子释奠，与刘炫二人论义，深挫诸儒，咸怀妒恨，遂为飞章所谤，除名为民。《新书·孔颖达传》：炀帝召天下儒官集东都。诏国子、秘书学士与论议。颖达为冠。又年最少。老师宿儒，耻出其下，阴遣客刺之。匿杨玄感家得免。其忌疾至于如此。《隋书·苏威传》：子夔，十四诣学，与诸儒论议，辞致可观。此则又以势利而相称假者矣。为人者必不暇为己，如北朝之张吾贵则其伦。《隋书·刘炫传》：炫虽遍直三省，竟不得官，为县司责其赋役。炫自陈于内史。内史送诣吏部。吏部尚书韦世惠问其所能。炫自为状，曰："《周礼》《礼记》《毛诗》《尚书》《公羊》《左传》《孝经》《论语》、孔、郑、王、何服、杜等注，凡十三家，虽义有精粗，并堪讲授。《周易》《仪礼》《穀梁》，用功差少。史、子、文集，嘉言美事，咸诵于心。天文、律历，穷核微妙。至于公私文翰，未尝假手。"攻乎异端，尚不足以言章句，况大雅弘达邪？

　　贵游必喜轻侠，务声华。东京横议，以太学为中心，由此也。唐人嗜利，非如东汉之好名，故其事不至牵涉政治。《旧书·良吏·阳峤传》：入为国子祭酒。时学徒渐弛。峤课率经业，稍行鞭棰。学生怨之，颇有喧谤。乃相率乘夜于街中殴之。上闻，令所由杖杀。由是始息。此事当在开元初。斯时学校风纪之颓敝，宁不可骇？此特好游荡之徒所为耳。杨玚迁国子祭酒。请明经习《左传》者，尽帖平文，参看第二十一章第五节。通《周礼》《仪礼》《公羊》《穀梁》者，量加优奖。诏习此诸经者，出身免任散官。遂著于式。生徒为玚立颂学门外。欧阳詹举进士，与韩愈联第，又与愈善。詹先为四门助教，率其徒伏阙举愈博士。此亦如应举者之务干谒、相援引耳。其似涉政事者，莫如德宗时诸生之请留阳城。城为谏议大夫，以助陆贽攻裴延龄，下迁国子司业。有薛约者，狂而直。言事得罪谪连州。吏捕迹，得之城家。此据《新书·城传》。《旧传》云：约尝学于城。城坐吏于门，引约饮食。讫，步至都外与别。帝恶城党有罪，出为道州刺史。太学诸生何蕃、季偿、王鲁卿、李谠等二百人顿首阙下请留城。守阙下数日，为吏遮抑不得上。既行，皆泣涕立石纪德。柳宗元遗蕃等书，比之李膺、嵇康，时太学生徒，仰阙执诉焉。城矫伪士，其技俩至易见。《新书·城传》言其迁国子司业，引诸生告之曰："凡学者，所以学为忠与孝也。诸生有久不省亲者乎？"明日，谒城还养者二十辈。有三年不归侍者斥之。简孝秀德行升堂上。沈酗不率教者皆罢。何蕃事即附《城传》后。云：和州人。事父母孝。学太学岁一归。父母不许。间二岁乃归。复不许。凡五岁。慨然以亲且老，不自安，揖诸生去。乃共闭蕃空舍中，众共状蕃义行，白城请留。会城罢，亦止。然则谒城还养而莫久留者，为拙宦矣。《传》又云："初朱泚反，诸生将从乱，蕃正色叱不听。故六馆之士无受污者。蕃居太学二十年，有死丧无归者，皆身为治丧。"三年不归者见斥，居二十年者众共请留，何邪？正色叱诸生，不听从乱，果天性忠孝乎？抑度患之不及，而以是为名高也？矫伪中安得有佳士哉？

　　薛《史·唐明宗纪》：天成二年三月，太常丞段颙请国学五经博士各讲本经，从之。似其时国学中犹有人讲肄者。然长兴元年四月又云：国子司业张溥奏请复八馆以广生徒。按《六典》，监有六学，国子、太学、四门、律学、书学、算学是也，而溥云八馆，谬矣。然则馆学之别，且不能知，可知其时学校之废弛矣。《新书·王潮传》：潮尽有五州地，乃作四门义学。欧《史·闽世家》言王审知建学四门，以教闽士之秀者，盖即沿自潮者也。此偏方诸国较能留意文教者。或正以其地本僻陋，故有慕乎此也。然文教之兴起，实多人民所自为，政事之所能为力者甚微耳。

隋、唐之世，科举浸盛，而学校日微，此即教育之权，由公家移于私家之证。然学子之负笈寻师者，亦或依附其名而求著籍，未必真有所得，欲深造博涉者，实仍在自为也。隋、唐两史言私家教授之事甚多。如房晖远，恒以教授为务。远方负笈而从者，动以千计。《隋书·儒林传》。王恭，每于乡里教授，弟子自远方至者数百人。《旧书》本传。此家居教授者也。王质，寄居寿春，专以讲学为事。《旧书》本传。袁滋，客荆、郢间，起学庐讲授。《新书》本传。则客居而教授者也。刘炫除太学博士，以品卑去任。还至长平，奉敕追诣行在所。或言其无行，炀帝遂罢之。归于河间。于时群雄蜂起，谷食踊贵，教授不行，炫遂冻馁而死。《隋书·儒林传》。而张士衡仕隋为余杭令，以老还家，士衡，瀛州乐寿人。大业兵起，诸儒废学，唐兴，士衡复讲教乡里。《新书·儒学传》。则干戈甫息，弦诵旋兴矣。刘焯既除名，优游乡里，专以教授著述为务。王孝籍，开皇中召入秘书，助王劭修国史。后归乡里，以教授为业。皆去官而教授者。而何妥出为龙州刺史，有负笈游学者，皆为讲说教授之，则居官亦不废矣。皆《隋书·儒林传》。阳城隐于中条山，远近慕其德行，皆从之学。《旧书·隐逸传》。卢鸿庐于嵩山。玄宗征拜谏议大夫，固辞，许还山。官为营草堂。鸿到山中，广学庐，聚徒至五百人。《新书·隐逸传》。皆隐居教授者。高汉筠，尝诣长白山讲肄，薛《史》本传。度山中亦自有学侣邪？贵游子弟，亦有从私师且甚早者。如徐旷、窦威、杨玄感、李密、王世充皆从受学。王元感调博城丞，纪王慎为兖州都督，厚加礼，敕其子东平王续往受业。皆《新书·儒学传》。孙万寿年十四，就熊安生受五经是也。《隋书·儒林传》。从师者或甚久，且不惮其远。如马光，从师数十年。初教授瀛、博，有门徒千数。及光为太常博士，多负笈从入长安是已。《隋书·儒林传》。前此授受专于经学，此时则并及文、史。曹宪、李善等以《文选》教授，见下节。善选学本受诸宪，而马怀素又学于善。《旧书》本传。此文学也。杨汪问礼于沈重，受《汉书》于刘臻。《隋书》本传。包恺从王仲通受《史记》《汉书》。大业中为国子助教，于时《汉书》学者，以萧该及包为宗匠。聚徒教授，著录者数千人。《隋书·儒林传》。阎毗受《汉书》于该。《隋书》本传。王方庆年十六，起家越王府参军。就记室任希古受《史记》《汉书》。希古迁为太子舍人，方庆随之卒业。张镐少师事吴兢。皆《旧书》本传。此史学也，当时受学，多求名师。如《虞世南传》称其与兄世基受学于顾野王。《张行成传》言其少师事刘炫。皆《旧书》本传。盖皆以是而特著之。然《刘焯传》言其少与刘炫结盟为友，同受《诗》于同乡刘轨思，受《左传》于广平郭懋常，问《礼》于阜城熊安生，皆不卒业而去。武强交津桥刘智海家，素多坟籍，焯与炫就之读书，向经十载。则学由自得，名师初不能为弘益可知。刘炫聪明博学，名亚于焯。时人称二刘。天下名儒后进，质疑受业，不远千里而至者，不可胜数。毋亦徒依附之以为名高邪？韩愈、柳宗元，不为无实。然《旧书·宗元传》言：江、岭间为进士者，不远数千里，皆随宗元师法。凡经其门，必为名士。《新书·愈传》言：成就后进士，往往知名。经愈指授，皆称韩门弟子。得毋亦有相依附之意邪？《传》又言愈官显稍谢遣，盖亦以是为惧矣。《隋书·隐逸传》：徐则，幼沈静，寡嗜欲。受业于周弘正。善三玄。精于议论。声擅都邑。则叹曰："名者，实之宾也。吾其为宾乎？"遂杖策入缙云山。后学数百人，苦请教授。则谢而遣之。当时之所谓教授者可见矣。显以为名者，莫不阴以为利。颜师古在隋授安养尉。坐事免归，家贫，以教授为业。《旧书》本传。李善为贺兰敏之所荐引，敏之败，坐配流岭外。会赦还，因寓居汴、郑之间，以讲《文选》为业。《旧书·文苑·李邕传》。此皆徒为衣食计，无足责。刘焯怀抱不旷，又啬于财。不行束修者，未尝有所教诲，《隋书》本传。则鄙夫矣。尹知章转国子博士，弟子贫者周给之，《新书·儒学传》。其贤乎？王义方以弹李义府左迁。秩满，家于昌乐，聚徒教授，不复仕。及卒，门人何彦先、员半千为制师服，三年丧毕乃去。《旧书·忠义·义方传》。亦见《文苑·员半千传》。度其设教，必有深足感人者。经师易得，人师难求，此则令人高山仰止者耳。

地方之学，仍袭前世，犹以化民善俗为意。《新书·太宗纪》：贞观六年七月，诏天下行乡饮酒礼。此即隋文帝诏天下劝学行礼之意。《李栖筠传》：出为常州刺史。大起学校。堂上画《孝友传》示诸生。为乡饮酒礼，登歌降饮。人人知劝。则能奉行此意者也。此等设施，当时良吏，多行之僻陋之区。柳旦，大业初拜龙川太守。民居山洞，好相攻击。旦为开设学校，大变其风。《隋书·柳机传》。令狐熙，拜桂州总管，为建城邑，开设学校。《隋书》本传。韦机，显庆中为檀州刺史。边州素无学校。机敦劝生徒。创立孔子庙。图七十二子及自古贤达，皆为之赞。《旧书·良吏传》。王义方，贬为儋州吉安丞。蛮俗荒梗。义方召诸首领，集生徒，亲为讲经，行释奠之礼。清歌吹籥，登降有序。诸首领大喜。《旧书·忠义传》。韦丹，为容州刺史，兴学校。子宙，为永州刺史，立学官，取仕家子弟十五人充之。《新书·循吏传》。李承约，拜黔南节度使。外劝农桑，内兴学校。薛《史》本传。皆其事也。亦行诸风俗邪僻之地，犷悍之乡，梁彦光为相州刺史，人情险诐。彦光招致山东大儒，每乡立学。滏阳人焦通，性酗酒，事亲礼阙，为从弟所讼。彦光将至州学，令观于孔子庙。庙中有韩伯瑜母杖不痛，哀母力弱，对母悲泣之象。通遂感悟。《隋书》本传。曹华，李师道诛，分所管十二州为三镇，王遂为沂、兖、海观察使。为衙将王弁所害，授华沂州刺史，沂、海、兖观察使。华诛郓卒千二百人。移理于兖。令将士曰："邹、鲁儒者之乡，不宜忘于礼义。"乃躬礼儒士，习俎豆之容。春秋释奠于孔子庙。立学讲经，儒冠四集。出家财赡给，俾成名入仕。往者如归。《旧书》本传。高承简，蔡平，诏析上蔡、郾城、遂平、西平四县为溵州，拜承简刺史，治郾城，葺儒宫，备俎豆，岁时行礼。《新书·高崇文传》。皆其事也。其以传授学业为志者，好尚之士，亦能行诸所莅之邦。杨汪，历荆、洛二州长史。每听政之暇，必延生徒讲授，时人称之。《隋书》本传。高俭，进益州长史，引诸生讲授经艺，学校复兴。《新书》本传。高智周，授寿州刺史。每行部，必先召学官，见诸生，试其讲诵，访以经义及时政得失，然后问及垦田、狱讼之事。《旧书·良吏传》。张镒，大历五年（770），除濠州刺史。招经术之士，讲训生徒。比去郡，升明经者四十余人。郑徐庆镇兴元，创立儒官，开设学馆。子翰，复继前美。皆《旧书》本传。倪若水，开元初，出为汴州刺史。增修孔子庙堂及州县学舍，劝励生徒，儒教甚盛。《旧书·良吏传》。皆其人也。常衮为福建观察使。始闽人未知学。衮至，为设乡校，使作为文章，亲加讲导。与为客主钧礼，观游、燕飨与焉。由是俗一变。岁贡士与内州等，卒于官。其后闽人春秋配享衮于学官。《新书》本传。此则南服之文翁矣。然此等人究少。以大体言之，州县学多有名无实。《新书·刘禹锡传》：徙夔州刺史。禹锡尝叹天下学校废，乃奏记宰相曰："言者谓天下少士，而不知养材之道，郁堙不扬，非天不生材也。是不耕而叹廪庾之无余，可乎？贞观时，学舍千二百区，生徒三千余，外夷遣子弟入附者五国。今室庐圮废，生徒衰少。非学官不振，病无赀以给也。凡学官，春秋释奠于先师斯止。辟雍、泮官，非及天下。今州县咸以春秋上丁，有事孔子庙。其礼不应古，甚非孔子意。汉初群臣起屠贩，故孝惠、高后间，置原庙于郡国。逮元帝时，韦玄成遂议罢之。夫子孙尚不敢违礼缩其祖，况后学师先圣道，而欲违之？《传》曰：祭不欲数。又曰：祭神如神在。与其烦于祭飨，孰若行其教？今教颓靡，而以非礼之祀媚之，儒者所宜疾。窃观历代，无有是事。武德初，诏国学立周公、孔子庙，四时祭。贞观中，诏修孔子庙兖州。后许敬宗等奏天下州县置三献官，其他如立社。玄宗与儒臣议罢释奠牲牢，荐酒脯。时王孙林甫为宰相，不涉学。使御史中丞王敬从以明衣牲牢著为令。遂无有非者。今夔四县，岁释奠费十六万。举天下州县，岁凡费四千万。适资三献官饰衣裳，饴妻子，于学无补也。请下礼官、博士议，罢天下州县牲牢衣币，春秋祭如开元时。籍其资，半畀所隶州，使增学校。举半归太学。犹不下万计，可以营学室，具器用，丰馈食，增掌故以备使令。儒官各加稍食。州县进士，皆立程督。则贞观之风，粲然可复。当时不用其言。"《文献通考·学校考》引欧阳修《襄州谷城县夫子庙记》曰："隋、唐之际，天下州县，皆立学官，置生员。而释奠之礼，遂以著令。其后州县学废。而释奠之礼，吏以其著令，故得不废。学废矣，无所从祭，则皆庙而祭之。"马君按云："自唐以来，州县莫不有学，则凡学莫不有先圣之庙矣。然考之前贤文集，如柳子厚《柳州文宣王庙碑》，与欧公此文，及刘公是《新息县、盐城县夫子庙记》，皆言庙而不及学。盖衰乱之后，荒陋之邦，往往庠序颓圮，教养废弛，而文庙独存。官吏之有识者，以兴学立教，其事重而费巨，故姑葺文庙，俾不废夫子之祠，所谓犹贤乎已。"愚案详味刘禹锡之言，恐学校本未能遍设，不待乱离而后毁坏也。《旧书·高宗纪》：咸亨元年五月，诏曰："诸州县孔子庙堂，有破坏并先来未造者，宜令所司速事营造。"则虽当唐之盛时，孔子庙亦有未造者，而况学校？《马周传》云：落拓，不为州里所敬。武德中，补博州助教。日饮醇酎，不以讲授为事。刺史达奚恕，屡加咎责。周乃拂衣游于曹、汴。似唐初刺史，颇能留意学政者。然恐实以其落拓而轻之，而以是为口实耳，盖学校之有名无实久矣。

官立之学校，虽有名无实，然人民之能自厉于学者实多。《隋书·李密传》言：杨玄感败，密诣淮阳，舍于村中，变姓名为刘智远，聚徒教授。密是时必不敢居通衢大道，可见虽僻左之地，学徒亦可招集。乡学虽或由官立，实以人民自设者为多。苗晋卿归乡里，出俸钱二万为乡学本是也。《旧书》本传。白居易与元稹书曰："自长安抵江西，三四千里。凡乡校、佛寺、逆旅、行舟之中，往往有题仆诗者。"《旧书》本传。足见其非无文采。梁祖父诚，以五经教授乡里。诚卒，子贫不能为生，与其母佣食萧县人刘崇家。欧《史·梁太祖纪》。诚盖如今村塾之师，欧《史·刘岳传》所谓乡校俚儒也。参看第二十一章第五节。其学固无足称。然人能自厉于学，虽乱世不废，则可见矣。《新书·陈子昂传》。六世祖太乐，当齐时。兄弟竞豪杰。梁武帝命为郡司马。父元敬，世高赀。岁饥，出粟万石振乡里。子昂十八未知书。以富家子尚气决，弋博自如。此盖最难施教者。而"他日入乡校，感悔，即痛修饬"。此其感格之力为何如？薛《史·乌震传》：言其"少孤，自勤于乡校"，岂得谓乡校之无所造就哉？此无他，人民自办之事，必求其功归实际，非如官办者之徒有其名也。不特此也。《隋书·列女传》：元务光母，范阳卢氏女也。盛年寡居，诸子幼弱。家贫不能就学，卢氏每亲自教授。《旧书·元稹传》：稹至同州表谢，自叙曰："臣八岁丧父。家贫无业，母兄乞丐，以供资养。衣不布体，食不充肠。幼学之年，不蒙师训。因感邻里儿稚，有父兄为开学校，涕咽发愤，愿知诗书。慈母哀臣，亲为教授。"则不能从师者又有家教，无父兄者且有母教矣。文化之蒸蒸日上，果官之立学为之？抑人之自为之邪？

第二节 文 字

隋、唐、五代之世，文字无甚变迁。贵人以私意妄造字者，亦止武后尝作十有二文，见《新唐书》本传。后人习知其音义者，祇一后所自名之"曌"字而已。刘龑曾造一"龑"字而已。见第十四章第四节。《通鉴》陈宣帝太建十三年（581）《注》云：隋主本袭封随公，故国号曰隋。以周、齐不遑宁处，故去"辵"作"隋"，以"辵"训走故也。此说出于徐锴。《困学纪闻》云：徐楚金云："隋文帝恶随字为走，乃去是成隋字。隋裂肉也，其不祥大焉。殊不知随从辵，辵安步也。而妄去之，岂非不学之故？"其说未知信否。或以文帝好言機祥，后人为是附会。然此等无谓之顾忌，隋、唐之世确有之。《旧书·高宗纪》：仪凤三年十二月，"诏停明年通乾之号，以反语不美故也"。《新书·百官志》："武后垂拱二年（686），有鱼保宗者，上书请置匦以受四方之书。乃铸铜匦四，涂以方色，列于朝堂。以谏议大夫、补阙、拾遗一人充使知匦事，御史中丞、侍御史一人为理匦使。其后同为一匦。天宝九载（750），玄宗以匦声近鬼，改理匦使为献纳使。"至德元年（756）复旧。又《地理志》：邠州，"邠"故作"豳"，开元十三年（725），以字类"幽"改。皆其事也。《旧书·地理志》：莫州，本瀛州之鄚县。景云二年（711），于县置鄚州。开元十三年（725），以"鄚"字类"郑"字，改为"莫"。避字形之相混，而于诂训无乱，此则无讥焉。此等新造新改之字，惟专名不取其义者为能行，此亦文字自然之条例，足见其不能以私意造作也。

避讳时之"之"字，久之，有遂与本字相淆者。《困学纪闻》云："成都石经，孟蜀所刻，于唐高祖、太宗之讳皆阙画。范鲁公相本朝，其戒子侄诗，曰尧舜理，曰深泉薄冰，犹不忘唐也。"《集证》引《容斋随笔》云："蜀本石九经，皆孟昶时所刻。其书渊、世、民三字皆阙画，盖为唐高祖、太宗讳也。昶父知祥，尝为庄宗、明宗臣，然于存勖、嗣源字乃不讳。前蜀王氏已称帝，而所立《龙兴寺碑》，言及唐诸帝，亦皆半阙。乃知唐之泽远矣。"又引《郡斋读书志》云："《石经尚书》十三卷，伪蜀周德真书，《论语》十卷，张德钧书，皆阙唐讳，盖孟氏未叛唐时所刻？《毛诗》二十卷，《礼记》二十卷，皆张绍文书，《左氏传》三十卷，不题书人姓氏，则不阙唐讳，盖是知祥僭位后刻石也？"何义门谓《孟蜀石经》及范质之避唐讳，乃"相承以熟，未可为不忘唐之证，厚斋特望人不遽忘宋耳。"何说自得其真。理之与治，代之与世，今人下笔，犹是相淆，不能尽复唐以前之旧，亦习熟为之也。《困学纪闻》又云："唐有代宗，即世宗也，本朝有真宗，即玄宗也。皆因避讳而为此号。祥符中，以圣祖名，改玄武为真武，玄枵为真枵，《崇文总目》谓《太玄经》曰《太真经》。若迎真、奉真、崇真之类，在祠宫者非一。其末也，目女冠为女真，遂为乱华之兆。"《宋史》：祥符五年（1012），真宗梦神人传玉皇之命，云令汝祖赵玄朗授汝天书。遂尊号曰圣祖，以为赵之始祖。改玄圣曰至圣。代宗即世宗，真宗即玄宗，虽治史者亦或忘之矣。历代避讳之字，易世后未经改正者甚多，有一望可知者，亦有因以滋疑者，殊背古人临文不讳之义，宁非以私意乱公用之文字乎？古人之讳，重在口不重在笔。临文不讳，则虽口诵之犹不讳也，况于笔乎？或谓司马迁以父名谈，故其书改谈为同。然古同音字恒相通假，说实未必然也。

文字之学，斯时尚无甚足称。自来治小学者，流别有二：一主于博，一主于精。务博者但求所知之多，求精者则必明于文字演变之原，深知古今训释之异。二者固各有所长，然搜采所得，亦必以谨严之法治之，乃能有真知灼见而克尽其用。则求精者实尤难能可贵也。隋、唐间之小学，偏于求博。其时负盛名者为曹宪。《旧书·儒学传》云：宪精诸家文字之书。自汉代杜林、卫宏之后，古文泯绝，由宪此学复兴。大业中，炀帝令与诸学者撰《桂苑珠丛》一百卷，时人称其该博。宪又训注张揖所撰《博雅》，分为十卷。炀帝令藏于秘阁。太宗尝读书，有难字，字书所阙者，录以问宪。宪为之音训，证引明白。太宗甚奇之。所撰《文选音义》，甚为当时所重。初江淮间为文选学者，本之于宪。又有许淹、李善、公孙罗，复相继以《文选》教授，由是其学大兴于代。淹等三人事迹，即次宪后。《淹传》云：尤精诂训。撰《文选音》十卷。《善传》云：注解《文选》，分为六十卷，表上之。《罗传》云：撰《文选音义》，行于代。案文字愈古，单言愈多，愈后复言愈多。《新书·睿宗昭成顺圣皇后窦氏传》：初太常加谥后曰大昭成。或言法宜引圣贞冠谥，而曰大昭成，非也。以单言配之，应曰圣昭若睿成，以复言配之，应曰大圣昭成、圣真昭成。单言即今所谓单音字，复言则今所谓复音之辞也。单音字之用，随世而减，故后人多不之识。惟博览者为能知之。此等罕见之字，尤多存于辞赋中，故宪等皆以小学而兼选学。然读他种古书，亦不能舍此。故颜师古长于《汉书》，史亦称其博览、精故训学，所注《急就章》，与其《汉书注》俱显于时。《新书·儒学传》。而李善亦尝撰《汉书辨惑》三十卷也。《旧书》本传。《桂海珠丛》一百卷，而其《要略》仅二十卷，可见其所载者，初非日用所急。其后武后又有《字海》一百卷。卷帙与之相埒。《新书·艺文志注》云："凡武后所著书，皆元万顷、范履冰、苗神客、周思茂、胡楚宾、卫业等撰。"诸人固亦多文士，足见此风之未变也。求精者必于较古之书，《说文解字》则其选。故颜之推甚好之。见《两晋南北朝史》。此学人之所以异于文人者。《新书·艺文志·小学类》有李腾《说文字源》一卷。《注》云："阳冰从子。"阳冰长于篆书，盖因此而治《说文》？腾盖承其绪？此未必足语于小学，治此书而求精者，则五代时南唐之二徐也。其学入宋而后显。

小学未精，则于文字异同，攸关训释，知之不审，故于改易古字，不甚介意。《新书·艺文志》书类。《今文尚书》十三卷。《注》云：开元十四年（725），玄宗以洪范"无偏无颇"声不协，诏改为"无偏无陂"。天宝三载（744），又诏集贤学士卫包改古文从今文。此所谓今文者，非汉世之今文，乃唐时通行之字耳。汉世所谓古文经者，本无其物，而为其时之人据所知之古字伪造，《秦汉史》已具言之。故所谓古文经者，本不足贵。然传至唐世，则又为前人之制作，不宜妄改以失其真。玄宗以当时通行之字易之，其所为，若与前此造古文者相反，而实则相同也。《经典释文·序录》云："《尚书》之字，本为隶古，既是隶写古文，则不全为古字。今宋、齐旧本及徐、李等音，徐邈、李轨。所有古字，盖亦无几。穿凿之徒，务欲立异，依傍字部，改变经文。"可见其无知妄作之状。玄宗、卫包，亦此等风气中之人物耳。

文字本于言语，言语有方俗之异，则诵读随之，此自然之势也。《隋志》有《河洛语音》一卷。《旧书·王叔文传》，讥王伾吴语，《新书·经传》作楚语。又《旧书·武元衡传》：元衡被害，京师大恐。城门加卫兵察其出入，物色伺之。其伟状异制，燕、赵之音者，多执讯之。皆可见隋、唐时方音之异。诵读之殊，非声即韵，而古人之留意于韵，过于其留意于声，故韵学之兴较早。隋陆法言作《切韵》。唐天宝中，孙愐广之为《唐韵》，至宋世犹沿用焉。《隋志》有《婆罗门书》一卷。《注》云：梁有《扶南胡书》一卷。云：自后汉佛法行于中国，又得西域胡书，能以十四字贯一切音，文省而义广，谓之《婆罗门书》。则兼及声韵二者矣。然中国人虽知此法，初未能神其用。至唐末，僧守温撰三十六字，取佛书之名，名之曰字母，守温《三十六字母图》一卷，见《通志·艺文略》。而声纽之道，始大明焉。后人谓孙叔然已知反语，《释文·序录》云："孙炎始为反语。"叔然，炎字也。不仞其学自外来。然反切本出天籁，不容一无所知，所争者能否神其用耳。以用论，则三十六字母虽出，治小学者犹未能尽之也。此由中国文字异于胡、梵，原不足为中国病。然必如后世之言韵学者，取《切韵》中切音之上一字，为之分类，而目为中土师师相传之旧，则似可以不必。夫果知留意声纽，则何不撰取数十字为母，以求其简，而必繁其数，至于四百五十邪？《新书·隐逸·陆羽传》：不知所生。或言有僧得诸水滨畜之。幼时，其师教以旁行书。答曰："终鲜兄弟，而绝后嗣，得为孝乎？"师怒，使执粪除圬塓以苦之。此旁行书当即《婆罗门书》。则至唐世，僧徒仍有习之者。

文字书写必求其捷速，观览则求其清晰，捷速利用行草，清晰莫如楷则，二者相反，然不可偏废也。《旧书·柳公绰传》言：其子仲郢，抄书甚多，"小楷精谨，无一字肆笔"，此楷则之便于自览也。又《文苑·席豫传》，言其性尤谨，虽与子弟书及吏曹簿领，未尝草书。谓人曰："不敬他人，是自不敬也。"《新书·李玄道传》：附《褚亮传》。为幽州长史，佐都督王君廓，专持府事。君廓人朝，玄道寓书房玄龄。玄龄本甥也，君廓发其书，不识草字，疑其谋己，遂反。坐是流巂州。则与人书亦以楷正为善。然下笔必求楷正，未免太难，时或不足应务，则必求其虽简易而仍可辨识者。此行书之所以可贵。草书务求美观，美观贵多变化，遂至去真太远，害于其事矣。

印刷者，书写之支流余裔也。然其难易，较诸书写，殆不可以道里计。故自印刷术兴后，书之存者，较诸印刷术未兴以前，亦不可以道里计焉。此诚人类社会之一大事也。中国之印刷术，以发明最早豪于世。夷考其朔，则近人多取明陆深之说。深作《河汾燕闲录》，云：隋文帝开皇十三年十二月八日，敕废像遗经，悉令雕版，此印书之始也。明末胡应麟作《少室山房笔丛》从之，谓雕版始于隋。近世叶德辉非之。其所作《书林清话》云："陆氏此语，本隋费长房《历代三宝》记。其文本曰废像遗经，悉令雕撰。意谓废像则重雕，遗经则重撰耳。阮吾山《茶余客话》，亦误以雕像为雕版。而岛田翰必欲傅合陆说，遂谓明人逮见旧本，必以雕撰为雕版。不思经可雕版，废像亦可雕版乎？"岛田翰，日本人，著有《雕版渊源考》。日本桑原骘藏又非之，曰："撰、造、作可通用。陆深等解雕撰为雕造，自非无理。与谓雕废像、撰遗经，无宁解作雕造遗经为当。据此文，谓当时已印行佛经，固失之早计，谓决未尝印行佛经，亦未免武断也。"见《史林》第十一卷第一号。据邓嗣禹《中国印刷术之发明及其西传》转引。邓文见《图书评论》第二卷第十一。此说殊属游移。《隋书·高祖纪》：开皇二十年（600），禁毁坏偷盗佛天尊像诏曰："佛法深妙，道教虚融，咸降大慈，济渡群品。凡在含识，皆蒙覆护。所以雕铸灵相，图写真形，率土瞻仰，用申诚敬。"以雕铸与图写对举，可证雕指废像，撰指遗经也。美国哥伦比亚大学汉文教授卡德氏，尝撰《中国印刷术源流》，刘麟生译，商务印书馆本。采摭颇博。据其说，则吾国印刷物，见存而最古者，为得自敦煌石室之《金刚经》，今在伦敦博物院。经凡六叶，别有画一叶。卷末有"咸通九年四月十五日王玠为二亲敬造普施"字样。而日本所存印刷物之最古者，为孝谦天皇所刻《无垢净光大陀罗尼经咒》。凡百万纸，分藏百万小木塔中。日本僧寺，至今犹有宝藏者。其事成于大历五年（770），先于咸通九年（868）者九十八年。日本之印刷术，传自中国，无人置疑。卡德氏谓敦煌所得《金刚经》，刻印之工，远在日本所制《陀罗尼经》之上。授受之迹，自可微窥。然又谓日制《陀罗尼经》，亦非印刷初兴时物。卡德氏不取缘起于隋之说，乃谓其当在开元时。诘其故，则但谓其时国势盛昌而已，此实未免牵强。自开元之初，下逮大历，不及六十年，尚须越海传至日本，果其为时如是之短，日刻《陀罗尼经》，安得已颇工致，而可断为非初兴时物乎？卡德氏又谓奈良存有古印花丝织物。其上印有年岁，一当开元二十二年（734），一当其二十八年（740）。《续日本记》所谓摺衣者，则成于天宝二年（743）。又有军人所服革带，亦皆印花，其年份早者，亦系开元二十八年（740）。其花卡德氏信为木版所印。

然则雕版在开元时已盛行于日本矣，安得在中国乃初发轫乎？卡德氏不信陆深之说，自为有识，然其所自拟之说，则殊不足取也。邓嗣禹尝撰文以评卡德氏之书，题曰《中国印刷术之发明及西传》。其所采摭亦颇博。今录所胪举，为卡德氏所遗之证凡九事，以资参考。九事者，唐僧贯休《禅月集》，有其门人昙域《后序》，云："寻检藁草，及暗记忆，约一千首，乃雕刻版印，题号《禅月集》。时大蜀乾德五年癸未十二月十五日。"蜀乾德五年（923），后唐庄宗同光元年也。此书雕刻之地，为婺州兰溪。一事也。日僧宗叡，书写《请来法门》等目录，中有"西川印子《唐韵》一部，五卷。同印子《玉篇》一部，三十卷。"云："大唐咸通六年（865），从六月迄于十月，于长安城右街西明寺日本留学僧圆载法师院求写法门等目录，具如右也。"印子者，版印本也。二事也。《司空表圣文集》卷九，有《为东都敬爱寺讲律僧惠礭化募雕刻碑疏》。元《注》云："印本共八百纸。"其文有云："自洛城罔遇时交，乃焚印本。渐虞散失，欲更雕镂。"洛城焚本，似指武宗会昌五年（845）之事。此所印至八百纸，又范摅《云溪友议》有云"纥干尚书臬作《刘弘传》，雕印数千本，以寄中朝及四海"，则所及已普。三事也。《全唐文》卷六百二十四，有冯宿请禁印历日疏，云"准敕禁断印历日版。剑南两川及淮南道，皆以版印历日鬻于市。每岁司天台未奏颁下新历，其印历已满天下，案据此，则两川、淮南所印历日，且运销各地矣。唐人诗云："山中无历日，寒尽不知年。"则非僻陋之地，咸有历日。有乖敬授之道"。据《太平御览》卷百六十，宿为东川节度使，此疏上于大和九年十二月。《旧书·文宗纪》，亦书是月丁丑，"敕禁诸道府不得私置历日版"。玩此，则私印者或尚不止两川与淮南。四事也。元稹《白氏长庆集序》云："二十年间，禁省、观寺、邮候墙壁之上无不书，王公、妾妇、牛童马走之口无不道。至于缮写模勒，炫卖于市井。"此序末署大历四年（769）。五事也。义净《南海寄归内法传灌沐尊仪》条云："造泥制底及拓模泥像，或印绢纸，随处供餐。"义净卒于先天二年（713）。六事也。唐冯赞《云仙散录印普贤像》条引《僧园逸录》云："玄奘以回锋纸印普贤像，施于四众。每岁五驮无余。"玄奘东归，在贞观十九年（645），卒于麟德元年（664）。七事也。罗振玉《莫高窟石室秘录》云："予于日本三井听冰许见所藏永徽六年（655）《阿毗达摩大毗婆沙论》卷百四十四。其纸背有木刻楷书朱记，文曰大唐苏内侍写真定本，与《宋藏经》纸后之金粟山藏经纸朱记同。"八事也。日本所印之《国华》第三十二编第七册，有敦煌所出大业三年（607）佛画。元《注》："雕版色摺。"上画大佛像一，两旁小佛像二，下有字四十有二，画着红、黄、绿、黑四色。依照片观之，字体宛如唐人写经，不类雕刻。九事也。今案以敦煌所出大业三年（607）佛画为印本，则印刷术起隋无疑。即谓不然，而玄奘能印普贤像以施四众，印刷之盛行，亦必在唐初矣。凡事至于盛行，必非初起，有隋运祚甚促，以事理度之，印刷之兴，尚当在隋以前也。

卡德氏以印章为印刷之原，引《抱朴子·登陟篇》云："古之人入山者，皆佩黄神越章之印，其广四寸，其字一百二十。以封泥著所往之四方各百步，则虎狼不敢近其内也。行见新虎迹，以印顺印之，虎即去，逆印之，虎即还。带此印以行山林，亦不畏虎狼也。不只避虎狼，若有山川、社庙、血食恶神能作福祸者，以印封泥断其道路，则不复能神矣。"卡德氏曰：古之印章以印封泥，改用朱墨，即几于印刷矣。邓嗣禹谓《抱朴子》此篇又绘一符，云"此是老君所载符，以枣心木方二寸刻之"。《封氏见闻记》言魏太武登峄山，仆秦始皇所刻碑，"然历代摹拓，以为楷则。邑人疲于供命，聚薪其下，因野火焚之。有县宰，取旧文勒于石碑之上，须则拓取"。然杜甫诗云："峄山之碑野火焚，枣木传刻肥失真。"窦臮《述书赋》自注云："峄山碑，其石毁，土人刻木代之。"则以枣木供雕刻，由来甚久，尤可见道家符印与印刷关系之切也。卡德氏谓敦煌发见佛像模印，上有小柄，盖手持而印之，如印章然。吐鲁番、土耳其斯单亦有之。模印所成之佛像，见于写本每叶之端；有全卷如是者。手印力薄，故其像较小云。然则印刷盛行后，其从印章蜕化而来之迹，犹未尽泯也。

石拓为印刷之原，事更明白。《隋志》有《秦皇东巡会稽刻石文》一卷。《一字石经周易》一卷。《注》云：梁有三卷。《一字石经尚书》六卷。《注》云：梁有《今字石经郑氏尚书》八卷，亡。《一字石经鲁诗》六卷。《注》云：梁有《毛诗》二卷，亡。《一字石经仪礼》九卷。《一字石经春秋》一卷。《注》云：梁有一卷。《一字石经公羊传》九卷。《一字石经论语》一卷。《注》云：梁有二卷。《一字石经典论》一卷。《三字石经尚书》九卷。《注》云：梁有十三卷。《三字石经尚书》五卷。《三字石经春秋》三卷。《注》云：梁有十二卷。云："后汉镌刻石经，著于石碑，皆蔡邕所书。魏正始中，又立一字石经。相承以为七经正字，后魏之末，齐神武执政，自洛阳徙于邺都。行至河阳，直岸崩，遂没于水。其得至邺者，不盈大半。至隋开皇六年（586），又自邺京载入长安，置于秘书内省。议欲补缉，立于国学。寻属隋乱，事遂寝废。营造之司，因用为柱础。贞观初，秘书监臣魏徵始收聚之。十不存一。其相承传拓之本，犹在秘府。并秦帝刻石，附于此篇，以备小学。"此拓本之最早者，不知其在何时，然亦必甚早也。卡德氏言敦煌所得《金刚经》，木刻外又有石刻一种，系柳公权书。则雕版之外，并曾刻石以事印刷矣。

铜版之作，世以为起自高丽。卡德氏云：《高丽史·百官志》：恭让王四年（1392），置书籍院，掌铸字印书，为高丽铜制活字见于记载之始。恭让王四年，明太祖洪武二十五年也。至孝宗弘治间，其术乃传入中国，无锡华燧用以印书。邓嗣禹云："《经义考》卷二百九十三载阳守陈之言曰：魏太和中有石经，晋天福有铜版九经。岳珂《九经三传沿革例》，亦曾及天福铜版本。"则其术亦出中国矣。或铸为活字，始于高丽耳。印章本兼用金石，雕版外既可刻石以事印刷，自亦不难赿及于铜也。特其为用，皆远不能如雕版之普遍耳。

印刷初兴时，手写之事，仍不能废。《旧书·令狐德棻传》："武德五年（622），迁秘书丞。时承丧乱之余，经籍亡逸。德棻奏请购募遗书，重加钱帛，增置楷书令缮写。数年间，群书略备。"《新书·艺文志》云：贞观中，购天下书，选五品以上子孙工书者为书手缮写。《旧书·文苑传》云：太宗命秘书监魏徵写四部群书，将进内贮库。别置雠校二十人，书手一百人。徵改职之后，令虞世南、颜师古等续其事。高宗初，其功未毕。显庆中，罢雠校及御书手，令工书人缮写，计直酬庸。择散官随番雠校。《职官志》：门下省、秘书省、史馆、著作局、司天台、弘文馆、崇文馆、集贤院，多有楷书手、拓书手、书直、装书直、装潢直、造笔直、熟纸匠等人。《阳城传》云：家贫不能得书，乃求为集贤写书吏，窃官书读之。足见缮写为用之广。私家藏书亦然。《李袭志传》：弟袭誉，凡获俸禄，必散之宗亲，其余资多写书而已。及从扬州罢职，经、史遂盈数车。《李大亮传》：在越州写书百卷，及徙职，皆委之廨宇，其事也。《萧铣传》：少孤贫，佣书自给。《王琚传》：琚与王同皎善。同皎败，变姓名诣江都，佣书于富商家。主人后悟其非佣者，以女嫁之。《儒学·王绍宗传》：家贫，当佣力写佛经以自给。每月自支钱足即止。虽高价盈倍，亦即拒之。皆贫生之佣书自给者也。不徒藏庋，即流通者亦多出手写。《新书·杨玚传》：从父兄晏。精《孝经》学。尝手写数十篇，可教者辄遗之。《旧书·白居易传》：居易尝写其文集，送江州东西二林寺、洛城香山、圣善等寺，如佛书、杂传例流行之是也。欧《史·和凝传》，言其为文章，以多为富。有集百余卷，尝自镂版以行于世。识者多非之。盖自刻文集之事，其时尚属罕见也。

尸刻书之大名者为冯道，则以印刷术未兴时，藏书事甚艰难，名著巨籍，惟公家若大有力者为能致之，而道首以官力印卖九经故也。薛《史·唐明宗纪》：长兴三年二月，中书奏请依石经文字刻九经印板，从之。《道传》云：唐明宗时，以诸经舛缪，与同列李愚委学官田敏等取西京郑覃所刻石经，雕为印板。后进赖之。《册府元龟》云："后唐宰相冯道、李愚重经学。因言汉时崇儒，有三字石经，唐朝亦于国学刊刻。今朝廷日不暇给，无能别有刊立。尝见吴、蜀之人，鬻印板文字，色类绝多，终不及经典。如经典校定雕摹流行，深益于文教矣。乃奏闻。敕下儒官田敏等考校经注。"此事至周广顺三年（953）而后成。《通鉴》记其事云：长兴三年二月，初令国子监校定九经，雕印卖之。《注》云："印卖九经始此。"广顺三年六月，初唐明宗之世，宰相冯道、李愚请令判国子监田敏校正九经，刻板印卖，朝廷从之。丁巳，板成，献之。由是虽乱世，九经传布甚广。时人重视此事之故，可以概见。《石林燕语》引柳玭《家训序》曰：李涊《书林清话校补》云：《唐书·艺文志》：《柳氏训序》一卷，柳玭撰。《郡斋读书志》：《柳氏序训》一卷，唐柳玭序其祖公绰已下内外事迹，以训其子孙。并与此书名不合。见《文澜学报》第二卷第二期。"中和三年（883）癸卯夏，銮舆在蜀之三年也。予为中书舍人。旬休，阅书于重城之东南。其书多阴阳杂记、占梦、相宅、九宫、五纬之流，又有字书、小学，率雕板印。"可为道言吴、蜀印板不及经典之证。盖经典校定甚难，而其书为世所重，同异之间，虑遭攻击，故非承敕命由学官主其事，则莫敢为之也。若谓资本不足，自可逐渐雕刻。一经之字数，未必逾于字书。当时学者无不读经，其销路亦必不劣于字书也。《挥麈录》云："毋昭裔贫贱时，尝借《文选》于交游间。其人有难色，发愤异日若贵，当板以镂之遗学者。后仕王蜀为宰相，遂践其言。印行书籍，创见于此。事载陶岳《五代史补》。后唐平蜀，明宗命大学博士李锷书五经，放其制作，刊板于国子监，为监中印书之始。"王国维《五代监本考》辨之云："昭裔相蜀，在孟昶明德二年（935）。后唐清泰二年。至广政十六七年，尚在相位。仲言谓其相王蜀，已非事实。其刊《文选》在相蜀后，自不得在长兴之前。刊九经则更在其后。《孔平仲珩璜新论》云：周广顺中，蜀毋昭裔请刊印板九经。《通鉴》载昭裔开学馆，刻九经，在广政十六年（953），即周广顺三年（953），正田敏九经板成之岁，昭裔所作，当放其制。元《注》："此即蜀本大字九经，非蜀石经。晁子正说《蜀石经尚书》若网在纲，并作纲字，与田敏本合。蜀石本之刻在木本之先，已同监本，木本刊于监本成后，当放监本无疑。"按《宋史·儒林·敏传》云："敏虽笃于经学，亦好为穿凿。所校九经，颇以独见自任。如改尚书若网在纲为若纲在纲，又《尔雅》椴木槿，注曰日及，改为白及。如此之类甚众，世颇非之。"近人或广仲言之说，谓蜀本九经，先于监本，尤乖事实。"然则印卖九经，果当以道为首矣。王国维又云："唐石经专刊经文，监本则兼经注。监本是非，世无定论，与《开成石经》略同。然写本岐误，究甚于刻本。《封氏见闻记》谓经籍年代浸久，传写不同。开元以来，省司将试举人，皆先纳所习之本。文字差讹，辄以习本为正。义或可通，虽与官本不合，上司务于收奖，即行放过。至天宝十年（751）颁字样，始停纳习本。元《注》："此条在卷二石经条前，冯已苍钞本有之，刻本所无。"知唐时写本经传，致不画一。今日所传唐写本，足以证之。自《开成石经》出，而经文始有定本，自五代监本出，而注文始有定本。虽文字不无差讹，然比之民间俗本，固有优无绌。田敏等校订之勤，与整齐划一之功，究未可尽非也。"开成仅刻经文，而长兴能刊经注，亦刻木易于刻石为之也。

纸与印刷，相关最密，非有纸，印刷术无由行，亦且无由兴，卡德氏考中国印刷源流，首详及纸。非无由也。造纸之术，亦自中国传于西方。大食史家记其事云：突厥两可汗相争，一求援于中国，一求援于大食。中国援兵，为大食援兵所败。俘虏中有娴造纸者，于撒马儿干以其术教人，遂传入大食属地。时当天宝十年（751）云。所云中国与大食之战，实指开元九年（721）高仙芝怛逻斯之役，其事信而有征。大食人既擅此术，传诸西班牙，终乃及于全欧洲。时则叙利亚有市镇曰曼比集（Mambij），亦曰班比兹（Bambyx），亦产纸。欧人称其纸为班比兹纸（Chartabambycina）。后讹为绵料纸（Chartabombycina）。遂以敝布造纸，为十五六世纪时日耳曼、意大利人所发明。至近世，在中亚多得古纸，皆为敝布所制，乃知其确由中国西传云。卡德氏云：欧洲人初以敝布造纸，乃德、意两国所发明。千八百八十五年至千八百八十七年间，用显微镜化验八百年至千三百八十八年埃及所造之纸，强半以破布为料。欧洲早年所造之纸亦然。当时推论，以为破布造纸，实为居于撒马儿十之夫食人所发明。至千九百有四年，斯坦因在土耳其斯单发见古纸，化验之，多以桑皮为料，而杂以破布。时则谓破布造纸，非居撒马儿干之人食人所发明，而全用破布造纸，则出大食人。千九百十一年，斯坦因又在长城碉楼得古纸，化验全用破布为料，乃知其术确出自中国云。此亦中国文化裨益世界之一大端也。卡德氏又谓中国之墨，宜于印刷木版，而不宜于铜版。此亦铜版不能盛行之一因欤？

然斯时中国之纸，尚远较后世为贵。《旧书·经籍志》言开元时四部库书，两京各一本，皆以益州麻纸写。《新书·艺文志》言：其时太府月给蜀郡麻纸五千番，季给上谷墨三百三十六丸，岁给河间、景城、清河、博平兔千五百皮为笔材。此盖各地方之名产，非公家之力不易办。吴兢迁起居郎，以母丧去官，服除，自陈修史有绪，家贫不能具纸笔，愿得少禄以终余功，盖非妄为陈乞也。韦陟以五采笺为书记，使侍妾主裁答，则史讥其侈。杜暹补婺州参军，秩满归，吏以纸万番赆，暹为受百番，则众叹其廉。入官者不能输朱胶纸轴钱，则不能得告身，已见第二十一章第六节。欧《史·何泽传》云：五代之际，民苦于兵，往往因亲疾而割股，或既丧而割乳庐墓，以规免州县赋役。户部岁给蠲符，不可胜数。而课州县出纸，号为蠲纸。泽上书言其敝，明宗下诏悉废蠲纸。皆可见纸之难得。《新书·文艺传》：郑虔好书。尝苦无纸。于是慈恩寺贮柿叶数屋，遂往，日取叶肆书。《五代史补》云：宋齐邱，素落魄。姚洞天为淮南骑将，素好士，欲谒之。囊空无备纸笔之费，计无所出，但于逆旅杜门而坐。邻房有散乐女，尚幼，问曰："秀才何以数日不出？"齐邱以实告。女叹曰："此事甚小，秀才何吝一言相示耶？"乃惠以数缗。齐邱用市纸笔，为诗咏以投洞天。洞天怒其言大，不即接见。齐邱窘急，更其启。始闵之，渐加拯救。徐温闻其名，召之门下。及昇之有江南也，齐邱以佐命功，遂至将相。乃上表以散乐女为妻，以报宿惠。许之。贫士得纸之艰，有如此者。欧《史·彭玕传》：附《钟传传》。言玕通《左氏春秋》。尝募求西京《石经》，厚赐以金。扬州人至相语曰："十金易一笔，百金偿一篇，况得士乎？"故士人多往依之。然则笔价亦不菲矣。古代纸极厚韧，故不必别以纸衬托，即可装为卷轴。后世纸日脆薄，故其价日趋于廉，然其普及大众之功，不可诬也。纸价之日趋于廉，傥亦印刷术兴，用之日多使之然欤。《旧书·回纥传》：东京之平，朔方及郭英父、鱼朝恩等军不能禁暴，与回纥纵掠坊市，及汝、郑等州。比屋荡尽。人悉以纸为衣。《周智光传》：淮西节度使李忠臣入觐，次潼关。闻智光阻兵，驻所部，将往御之。及智光死，忠臣进兵入华州，大掠。自赤水至潼关，二百里间，畜产、财物殆尽，官吏至有着纸衣，或数日不食者。《新书·徐有功传》：五世孙商。突厥残众保特峨山，以千帐度河自归。诏商绥定。商表处山东宽乡，置备征凡千人。襞纸为铠，劲矢不能洞。是以纸为衣，唐人习为恒事。清季京官贫者，亦或以纸为朝衣。然必取诸朝鲜矣，谓之高丽纸。

第三节　儒玄佛思想转移

世皆以汉世儒学盛行，魏、晋以后，玄学、佛学起而代之，其实非是。此时之儒家，实裂为二派：有思想者，与玄学、佛学合流；无思想者，则仍守其碎义逃难之旧耳。说见《两晋南北朝史》第二十三章第三节。玄、佛之学，其道必至于终穷。何者？人之所求，莫切于养生送死无憾。斯义也，在古公产之世，本能致之。其后社会组织变坏，乃至于强陵弱，众暴寡，疾病不养，老幼孤独，不得其所。斯时也，先知先觉之士，己饥己溺之徒，自将起而拯之。然不知社会变化，自有其规律，徒欲率己之意，而借政治之力以行之，遂至反以召乱。此则自周末以来，儒、法诸家，各建改革之策，而新莽萃而行之之已事也。自此以降，遂莫敢言革正制度，而欲先移易人心。此则今所谓观念论者矣，其道必至于终穷，势也。于是改革之机又肇矣。

隋及唐初，所冀望于儒家者，为化民善俗，以革任法之治。观隋文帝劝学行。礼之诏，唐太宗诏天下行乡饮酒礼，可以知之。其说已见第一节。然此时之所谓儒者，则仍是章句之士耳。即朝廷之所提唱者，亦不外此。《旧书·本纪》：贞观七年十一月，"颁新定五经"。《颜师古传》曰：太宗以经籍去圣久远，文字讹缪，令师古于秘书省考定五经。师古多所厘正。既成，奏之。太宗复遣诸儒，重加详议。于时诸儒传习已久，皆共非之。师古辄引晋、宋已来古今本，随言晓答。援据详明，皆出意表。诸儒莫不叹服。于是颁其所定之书于天下，令学者习焉。此所以是正经文也。《孔颖达传》曰：与颜师古、司马才章、王恭、王琰等受诏撰定五经义训，凡一百八十卷，名曰《五经正义》。《新传》曰：凡百余篇，号义赞，诏改为正义。太宗下诏付国子监施行。太学博士马嘉运驳之。诏更令详定。功竟未就。《新传》云：永徽二年（651），诏中书、门下与国子、三馆博士、弘文馆学士考正之。于是尚书左仆射于志宁，右仆射张行成，侍中高季辅，就加增损。书始布下。《旧纪》事在四年三月，云"每年明经，令依此考试"焉。此所以是正注疏也。其后玄宗自注《孝经》，令元行冲为之作疏，见新旧《书·行冲传》。于开元十年六月，颁于天下。《旧纪》。文宗时，郑覃请于太学勒九经，从之。见新旧《书·覃传》。开成二年十月告成。《旧纪》。亦皆所以继前业也。孔颖达

《五经正义》，后儒议之者甚多。《开成石经》，则《旧纪》明著之曰："立后数十年，名儒皆不窥之，以为芜累甚矣。"《旧书》多载时人议论，此盖当时舆论也。然官本之差讹，究胜于私家之紊乱，观上节所引王国维论监本之语可见。监本皆依《开成石经》，则石经之刻，亦不能谓其无功。至《五经正义》，则原不过官颁之书，用以试士，未尝责学者以必从。纂辑或有未善，官颁之书类然，亦不能期之过高也。此等皆所谓章句之学。此学至此时，其势已衰，朝廷虽事提唱，亦无效可期矣。

南北朝之世，治儒学而不为章句所囿者，得二派焉：一如陈奇、业遵，说经好出己意。一则如张雕虎、刘昼、张仲让等以经世致用自负。见《两晋南北朝史》第二十三章第三节。前者犹是章句之学，特不墨守，可称别流，后者则寝抉章句之藩篱矣。此二派，当隋、唐之世，亦皆有之。前一派著闻之事，莫如魏徵之撰《类礼》。《旧书·徵传》曰：徵以戴圣《礼记》，编次不伦，遂为《类礼》二十卷。以类相从，削其重复。采先儒训注，择善从之。研精覃思，数年而毕。太宗览而善之。赐物一千段，录数本以赐太子及诸王，仍藏之秘府。《元行冲传》曰：初有左卫率府长史魏光乘奏请行用魏徵所注《类礼》。上玄宗。遂令行冲集学者撰义疏，将立学官。行冲于是引国子博士范行恭、四门助教施敬本检讨刊削，勒成五十卷。十四年开元。八月，奏上之。尚书左丞相张说驳奏曰：今之《礼记》，是前汉戴德、戴圣所编录。历代传习，已向千年，著为经教，不可刊削。至魏孙炎，始改旧本，以类相比，有同抄书。先儒所非，竟不行用。贞观中，魏徵因孙炎所修，更加整比，兼为之注。先朝虽厚加赏锡，其书竟亦不行。今行冲等解徵所注，勒成一家。然与先儒第乖，章句隔绝，若欲行用，窃恐未可。上然其奏，于是赐行冲等绢二百匹，留其书贮于内府，竟不得立于学官。案如说之说，玄成有作；实本叔然；而行冲恚诸儒排己，著论自释，名曰《释疑》，谓孙炎之后，又有马伷增革，向逾百篇，叶遵删修，仅全十二；则作者初非一家。叶遵即业遵，《唐志》亦作《叶增》，录其《礼记注》二十卷，然《释文序录》亦作业遵，德明年代较早，疑《唐志》误也。《类礼》立学，初不废小戴之书，以类相从，便于传习，转有相得益彰之美，有何不可？而断断如此，亦固矣。行冲著论，亦未尝不出褊衷。然其言曰："王邵史论曰，魏、晋浮华，古道夷替。士大夫耻为章句，惟草野生以专经自许。不能究竟异义，择从其善。徒欲父康成，兄子慎。宁道孔圣误，讳言郑、服非。然于郑、服甚愦愦，郑、服之外皆雠也。"此辈锢蔽之情形，可以想见。《崔仁师传》曰：太宗时，校书郎王玄度注《尚书》《毛诗》，毁孔、郑旧义。上表请废旧注，行己所注。诏礼部集诸儒详议。玄度口辩，诸博士皆不能诘之。郎中许敬宗请付秘阁藏其书。河间王孝恭特请与孔、郑并行。仁师以玄度穿凿不经。乃条其不合大义，驳奏请罢之。诏竟依仁师议。玄度遂废。此又一《类礼》。《儒林·王元感传》曰：长安三年（703），表上其所撰《尚书纠缪》十卷，《春秋振滞》二十卷，《礼记绳愆》三十卷。并所注《孝经》《史记》稿本。请官给纸笔，写上秘书阁。诏令弘文、崇贤两馆学士及成均博士，详其可否。学士祝钦明、郭山恽、李宪等，皆专守先儒章句，深讥元感揭撽旧义。元感随方应答，竟不之屈。凤阁舍人魏知古，司封郎中徐坚，左史刘知幾，右史张思敬，雅好异同。每为元感申理其义。连表荐之。寻下诏曰：王元感揭前达之失，究先圣之旨，是谓儒宗，不可多得，可太子司议郎兼崇贤馆学士。魏知古尝称其所撰书曰：信可谓五经之指南也。此则逢时之王玄度耳。知幾《疑古》《惑经》之作，为论史者所艳称。观其为元感申理，元感之论议，盖亦其俦？然则知幾亦此等学派中之一人耳。此等原未脱离章句之科臼，然经籍亦为真理之一源，墨守旧说，有时转足为真知之障。能摧陷而廓清之，而求真之路辟矣。此宋人以意说经之所以可贵，而如元感等，则皆宋人之先导也。

　　其又一派，隋末之王通盖其人？通事多出后人缘饰，然亦必其人略有此意，缘饰乃有所施，则仍可想见其为张世让一流。可见此派中人，初不甚乏也。通事因附会太过，离真太远，遂使后之考索者，并其人之有无而疑之，此亦太过。通事见于正史者，为《旧书》之王质，两《书》之《王勃、王绩传》。《旧书·质传》曰：五代祖通，字仲淹。隋末大儒，号文中子。通生福祚，福祚生勉，勉生怡，怡生潜，质则潜之第五子。《勃传》曰：祖通，隋蜀郡司户书佐。大业末，弃官归，以著书、讲学为业。依春秋体例，自获麟后历秦、汉至于后魏，著纪年之书，谓之元经。又依《孔子家语》、扬雄《法言》例，为客主对答之说，号曰中说。皆为儒士所称。义宁元年（617）卒。门人薛收等相与议谥曰文中子。二子：福畤，福郊。《绩传》云：兄通，字仲淹。大业中名儒。号文中子。自有传。今《书》虽无通传，然可见史官有意为之立传，不能指为子虚乌有之流。然史所言通事，殆无一得实。《旧书》中《王质》《王勃》两传所言通子，即已不雠。《新书》则更甚。其《王绩传》曰："兄通，隋末大儒也。聚徒河、汾间。放古作《六经》。又为《中说》，以拟《论语》。不为诸儒称道，故书不显，惟《中说》独传。"云作《六经》，与《旧书·王勃传》云作《元经》者又异。其《勃传》云："初祖通，隋末居白牛溪教授，门人甚众。尝起汉、魏尽晋，作书百二十篇，以续古《尚书》。后亡其序。有录无书者十篇。勃补缺逸，定著二十五篇。"其说又为旧书所无。《传》又曰："尝读《易》，夜梦若有告者曰：易有太极，子勉思之。窹而作《易发挥》数篇，至晋卦，会病止。又谓王者乘土王，世五十，数尽千年；乘金王，世四十九，数九百年；乘水王，世二十，数六百年；乘木王，世三十，数八百年；乘火王，世二十，数七百年；天地之常也。自黄帝至汉，五运适周，土复归唐。唐应继周、汉，不可承周、隋短祚。乃斥魏、晋以降，非真主正统，皆五行沴气。遂作唐家千岁历。武后时，李嗣真请以周、汉为二王后，而废周、隋。中宗复用周、隋。天宝中，太平久，上言者多以诡异进。有崔昌者，采勃旧说，上《五行应运历》。请承周、汉，废周、隋为闰。右相李林甫，亦赞右之。集公卿议可否。集贤学士卫包，起居舍人阎伯玙上表曰：都堂集议之夕，四星聚于尾，天意昭然矣。于是玄宗下诏：以唐承汉，黜隋以前帝王。废介、酅公，尊汉为二王后，以商为三恪。京城起周武王、汉高祖庙。授崔昌太子赞善大夫，卫包司虞员外郎。杨国忠为右相，建议复用魏为三恪，周、隋为二王后。鄘、介二公复旧封。贬崔昌乌雷尉，卫包夜郎尉，阎伯玙涪川尉。"王勃文士，不似续古《尚书》、作《易发挥》、谈五运正闰者，疑后来怪迂阿谀苟合之士，又托诸勃，而《元经》之作，与五运正闰之论，甚有关系也。白牛溪之名，见于王绩之《游北山赋》。《赋》云："白牛溪里，冈峦四峙。信兹山之奥域，昔吾兄之所止。许由避地，张超成市。察俗删诗，依经正史。组带青衿，锵锵儗儗。阶庭礼乐，生徒杞梓。山似尼丘，泉疑泗渷。"《注》云："此溪之集，门人常以百数。河南董恒、南阳程元、中山贾琼、河南薛收、太山姚义、太原温彦博、京兆杜淹等十余人，称为俊颖。而姚义慷慨，同侪方之仲由，薛收以理学方庄周。"则俨然圣人矣。此外附会者尚不乏。《十七史商榷》引陆龟蒙《送豆卢处士谒宋丞相序》，皮日休、司空图《文中子碑》，及《图三贤赞》四篇。龟蒙称通作《王氏六经》，不知即《新书·王绩传》所据否。日休称其作礼论、续诗、元经、易赞，其说亦相出入。据诸文，则房玄龄、杜如晦、魏徵、薛收、李靖、李勣，皆其门人，其所言弥恢廓矣。然此诸文之真伪，亦不可知也。通所著《中说》，《隋志》著录十卷，果通所作与否无可考。今所传者，为宋阮逸注本。《容斋续笔》曰："今《中说》之后，载文中子次子福畤所录，云杜淹为御史大夫，与长孙太尉有隙。按淹以贞观二年（628）卒，后二十一年，高宗即位，长孙无忌始拜太尉。其不合于史如此。故或疑为阮逸所作。"《困学纪闻》曰："《中说》前述，云隋文帝坐太极殿召见，因奏太平之策十有二焉。按《唐会要》：武德元年五月，改隋大兴殿为太极殿，隋无此名。"又曰："郑毅夫论《中说》之妄，谓李德林卒于开皇十二年（592），通时年八九岁，而有德林请见；关子明，太和中见魏孝文，如存于开皇间，亦百二三十岁，而有问礼于子明；是二者其妄不疑。《晁氏读书志》，谓薛道衡仁寿二年（602）出襄州，通四年始到长安，其书有薛公见子于长安。用此推之，则以房、杜为门人，抑又可知也。"又有所谓龚鼎臣注者，《书录解题》著录。《玉海》谓其得唐本于齐州李冠家。分篇与阮本不同，文亦多异，盖不慊于阮本而后出之伪书也。《通鉴》纪通事，在仁寿三年（603），云是岁，通诣阙献太平十二策。所言与前述无异，亦不足据也。其后乃有啖、赵。《新书·儒学传》：啖助"善为《春秋》。考三家短长，缝绽漏阙，号《集传》。凡十年乃成。复摄其纲条为例统。其言孔子修《春秋》意：以为夏政忠，忠之敝野，商人承之以敬；敬之敝鬼，周人承之以文；文之敝僿，救僿莫若忠。夫文者，忠之末也，设教于本，其敝且末，设教于末，将奈何？武王、周公，承商之敝，不得已用之，周公殁，莫知所以改，故其敝甚于二代。孔子伤之，曰：虞、夏之道，寡怨于民，商、周之道，不胜其敝。故曰：后代虽有作者，虞帝不可及矣。盖言唐、虞之化，难行于季世，而夏之忠，当变而致焉。故《春秋》以权辅用，以诚断礼，而以忠道原情。不拘空名，不尚狷介，从宜救乱，因时黜陟。古语曰：商变夏，周变商，《春秋》变周，而公羊子亦言乐道尧、舜之道，以拟后圣。是知《春秋》用二帝、三王法，以夏为本，不壹守周典明矣。又言幽、厉虽衰，《雅》未为《风》，逮平王之东，人习余化。苟有善恶，当以周法正之，故断自平王之季，以隐公为始。所以拯薄勉善，救周之敝，革礼之失也。助爱《公》《榖》二家，以《左氏》解义多缪，其书乃出于孔氏门人。且《论语》孔子所引，率前世人，老彭、伯夷等，类非同时，而言左丘明耻之，丘亦耻之。丘明盖如史佚、迟任者？又《左氏传》《国语》，属缀不伦，序事乖剌，非一人所为，盖左氏集诸国史，以释《春秋》？后人谓左氏，便傅著丘明，非也。助之凿意多此类。《十七史商榷》云："陆质《纂例》云：啖氏依旧说，以左氏为丘明，受经于仲尼。今观左氏解经，浅于公、穀，诬缪实繁。若丘明才实过人，岂宜若此？推类而言，皆孔门后之门人。且夫子自比，皆引往人。故曰：窃比于我老彭，丘明者，盖夫子以前贤人，如史佚、迟任之流，见称于当时云云。是则陆质之意，以丘明为夫子以前贤人，非作者，而作传者别是一人。宋祁不考，以质说为助语，失之。"案此特考证之异，不害其宗旨之同。门人赵匡、陆质，其高弟也。助卒年四十七。质与其子异，哀录助所为《春秋集注》《总例》，请匡损益，质纂会之，号《纂例》"。质别有传，次《王叔文传》后。云：明《春秋》，师事赵匡，匡师啖助，质尽传二家学。又云：质素善韦执谊。方执谊附叔文，窃威柄，用其力，召为给事中。宪宗为太子，诏侍读。质本名淳，避太子名，故改。时执谊惧太子怒己专，故以质侍东宫，阴伺意解释左右之。质伺闲有所言，太子辄怒，曰："陛下命先生为寡人讲学，何可及他？"质皇惧出。执谊未败时，质病甚。太子已即位，为临问加礼。卒，门人以质能文圣人书，通于后世，私共谥曰文通先生。《旧书》啖助无传，质则在《儒学传》，与《新书》略同。然《新书》言质伺闲有所言，太子辄怒，是质尝屡有言也。《旧传》云质发言，上果怒，《旧传》于宪宗即位后追叙，故云上。则仅一言之而已。二说抵牾，即知其原出附会。宪宗阴鸷，顺奄竖之旨而篡父位，曾无所愧怍于心，果其有恶于质，岂以其老病更加存问哉？然此非谓质不善执谊，右叔文也，特谓其伺闲进言，为诬罔之辞耳。《新书·吕渭传》：子温，"从陆质治《春秋》"。"与韦执谊厚，因善王叔文。"此亦一陆质。又《窦群传》：从卢庇传啖助《春秋》学，著书数十篇。王叔文党盛，雅不喜群，群亦悻悻不肯附。欲逐之。韦执谊不可，乃止。群往见叔文曰："事有不可知者。"叔文曰："奈何？"曰："去年李实伐恩恃权，震赫中外。君此时逡巡路旁，江南一吏耳。今君又处实之势，岂不思路旁复有如君者乎？"叔文悚然，亦卒不用。读此文，绝不能见群与叔文龃龉之迹，转觉叔文锐进，而群欲教之以持重耳。王叔文一时奇士，其党与亦皆俊才，而治啖、赵之学者，多与之相善，可见其有意于用世矣。《新书·啖助传》又曰：大历时，助、匡、质以《春秋》，施士匄以《诗》，仲子陵、袁彝、韦彤、韦茝以《礼》，蔡广成以《易》，强蒙以《论语》，皆自名其学，而士匄、子陵最卓异。士匄，兼善《左氏春秋》，以二经教授。撰《春秋传》，未甚传。后文宗喜经术。宰相李石因言士匄《春秋》可读。帝曰："朕见之矣。穿凿之学，徒为异同。学者如浚井，得美水而已，何必劳苦旁求，然后为得邪？"可见诸人治经，皆有新说矣。故能自名其学也。此派之以意说经，似亦与前派无异，然而有大异焉者，前派之意，仅欲明经，此派之志，则本在经世。拨乱反正，莫近于《春秋》。《春秋》与《公羊》，实为一书，若《左》《穀》，则皆后起依托之伪书耳。说见崔适春秋复始以春秋为春秋条。刘蕡对策，实为千古一人。《传》言其尤精《左氏春秋》，然读其文，无一非《公羊》义也。然则谓士匄所善在《左氏》，恐亦未必然矣。啖、赵之学，实为宋人言学志在经世之先驱。与近世康有为以《公羊》之学，启维新之机者绝相类。有为说经，诚甚疏略，不足以称经生。然其用别有所在，不能以章句家之见绳之也。斤斤以章句家之见绳之，亦适成其为章句之士而已矣。

啖、赵之宗旨，果何如乎？曰：观陆淳议太公之祀，而可知矣。案历代祀孔子者，皆仅立庙于其所生之地，或则于学校之中，以为先圣、先师而祭之。以周公为先圣，则以孔子为先师。唐武德二年（619），始令有司于国子学立周公、孔子庙。贞观四年（630），又令州、县学皆作孔子庙。以十哲配享，而图七十二子于壁。此已为非礼，参看第一节引刘禹锡之论。开元十九年（731），又立太公尚父庙。《旧书·本纪》云：令两京及天下诸州，各置太公尚父庙。《礼仪志》云：于两京置太公尚父庙一所。盖两京应时设立，天下诸州，则未必能遍设也。以张良配享。于中春、中秋上戊祭之。二十七年（739），谥孔子曰文宣王。上元中，《本纪》在元年（760），《礼仪志》在二年（761）。谥尚父曰武成王。牲乐之制如文宣王。仍以古名将十人为十哲，配享。建中三年（782），诏史馆考定可配享者，列古名将六十四人图形焉。贞元二年（786），以关播议去之，惟祀武成王及留侯。此则弥为非礼矣。贞元四年（788），兵部侍郎李纾请革其祭礼。陆淳时为刑部员外郎，议曰："武成王，殷臣也，纣暴不谏，而佐周倾之。夫学道者师其人。使天下之人，入是庙，登是堂，稽其人，思其道，则立节死义之士，安所奋乎？圣人宗尧、舜，贤夷、齐，不法桓、文，不赞伊尹，殆谓此也。"请罢上元追封立庙，而复贞观时所立磻溪之祠。当时不从其说。《新书·礼乐志》。此事无足深论，而观陆淳之言，则如闻宋儒之论矣。《新书·忠义·卢奕传》：奕以天宝时为御史中丞，留台东都。安禄山陷东都，骂贼死。肃宗诏赠礼部尚书，下有司议谥。时以为洛阳亡，操兵者任其咎，执法吏去之可也。委身寇雠，以死谁怼？博士独孤及曰："荀息杀身于晋，不食其言也；玄冥勤其官水死，守位忘躬也；伯姬待姆而火死，先礼后身也；彼皆于事无补。奕能与执干戈者同其戮力，全操白刃之下，孰与夫怀安偷生者？请谥曰贞烈。"诏可。观其言，又如闻宋儒之论矣。宋儒严君臣之义，论者皆谓唐中叶后藩镇之裂冠毁冕，有以激之，其实尚不始此。观第二十一章第二、第九两节所述，则知唐世藩镇，实为魏、晋以降州郡握兵之再起。汉人甚重君臣之节，亦稍知尊王之义。魏、晋以后，则皆荡然矣。为国不能无纲纪。中国之大害为割据，故不得不尊王。赵瓯北谓："自六朝以来，君臣之大义不明。其视贪生利己，背国忘君，已为常事。有唐虽统一区宇，已百余年，而见闻习尚，犹未尽改。"

《廿二史札记》六等定罪三日除服之论条。风俗如此，可不思所以挽救之乎？唐末有孙邰者，"著《春秋无贤臣论》，谓诸侯不知有王，其臣不能正君以尊王室，此孟子所以卑管、晏"。《困学纪闻》。邰，奉化人。唐末为左拾遗。朱温篡唐，即弃官去。著书纪年，悉用甲子，以示不臣。《集证》引《浙江志》。其志，亦陆淳、独孤及之志也。凡此皆欲建立纲纪；至于务民之义，而揭二氏末流之弊者，则莫如韩愈。愈作《原道》，力辟离仁义而言道德之非。又曰："古之为民者四，今之为民者六，古之教者处其一，今之教者处其三。农之家一而食粟之家六，工之家一而用器之家六，商之家一而资焉之家六，奈之何民不穷且盗也？"又曰："古之时，人之害多矣。有圣人者立，然后教之以相生相养之道。""患至而为之备，害至而为之防。""今其言曰：圣人不死，大盗不止，剖斗折衡，而民不争。""欲治其心，而外天下国家。曰：必弃而君臣，去而父子，禁而相生相养之道，以求其所谓清净寂灭者。"又曰："吾所谓道，尧以是传之舜，舜以是传之禹。禹以是传之汤，汤以是传之文、武、周公，文、武、周公传之孔子，孔子传之孟轲。轲之死，不得其传焉。荀与扬也，择焉而不精，语焉而不详。"其言，无一非宋儒所祖述。所不逮者，其言哲学，不如宋儒之精深，未能使世之好言名理者，幡然变计耳。然自正始以降，盛行五百年之玄学、佛学，其必衰落而为新说之所代，则其机不可遏矣。

　　章句之学，果无用乎？曰：胡为其然也。理事相即，故非明于事无以达理，而人之一生，见闻有限，则搜采必逮于异时，此经籍所以为真理之原也。故书雅记，必资搜辑；搜辑所得，又须排比；前世所传，阅一时焉而不可解，则须注释；所传不能皆确，则须考证；凡此，皆章句之士之所为。故有经籍而所知乃博，有章句之学而后经籍克尽其用。经世之士，仅能据已知之理，施诸当世。理由阅历而启发，亦待研索以证明。此事功、学问所以交相资。人之才性，各有所宜；而天下事亦非一手一足之烈，分功正所以协力；二者固不合相非也。然逐末者易忘其本。章句之学，逮于末流，或不计所研索之事，于世何用，亦从而研索之；且执所研索，即为有用；则转为求知之障矣。自碎义逃难之风开，章句之士，即有此弊。朱子谓"六朝人多精于礼，当时专门名家有此学，朝廷有礼事，用此等人议之，唐时犹有此意。"读两书之《礼乐志》《儒学传》，可证斯说。王方庆，史言其尤精三礼，又言其练于朝章，即此等人也。此其所为者果有益乎？善夫！欧公之言之也，曰："由三代而上，治出于一，而礼乐达于天下；由三代而下，治出于二，而礼乐为虚名。古者宫室、车舆以为居，衣裳、冕弁以为服，尊爵、俎豆以为器，金、石、丝、竹以为乐，以适郊庙，以临朝廷，以事神而治民。其岁时聚会，以为朝觐、聘问。欢欣交接，以为射、乡、食飨。合众兴事，以为师田、学校。下至里闾田亩，吉凶哀乐，凡民之事，莫不一出于礼。由之以教其民为孝慈、友弟、忠信、仁义者，常不出于居处、动作、衣服、饮食之间。盖其朝夕从事者，无非乎此也。及三代已亡，遭秦变古。后之有天下者，自天子百官名号位序，国家制度，宫车服器，一切用秦。其间虽有欲治之主，思所改作，不能超然远复三代之上，而牵其时俗，稍即以损益，大抵安于苟简而已。其朝夕从事，则以簿书、狱讼、兵、食为急，曰：此为政也，所以治民。至于三代礼乐，具其名物，而藏于有司，时出而用之郊、庙、朝廷。曰：此为礼也，历以教民。自搢绅大夫从事其间者，皆莫能晓习，而天下之人，至于老死，未尝见也。况欲识礼乐之盛，晓然喻其意，而被其教化以成俗乎？"《新书·礼乐志序》。其言可谓深切著明矣。不惟行诸郊庙朝廷者然也，即行诸民间，如隋文帝始所期望者，亦何独不然，然则礼乐果有何用？试以是诘礼学之家，果肯平心以思，亦当哑然失笑。然当时所谓礼学之家，则何一不如此？又有如祝钦明、郭山恽、韦叔夏辈，附会武、韦，为议拜洛、享明堂，助祭天神、地祇之礼，以滋烦费者矣。又曷怪其为世所诟病乎？章句之士如此。儒与玄、佛合流，好言名理者，隋、唐之世，亦未尝绝。如陈希烈，史言其"精玄学"。韩思复，史言其"好玄言"。李勉，史言其"宗于玄虚"。张知謇，史言其"晓于玄理"。陆德明，史言其"善言玄理"。李玄植，史言其"博涉《史》《汉》及《老》《庄》诸子之说"。尹知章，史言其"虽居吏职，居家则讲授不辍。尤明《易》及《庄》《老》玄言之学。远近咸来受业。所注《孝经》《老子》《庄子》《韩子》《管子》《鬼谷子》，颇行于时"。孙思邈，史言其"善谈庄、老及百家之说，兼好释典，注《老子》《庄子》"。白履忠，史言其"著《三玄精辩论》，注《老子》及《黄庭内景经》"。皆见《旧书》本传。柳公权，史言其"博贯经术，于《诗》《书》《左氏春秋》《国语》《庄周》书尤邃，每解一义，必数十百言"。张志和，史言其"父游朝，通《庄》《列》二子，为《象罔白马证》诸篇佐其说"。皆见《新书》本传。皆前世清谈之余绪也。《旧书·房琯传》：訾其"与庶子刘秩、谏议李揖、何忌等高谈虚论，说释氏因果，老子虚无"。《杨绾传》云："雅尚玄言。宗释、道二教，凡所知友，皆一时名流。或造之者，清谈终日，未尝及名利。有欲以世务干者，见绾言必清远，不敢发辞。"则居高明之地者，亦未尝无其人。唐高祖亲临释奠。徐文远讲《孝经》，沙门惠乘讲《般若经》，道士刘进喜讲《老子》。陆德明难此三人，各因宗指，随端立义，众皆为之屈。高祖善之，赐帛五十匹。李玄植，高宗时屡被召见，与道士、沙门在御前讲说经义。陈希烈，玄宗时，尝于禁中讲《老》《易》。皆见《旧书》本传。康子元，开元初，诏中书令张说举能治《易》《老》《庄》者。集贤直学士侯行果荐子元及敬会真于说。说籍以闻。并赐衣币，得侍读。子元擢累秘书少监，会真四门博士。俄皆兼集贤侍讲学士：始行果、会真及冯朝隐同进讲。朝隐能推索《老》《庄》秘义。会真亦善

《老子》。帝曰：我欲更求善《易》者，然无贤行果云。尹情，父思贞，张说、尹元凯荐为国子大成。每释奠，讲辨三教，听者皆闻所未闻。皆见《新书》本传。然则亟于讲辨之风，亦未尝绝也。然有形质而无精神，则亦名存焉而已。

第四节　史　学

自曹魏以降，作史职在著作，而隶于秘书，隋世仍沿其旧，有著作郎一人，佐郎八人。炀帝又于内史省置起居舍人二。《隋书·百官志》。唐贞观二年（628），省起居舍人，移其职于门下，置起居郎二员。显庆中，又置起居舍人，属中书省，与郎分在左右。起居郎掌起居注，以修记事之史；起居舍人修记言之史；皆季终授之国史。著作郎掌修国史，武德亦因隋旧制。贞观三年（629），移史馆于禁中，在门下省北。大明宫成，置史馆于门下省南。开元二十五年（737），李林甫以中书地切枢密，记事官宜附近，史官尹愔，奏移于中书省北。以宰相监修国史，著作郎始罢史职。史官无常员，如有修撰大事，则用他官兼之，事毕日停。监修，贞观后多用宰相，遂成故事。天宝已后，他官兼领史职者，谓之史馆修撰，初入为直馆。元和六年（811），宰相裴垍奏登朝官领史职者并为修撰，未登朝入馆者为直馆，修撰中以一人官高者判馆事，其余名目，并请不置。从之。《旧书·职官志》。裴垍事亦见本传。《文宗纪》：大和六年七月，以王彦威、杨汉公、苏涤、裴休并充史馆修撰。故事，史官不过三员，或止两员，今四人并命，论者非之。薛《史·唐明宗纪》：长兴四年七月，以著作佐郎尹拙为左拾遗，直史馆。国朝旧制，皆以畿、赤尉直史馆，今用谏官，自拙始。从监修李愚奏也。此隋、唐两代史官之大略也。

史事原本，实出左右史。郎所记注，及舍人所编制敕，皆逐日为之。《旧书·职官志》起居郎职云："凡记事之制，以事系日，以日系月，以月系时，以时系年，必书其朔日甲乙。"起居舍人职云："录天子之制、诰、德音，如记事之制。"类而次之，谓之日历；修而成之，谓之实录。宋汪藻说。见《宋史·藻传》。《通鉴》：永贞元年九月，监修国史韦执谊奏始令史官撰日历。更据以成纪、传、表、志或编年体之书，则谓之国史。如吴兢、韦述所撰者为纪传体。柳芳所撰《唐历》为编年体，而宣宗命崔龟从续之，则亦以为国史也。皆见下。《新书·隐逸·孔述睿传》：为史馆修撰，重次地理志，本末最详。可见国史亦有志。高宗后，起居郎记注失职，则史事原本，又有所谓时政记者。《新书·百官志》云：贞观初，以给事中、谏议大夫兼知起居注，或知起居事。《旧书·杜正伦传》：贞观二年（628），拜给事中，兼知起居注。每仗下议政事，起居郎一人执笔记录于前，史官随之。其后复置起居舍人，分侍左右，秉笔随宰相入殿。若仗在紫宸内阁，则夹香案分立殿下，直第二螭首，和墨濡笔，皆即坳处，时号螭头。高宗临朝不决事，有所奏，惟辞免而已。许敬宗、李义府为相，奏请多，畏人之知也，命起居郎、舍人对仗承旨，仗下与百官皆出，不复闻机务矣。长寿中，宰相姚建议：仗下后，宰相一人，录军国政要，为时政记，月送史馆。然率推美让善，事非其实。未几亦罢。而起居郎犹因制敕稍稍笔削，以广国史之阙。起居舍人本记言之职，惟编诏书，不及他事。开元初，复诏修史官非供奉者皆随仗而入，位于起居郎、舍人之次。《旧书·李义传》：开元初，特令义与中书侍郎苏颋纂集起居注，录其嘉谟昌言可体国经远者，别编奏之。义时为黄门侍郎。及李林甫专权，又废。大和九年（835），诏入阁日，起居郎、舍人具纸笔立螭头下，复贞观故事。案姚璹请撰时政记，事在长寿二年（693），见新、旧《书·璹传》。《旧书·赵憬传》：贞元十二年（796），憬对延英，上问近日起居注记何事？憬对及时政记。上曰："君举必书，义存劝戒。既尝有时政记，宰相宜依故事为之。"无何，憬卒，时政记亦不行。《李吉甫传》：元和八年十月，上御延英殿，问时政记记何事？吉甫对云："姚璹修之于长寿，及璹罢而事寝。贾耽、齐抗修之于贞元，及耽、抗罢而事废。"案《新书·宰相表》：赵憬、贾耽，皆以贞元九年五月相。憬十二年八月薨，耽，永贞元年十月薨。抗以贞元十六年九月相，十九年七月罢。盖憬虽受命而事未及行，至耽、抗乃行之也。《吉甫传》又载宪宗问不修之故。吉甫对曰："面奉德音，未及施行，总谓机密，不可书送史官。其间有谋议出于臣下者，又不可自书以付史官。及已行者，制令昭然，天下皆得闻知，即史官之记，不待书授也。"此为时政记或作或辍之由，亦不尽由于时宰之畏忌也。《穆宗纪》：长庆元年四月，宰臣崔植、杜元颖奏请随日撰录，号圣政记，岁终付史馆。从之。事亦不行。《文宗纪》：大和五年四月，"诏今后宰臣奏事，有关献替，及临时处分，稍涉政刑者，委中书、门下丞一人随时撰录，每季送史馆"。《新书·庾敬休传》：入拜右补阙、起居舍人。建言天子视朝，宰相、群臣以次对言可传后者，承旨宰相示左右起居，则载录，季送史官如故事。诏可。二者似即一事。《传》又云：既而执政以机密有不可露，罢之。则其行之亦未久也。《纪》又载大和九年十二月，"敕左右省起居赏笔砚及纸，于螭头下记言记事"。此事在甘露变后。《冯宿传》：弟定，大和九年（835），迁谏议大夫。是岁，李训事败。及改元御殿，中尉仇士良请用神策仗卫在殿门，定抗疏论罢，人情危之。又请许左右史随宰臣入延英记事，宰臣不乐。定之意，盖欲借史官以监奄竖？是时宰相方倚公论以自强，不乐者恐别有其人也？《纪》又于开成二年十二月，书阁内对左右史裴素等。上自开成初复故事，每人阁，左右史执笔立于螭头之下，君臣论奏，得以备书，故开成政事，最详于前代。《张延赏传》：孙次宗，开成中为起居舍人。文宗复故事，每入阁，左右史执笔立于螭头之下，宰相奏事，得以备录。宰臣既退，上召左右史，更质证所奏是非。故开成政事，详于史氏。则竟行其志矣。亦可谓贤矣。《杨嗣复传》：开成四年（839），上问延英政事，逐日何人记录。监修李珏曰："是臣职司。"《武宗纪》：会昌元年六月，中书奏"请依姚璹故事，宰相每月修时政记送史馆"，从之。《新书·裴休传》：大中六年（852），同平章事。奏言"宰相论政上前，知印者次为时政记。所论非一，详己辞，略他议，事有所缺，史氏莫得详。请宰相人自为记，合付史官"。诏可。是宰相撰录，亦迄未尝废也。此等记注之法，虽五代亦沿之，但不专在宰相耳。薛《史·唐明宗纪》：天成二年八月，史馆修撰赵熙上言："应内中公事及诏书奏对，不到中书者，请委内臣一人抄录，月终送史馆。"《末帝纪》：清泰元年四月，史馆奏："凡书诏及处分公事，臣下奉议，望令近臣录付当馆。"诏端明殿学士韩昭允、枢密直学士李专美录送。《晋高祖纪》：天福二年八月，宰臣监修国史赵莹奏："请循近例，依唐明宗朝，凡有内廷公事及言动之间，委端明殿学士或枢密院学士系日编录，逐季送当馆。其百司公事，亦望逐季送当馆。旋要遍修日历。"从之。四年十一月，史馆奏："请令宰相一人撰录时政记，逐时以备撰述。"从之。《周世宗纪》：显德元年（954），十月，监修国史李谷等上言："今之左右起居郎，即古之左右史也。唐文宗朝，命其官执笔立于殿阶螭头之下，以纪政事。后则明宗朝，命端明殿及枢密直学士皆轮修日历，旋送史官，以备纂修。及近朝，此事皆废，史官惟凭百司报状，馆司但取两省制书，此外虽有访闻，例非端的。欲望别命近臣抄录，每当修撰日历，即令封付史臣。"从之。因命枢密直学士："起今后，于枢密使处钞录事件，送付史馆。"盖是时相权实不在中书而在枢密，故史臣有此请也。欧《史·王峻传》云：峻已被黜，太祖以峻监修国史，意其所书不实，因召史官，取日历读之。史官以禁中事非外所知，惧以漏落为罪。峻贬，李谷监修，因请命近臣录禁中书付史馆。乃命枢密直学士就枢密院录送史馆，自此始。说似揣度失实。

史官随时记注，果其据实而书，安能无所贬损？故准故事，人君不自观史。然徒有此例，不能行也。《旧书·褚遂良传》：贞观十年（636），自秘书郎迁起居郎。十五年（64），迁谏议大夫，兼知起居事。太宗尝问："卿知起居，记录何事？大抵人君得观之否？"遂良对曰："今之起居，右左、右史。书人君言、事，且记善恶，以为鉴戒。庶几人主不为非法。不闻帝王，躬自观史。"《郑覃传》：弟朗，开成中为起居郎。文宗与宰臣议论，朗执笔螭头下。宰臣退，上谓朗曰："适所议论，卿记录未？吾试观之。"朗对曰："臣执笔所记，便名为史，伏准故事，帝王不可取观。昔太宗欲览国史，谏议大夫朱子奢云：史官所述，不隐善恶。或主非上智，饰非护失，见之则致怨。所以义不可观。又褚遂良曰：今之起居郎，古之左右史也。记人君言行，善恶必书，庶几不为非法。不闻帝王，躬自观史。"帝曰："适来所记，无可否臧，见亦何爽？"乃宣谓宰臣曰："郑朗引故事，不欲朕见起居注。夫人君之言，善恶必书。朕恐平常闲话，不关理体，垂诸将来，窃以为耻。异日临朝，庶几稍改。何妨一见，以戒丑言？"朗遂进之。

《魏谟传》：开成四年（839），拜谏议大夫，兼起居舍人。紫宸入阁，遣中使取谟起居注，欲观之。谟执奏曰："臣以陛下为文皇帝，陛下比臣如褚遂良。"帝又曰："我尝取观之。"谟曰："由史官不守职分。臣岂敢陷陛下为非法？陛下一览之后，自此书事须有回避。如此，善恶不直，非史也，遣后代何以取信？"乃止。似太宗纳谏遂不观，文宗一违之，又因魏谟之执奏而止者。案朱子奢，新、旧《书》皆在《儒学传》。《新书》云：帝尝"诏起居纪录臧否，朕欲见之，以知得失，若何？"子奢曰："陛下所举无过事，虽见无嫌。然以此开后世史官之祸，可惧也。史官全身畏死，则悠悠千载，尚有闻乎？"《旧书》不载此事。《新书》亦不言帝之听否，而《通鉴》贞观十七年七月云：初，上谓监修国史房玄龄曰："前世史官所记，皆不令人主见之，何也？"对曰："史官不虚美，不隐恶，若人主见之，必怒，故不敢献也。"上曰："朕之为心，异于前世。帝王欲自观国史，知前日之恶，为后来之戒。公可撰次以闻。"谏议大夫朱子奢上言："陛下圣德在躬，举无过事，史官所述，义归尽善，陛下独览起居，于事无失。若以此法传示子孙，窃恐曾玄之后，或非上智，饰非护短，史官必不免刑诛。如此，则莫不希风顺旨，全身远害。悠悠千载，何所信乎？所以前代不观，殆谓此也。"上不从。玄龄乃与给事中许敬宗等删为《高祖今上实录》。癸巳，书成，上之。上见书六月四日事，杀建成、元吉事。语多微隐。谓玄龄曰："周公诛管、蔡以安周，季友鸩叔牙以存鲁，朕之所为，亦类是耳，史官何讳焉？"即命削去浮辞，直书其事。然则子奢之言，太宗初未尝听也。太宗所观，虽非起居注，然起居注太繁，势不可读，人所读者，非实录则国史耳。干与国史，亦何以异于干与起居注哉？况既取读国史，又安知其不取读起居注？司记注者，又安得不为周身之防乎？人君所不观者，依故事，自以起居注为限，实录国史，皆非所忌。《旧书·宪宗纪》：元和十四年九月，上顾谓宰臣曰："朕读《玄宗实录》，见开元初锐意求理，至十六年已后，稍似懈倦，开元末又不及中年，何也？"《李绛传》载宪宗在延英之言曰："朕读玄宗实录，见开元致理，天宝召乱。事出一朝，治乱相反，何也？"二者盖即一事？《纪》末载史臣蒋系之言曰："宪宗嗣位之初，读列圣《实录》，见贞观、开元故事，竦慕不能释卷"，则所读者初不止玄宗一朝矣。《纪》又载元和二年十一月，上谓宰臣曰"朕览国书，见文皇帝行事，少有过差"云云。所谓国书，当即国史。《魏谟传》：皇族李孝本，坐李训诛，有女没入掖庭。谟谏，帝即日出之，而迁谟右补阙。诏曰："昔乃先祖，贞观中谏书十上，指事直言，无所避讳，每观国史，未尝不沈吟伸卷，嘉尚久之。"《新书·长孙无忌传》：文宗开成三年（838），诏曰："每览国史，至太尉无忌事，未尝不废书而叹。"《旧书·文宗纪论》，载史臣之言，以在藩时喜读《贞观政要》称美之。则不徒不禁其披览，并薪其阅读矣。然因此亦足长忌讳。《纪》又载开成四年五月，上谓宰臣曰："新修《开元政要》如何？"杨嗣复曰："臣等未见。陛下欲以此书传示子孙，则宣付臣等，参定可否。缘开元政事，与贞观不同。玄宗或好畋游，或好声色，选贤任能，未得尽美。撰述示后，所贵程法，岂容易哉"？然则借口为法，而先朝之秕政、恶德，可以刊落净尽矣。善夫！范祖禹之言曰："人君观史，宰相监修，欲其直笔，不亦难乎?"臣下之读国史,则起居注、实录,皆无所避忌。《旧书·苗晋卿传》:玄宗崩,肃宗诏摄冢宰,上表固辞曰:"伏读国家起居注。"《柳登传》:弟冕,为太常博士,昭德王皇后之丧,论皇太子服纪,与同职张荐奏议,言"谨按实录"是也。《蒋义传》言:"蒋氏与柳氏、沈氏,父子相继修国史、实录,时推良史。京师云蒋氏日历,士族靡不家藏焉。"宣宗时废会昌所修《宪宗实录》,有钞录者,并令却纳,见下。可见实录等之流布民间者为不少也。

除军国机要出自宰相外,史料则逐由当司录送史馆。如司天监,每季录所见灾祥送门下、中书省入起居注,岁终又总录封送史馆;《旧书·职官志》。东宫司议郎,凡皇太子出入朝谒、从祀、释奠、讲学,监国之命,可传于史册者,录为记注,宫坊祥青,官长除拜、薨卒,岁终则录送史馆是也。《新书·百官志》。人臣行事,考功郎中员外郎掌之。《新志》职文云:掌文武百官功过、善恶之考法及其行状。若死而传于史官,谥于太常,则以其行状,质其当否。其欲铭于碑者,则会百官议其宜述者以闻,报其家是也。《孝友传》言:唐受命二百八十八年,以孝弟名通朝廷者,皆得书于史官,当亦由所司报送。然史官取材,仍苦其乏。刘子玄奏记萧至忠曰:"前汉郡国计书,先上太史,副上丞相。后汉公卿所撰,始集公府,乃上兰台。由是史官所修,载事为博。原自近古,此道不行。史臣编录,惟自询采。而左右二史,阙注起居。衣冠百家,罕通行状。求风俗于州郡,视听不该。讨沿革于兰台,图籍难见。虽尼父再出,犹且成其管窥,况限以中材,安能遂其博物?"《旧书》本传。盖虽有定制,本不完备,而奉行者又或怠慢也。而行状之类,又不尽实。《旧书·李翱传》:翱以元和初为国子博士、史馆修撰。以史官记事不实,奏状曰:"凡人事迹,非大善大恶,则众人无由得知。旧例皆访于人,又取行状、谥议,以为依据。今之作行状者,多是其门生故吏。莫不虚加仁义礼智,妄言忠肃惠和。臣今请作行状者,但指事实,直载事功。假如作魏徵传,但记其谏诤之辞,足以为正直。段秀实但记其倒用司农印,以追逆兵,以象笏击朱泚,足以为忠烈。若考功视行状不依此者不得受。依此,则考功下太常,牒史馆,然后定谥。"观此,而当时之所谓行状者可知矣。非苦于无所知,则其所知者如是,求为信史,不亦难乎?

史官所纪,又有出于诏命者。刘感为薛仁杲所杀,常达为薛举所执不屈,高祖命起居舍人令狐德棻曰:"刘感、常达,须载之史策也。"《旧书·忠义传》。魏徵疏陈不克终十渐,太宗曰:"方以所上书列为屏障,兼录付史官。"《新书·徵传》。冯元淑,中宗时降玺书劳勉,仍令史官编其事迹。《旧书·良吏传》。安金藏剖腹以明皇嗣,玄宗即位,下制褒美,仍令史官编次其事。《旧书·忠义传》。姚南仲为右补阙,贞懿皇后独孤氏崩,代宗悼惜不已,令于近城为陵墓。南仲疏谏。帝嘉之。宣付史馆。《旧书·南仲传》。其余孝友、贞烈之行,命史官记载者甚多。如《旧书·孝友传》梁文贞、李处恭、张义贞、吕元简;《列女传》于敏直妻张氏,卢甫妻李氏,王泛妻裴氏,李端妻。此等或犹实有足纪。乃至玄宗于其兄宪,多所赐与,宪奏请年终录付史馆，每年至数百纸。《旧书·睿宗诸子传》。其弟业有疾，帝忧之，一昔容发为变。因假寝，梦获方，瘳而业少闲。邠王守礼等请以事付史官。《新书·三宗诸子传》。郭子仪至自泾阳，进拜尚书令。固辞。具以所让付史馆。《新书·子仪传》。定安公主宪宗女，始封太和。自回鹘归，宣城以下七主亦皆宪宗女。不出迎。武宗怒，差夺封绢赎罪。宰相建言："礼始中壸，行天下，王化之美也，请载于史示后世。"诏可。《新书·诸公主传》。不诚令人作欧哉？《通鉴》：元和十四年二月，裴度纂述蔡、郓用兵以来，上之忧勤机略，囚侍燕献之，请内印出付史官。《注》：请自禁中用印而出付史官。上曰："如此，似出朕志，非所欲也。"弗许。然不用内印，度不可迳付史官乎？要誉献媚之道，尽之矣。薛《史·晋高祖纪》：天福三年二月，左散骑常侍张允进《驳赦论》，帝览而嘉之，降诏奖饰，仍付史馆。亦见《允传》。六年正月朔，帝御崇元殿，刑部员外郎李象上《二舞赋》，帝览而嘉之，命编诸史册。琐琐者不益为史笔羞哉？

名，人之所欲也。列名于青史，尤修名之士之所愿也。张巡之死也，李翰传其功状，表上之，曰："傥得列于史官，死且不朽。"《新书·文苑传》。权皋、甄济，皆尝为安禄山所罗致。察其将反，皋因使京师，诈病死逸去，济亦诈病归。及禄山反，使蔡希德封刀召之，济不为屈。济子逢，常以父名不得在国史，欲诣京师自言。元和中，袁滋表济节行与皋同科，宜载国史。有诏赠济秘书少监。而逢与元稹善，稹又为移书于史馆修撰韩愈。《新书·卓行传》。彼皆有过人之行，列诸史籍则宜，不得訾为好名也。然能修名者实寡，而思徼名者遂多。李泌子繁，以无行下狱，知且死，从吏求废纸著家传。泌本素隐行怪之士，繁盖夙受其教，故至死而犹不忘欺世，可谓少成若天性矣。朱敬则迁正谏大夫，兼修国史。韦安石尝阅其史稿，叹曰："董狐何以加？世人不知史官权重宰相，宰相但能制生人，史官兼制生死，古之圣君贤相所以畏惧者也。"《新书·敬则传》。可谓情见乎辞矣。于是权力在手，则禁撰私史。《隋书·高祖纪》：开皇十三年五月，"诏人间有撰集国史，臧否人物者。皆令禁绝。"《王劭传》：高祖受禅，授著作佐郎。以母忧去职。在家著《齐书》。时制禁私撰史，为内史侍郎李元操所奏。上怒，遣使收其书。览而悦之。于是起为员外散骑侍郎，修起居注。盖以其性本怪妄，又工谐媚，故好之。劭后著《隋书》，为世所讥，见下。即由于此。郑虔，天宝初为协律郎。集缀当世事，著书八十余篇。有窥其稿者，上书告虔私撰国史。虔苍黄焚之，然犹坐谪十年，则唐世禁亦甚严也。其修成而不惬己意者则改之。顺宗、宪宗两《实录》是也。《顺宗实录》，为韩愈所撰。《旧书·愈传》云：时谓愈有史笔，及撰《顺宗实录》，繁简不当，叙事拙于取舍，颇为当代所非。穆宗、文宗，尝诏史臣添改。时愈婿李汉、蒋系在显位，诸公难之。而韦处厚竟撰《顺宗实录》三卷。文宗之敕修改，事见《路随传》。云：初愈撰《顺宗实录》，说禁中事颇切直，内官恶之。往往于上前言其不当。累朝有诏改修。及随奏《宪宗实录》后，文宗复令改永贞时事。随奏：伏望条示旧记最错误者，宣付史官，委之修定。《诏》曰："其《实录》中所书德宗、顺宗朝禁中事，寻访根柢，盖起缪传，谅非信史，宜令史官详正刊去，其他不要更修。"案韩愈工于文辞，何至修《顺宗实录》而独拙？且即谓所修不善，亦不过取舍、繁简之不当耳，非谓所言之不实也。然则《愈传》所言，匪为实录，特内官恶而欲改之耳。文宗指令刊去者，不知是否宦官之意，要之启人君以诏令改国史之端，其弊又奚啻观史矣。韩愈所修《顺宗实录》，今存愈文集中。《新书·刘子玄等传赞》言其"窜定无完篇"，则久非元作矣。至武宗，乃更变本加厉，施之《宪宗实录》。其事在会昌元年四月，见《旧书·本纪》。《纪》云：由李德裕先请不迁宪宗庙，为议者沮之；复恐或书其不善之事；故请改撰。《新书·李汉传》在其室传中。亦云：文宗立，召为史馆修撰。论次《宪宗实录》，书宰相李吉甫事不假借，子德裕恶之。《旧纪》载是年十二月，中书、门下奏修实录体例云："旧录有载禁中之言。伏以君上与宰臣公卿言事，皆须众所闻见，方可书于史册。且禁中之语，在外何知？或得之传闻，多涉于浮妄，便形史笔，实累鸿猷。今后实录中如有此色，并请刊削。又宰臣与公卿论事，行与不行，须有明据。或奏请允惬，必见褒称；或所论乖僻，因有惩责；在藩镇上表，必有批答；居要官启事，自有著明；并须昭然，在人耳目，或取舍存于堂案，或与夺形于诏敕。前代史书所载奏议，罔不由此。近见实录，多载密疏。言不彰于朝听，事不显于当时。得自其家，未足为信。今后实录所载章奏，并须朝廷共知者，方得纪述。密疏并请不载。"从之。《纪》云：李德裕奏改修《宪宗实录》，所载吉甫不善之迹，郑亚希旨削之。亚时为史馆修撰，会昌三年十月，与监修国史李绅同进重修实录。德裕更此条奏，以掩其迹。缙绅谤议，武宗颇知之。此事之缘起及是非，姑措勿论。要之如中书、门下所奏，则史官除纂辑诏令奏议而外，无可为者矣。此实自古已来，史官得自由笔削之一大变局也。《宪宗实录》，三年十月重修成，进之。见《旧纪》。宣宗大中二年十一月，敕路随等所修《宪宗实录》，却仰施行。《宪宗实录》，穆宗命韦处厚、路随同修。未成而处厚卒，随成之。见《旧书·韦处厚传》。当时同修者，尚有宇文籍、韦表微、沈传师，籍又与韩愈同修《顺宗实录》，见《旧书·籍传》。其会昌新修者，仰并进纳。如有抄录得，敕到并纳史馆，不得辄留。委州府严加搜捕。至三年（849）贬德裕崖州司户之诏，犹以其擅改《实录》为言焉。皆见《旧纪》。《新书·周墀传》：墀为相，建言故宰相德裕，重定《元和实录》，窜寄他事，以广父功。凡人君尚不改史，取必信也。遂削新书。案《旧书·宪宗纪》：元和十二年十月，内出《元和辩谤略》三卷付史馆，则自永贞已来，禁中事议论之纷纭，已非一日。此等事岂前世所无有？然自大和已前，卒不闻有显改国史之事者，史职尊严，由来已久，虽有悍者，莫敢决然为之也。然履霜坚冰，事之渐不可禁者，即成为势所必至。太宗观实录而命改书六月四日事，其大和、会昌之渐邪？《新书·郝处俊传》：转中书侍郎，监修国史。初显庆中，令狐德棻、刘胤之撰国史，其后许敬宗复加绪次。帝恨敬宗所纪失实，更命宰相刊正。且曰："朕昔从幸未央宫，辟仗既过，有横刀伏草中者。先帝敛辔却，谓朕曰：事发当死者数十人，汝可命出之。史臣惟叙此为实。"处俊曰："先帝仁恩溥博非一。臣弟处杰，被择供奉。时有三卫，误拂御衣，惧甚。先帝曰：左右无御史，我不汝罪。"帝曰："此史臣应载。"处俊乃表左史李仁实，欲删整伪辞。会仁实死而止。许敬宗固多曲笔，见下。然高宗与处俊，但凭闻见，而欲改史，可乎？此何异于大和之所为哉？《旧书·徐坚传》：则天令坚删改唐史，会逊位而止。此事若成，唐史之面目，将全非今日矣。此所谓出乎尔者反乎尔者邪？

史官当独立不倚，著事之真相，以明是非，使人知所惩劝，此中国自古相沿之见解也。此在古代，社会情况较简，或可致之。如崔杼弑君，事甚明白，真相之能著与否，祗系乎史官之敢书与否；董狐以亡不越境，反不讨贼，断定灵公见弑，赵盾知情，亦无可抵谰也。后世社会情况，日益繁复，则事之真相，有不易见者。真相且不可见，皇论是非？且即谓真相可见，而是非之纷然淆乱者，亦非必故为曲说也。人心之不同如其面，甲以为是者，乙固诚以为非，至丙丁，则又有其不同之见解焉。史官亦人也，岂能独立于各派之外，诚本良心以著之，亦一派之见耳。然则欲恃史笔以见事状之真，而明是非所在，云胡可得？且如《旧唐书》，著当时之议论即甚多，岂能皆视为大公之见邪？然恃史籍以求事状之真而知是非所在，虽不可得，而史家之能以此自励者，其人固自可矜。《新书·吴兢传》：言兢初与刘子玄撰定《武后实录》，叙张昌宗诱张说诬证魏元忠事，颇言说已然可，赖宋璟等邀励苦切，故转祸为忠，不然，皇嗣且殆。后说为相，读之，心不善。知兢所为，即从容谬谓曰："刘生书魏齐公事，不少假借，奈何？"兢曰："子玄已亡，不可受诬地下。兢实书之，其草故在。"闻者叹其直。说屡以情蕲改。辞曰："徇公之请，何名实录？"卒不改。世谓今董狐云。此诚无愧董狐矣。《武士彟传》载史臣之论曰："士彟首参起义，列封功臣。无戡难之劳，有因人之节。载窥他传，过为褒辞。虑当武后之朝，佞出敬宗之笔。凡涉虚美，略而不书。"《刘仁轨传》载韦述之论曰："世称刘乐城仁轨封乐城县男，后进为公。与戴至德皆兄子，为胄后，两《书》皆附《胄传》。同为端揆，刘则甘言接人，以收物誉，戴则正色拒下，推美于君。故乐城之善，于今未弭，而戴氏之勋，无所闻焉。"亦不苟为褒贬者也。然茫茫天壤，直道云胡可行？《旧书·令狐峘》等《传论》曰："前代以史为学者，率不偶于时，多罹放逐，其故何哉？诚以褒贬是非在于手，贤愚轻重系乎言。君子道微，俗多忌讳，一言切己，疾之为雠。所以峘、荐张荐。坎壈于仕涂，沈、传师。柳芳。不登于显贯。后之载笔执简者，可以为之痛心。道在必伸，物不终否。子孙借其余佑，多至公卿者，盖有天道存焉?"陷于人而期偿于冥冥不可知之报，亦可哀矣。抑自史公作《伯夷列传》，已言其不可期矣，其谁肯以虚名易实祸? 故此等风裁，卒之日替，而曲笔日闻焉。许敬宗则其巨擘也，《旧书·敬宗传》：敬宗自掌知国史，记事阿曲。初虞世基与敬宗父善心，同为宇文化及所害。封德彝时为内史舍人，备见其事。因谓人曰："世基被诛，世南匍匐而请代，善心之死，敬宗舞蹈以求生。"人以为口实。敬宗深衔之。及为德彝立传，盛加其罪恶。敬宗嫁女与左监门卫大将军钱九陇，本皇家隶人，敬宗贪财与婚，乃为九陇曲叙门阀，妄加功绩，并升与刘文静、长孙顺德同卷。敬宗为子娶尉迟宝琳孙女为妻，多得赂遗。及作宝琳父《敬德传》，悉为隐诸过咎。太宗作《威凤赋》以赐长孙无忌，敬宗改云《赐敬德》。白州人庞孝泰，蛮酋凡品。率兵从征高丽，高丽知其懦，袭破之。敬宗又纳其宝货，称孝泰频破高丽，斩获数万。汉将骁健者，惟苏定方与庞孝泰耳。曹继、刘伯英，皆出其下。虚美隐恶如此。初高祖、太宗两朝《实录》，其敬播所修者，颇多详直，敬宗又辄以己爱憎，曲事删改，论者尤之。《魏徵传》言：徵自录前后谏诤言辞往复，以示史官起居郎褚遂良，太宗知之，愈不悦。太宗于徵之不终，固小人行迳不足论。然徵之好名，亦有以激之也。《新书·姚崇传赞》曰："崇以十事要说天子而后辅政，顾不伟哉? 而旧史不传。观开元初皆已施行，信不诬已。"史之不书，岂不欲归美于君，而抹杀其臣下之功绩哉?《旧书·岑文本传》：兄孙羲，睿宗即位，同门下三品，监修国史。初中宗时，侍御史冉祖雍诬奏睿宗及太平公主与节愍太子连谋，请加推究。羲与中书侍郎萧至忠密申保护。及羲监修《中宗实录》，自书其事。睿宗览而大加叹赏，赐物三百段，良马一疋，仍下制书褒美之。自书功绩以希赏，其可鄙，又甚于书示史官以徵名者已。贾纬在五代时，不为无学，其于修唐史，亦不为无功。见下。而汉隐帝时，诏与王伸、窦俨等同修晋高祖、出帝、汉高祖实录。初桑维翰为相，常恶纬为人，待之甚薄。纬为《维翰传》，言维翰死有银八千铤。翰林学士徐台符以为不可，数以非纬。纬不得已，更为数千铤。广顺元年（951），《实录》成。纬求迁官，不得。由是怨望。是时宰相王峻监修国史。纬书日历，多言当时大臣过失。峻见之，怒曰："贾给事子弟仕宦，亦要门阀，奈何历诋当朝之士，使其子孙何以仕进?"言之高祖，贬平卢军司马。纬之快心恩怨，峻之徒计党援，皆足使闻者齿冷矣。公家之史如此，私家之作，亦复难信。观李翱论当时行状之语可知。以司马光修《通鉴》，宋祁修《新唐书·列传》用力之勤，卒不能尽破李繁家传之诬，而皆颇采其说。裴甫之祸，不烈于袁晁，而《通鉴》咸通元年（860）书王式平甫事，十百于张伯仪之平晁。胡《注》谓由唐中叶后，家有私史，《通鉴》用其文而叙之，而弗觉其烦。其明年，《鉴》载懿宗欲杀宣宗大渐时宰相，不与名于请监国之奏者，为杜悰所沮而止。《注》亦亿其据悰家传，故辞旨抑扬，有过其实。身之谓《考异》三十卷，辩订唐事者居大半，又以唐事属范祖禹，而犹如此，可见修史之难。抑不仅此，即文书亦有伪造者。僖宗广明元年（880），左拾遗侯昌业上疏极谏，召至内侍省赐死，其疏留中不出，而后有传其辞者，释氏之语，连篇累牍，至欲于内殿立揭谛道场，《北梦琐言》以为庸僧伪作。见《通鉴考异》。合此及第十六章第一节，论朱敬则谏武后之语观之，而知会昌重修《实录》之不载密疏，意虽非出至公，亦有其借口之资矣。欲求可信之史料，不亦难乎？

以直道之不行，而史官操褒贬之权，有权力者又不能释然也，于是乎有关防。太宗之移史馆于禁中是矣。刘子玄奏记萧至忠曰："近代史局，皆通籍禁门。幽居九重，欲人不见，寻其义者，由杜彼颜面，防诸请谒故也。然今馆中作者，多士如林，皆愿长喙，无闻齚舌。傥有五始初成，一字加贬，言未绝口，而朝野具知，笔未栖毫，而缙绅咸诵。孙盛实录，取嫉权门；王韶直书，见雠贵族；人之情也，能无畏乎？"则何益矣。然唐世虽有关防，于史官究尚能信任。故其人率多久于其职，如刘子玄领国史且三十年，官虽徙，职常如旧。韦述居史职二十年。吴兢居史职殆三十年。蒋居史任二十年。五子，系、伸、偕皆为史馆修撰。柳芳自永宁时直史馆，转拾遗、补阙员外郎，皆居史任。沈传师，父既济，建中初召拜左拾遗。史馆修撰。传师为太子校书郎。鄠县尉，直史馆。转左拾遗，左补阙，并兼史职。亦有居馆外撰述者。吴兢以母丧去官，开元三年（715），服阕，抗疏乞终余功，乃拜谏议大夫，依前修史。据《李元纮传》，兢此时系就集贤院修纂。开元七年（719），张说检校并州大都督府长史，赍本随军修撰。及致仕，仍令其在家修史。李元纮奏："太宗别置史馆，在于禁中，所以重其职而秘其事也。"乃诏说及兢并就史馆修撰。然十七年（729）兢出为荆州司马，制仍许以史稿自随。令狐峘坐李泌贬外，监修国史奏峘所撰实录一分，请于贬所毕功。峘卒，其子丕始献之。沈传师在史馆，预修《宪宗实录》。未成，兼察湖南。特诏赍一分史稿，成于理所。以上见《旧书》本传及《本纪》元和三年（808）、长庆三年（823）。《新书·沈传师传》：传师之出，监修杜元颖建言："张说、令狐峘，在外论次国书。今稿史残课，请付传师即官下成之。"诏可。盖虽有李元纮之奏，而在外修史，竟沿为故事矣。盖娴史学者少；而史事端绪纷繁，接替非易，难数易人；又学问之家，率多能自矜重；故虽有关防，终成虚设也。

今日所谓正史，成于唐世者有五：《梁》《陈》《周》《齐》《隋书》是也。梁、陈、周、齐，旧有之史，已见《两晋南北朝史》第二十三章第五节。隋世，王劭撰《隋书》，不为识者所与。《隋书·劭传》：劭在著作将二十年，专典国史。撰《隋书》八十卷，多录口敕，又采怪迂不经之语及委巷之言，以类相从，为其题目。辞义繁杂，无足称者。遂使隋代文武名臣列将善恶之迹，埋没无闻。劭本怪迂阿谀之士，著书不轨，初不足责，然专典国史，而使史迹失传，则其罪大矣。《传》又云：初撰《齐志》，为编年体，二十卷。复为《齐书纪传》一百卷，及《平贼记》三卷。或文辞鄙野，或不轨不物，骇人视听，大为有识所嗤鄙。仍是怪迂阿谀之技而已。唐时，郎徐令、王绩为之，皆未成。郎徐令，《旧书》在《儒学传》，云：撰《隋书》未成。王绩在《隐逸传》，云：撰《隋书》，未就而卒。《新书·绩传》云：初兄凝为隋著作郎，撰《隋书》，未成死。绩续余功。亦不能成。吕才著《隋记》二十卷，行于时。《旧书》本传。敬播著《隋略》二十卷，《旧书》

本传。张太素撰《隋书》三十卷。太素，公谨子，《旧书》附《公谨传》。盖亦未为该备。柳誊撰《晋王北伐记》，《隋书》本传。崔赜奉诏作《东征记》。赜，廓子，《隋书》附《廓传》。裴矩撰《开业平陈记》。邓世隆采隋代旧事，撰为《东都记》。刘仁轨身经隋末之乱，辑其见闻，著《行年记》。皆见《旧书》本传。则或记一时一事，或就见闻所及，亦杂史之流耳。唐修五代之史，议发于令狐德棻。高祖然之。下诏命萧瑀、王敬业、殷闻礼修魏史，陈叔达、令狐德棻、庾俭修周史，封德彝、颜师古修隋史，崔善为、孔绍安、萧德言修梁史，绍安，《旧书》见《文苑传》，云撰梁史，未成而卒。又《殷峤传》：从祖弟闻礼，武德中，为太子中舍人，修梁史，未就而卒。不知梁史为魏史之误，抑闻礼初修魏史，后改修梁史也。裴矩、祖孝孙、魏徵修齐史，窦琏、欧阳询、姚思廉修陈史。历数年，不能就而罢。贞观三年（629），太宗复敕修撰。乃令德棻与岑文本同修周史。《旧书·文本传》云：与令狐德棻撰周史。其史论多出于文本。李百药修齐史，姚思廉修梁、陈史，《旧书·思廉传》：父察，初在陈，尝修梁陈二史，未就。临终令思廉续成其志。隋高祖时，思廉上表陈父遗言。有诏许其续成梁陈史。贞观三年（629），又受诏与魏徵同撰梁陈二史。思廉采谢炅等诸家梁史，续成父志。并推究陈事，删益博综顾野王所修旧史。撰成《梁书》五十卷，《陈书》三十卷。魏徵虽裁其总论，其编次、笔削，皆思廉之功也。魏徵修隋史，与房玄龄总监诸代史。《旧书·令狐德棻传》。《新书》但云玄龄总监。据《旧书·本纪》：贞观十年（636）上《五代史》，实徵、玄龄并列，则《旧传》是也。《旧书·徵传》云：孔颖达、许敬宗撰《隋史》，徵受诏总加撰定，多所损益，务存简征。《隋史序论》，皆徵所作，梁、陈、齐各为总论。时称良史。《颖达传》云：与魏徵撰成《隋史》。《敬宗传》云：贞观已来，朝廷所修五代史等，皆总知其事。又《儒学·敬播传》云：贞观初，举进士。俄有诏诣秘书内省，佐颜师古、孔颖达修隋史。众议以魏史既有魏收、魏彦二家，已为详备，遂不复修。《旧书·孝友·赵弘智传》云：武德初，预修六代史。德棻又奏引崔仁师佐修周史。《仁师传》云：预修梁、魏等史。德棻仍总知类会。以上据《旧书·德棻传》。十年正月上之。而志尚未成。至高宗显庆元年五月，长孙无忌乃上之。皆见《旧书·本纪》。李延寿、敬播、李淳风，皆与于修志者也。《旧书·延寿传》云：尝受诏与敬播同修《五代史志》。《淳风传》云：预撰《晋书》及《五代史》，其天文、律历、五行志，皆淳风所作也。又《方技·孙思邈传》云：魏徵等受诏修五代史，恐有遗漏，屡访之。思邈口以传授，有如目观。此盖以其年高，偶或询访及之耳。思邈非娴史之士，于修史，必不能大有裨赞也。延寿又删补宋、齐、梁、陈、魏、齐、周、隋八代史，谓之南北史。《旧书》本传。唐修五代史，意本不主断代，说见《两晋南北朝史》第二十三章第五节。延寿此书，有删有补，而将八代合编，盖一以补官书之阙而删其繁，一亦以正其分立之失而求通贯。其后吴兢以五代史繁杂，别撰梁、齐、周史各十卷，陈史五卷，隋史二十卷，《旧书》本传。则意专主于要删。观其卷帙，似失之少。故《旧书》著时人之论，谓其"又伤疏略"。然兢此书或本史钞之流，非重作，不得以此议之也。张太素尝撰《后魏书》百卷。其《天文志》未成，其从孙僧一行续成之，亦未能夺魏收之席。元行冲以本族出于后魏，而未有编年之史，撰《魏典》三十卷。卢粲祖彦卿，撰《后魏纪》二十卷。蔡允恭撰《后梁春秋》十卷，皆见《旧书》本传。一行在《方技》，粲在《儒学》，允恭在《文苑》。亦皆与官修正史相出入者也。

《晋书》前代虽有多家，太宗仍命重修。事在贞观十八年（644）。《旧书·房玄龄传》云：与褚遂良受诏重撰《晋书》。于是奏取许敬宗、来济、陆元仕、刘子翼、祎之父，见《祎之传》。令狐德棻、李义府、薛元超、收子，附《收传》。上官仪等八人分功撰录。以臧荣绪《晋书》为主，参考诸家，甚为详洽。然史官多是文咏之士，好采诡谬碎事，以广异闻；又所评论，竞为绮艳，不求笃实；由是颇为学者所讥。惟李淳风深明星历，善于著述，所撰《天文》《律历》《五行》三志，最可观采。太宗自著宣、武二帝及陆机、王羲之四论，于是总题云御撰。至二十年书成。凡一百三十卷。《令狐德棻传》云：有诏改撰《晋书》，房玄龄奏德棻令预修撰。当时重修一十八人，并推德棻为首，其体制多取决焉。与于纂修可考者，又有李延寿、崔行功及李百药子安期，皆见《旧书》本传。

唐史之纂修，事成于石晋之世。国史本原，实惟起居注，然其卷帙太繁，亦且逐日记录，太无铨次，故必编成实录而后可用，《旧书·温大雅传》：撰《创业起居注》三卷。此乃事后诠次，而以起居注为名，非随时记注者比，故其卷帙不繁。而其尤为切近者，则已撰成之国史也。唐世实录，本颇完备。中经安禄山之乱，几于荡焉无存。末叶军人，迭起肆虐，不惟亡佚之多，或且本未撰次。详见《廿二史札记》唐实录国史凡两次散失条。《十七史商榷》云：晁公武《郡斋读书志》载唐诸帝实录至敬宗止。赵希弁《读书后志》所载，则唐人所撰至武宗止，其宣、懿、僖、昭、哀五朝通一百二十八卷，皆宋敏求所补。陈振孙《书录解题》亦云：五录系敏求追述为书。国史之作，始于令狐德棻。《旧书·长孙无忌传》：显庆元年（656），与史官令狐德棻缀集武德、贞观二朝史为八十卷，上之。《顾胤传》：以撰武德、贞观两朝国史八十卷成，加朝请大夫，封余杭县男，赐帛五百段。后来用力最勤者为吴兢，冒死存护之者为韦述。述死，柳芳续之，至乾元为止，皆纪传体。尔后则惟有芳所撰《唐历》，为编年体，而宣宗命崔龟从等续之，亦止于元和而已。《旧书·刘子玄传》云：知几自负史才，常慨时无知己，乃委国史于吴兢。《兢传》云：魏元忠、朱敬则居相辅，荐兢有史才，因令直史馆，修国史。以丁忧还乡里。开元三年（715），服阕，抗疏言修史已成数十卷，乞终余功。乃拜谏议大夫，依前修史。居职殆三十年。叙事简要，人用称之。末年伤于太简。十七年（729），出为荆州司马。制许以史稿自随。中书令萧嵩监修国史，奏取兢所撰国史，得六十五卷。累迁台、洪、饶、蕲四州刺史，又迁相州。入为恒王傅。虽衰耗，犹希史职。而行步伛偻。李林甫以其年老不用。天宝八年（749），卒于家。时年八十余。兢卒后，其子进兢所撰《唐史》八十余卷。事多纰缪，不逮于壮年。《韦述传》云：国史自令狐德棻至于吴兢，虽累修撰，竟未成一家之言。至述，始定类例，补遗续阙，勒成《国史》一百一十二卷，并《史例》一卷。事简而记详雅，有良史之才。兰陵萧颖士，以为谯周、陈寿之流。及禄山之乱，两京陷贼，玄宗幸蜀，述抱国史，藏于南山。经籍资产，焚剽殆尽。述亦陷于贼庭，授伪官。至德二年（757），收两京，三司议罪，流于渝州，为刺史薛舒困辱，不食而卒。其甥萧直，为太尉李光弼判官。广德二年（764），因入奏言事称旨，乃上疏理述，于苍黄之际，能存国史。乃赠右散骑常侍。《于休烈传》云：肃宗自凤翔还京。时中原荡覆，典章殆尽，无史籍检寻。休烈奏曰：《国史》一百六卷，《开元实录》四十七卷，《起居注》并余书三千六百八十二卷，并在兴庆宫史馆。京城陷贼后，皆被焚烧。伏望下御史台，推勘史馆所由，令府县招访，有人别收得国史、实录，如送官司，重加购赏。若是史官收得，仍赦其罪。得一部超授官资，得一卷赏绢十四。数月之内，惟得一两卷。前修史官工部侍郎韦述陷贼入东京，至是，以其家藏国史一百一十三卷送于官。《柳登传》云：父芳，肃宗朝史官。与同职韦述受诏添修吴兢所撰国史。杀青未竟而述亡。芳绪述凡例，勒成《国史》一百三十卷。上自高祖，下至乾元。而叙天宝后事，绝无伦类。取舍非工，不为史氏所称。然芳勤于记注，含豪罔倦。属安、史乱离，国史散落，编缀所闻，率多阙漏。上元中，坐事徙黔中。遇内官高力士亦贬巫州，遇诸途。芳以所疑禁中事咨于力士。力士说开元、天宝时事，芳随口志之。以国史已成，经于奏御，不可复改，乃别撰《唐历》四十卷，以力士所传，载于年历之下。《宣宗纪》：大中五年七月，宰相监修国史崔龟从续柳芳《唐历》二十二卷上之。龟从传作三十卷。《新书·蒋乂传》：子偕。初柳芳作《唐历》，大历以后，阙而不录。宣宗诏崔龟从、韦澳、李荀、张彦远及偕等分年撰次，尽元和以续之。此唐国史撰述之始末也。《旧书》所载平论之辞，多非允当。且如吴兢所撰，忽称其简要，忽以为太简，究竟其所谓繁简者，以何为准则乎？兢至老犹希史职，神明必未甚衰，何至所作遂多纰缪？韦述所为，盖续萧嵩所取兢所撰之六十五卷？所增不及半，而《传》又载萧颖士之言，誉为谯周之流，然则颖士所称者，别述所为于兢而后称之欤？若其不然，何又于兢之作横加抨击也？《新书·述传》云：初令狐德棻、吴兢等撰武德以来国史，皆不能成。述因二家，参以后事，遂分纪传。又为例一篇。萧嵩欲早就，复奏起居舍人贾登、著作郎李锐助述绁绩。速成，文约事详。萧颖士以为谯周、陈寿之流。此说亦不甚审。纪传决无至述始分之理。若纪传至述始分，试问德棻与兢，循何体撰述？然谓助述者更有其人，则语必不诬。然则颖士所誉，初非述一人所为，《旧传》之言，不免偏党矣。德棻有作，但武德、贞观两朝，即已八十卷，而兢所为，至死后其子献之者，亦不过八十余卷，则其于旧史，刊落甚多，简要之称，良为无愧。《述传》所谓"事简而记详雅"者，其誉，恐正当由兢尸之也。柳芳编缀，既属《国史》散落，惟以阙漏为虞，何暇更言取舍？而訾其非工，亦同此失。《旧书》好采时人论议，所取者非一家，而不别白言之；非任其矛盾，则强作调停，其说多不足听也。要之唐代国史，撰述之功，吴兢为大，维护之续，韦述实多，则平心之论矣。《旧书·于休烈传》：《国史》一百六卷，《开元实录》四十七卷，《起居注》及余书三千六百八十二卷，辞甚明白。《新书》改为《国史》《开元实录》《起居注》及余书三千八百余篇，便觉含胡。犹可说也，又将以其家藏国史一百一十三卷送于官句，改为百三十篇，则并述死后柳芳所续者，亦并入其中，可谓疏矣。五代时，尝屡下诏购求唐史料，然所得无多。梁末帝龙德元年（921），史馆请征集家传。有记得会昌已后公私奏行公事章疏者，并许编录送纳。唐明宗天成元年九月，以蜀王衍旧僚庚传美充三州搜访图籍使。

以其言成都具有本朝实录故也。然及其回，才得九朝实录而已。长兴二年四月，禁人毁废所在碑碣。恐名贤遗行失所考也。五月，都官郎中知制诰崔梲请搜访宣宗已来野史，以备编修，从之。皆见薛《史·本纪》。主张纂修唐史者为贾纬。晋高祖命与张昭远、赵熙、郑受益、李为光同修，而以宰臣赵莹为监修。事在天福六年二月。纬旋丁忧去。莹又奏请吕琦、尹拙同修。至开运二年六月而成。见薛《史·本纪》及《贾纬传》。纬于诏修之月，即上所撰《唐年补遗录》六十五卷，足见其研求之有素。其书多用国史、实录元文，未免草率。《廿二史札记》有一条论之。其中《唐绍传》"今上讲武骊山"一条，今上系指玄宗，尤为铁证。然今上字未及改者，《徐有功传》实尚有一条。又卢杞裴延龄等《传赞》："史臣曰：臣读陆丞相《论延龄疏》。"田承嗣等《传赞》曰："臣观开元之政。"亦显见其为唐国史元文也。然能成此于戎马倥偬之际，已不易矣。中国历代，重视史官，虽当颠沛之中，其职不废；居其职者，亦多能不废其事；士之有志于斯者，亦因之得所凭借；其于保存史迹之功，实不可没也。五代各朝，亦俱有实录。见《廿二史札记》薛《史》全采各朝实录条。故一入宋世，薛居正等即能因之以成书焉。

　　前代修史，率成于一人之手；虽或由政府之命，亦必其人夙尝有志于此，从事于此，政府乃从而命之，实不过助之而已。唐世则设馆纂修，事资众力。既为众力所成，则无复一家之法。其修当代之史，则取禀监修。虽馆员或有隽才，亦格不得行其志。此其大异于前世者也。论者多祖独修而非众纂，此亦陈旧之见。史料随世而愈多，一人之力，遍览且有所不及，况于撰述？且史事门类甚广，亦非一人所能兼通；则独修势不能行。《新晋书》虽遭訾议，而其志，则论者称其度越前古，此实众纂优于独修之一端。若言别识心裁，论史者亦宜根据科学，奋其私智以言去取，苟非其人，流弊滋大，即有独至之识，亦易陷于一偏，尚不如安于比次者之寡过也。监修之弊，刘子玄言之最切。其上萧至忠书，云其有五不可。其二三两条已见前。第一条云："记一事，载一言，阁笔相视，含毫不断，头白可期，汗青无日。"此史官不尽职之咎。第四条云："史官注记，取禀监修。"而"杨令公云必须直辞，宋尚书云宜多隐恶"。第五条病监修者不能明立科条，审定区域。此监修不尽职之咎。皆非众纂必不可免之弊也。《新书·玄宗纪》：开元五年十月，"命史官月奏所行事"。盖亦惩其尸位素餐，玩时愒日？

　　隋、唐之世，治史学者，可分数派。一派专重名物训诂，于是乎有传授。隋世之萧该、包恺、张冲、刘臻，唐初之秦景通兄弟，尚皆前世之遗，已见《两晋南北朝史》第二十三章第五节。入隋、唐后，此风未坠。《隋书·文学传》：潘徽，"受书于张冲"，又言其"精三史"，亦未必不从冲问学也。入唐而其业大显者为颜师古。"承乾在东官，命师古注《汉书》"，史称其"解释详明，深为学者所重"，又称其"叔父游秦，撰《汉书决疑》十二卷，为学者所称，师古注《汉书》，多取其义"。然游秦之学，亦当有所受之也。姚思廉少受汉史于其父察。察曾孙班，"以察所撰《汉书训纂》，多为后之注《汉书》者，隐没名氏，将为已说，乃撰《汉书绍训》四十卷，以发明旧义"。《旧书》班附其兄《璹传》。时又有顾胤，"撰《汉书古今集》二十卷，行于代"。房玄龄"以颜师古所注《汉书》，文繁难省"，又令敬播"最其机要，撰成四十卷"。又有刘讷言，以《汉书》授沛王贤。及贤为皇太子，招集当时学者张大安、公谨子，附《公谨传》。格希玄、见其弟《辅玄传》。许叔牙、成玄一、史藏诸、周宝宁等注范晔《后汉书》，讷言亦与焉。见《旧书》之《高宗诸子》及《儒学传》。书成于仪凤元年（676），见纪。稍后有殷践猷，史称其"明《班史》"。《旧书》附《韦述传》。郝处俊，史称其"嗜《汉书》，崖略暗诵"。《新书》本传。而末叶柳璨，史亦言其"尤精汉史"焉。治《史记》者有褚无量、《新书·儒学传》言其"尤精《礼》、司马《史记》"。高子贡，《旧书》本传云："遍涉六经，尤精《史记》"。而裴延龄"缀缉裴骃所注之阙遗，自号小裴"。王方庆就任希古受《史记》《汉书》，已见第一节。又有赵弘智，史言其"学通《三礼》《史记》《汉书》"。刘伯庄"撰《史记地名》《汉书音义》各二十卷，行于代。子之宏，亦传父业"，则兼治《史》《汉》者也。此派犹治经者之守章句。其又一派，则不拘拘于此，而欲商榷史例，进退古人。其著名者莫如刘子玄。子玄作《史通》，至今为学者所称道，然此特其著书而有传于后者耳，抱此等见解者，当时实不乏人。"徐坚深重子玄之书，尝云居史职者宜置坐右"，即其一证。韦述修国史，作例一卷，已见前。沈既济"以吴兢撰国史，以则天事立本纪，奏仪非之"。《旧书》其子《传师传》。子玄子㻏修国史，亦"著《史例》三卷"。柳璨"以《史通》讥驳经史过当，纪其失，别为十卷，号《柳氏释史》"。《旧书》本传。此书《新志·总集类》著录，《注》云："一作《史通析疑》。"吴武陵撰《十三代史驳议》二十卷。《旧书》附其兄子《汝讷传》。皆此一派之学也。此派中人，多有识力，然所言未必皆是。即如《史通》之《疑古》《惑经》两篇，最为今人所称诵。然其说实未通经学。不通经学，此题本不合妄谈。即专就史学立论，疑《尚书》而信《汲冢琐语》，宁非下乔入幽乎？讥《公羊》谓赵盾食鱼飧之非，则不知古贱者以鱼为常食，是不考史事也。谓《史记》"归乎田成子"之言，不合于生时称谥，则不知古书所载歌谣，多非当时元句，不过约举其意而已。如《南风歌》即如此。不然，谁不知为汉人之辞耶？是未达古人文例也。创新论者每多如是，是不能以经生之见绳之，然要不可不借章句学之谨严，为之弥缝其阙。凡学皆相辅相成，知异己者之所长，不执成见，拘曲说，而党同伐异，则真通人之见也。又一派专明典制。凡学皆始于应用，故读史者初必求娴故事。《旧书·赵仁本传》：贞观中，转殿中侍御史。自义宁已来诏敕，皆手自纂录，临事皆暗记之，甚为当时所伏。《蒋乂传》：弱冠博通群籍，而史才尤长。时集贤学士甚众。会诏问神策军建置之由，相府讨求，不知所出，诸学士悉不能对，乃访于乂。征引根原，事甚详悉。宰臣高郢、郑珣瑜相对曰："集贤有人矣。"翼日，诏兼判集贤院事。此等最为流俗所称道，实不过掌故之职，然达者为之，则能纵览古今，而扬榷其得失矣。《蒋乂传》言其"尤精历代沿革"是也。此等著述，专于一朝者，则有如李延寿之《太宗政典》。苏冕之《唐会要》，而宣宗命崔铉等续之。见《旧纪》大中七年（853）。铉元略子，《旧书》附《元略传》。其穿贯历代者，则杜佑之《通典》最著。《旧书·佑传》云：初开元末，刘秩采经、史、百家之言，取《周礼》六官所职，撰分门书三十五卷，号曰《政典》。大为时贤称赏。房琯以为才过刘更生。佑得其书，寻味厥旨，以为条目未尽。因而广之。加以开元礼乐书，成二百卷。号曰《通典》。贞元十七年（801），自淮南使人诣阙献之。其书大传于时。礼乐刑政之原，千载如指诸掌。大为士君子所称。案《新书·韦述传》言：玄宗诏修《六典》，徐坚构意岁余，叹曰："吾更修七书，而《六典》历年未有所适。"及萧嵩引述撰定，述始摹《周官》领其属，事归于职，规制遂定。其见解实与刘秩相类。《旧书·元稹传》：著古今刑政书三百卷。号《类集》。《宣宗纪》：大中五年十一月，太子参事姚康献《帝王政纂》十卷。又撰《统史》三百卷。上自开辟，下尽隋朝。帝王美政，诏令制置，铜盐钱谷损益，用兵利害，下至僧道是非，无不备载，编年为之。其书亦皆与《通典》同科。足见致力于斯者，亦一时风气使然也。又一派则欲续《春秋》，讲褒贬。此派在唐未盛，入宋乃昌。欧阳修作《五代史》，讲书法，朱子作《纲目》皆是也。《旧书·裴光庭传》：光庭引李融、张琪、司马利宾等，令直弘文馆，撰《续春秋传》。《新书》作《续春秋经传》。上表请以经为御撰，而光庭等依《左氏》之体，为之作传。玄宗"手书褒赏之"。《新书》云：书久不就。《王彦威传》：彦威纂集国初至贞元功臣，如《左氏传》体叙事，号曰《唐典》，进之。事在开成二年（837），书凡七十卷，见《本纪》。皆此派之开端也。而萧颖士乃借以行其曲说。《新书·颖士传》曰：尝谓仲尼作《春秋》，为百王不易法，而司马迁作本纪、书、表、世家、列传，叙事依违，失褒贬体，不足以训。乃起汉元年，讫隋义宁，编年，依《春秋》义类，为传百篇。在魏，书高贵崩曰司马昭弑帝于南阙。在梁，书陈受禅曰陈霸先反。又自以梁枝孙，而宣帝逆取顺守，故武帝得血食三纪。昔曲沃篡晋而文公为五伯，仲尼弗贬也，乃黜陈闰隋，以唐土德承梁火德。皆自断，诸儒不与论也。有太原王绪者，僧辩裔孙。撰《永宁公辅梁书》，黜梁不帝。颖士佐之，亦著《梁萧世谱》，及作《梁不禅陈论》，以发绪义例，使光明云。《困学纪闻》云：萧颖士与韦述书，欲依鲁史编年，著《历代通典》。起汉元十月，终义宁二年，约而删之，勒成百卷。于《左氏》取其文，《榖梁》师其简，《公羊》得其核。综三传之能事，标一字以举凡。然其书今无传焉。略见于本传，而不著《通典》之名。案颖士所为，纯出私见。所谓《春秋》义类，特借六艺以文奸言耳。夷夏之防，即今民族独立之义，实《春秋》之所重，故孔子有微管之褒。当梁诸王相残，引敌自助，王僧辩又徒恤其私，甘弃前功而作降房，使无陈武帝，吾其被发左衽矣。然则武帝诚有大功，合君华夏，而颖士乃以私意妄贬之，自比于逆乱，设淫辞而助之攻，宁非《春秋》所欲诛之乱臣贼子邪？然亦此时自有此风气，颖士乃得借以行其曲说也。史事之是非、利害，隐曲难明，言褒贬者，实已无当于史学，前已明之。故此派虽入宋转盛，卒不为治史者所重也。

第五节　文学美术

吾尝言有唐中叶，为风气转变之会，今观于其文学而益信也。言以达意，文以代言，论其用本至此而止，然爱美为人性所同，达意之外，又必加之以修饰，久之遂稍离其真矣。骈文之句调，与口语相去日远，且以浮辞害意，由此也。丁斯时也，必求所以达意而应事者，于是有笔与文并行。笔于俗字俗语，皆非所禁，似可周于用矣，然其语调之啴缓，造句之整齐，仍与文无异，则仍不足以达意而无憾，必更求所以济之者。更求所以济之，似莫如竟用口语，则语体文当兴于此时，乃转以所谓古文者承之，何也？曰：是无足异也。中国疆域广大，方言错杂，各率其口之所道者而书之，势必至于不相通晓。故语言演进之时，必求尔雅。雅者正也，谓于各种语言之中，择其一以为正而求近之耳。错杂之语言，何者可以为正？此则视乎事势之自然，如都会为四方所走集，则其语自成为走集之地通行之语。而非可以人力强定。语言如此，文字亦然。孰最为人所易晓？自莫如众所共读之书，于是所谓古文者兴矣。古文之兴，非以其古，实以其为众所共喻，而其为众所共喻，则实以诵读之者之多。如《庄子》与《孟子》，在其著诸竹帛之时，必同用当时通行之语，然在今日，《孟子》什九为人人所能解，《庄子》则虽费尽笺注家之力，仍有其不易明之处，即其显证。然则古文即纸上之通行语也。难者必曰：径用口语，岂不更便？殊不知口语在口中虽通行，在纸上实多写不出者。强取同音之字写之，不徒异方之人不能知，即当地人亦多读之而不能解也。今日之语体文，实无一地方之语言，与之密合者，亦逐渐发展而成之纸上语，非真口语也。然则所谓古文者，原欲取众所共喻之语，以达己意，非如小儿学语然，但搬弄他人之言语，而与己意无涉也。然如苏绰之作《大诰》，则所走者正是此路，宜其仍不能通，而必有待于新派之兴。此新派者，必取众所共喻之称名，众所同用之文法，以达己意而后可。则必至唐中叶之韩愈辈，而后足以当之矣。故愈之自道曰："惟古于辞必己出。"《旧书·愈传》曰：愈所为文，务反近体，抒意立言，自成一家新语。《新书·文艺传》，亦谓李观属文不袭前人，时谓与韩愈相上下也。

《新书·文艺传序》曰：唐有天下三百年，文章无虑三变。高祖、太宗，大难始夷，沿江左余风，绮句绘章，揣合低卬，故王、杨为之伯。谓王勃杨炯。《勃传》曰：与杨炯、卢照邻、骆宾王皆以文章齐名。天下称王、杨、卢、骆为四杰。玄宗好经术，群臣稍厌雕琢，索理致，崇雅黜浮，气益雄浑，则燕、许擅其宗。张说封燕国公，苏颋封许国公。是时唐兴已百年，诸儒争自名家。大历、贞元间，美才辈出。擩哜道真，涵泳圣涯。于是韩愈唱之，柳宗元、李翱、皇甫湜等和之。排逐百家，法度森严。抵轹晋、魏，上轧汉、周、唐之文，完然为一王法，此其极也。赵瓯北《廿二史札记》曰：宋景文谓唐之古文，由韩愈倡始，其实不然。《旧书·愈传》：大历、贞元间，文字多尚古学，效扬雄、董仲舒之述作。独孤及、梁肃，最称渊奥。愈从其徒游。锐意钻仰，欲自振于一代。举进士，投文公卿间，故相郑馀庆为之延誉，由是知名。是愈之先，早有以古文名家者。今独孤及文集，尚行于世，已变骈体为散文。其胜处有先秦、西汉之遗风，但未自开生面耳。又如《陆宣公奏议》，虽亦不脱骈偶之习，而指切事情，纤微毕到，其气又浑灏流转，行乎其所不得不行，岂可以骈偶少之？此皆在愈之前，固已有早开风气者矣。此说殊非是。独孤及之文，乃后人所谓涩体。虽异时趋，仍难达意。致弊之原，实由过求形似，与苏绰等同病。赵氏于未能别开生面一语，视之甚轻，而不知其未能大成，实由于此。至谓愈之前早有开风气者，则凡事皆然。所谓某为大家，某为大转变之时，原不过举其最著名之人，及其最昌盛之时言之。焉得无为之先驱者邪？矫时弊与自有所成，自系两事。《旧书·文苑传》曰：富嘉谟与吴少微友善。先是文士撰碑颂，皆以徐、庾为宗，气调渐劣。嘉谟与少微，属辞皆以经典为本。时人钦慕之，文体一变，称为富吴体。此亦排斥浮艳者，可谓能为古文邪？以陆贽之奏议，与韩愈之文相提并论，尤为拟不于伦。贽之文，乃前此之笔之变。《新书·毕构传》曰：神龙初，迁中书舍人。敬晖等表诸武不宜为王。构当读表，抗声析句，左右皆晓知。三思疾之，出为润州刺史。当时表章，皆须诵读。诵读之文，以句不甚长，又颇齐整为便，此亦骈文兴起之一因。骈文多四字句，笔亦然，而四字六字相间，诵读尤较纯四字句为便，此又魏、晋、南北朝之骈文，所以变为唐、宋之四六。唐初四杰之文，即已如此矣。赞之文，乃笔之变而不用辞藻者，末造之三十六体，李商隐、温庭筠、段成式皆第十六。则其好用辞藻者耳。笔而好用辞藻，则亦与文合流，而不足以应用，此后应用之文字，乃全以散文充之矣。此唐、宋之世文体变迁之大概也。

　　唐人之照耀千古者，尤在其诗。诗之变化，亦至唐中叶而极。律体至唐始成。昔人云："诗至沈、宋，始可称律，前此皆偶合耳。"沈佺期、宋之问，皆武后时人也。又古之乐府，至唐而演为歌行，为绝句，寖成可诵不可歌之物，而随新音乐而起之词，则于此时肇其端焉。唐人绝句，观记载似皆可歌。如《旧书·李益传》，谓其与宗人李贺齐名，每作一篇，为教坊宫人以赂求取为供奉歌词。贺《乐府词》数十篇，云韶工，无不讽诵是也，然此时之歌，实多杂以和声。取和声而亦以字实之，即成词矣。故一入宋世，即不闻歌诗，而但闻歌词。非诗之歌骤失其传也，乃唐人之所歌，诗其名而词其实也。此诗体之变而备也。文学皆原于平民，然必入文人学士之手，而后能尽其变。非文人学士能别有所为也，公众之所为，惟其中一部人为能卒其业耳。论唐诗者，或分为初、盛、中、晚四期。又或非之，谓所分实不甚确，如以杜甫属盛唐，而甫之作，成于大历时者实不乏是也。然此本不过举其大概，非谓截然有界画可指。以大体论，谓唐诗无此变化可乎？初唐之浑厚，盛唐之博大，中唐之清俊，晚唐之纤丽，可谓各擅胜场。此何一不苞含于古诗及乐府之中？然谓无此变化，古诗及乐府，即发泄已臻其极，可乎？此诗情之变而博也。歌谣率偏于比兴，如《孔雀东南飞》等能尽赋之能事者盖寡，此亦发泄未尽之一端。后之为诗者，亦未有以易之。至唐乃大异。不徒杜陵膺诗史之称，元、白所为，特长讽谕，亦以其能叙事也。用比兴者多偏于写景，仅能即景以见其情，用赋者则能迳言之。前者固尤有深味，然不兼后者，亦不可谓能极其变也。本此论诗，则唐诗实当合宋诗而其境界乃备，而宋诗自当以江西派为大宗。然谓江西派非原于杜陵得乎？此诗境之变而扩也。诗体恒随音乐而变，自唐已后，音乐尚未有大变，故诗体亦不能更新。立乎今日而言诗，尚未能越唐人之范围也。言语与歌谣，实为二物。今之所谓新诗者，本乎言语，而不本于歌谣，与昔之诗词等，皆非同物。率旧义以言诗，非至新乐大盛之后，不能有句芒，非可以人力强为也。

论文学者，或以文人学士之所为，与平民之所为，截然异物，此实误解，观一种文学初兴时之情形，即可知之。为古文者，初不避俗字、俗语，特其用之当有法度耳。如仅字，古人用之，皆意以为少，如《礼记·射义》"盖仅有存者"，《史记·货殖列传》"仅仅物之所有"。唐人用之，则意以为多。《旧唐书》《旧五代史》中仅字，即皆如此。韩愈《张中丞传后序》言：巡初守睢阳时，士卒仅万人，所用者即唐时通行之义也。《旧书·杜甫传》载元稹"论李、杜优劣"曰："是时山东李白，亦以文奇取称，时人谓之李、杜。予观其壮浪纵恣，摆去拘束，模写物象，及乐府歌诗，诚亦差肩子美矣。至若铺陈终始，排比声韵，大或千言，次犹数百；词气豪迈，而风调清深，属对律切，而脱弃凡近；则李尚不能历其藩翰，况堂奥乎？"又曰："自后属文者以稹论为是。"夫谓子美之诗，优于太白，是矣，然微之之言，则初未能道出其所以然之故也。太白所长，莫如歌行，皆酷类古歌谣，此尚为率旧之作，至杜陵则自辟新体矣。论诗者多谓李不如杜，即可见率旧之作，不厌人心。其故何哉？《旧书·元白传》载乐天与微之书及微之为《长庆集序》，极言其诗流传之广。史臣亦谓伊古以来，贤不肖皆赏其文，未有如元、白之盛者。此固由其辞之浅近易解，抑亦由其专主讽谕，能言人之所欲言而不能言者也。唐末韦庄作《秦妇吟》，道黄巢据长安时关中乱离之状，其诗极脍炙人口，后佚，敦煌石室发，乃复得之，亦香山《新乐府》之类也。然则诗体发展至唐，徒托物起兴，微言相感之作，已不足以餍人心，而必求其能极其变者矣。杜陵之于元、白，元、白之于韦庄，辞之雅俗不同，其为民请命之意则一也。然则一种文学之兴，岂有能脱离民众者哉？徒以排比声韵，属对律切称之，则浅之乎测丈夫矣。抑古人文字，在今日看似艰深者，皆时移世易为之，在当时实皆浅易，故不识字或识字甚少者，皆能使人读书而听之，或则口占书简，《秦汉史》及《两晋南北朝史》，已详言之。唐诸帝多能诗。见《廿二史札记》德宗好为诗条。女子如徐惠、上官婉儿、宋若昭兄弟，亦皆能文，不让男子。《新书·后妃传》。夫非谓帝王必不如书生，女子必不如男子，然帝王读书，不能如书生之专，女子受教，不能如男子之备，则事无足疑者也。而所成亦相匹敌者？则以其时通用之文字，实不甚艰深也。薛《史·胡装传》，谓其"僻于题壁，所至宫亭寺观，必书爵里，人或讥之，不以为愧"。其有是僻，所题必有人读之，足见史称元、白之诗流传之盛，乡校、佛寺、逆旅、行舟之中无不有，村夫、野老、妇人、孺子之口罔弗道，决非虚言。然则当时文人之所为，曷尝脱离民众哉？或谓唐人诗文，皆有辞藻，何以尽人能解？殊不知辞藻亦语言也。今人不甚用之，则亦不甚闻之，而觉其难解，当时用之者多，则闻者亦耳熟能详矣。然则文人学士之所为，与平民之所为，曷尝截然异物哉？

　　古所谓小说者，与后世异。古之小说，意盖主于惩劝？如《太平御览》引《风俗通》，谓世所传城门失火，殃及池鱼之说，出于《汉志》、说家之《百家》是也。见《先秦史》第十五章第五节。以类推之，则如塞翁失马等说，亦未必非古小说家言矣。此其意诚甚善；造此等说者，哲学思想亦可谓甚高；然尚未能极幽奇恢诡之致，以文学论，则未可谓甚发展也。后世乃其途日辟，遐想渐多，所涉亦广，至唐遂大有可观。今存于《太平广记》中者不少也。惟小说究以理致为主。唐人所为，好用辞藻，故其品实不逮宋人。散文也，赋体之诗也，与新音乐相依附之词也，小说也，皆唐人启其端，至宋而后臻于大成，唐中叶后新开之文化，固与宋当画为一期者也。惟翻译文字，则至唐而结其局。此后不能更有发展矣，以佛教入宋而衰也。唐人翻译文字，实胜前朝。以当时所谓新旧译本比较可知，如《大乘起信论》即是，此论近人或谓其无梵本，实中国人所自撰。然其为翻译文学则同。唐本之辞，不能谓其不胜于梁本也。今日所谓语体文学，其源亦导自唐，惟尚未盛，俟讲宋史时论之。

　　书、画仍为世之所重。隋、唐之世，工正书者最多，次则行草。自隋入唐者，虞世南、欧阳询，稍后则褚遂良；中叶后则颜真卿、柳公权，最为有名。其工篆如李阳冰，工分书如李潮者，则不多见矣。盖以用之者少也？晋、南北朝，书法传世者，固极美妙。然南朝所传，率多简牍。北碑虽可喜，实多出匠人，特以其去古近，多存朴茂之气，故觉其可喜耳。点画亦多随刀锋，罕传笔法。唐世碑版，则多为善书者所书。刻法亦随笔法而异。虽其朴茂之气，不及前朝，此乃时代为之，以书法论，实较北朝为高，不得先存一爱古薄今之见也。

　　画风仍袭前代，以人物为主。图当世名人者尤多。如河间王孝恭降萧铣，高祖使画工貌而视之。太宗使阎立本图秦府十八学士及凌烟阁功臣。李勣已画象凌烟阁，高宗复命图其形，自序之。则天命画工写张知謇、李嗣真。玄宗图张说、康子元及张果。代宗图鲍防，敬宗图周息元。皆人君之所命也。张易之等绘武三思等十八人象以为图。王维过郢州，画孟浩然象于刺史亭。薛嵩好蹴踘，隐士刘纲劝止之，嵩悦，图其形于坐右。此则士大夫之所为也。又有不知谁何为之者。如钱徽与韩翃、李端辈十人，俱以能诗，出入贵游之门，号十才子，形于图画。白居易与胡杲、吉旼、郑据、刘真、卢真、张浑、狄兼谟、卢贞燕集，皆高年不事者，人慕之，绘为九老图。则仰慕风流者自为之，不必其相知也。亦有画古人以寓景行之意者，如司空图隐中条山，作亭观素室，悉图唐兴节士、文人是矣。敬宗图周息元，见《新书·李德裕传》。张易之等图武三思等十八人，见《朱敬则传》。余皆见新旧《书》各本传。薛《史·冯道传》：张承业辟为本院巡官，甚见待遇。时有周元豹者，善人伦鉴，与道不洽。谓承业曰："冯生无前程，公不可过用。"河东记室卢质闻之曰："我曾见杜黄裳司空写真图，道之状貌酷类焉，将来必副大用，元豹之言，不足信也。"元豹乃相士挟其术闲道，卢质盖亦以相人之说驳之，皆非真有人伦之鉴也。然名人写真，为世所重，则于此可见矣。此等皆仅画一人，亦有画一事者。《新书·礼乐志》：太宗为秦王，破刘武周，军中相与作秦王破阵乐曲。后更名七德舞。初成，太常卿萧瑀请图破刘武周、薛举、窦建德、王世充状。帝曰："方四海未定，攻伐以平祸乱，制乐陈其梗概而已，若备写禽获，今将相有尝为其臣者，观之有所不忍，我不为也。"《张仁愿传》：万岁通天中，监察御史孙承景监清边军战，还，自图先锋当矢石状，以罔武后。此等画，所列绘之人物必多矣。唐室所藏图画，皆见《新书·艺文志》丙部《杂艺术类》，而乙部《杂传记类》，有颜师古《王会图》。所存殊方异俗必多，惜乎其失传也。此等皆必工于人物而后能为之，然山水画亦渐盛于此时。《旧书·宗室传》：长平王叔良之孙思训，尤善丹青，迄今绘事者推李将军山水。《新书·郑虔传》，亦言其"善图山水"。《旧书·崔祐甫传》。子植告穆宗。谓宋璟尝手写《尚书·无逸》一篇为图以献，玄宗置之内殿。开元末，图朽坏，始以山水图代之。亦可见山水渐为鉴赏者所爱好。又《李益传》，谓其"《征人》《早行》等篇，天下皆施之图绘"。此等图绘，重在风景，亦山水之类也。中国图画之演进，途辙与西洋异。西洋画重写真，中国画重意境。论意境，自当以山水画居首选，而其渐盛亦在开元时，信乎唐之中叶，为风会变迁之时矣。

　　唐时图画，尚不皆施之卷轴。《新书·突厥传》：阙特勒死，唐为立庙像。四垣图战陈状。诏高手工六人往。绘写精肖，其国以为未尝有。默棘连视之必悲哽。此等壁画，寺观中最多。土木不能持久，多随之化为煨烬矣。薛《史·郑云叟传》：有越千里之外，使画工潜写其形容，列为屏障者。杜甫有《刘少府新画山水障歌》。图画施诸屏障，亦施诸壁者类也。

人像亦不尽托诸图画。会昌五年（845），废佛，中书奏：武牢关是太宗擒王世充、窦建德之地。关城东举，有二圣塑容。今定觉寺例合毁拆。望取寺中大殿材木，于东峰造一殿，名为昭武庙。圣像年代已久，望令李石于东都拣好画手就增严饰。六年（846），东都太微宫修成玄元皇帝、玄宗、肃宗三圣容，遣右散骑常侍裴章往荐献。皆见《旧书·本纪》。二者皆塑像也。《新书·礼乐志》：开元八年（720），司业李元瓘奏。先圣庙为十哲象，以先师颜子配，则配众当坐，今乃立侍。余弟子列象庙堂，不豫享，而范宁等皆从祀。请释奠十哲亨于上，而图七十子于壁。曾参以孝受经于夫子，请享之如二十二贤。乃诏十哲为坐象，悉豫祀。曾参特为之象，坐亚之。图七十子及二十二贤于庙壁。此十哲及曾参象，亦当为塑象也。天宝中，天下州郡，皆铸铜为玄宗真容，拟佛之制。《旧书·李宝臣传》。玄宗在蜀时旧宫，后为道士祠。冶金作帝象，尽绘乘舆侍卫。《新书·郭知运传》，参看《崔宁传》。此冶金作象者也。高祖仕隋时，太宗方幼而病，为刻玉像于荥阳佛祠以祈年。《新书·张九龄传》。天宝时，尝镂玉为玄元皇帝及玄宗、肃宗像于太清官，复琢李林甫、陈希烈像，列左右序。《新书·李林甫传》。此刻玉石为之者也。宋时，朱子欲证古坐与今不同，使人入蜀求先圣、先师旧像，得木刻像三。见所著《白鹿神殿塑像说》。此刻木为之者也。傅奕上疏诋浮图法，谓其"刻绘泥像，以惑天下"，《新书·本传》。盖佛像可为之者，人像亦皆可为之矣。然画像究最普遍。《新书·张巡传》：巡在睢阳时，大将六人，白巡以势不敌，且上存亡莫知，不如降贼。巡阳许诺。明日，堂上设天子画像，率军士朝，引六将至，责以大义斩之。盖以其普遍，故围城中犹有之，临时可以张设也。唐时画人像最有名者为吴道玄。又有杨惠之，与道玄同师张僧繇，而名出其下，乃舍绘而专事塑。见《画史汇传》。今江苏吴县角直镇保圣寺有古罗汉塑象五，完好者三，考古者以为惠之所塑焉。

以爱好书画者多，法书名画，遂为世所珍重。《隋书·经籍志》：炀帝既于东都观文殿东西厢构屋以贮书，又聚魏已来古迹、名画，于殿后起二台：东曰妙楷台，藏古迹；西曰宝台，藏古画。《新书·艺文志》小学类，有二王、张芝、张昶等书一千五百一十卷。《注》云：太宗出御府金帛，购天下古本。命魏徵、虞世南、褚遂良定真伪。凡得羲之真行二百九十纸，为八十卷。又得献之、张芝等书。以贞观字为印章迹，命遂良楷书小字以影之。《旧书·遂良传》：太宗尝出御府金帛，购求王羲之书迹。天下争赍古书诣阙以献，当时莫能辨其真伪。遂良备论所出，一无舛误。其古本多梁、隋官书。梁则满骞、徐僧权、沈炽文、朱异，隋江总姚察署记。帝令魏、褚卷尾各署名。开元五年（717），敕陆玄悌、魏哲、刘怀信检校，分益卷帙，玄宗自书开元，自为印。昭陵为温韬所发，钟、王笔迹，纸墨如新，已见第二十章第五节。则天访求右军遗迹于王方庆。方庆奏曰："臣十代从伯祖羲之书，先有四十余纸，贞观十二年（638），太宗购求，先臣并已进之，惟有一卷见在。”又进其先代二十八人书，共十卷。则天御武成殿示群臣，仍令中书舍人崔融为《宝章集》以叙其事。复赐方庆。当时甚以为荣。此人主之爱好也。《方庆传》言其聚书甚多，不减秘阁。图画亦多异本。睿宗第四子范，多聚书画古迹，为时所称。钟绍京，雅好书画古述，聚二王及褚遂良书至数十百卷。韦述，家聚书二万卷。皆自校定铅椠，虽御府不逮也。兼古今朝臣图，历代知名人画，魏晋已来草隶真迹数百卷。古碑、古器、药方、格式、钱谱、玺谱之类。当代名公尺题，无不毕备。萧岭，博雅好古，尤喜图画。前代钟、王遗法，萧、张笔势，编叙真伪，为二十卷，元和末进御，优诏嘉之。段文昌喜图书古画。杨凭兄弟以文学知名，家多书画。钟、王、张、郑之迹，在《书断》《画品》者，兼而有之。凭子浑之，尽以献文昌，求致进士第。遂起钱徽之狱。王涯家书数万卷，侔于秘府。前代法书名画，人所宝惜者，以厚货致之，不受货者，即以官爵致之。以上皆见《旧书·本传》。萧岭附《韦温传》。段文昌事见《钱徽传》。此名公巨卿之爱好也。《旧书·欧阳询传》言：人得其尺牍文字，咸以为楷范；高丽甚重其书，尝遣使求之；则初不必强有力者而后欲致之；且声闻邻国矣。职是故，其物遂为奇货可居。《新书·儒学传》：欧阳询，子通，蚤孤。母徐教以父书。惧其惰，尝遗钱使市父遗迹。通乃刻意临放以求雠。数年，书亚于询。父子齐名，号大小欧阳体。褚遂良亦以书自名。尝问虞世南曰：“吾书何如智永？”答曰：“吾闻彼一字直五万，君岂得此？”“孰与询？”曰：“吾闻询不择纸笔，皆得如志，君岂得此？”“然则何如？”曰：“君若手和笔调，固自可尚。”遂良大喜。又《孔若思》：有遗以褚遂良书者，纳一卷焉。其人曰：“是书贵千金，何取之廉？”答曰：“审尔，此为多矣。”更还其半。唐时大稔，米斗五钱，见第十八章第一节。此固最下之价，然一字而直千石，亦以褒矣。史传之辞，盖不免夸侈，然是时书画，其价不菲，则可知也。财产私有之世，事孰不为稻粱之谋？日出多伪。民安取不伪？以今所谓书画者伪物之多推之，人情不甚相远，恐古人之所藏，亦未必大异于今人也。然其中固未必无精品可喜，举摧烧之，则亦已过矣。然保守之实难。安、史之乱，韦述“经籍资产，焚剽殆尽”。王涯所蓄，“厚为垣窍而藏之复壁”。甘露之变，“人破其垣取之。或剔取函匳金宝之饰与其玉轴而弃之”。耗矣，哀哉！然古今公私之所藏，其穷孰不如此？

名迹虽见珍重，然优于艺者，俗仍以为执技事上之流而贱之。太宗尝与侍臣学士泛舟春苑。池中有异鸟，随波容与。太宗击赏数四。诏坐者为咏，召阎立本令写焉。阁外传呼，云画师阎立本。时已为主爵郎中。奔走流汗，俯伏池侧，手挥丹粉，瞻望座宾，不胜愧赧。退诫其子曰：“吾少好读书，幸免面墙。缘情染翰，颇及侪流。惟以丹青见知，躬厮役之务，辱莫大焉。汝宜深诫，勿习此末伎。”柳公权为夏州掌书记，穆宗即位，入奏事，帝召见，谓曰：“我于佛寺见卿笔迹，思之久矣。"即日拜右拾遗，充翰林侍书学士。历穆、敬、文三朝，侍书中禁。其兄公绰在太原，致书宰相李宗闵云："家弟苦心辞艺，先朝以侍书见用，颇偕工祝，心实耻之，乞换一散秩。"皆《旧书·本传》。是其事也。成见可谓难变矣。

然以艺侔利者，不独书画之家也，即工于文辞者，亦何莫不不然。当时粥文之事，已略见第十八章第一节。《新书·韩愈传》：刘叉闻愈接天下士，步归之。后以争语不能下宾客，因持愈金数斤去。曰："此谀墓中人所得耳，不若与刘君为寿。"《旧书·李邕传》：邕早擅才名，尤长碑颂。虽贬职在外，中朝衣冠及天下寺观，多赍持金帛，往求其文。前后所制凡数百首，受纳馈遗，亦至巨万。时议以为自古粥文获财，未有如邕者。韩愈戆直，未必肯苟取，尚致讥评，李邕更不足论矣。然亦有卓然不惑者。《旧书·萧俛传》：穆宗诏撰王士贞神道碑。对曰："臣器褊隘，此不能强。王承宗先朝阻命，事无可观，如臣秉笔，不能溢美。或撰进之后，例行贶遗，臣若公然阻绝，则违陛下抚纳之宜，僶免受之，则非微臣平生之志。臣不愿为之秉笔。"帝嘉而免之。此可谓不轻以言假人者矣。《新书·郭行馀传》：河阳乌重胤表掌书记。重胤葬其先，使志冢，辞不为。重胤怒，即解去。此亦可谓能砥砺廉隅，宜其能与李训相善也。

音乐，隋、唐时亦称极盛，此盖承前世域外之交通，乃能致之。自晋世洛京倾覆，中国旧乐，仅存于南方，而北方多杂羌、胡之伎，已见《两晋南北朝史》第二十三章第六节。隋文帝平陈改乐，见本编第二章第一节。唐武德九年（626），命祖孝孙修定雅乐。贞观二年（628）奏之。孝孙卒后，协律郎张文收更加厘改，命曰大唐雅乐。然好尚不存焉。其盛行于时者，则来自异域之乐也。《隋书·音乐志》云：开皇初，定令置七部乐：一曰《国伎》，二曰《清商伎》，三曰《高丽伎》，四曰《天竺伎》，五曰《安国伎》，六曰《龟兹伎》，七曰《文康伎》。又杂有疏勒、扶南、康国、百济、突厥、新罗、倭国等伎。至大业中，炀帝定《清乐》《西凉》《龟兹》《天竺》《康国》《疏勒》《安国》《高丽》《礼毕》以为九部。其中本出中国者，惟清乐而已。诸乐缘起，皆见《两晋南北朝史》第二十三章第六节。唐初仍隋之旧。及平高昌，收其乐，初有十部。《新书·礼乐志》言：唐东夷乐有高丽、百济，北狄有鲜卑、吐谷浑、部落稽，南蛮有扶南、天竺、南诏、骠国，贞元十六年（800），南诏因韦皋进奉圣乐舞。十八年（802），骠国献其乐。西戎有高昌、龟兹、疏勒、康国、安国，凡十四国，而八国之伎，列于十部焉。案自匈奴败亡，鲜卑复入中国，所谓北狄者，与西域关系实深。《旧书·音乐志》谓"南蛮、北狄，国俗皆随发际断其发。今舞者咸用绳围首，反约发杪，内于绳下"。古北狄无断发之俗，而西胡有之，今云断发，非狄之化于胡，则胡之来入狄者耳。西域南海，久有往还，即南诏，亦因伊洛瓦底江一道，而深渐其化，观汉时之哀牢可知。参看《秦汉史》第九章第四、第六两节。而扼伊洛瓦底江之冲者，则骠国也。然则当时外来之音乐，实当以西域为大宗。《新书·礼乐志》云：自周、陈已上，雅郑淆杂而无别，隋文帝始分雅俗。玄宗又分俗乐为二部：堂下立奏，谓之立部伎，堂上坐奏，谓之坐部伎。太常阅坐部不可教者隶立部，又不可教者，乃习雅乐。则俗乐又判盛衰，清乐自隋已式微，至此益沦缺矣。《旧书·音乐志》：清乐者，南朝旧乐也。永嘉之乱，五都沦覆，遗声旧制，散落江左。宋梁之间，南朝文物，号为最盛，人谣国俗，亦世有新声。后魏孝文、宣武，用师淮、汉。收其所获南音，谓之清商乐。隋平陈，因置清商署，总谓之清乐。遭梁、陈亡乱，所存盖鲜。隋室已来，日益沦缺。武太后之时，犹有六十三曲，今其辞存者，惟有三十二曲，又七曲有声无辞。日本田边尚雄，极称唐代音乐。曾在北京大学讲演。谓中国古乐皆独奏，至后汉合奏之乐始渐兴，盖缘与西来之乐相会。至唐而臻极盛。今唐乐尚存于日本，特规模较小耳。日本皇室，世用中国之乐。距今千二百年前，中国乐人，有入日本者，日本来华学生，亦有学乐者，官于宫内省，皆世袭，故其技未曾失传。特唐乐用五百至七百人，日本则仅三十至五十人。又大乐器尔时船不能运，故惟有小者。然奈良东大寺正仓院中，尚存有唐乐器也。琵琶、洞箫、觱栗诸器，皆源出埃及，经犹太、叙利亚、波斯、大夏、印度等地乃入中国。此时罗马音乐，尚无足道。此诸国者，实括西方文明之全，益以中国所固有，允足膺世界之称而无愧。今日西方之音乐，仅西方之音乐耳。必合唐代之乐，乃足称为世界音乐也。详见《东方杂志》第二十卷第十期。案如所言，所谓西域者，其绵地实极广。综厥所有而成为乐，可谓取多用宏，自非中国一国旧有之乐所能逮。清乐之日微，其无足怪。然《旧书·音乐志》云：沈约《宋书·志》，谓江左诸曲哇淫，今其声调犹然。观其政已乱，其俗已淫，既怨且思矣，而从容雅缓，犹有古士君子之遗风，则其所长，亦有不可没者也。隋、唐音乐，虽云极盛，然其君臣皆溺于音。隋、唐两代皇室之溺于音，可于其乐工之多见。隋时至三万余人，已见第二章第四节。《新书·礼乐志》云：唐之盛时，凡乐人、音声人、太常杂户子弟隶太常及鼓吹署，皆番上，总号音声人，至数万人。而《李峤传》：峤以中宗时上书，言"太常乐户已多，复求访散乐，独持冀鼓者已二万员"，则散乐人数之多，尤堪骇异矣。《志》又云：大中初，太常乐工五千余人，俗乐一千五百余人，则至中叶后国蹙民贫时，其数犹不少也。《旧书·职官志》礼部职云：三品已上，得备女乐，五品女乐不得过三人，则唐时官吏得畜女乐者实多。《柳公权传》云：性晓音律，不好奏乐，常云闻乐令人骄怠，亦可见其家自有音乐也。《新书·山㥄传》云：中宗昵宴近臣及修文学士。诏遍为伎。工部尚书张锡为淡容娘舞，将作大匠宗晋卿为浑脱舞。左卫将军张洽为黄獐舞，给事中李行言歌驾车西河曲，余臣各有所陈，皆鄙黩。足见公卿娴于歌舞者之多。《新书·礼乐志》言玄宗好乐，达官大臣慕之，皆喜言音律，可见其上之化也。其风且贻及民庶。《隋书·音乐志》云：龟兹者，起自吕光灭龟兹，因得其声。吕氏亡，其乐分散。后魏平中原，复获之，其声后多变易。至隋，有西国龟兹、齐朝龟兹、土龟兹等，凡三部。开皇中，其器大盛于闾闬，则自隋时已然矣。《新书·武平一传》：中宗宴两仪殿酒酣，胡人唱合生，歌言浅秽。平一上书谏曰："伏见胡乐施于声律，本备四夷之数。比来日益流宕，异曲新声，哀思淫溺。始自王公，稍及间巷。妖妓胡人，街童市子，或言妃主情貌，或列王公名质，咏歌蹈舞，号曰合生。愿屏流僻，崇肃雍，凡胡乐备四夷外，一皆罢遣。"《旧书·曹确传》：李可及善音律，尤能转喉为新声，音辞曲折，听者忘倦。京师屠沽效之，呼为拍弹。皆可见其自上下流之状。万舞翼翼，章闻于天，天用弗式，卒召羯胡陵犯，藩镇割据之祸，盖非无因。此则墨子非乐之论，又不可不警惕深之者矣。

周、齐所谓百戏，即古之角抵。隋炀帝之所为，已见第二章第五节。唐时谓之散乐。《旧书·音乐志》云：大抵散乐杂戏多幻术。幻术皆出西域，天竺尤甚。高宗恶其惊俗，敕西域关令：不令入中国。《新纪》：显庆元年正月，禁胡人为幻戏者，不知即此否？《旧志》又云：睿宗时，婆罗门献乐舞人。倒行而以足舞。于极锯刀锋，倒植于地，低目就刃，以历脸中。又植于背下，吹筚篥者立其腹上，终曲而亦无伤。此其惊俗亦甚矣，而睿宗受其献，则不令入中国之敕，恐亦未必能行也。况据《志》所述，幻尚有前世之遗，国人自能为之，不待外来也。《新书·李晟传》：子宪，为绛州刺史。绛有幻者，讻民以乱，宪执诛之，足见其流行仍广矣。百戏之劳民伤财尤甚，以其聚人多也。唐时，上下所好者，莫如泼寒胡。此戏本出康国。《旧书·康国传》曰：至十一月，鼓舞乞寒，以水相泼，盛为戏乐。《旧书·张说传》：说以玄宗初相，自则天末年，季冬为泼寒胡戏，中宗尝御楼以观之。至是因蕃夷入朝，又作此戏，说上疏谏，此戏乃绝。中宗幸洛城南门观泼寒胡戏，事在神龙元年十一月；玄宗禁泼寒胡戏，事在开元元年十二月；又睿宗亦尝作之，事在景云元年十二月；皆见《新书·本纪》。睿宗时韩朝宗有谏辞，见其父《思复传》。疏辞谓"裸体跳足，盛德何观？挥水投泥，失容斯甚"。此何足以为乐？盖亦有他戏与之并行也。

《记》曰："张而不弛，文武不能。"一国之人皆若狂，亦非孔子之所恶。然其为独乐乐抑与众乐乐，则大有辨矣。《旧书·诸葛爽传》，言其役属县为伍伯，为令所笞，乃弃役，以里讴自给。《新书·杜洪传》云："为里俳儿。"《崔融传》言：庞勋自浙西趋淮南，所过先遣俳儿弄木偶伺人情，以防邀遏。俳儿也，里讴也，皆民众中之艺士，执其技以娱人，以慰其劳苦，宣其湮郁，不可一日无者也。《旧书·高宗纪》：龙朔元年五月，皇后请禁天下妇人为俳优之戏，诏从之。《新书·玄宗纪》：开元二年八月，"禁女乐"，盖亦其类？则其数亦不少，故妇人亦得以为食。此等皆有益于民，未闻有患之者也。然一入于都邑之中，则不可问矣。《隋书·柳彧传》：彧见近代以来，都邑百姓，每至正月十五日作角抵之戏，上奏请禁绝之，曰："窃见京邑，爰及外州，每以正月望夜，充街塞陌，聚戏朋游。鸣鼓聒天，燎炬照地。人戴兽面，男为女服。倡优杂技，诡状异形。以秽嫚为欢娱，用鄙亵为笑乐。内外共观，曾不相避。高棚跨路，广幕凌云。袪服靓妆，车马填噎。肴醑肆陈，丝竹繁会。竭赀破产，竞此一时。尽室并孥，无问贵贱。男女混杂，缁素不分。秽行因此而生，盗贼由斯而起。"此与乡村景物，所谓"箫鼓追随春社近，衣冠简朴古风存"者，宁复可同日语邪？尤可恶者，有竭资破产之家，即有因以为利之士。《新书·宋务光传》：中宗时，有清源尉吕元泰，上书言时政，曰："比见坊邑相率为浑脱队。骏马胡服，名曰苏莫遮。旗鼓相当，军陈势也。腾逐喧噪，战争象也。锦绣夸竞，害女工也。督敛贫弱，伤政体也。胡服相欢，非雅乐也。浑脱为号，非美名也。安可以礼义之朝，法胡虏之俗？"《旧书·严挺之传》：睿宗御楼观酺，挺之上疏谏曰："王公贵人，各承微旨。州县坊曲，竞为课税。吁嗟道路，贸易家产。损万人之力，营百戏之资。适欲同其欢，而乃遗其患。"夫至于为课税以督敛贫弱，则其为害，又岂仅乐之不衷哉？然岂乐之罪邪？

第六节　自然科学

周时甄鸾造天和历，马显等又上景寅元历。皆未行，已见《两晋南北朝史》。隋高祖作辅，方行禅代之事，欲以符命曜于天下。道士张宾，揣知上意，自云洞晓星历，因盛言有代谢之征。又称上仪表非人臣相。由是大被知遇。恒在幕府。及受禅之初，擢宾为华州刺史，使与仪同刘晖等议造新历。宾等依何承天法，微加增损。开皇四年二月，撰成奏上。诏颁天下，依法施用。《本纪》：颁新历在正月，《通鉴》从《本纪》。刘孝孙北齐时知历事，见《两晋南北朝史》。与冀州秀才刘焯并称其失。于时新历初颁，宾有宠于高祖，刘晖附会之，被升为太史令。二人协议，共短孝孙，焯又妄相扶证。孝孙、焯等竟以他事斥罢。后宾死，孝孙为掖县丞，委官入京，又上前后为刘晖所诘，事寝不行。仍留孝孙直太史。累年不调，寓宿观台。乃抱其书，弟子舁榇，来诣阙下，伏而恸哭。执法拘以奏之。高祖异焉。以问国子祭酒何妥。妥言其善。即日擢授大都督，遣与宾历比较短长。先是信都人张胄玄，以算术直太史，久未知名。至是，与孝孙共短宾历。异论锋起，久之不定。至十四年七月，上令参问日食事。杨素等奏太史凡奏日食二十有五，惟一晦三朔，依克而食，尚不得其时，又不知所起，他皆无验。胄玄所克，前后妙衷。时起分数，合如符契。孝孙所克，验亦过半。于是高祖引孝孙、胄玄等，亲自劳徕。孝孙因请先斩刘晖，乃可定历。高祖不怿，又罢之。俄而孝孙卒。杨素、牛弘等伤惜之。又荐胄玄。上召见之。胄玄因言日长景短之事。《隋书·袁充传》：充奏日去极近，则影短而日长，去极远则影长而日短。行内道则去极近，外道则去极远。开皇已来，与唐尧之代，去极并近。《春秋元命包》云：日月出内道，璇机得常，天帝崇灵，圣王祖功。京房别对曰：太平日行上道，升平行次道，霸世行下道。伏惟大隋启运，上感乾元，影短日长，振古未之有也。上大悦，告天下。高祖大悦，赏赐甚厚，令与参定新术。刘焯闻胄玄进用，又增损孝孙历法，更名七曜新术以奏之。与胄玄之法，颇相乖爽。袁充与胄玄害之。焯又罢。至十七年，胄玄历成，奏之。上付杨素等校其短长。刘晖与国子助教王颇等执旧历术，迭相驳难。高祖惑焉，逾时不决。会通事舍人颜敏楚上书云：汉落下闳改颛顼历作太初历，云后八百岁，此历差一日，当有圣者定之。计今相去七百一十年。术者举其成数。圣者之谓，其在今乎？高祖欲神其事，遂下诏：晖等四人元造诈者并除名。领太史令庾季才等六人容隐奸慝，俱解见任。胄玄所造历法，付有司施行。《本纪》事在四月。擢拜胄玄为员外郎散骑侍郎，领太史令。胄玄进袁充，互相引重。开皇二十年（600），充奏日长影短。高祖因以历事付皇太子，遣更研详，著日长之候。太子征天下历算之士，咸集于东宫。刘焯以太子新立，复增修其书，名曰皇极历，驳正胄玄之法。太子颇嘉之。未获考验，焯为太学博士，负其精博，志解胄玄之印，官不满意，又称疾罢归。仁寿四年（604），焯言胄玄之误于太子。大业元年（605），著作郎王劭、诸葛颖因入侍宴，言焯善历。帝曰："知之久矣。"仍下其书，与胄玄参校。互相驳难，是非不决。焯又罢归。四年（608），驾幸汾阳宫。太史奏日食无效。帝召焯，欲行其历。袁充方幸于帝，左右胄玄，共排焯历，又会焯死，历竟不行。以上据《隋书·律历志》及《张胄玄传》。唐高祖受禅，将治新历。东都道士傅仁均善推步，太史令庾俭、丞傅奕荐之。诏仁均与俭等参议，合受命岁，名为戊寅元历。诏司历起二年用之。《旧纪》事在元年十月。高宗时，戊寅历疏。李淳风作甲子元历以献。诏太史起麟德二年（665）颁用，谓之麟德历。《旧纪》颁历在麟德二年五月。与太史瞿昙罗所上经纬历参行。永昌元年十一月，改元载初，用周正。神功二年（698），甲子南至，改元圣历，命瞿昙罗作光宅历，将用之。三年（700），罢作光宅历，复行夏时。中宗反正，太史丞南宫说奏麟德历浸疏。诏说更治乙巳元历。景龙中，历成。诏令施用。睿宗即位，罢之。开元九年（721），麟德历署日食比不效。诏僧一行作新历。推大衍数，立术以应之。十五年（727），历成。而一行卒。诏张说与历官陈玄景等次为历术七篇，略例一篇，历议十篇，起十七年（729），颁于有司。《旧纪》颁历在十六年八月。肃宗时，山人韩颍上言大衍历或误。帝疑之。以颍为太子宫门郎，直司天台，损益其术。更名至德历。起乾元元年（758）用之，讫上元二年（675）。宝应元年六月望，戊夜月食三之一，官历加时在日出后，有交不署食。代宗以至德历不与天会，诏司天台官属郭献之等复用麟德元纪，更立岁差增损迟疾交会及五星差数，以写大衍旧术。帝为制序，题曰五纪历。德宗时，五纪历气朔加时稍后天。推测星度，与大衍历差率颇异。诏司天徐承嗣与夏官正杨景风等杂麟德、大衍之旨治新历。诏起五年四月行新历。会朱泚之乱，改元兴元，自是颁用，讫元和元年（806）。宪宗即位，司天徐昂上新历，名曰观象，起元和二年（807）用之。《旧纪》：元和二年二月，司天造新历成，诏题名为元和观象历。穆宗立，诏日官改撰历术，名曰宣明。昭宗时，数亦渐差，诏太子少詹事边冈改治新历。景福元年（892），历成，赐名崇玄。以上兼用新旧《书·历志》。石晋天福三年（938），司天监马重绩合宣明、崇玄二历，创为新法，下诏颁行，号调玄历。数岁辄差，遂不用。薛《史·重绩传》：据《本纪》，颁行在天福四年八月。周世宗诏王朴撰定，是为钦天历。事见欧《史·朴传》。于显德三年八月，付司天监行用。薛《史·本纪》。此隋、唐、五代改历之大略也。刘焯历虽未行，《隋志》谓"术士咸称其妙，故录其术"。傅仁均之历，《新志》谓其"祖述张胄玄，稍以刘孝孙参之，其大最疏于李淳风，然更相出入"。《志》又云：自太初至麟德，历二十有三家，与天虽近而未密也，至一行密矣。后世虽有改作，皆依放而已。又云：大衍历之颁，善算瞿昙撰者，怨不得与改历事。开元二十一年（733），与玄景奏大衍写九执历，其术未尽。太子右司御率南宫说亦非之。诏侍御史李麟、太史令桓执圭校灵台《候簿》。大衍十得七八，麟德才三四，九执一二焉。乃罪说等而是否决。九执历者，出于西域。开元六年（718），诏太史监瞿昙悉达译之。其算皆以字书，不用筹策。其术繁碎。或幸而中，不可以为法。名数诡异，初莫之辨也。陈玄景持以惑当时，谓一行写其术未尽，妄矣。案《志》论九执历之语，似甚隔膜。恐当时中国畴人，于此历实未深晓。谓一行写之未尽，或非妄言。然一行在隋、唐、五代之世，为一深通历法之人，则必不诬也。李淳风造浑仪，后失所在，一行重造之，已见第十九章第二节。

改正之事，唐时尝再行之。一在武后时，已见前。一在肃宗时。上元二年九月，去年号，以十一月为岁首，月以斗所建为名。建巳月，帝疾大渐，诏皇太子监国。改元年为宝应元年（762），建巳月为四月。余月并依常数，仍以正月一日为岁首。此无谓之纷扰也。又当时颁历，颇及外邦。《隋书·高祖纪》：开皇六年正月，"颁历于突厥"。《新书·吐谷浑传》：诺曷钵幼，大臣争权，太宗诏侯君集就经纪之，"始请颁历及子弟入侍"是矣。然邦域之中，反有官历不及之处。唐文宗时禁私印历日，已见第二节。薛《史·唐庄宗纪》：同光二年九月，司天台请禁私历日，从之。欧《史·司天考》云：天人之际，远哉微矣，而使一艺之士，布算积分，上求数千万岁之前，必得甲子朔旦夜半冬至而日月五星皆会于子，谓之上元，以为历始。盖自汉而后，其说始详见于世，其源流所自，止于如此。是果尧、舜、三代之法欤？皆不可得而考矣。然自是以来，历象之术，虽世多不同，而未始不本于此。五代之初，因唐之故，用崇玄历。至晋高祖时，司天监马重绩，始更造新历，不复推古上元甲子冬至七曜之会，而起唐天宝十四载乙未为上元，用正月雨水为气首。初唐建中时，术者曹士芳，始变古法，以显庆五年（660）为上元，雨水为岁首，号符天历。然世谓之小历，祇行于民间，而重绩乃用以为法，遂施于朝廷。赐号调元历。然行之五年，辄差不可用，而复用崇玄历。周广顺中，国子博士王处讷私撰明玄历于家。民间又有万分历，而蜀有永昌历、正象历。南唐有齐政历。五代之际，历家可考见者止于此。然则当时民间所卖历日，盖非皆本官颁。唐世如此，前于唐者，更不必论矣。《困学纪闻》云：朱希真避地广中，作《小尽行》，云："藤州三月作小尽，梧州三月作大尽，哀哉官历今不颁，忆昔升平泪成陈。"翁《注》引周紫芝《竹坡诗话》曰："顷岁朝廷多事，郡县不颁历，朱希真作《小尽行》云云。"此自抚时感事者之言，其实官历之不颁，不必尽由于离乱。元《注》又引唐李益《问路侍御六月大小》云："野性迷尧历，松窗有道经，故人为柱史，为我数阶蓂。"夫岂亦由于离乱哉？抑不必唐、宋，即今日，民间印行历本，仍有据明人所撰《万年历》，致大小尽与官历不符者。然则中国历法发明已逾三千年，仍未能人被其泽也。《记》称大顺之治曰"深而通"，信难哉！

地理之学，能留意者颇多。《隋书·地理志》言："大业中，普诏天下诸郡，条其风俗、物产、地图，上于尚书。故隋代有《诸郡物产土俗记》一百三十一卷，《区宇图志》一百二十九卷，《诸州图经集》一百卷，其余记注甚众。"此官纂之巨籍也。《旧书·姚思廉传》：炀帝令与起居舍人崔祖浚修区宇图志。唐代地图掌于职方。《新书·百官志》职方职文云：凡图经，非州县增废，五年乃修，岁与版籍偕上，则其政更有常经。淮西之平也，王承宗献德、棣二州图、印，《旧书·本传》。则承平时不容空阙可知。《旧书·地理志》，于邕、容二管及安南府所属诸州，多言旧图无户口、四至及两京道里，可见僻陋之区，所上虽不尽如法，亦仍不容空阙。薛《史·唐明宗纪》：长兴二年四月，"诏罢州县官到任后率敛为地图"。此时之修纂，盖已有名无实，徒为率敛之资，然告朔之饩羊，犹不能废也。《纪》又于三年二月，书怀化军节度使李赞华进契丹地图。《旧书·高丽传》云：贞观二年（628），破颉利可汗，建武遣使奉贺，并上封域图。高丽久已自立，契丹自天宝后亦形同化外。而仍有地图可上，可见版图二者，为有国者所不能废。唐太宗尝诏吕才造方域图。《新书》本传。《新书·艺文志》有《长安四年十道图》十三卷，《开元三年十道图》十卷。薛《史·唐明宗纪》：长兴三年四月，中书奏准敕重定三京、诸府、州地望次第，或依旧制十道图，或依新定十道图。此中央合诸州郡所上总制者也。此等皆官书，其私家之作，则当以贾耽、李吉甫为巨擘。《旧书·耽传》言：耽以贞元九年（793），征为右仆射，同平章事。耽好地理学。凡四夷之使及使四夷还者，必与之从容，讯其山川土地之终始。是以九州之夷险，百蛮之土俗，区分指画，备究源流。自吐蕃陷陇右，国家守于内地，旧时镇戍，不可复知。耽乃画陇右、山南图，兼黄河经界远近，聚其说，为书十卷表献。至十七年（801），又撰成《海内华夷图》及《古今郡国县道四夷述》四十卷，表献之。据表，其图广三丈，从三丈三尺。率以一寸折成百里。古郡国题以墨，今州县题以朱。盖冶中外为一炉，萃古今于一简矣。《吉甫传》云：分天下诸镇，纪其山川险易，故事，各写其图于篇首，为五十四卷，号为《元和郡国图》。于元和八年（813）进之。见《本纪》。《传》又云：吉甫缀录东汉、魏、晋、周、隋故事，讫其成败。损益大端，目为《六代略》，凡三十卷。《纪》云：吉甫进所撰《元和郡国图》三十卷。又进《六代略》三十卷。又为《十道州郡图》五十四卷。《十七史商榷》云："今此旧钞本，流传尚多，而名为《元和郡县图志》。《自序》即系《进书表》，亦称《元和郡县图志》。凡四十七镇，成四十卷，每镇皆图在篇首，冠于叙事之前。并目录两卷，总四十二卷。《州郡图》当即《郡国图》，重言之非。其卷数，或云三十，或云五十四，皆与《进书表》不合，未详。"按此书《新书·艺文志》著录，亦名《元和郡县图志》。其卷数为五十四。两家体例虽不同，其用意则相近，皆取于政事有裨，而意尤重于恢复。《新书·郑虔传》云：虔学长于地里。山川险易，方隅物产，兵戍众寡无不详。尝为《天宝军防录》，言典事该，诸儒服其善著书，其意亦相仿佛也。若魏王泰招宾客以撰《括地志》，则意专主于浩博，故其卷数至五百五十。又有《序略》五卷，见《新书·艺文志》。《旧书·文苑·梁载言传》：撰十道《志》十六卷，盖其较简要者也。

《新书·李吉甫传》言：宪宗时，吐蕃请献滨塞亭障南北数千里求盟。吉甫谋曰："边境荒岨，犬牙相吞。边吏按图覆视，且不能知。今吐蕃绵山跨谷，以数番纸而图千里，起灵武，著剑门，要险之地，所亡二三百所。有得地之名，而实丧之，陛下将安用此？"似边塞之地，图绘初不能详。然此或失陷后，其地无复详图，或则吐蕃有意为是狡狯，其本必不如此。《传》又言：田季安疾甚，吉甫请任薛平为义成节度使，以重兵控邢、洺。因图上河北险要所在。帝张于浴堂门壁。每议河北事，必指吉甫曰："朕日按图，信如卿料矣。"吉甫又图淮西地，未及上而卒，帝敕其子献之。《安禄山传》：禄山之反，先三日，合大将置酒，观绘图。起燕至洛，山川险易攻守悉具。人人赐金帛，并授图，约曰："违者斩。"至是如所索。可见军用之图，颇为详密。薛《史·唐明宗纪》：长兴三年六月，幽州道赵德钧奏新开东南河，以通漕运，画图以献。四年三月，濮州进《重修河堤图》。缘河地名，历历可数。帝览之愀然，曰："吾佐先朝定天下，于此堤坞间，大小数百战。"又指一邱曰："此吾摆甲台也。时事如咋，奄忽一纪，令人悲叹耳。"此等专为一事而绘之图，地名盖颇完备矣。

《新书》职方职文又云：凡蕃客至，鸿胪讯其国山川风土，为图奏之，副上于职方。殊俗入朝者，图其容状衣服以闻。则外国地理，鸿胪实有考察之责。《地理志》云：天宝中，玄宗问诸蕃国远近，鸿胪卿王忠嗣以《西域图》对，才十数国，此实不免失职。又云：其后贞元宰相贾耽，考方域道里之数最详。从边州入四夷，通译于鸿胪者，莫不毕纪。《艺文志》：耽所著，《地图》十卷，《古今郡国县道四夷述》四十卷外，又有《皇华四达记》十卷。《地理志》所载入四夷之路，盖即本诸此者也。耽虽身访来朝及出使者，仍当以鸿胪所记为根柢，足见官中记注，原自完备也。《南蛮传》：贞观三年（629），东谢蛮酋元深入朝。中书侍郎颜师古上言："昔周武王时，远国入朝，大史次为《王会篇》。今蛮夷入朝，如元深冠服不同，可写为《王会图》。"诏可。《黠戛斯传》：阿热遣使者卫送太和公主还朝，为回鹘乌介可汗邀取之，并杀使者。会昌中，复遣注吾合素上书言状。宰相李德裕引帅古事，言"宜为《王会图》以示后"。有诏以鸿胪所得缋著之"。合工会所图，与贾耽所考，鸿胪之记注，庶几能揽其全矣。而惜乎能图之能考之者不多觏也。然唐代交通，所至既广，历时又久，故域外之记载，究属不少，观《艺文志》地理类所著录者可知，而惜乎其多亡佚也。裴矩之《西域记》，颇足珍贵，已见第二章第五节。唐高宗时敕撰之《西域图志》，体例盖与矩书同？而卷帙再十倍之，其中必多瑰宝矣。玄奘《西域记》，今谈印度事者奉为瑰宝，然《新志》此书，尚在道家类释氏，而不在地理类。

因所至之广，而新知遂有所增。一行作大衍历，诏太史测天下之晷，求其土中，以为定数。《新书·天文志》。今其实测所得，尚存两《书·天文志》中。虽所测之地不多，然因此而知古王畿千里，影移一寸之说之诬；又其至交州者，多见古浑天家以为常没地中之星，皆见两《书·天文志》。要不可谓非突过前人也。其尤可宝者，则为因考论分野而发明人事与地理相关之理。古有所谓十二分野者，以配天文之十二次，其说盖主禨祥，无足深取。汉张衡、蔡邕，乃以汉郡易古地名。自此因循，无所变革。贞观中，李淳风撰《法象志》，又以唐州县配焉。一行增损其书，更为详密。《旧书·天文志》。《新书·天文志》述其说云："天下山河之象，存乎两戒。北戒自三危、积石，负终南地络之阴，东及太华逾河，并雷首、底柱、王屋、太行，北抵常山之右，乃东循塞垣，至涉貊、朝鲜，是谓北纪，所以限戎狄也。南戒自岷山、蟠冢，负地络之阳，东及太华，连商山、熊耳、外方、桐柏，自上洛南逾江、汉，携武当、荆山，至于衡阳，乃东循岭徼，达东瓯、闽中，是谓南纪，所以限蛮夷也。故《星传》谓北戒为胡门，南戒为越门。河源自北纪之首，循雍州北征达华阴，而与地络相会，并行而东，至太行，分而东流，与泾、渭、济渎，相为表里，谓之北河。江源自南纪之首，循梁州南徼达华阳，而与地络相会，并行而东，及荆山之阳，分而东流，与汉水、淮渎，相为表里，谓之南河。故于天象，则弘农分陕，为两河之会，五服诸侯在焉。自陕而西为秦、凉；北纪山河之曲为晋、代；南纪山河之曲为巴、蜀；皆负险用武之国也。自陕而东，三川、中岳为成周；西距外方、大伓，北至于济，南至于淮，东达钜野，为宋、郑、陈、蔡；河内及济水之阳为邶、卫；汉东滨淮水之阴为申、随；皆四战用文之国也。北纪之东，至北河之北为邢、赵；南纪之东，至南河之南为荆楚；自北河下流南距岱山为三齐；夹右碣石为北燕；自南河下流北距岱山为邹、鲁；南涉江、淮为吴、越；皆负海之国，货殖之所阜也。自河源循塞垣北，东及海为戎狄，自江源循岭徼南，东及海为蛮越。观两河之象，与云汉之所始终，而分野可知矣。"此说虽以古天官家言为本，然绝不杂機祥之说，而将中国之地，按山河形势，分为若干区，以求民族分布，及生事不同，文化各异之所以然，实人文地理学之渊泉也。不龟手之药一也，或以封，或不免于洴澼洸，学术之造诣，岂以其所取资者为限哉？《旧书·一行传》末云：又有黄州僧泓者，善算法，每行视山原，即为之图，张说深信重之。泓之学，盖注重于地文者？《魏玄忠传》云：时有左史蓋屋人江融，撰《九州设险图》，备载古今用兵成败之事，元忠就传其术。其学颇类近代之顾祖禹，亦人文地理之一端也。《新书》僧泓亦见《方伎传》，但著其诡异之事，殊非。

医学至宋而一变。自唐以前，医家多讲治法，罕言医理，宋世乃多言理，而五运、六气等说兴焉。然其转变之原，亦在唐世。何者？前此视医为贱业，士大夫弗为，至唐乃渐为之，士大夫为之，斯言理矣。《新书·百官志》：祠部郎中，掌医学。"凡名医子弟，试疗病，长官莅覆，三年有验者以名闻"，足见当时医家，尚未脱世业之习。隋世许智藏之医，自其祖已来，世相传授？许澄亦传父业；其一证也。《旧书·文宗纪》：大和九年八月，贬中书舍人高元裕为阆州刺史，元裕为郑注除官制，说注医药之功，注衔之故也。此说无论信否，其时仍有轻视医师之习，则可见矣。然列传所载：杜鸿渐父鹏举，以母疾，与崔沔同受医于兰陵萧亮，遂穷其术。李听好方书，择其验者，题于帷帟墙屋皆满。李逢吉，父颜有锢疾，逢吉自料医剂，遂通方书。殷践猷博学，尤通氏族、历数、医方。王勃，尝谓人子不可不知医。时长安曹元有秘术，勃从之游，尽得其要。皆见《新书》。可见士大夫事此者日多。当时医家，多托亲疾。如《旧书·方伎传》言：甄权以母病，与弟立言专医方，得其旨趣是也。岂亦以世轻其业，故为是以自解邪？

隋太医署，医博士之外，又有按摩博士、咒禁博士。唐太医令，"其属有四：曰医师，曰针师，曰按摩师，曰咒禁师，皆有博士以教之"。四者，盖当时医师分业之大者也。咒禁似涉迷信，实亦不然。《隋书·隐逸传》：张文诩尝有要疾，会医者自言善禁，文诩令禁之，遂为刃所伤，至于顿伏床枕，则咒禁之后，仍须用刀针。岂以时无麻醉药，乃以咒禁减其痛苦邪？薛《史·苌从简传》：尝中箭，镞入于骨。使医工疗之。以刃凿骨。恐其痛也，良久未能摇动。从简瞋目谓曰："何不沈凿？"洎出之，左右无不恻然，从简颜色自若。此与三国时之关羽，南北朝时之长孙子彦同。见《秦汉史》第十九章第七节，《两晋南北朝史》第二十三章第七节。欧《史》云："工无良药，欲凿其骨。"良药疑即指麻醉药言之也。然当时医家之手术，实不可为劣。安金藏剖腹以明皇嗣。《旧书·本传》述其事云：引佩刀自剖其胸，五藏并出，流血被地，因气绝而仆。则天闻之，令舆入宫中，遣医人却内五藏，以桑白皮为线缝合，傅之药。经宿始苏。《旧书》此言，庸或夸张失实，《新书》但云"肠出被地，眩而仆"而已。然此医手术之非劣，断可见矣。《新书·南蛮传》言：酋龙入犯，俘华民，必劓耳鼻，已纵之，居人刻木为耳鼻者什八，此言亦庸或太过，然时刻木为耳鼻者必多，则娴此手术者，亦不少矣。《新书》述按摩博士之职云"损伤折跌者正之"，则亦兼正骨之术。

　　神仙家之学，仍与医家相出入。《新书·隐逸传》：王希夷。隐嵩山，师黄颐学养生。颐卒，更居兖州徂徕。饵松柏叶、杂华。年七十余，筋力柔强。此服食之术也。《方伎传》：张果，玄宗令通事舍人裴晤往迎。见晤辄气绝仆，久乃苏。此盖古胎息之术。见《秦汉史》第二十章第五节。《文苑·卢照邻传》：病去官，居太白山，得方士玄明膏饵之，会父丧号呕，丹辄出，由是疾益甚。《毕诚传》：始诚被知于宣宗，尝许以相。令狐绹忌之，自邠宁凡三徙，不得还。诚思有以结绹，至太原，求丽姝，盛饰使献。绹不受，诚亦放之。太医李玄伯，以钱七十万聘之，进之帝。嬖幸冠后宫。玄伯又治丹剂以进。帝饵之，疽生于背。懿宗立，收玄伯及方士王岳、虞紫芝等，俱诛死。此以丹剂治疾者也。丹剂多用金石，易以见效，亦易滋流弊。《旧书·王守澄传》：郑注尝为李愬煮黄金，服一刀圭，可愈痿弱重腿之疾，复能反老成童，愬与守澄服之颇效。疑亦此类。注所以游公卿间颇以医名者，疑亦恃此等剂耳。孟诜于刘祎之家见敕赐金而知为药金，亦以其本"以药饵为事"也。《方伎传》。

　　《旧书·吕才传》：高宗时，右监门长史苏敬上言：陶弘景所撰《本草》，事多舛缪。诏中书令许敬宗与才及李淳风、礼部郎中孔志约，并诸名医，增损旧本，仍令司空李勣总监之。并图合成五十四卷。大行于代。与纂修者尚有多人，见《新书·艺文志》。《新书·于志宁传》：帝曰："本草尚矣，今复修之，何所异邪？"对曰："昔陶弘景以《神农经》合杂家《别录》注之。江南遍方，不晓药石，往往纰缪，四百余物，今考正之；又增后世所用百余物；此以为异。"帝曰："《本草》《别录》，何为而二？"对曰："班固惟记《黄帝内外经》，不载《本草》，至齐七录乃称之。世谓神农氏尝药以拯含气，而黄帝以前，文字不传，以识相付，至桐雷乃载篇册，然所载郡县，多在汉时，疑张仲景、华佗窜记其语。《别录》者？魏、晋以来吴普、李当之所记，其言华药形色，佐使相须，附经为说，故弘景合而录之。"谢利恒《中国医学源流论》云："本草之名，始见于《汉书·平帝纪》及《楼护传》，乃学科之名，非书名也。故《汉志》经方十一家二百七十四卷，无以本草名者。至梁《七录》，乃有《神农本草经》之名，而《隋志》同之，则犹今人言药物学书耳。元《注》："神农本草四字为学科之名，经字为书名。"其著之简策，盖亦在晚周之时？陶弘景所谓与《素问》同类者也。其书专家相传，颇多窜乱。至弘景始从事于校理。其言曰：世传《神农本草》，只此三卷。所出郡县，多后汉时制，疑仲景、元化等所记。元《注》："仲景、元化，为当时医家两大师，故举以概其余，言若仲景、元化一流人，非实指仲景、元化也。下吴普、李当之徒同。"又有《桐君采药录》，说其华叶形色。《叶对》四卷，论其佐使相须。魏、晋以来吴普、李当之徒，更复损益。或五百九十五，或四百四十一，或三百一十九；或三品混杂，冷热舛错，草石不分，虫兽无辨。且所主治，互有得失。医家不能备见，则知识亦有浅深。余辄苞综诸经，研括繁省。以《神农本经》三品合三百六十五为主，又进名医别品三百六十五，合七百三十种，精粗皆取，无复遗落，合为七卷云云。盖合诸专家所传，而折衷于一是也。自是以后，历代相因，屡加修辑。唐显庆中所修者，世谓之《唐本草》，亦曰《唐新修本草》。孟蜀时，韩休昇又奉命重修，稍增注释，世称《蜀本草》。宋太祖开国，命刘翰、马士等修辑，士又为之注。先是唐开元中，有陈藏器者，撰《本草拾遗》十卷，以补《名医别录》之阙，及是亦采人焉。是为《开宝新详定本草》。后以或有未合，又命翰等重加详定，为《开宝重定本草》。嘉祐时，掌禹锡奉敕加注，为《嘉祐补注本草》。大观中，蜀人唐慎微，兼合诸家，采经史中言医事者，随类附入，名曰《证类本草》，于诸本中称最善焉。盖自李时珍《纲目》以前，官修者凡五，私修者凡二，皆以隐居所修为蓝本，而辗转附益者也。"案陈藏器修《本草拾遗》，见《新书·孝友传》。此外加以阐发，为图或音义者，尚有数家，皆见《艺文志》。《旧书·秦彦传》言：杨行密围彦半年，城中刍粮并尽，草根，木实，市肆药物，皮囊，革带，食之亦尽，则市肆卖药物者已多。卖药者多，则医家不能借药以要利，皆本草流传之赐也。

《新书·百官志》鸿胪寺职云："蕃客献药者，鸿胪寺验覆，少府监定价之高下。"则药尚有来自外国者。《旧书·罽宾传》：开元七年（719），遣使来朝，进天文经一夹，秘要方并蕃药等物。盖亦贾胡贩卖之品，朝献特其名焉耳。

唐于各州郡皆设医学，已见第一节。薛《史·唐末帝纪》：清泰二年六月，诏诸州府署置医博士，是其政犹未度。然欲以此疗民疾，则势实不给，乃以传布医方为救济之策。《旧书·玄宗纪》：开元二十一年九月，"颁上撰《广济方》于天下"；《德宗纪》：贞元十二年正月，"上制《贞元广利药方》五百八十六首，颁于天下"；薛《史·梁太祖纪》：乾化二年五月，诏"凡有疫之处，委长吏检寻医方，于要路晓示"；皆是物也。《陈元传》："家世为医。"元初事王重荣，后侍李克用。长兴中，集平生所验方七十五首，并修合药法百件，号曰《要术》，刊石置于太原府衙门之左，以示于众。病者赖焉。其重之也如此。治病首重诊察，岂可专论方药？其如医师之不给何？《旧书·唐太宗纪》：贞观十年（637），关内、河东疾病，命医赍药疗之。《旧书·本纪》。梁太祖乾化二年（912）之诏又曰："如有家无骨肉，兼困穷不济者，即仰长史差医给药救疗之。"此岂可以常行，即行之亦岂易名实相副邪？跻斯民于仁寿，固非易言也。

历代政令，于病者皆加矜恤，即罪人亦然。《新书·刑法志》：囚疾病给医药，重者释械，其家一人入侍。职事官三品已上，妇女、子孙二人入侍。薛《史·晋高祖纪》，天福二年八月，"诏天下刑狱系囚染疾者，宜差医工治疗，官中量给药价。事轻者仍许家人看候。合杖者候损日决遣"是也。然此等亦率成具文耳。贫病者，唐时寺院以悲田置养病坊处之。然《通鉴》：开元二十二年（734），"禁京城丐者，置病坊以廪之"。会昌五年（845）废佛，敕两京量给寺田振济，诸州府七顷至十顷，各于本管选耆寿一人句当，以充粥料。《旧书·本纪》。黄巢入东京，"朝廷以田令孜率军十万守潼关。禁军各于两市佣雇负贩、屠沽及病坊穷人，以为战士"。《旧书·黄巢传》。则恐亦救贫之意多，而养病之意荒矣。口实不给，固无从虑及疾病也。

谚云："肺腑而能语，医师色如土"，医师之见轻，可谓甚矣。医固难知之事，流俗之讥评，未必皆当，然奏效者稀，则系事实。职是故，遂使人不信医。《旧书·李勣传》：自遇疾，高宗及皇太子送药，即取服之。家中召巫医，皆不许入门。子弟固以药进，竟拒而不进。薛《史·崔棁传》：性至孝。父涿有疾，谓亲友曰："死生有命，无巫为也。"棁侍之，衣不解带。有宾至，必拜泣，告于门外，请方便劝其进药。涿终莫之从。彼皆非有所迫而欲祈死，诚视医药焉能为有、焉能为无也。信巫不信医，亦不能为病家咎矣。然如唐懿宗，以同昌公主之死而加罪于医，则终为非理。事见《旧书·本纪》咸通十一年（870），及《温造、刘瞻、郑畋传》。《新书·后妃传》载顺宗庄宪皇后王氏遗令曰"侍医无加罪"，疑帝后等死后，医师亦有循例得一处分者，但必不如懿宗之淫滥耳。以医固难知之事也。医家之无能为，观其昧于诊察，而劳于方药，即可知之。《旧书·方伎·许胤宗传》：武德初，关中多骨蒸病，得之必死，递相连染，诸医无能疗者，胤宗每疗无不愈。或谓曰："公医术若神，何不著书，以诒将来？"胤宗曰："医者意也，在人思虑，又脉候幽微，苦其难别，意之所解，口莫能宣。且古之名手，惟是别脉。脉既精别，然后识病。夫病之于药，有正相当者，惟须单用一味，直攻彼病，药力既纯，病即立愈，今人不能别脉，莫识病源。以情臆度，多安药味。譬之于猎，未知兔所，多发人马，空地遮围，或冀一人，偶然逢也。如此疗疾，不亦疏乎？假令一药，偶然当病，复共他味相和，君臣相制，气势不行。所以难差，谅由于此。脉之深趣，既不可言，虚设经方，岂加于旧？吾思之久矣。故不能著述耳。"观其言，即知当时医家，于诊察之术，绝无把握。然"医者意也"之说，谓非"以情臆度"得乎？不欲虚设经方，故不能著述，足见胤宗若著述，亦不过多设方剂耳。唐世医书传于今最著名者，孙思邈《千金方》，王焘《外台秘要方》，皆经方家言也。王焘《新书》附其祖《珪传》，云：性至孝。为徐州司马，母有疾，弥年不废带，视絮汤剂。数从高医游，遂穷其术。因以所学作书，号外台秘要。讨绎精明，世宝焉。其书《艺文志》著录，作《外台秘要方》，是也。陆贽在忠州，以地苦瘴疠，为《集验方》五十卷，以示乡人。兼用新旧《书》传。则贽本不知医，更不足论矣。然则当时救疗之政，偏重传布医方，或亦其时之医学，有以限之也。

《隋书·循吏·辛公义传》：除岷州刺史。土俗畏病，一人有疾，合家避之，父子夫妻，不相看养，孝义道绝。由是病者多死。公义患之，欲变其俗。因分遣官人，巡检部内。凡有疾病，皆以床舆来，安置厅事。暑月疫时，病人或至数百，厅廊悉满。公义亲设一榻，独坐其间，终日连夕，对之理事。所得秩俸，悉用市药，为迎医疗之。躬劝其饮食。于是悉差。方召其亲戚而谕之曰："死生由命，不关相著。前汝弃之，所以死耳。今我聚病者，坐卧其间，若言相染，那得不死？病儿复差，汝等勿复信之。"诸病家子孙，惭谢而去。后人有遇病者，争就使君。其家无亲属，因留养之。始相慈爱。此风遂革。《旧书·高士廉传》：转益州长史。蜀土俗薄，畏鬼而恶疾。父母病有危殆者，多不亲扶侍，杖头挂食，遥以哺之。士廉随方训诱，风俗顿改。《李德裕传》：出为浙西观察使。江、岭之间，信巫祝，惑鬼怪。有父母兄弟厉疾者，举室弃之而去。德裕欲变其风。择乡人之有识者，谕之以言，绳之以法。数年之间，弊风顿革。薛《史·周知裕传》：迁安州留后。淮上之风恶病者。至于父母有疾，不亲省视。甚者避于他室，或时问讯，即以食物揭于长竿之首，委之而去。知裕心恶之。召乡之顽很者，诃诘教导，弊风稍革。此皆仁政，然未知传染病当隔离之理，亦医学限之也。《新书·诃陵传》：有毒女，与接辄苦疮。此即今之梅毒。盖当唐世传入？故至宋世，始有治此病之书也。陈司成《霉疮秘录》。

第七节　经　籍

隋、唐二代，中秘之藏，较之前代，颇有增益。盖以南北统一，又运直升平故也。《隋书·经籍志》云："周保定之始，书止八千。后稍加增，方盈万卷。周武平齐，先封书库。所加旧本，才至五千。隋开皇三年（583），秘书监牛弘表请分遣使人，搜访异本。每书一卷，赏绢一匹。校写既定，本即归主。《本纪》：是年三月，诏购求遗书于天下。于是民间异书，往往间出。及平陈已后，经籍渐备。《旧书·裴矩传》：陈平，晋王广令矩与高颍收陈图籍，归之秘府。检其所得，多太建时书。纸墨不精，书亦拙恶。于是总集编次，存为古本。召天下工书之士，京兆韦霈、南阳杜頵等，于秘书内补续残缺。为正副二本，藏于宫中。其余以实秘书内外之阁。凡三万余册。炀帝即位，秘阁之书，限写五十副本。分为三品。于东都观文殿东西厢构屋以贮之。东屋藏甲乙，西屋藏丙丁。又于殿后起二台，以藏法书、名画，已见第五节。又于内道场集道、佛经，别撰目录。大唐武德五年（622），克平伪郑，尽收其图书及古迹焉。《旧书·太宗纪》：世充降，太宗入据宫城，令记室房玄龄收隋图籍。命司农少卿宋遵贵载之以船，溯河而上，将致京师。行经砥柱，多被漂没。其所存者，十不一二。其目录亦为所渐濡，时有残缺。"《新书·艺文志》云："隋嘉则殿书三十七万卷。至武德初，有书八万卷。重复相糅。王世充平，得隋旧书八千余卷。太府卿宋遵贵监运东都，浮舟溯河，西致京师。经砥柱，舟覆，尽亡其书。"言东都所得书卷数，为《隋志》所未及，然云尽亡其书，似不如《隋志》所云之审也。《隋书·许善心传》云：开皇十七年（597），除秘书丞。于时秘阁图籍，尚多淆乱。善心放阮孝绪《七录》，更制《七林》，各为总叙，冠于篇首。又于部录之下，明作者之意，区分其类例焉。

《旧书·经籍志》云："隋世简编，最为博洽。及大业之季，丧失者多。贞观中，令狐德棻、魏徵相次为秘书监，上言经籍亡逸，请行购募，并奏引学士校定，群书大备。《旧书·文苑·崔行功传》云：太宗命秘书监魏徵写四部群书，将进内贮库。别置雠校二十人，书手一百人。徵改职之后，令虞世南、颜师古等续其事。至高宗初，其功未毕。显庆中，罢雠校及御书手。令工书人缮写，计直酬庸，择散官随番雠校。其后又诏东台侍郎赵仁本、东台舍人张文瓘及行功、怀俨等相次充使检校。又置详正学士以校理之。则贞观时事实未成。开元三年（715），左散骑常侍褚无量、马怀素侍宴。言及经籍。玄宗曰：内库皆是太宗、高宗先代旧书。常令宫人主掌。所有残缺，未遑补缉。篇卷错乱，难于检阅。卿试为朕整比之。至七年（719），诏公卿、士庶之家，所有异书，官借缮写。"《新志》云："贞观中，魏徵、虞世南、颜师古继为秘书监，请购天下书，选五品以上子孙工书者为书手缮写，藏于内库，以宫人掌之。玄宗命马怀素为修图书使，与褚无量整比。会幸东都，乃就乾元殿东序检校。无量建议借民间异本传录。及还京师，迁书东宫丽正殿，置修书院于著作院。其后大明宫光顺门外，东都明福门外皆创集贤书院，学士通籍出入。"《儒学·褚无量传》云：初内府旧书，自高宗时藏宫中，甲乙丛倒。无量建请缮录补第，以广秘籍。天子诏于乾元殿东厢部汇整比，无量为之使。因表闻喜尉卢僎、江夏尉陆去泰、左监门率府胄曹参军王择从、武陟尉徐楚璧分部雠定。又诏秘书省、司经局、昭文、崇文二馆更相检雠。采天下遗书，以益阙文。不数年，四库完治。帝西还，徙书丽正殿，更以修书学士为丽正殿直学士。复诏无量就丽正纂续前功。《百官志》云：开元五年（717），乾元殿写四部书，置乾元院使。六年（718），乾元院更号丽正修书院。十一年（723），光顺门外亦置书院。十二年（724），东都明福门外亦置丽正书院。十三年（725），改丽正修书院为集贤殿书院。"九年十一月，殷践猷、王惬、韦述、余钦、毋煚、刘彦真、王湾、刘仲丘等重修成《群书四部录》二百卷。右散骑常侍元行冲奏上之。《旧书·马怀素传》云：玄宗令与褚无量同为侍读。是时秘书省典籍散落，条疏无叙。怀素上疏曰："南齐已前坟籍，旧编王俭《七志》。已后著述，其数盈多。《隋志》所书，亦未详悉。或古书近出，前《志》阙而未编，或近人相传，浮词鄙而犹记。若无编录，难辨淄渑。望括检近书篇目，并前《志》所遗者，续王俭《七志》，藏之秘府。"上于是诏学涉之士国子博士尹知章等分部撰录。并刊正经史。粗创首尾。会怀素病卒。《元行冲传》云：七年（719），先是秘书监马怀素集学者续王俭今书《七志》。左散骑常侍褚无量于丽正殿校写四部书。事未就而怀素、无量卒。诏行冲总代其职。于是行冲表请通撰古今书目，名为《群书四录》。命学士鄠县尉毋煚、栎阳尉韦述、曹州司法参军殷践猷、大学助教余钦等分部修检。岁余，书成奏上。《新书·马怀素传》云：怀素建白，诏可，即拜怀素秘书监。乃诏尹知章、王直、赵玄默、吴绰、韦述、马利徽、刘彦直、宋辞玉、陆绍伯、李子钊、殷践猷、解崇质、余钦、王惬、刘仲丘、侯行果、袁晖、晁良、毋煚、王湾、郑良金等分部撰次。践猷从弟承业、徐楚璧是正文字。怀素奏秘书少监卢俌、崔沔为修图书副使，秘书郎田可封、康子元为判官。然怀素不善著述，未能有所绪别。会卒。怀素卒后，诏秘书官并号修书学士，草定四部。人人意自出，无所统一，逾年不成。有司疲于供拟。太仆卿王毛仲奏罢内料。又诏右常侍褚元量、大理卿元行冲考绌不应选者。元量等奏修撰有条，宜得大儒综治。诏委行冲。乃令煚、述、钦总缉部分。践猷、惬治经，述、钦治史，煚、彦直治子，湾、仲丘治集。八年（720），《四录》成，上之。学士无赏擢者。《旧书·本纪》：九年十一月，元行冲上《群书目录》二百卷，藏之内府。与《新传》异。自后毋煚又略为四十卷，名《古今书录》。大凡五万一千八百五十二卷。禄山之乱，两都覆没。乾元旧籍，亡散殆尽。肃宗、代宗，崇重儒术，屡诏购募。《新志》云：元载为宰相，奏以千钱购书一卷。又命拾遗苗发等使江淮括访。文宗时，郑覃侍讲禁中，以经籍道丧，屡以为言。诏令秘阁搜访遗文，日令添写。开成初，四部书至五万六千四百七十六卷。《旧书·文宗纪》：开成元年七月，御史台奏：秘书省管新旧书五万六千四百七十六卷。长庆二年（822）已前，并无文案。大和五年（831）已后，并不纳新书。今请创立簿籍，据阙添写。卷数逐月申台。从之。九月，敕秘书省集贤院应欠书四万五千二百六十一卷，配诸道缮写。及广明初，黄巢干纪，再陷两京。宫庙寺署，焚荡殆尽。曩时遗籍，尺简无存。《新志》云："存者盖尟。"及行在朝，诸儒购辑，所传无几。昭宗即位，志弘文雅。秘书省奏曰：当省元掌四部御书十二库，共七万余卷。广明之乱，一时散失。后来省司购募，尚及二万余卷。及先朝再幸山南，尚存一万八千卷。窃知京城制置使孙惟晟收在本军。其御书秘阁，见充教坊及诸军人占住。伏以典籍国之大经，秘府校雠之地，其书并望付当省校其残缺，渐令补辑。乐人乞移他所。并从之。《新志》云：命监察御史韦昌范等诸道求购。及迁都洛阳，又丧其半。"《新志》云："荡然无遗矣。"唐室图籍聚散之大略如此。《旧志》"录开元盛时四部诸书，凡三千六十部五万一千八百五十二卷。其外释氏经律论疏，道家经戒符箓，凡二千五百余部九千五百余卷"。亦勒成目录十卷，名曰《开元内外经录》。《新志》则云：藏书莫盛于开元。其著录，五万三千九百一十五卷，而唐之学者自为之书，又二万八千四百六十九卷。《旧志》又比较历代书籍多少云："汉《艺文志》三万三千九百卷。案此数误，说见《秦汉史》第十九章第八节。晋二万七千九百四十五卷。江表所存，三千一十四卷。宋谢灵运造四部书目录，凡四千五百八十二卷。其后王俭复造书目，凡五千七十四卷。南齐王亮、谢朏出四部书目，凡一万八千一十卷。梁元帝克平侯景，收公私经籍，归于江陵，凡七万余卷。盖佛、老之书，计于其间。隋著定书目凡三万余卷。国家平王世充，收其图籍，溯河西上，多有沈没，存者重复八万卷。开元时，四部库书，两京各一本，共一十二万五千九百六十卷。"诸书所言卷数，不必密合，然总可考见历代王室藏书之大概也。

五代丧乱，艺文之事，亦未全废。薛《史·唐庄宗纪》：同光二年（924）圜丘礼毕赦文，"有能以书籍进纳者，各等第酬奖"。《周世宗纪》：显德三年十二月，诏曰："史馆所少书籍，宜令本馆诸处求访补填。如有收得书籍之家，并许进书人据部帙多少等第，各与恩泽。如是卷帙少者，量给资帛。'如馆内已有之书，不在进纳之限。'仍委中书、门下，于朝官内选差三十人，据见在书籍，各求真本校勘。署校官姓名，逐月具功课申报中书、门下。"是其事也。近人有撰文论五代时刻书藏书者，云五代时，南唐、吴越，藏书较盛。引《金华子杂篇》云："始天祐间，江表多故。洎及宁帖，人尚苟安。稽古之谈，几乎绝侣。横经之席，蔑尔无闻。及高皇李昪，初收金陵，首兴遗教。悬金为购《坟典》，职吏而写史籍。闻有藏书者，虽寒贱，必优辞以假之。或有赞献者，虽浅近，必丰厚以答之。时有以学王右军书一轴来献，因偿千余万，缯帛副焉。由是六籍臻备，诸史条集。古书名画，辐凑绛帷。俊杰通儒，不远千里。而家至户到，咸慕置书。经籍道开，文武并驾。"又引《江南别录》云："元宗、璟。后主，煜。皆妙于笔札。好求古迹。宫中图籍万卷，钟、王墨迹尤多。"又引马令《南唐书·朱弼传》云："皇朝初离五代之后，诏学官训校九经，而祭酒孔维、检讨杜镐苦于讹舛。及得金陵藏书十余万卷，分布三馆及学士、舍人院。其书多雠校精审，编帙完具，与国本不类。"是南唐不惟多藏书，所藏又多善本也。又引《十国春秋》言钱镠子传瑛"聚书数千卷"。孙文奉，"所聚图书、古器无算，雅有鉴裁"。惟治，"聚法帖、图书万余卷，多异本"。惟演，"家储坟籍，侔于秘府"。昱，"喜聚书"。昭序，"好学，聚书，书多亲写"。虽不如南唐之盛，亦已非北方所及矣。丧乱之世，文物留遗，恒在江域。盖以其地兵争，究较北方为少，亦且物力丰阜故也。

历代王室之于书籍，皆搜访颇勤。然勤于搜访，而拙于管理与流通，遂至所蓄虽多，终亦化为煨烬焉。《旧书·中宗纪》：景龙三年六月，"以经籍多缺，使天下搜括"。求书遍及全国，相须可谓甚殷。《新书·张公谨传》：孙悱，仕玄宗时，累擢知图书括访异书使。《萧颖士传》：天宝中，奉使括遗书江淮间，淹久不报，为有司劾免。而前蜀之平，后唐亦以庾传美充三州搜访图籍使。见第四节。则遣使搜访，当时几习为故常。卷酬一匹，书仍归主；或依等第酬奖；所以招致之者，亦不可谓不厚。所得颇多，盖无足怪。然藏诸宫中，委之婢妾，果何为者乎？不徒宫中之藏也，即委之士大夫，其所愈亦无几。《旧书·蒋乂传》：弱冠博通群籍，而史学尤长。其父在集贤时，以兵乱之后，图籍涸杂，乃白执政，请携乂入院，令整比之。集贤俊才如林，而整比乃有待于一小子，不亦徒相从饱食乎？《新书·三宗诸子·惠文太子范传》云：初隋亡，禁内图书湮放。唐兴募访，稍稍复出，藏秘府。长安初，张易之奏天下善工潢治。乃密使摹肖，殆不可辨，窃其真藏于家。既诛，悉为薛稷取去。稷又败，范得之。后卒为火所焚。则近世盗窃之弊，当时早已有之，宁不以管理之无法乎？印刷未兴之时，无论公私庋藏，皆于学者有益。窦威拜秘书郎，秩满当迁，而固守不调。在秘书十余岁，学业益广。李敬玄，高宗在东宫，马周荐其才，召入崇贤馆侍读，假中秘书读之。李邕既冠，见特进李峤，自言读书未遍，愿一见秘书。峤曰："秘阁万卷，岂时日能习邪？"邕固请。乃假直秘书。未几辞去。峤惊，试问奥篇隐帙，了辨如响。峤叹曰："子且名家。"阳城，家贫不能得书，乃求为集贤写书吏，窃官书读之。此皆中秘之藏，能有益于人也。元行冲，韦述父景骏姑子。述入其书斋，忘寝与食。此则私家之藏，能有益于人也。政府所司，本属民事，既得书矣，何不广事移写，分存各州县学校各一本乎？欧《史·石昂传》曰：家有书数千卷，喜延四方之士。士无远近，多就昂学问，食其门下或累岁，昂未尝有怠色。有国有家者，几何其不为一命之士所笑也？印刷未兴之时，移写固非容易，然果以民事为念，各州县遍藏一本，亦岂事之难办者邪？物少则其灭绝易，历代书籍，灭亡十九，不得不为公私有书者，徒知藏庋，不知流布，甚且秘惜不出者咎矣。

官家求书，亦有得之非法者。《新书·董昌传》云：僖宗始还京师，昌取越民裴氏藏书献之，补秘书之亡。日取，盖未尝移写而径取之也？此行同攘夺矣。薛《史·周世宗纪》：显德二年闰月，秘书少监许逊责授蔡州别驾，坐先假窦氏图书，隐而不还也。此盖借官力以行攘窃，譬诸小人，其犹穿窬之盗也欤？

私家藏书者，钟绍京、韦述、萧岵、段文昌、王涯等，已见第五节。此外尚多。李元嘉、《旧书·高祖诸子传》：韩王元嘉。少好学，聚书至万卷。又采碑文、古迹，多得异本。子撰。时天下犯罪籍没者甚众，惟冲与撰父子书籍最多，皆文句详定，秘阁所不及。李袭誉、《新书·本传》：以余资写书。罢扬州，书数车载。王方庆、《旧书·本传》：聚书甚多，不减秘阁。至于图画，亦多异本。诸子莫能守其业，卒后寻亦散亡。吴兢、《旧书·本传》：兢家聚书颇多。尝目录其卷第，号《吴氏西斋书目》。蒋乂、《旧书·本传》：藏书万五千卷。苏弁、《旧书·本传》：聚书至二万卷，皆手自刊校。至今言苏氏书次于集贤、秘阁焉。韦处厚、《旧书·本传》：聚书逾万卷，多手自刊校。柳公绰、《旧书·本传》：家甚贫，有书千卷。仲郢、公绰子。《新书·本传》：家有书万卷。所藏必三本：上者贮库，其副常所阅，下者幼学焉。段成式、《新书·本传》：多奇篇秘籍。李磎、鄘孙。《旧书·本传》云：磎自在台省，聚书至多，手不释卷，时人号曰李书楼。孙骘、薛《史·本传》：雅好聚书，有六经、汉史，洎百家之言，凡数千卷。皆简翰精至，披勘详定。张宪、薛《史·本传》：石州刺史杨守业喜聚书，以家书示之，闻见日博。宪沉静寡欲，喜聚图书。家书五千卷。视事之余，手自刊校。贾馥、薛《史·本传》：家聚书三千卷，手自刊校。韩恽薛《史·本传》：聚书数千卷。其最著者也。即武人如田弘正、《旧书·本传》：于府舍起书楼，聚书万余卷。罗绍威、《旧书·本传》：聚书至万卷。赵匡凝、薛《史·梁太祖纪》：开平元年十月，山南东道节度使杨师厚进纳赵匡胤东第书籍。《匡凝传》：初匡凝好聚书。及败，杨师厚获千卷于第，悉以来献。王都、薛《史·本传》：都好聚图书。自常山始破，梁国初平，令人广将金帛收市，以得为务，不责贵贱。书至三万卷，名画、乐器各数百，皆四方之精妙者，萃于其府。及败，纵火焚之。王师范等，薛《史·杨彦询传》：年十三，事青帅王师范。有书万卷，以彦询聪悟，使掌之。亦知庋藏。其校勘多精审。盖得书艰难之世，非爱好者不肯蓄，爱好则自能从事于此也。其保护亦多周至，如萧颖士遇安禄山之乱。藏家书于箕、颍间，而后身走山南是矣。《新书·本传》。然如杜兼，聚书万卷，署其末，以坠鬻为不孝戒子孙，《新书·本传》。未免无楚弓楚得之雅量也。

刻板之事，至晚唐乃稍盛，故其时爱书之士，从事钞写者仍多。张文瓘兄文琮，好自写书，笔不释手。杨玚从父兄晏，精《孝经》学，常手写数十篇，可教者辄遗之。皆见《新书》传。此躬自移写者也。《旧书·柳仲郢传》：九经、三史一钞。《新书》云：仲郢尝手抄六经，司马迁、班固、范晔史皆一抄。魏、晋已来南北史再钞。手钞分门三十卷，号柳氏自备。又精释典。《瑜珈》《智度大论》皆再钞。自余佛书，多手记要义。小楷精谨，无一字肆笔。此勤于钞略者也。《隋书·沈光传》：家甚贫窭，父兄并以佣书为事。《虞世基传》：陈灭归国，为通直郎，直内史省。贫无产业，以佣书养亲。高宗欲完内库书，令工书人抄写，计直酬佣，可见其时以佣书自食者颇众。杨玚知史传有用，乃课吏传写。欧《史·本传》。则吏之能事移录者亦多矣。晋高祖好《道德经》，即命雕板，见薛《史·本纪》，天福五年（940）。此虽在五代，亦尚为罕见之举，非人君不能行也。市肆亦恒有卖书者，如《新书·吕向传》，言其"强志于学，每卖药即市阅书"是矣。亦当多出手写。

焚书非罕见之事也。世以三代经籍，亡于秦火，说固诞谩不足信，然如史记之但藏公家者，一焚而即灭，则不诬矣。《新书·李义府传》：贞观中修《氏族志》，州藏副本，以为长式。义府更奏删正。又奏悉收前志烧绝之，此亦秦焚书之类也。若隋世之烧谶书，则更与秦相类矣。徐敬业之败也，走江都，"悉焚其图籍"；《新书·本传》。王都之败，亦焚其所藏；此则梁元帝之类。

古代所藏图书，至近世而复出者，莫如敦煌石室之著。此石室在敦煌东南三十里鸣沙山中，唐时称为莫高窟。今俗称千佛洞。其经始在晋太和元年（366），至宋景祐二年（1035）而封闭。清季，有王道士者，欲事修理，坏其壁，乃得见之。石室之发见，说者多谓在清光绪二十六年（1900），乃据王道士之言推算。然叶昌炽之语石，刊于宣统元年（1909），道及其事，云在十余年前，则必在是年之前矣。英人斯坦因，服官于英印度政府，"探险中亚"。闻之，以光绪三十三年（1907）来，以廉价购窃三千余卷于王道士，运至印度及伦敦之博物馆。明年，法人伯希和亦来，又盗去三千余卷，藏之巴黎图书馆。中国人始知之，乃由清季之学部，命甘肃将所余运至北京，藏诸其时之京师图书馆。然转运时已有盗窃，抵京后又有散失，落入不知谁何之手者，亦不少也。洞中所得，佚籍甚多，并有为外国文字者。其中粟特文一种，久绝于世，尤称宝贵焉。此室藏书，复出后虽多散佚，然保存旧籍究不少，实缘其地较偏僻之故，兵燹之剧，但在平原旷野，而物力丰饶之地，亦在于此。而藏书亦于是，遂至人力所成者，仍以人力毁之。设使自古以来，即有一藏书之法，如古人所谓藏之名山者，则书之厄必可少减矣。王室所居，即为政权所寄，其兵争必尤烈，而中秘之藏即在是，故历代所有，无不灭亡，此亦据天下而自私之祸也。

《困学纪闻》："孝宗问周益公云：唐孙樵读《开元录》杂报数事，内有宣政门宰相与百寮廷诤十刻罢，遍检薪、旧《唐史》及诸书，并不载。益公奏：《太平御览》总目内有《开元录》一书，祖宗朝此本尚存，近世偶不传耳。容臣博加询访。"《集证》引孙樵《读开元杂报》云："樵曩于襄、汉间得数十幅书，系日条事，不立首末。其略曰：某日，皇帝亲耕籍田，行九推礼。某日百寮行大射礼于安福楼南。某日，安北诸蕃首长请扈从封禅。某日，皇帝自东封还，赏赐有差。某日，宣政门宰相与百僚廷诤，十刻罢。如此凡数十百条。樵后得《开元录》验之，条条可复云。"此盖后世宫门抄之类？论者谓为报纸之渊源也。

《旧书·吐蕃传》：开元十八年（730），使来，奏云：金城公主请《毛诗》《礼记》《左传》《文选》各一部。制令秘书省写与之。正字于休烈上疏曰："昔东平王入朝，求《史记》、诸子，汉帝不与。盖以《史记》多兵谋，诸子杂诡术。且臣闻吐蕃之性，慓悍果决，敏情持锐，善学不回。若达于书，必能知战。深于《诗》则知武夫有师干之试，深于《礼》则知月令有废兴之兵，深于《传》则知用师多诡诈之计，深于《文》则知往来有书檄之制，何异借寇兵而资盗粮也。且公主下嫁从人，合慕夷礼，返求良书，恐非本意，虑有奔北之类，劝教于中。若陛下虑失蕃情，以备国信，必不得已，请去《春秋》。"疏奏，不省。《新书·休烈传》云：疏入，诏中书门下议。侍中裴光庭曰："休烈但见情伪变诈于是乎生，不知忠信节义亦于是乎在。"帝曰："善。"遂与之。则不得云不省也。而休烈之锢蔽，则匪夷所思矣。

古物亦时有发见，但唐以前人知贵之者尚少耳。《旧书·音乐志》："今清乐奏琵琶，俗谓之秦汉子。圆体修颈而小。疑是弦鼗之遗制。其他皆充上锐下曲项，形制稍大。疑此是汉制。兼似两制者，谓之秦、汉，盖谓通用秦、汉之法。

阮咸，亦奏琵琶也，而项长过于今制，列十有三柱。武太后时，蜀人蒯明，于古墓中得之。《晋竹林七贤图》阮咸所弹与此类，因谓之阮咸。"此以古物与图画相证者也。然伪物亦时有之。薛《史·张策传》：少聪警好学，尤乐章句。居洛阳敦化里。尝浚甘泉井，得古鼎。耳有篆字曰："魏黄初元年春二月匠吉千。"且又制作奇巧。策父同甚宝之。策时在父旁。徐言曰："建安二十五年（220），曹公薨，改年为延康。其年十月，文帝受汉禅，始号黄初，则是黄初元年无二月明矣。"同大惊。亟遣启书室，取《魏志》展读，　不失所启。宗族奇之。此物之伪，似无可解免，知好作伪者历代有之也。

第八章　隋唐五代宗教

第一节　诸教情状

当晋、南北朝之世，佛教之流传初盛，牢笼旧有诸迷信之道教，亦于此时长成；适会新莽变法败绩，吾国人不复敢言改变社会组织、政治制度，而欲以空言提唱道德，移易人心，玄学因之昌盛；其易与哲理精深之佛教合流，又将己所崇信之哲理，与旧有诸迷信相结合而成道教者，势也。顾怀抱此等见解者，不过极少数人。其大多数人，固皆视佛与道为宗教而迷信之者也。视为宗教而迷信之，则必不免多所耗费。物力耗矣，而于精神仍不能有裨，此为求益而反损。晋、南北朝之世，实不免此弊。顾流弊初滋，呼号而欲划除之者，亦即随之而起。隋、唐之世，此义日昌，而限制宗教之政令，亦因之而渐行焉。佛家痛心于三武之厄。三武者？魏太武帝、周武帝、唐武宗也。佛狸废佛，别有用心；周武则特欲除宗教之弊，而非欲去教化之实；《两晋南北朝史》已详言之。唐武宗，世皆言其废佛，实亦仅限制之而已。限制则去其流弊之谓也。知宗教之不可无，而特欲去其流弊，可不谓之合于理乎？武宗之废佛，固不久而即复，然合隋、唐三百年之事而观之，则限制宗教，去其泰甚之论议，与夫随之而起之政令，夫固寖昌寖炽也。经此一番矫正，宗教之流弊遂渐祛，于物力少所耗费，而弊之中于人心者，亦日澹矣。

儒、释、道并称三教之局，至南北朝之世，业已一成而不可变矣。儒家实非宗教，何以能与释、老并称？此即可见吾国人对待宗教之中理，不使教义与人事，离邈过甚也。姚崇之将死也，遗令子孙毋作佛事。又曰：道家"慕僧家之有利，约佛教而为业"，更不可用。《旧书·本传》。李叔明之欲裁减寺观僧道也，彭偃议言："道士有名亡实，俗鲜归重，于乱政轻。"《新书·李叔明传》。详见下节。则道家名虽与佛并列，实则佛之附庸而已。宗教流弊之轻重，则佛教之盛衰也。而佛教之在隋、唐，实为盛极而衰之世。

中国之佛教，凡得十三宗，兴于隋、唐之世者，为俱舍、摄论、华严、法相、真言五宗,《两晋南北朝史》已言之。俱舍、摄论,后皆折入法相,不足深论。华严、性、相,并称教下三家,与禅宗之自称教外别传者相对,顾至唐中叶而皆衰;真言宗则本未大盛;唐中叶后盛行者,则禅、净二宗而已。此其故何哉?信佛者,极少数人,固不敢谓其不能发弘愿,蠲私欲。顾此特极少数耳,其大多数,则皆欲薪求福报者也。信佛之后,此念自不能无变化,然终潜伏于其心坎深处,宋、明理学家所讥其多得这一些子意思者也。然欲薪求福报,其所愿果获遂乎?中国人言福善祸淫,言积善之家,必有余庆,积不善之家,必有余殃,较之佛家期报于冥冥不可知之数者,岂不更为实在?其如与事实不符何?佛教之言轮回,言来世,则正所以弥此缺憾者也。然言轮回,言来世,果遂足以弥此缺憾乎?佛家之言修持也,义甚精微,循其义而行之,必非一世所能竟,此事之至易见者。然不修至佛地位,则终不免于退转而仍入轮回。一入轮回,则因其根器之不同,而修为之机缘,或且甚少。此宁不使人怖惧?然谓修为者立义可以稍粗,或虽未成佛亦可以不退转,则非尽易前说不可,此狐埋之而狐猾之也。然则教义愈入于精微,愈将使信徒掉头而去矣。此佛家因发展过度,而自入于绝路者也。临此局势,势不可不思所以救之。救之之道惟何?朝暮四三,易其名者固不能变其实。曰"二乘聋瞽,地狱顿超",此佛可速成之说也。虽道自华严,见《华严经·随好光明功德品》。而惟禅宗之屏弃人事,专事一心者,足以致之,固无疑义。曰求生净土,免受后有,而于其中,徐徐修行,以至成佛,则虽未成佛亦不退转之说也。净土宗实唱道之。佛为宗教,所说教义,虽极精深,意皆在开示人使事修持,非重其义。能修持矣,义自可作筌蹄之弃。故禅宗之说,无可诘难。抑佛家修持之法,括以止、观双修。净土宗教人以观、想、持名,于此二者固无所偏废,特变繁难为简易耳。殊途同归,一致百虑,固不能谓简易之法,不逮繁难。则净土宗之说,又无可诘难也。以此自救,可谓煞费苦心。然禅宗大行,势必至于教义皆无所知,戒律亦可捐弃,而枯寂、猖狂之弊作。至净土宗则本云"普接利钝",愚柔者无不归之,而佛教中之乡愿满天下矣。朝暮四三,易其名者终不能易其实。佛教至此,欲无衰落,得乎?

由盛入衰者,所谓日中则昃,月盈则食。当其中与盈之时,衰机虽肇,衰象固不可得而见也。故隋、唐之世,佛、道二教,仍极受政府之尊崇。隋文帝之专事矫诬者无论矣。武则天因沙门伪撰《大云经》,令释教在道教之上。中宗复国,崇饰寺观。睿宗仍之。玄宗初年,稍有沙汰,见下节。后亦停止。肃宗在凤翔,即作内道场,供奉僧晨夜念佛,声闻于外。见《旧书·张镐传》。代宗任元载、王缙、杜鸿渐,其迷信又加甚焉。宪宗迎佛骨,结内道场,数幸诸寺,施与过当。见《旧书·萧俛传》,附其从兄俛传后。懿宗又迎佛骨,赐讲经僧沈香高坐,饭万僧。《旧书·李蔚传》。其耗费,于唐诸帝中盖为最甚?《旧书·本纪赞》。犹曰:

"此等举动，历代有之，非唐所独也。"至其于道教，则更有超越前古者。唐起夷狄，欲自附于华夏，乃谬托老子为始祖。又因古李、理二字，互相通假，并牵率及于皋陶。谓其历虞、夏、商，世为大理，以官命族为理氏。至纣时，有名徵者，以直道得罪而死，其妻陈国契和氏，与子利贞，逃难于伊侯之墟。食木子得全，乃改理为李氏焉。《新书·宗室世系表》。高祖即幸终南山谒老子庙。《旧纪》武德七年（624）。太宗虽谓神仙事本虚妄，《旧纪》贞观元年（627）。而亳州老君庙，亦与兖州宣尼庙同修。《旧纪》贞观十一年（637）。高宗封禅，次亳州，幸老君庙，追号曰太上玄元皇帝。《旧纪》乾封元年（666）。武后专政，又追尊老子母为先天太后。《旧纪》光宅元年（684）。及革命，黜玄元皇帝之号，仍称老君。至中宗又复其旧。《旧纪》神龙元年（705）。皆所以辗转文此一举之过者也。此唐代尊崇道教之第一期也。玄宗开元二十九年（741），制两京诸州各置玄元皇帝庙，并崇玄学，置生徒，令习《老子》《庄子》《列子》《文子》。《本纪》作文中子，"中"字衍，《礼仪志》无。天宝元年（742），陈王府参军田同秀上言："玄元皇帝降见于丹凤门之通衢，告赐灵符，在尹喜故宅。"上遣使就函谷故关尹喜台西发得之。乃置玄元庙于大宁坊。二月，亲享于新庙。号庄子、文子、列子、庚桑子皆为真人，其所著书称真经。改桃林县为灵宝县。九月，玄元庙改称太上玄元皇帝宫。二年（743），追上尊号，并追尊其父、母及皋陶为帝、后。改西京玄元庙为太清宫，东京为太微宫。天下诸郡为紫极宫。自此欲郊祀，必先朝太清宫，次日享太庙，又次日乃祀南郊焉。七年（748），又有人言玄元皇帝见于华清宫之朝元阁，改为降圣阁。又改会昌县为昭应县，山为昭应山，封山神，仍立祠宇。八载（749）、十三载（754），又再上玄元皇帝尊号。十四载（755），颁御注《老子》并义疏于天下。以上并见《旧书·本纪》及《礼仪志》。《新纪》云：至德二载三月，通化郡言玄元皇帝降，则至入蜀之后，其妖妄犹未息也。高宗尝幸少室山，赐故玉清宫道士王远知谥。又幸逍遥谷道士潘师正所居。《旧纪》调露元年（679）。睿宗亦尝征天台山道士司马承祯。《旧书·文苑·李适传》。然皆未使与政。玄宗开元二十二年（735），征张果至京师。果见两《书·方伎传》。由是颇信神仙。《通鉴》。其后道士孙甑生，遂托修功德，往来嵩山，求请无度。《旧书·忠义·李证传》。术士苏嘉庆请祀九宫贵神。事见《旧书·礼仪志》及《舒元舆、崔龟从传》。王屿更专以祠事希幸。肃宗立，竟至宰相。肃宗尝不豫，玙遣女巫分行天下，祈祭名山、大川。巫皆盛服乘传而行。上令中使监之，因缘为奸，所至干托长吏，以邀赂遗。代宗时，道士李国祯请于昭应县南山顶置天华上宫、露台、天地婆父、三皇道君、太古天皇、中古伏羲、娲皇等祠堂，县东义扶谷故湫置龙堂。皆见《旧书·王缙传》。术士巨彭祖，又请每四季月郊祀天地。见《旧书·礼仪志》及《归崇敬传》。皆因臣下谏净，仅而获已。凡兹淫祀，蠹国劳民，亦皆玄宗阶之厉也。此唐代尊崇道教之第二期也。第一期欲以诳人，第二期则反为人所诳矣。至第三期，则其事又异。宪宗信方士柳泌及僧大通，服金丹，数暴怒，恚责左右见弑。见《旧书·本纪》元和十四（819）、十五年（820），两《书·李道古、皇甫镈》，《新书·宦者·王守澄传》。穆宗立，悉窜诛之，然身亦饵金石而死。见《旧纪》长庆四年（824）及两《书·裴潾传》。敬宗信道士刘从政、孙准、赵归真，山人杜景先，处士周息元。遣中使往湖南、江南及天台山采药，押杜景先往淮南及江南、湖南、岭南求访异人。见《旧纪》宝历元年（825）及《新书·李德裕传》。文宗立，配流赵归真等于岭南。武宗居藩，即好道术、修摄之事。及即位，复召归真，令与衡山道士刘玄靖修法箓。筑望仙观于禁中，望仙台于南郊坛。服方士药，肤泽消槁，喜怒无常，卒亦不得其死。见《旧纪》开成五年（840），会昌元、三、四、五年，《新书·后妃·武宗贤妃王氏传》。宣宗立，诛刘玄靖等十二人。及季年，患风毒，复欲服金石之药。见《旧纪·赞》及《韦澳传》，《新书·崔慎由传》。卒为李玄伯所误，见第二十二章第六节。此唐代尊崇道教之第三期，纯出于求长生之私欲，并迷信之愚诚而无之矣。其流，至于梁太祖犹因病欲服石剂。见薛《史·段深传》。而王衍亦起上清官，塑王子晋像，尊为圣祖至道玉宸皇帝焉，欧《史·世家》。亦可谓远矣。然此等表面之尊崇，曾何足挽二氏将衰之运也？

斯时之出家者，才智之士尚多。如魏徵即曾出家为道士。姜公辅罢相，亦乞为道士。孙晟为南唐志节之士，亦少为道士。道士如此，僧徒自更不待言。北汉末叶，抗御中原之力极强，其辅佐之者，一僧继颙，一曾为道士之郭无为也，说见第十四章第六节。韦渠牟亦有才学，而初为道士，后为僧。僧道亦多有著述。散见两《书·经籍、艺文志》中。僧徒尚有远游求法者，而玄奘留印度至十七年，多赍经论返国，译出者至七十余部，尤蔚然为佛乘之光焉。玄奘所译经，《旧书·本传》云七十五部。《续高僧传》云七十三部，一千三百三十卷，《慧立大慈恩寺三藏法师传》云七十四部，一千三百三十五卷。玄奘之后，游印者又有义净，有《南海寄归内法传》。陆羽育于僧人，欲教以旁行书，而羽不肯，已见第二十二章第二节。薛《史·世袭·李茂贞传》言：岐下有僧曰阿阇梨，通五天竺语，为士人所归，足见通知印度文之僧人，五代时尚有之也。道家固多诞妄，然观李道古进柳泌以误宪宗，而身亦以服药死，则药虽误，进之者未必欺人；即方士，或亦诚为古人所欺也。其所行服饵、道引及诸小术，则更不能谓为欺人。当时道流，或有小术。如《新书·马周传》，言周之亡，太宗思之甚，将假方士术求见其仪形，此少翁以方夜致王夫人及灶鬼之貌也。《方伎传》云：孙甑生能使石自斗，草为人骑驰走，此栾大使棋自相触击也。此固不能欺人。其有导引术者，如《张果传》言其善息气，能累日不食，此亦不容作伪。事服饵者，如《旧书·萧嵩传》，言其性好服饵，及罢相，于林园植药，合炼自适，此等亦无流弊，惟服金石之剂，则为所误者极多。然谓其意在欺人，则亦未必。何者？以此进于人君，厚赏未必可期，一误，或药虽不误而其君自以他故致疾、致死，皆可罹不测之祸，又何苦昧死以幸利邪？荒诞者自有之。如张果自言生尧丙子岁，位侍中。《新书·艺文志》有李筌《骊山母传阴符玄义》一卷。《注》云：于嵩山虎口岩石壁，得黄帝阴符。本题云魏道士寇谦之传诸名山。筌至骊山，老母传其说。则真可发一噱，然此等并不足以概其全也。而其中亦诚有通晓玄言、恬退守正之士，两《书·方伎传》中有之，《隐逸传》中亦不乏也。然欲恃此等以挽二氏将衰之运，则更无可望矣。

舆论必先于政令。当时政府之于二氏，虽致尊崇，特积习相沿，又其人本昏愚，或则中于贪欲耳。明睿之舆论，固多欲袪除二氏之流弊，此新生方长之力也。韩愈攘斥佛、老之说，略见第二十二章第三节。愈以谏迎佛骨贬，志不行于当时。张籍责其不能著书以觉世。而愈答书曰："古人得其时，行其道，则无所为书。为书者，皆所为不行乎今而行乎后世者也。今吾之得吾志、失吾志未可知，则俟五十、六十为之未失也。天不欲使兹人有知乎？则吾之命不可期。如使兹人有知乎？非我其谁哉？"《新书·愈传》。其毅然自任之志，曾不少减焉。薛《史·马胤孙传》，言其慕韩愈之为人，尤不重佛。及废居里巷，追感唐末帝平昔之遇，依长寿僧舍读佛书，乃幡然一变。此虽变于后，其初固愈之徒，足见志愈之志者不乏其人。此等人日多，攘斥佛老之论，亦必随之而盛矣。愈等皆欲得位乘时，为天下袪除积弊者。其欲修之于身，行之于家者，则如姚崇，遗令戒子孙毋作佛事。《旧书·本传》。李夷简将终，亦戒毋事浮屠。《新书·本传》。石昂，父好学，平生不喜佛说。父死，昂于枢前诵《尚书》，曰："此吾先人所欲闻也。"禁其家不可以佛事污吾先人。欧《史·本传》。姚崇言"功德须自发心，旁助宁应获报"？此义固中材所能知。其论事佛求福，乃反得祸，与韩愈谏迎佛骨之说同，则更中人以下所能解矣。此等议论昌，而流俗之崇奉二氏，亦益澹矣。此等风气，潜滋暗长，则政令虽未行，不过枝叶未有害，而其本实固已先拔矣。

佛、道而外，隋、唐之世，尚有自外国传来之宗教。曰火祆，曰摩尼、曰景、曰伊斯兰教，而摩尼为盛。诸教事迹，皆颇湮晦。近人陈垣，撰《火祆教入中国考》《摩尼教入中国考》，于此二教之事迹，搜考颇详，并略及于景教。惟伊斯兰教之事迹，则尚甚湮晦耳。今略述今所能考见者如下：

火祆，即南北朝时之胡天。《通典·职官典》：视流内有萨宝、正五品。萨宝府祆正；从七品。视流外有萨宝府祆祝、勋品。萨宝率府、四品。萨宝府史五品。诸官。《注》云："武德四年（621），置祆祠及官。常有群胡奉祀，取火咒诅。"《旧书·职官志》云：视流内、视流外诸品，开元初一切罢之，惟有萨宝祆正、祆祝、府史，盖为此教而特存之者也。《新书·百官志》祠部职云："两京及碛西诸州火祆，岁再祀而禁民祈祭。"唐韦述所撰《两京新记》久佚，日本《佚存丛书》刊其第三卷。据所记，则西京火祆祠有四：一在布政坊，一在醴泉坊，一在普宁坊，其一佚焉。据宋敏求《长安志》卷七所引补之，则在靖恭坊也。敏求又有《河南志》，亦久佚。清嘉庆间，徐松因纂《全唐文》，于《永乐大典》

中得《河南志图》，证以《玉海》所引，《禁扁》所载，知是敏求旧帙。乃辍集他书，成《唐两京城坊考》。此亦足补《宋志》之亡。据所考，则东都会节坊、立德坊皆有祆祠。又据张《朝野佥载》，《四库全书》本。知东都南市西坊亦有祆祠，又凉州有祆神祠。而凉州祆神祠，亦见敦煌唐写本《图经》残卷。皆足与《新志》之言相证。而《两京新志》布政坊祆祠下《注》云"武德四年（621）立"，又足与《通典》之言相证也。火祆不传教，亦不翻经，又称祠，间称庙，而不称寺，盖中国人无信者，特胡人自奉其所信而已。皆据陈氏《火祆教入中国考》。其详当考原文。

摩尼教则异是。《佛祖统纪》卷三十九云："延载元年（694），波斯国人拂多诞持《二宗经》伪教来朝。"《二宗经》者，摩尼教经名。拂多诞其教中职司，李肇《国史补》所谓小摩尼也。此为摩尼教入中国之始。《册府元龟》卷一百九十七云：开元七年（719），吐火罗国支汗那王帝赊上表献解天文人大慕阇。其人智慧幽深，问无不知。伏乞天恩，唤取慕阇，亲问臣等事意及诸教法，知其人有如此之艺能。望请令其供奉。并置一法堂，依本教供养。慕阇亦其教职司之名，《国史补》所谓大摩尼也。《通典》萨宝府《注》，于火祆外兼及他外教事。其述摩尼事云："开元二十年七月，敕末摩尼本是邪见，妄称佛教，诳惑黎元，宜严加禁断。以其西胡等既是乡法，当身自行，不须科罪。"则其教甫入中国，即从事传布，而中国则禁止之。此亦犹佛教初传来时，不许华人剃度耳，见下节。当时火祆亦不传教，非独歧视摩尼也。然中叶后，摩尼挟回纥之势而来，中国遂不能禁。《僧史略》卷下云："大历三年六月，敕回纥置寺，宜赐额大云光明之寺。"《佛祖统纪》卷四十一纪此事云："敕回纥奉末尼者建大云光明寺。"则"大云光明"为摩尼教之寺无疑。而《新书·常衮传》云"始回纥有战功者，得留京师，后乃创邸第、佛祠"，云佛祠者？《九姓回鹘可汗碑》云："往者无识，谓鬼为佛，今已悟真，不可复事"，似摩尼自称真佛，故开元敕斥其妄称佛教。然则称大云光明寺为佛祠，疑当时流俗自有此语，纪载者从而书之，子京遂未改正也。《僧史略》又云："大历六年正月，又敕荆、越、洪等州各置大云光明寺一所。"《佛祖统纪》则云："回纥请于荆、扬、洪、越等州置大云光明寺。"疑《僧史略》夺扬字。建寺及于江域者？摩尼本行于西域，回纥之入中国，亦尝与贾胡偕，疑寺亦随其足迹之所至，非其教之传布，如是其速也。《册府元龟》卷九百七十九云："贞元十二年（796），回鹘又遣摩尼八人至。"云又，明非初至。《旧书·德宗纪》：贞元十五年四月，"以久旱，命阴阳人法术祈雨"。《唐会要》卷四十九《摩尼寺》条云："以久旱令摩尼师祈雨。"知阴阳人即摩尼师，久自通于政府，而两《书·回纥传》皆谓其元和初以摩尼至。《通鉴》亦于元和元年（806）书云："是岁回鹘入贡，始以摩尼偕来，于中国置寺处之"；明其所据皆同，而其说实误也。《册府元龟》卷九百九十九云："元和二年（807），回鹘使者请于河南府、太原府置摩尼寺三所，许之。"《旧书·本纪》同，惟无使者及三所字。《旧书·回纥传》："元和八年十二月二日，宴归国回鹘、摩尼八人，令至中书见宰官。先是回鹘请和亲，宪宗使有司计之，礼费约五百万贯。方内有诛讨，未任其亲。以摩尼为回鹘信奉，故使宰臣言其不可。"然后卒许其和亲，至长庆元年（821），"回鹘宰相、都督、公主、摩尼等五百七十三人入朝迎公主"焉。摩尼在回纥中之权势可见。《传》又云：其"岁往来西市，商贾颇与囊橐为奸"。中国盖未尝不苦之。故回纥一败，摩尼即遭禁断矣。以上亦多据陈垣《摩尼教入中国考》。

　　景教之来，事在贞观九年（635）。十二年（638），许其建寺，名波斯。天宝四年（745），敕云："波斯经教，出自大秦。传习而来，久行中国。爰初建寺，因以为名。将欲示人，必修其本。其两京波斯寺宜改为大秦寺。天下诸州郡有者，亦宜准此。"《通典萨宝注》。《两京新记》：西京醴泉坊街南之东有波斯胡寺。《注》云："仪凤三年（678），波斯王毕路斯奏请于此置波斯寺。"《长安志》云："景龙中，宗楚客筑此寺入其宅，移于布政坊之西南隅祆祠之西。"《两京新记》又云：普宁坊街东之北有波斯胡寺。《唐两京城坊考注》云："贞观十二年（638），太宗为大秦国胡僧阿罗斯立。"据《景教碑》，普宁坊应作义宁坊，阿罗斯应作阿罗本。又《两京城坊考》东都修善坊有波斯胡寺。皆其遗迹之可考者也。亦据陈垣《火祆教入中国考》。建中二年（781），寺僧景净建《大秦景教流行中国碑》，明末于长安崇仁寺掘得。而近世敦煌石室所得者，又有《景教三威蒙度赞》。见伯希和《唐元时代中东亚基督教徒》，在《西域南海史地考证译丛》内。皆可考见景教初入中国时之情形焉。

　　伊斯兰教何时传入中国，尚乏信史可征。日本桑原骘藏《蒲寿庚传》云：广州城内有怀圣寺，寺内有番塔，或称光塔，其构造与佛塔绝异。相传为伊斯兰教初至时所建。清金天柱《清真释疑补缉》所收《天方圣教序》云："天乃笃生大圣穆罕默德，作君作师，维持风化。西域国王，皆臣服而信从之，共上尊号为赔昂伯尔。隋文帝慕其风化，遣使至西域，求其经典。开皇七年（587），圣命其臣赛一德斡歌士赍奉《天经》三十册传入中国。首建怀圣寺，以示天下。"此说自不足信。桑原氏谓光塔与岳珂《桯史》所云蒲姓宅后之率堵波绝相类，疑寺亦宋时蒲姓所建也。本文三，《考证》二十八、二十九。又引明何乔远《闽书》卷七云："吗喊叭德圣人，门徒有大贤四人。唐武德中来朝，遂传教中国。一贤传教广州，二贤传教扬州，三贤、四贤传教泉州。卒葬此山。"泉州东南郊外之灵山。桑原氏谓其言武德时来难信。然其说起原颇古，当在北宋前唐中世后云。本文一，《考证》十。唐时大食来者甚多，其教不得无随之而至者，特其遗迹无可考耳。然即有来者，亦不过自传其教，于中国人必无大关系也。

　　外来之宗教，固与中国人无甚关系，佛、道二教，看似牢笼全国，实亦不然。凡教，其质皆同，惟其所遭际者有异。因缘时会，通行较广，又为执政权者所崇信，则所奉事者称为正神，其教为大教，而不然者，则见目为淫祀，为邪教矣。狄仁杰充江南巡抚使，奏毁淫祠千七百所，惟留夏禹、吴大伯、季札、伍员四祠。《旧书·本传》。然高劢为楚州刺史。城北有伍子胥庙，祈祷者必以牛酒，至破产业。劢叹曰："子胥贤者，岂宜损百姓乎？"乃告谕所部，自此遂止。百姓赖之。《隋书·本传》。然则伍子胥庙，又何尝不可烦民也？烦民与否，岂视其所奉之神哉？于为苏州刺史，吴俗事鬼，頠疾其淫祀，废生业，神宇皆撤去，惟吴大伯、伍子胥等三数庙存焉。李德裕为浙西观察使，四郡之内，除淫祠一千一十所。皆见《旧书·本传》。二事与狄仁杰绝相类。观后继者所除去之多，而知前人之政绩，为实录，为虚饰矣。果俗之所共信，岂易以此等政令摇动邪？不特此也。《旧书·德裕传》又言：宝历二年（826），亳州言出圣水，饮之者愈疾。德裕奏曰："臣访闻此水，本因妖僧诳惑，狡计丐钱。数月已来，江南之人，奔走塞路。每三二十家，都雇一人取水。拟取之时，疾者断食荤血；既饮之后，又二七日蔬飧。危疾之人，俟之愈病。其水斗价三贯。而取者益之他水，缘路转以市人。老疾饮之，多至危笃。咋点两浙、福建百姓渡江者日三五十人。臣于蒜山渡已加捉搦。若不绝其根本，终无益于黎甿。乞下本道观察使令狐楚，速令填塞，以绝妖源。"从之。而《新书·裴度传》曰：汴宋观察使令狐楚言亳州圣水出，饮者疾辄愈。度判曰：妖由人兴，水不自作。命所在禁塞。然则令狐楚之智，与江南雇人取水者无异也。不亦令人齿冷乎？以此等人执政，而定教之邪正，岂足信哉？《新书·林蕴传》言：其父披，以临汀多山鬼淫祠，民厌苦之，撰《无鬼论》。然则淫祠民固苦之矣。而不废者？有所利者把持之，民固无如之何也。然此等见尊于一方之神，遭际时会，风行全国，列为明神者众矣。

第二节　限制宗教政令

僧、道本非可以伪滥也。"自西晋已上，国有严科，不许中国之人，辄行髡发。"傅奕《请除佛教疏》语。奕意见虽偏，此语则不能为伪造也。其后虽许之，然管辖有定职，北齐以昭玄寺掌佛教，隋曰崇玄署，隶鸿胪。炀帝改郡县佛寺为道场，道观为玄坛，各置监、丞。见《隋书·百官志》。唐置诸寺观监，隶鸿胪寺。贞观中，废寺观监。上元二年（675），置漆园监，寻废。开元二十五年（737），置崇玄学。天宝二载（743），改曰崇贤馆。置大学士一人，以宰相为之。领两京玄元宫及道院。初天下僧、尼、道士、女冠，皆隶鸿胪寺。武后延载元年（694），以僧、尼隶祠部。开元二十四年（736），道士、女冠隶宗正寺。天宝二载（743），以道士隶司封。贞元四年（788），崇玄馆罢大学士。后复置左右街大功德使、东都功德使、修功德、总僧、尼之籍及工役。元和二年（807），以道士、女冠隶左右街功德使。会昌二年（842），以僧、尼隶主客。见《新书·百官志》。宗正寺及崇玄寺注。寺观、僧道有定数。见《新志·崇玄署职》。剃度须得允许，《新志·崇玄署职》云："两京度僧、尼、道士、女冠，御史一人莅之。每三岁，州县为籍，一以留县，一以留州，僧、尼一以上祠部。道士、女冠，一以上宗正，一以上司封。"行动亦有拘检。崇玄署职又云："凡止民家，不过三夜。出逾宿者，立案连署，不过七日。路远者州县给程。"《韩愈传》：贾岛，范阳人。初为浮屠。来东都。时洛阳令禁僧午后不得出，岛为诗自伤。愈怜之，因教其为文。遂去浮屠，举进士。则其管束有时颇严。皆非可以任意为之也。然终不免于伪滥，于是沙汰限制之政行矣。

唐开国即行之。《旧书·高祖纪》：武德九年五月，辛巳，诏曰："自觉王迁谢，像法流行，末代陵迟，渐以亏滥。乃有猥贱之侣，规自尊高，浮惰之人，苟避徭役，妄为剃度，托号出家。嗜欲无厌，营求不息。出入闾里，周旋阛阓，驱策田产，聚积货物，耕织为生，估贩成业，事同编户，迹等齐人。进违戒律之文，退无礼典之训。至乃亲行劫掠，躬自穿窬，造作妖讹，交通豪猾，每罹宪网，自陷重刑。黩乱真如，倾毁妙法。又伽蓝之地，本曰净居，栖心之所，理尚幽寂。近代以来，多立寺舍，不求闲旷之境，唯趋喧杂之方。缮采崎岖，栋宇殊拓。错舛隐匿，诱纳奸邪。或有接延廛邸，邻近屠沽，埃尘满室，膻腥盈道。徒长轻慢之心，有亏崇敬之义。且老氏垂化，本实冲虚，养志无为，遗情物外。全真守一，是谓玄门，驱驰世务，尤乖宗旨。朕膺期御宇，兴隆教法，志思利益，情在护持，欲使玉石区分，薰莸有辨，长存妙道，永固福田，正本澄源，宜从沙汰。诸僧、尼、道士、女冠等，有精勤练行、守戒律者，并令大寺、观居住，给衣食，勿令乏短。其不能精进戒行者，有阙不堪供养者，并令罢遣，各还桑梓。所司明为条式，务依法教。违制之事，悉宜停断。京城留寺三所，观二所，其余天下诸州，各留一所，余悉罢之。"事竟不行。此诏之为沙汰而非废绝，事甚明白。《新书》云"四月，辛巳，废浮屠、老子法"，又于六月书"复浮屠老子法"，谬矣。惟下诏之月，《新纪》与《通鉴》同，当从之，《旧纪》之五，盖误字也。《旧纪》云事竟不行，似但未奉行而已，未尝更有诏令，而《新纪》云复者，其文承"庚申，秦王世民杀皇太子建成、齐王元吉，大赦"之后，在"癸亥，立秦王世民为皇太子，听政"之前。数日之间，必不能更有处置佛、道之诏，疑赦文中或有暂缓沙汰之语，后遂阁置未行，故《旧纪》云事竟不行，《新纪》乃书之日复也。此事据《旧书·傅奕传》及《通鉴》，皆因奕上疏请除去佛教而起。《旧传》奕上疏在七年（624），而《通鉴》系九年（626），盖因沙汰之诏追溯之。《奕传》载奕疏后又云"又上疏十一首"，明非一疏入而即决。《传》又云：高祖付群臣详议，惟太仆卿张道源称奕奏合理，而中书令萧瑀则"与之争论"。《新书·艺文志》：道家类释氏，有法琳《辨正论》八卷，又《破邪论》二卷。《注》云：琳姓陈氏。傅奕请废佛法，琳诤之，放死蜀中。则此事争辩，历时颇久，不以为然者实多，此赦文所以停止之欤？

　　武德诏虽未行，然欲沙汰僧、尼者仍不绝。武后时，苏瑰请并寺，著僧常员，数缺则补。中宗时，近戚奏度僧、尼，温户强丁，因避赋役。姚崇相玄宗建言之。帝善之，诏天下汰僧伪滥，发而农者余万二千人。李叔明为东川，请本道定寺为三等，观为二等。上等留僧二十一，上观道士十四，每等降杀以七。皆择有行者，余还为民。德宗善之，以为不止本道，可为天下法，乃下尚书省杂议。都官员外郎彭偃曰："天生蒸人，必将有职，游闲浮食，王制所禁。今僧、道士不耕而食，不织而衣。一僧衣食，岁无虑三万，五夫所不能致。举一僧以计天下，其费不赀。臣谓僧、道士年未满五十，可令岁输绢四，尼及女冠输绢二，杂役与民同之，过五十者免。"刑部员外郎裴伯言曰："衣者蚕桑也，食者耕农也，男女者继祖之重也，而二教悉禁，国家著令，又从而助之，是以夷狄不经法，反制中夏礼义之俗也。《传》曰：女子十四有为人母之道，四十九绝生育之理；男子十六有为人父之道，六十四绝阳化之理。臣请僧、道士一切限年六十四以上，尼、女冠四十九以上，许终身在道，余悉还为编人。官为计口授地，收废寺观以为庐舍。"议虽上，罢之。李训尝建言："天下浮屠避徭赋，耗国衣食，请行业不如令者还为民。"以上皆据《新书·本传》。《李训传》又云：既执政，自白罢，因以市恩。《通鉴》：大和八年七月，李训奏僧、尼猥多，耗蠹公私。诏所在试僧尼诵经，不中格者，皆勒归俗。禁置寺及私度人。十月，郑注欲收僧、尼之誉，固请罢沙汰。从之。此等皆诬罔之辞，盖时未暇及此耳。此等皆欲行诸全国者。其操一方之政柄，而自行之于所治之地者，则有如韩滉为镇海，毁拆上元县佛寺、道观四十余所，以修坞壁；以佛守铜钟铸兵器。李德裕徙西川，毁浮屠私庐数千，以地与农。亦如其废淫祀然，莫之能止也。积之久，乃复有武宗沙汰僧尼之举焉。

　　《旧书·本纪》：会昌五年七月，庚子，敕并省天下佛寺。中书、门下条疏闻奏：据令式，诸上州国忌日官吏行香于寺，其上州望各留寺一所。有列圣尊容，便令移于寺内。其下州寺并废。其上都、东都两街，请留十寺，寺僧十人。敕曰：上州合留寺，工作精妙者留之，如破落亦宜废毁。其合行香日，官吏宜于道观。其上都、下都，每街留寺两所，寺留僧三十人。中书又奏：天下废寺铜像、钟磬，委盐铁使铸钱。其铁像委本州铸为农器。金、银、鍮、石等像，销付度支。衣冠、士、庶之家，所有金、银、铜、铁之像，敕出后限一月纳官。如违，委盐铁使依禁铜法处分。其土、木、石等像合留寺内依旧。又奏僧尼不合隶祠部，请隶鸿胪寺。其大秦穆护等祠，释教既已厘革，邪法不可独存，其人并勒还俗，递归本贯充税户；如外国人，送还本处。八月，制中外诚臣，协予至意，条疏至当，宜在必行。其天下所拆寺四千六百余所，还俗僧尼二十六万五百人，收充两税户。拆招提、兰若四万余所。收膏腴上田数千万顷。收奴婢为两税户十五万人。隶僧尼属主客，显明外国之教，勒大秦穆护被三千余人还俗，不杂中华之风。下制明廷，宜体予意。十一月，敕悲田养病坊，缘僧、尼还俗，无人主持，恐残疾无以取给，两京量给寺田振济，诸州府七顷至十顷，各于本管选耆寿一人句当，以充粥料。《新书·食货志》云：诸道留僧以三等，不过二十人。腴田鬻钱送户部，中下田给寺家奴婢丁壮者为两税户，人十亩。《通鉴》云：节度观察使治所及同、华、商、汝州各留一寺，分为三等：上等留僧二十人，中等十人，下等五人。僧寺非应留者，立期令所在毁撤，仍遣御史分道督之。财货田产并没官。寺材以葺公廨、驿舍。铜像、钟磬以铸钱。此武宗沙汰僧尼、佛寺之大略也。《旧书》纪此事，皆归咎于赵归真，《旧纪》：会昌四年三月，以道士赵归真为左右街道门教授先生。时帝志学神仙，师归真，归真乘宠，每对排毁释氏，言非中国之教，蠹耗生灵，尽宜除去。帝颇信之。五年正月，归真举罗浮道士邓元起有长年之术。帝遣中使迎之。繇是与衡山道士刘玄靖及归真胶固，排毁释氏，而拆寺之请行焉。以其独汰佛而不及于道言之，似也。然道非佛比，彭偃则既言之矣。必不得已而去，于斯二者何先？谓武宗以求长生故而不去道则可，谓其汰佛全由道家之媒蘖，恐非实录也。此事在当时，亦为非常之举，然言其"太暴宜近中"者，一韦博而已。见《新书·本传》。武宗政固严切，然以唐时士夫信佛者之多，事苟违理，岂有举朝缄口结舌者？是知沙汰僧尼，事不容已，在当时，亦为众所共喻矣。

矫枉者必过其直，见矫者又必稍复于枉，屡矫屡复，而后终剂于平焉，物之理也。佛教之在中国，其用物也弘矣，其取精也多矣，岂其韦博所云太暴之政，遂能使之一蹶不复振？武宗死而其政即废，势也。《通鉴》：宣宗大中元年，闰月，"敕应会昌五年所废寺，有僧能营葺者，听自居之，有司毋得禁止。是时君臣务反会昌之政，故僧、尼之弊，皆复其旧"。五年六月，进士孙樵上言："陛下即位以来，修复废寺，天下斧斤之声，至今不绝，度僧几复其旧矣。陛下纵不能如武宗除积弊，奈何兴之于已废乎？愿早降明诏：僧未复者勿复，寺未修者勿修，庶几百姓犹得以息肩也。"七月，中书门下奏："陛下崇奉释氏，群下莫不奔走，恐财力有所不逮，因之生事扰人。望委所在长吏，量加搏节。所度僧亦委选择有行业者，若容凶粗之人，则更非敬道也。乡村佛舍，请罢兵日修。"从之。六年十二月，中书门下请："自今诸州准元敕许置寺外，有胜地灵迹许修复，繁会之院，许置一院。严禁私度僧、尼。若官度僧、尼有阙，则择人补之。仍申祠部给牒。其欲远游寻师者，须有本州公验。"从之。十年十一月，"敕于灵感、会善二寺置戒坛。僧尼应填阙者，委长老僧选择，给公凭赴两坛受戒。两京各选大德十人主其事。有不堪者罢之。堪者给牒遣归本州。不见戒坛公牒，毋得私容。仍先选旧僧、尼。旧僧、尼无堪者，乃选外人"。大中之政可考见者如此，谓其务反会昌之政得乎？谓僧、尼之弊，皆复其旧，能乎不能乎？然则谓会昌之政之废，皆出大中君臣之私，亦非实录也。何也？飘风不终朝，暴雨不终日，势固然也。

佛教之在中国，取精用弘，故一遭破坏，旋即恢复，他教则不能然矣。此亦见大中之政，非其君臣一二人所能为也。摩尼教之见废黜，尚在会昌五年（845）沙汰僧、尼之前。《会昌一品集》卷五有《赐回鹘可汗书意》，曰："摩尼教天宝以前，中国禁断。自累朝缘回鹘敬信，始许兴行，江淮数镇，皆令阐教。近各得本道申奏：缘自闻回鹘破亡，奉法者因兹懈怠，蕃僧在彼，稍似无依。吴、楚水乡，人性嚣薄，信心既去，翕集至难。朕深念异国远僧，欲其安堵。且令于两都及太原信乡处行教。其江淮诸寺权停。待回鹘本土安宁，却令如旧。"此当是会昌元年（841）事，回鹘破败之初也。三年二月，制曰："回纥既以破灭，应在京外宅及东都修功德回纥，并勒冠带，各配诸道收管。其回纥及摩尼寺庄宅、钱物等，并委功德使以同与。御史台及京兆府各差官点检收抽，不得容诸色人等影占，如犯者并处极法，钱物纳官、摩尼寺僧，委中书、门下条疏闻奏。"《新书·回鹘传》曰："会昌三年（843），诏回鹘营功德使在二京者，悉冠带之。有司收摩尼书若像烧于道，产赀入之官。"谓此也。《僧史略》卷下："会昌三年（843），敕天下摩尼寺并废入宫。当系入官之误。京城女摩尼七十二人死。及在此国回纥诸摩尼等配流诸道，死者大半。"日本《续藏经》本。日本僧圆仁《入唐求法巡礼行记》第三云："会昌三年四月，敕下，令煞天下摩尼师。剃发，令着袈裟，作沙门形而煞之。"陈垣云："杀摩尼而令作沙门形，不知其意所在。"愚疑摩尼服饰，本近沙门，此时已自冠带，敕令复其旧服，以见杀之之意也。其事近虐，然古代外教传来者，惟摩尼挟回纥之势，宗教之善恶，何以大相去，人见其挟势而来，则恶之矣，此百世之龟鉴也。其后梁贞明六年（920），陈州有毋乙之叛。欧《史》记其事极略，但称乙为"妖贼"而已。薛《史》则云："陈州里俗之人，喜习左道。依浮屠氏之教，自立一宗，号曰上乘。不食荤茹。诱化庸民。糅杂淫秽，宵聚昼散。"亦未云为摩尼，而《僧史略》卷下，指为末尼党类。且云："后唐、石晋，时复潜兴。推一人为主，百事禀从。或画一魔王踞坐，佛为其洗足。盖影傍佛教，所谓相似道也。或有比丘，为饥冻故，往往随之效利。"则变为秘密教矣。在南方者称为明教。徐铉《稽神录》卷三云："清源人杨某，有大第在西郭。鬼出没四隅，杖莫能中。乃召巫立坛治之。鬼亦立坛作法，愈盛于巫。巫惧而去。后有善作魔法者，名曰明教，请为持经。一宿，鬼遂绝。"明教，盖其教中人所以自名也。后亦秘密传布。宋代，教外人称为吃菜事魔，至南宋末叶，犹未息焉。《册府元龟》卷九百七十六云："后唐天成四年八月，癸亥，北京奏葬摩尼和尚。摩尼，回鹘之佛师也。先自本国来太原。少尹李彦图者，武宗时怀化郡王李思忠之孙也。思忠本回鹘王子嗢没斯也。归国锡姓名。关中大乱之后，彦图挈其族归太祖。赐宅一区，宅边置摩尼院以居之。至是卒。"李克用虽跋扈，此事未必显违唐朝之政令，然则虽在会昌后，唐于回纥种人之自行信奉者，亦未加以禁止也。火祆教亦有残留者。张邦基《墨庄漫录》：东京城北有祆庙。其庙祝姓史，名世爽。自云家世为祝，累代矣。藏先世补受之牒凡三：一咸通三年（862）宣武节度使令狐，绚。一周显德三年（956），一其五年（958）权知开封府王朴。所给。镇江府朱方门之东城上，亦有祆神祠。孟元老《东京梦华录》卷三：大内西去右掖门有祆庙。史世爽盖西域人？其祠亦以其种人自奉而获存。张氏又云"俗以火神祠之"，盖对中国人以此自晦，故获留至宋代也。本节所叙史实，亦据陈垣《火祆教入中国考》《摩尼教入中国考》）。

会昌而后，又一次大举沙汰者为周世宗。然此等政令，五代实时有之，亦不独周世宗也。薛《史·梁末帝纪》：贞明六年三月，礼部员外郎李枢上言："请禁天下私度僧、尼，及不许妄求师号、紫衣。如愿出家受戒者，皆须赴阙比试艺业施行。愿归俗者，一听自便。"诏曰："两都左右街赐紫衣及师号僧，委功德使具名闻奏。今后有阙，方得奏荐。仍须道行精至，夏腊高深，方得补填。每遇明圣节，两街各许官坛度七人。诸道如要度僧，亦仰就京官坛。仍令礼部给牒。今后只两街置僧录，道录、僧正并废。"《唐明宗纪》：天成三年十一月诏，曰："应今日已前修盖得寺院，无令毁废，自此已后，不得辄有建造。如要愿在僧门，并须官坛受戒，不得衷私剃度。"二年六月，"诏天下除并无名额寺院"。《末帝纪》：清泰二年三月，功德使奏："每年诞节，诸州、府奏荐僧道，其僧、尼欲立讲论科、讲经科、表白科、文章应制科、持念科、禅科、声赞科，道士欲立经法科、讲论科、文章应制科、表白科、声赞科、焚修科，以试其能否。"从之。《晋高祖纪》：天福四年十二月，"诏今后城郭、村坊，不得创造僧、尼院舍"。《周太祖纪》：广顺三年五月，开封府奏："都城内录到无名额僧、尼寺院五十八所"，诏废之。皆所以限制释道，去其泰甚者也。然此不过限制之而已，实不足以廓清积弊，故又有周世宗之大举焉。

薛《史·周世宗纪》：显德二年五月，甲戌，诏曰："释氏真宗，圣人妙道，助世劝善，其利甚优。前代以来，累有条贯。近年已降，颇紊规绳。近览诸州奏闻，继有缁徒犯法。盖无科禁，遂至尤违。私度僧、尼，日增猥杂。创修寺院，渐至繁多。乡村之中，其弊转甚。漏网背军之辈，苟剃削以逃刑。行奸为盗之徒，托住持而隐恶。将隆教法，须辨否臧，宜举旧章，用革前弊。诸道府、州、县、镇、村、坊，应有敕额寺院，一切仍旧。其无敕额者，并仰停废。所有功德佛像及僧、尼，并腾并于合留寺院内安置。天下诸县、城郭内若无敕额寺院，祇于合停废寺院内选功德屋宇最多者，或寺院僧、尼各留一所。若无尼住，祇留僧寺院一所。诸军镇，坊郭及二百户已上者，亦依诸县例指挥。如边远州郡无敕额寺院处，于停废寺院内僧、尼各留两所。今后并不得创造寺院、兰若。王公、戚里、诸道节、刺已下，今后不得奏请创造寺院，及请开置戒坛。男子、女子，如有志愿出家者，并取父母、祖父母处分，已孤者取同居伯叔、兄处分，候听许方得出家。男年十五已上，念得经文一百纸，或读得经文五百纸；女年十三已上，念得经文七十纸，或读得经文三百纸者，经本府陈状乞剃头，委录事参军本判官试验经文。其未剃头间，须留发髻。如有私剃头者，却勒还俗。其本师主决重杖勒还俗，仍配役三年。两京、大名府、京兆府、青州各处置戒坛。候受戒时，两京委祠部差官引试。其大名等三处，祗委本判官录事参军引试。如有私受戒者，其本人、师主、临坛三纲、知事僧、尼，并同私剃头例科罪。应合剃头受戒人等，逐处闻奏，候勒下委祠部给付凭由，方得剃头受戒。应男女有父母、祖父母在，别无儿息侍养，不听出家。曾有罪犯，遣官司刑责之人，及弃背父母，逃亡奴婢，奸人细作，恶逆徒党，山林亡命，未获贼徒，负罪潜窜人等，并不得出家剃头。如有寺院辄容受者，其本人及师主、三纲、知事僧、尼，邻房同住僧，并仰收捉禁勘，申奏取裁。僧、尼、俗士，目前多有舍身，烧臂，炼指，钉截手足，带铃，挂灯，诸般毁坏身体，戏弄道具，符禁左道，妄称变现，还魂、坐化、圣水、圣灯、妖幻之类，皆是聚众眩惑流俗，今后一切止绝。如有此色人，仰所在严断，递配边远，仍勒归俗。其所犯罪重者，准格律处分。每年造僧账两本：其一本奏闻，一本申祠部。逐年四月十五日后，勒诸县取索管界僧、尼数目申州，州司攒账，至五月终已前，文账到京。僧、尼籍账内无名者，并勒还俗。其巡礼行脚，出入往来，一切取便。"此项条例，远较会昌为宽，盖诚如诏书所云，不过申举旧章而已。《纪》又云：是岁，诸道供到所存寺院，凡二千六百九十四。所废寺院，凡三万三百三十六。僧、尼系籍者，六万一千二百人。《通鉴》同。又分别言之曰：见僧四万二千四百四十四，尼一万八千七百五十六。惟欧《史·本纪》云：废天下佛寺三千三百三十六，未知孰是。

不耕而食，不织而衣，为历来攘斥佛、老之口实。然观武德诏书，言其"耕织为生，估贩成业，事同编户，迹等齐人"，则知此说实未为确。有国者之所惜，则赋役而已。惜奉己之赋役，而必借口于蒸民或受其饥寒，宁不令人齿冷？然天下事不可任其孤行。莫为之节，则将日日以长，而涓涓者成江河矣。故二氏之诒害民生，虽不如治人者所言之甚，而其能节制之，使不至于尾大，亦终于治化有裨也。

第三节　杂迷信

古代一切迷信，后世总称为阴阳。如《旧书·吕才传》言："太宗以阴阳书近代以来，渐致讹伪，穿凿既甚，拘忌亦多，命才与学者十余人共加刊正"是也。才既受命，"削其浅俗，存其可用者，勒成五十三卷，并旧书四十七卷"。合百卷。贞观十五年（641），"书成，诏颁行之"。案《隋书·高祖纪》：仁寿二年

（602），"诏杨素与诸术者刊定阴阳舛缪"。《萧吉传》言高祖命其"考定古今阴阳书"。《临孝恭传》言高祖命其"考定阴阳"。《旧书·百药传》亦言开皇时"诏令撰阴阳书"。则自隋世即有意于刊正。吕才修阴阳书，颇能破除迷信。《传》载其叙宅经、葬书、禄命之辞，谓"虽为术者所短，然颇合经义"。《卢藏用传》言其"隐居终南山，学辟谷炼气之术"，亦道士之流。然"以俗多拘忌，著《析疑论》以畅其事"。则明理之士，于此原不深信。张公谨卒，太宗出次发哀。有司奏言："准阴阳书，日在辰不可哭泣，又为流俗所忌"，不听。《旧书·公谨传》。李石奏请开兴成渠。李固言谓"恐征役今非其时"。文宗曰："莫有阴阳拘忌否？苟利于人，朕无所虑也。"《旧书·石传》。李愬将攻吴房，军吏曰："往亡日，请避之。"愬曰："贼以往亡，谓吾不来，正可击也。"《旧书·本传》。亦皆能破除拘忌。武后以崔神庆为并州长史，"自为按行图择日"，《旧书》神庆附其父《义玄传》后。亦不过聊示抚慰之意耳。然利害所牵，终不免于皇惑。《新书·李泌传》言：肃宗重阴阳巫祝，擢王屿执政，大抵兴造工役，辄牵禁忌俗说，而黎干以左道位京兆尹。德宗素不谓然，及嗣位，罢内道场，除巫祝。代宗将葬，帝号送承天门，辒车行不中道。问其故。有司曰："陛下本命在午，故避之。"帝泣曰："安有枉灵驾以谋身利？"命直午而行。又宣政廊坏，太卜言孟冬魁冈，不可营缮。帝曰："春秋启塞从时，何魁冈为？"亟诏葺之。及桑道茂城奉天事验，始尚时日拘忌，因进用泌。即其明征也。《方伎传》：桑道茂，善太一遁甲术。乾元初，官军围安庆绪于相州，势危甚。道茂在围中，密语人曰："三月壬申西师溃。"至期，九节度皆败。后召待诏翰林。建中初，上言"国家不出三年有厄会，奉天有王气，宜高垣堞为王者居，使可容万乘者"。德宗素验其数，"诏京兆尹严郢发众数千及神策兵城之"。《泌传赞》曰："观肃宗披荆榛立朝廷，单言暂谋，有所窾合，皆付以政，当此时，泌于献纳为不少；又佐代宗收两京；独不见录，宁二主不以宰相期之邪？德宗晚好鬼神事，乃获用，盖以怪自置而为之助也。"隋炀帝即位，悉召请术家坊处之，使乙弗弘礼总摄。李淳风死，候家皆不效，武后乃诏严善思以著作佐郎兼太史令。尚献甫善占候，武后召见，由道士擢太史令。辞曰："臣梗野，不可以事官长。"后改太史局为浑仪监，以献甫为令，不隶秘书省。皆见《新书·方伎传》。刘隐招礼唐名臣谪死南方者子孙，或当时仕宦遭乱不得还者。周杰善星历，唐司农少卿，隐数问以灾变。杰耻以星术事人，尝称疾不起。欧《史·世家》。此等原不过过而存之，然遇皇惑无主之时，即不免生心害政矣。《新书·李靖传赞》曰："世言靖精风角、鸟古、云祲、孤虚之术，为善用兵，是不然。特以临机果，料敌明，根于忠智而已。俗人传著怪诡機祥，皆不足信。"《裴行俭传》曰："通阴阳历术，每战豫道胜日"，亦俗人所传之一端也。遇大事不能明其所以然，则以怪诡機祥相附会矣，此其致惑之由也。

禄命之说，亦根于时日禁忌而来。《隋书·袁充传》：充于仁寿初上表，言隋文"本命行年，生月，生日，并与天地、日月、阴阳、律吕运转相符。今与物更新，改年仁寿，岁、月、日、子，还共诞圣之时并同"是也。《临孝恭传》言其著《禄命书》二十卷，盖即其术。《旧书·方伎传》言：有邢和璞者，"善算人而知其夭寿善恶"，其所操盖亦是术也？

相术在唐时，最著者为袁天纲、张憬藏、金梁凤，皆见两书《方伎传》。五代时有周元豹，薛《史》有传。其言冯道事，见道及张承业《传》，已见第二十二章第五节。欧《史》元豹事见《赵凤传》。《旧书·萧嵩传》，言：嵩初娶贺晦女，与陆象先为僚婿。宣州人夏荣，称有相术，谓象先曰："陆郎十年内位极人臣，然不及萧郎一门尽贵，官位高而有寿。"《良吏·高智周传》：智周少与乡人蒋子慎善，同诣善相者，曰："明公位极人臣，而胤嗣微弱，蒋侯官禄至薄，而子孙转盛。"可见士夫喜言相术者之多。《睿宗·诸子传》：惠庄太子，母柳氏，掖庭宫人。之初生，则天尝以示僧万回。万回曰："此儿是西域大树之精，养之宜兄弟。"则天甚悦，始令列于兄弟之次。则僧人亦有操是术者。欧《史·周家人传》：世宗宣懿皇后符氏，初适李守贞子崇训。有术者善听人声，守贞出其家人使听之。术者闻后声，惊曰："此天下之母也。"此所谓声相，见《两晋南北朝史》第二十四章第一节。亦相术之一端也。

《隋书·萧吉传》云：献皇后崩，上令吉卜择葬所。吉历筮山原，至一处，云"卜年二千，卜世二百"，具图而奏之。上曰："吉凶由人，不在于地。高纬父葬，岂不卜乎？国寻灭亡。正如我家墓田，若云不吉，朕不当为天子，若云不凶，我弟不当战殁。"然竟从吉言。《杨素传》：献皇后崩，山陵制度，多出于素。上善之。下诏曰："葬事依礼，惟卜泉石，至于吉凶，不由于此。素义存奉上，情深体国。欲使幽明俱泰，宝祚无穷。以为阴阳之书，圣人所作，祸福之理，特须审慎。乃遍历川原，亲自占择。纤介不善，即更寻求。志图元吉，孜孜不已。心力备尽，人灵协赞。遂得神皋福壤，营建山陵。论素此心，事极诚孝。"乃别封其一子。此皆明言其不足信，而竟从之，亦所谓过而存之者也。《吉传》又言：吉告族人萧平仲曰："皇太子遣宇文左率深谢余，云：公前称我当为天子，竟有其验，终不忘也。今卜山陵，务令我早立。"亦此类矣。又云：尝行经华阴，见杨素家上有白气属天，密言于帝。帝问其故。吉曰："其候，素家当有兵祸，灭门之象，改葬者庶可免乎？"帝后从容谓杨玄感曰："公家宜早改葬。"玄感亦微知其故，以为吉祥，托以辽东未灭，不遑私门之事。未几而玄感以反族灭。此等说不必实，然有此等说，即可见是时迷信葬地能祸福人者之众矣。《旧书·严善思传》：则天崩，将合葬乾陵，善思奏议净之。善思虽列传《方伎》，而少以学涉知名，其言亦颇合典礼。然又曰："山川精气，土为星象。若葬得其所，则神安后昌，若葬失其宜，则神危后损。所以先哲垂范，具之葬经。欲使生人之道必安，死者之神必泰"，亦不能离祸福以为言也。《新书·杜正伦传》：谓其与城南诸杜不协。诸杜所居号杜固，世传其地有壮气，故世衣冠，正伦既执政，建言凿杜固通水利以坏之，此则生宅之说也。

龟卜之术，随世益微，诸言卜者，实多指筮，已见《两晋南北朝史》第二十四章第一节。隋、唐之世，仍是如此。《新书·百官志》：太卜署令，掌卜筮之法。一曰龟。祭祀大事，率卜正卜日，示高于卿，退而命龟，既灼而占。小祀、小事，则卜正示高命龟，而太卜令、佐莅之。此当尚是龟卜。然不过奉行故事而已。《隋书·艺术传》：杨伯丑，好读《易》。有张永乐者，卖卜京师，伯丑每从之游。永乐为卦，有不能决者，伯丑辄为分析爻象，寻幽入微。又云：伯丑亦开肆卖卜。有人失子，夫妻失金，"就伯丑筮"。《旧书·李纲传》言："纲见善卜者令筮之。"皆可见其名卜而实筮。《张公谨传》云：太宗将讨建成、元吉，遣卜者灼龟占之，公谨自外来见之，遽投于地。此等传说，信否未可知。《新书·诸公主传》：城阳公主之婚，帝太宗。使卜之。繇辞曰："二火皆食，始同荣，末同戚，请昼婚则吉。"此辞未必非宋祁所为，其果为龟卜与否，亦不可知也。《旧书·刘黑闼传》：窦建德故将谋叛，"卜以刘氏为主吉"，其非必指龟卜，更无疑矣。《玄宗纪》：中宗将祀南郊，来朝京师。将行，使术士韩礼筮之，筮一茎孑然独立。《太宗文德顺圣皇后长孙氏传》：隋大业中，尝归宁。后舅高士廉媵于后所宿舍外见大马，高二丈，鞍辔皆具。以告士廉。命筮之，遇《坤》之《泰》。《新书·高骈传》：蜀之土恶，成都城岁坏，骈易以砖甓。讫功，筮之，得《大畜》。薛《史·赵凤传》：疾笃，自为蓍，卦成，投蓍而叹。欧《史·马重绩传》：张从宾反，命重绩筮之，遇《随》。《南汉世家》：楚人以舟师攻封州，封州兵败，龚惧，以《周易》筮之，遇《大有》。皆明言所用者为筮。《旧书·李华传》：华著论言龟卜可废，通人当其言，盖以实无能通其术者也。然史言卜筮者，并不必皆指筮。《李绛传》：宪宗尝谓绛曰："卜筮之事，习者罕精，或中或否，近日风俗，尤更崇尚，何也？"绛对言"风俗近巫"，《易》岂巫觋所能知邪？欧《史·贺瑰传》言：梁太祖攻朱瑾于兖州，朱宣遣瑰救之。瑰欲绝梁饷道，梁太祖得降卒知之，"以六壬占之，得《斩关》，以为吉"，选精兵疾驰之，擒瑰。此等卜筮以外之占术，流行者必甚多也。《新书·太宗纪》：武德九年九月，禁私家妖神、淫祀、占卜非龟易五兆者，盖以此也。

《旧书·后妃传》：上官婉儿在孕时，其母梦人遗己大秤。占者曰："当生贵子，秉国权衡。"既生女，闻者嗤其无效。及婉儿专秉内政，果如占者所言。又《宪宗孝明皇后郑氏》，宣宗之母也。会昌六年（846），后弟光梦车中载日月，光芒烛六合。占者曰："必暴贵。"月余，武宗崩，宣宗即位。光以元舅之尊，检校户部尚书、诸卫将军，出为平卢节度使。《崔湜传》：萧至忠诛，湜坐徙岭外。行至荆州，梦于讲堂照镜。曰："镜者明象，吾当为人主所明也。"以告占梦人张由。对曰："讲堂者受法之所，镜者，于文为立见金，此非吉征。"其日，迫使至，缢于驿中。观此三事，唐时尚有专以占梦为业者。

望气之术，军中偏多。《隋书·长孙晟传》：仁寿元年（601），晟表奏曰："臣夜登城楼，望见碛北有赤气，长百余里，皆如雨，足下垂被地。谨验兵书，此名洒血，其下之国，必且破亡。欲灭匈奴，宜在今日。"《新书·吴武陵传》：吴元济未破数月，武陵自硖石望东南，气如旗鼓矛盾，皆颠倒横斜。少选，黄白气出西北，盘蜿相交。武陵告韩愈曰："今西北王师所在，气黄白，喜象也。败气为贼。日直木，举其盈数，不阅六十日，贼必亡。"薛《史·符存审传》：与李嗣昭援朱友谦，将战，望气者言"西南黑气如斗鸡之状，当有战陈"。此皆言战斗事，为军中置望气之本义。亦有出此之外者。《新书·王潮传》：潮从王绪南走，望气者言军中当有暴兴者。绪潜视魁梧雄才，皆以事诛之。众惧，刘行全乃杀绪而推潮。此或潮自神其事，然军中多有望气，则可见矣。《隋书·韦鼎传》："陈武帝在南徐州，鼎望气，知其当王，遂寄孥焉。"《庾季才传》：大定元年正月，季才言曰："今月戊戌平旦，青气如楼阙，见于国城之上。俄而变紫，逆风西行。《气经》云：天不能无云而雨，皇王不能无气而立。今王气已见，须即应之。《元谐传》：有人告谐与从父弟滂谋反。上令案其事。有司奏谐令滂望气。滂曰："彼云似蹲狗走鹿，不如我辈有福德云。"此亦以人之兴替言之，与《史记》言汉高所居上常有云气，范增使人望其气皆为龙虎成五采相类，其所由来者亦旧矣。《旧书·李义府传》：阴阳占候人杜元纪为义府望气，云所居宅有狱气发，积钱二千万，乃可厌胜。《隋书·萧吉传》：吉表言"献皇后山陵西北，鸡未鸣前，有黑云，方圆五六百步，从地属天。东南又有旌旗车马帐幕，布满七八里，并有人往来检校，部伍甚整，日出乃灭。同见者十余人。谨按《葬书》云：气王与姓相生大吉。今黑气当冬王，与姓相生，是大吉利子孙无疆之候也"。则言宅经、葬经者，亦咸援望气以为说矣。

于文，皿虫为蛊，汉戾太子以巫蛊败，然江充言于太子宫掘得桐木人，实厌胜之术，非皿虫之义也。皿虫为蛊之事，实首见于《隋书》。《隋书·外戚·独孤陀传》曰："好左道。其妻母先事猫鬼，因转入其家。上微闻而不之信也。会献皇后及杨素妻郑氏俱有疾，召医者视之，皆曰：此猫鬼疾也。上以陀后之异母弟，陀妻杨素之异母妹，由是意陀所为。阴令其兄穆以情喻之。上又避左右讽陀。陀言无有，上不悦。左转迁州刺史。出怨言。上令左仆射高颎、纳言苏威、大理正皇甫孝绪、大理丞杨远等杂治之。陀婢徐阿尼，言本从陀母家来，常事猫鬼。每以子日夜祀之，言子者鼠也。其猫鬼每杀人者，所死家财物，潜移于畜猫鬼家。陀尝从家中索酒。其妻曰：无钱可酤。陀因谓阿尼曰：可令猫鬼向越公家，使我足钱也。阿尼便咒之归。数日，猫鬼向素家。十一年，上初从并州还，陀于园中谓阿尼曰：可令猫鬼向皇后所，使多赐吾物。阿尼复咒之。遂入宫中。杨远乃于门下外省遣阿尼呼猫鬼。阿尼于是夜中置香粥一盆，以匙扣而呼之曰：猫女可来，无住宫中。久之，阿尼色正青，若被牵曳者，云猫鬼已至。上以其事下公卿。奇章公牛弘曰：妖由人兴，杀其人，可以绝矣。上令以㧱车载陀夫妻，将赐死于其家。陀弟司勋侍中整诣阙求哀。于是免陀死，除名为民。以其妻杨氏为尼。《后妃传》云：后三日不食，为之请命，陀于是减死一等。先是有人讼其母为猫鬼所杀者，上以为妖妄，怒而遣之，及此，诏诛被讼行猫鬼家。《通鉴》事在开皇十八年（598），云："诏畜猫鬼、蛊毒、厌媚、野道之家，并投于四裔。"按《唐律》有造畜蛊毒之条。《疏议》云："造谓自造。畜谓传畜，若传畜猫鬼之类。"盖即《独孤陀传》所谓转入也。《隋书·地理志》言宜春等郡，往往畜蛊，已见《两晋南北朝史》第十七章第五节。《志》谓干宝谓之为鬼实非，此乃作《志》者之说。《独孤陀传》言阿尼色正青，若被牵曳，盖正言鬼附其身。《本草拾遗》云："造蛊图富者，皆取百虫入瓮中，经年开之，必有一虫尽食诸虫，即此为蛊。能隐形似鬼神，与人作祸。"正与猫鬼之说相类。独孤陀之狱，或不免于诬，然医言文献后、杨素妻之疾为猫鬼疾，先是又有讼母为猫鬼所杀者，则蛊毒传说之盛，概可见矣。然厌胜、咒诅等说，亦未绝迹。《隋书·柳肃传》：肃为太子仆，太子废，坐除名。大业中，炀帝与段达语及庶人罪恶之状。达曰：学士刘臻，尝进章仇大翼，于宫中为巫蛊，肃知而谏，庶人不怿，自后言皆不用。乃召守礼部侍郎。《滕穆王瓒传》云：瓒素与高祖不协。妃宇文氏，先时与独孤皇后不平。阴有咒诅。上命瓒出之。瓒不忍离绝。由是忤旨，恩礼更薄。开皇十一年（591），从幸栗园暴薨。人皆言其遇鸩。子纶嗣。当高祖之世，每不自安。炀帝即位，尤被猜忌。纶忧惧不知所为。呼术者王琛而问之。琛答曰："王相禄不凡。"乃因曰："滕即腾也，此字足为善应。"有沙门惠恩、崛多等，颇解占候。纶每与交通。常令此三人为度星法。有人告纶怨望咒诅。帝命黄门侍郎王弘穷治之。弘见帝方怒，遂希旨奏纶厌蛊。除名为民，徙始安。卫昭王爽子集，炀帝时，呼术者俞普明章醮，以祈福助。有人告集咒诅，亦"除名远徙边郡"。《房陵王勇传》言：皇后有废立之意，勇颇知其谋。忧惧计无所出。闻新丰人王辅贤能占候，召而问之。辅贤曰："白虹贯东宫门，太白袭月，皇太子废退之象也。以铜铁五兵造诸厌胜。又于后园之内作庶人村。屋宇卑陋。太子时于中寝息，布衣草褥，冀以当之。"《齐王暕传》：暕自谓次当得立，又以元德太子有三子，内常不安，阴挟左道，为厌胜之事。而李徹，大业中，其妻宇文氏，为孽子安远诬以咒诅伏诛。《新书·诸公主传》：太宗女城阳公主，麟德初坐巫蛊，斥其婿薛瓘房州刺史。《旧书·方伎传》：明崇俨，"年少时随父任安喜令。父之小吏，有善役召鬼神，崇俨尽能传其术。高宗闻其名，召与语，悦之。擢授冀王府文学。仪凤二年（677），累迁正谏大夫，特令人阁供奉。四年（679），为盗所杀。时语以为崇俨密与天后为厌胜之法，又私奏章怀太子不堪继承大位，太子密知之，潜使人害之"。《韦安右传》：太常主簿李元澄，安石之子婿。其妻病死。安石夫人薛氏疑元澄先所幸婢厌杀之。其婢久已转嫁，薛氏使人捕而捶之，致死。蛊也，厌胜也，咒诅也，皆巫术也。当时以为巫术能致人于死，反其道，则亦以为可以求人之生。《旧书·玄宗诸子传》：武惠妃数见三庶人为祟，怖而成疾。巫者祈祷弥月，不瘳而陨。《李勉传》：除江西观察使。部人有病父，以蛊为木偶人，署勉名位，瘗于其陇。或以告，曰："为父禳灾，亦可矜也。"舍之。《田仁会传》：转右金吾将军。时有女巫蔡氏，以鬼道惑众，自云能令死者复生。市里以为神。仁会验其假妄，奏请徙边。是其事也。巫本假于鬼神。《旧书·方伎传》言："有师夜光者善视鬼。"欧《史·闽世家》：薛文杰荐妖巫徐彦，曰："陛下左右多奸臣，不质诸鬼神，将为乱。"鳞使彦视鬼于宫中。《马胤孙传》：卒后，其家婢有为胤孙语者。初崔协为明宗相，在位无所发明，既死而有降语其家，胤孙又然。时人嘲之曰："生不能言，死而后语"云。此等皆巫之本色也。巫古本女子为之，男子为之则称觋。巫盖盛于觋？故后散文通称巫。此在后世亦然。《隋书·礼志》云：高祖既受命，遣奉策诣同州告皇考桓王庙，兼用女巫，同家人之礼，足见其家旧有女巫。韦后与政，封巫赵陇西夫人，出入禁中，《新书·本传》。亦是物也。

《王制》云："假于鬼神、时日、卜筮以疑众。"鬼神、时日、卜筮，盖疑众之三大端也。图谶于时日、卜筮，皆无当焉，并不足语于方伎，造作者亦不能自托于鬼神；直是妄庸人所为耳。然自后汉以来，习以是谋革易，故有国者深忌焉。隋文矫诬，用谶尤甚，隋时，怪迂阿谀之士，无不援引谶纬者。隋高祖亦恒自言之。如仁寿元年（601）冬至祠南郊版曰："山图石瑞，前后继出，皆载臣姓名，褒纪国祚。经典诸纬，爰及玉龟，文字义理，递相符金"是也。其他不可枚举。故其"禁之亦愈切"。《隋书·经籍志》语。开皇十三年（593），"制私家不得隐藏纬候图识"。《本纪》。炀帝即位，发使四出，搜天下书籍与谶纬相涉者皆焚之。为吏所纠者至死。史言"自是无复其学，秘府之内，亦多散亡"。《经籍志》。然造作者仍不绝。李密之起也，移书郡县，言"谶篆云隋氏三十六年而灭"。又自称"姓符图纬，名协歌谣"。王世充之图篡也，"有道士桓法嗣者，自言解图谶。世充昵之。法嗣上《孔子闭房记》，画作丈夫持一千以驱羊。云杨隋姓。干一者王字也，王居羊后，明相国代隋为帝也"。皆见《隋书·本传》。唐高祖之起也，许世绪谓之曰："公姓名已著谣篆。"《新书·本传》。附《刘文静裴寂传》后。唐俭云："公姓协图谶。"《新书·本传》。杨玄感反，窦抗谓高祖曰："玄感为我先耳，李氏名在图谶，天所启也。"《新书·窦威传》。李轨与众共举兵，皆相让莫肯为主。曹珍曰："常闻图谶云：李氏当王，今轨在谋中，岂非天命也。"《旧书·轨传》。而李浑、李敏在隋世，以有方上安伽陀，自言晓图谶，谓炀帝曰："当有李氏应为天子，劝尽诛海内凡李姓者"，宇文述乃因而构之。此等皆明出造作。盖谶本鄙俗之辞，取其为众所易解，初不资故书雅记，然则焚之何为哉？张亮之诛也，史言其假子公孙节，谓"谶有弓长之主"，而亮"阴有怪谋"。刘兰之死也，史言"长社许绚解谶记，谓兰曰：天下有长年者，咸言刘将军当为天下主。兰子昭又曰：谶言海北出天子，吾家北海也"。皆《新书·本传》。綦连耀、刘思礼之诛，史言其"相与解释图谶，即定君臣之契"。《旧书·刘世龙传》。房嗣业、张嗣明坐资遣徐敬业弟敬真北投突厥，事觉，嗣业自缢死，而嗣明、敬真，多引海内相识，冀缓其死。嗣明称张光辅"征豫州日，私说图谶、天文，阴怀两端"。光辅由是被诛，家口籍没。则唐世又习以此诬陷人矣。然武延秀尚安乐公主，"主府仓曹蒋凤说曰：谶书云，黑衣神孙被天裳，驸马即神皇之孙。每劝令著皂袄子以应之"。《旧书·外戚传》。此事未必虚诬，则妄人之借此献媚启衅者，亦不必无之矣。开元六年（718），以桓彦范等五人配享中宗，诏言其"名著谶纬"。《旧书·彦范传》。其后驸马都尉裴虚己，坐与玄宗弟范游，"兼挟谶纬"，配徙岭外。《旧书·睿宗诸子传》。张九龄荐周子谅为监察御史，子谅劾奏牛仙客，"语援谶书"。玄宗怒，杖之朝堂，流滚州，死于道，九龄亦坐举非其人，贬荆州刺史。《新书·九龄传》。则玄宗于谶，诚有畏忌之情，故王鉷、李林甫得以"蓄谶纬，规复隋室"陷杨慎矜也。玄宗可谓迷信之魁矣。田承嗣之见伐也，既卑辞以止李正己之兵，又知范阳李宝臣故里，心常欲得之。乃勒石为谶书，密瘗宝臣境内。使望气者云："此中有玉气。"宝臣掘地得之。文曰："二帝同功势万全，将田作伴入幽、燕。"承嗣又使客讽宝臣，愿取范阳自效。宝臣乃密图范阳。承嗣亦陈兵境上。宝臣密选卒劫朱滔。承嗣闻衅成，乃还军。使告宝臣曰："河内有警，不暇从公。石上谶文，吾戏为之耳。"《旧书·宝臣传》。此为史传明言谶文出于伪造者。天下之人，岂其智皆出田承嗣下，然犹竞事造作者？其事无可质证，易以诬陷。故如李逢吉等欲构裴度，乃作谣辞云："非衣小儿坦其腹，天上有口被驱逐。"而张权舆乃上疏言度"名应图谶"；《旧书·度传》。至天祐元年（904），犹以"言星谶"杀医官阎祐之、国子博士欧阳特；固不恤人之疑其伪也。抑天下岂乏李宝臣之徒？则虽明知信者之寡，亦何妨姑一试之？欧《史·楚世家》言："杨行密袁州刺史吕师周来奔，颇通纬候。"《吴越世家》言钱镠"稍通图纬诸书"。师周与镠，岂事咕哗者？而亦通此，彼固视为权谲之一端也。《旧书·李淳风传》云：太宗之世有秘记，云唐三世之后，则女主武王，代有天下。所谓秘记即谶也。其说至著之史传，则士大夫虽不深信，亦喜传播之矣。市三成虎，此其所以能惑众欤？图谶恒牵涉天文，故天文亦成厉禁。张仲让，迁儒耳，乃以"数言玄象，州县列上其状坐诛"。《隋书·儒林传》。薛颐，隋大业时为道士。善天步律历。武德初，追直秦王府。固丐为道士。太宗为筑观九嵏山，号曰紫府，拜颐太中大夫往居之。即祠建清台，候辰次灾祥以闻。《新书·方伎传》。其重之也如此。开成五年十二月，"敕司天台占候灾祥，理宜秘密。如闻近日，监司官吏，及所由等，多与朝官及诸色人等交通往来，委御史台察访"，《旧书·天文志》。宜矣。然究何益哉？